Kumihimo

50 elegante Armbänder und Halsketten selbst flechten

Beth Kemp

Leopold Stocker Verlag
Graz – Stuttgart

Umschlaggestaltung: Werbeagentur Rypka GmbH, A-8143 Dobl-Zwaring, www.rypka.at

Bildnachweis: Laura Forrester, Phil Wilkins

Titel der Originalausgabe: Beth Kemp: Twist, Turn & Tie. A beginner's guide to making braids for beautifu cord jewellery, complete with kumihimo disc to get you started. Copyright © 2014 Quarto publishing plc, The Old Brewery, 6 Blundell Street, London N7 9BH, United Kingdom, www.quarto.com

Aus dem Englischen ins Deutsche übertragen von Mag. Nina Schön.

Bibliografische Information der Deutschen Nationalbibliothek
Die Deutsche Nationalbibliothek verzeichnet diese Publikation in der Deutschen Nationalbibliografie; detaillierte bibliografische Daten sind im Internet unter http://dnb.d-nb.de abrufbar.

Hinweis: Dieses Buch wurde auf chlorfrei gebleichtem Papier gedruckt. Die zum Schutz vor Verschmutzung verwendete Einschweißfolie ist aus Polyethylen chlor- und schwefelfrei hergestellt. Diese umweltfreundliche Folie verhält sich grundwasserneutral, ist voll recyclingfähig und verbrennt in Müllverbrennungsanlagen völlig ungiftig.

Auf Wunsch senden wir Ihnen gerne kostenlos unser Verlagsverzeichnis zu:
Leopold Stocker Verlag GmbH
Hofgasse 5/Postfach 438 | A-8011 Graz
Tel.: +43 (0)316/82 16 36 | Fax: +43 (0)316/83 56 12
E-Mail: stocker-verlag@stocker-verlag.com
www.stocker-verlag.com

ISBN 978-3-7020-1545-9

MIX
Papier aus verantwortungsvollen Quellen
FSC® C016973

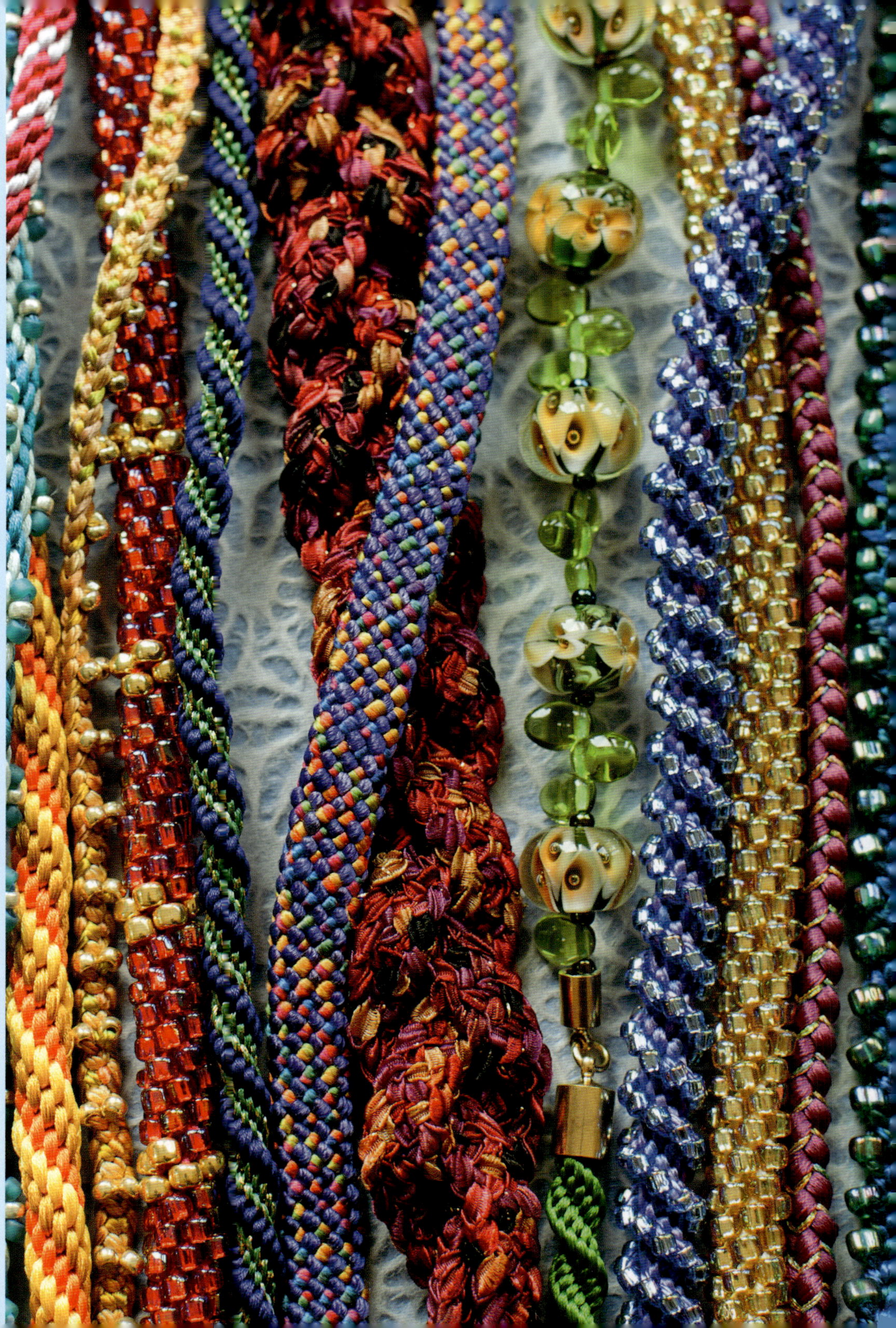

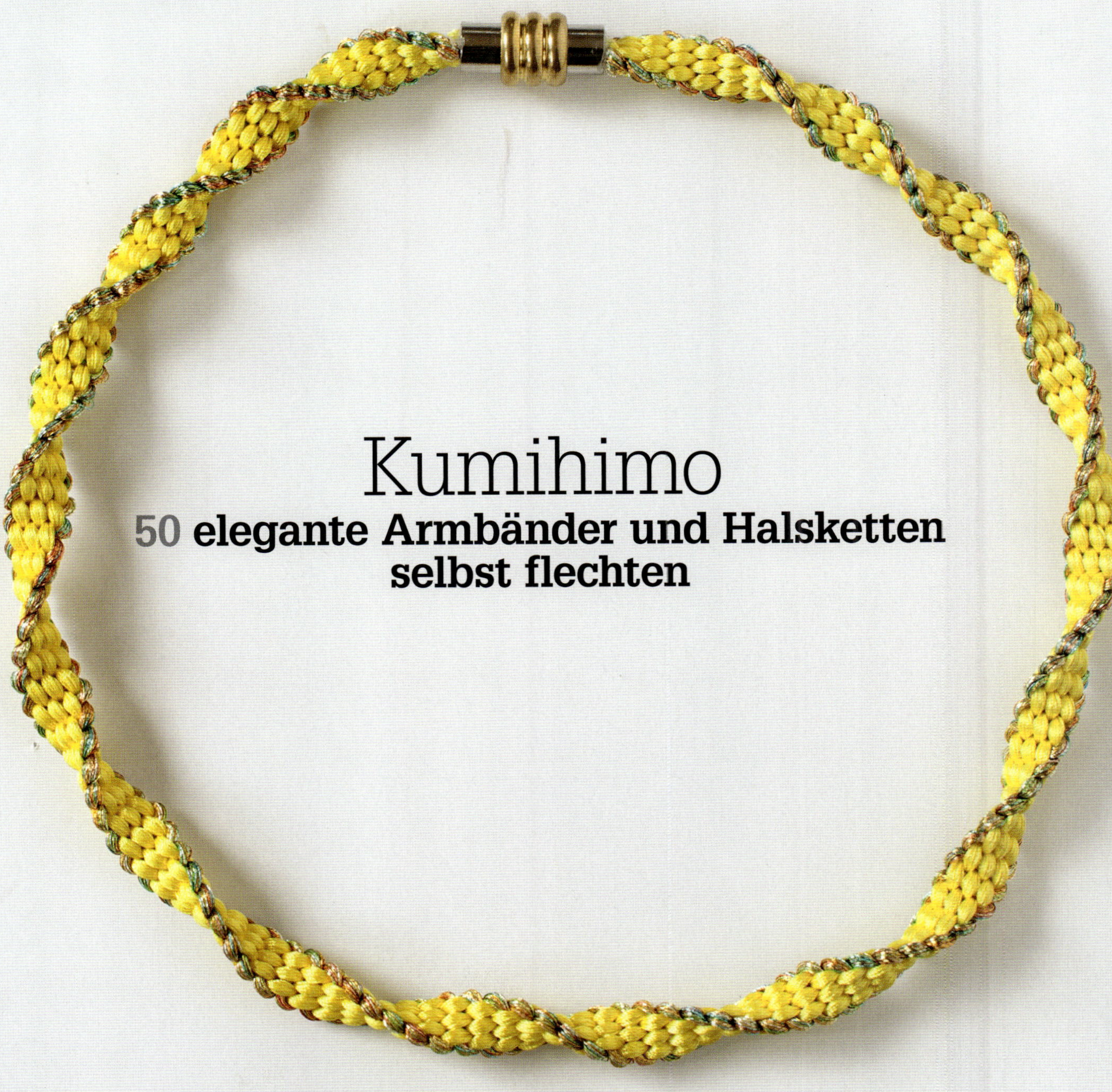

Kumihimo

50 elegante Armbänder und Halsketten selbst flechten

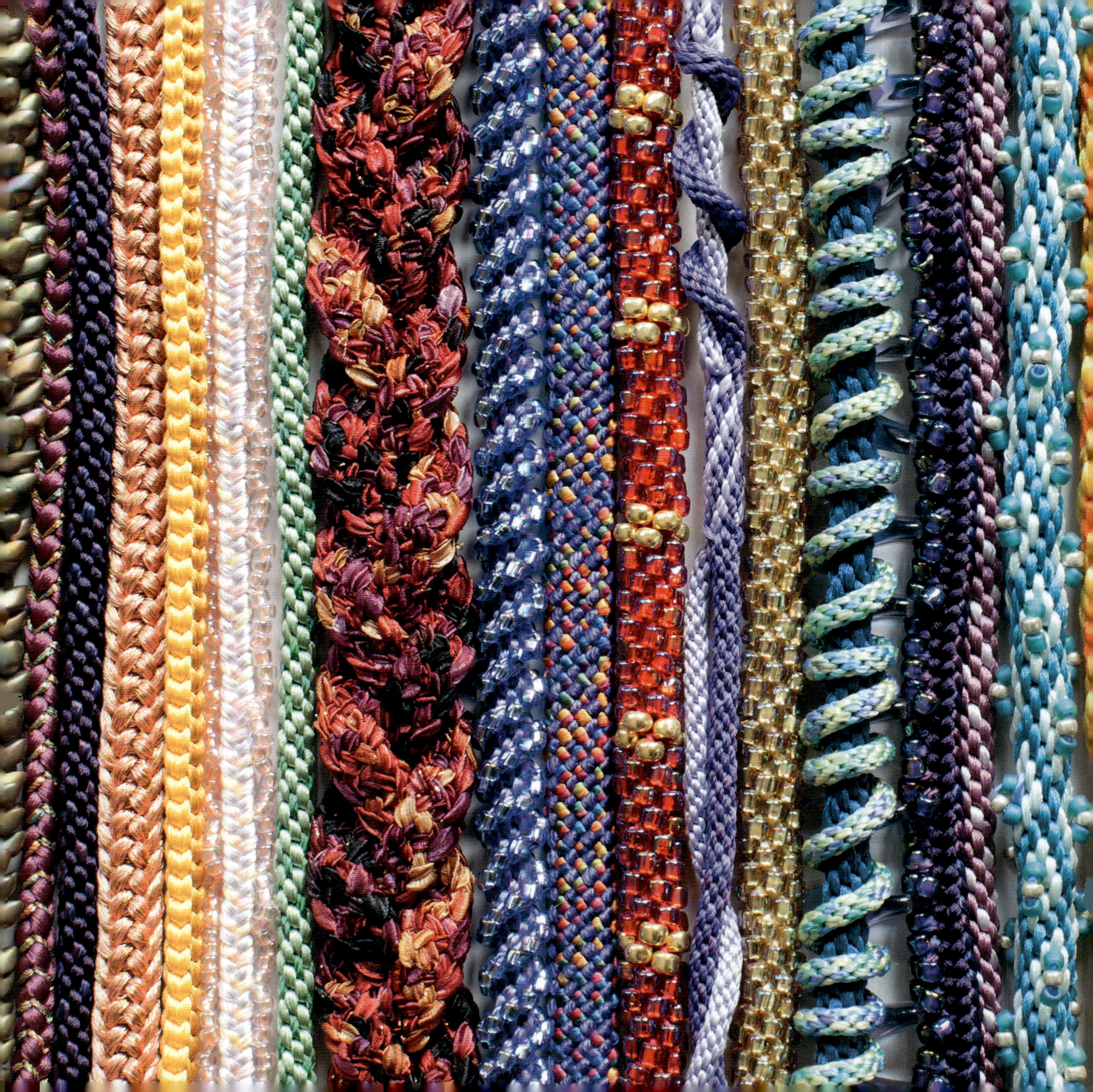

Inhalt

Vorwort

Ich freue mich, meine Geschichte mit Kumihimo, der japanischen Kunst des Flechtens, mit Ihnen teilen zu dürfen.

Meine Liebe für Zöpfe und Perlen entspringt meiner Leidenschaft für die hochwertige Schmuckherstellung. Vor zehn Jahren wurde mir von dem internationalen Flecht-Guru aus Japan, Makiko Tada, Kumihimo gezeigt. Jetzt bin ich süchtig danach!

Meine Faszination von Kumihimo hat mich dazu inspiriert, meine eigenen Designs und Muster für die Kumihimo-Scheiben zu entwickeln und mein erstes Buch *How to Kumihimo* zu schreiben.

Mit der Kumihimo-Scheibe kann jeder flechten, egal wo und egal welchen Alters, sogar während des Wartens in einer Schlange oder in einem Wartezimmer bei einem Arzt. Flechten ist auch eine der wenigen Handarbeiten, die man an Bord eines Flugzeuges ausüben kann.

Die attraktive Seide und die ungewöhnlichen Perlen, die Ihnen zur Verfügung stehen, warten nur darauf, in einzigartige modische Accessoires verwandelt zu werden, sei es nun als Schmuck, Gürtel oder als Home-Deko – die Möglichkeiten sind schier unendlich.

Mit diesem Buch ist es mein Ziel, Sie nicht nur mit den 50 Arbeiten und den schönen Fotos zu inspirieren, sondern Ihnen auch ein Handbuch zu liefern, das Ihnen die Geheimnisse der japanischen Flechtkunst erschließt. Ich hoffe, es macht Ihnen genauso viel Spaß, die Projekte nachzuarbeiten, wie ich es geliebt habe, sie zu designen.

Fröhliches Flechten!

Beth

Beth Kemp

Schauen Sie doch einmal auf meinen Blog *Kumi Talk* oder abonnieren Sie meinen Newsletter *Kumi Kapers* auf meiner Homepage www.braidandbeadstudio.com und schauen Sie auf meine Facebook-Seite *How to Kumihimo with Beth Kemp.*

Über dieses Buch

Dieses Buch bietet eine wundervolle Sammlung von Anleitungen für Flechtarbeiten, die auf der Kumihimo-Scheibe gestaltet werden. Basisinformationen am Anfang der Projekte stellen Scheibe und Fäden vor. Darauf folgt die Projektanleitung, die in reine Zöpfe, perlenbesetzte Flechtarbeiten, Bänder mit der rechteckigen Scheibe und Zöpfe mit anspruchsvollen Knoten unterteilt ist.

KAPITEL 1: So fangen Sie an (Seite 8–33)

Dieser Abschnitt stellt Ihnen die verschiedenen Scheiben, Garne und Perlen vor; es gibt Anleitungen, die Ihnen bei der Farbwahl und dem Design Ihrer eigenen Flechtarbeiten helfen, und Tipps für das Abschätzen der Länge des Garns, das Sie für die Arbeit brauchen. Die Schritt-für-Schritt-Anleitungen führen Sie durch die wichtigsten Techniken, vom Bespannen der Kumihimo-Scheibe bis hin zur Fertigstellung mit den verschiedensten Zierelementen.

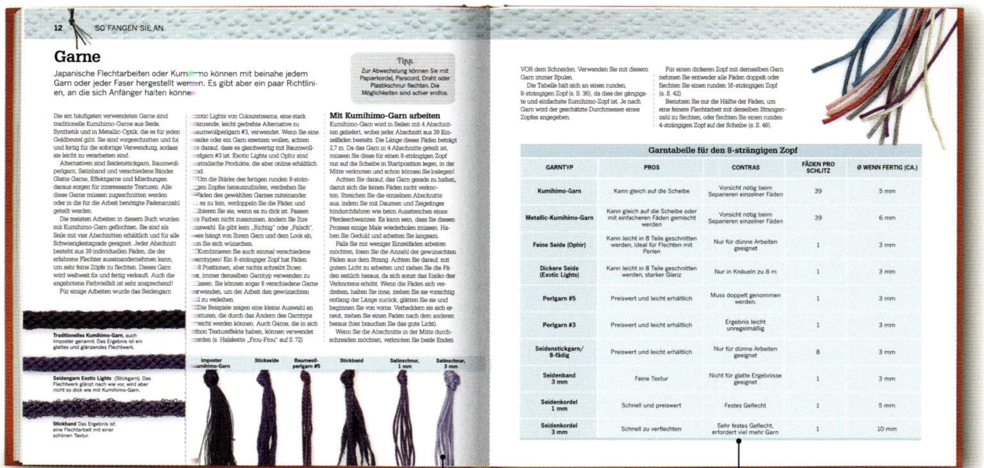

Einleitung Garnsorten
Verschiedene Garnsorten werden beschrieben und abgebildet.

Vergleichstabelle
Eine Tabelle zeigt die Vor- und Nachteile der einzelnen Garnsorten.

KAPITEL 2: Projekte (Seite 34–126)

Das Kapitel beginnt mit Einsteigerzöpfen. Wenn Sie diese Grundschritte gemeistert haben, können Sie jedes Schmuckstück in diesem Buch flechten.

Sie benötigen …
Die Garnmaße werden gemeinsam mit Zierelementen und Perlenanzahl, falls benötigt, aufgelistet. Die speziellen Kumihimo-Garne werden in Abschnitten und Längen gemessen, da sie in Spulen zu je vier Abschnitten verkauft werden. Andere Fäden werden in Längen angezeigt.

Schwierigkeitsgrad
Die Arbeiten sind in Schwierigkeitsgrade von 1 bis 3 unterteilt; 1 ist für Einsteiger und 3 für geübte Flechter.

Scheibenform
Zeigt, welche Scheibe verwendet wird.

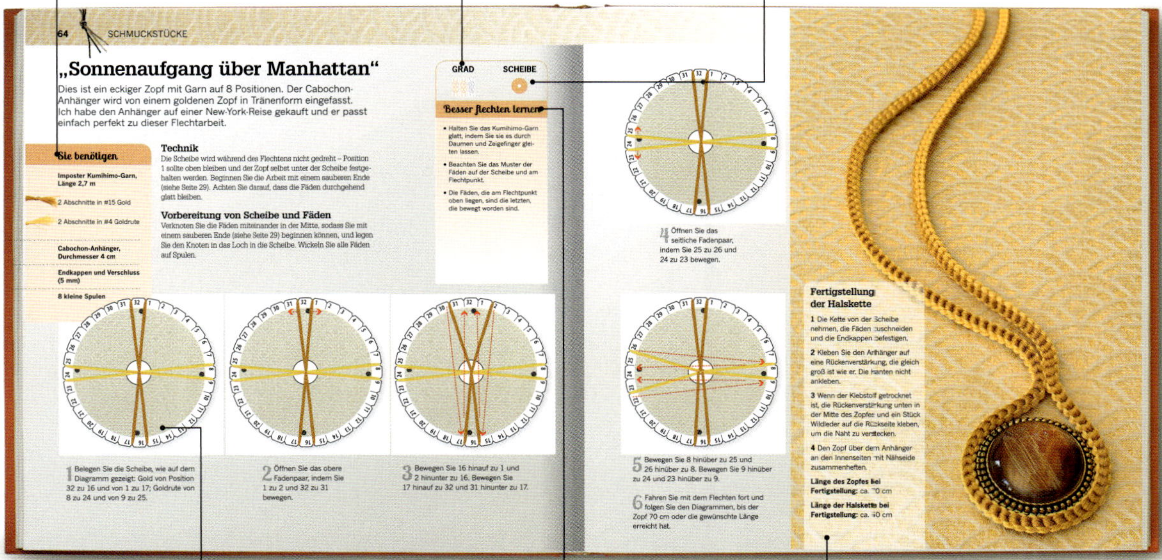

Die Diagramme lesen
Die Scheibendiagramme rotieren, wenn die Scheibe gedreht werden muss, und bleiben statisch, wenn die Scheibe nicht gedreht wird. Jedes Diagramm zeigt die Position der Fäden vor der Bewegung; rote Pfeile zeigen die Richtung an, in die die Fäden sich bewegen.

Besser flechten
Jedes Projekt wird von zahlreichen Tipps begleitet.

Tipps zur Fertigstellung
Folgen Sie diesen Schritten, wenn Sie das Stück auf dieselbe Art fertigen wollen, wie es auf dem Foto gezeigt wird.

Anmerkung

Imposter – wo möglich, wird in den Arbeiten Imposter-Kumihimo-Garn aus Japan verwendet. Sie können diese Garne aber auch durch andere japanische Kumihimo-Garne aus synthetischer Seide (Biron), feiner Seide oder Premiumseide in Längen von je 2,7 m ersetzen. Alternativ: Satinband (2 mm) oder Perlgarn #1.

Exotic Lights – Stickgarn aus Seide von Colourstreams aus Australien – Knäuel von 8 m. Sie können das Garn durch Perlgarn #3 oder Satinband (1 mm) ersetzen.

Schablonen

Schlagen Sie die letzte Seite auf, wenn Sie die Schablonen suchen, um Ihre eigenen Kumihimo-Scheiben zuzuschneiden.

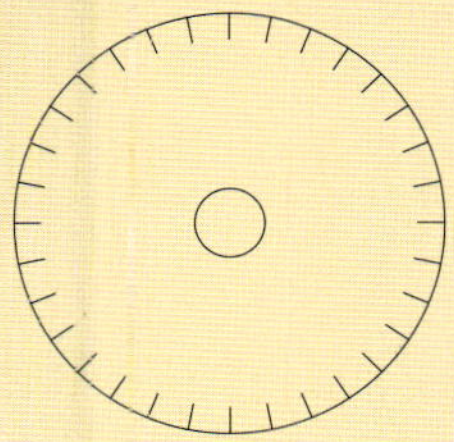

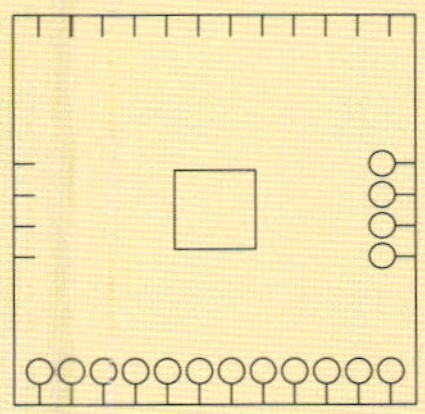

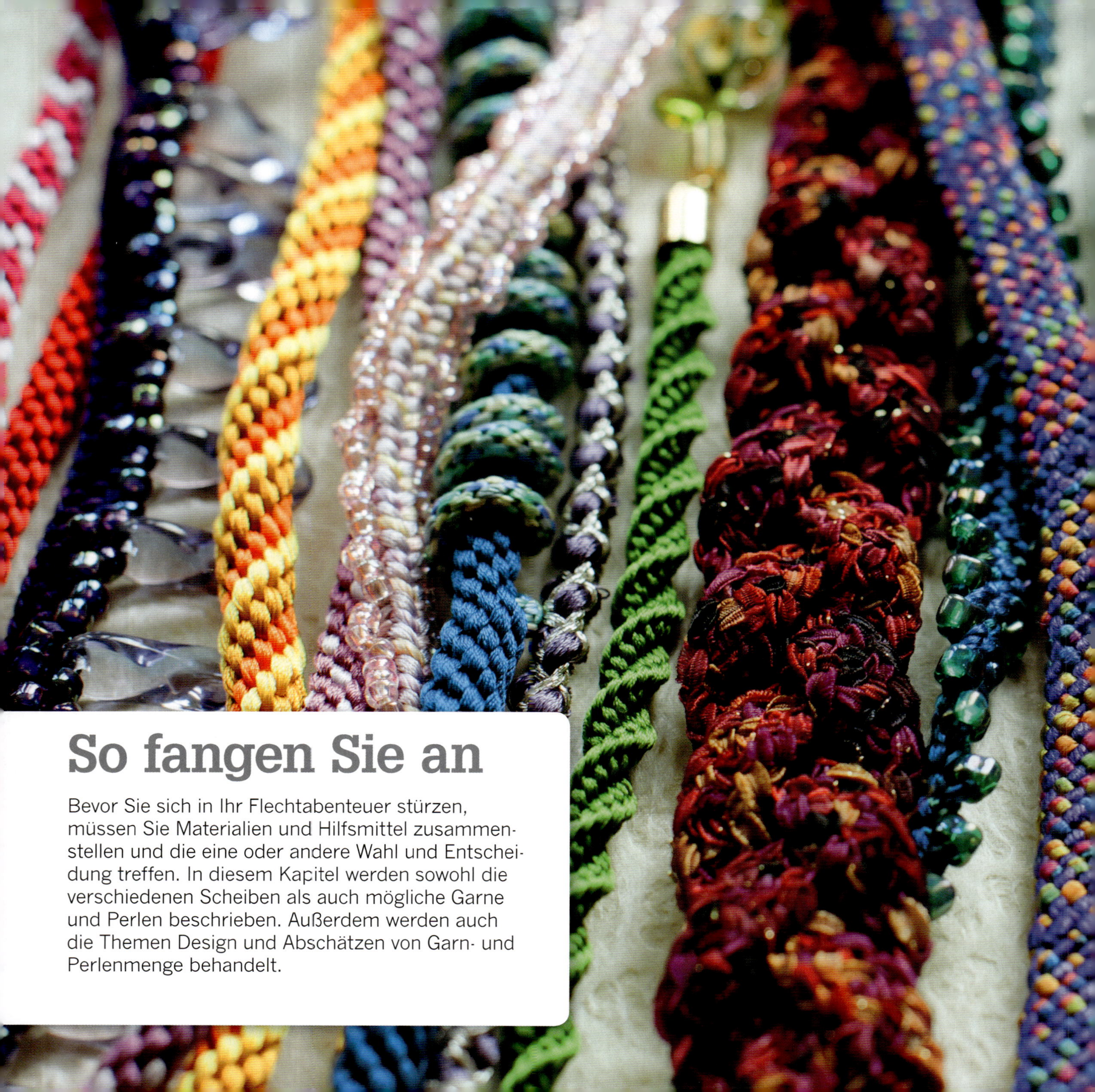

So fangen Sie an

Bevor Sie sich in Ihr Flechtabenteuer stürzen, müssen Sie Materialien und Hilfsmittel zusammenstellen und die eine oder andere Wahl und Entscheidung treffen. In diesem Kapitel werden sowohl die verschiedenen Scheiben als auch mögliche Garne und Perlen beschrieben. Außerdem werden auch die Themen Design und Abschätzen von Garn- und Perlenmenge behandelt.

1

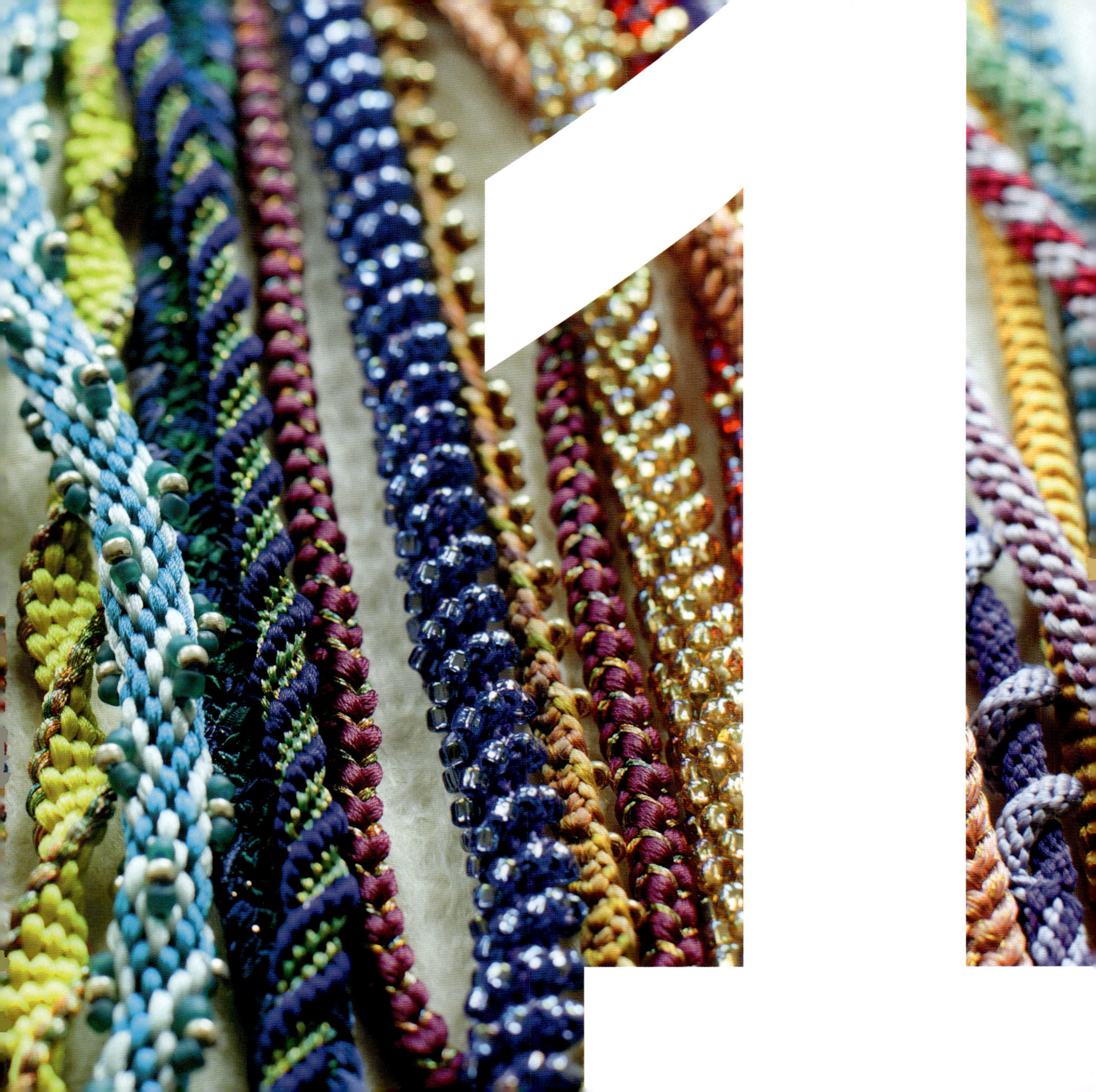

Kumihimo-Scheiben

Die Kumihimo-Scheibe wurde entworfen, um die japanische Flechtkunst Handarbeitsfreunden jeden Alters, vom Einsteiger bis zum Profi, näherzubringen. Da sie sehr leicht ist, ist sie gut festzuhalten. Die Scheiben sind außerdem preiswert und halten viel aus.

Traditionell wird auf einem hölzernen Gestell, dem Marudai, geflochten. Die Kumihimo-Scheibe gilt als moderne, tragbare und praktische Alternative, die in verschiedenen Formen und Größen erhältlich ist.

Die Schlitze halten die Fäden behutsam an ihrem Platz und sorgen auch ohne Gewichte für die notwendige Spannung. Verwenden Sie für Arbeiten mit feinen Garnen eine andere Scheibe wie für Materialien, die die Schlitze beschädigen könnten (z. B. Draht).

Das Loch in der Mitte der Scheibe bestimmt die Stärke des fertigen Flechtwerks. Hat das Loch einen Durchmesser von 2,5 cm, wird der Zopf unter 2,5 cm dick.

Scheiben aus Pappe sind günstige Alternativen für Einsteiger. Die Scheibe, die Sie in diesem Buch finden, lädt dazu ein, sofort loszulegen.

Denken Sie bei der Wahl der Scheibe an die Garnart und Fadenanzahl, die Sie verwenden möchten. Sie benötigen immer mehr Schlitze als Fäden: Für 16 Fäden brauchen Sie 32 Schlitze, damit die Fäden ihre Position leicht wechseln können. Schaumstoffscheiben, wie die originalen Hamanaka-Scheiben, eignen sich am besten für Seide und Kumihimo-Garne. Die Schlitze sollten sauber geschnitten sein, damit die Fäden sich nicht darin verfangen können.

Scheibengröße

Die Größe der Scheibe beeinflusst das Ergebnis kaum – die Anzahl der Schlitze ist entscheidend. Üblich sind Scheiben mit einem Durchmesser von 15 cm mit 32 Schlitzen. Kleinere Scheiben haben oft weniger Schlitze, was Größe und Stärke des Flechtwerks einschränkt. Ein normaler runder 8-strängiger Zopf passt auch auf kleinere Scheiben mit 16 Schlitzen; ein 16-strängiger Zopf braucht mehr Schlitze, damit die Fäden bewegt werden können.

Eine typische Scheibe

Eine typische Scheibe besteht aus 1 cm dickem, steifem Schaumstoff und ist widerstandsfähiger als eine Scheibe aus Pappe. Am weitesten ist die runde Hamanaka-Scheibe mit einem Durchmesser von 15 cm aus Schaumstoff verbreitet. Sie hat 32 Schlitze, die rechts nummeriert sind, und Punkte, die die Himmelsrichtungen markieren, da einige Zöpfe mit einem Faden an jedem dieser Punkte beginnen. Aus dem Loch in der Mitte kommt der fertige Zopf. Die runde Scheibe eignet sich für runde, eckige und flache Werkstücke.

Scheibenformen

Es gibt runde, quadratische und achteckige Scheiben. Die runde Scheibe wird für runde, eckige, flache, spiralförmige und hohle Zöpfe verwendet, die quadratische hat 24 nummerierte und acht mit Buchstaben versehene Schlitze und wird für sehr flache Bänder verwendet. Hier werden sowohl die runden als auch die eckigen Scheiben vorgestellt. Perlenbesetzte Zöpfe werden mit beiden Formen geflochten. Das Ergebnis mit achteckigen Scheiben unterscheidet sich kaum von dem mit runden Scheiben.

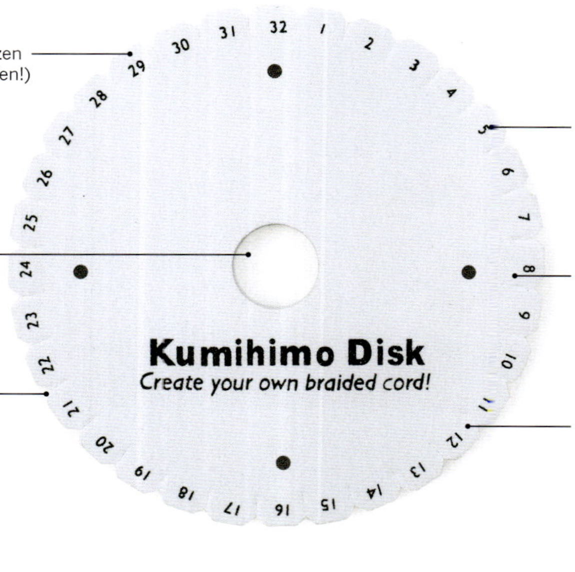

Scheibe mit 32 Schlitzen (Mehr Schlitze als Fäden!)

Durch das Loch in der Mitte kommt der fertige Zopf.

Schlitze zum Halten der Fäden.

Nummerierung rechts von den Schlitzen

Punkte für Norden, Süden, Osten und Westen.

Schaumstoffscheibe für alle Garne (am besten für Seide und spezielle Kumihimo-Garne)

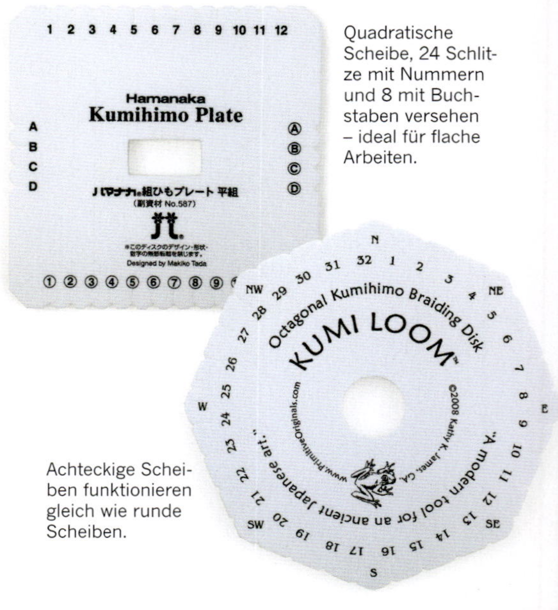

Quadratische Scheibe, 24 Schlitze mit Nummern und 8 mit Buchstaben versehen – ideal für flache Arbeiten.

Achteckige Scheiben funktionieren gleich wie runde Scheiben.

Zierelemente

Die Auswahl an Endstücken und Verschlüssen ist variantenreich und schier endlos, vom normalen bis hin zum Edelmetall. Verderben Sie Ihre Kreation nicht, indem Sie minderwertige Zierstücke verwenden, die eventuell anlaufen!

Endstücke und Verschlüsse (1)
In Japan speziell für Kumihimo entworfene Endstücke und Verschlüsse haben meist hohe Qualität und sind leicht in der Anwendung. Da sie im Set geliefert werden, muss man sie nur noch an die Enden des fertigen Zopfes kleben. Sie sind in Gold- oder Silbertönen in den Größen 5, 8 und 10 mm mit integrierten Kugelgelenk-Schließen erhältlich.

Perlenkappen oder -kegel (2)
Perlenkappen oder -kegel sind tolle Alternativen zu den Standardendkappen. Sie sind meist dekorativer und verleihen Ihrer Arbeit einen sehr schicken Eindruck. Die Auswahl ist riesig.

Magnetische Endstücke (3)
Magnetische Endstücke gibt es im Set in silber- oder goldfarbenem Metall. Die Größen variieren von 5–6,5 mm. Sie sind ideal für preiswerte, aber dekorative Schmuckstücke.

Enden für flache Bänder (4)
Luxuriöse Bandklemmen, die speziell für flache Zöpfe entworfen wurden, gibt es in den verschiedensten Farben und Größen. Es gibt sie in Einzelteilen, die noch zusammengefügt werden müssen, sodass sie dem Flechter so die Möglichkeit geben, die Klemmen ganz nach seiner Wahl auszusuchen. Sie können in der Handhabung vor allem für Einsteiger ein bisschen schwierig sein. Die Enden werden übergestülpt und sind mit kleinen Zähnen versehen, die den Zopf festhalten. Tragen Sie ein wenig Klebstoff auf den Zopf auf, bevor Sie die Klemme mit einer Zange festdrücken.

Selbst zusammengestellte Endkappen (5)
Sie können die Endkappen in Einzelteilen kaufen und selbst zusammensetzen. Es gibt eine riesige Auswahl in verschiedensten Farben und Größen, sodass Sie für Ihre Arbeit ganz bestimmte Schließen auswählen können.

Verschlüsse (6)
Suchen Sie sich einen Verschluss, der dem Stil Ihres Schmuckstücks entspricht – etwa einen Karabiner, eine Fibel oder eine Schmuckschließe. Schmuckschließen sind mehr Teil des Schmuckstücks als nur eine praktische Art, die Arbeit abzuschließen.

Weitere Zierstücke
In einigen Arbeiten werden Schlüsselring-Enden oder Handyanhänger verwendet. Um diese herzustellen, nehmen Sie ein Set aus Enden auseinander und bringen Sie sie an der entsprechenden Stelle an, um das Schmuckstück fertigzustellen.

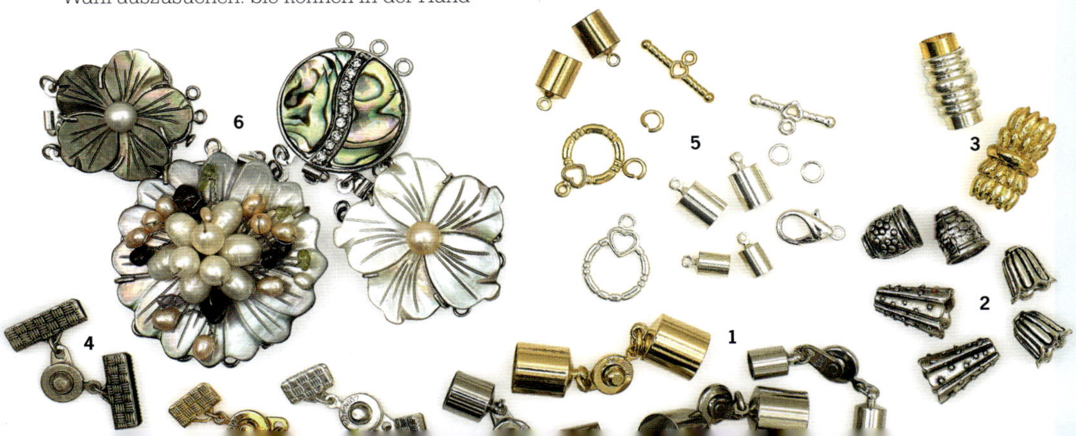

Werkzeuge und Materialien

Zweifelsohne haben Sie Werkzeuge wie Schere, Klebeband, Maßband und Nadeln zur Hand. Wenn Sie schon mit Perlen arbeiten, haben Sie wahrscheinlich auch die hierfür notwendigen Hilfsmittel zuhause. Darüber hinaus brauchen Sie noch Folgendes:

Spulen
Die besten Spulen sind Kumihimo-Garnspulen aus Plastik. Sie sind eine gute Möglichkeit, ein Verheddern der Fäden oder ein Herunterrutschen der Perlen vom Draht zu verhindern. Sie sind ein wichtiges Accessoire für Flechter aller Schwierigkeitsgrade und es gibt sie in den Größen klein (4,5 cm), mittel (6 cm) und groß (9 cm). Die kleinen lassen sich stapeln, was sehr praktisch ist, wenn sie gerade nicht in Verwendung sind. Ich empfehle, ab Fadenlängen von 1 Meter Spulen zu verwenden.

Starkes Garn zum Umwickeln
Das Garn zum Umwickeln sieht man nicht mehr, wenn es in die Endkappen geklebt wird, aber das falsche Garn kann dazu führen, dass das Flechtwerk sich auftrennt, noch bevor Sie die Endkappen angebracht haben. Handquiltgarn ist ideal, da es aus baumwollüberzogenem Polyester besteht. Sie können auch ein starkes Garn für Perlenarbeiten verwenden, wie etwa Nymo, einen Nylonfaden.

Klebstoff
Einige Klebstoffe zum Basteln und Handarbeiten halten die Fäden nicht im Metallende und andere trocknen nicht rückstandsfrei. Wenn Sie einen empfohlenen Klebstoff nicht bekommen können und im Zweifel sind, testen Sie Ihren Ersatz zuerst.

Perlensortierbrett
Ein gerades Brett erlaubt es Ihnen, Perlen leicht zu sortieren und mit einer Perlennadel aufzufädeln.

Werkzeug für Perlenarbeiten
Basiswerkzeug wie Spitzzange, Flachzange und Schmuckzange, Perlenschaufel und Fadenabschneider kann bei perlenbesetzten Flechtarbeiten, dem Öffnen und Schließen von Binderingen oder dem Anbringen von Perlenkappen hilfreich sein.

Perlennadeln und Nadeln mit großem Öhr
Es gibt einige Marken, Größen und Arten von Perlennadeln, und wenn Sie schon mit Perlen arbeiten, haben Sie wohl schon Ihren Liebling gefunden. Bei Nadeln mit großem Öhr liebe ich die gebogenen, allerdings ist jede Nadel mit großem Öhr aus Metall in Ordnung. Sie können verwendet werden, um Perlen mit sehr großen Löchern aufzufädeln.

Garne

Japanische Flechtarbeiten oder Kumihimo können mit beinahe jedem Garn oder jeder Faser hergestellt werden. Es gibt aber ein paar Richtlinien, an die sich Anfänger halten können.

> **Tipp**
> Zur Abwechslung können Sie mit Papierkordel, Paracord, Draht oder Plastikschnur flechten. Die Möglichkeiten sind schier endlos.

Die am häufigsten verwendeten Garne sind traditionelle Kumihimo-Garne aus Seide, Synthetik und in Metallic-Optik, die es für jeden Geldbeutel gibt. Sie sind vorgeschnitten und fix und fertig für die sofortige Verwendung, sodass sie leicht zu verarbeiten sind.

Alternativen sind Seidenstickgarn, Baumwollperlgarn, Satinband und verschiedene Bänder. Glatte Garne, Effektgarne und Mischungen daraus sorgen für interessante Texturen. Alle diese Garne müssen zugeschnitten werden oder in die für die Arbeit benötigte Fadenanzahl geteilt werden.

Die meisten Arbeiten in diesem Buch wurden mit Kumihimo-Garn geflochten. Sie sind als Seile mit vier Abschnitten erhältlich und für alle Schwierigkeitsgrade geeignet. Jeder Abschnitt besteht aus 39 individuellen Fäden, die der erfahrene Flechter auseinandernehmen kann, um sehr feine Zöpfe zu flechten. Dieses Garn wird weltweit fix und fertig verkauft. Auch die angebotene Farbvielfalt ist sehr ansprechend!

Für einige Arbeiten wurde das Seidengarn Exotic Lights von Colourstreams, eine stark glänzende, leicht gedrehte Alternative zu Baumwollperlgarn #8, verwendet. Wenn Sie eine Marke oder ein Garn ersetzen wollen, achten Sie darauf, dass es gleichwertig mit Baumwollperlgarn #3 ist. Exotic Lights und Ophir sind australische Produkte, die aber online erhältlich sind.

Um die Stärke des fertigen runden 8-strängigen Zopfes herauszufinden, verdrehen Sie 8 Fäden des gewählten Garnes miteinander. Ist es zu fein, verdoppeln Sie die Fäden und halbieren Sie sie, wenn es zu dick ist. Passen die Farben nicht zusammen, ändern Sie Ihre Auswahl. Es gibt kein „Richtig" oder „Falsch", alles hängt von Ihrem Garn und dem Look ab, den Sie sich wünschen.

Kombinieren Sie auch einmal verschiedene Garntypen! Ein 8-strängiger Zopf hat Fäden in 8 Positionen, aber nichts schreibt Ihnen vor, immer denselben Garntyp verwenden zu müssen. Sie können sogar 8 verschiedene Garne verwenden, um der Arbeit den gewünschten Stil zu verleihen.

Die Beispiele zeigen eine kleine Auswahl an Texturen, die durch das Ändern des Garntyps erreicht werden können. Auch Garne, die in sich schon Textureffekte haben, können verwendet werden (s. Halskette „Frou-Frou" auf S. 72)

Mit Kumihimo-Garn arbeiten

Kumihimo-Garn wird in Seilen mit 4 Abschnitten geliefert, wobei jeder Abschnitt aus 39 Einzelfäden besteht. Die Länge dieser Fäden beträgt 2,7 m. Da das Garn in 4 Abschnitte geteilt ist, müssen Sie diese für einen 8-strängigen Zopf nur auf die Scheibe in Startposition legen, in der Mitte verknoten und schon können Sie loslegen!

Achten Sie darauf, das Garn gerade zu halten, damit sich die feinen Fäden nicht verknoten. Streichen Sie die einzelnen Abschnitte aus, indem Sie mit Daumen und Zeigefinger hindurchfahren wie beim Ausstreichen eines Pferdeschwanzes. Es kann sein, dass Sie diesen Prozess einige Male wiederholen müssen. Haben Sie Geduld und arbeiten Sie langsam.

Falls Sie mit weniger Einzelfäden arbeiten möchten, lösen Sie die Anzahl der gewünschten Fäden aus dem Strang. Achten Sie darauf, mit gutem Licht zu arbeiten und ziehen Sie die Fäden seitlich heraus, da sich sonst das Risiko des Verknotens erhöht. Wenn die Fäden sich verdrehen, halten Sie inne, ziehen Sie sie vorsichtig entlang der Länge zurück, glätten Sie sie und beginnen Sie von vorne. Verheddern sie sich erneut, ziehen Sie einen Faden nach dem anderen heraus (hier brauchen Sie das gute Licht).

Wenn Sie die Abschnitte in der Mitte durchschneiden möchten, verknoten Sie beide Enden

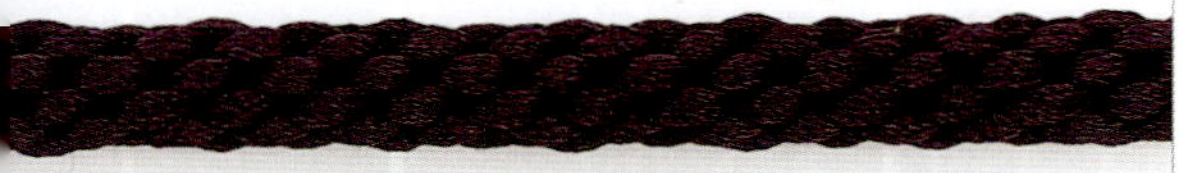

Traditionelles Kumihimo-Garn, auch Imposter genannt. Das Ergebnis ist ein glattes und glänzendes Flechtwerk.

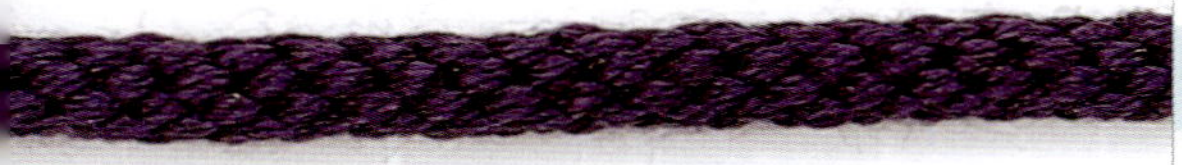

Seidengarn Exotic Lights (Stickgarn). Das Flechtwerk glänzt nach wie vor, wird aber nicht so dick wie mit Kumihimo-Garn.

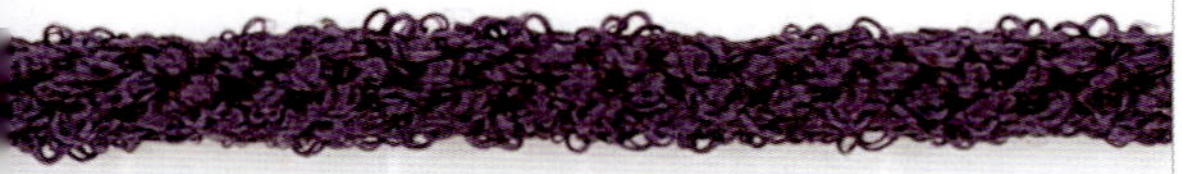

Stickband Das Ergebnis ist eine Flechtarbeit mit einer schönen Textur.

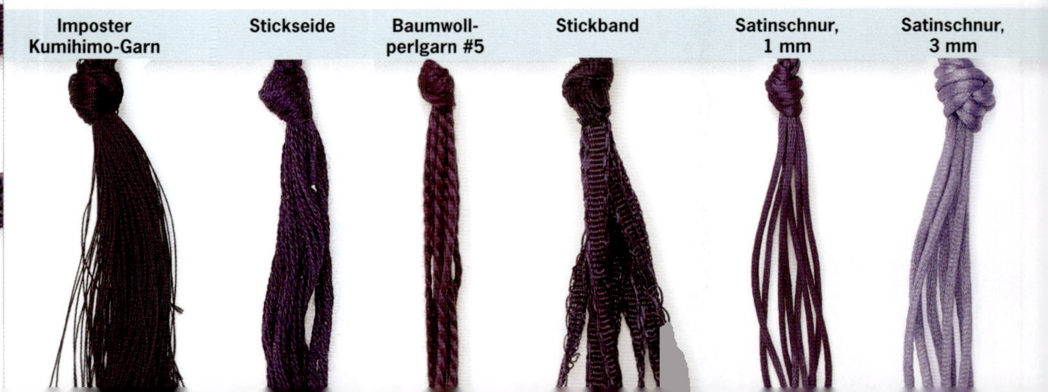

VOR dem Schneiden. Verwenden Sie mit diesem Garn immer Spulen.

Die Tabelle hält sich an einen runden, 8-strängigen Zopf (s. S. 36), da dies der gängigste und einfachste Kumihimo-Zopf ist. Je nach Garn wird der geschätzte Durchmesser eines Zopfes angegeben.

Für einen dickeren Zopf mit demselben Garn nehmen Sie entweder alle Fäden doppelt oder flechten Sie einen runden 16-strängigen Zopf (s. S. 42).

Benutzen Sie nur die Hälfte der Fäden, um eine feinere Flechtarbeit mit derselben Stranganzahl zu flechten, oder flechten Sie einen runden 4-strängigen Zopf auf der Scheibe (s. S. 46).

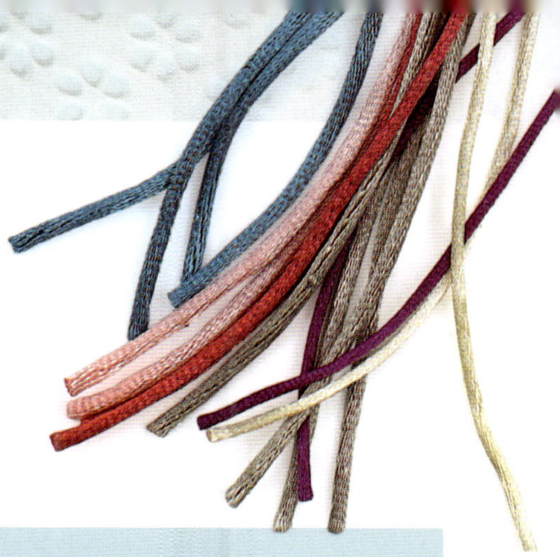

Garntabelle für den 8-strängigen Zopf

GARNTYP	PROS	CONTRAS	FÄDEN PRO SCHLITZ	Ø WENN FERTIG (CA.)
Kumihimo-Garn	Kann gleich auf die Scheibe	Vorsicht nötig beim Separieren einzelner Fäden	39	5 mm
Metallic-Kumihimo-Garn	Kann gleich auf die Scheibe oder mit einfacheren Fäden gemischt werden	Vorsicht nötig beim Separieren einzelner Fäden	39	6 mm
Feine Seide (Ophir)	Kann leicht in 8 Teile geschnitten werden, ideal für Flechten mit Perlen	Nur für dünne Arbeiten geeignet	1	3 mm
Dickere Seide (Exotic Lights)	Kann leicht in 8 Teile geschnitten werden, starker Glanz	Nur in Knäueln zu 8 m	1	3 mm
Perlgarn #5	Preiswert und leicht erhältlich	Muss doppelt genommen werden.	1	3 mm
Perlgarn #3	Preiswert und leicht erhältlich	Ergebnis leicht unregelmäßig	1	3 mm
Seidenstickgarn/ 8-fädig	Preiswert und leicht erhältlich	Nur für dünne Arbeiten geeignet	8	3 mm
Seidenband 3 mm	Feine Textur	Nicht für glatte Ergebnisse geeignet	1	3 mm
Seidenkordel 1 mm	Schnell und preiswert	Festes Geflecht	1	5 mm
Seidenkordel 3 mm	Schnell zu verflechten	Sehr festes Geflecht, erfordert viel mehr Garn	1	10 mm

Perlen

Perlen verschiedenster Art, Größe und Form können in Kumihimo-Arbeiten eingeflochten werden, um das Erscheinungsbild des Geflechts zu veredeln.

Der beste Ratschlag hinsichtlich der Auswahl von Perlen ist, immer Perlen der höchsten in Ihr Budget passenden Qualität auszuwählen, ganz egal, um welche Art von Perlen es sich handelt. Wenn Sie sich dafür entscheiden, Perlen in Ihr Flechtwerk einzuarbeiten, denken Sie daran, wie die Perlen verwendet werden sollen. Sie können direkt auf die Fäden, die zum Flechten verwendet werden, gefädelt werden oder später angenäht werden. Oft bedingt die Art der Verarbeitung auch die Größe des Lochs der Perle.

Am gängigsten und auch am leichtesten erhältlich und dazu noch günstig sind japanische Stickperlen, deren Löcher meistens auch recht groß sind, sodass sie sich leicht auf die entsprechenden Flechtfäden fädeln lassen. Andere Perlen, die sich gut mit Kumihimo kombinieren lassen, sind verschiedenste tschechische Glasperlen. Mundgeblasene Glasperlen, Strass und echte Perlen verleihen dem Konzept der perlenbesetzten Flechtarbeiten eine ganz neue Bedeutung. Sie können verwendet werden, um einen einheitlichen Look zu erschaffen oder aber auch um besondere Einzelstücke aus kreativen Zöpfen zu gestalten. Stränge aus Perlen, kleinen Halbedelsteinen und winzigen Stickperlen können verflochten werden um einen Zopf aus Perlen zu gestalten. Die Perlen müssen auf längere Fäden aufgefädelt werden, damit sie als Flechtschnur verwendet werden können.

Um eine Flechtarbeit zu verzieren, können Sie etwa Cabochons oder Anhänger anbringen oder einfach Stiftperlen annähen.

Perlenarten

Jede Perlenform kann in Kumihimo eingearbeitet werden. Ihren Möglichkeiten sind keine Grenzen gesetzt. Wenn Sie ein Flechteinsteiger sind, beginnen Sie am besten mit glatten, runden Stickperlen und flechten Sie sich durch alle hier beschriebenen Arten durch.

Japanische Stickperlen (1)

Die Größen sind einheitlich und die Löcher größer und sauberer geschnitten als die anderer Stickperlen. Die einheitlichen Formen spielen eine wichtige Rolle für das Erscheinungsbild, da die Perlen gleichmäßiger verteilt werden, vor allem dann, wenn sie für ein reines Perlengeflecht verwendet werden.

Kumihimo eignet sich für eine riesige Bandbreite an Perlen, die als Stickperlen klassifiziert sind. Diese Kategorie schließt runde, dreieckige, tropfenförmige und Magatama-Perlen mit ein.

Tschechische Glasperlen (2)

Die Formen in dieser Kategorie schließen paddelförmige Perlen, Blüten, Dolchperlen und Rizo-Perlen ein. Sie verleihen der Arbeit ein plastischeres Erscheinungsbild und können mit anderen Perlen oder alleine verwendet werden. Da die Löcher für gewöhnlich recht klein sind, ist es am besten, feines Garn wie Stickgarn oder Seide zu verwenden.

Glasperlen (3)

Eine Vielzahl an Perlenformen fällt in diese Kategorie. Es handelt sich dabei um größere Perlen, die in verschiedenen Formen und Größen erhältlich sind. Das Loch ist für gewöhnlich recht groß, weshalb es leicht ist, die Perlen auf jedes Flechtgarn zu fädeln. Verwenden Sie sie, um der Arbeit ein gleichmäßiges Erscheinungsbild zu verleihen, oder kombinieren Sie sie wie in den individuellen Flechtmustern im Abschnitt Schmuckstücke (siehe Seite 114–123). Verwenden Sie die qualitativ hochwertigsten Perlen, die Sie bekommen können und die in Ihrem Budget

Perlen einflechten

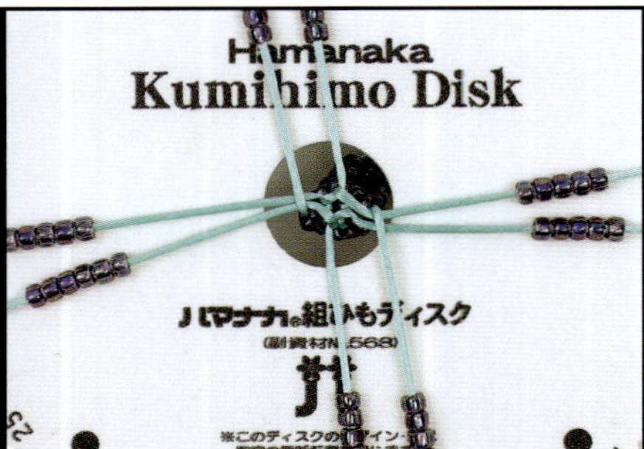

Fädeln Sie die Perlen auf alle Fäden, bevor Sie mit dem Flechten beginnen, und schieben Sie sie während des Flechtens ein (siehe Seite 27).

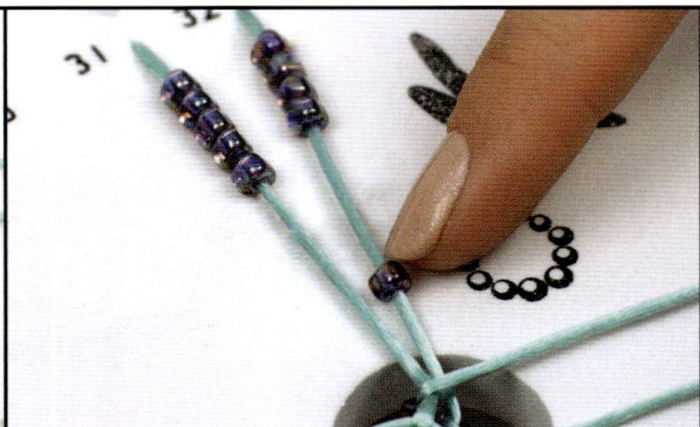

Fädeln Sie die Perlen auf einige Fäden im Voraus und schieben Sie sie ein, wenn Sie bei ihnen ankommen (siehe Seite 27).

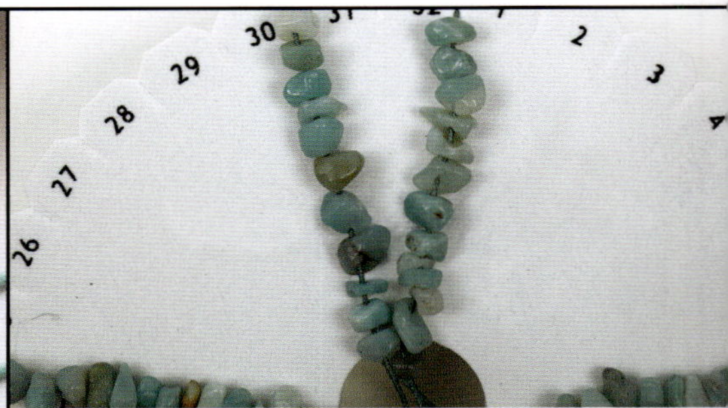

Flechten mit Perlensträngen

liegen, vorzugsweise von einem ortsansässigen Kunsthandwerker, wie etwa bei der geflochtenen Halskette „Blütentraum“ auf Seite 110.

Echte Perlen (4)

Perlen eignen sich bestens für jeden Kumihimo-Zopf. Es gibt sie in einigen recht ungewöhnlichen Formen und sie werden für gewöhnlich in Strängen zu 40 cm verkauft. Sie können einzeln oder im Strang verwendet werden, wie etwa bei der Halskette „Rosa Perlen und gedrehter Zopf“ auf Seite 98. Die Löcher in den Perlen sind sehr klein, also fädeln Sie die Perlen auf feines Stickgarn oder Seide.

Gebohrte Halbedelsteine (5)

In diese Kategorie fallen Hämatit, Aventurin und Rosenquarz. Sie sind meistens entweder runde Perlen oder Splitter. Die Splitter können aneinander gereiht werden, während die runden Perlen ideal sind, um Stück für Stück in das Flechtstück eingearbeitet zu werden.

Anhänger (6)

Die Auswahl an Anhängern ist überwältigend. Achten Sie immer darauf, dass der Ring des Anhängers über den fertigen Zopf passt. Verwenden Sie dafür einfach einen Garnrest, fädeln ihn am Beginn der Arbeit in den Ring und schieben damit den Anhänger auf die Flechtarbeit.

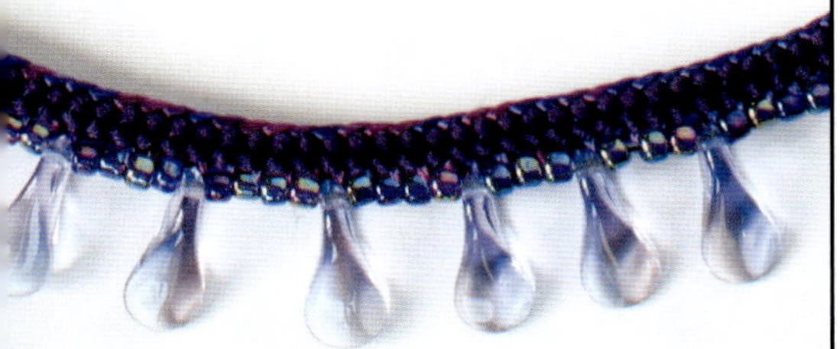

Nähen Sie die Perlen an die fertige Arbeit an oder fügen Sie einen Anhänger hinzu.

Strass

Kombinieren Sie Strassperlen mit anderen Perlen oder verwenden Sie sie allein. Das Ergebnis ist immer sehr ansprechend. Strass sieht vor allem mit Perlen sehr gut aus.

Cabochons mit Perlen

Dies ist eine hübsche Art, das Flechten und die Arbeit mit Perlen zu kombinieren. Die Cabochons mit Perlen können als Anhänger verwendet werden. Alternativ können Sie den Stein mit einem sehr feinen Zopf einfassen.

Garn für Flechtarbeiten mit Perlen

Für welches Garn auch immer Sie sich entscheiden, der Faden mit den Perlen muss etwa dreimal so lang sein wie die fertige Arbeit, damit er lang genug für die Perlen ist. Das Garn muss leicht durch das Loch passen, ohne dass die Perle sich daran reibt oder sich einzelne Fasern lösen.

- Verwenden Sie dasselbe Garn wie für den Rest der Arbeit, vor allem, wenn das Garn sichtbar ist.
- Verwenden Sie Flechtgarn wie C-Lon, wenn das Garn nicht sichtbar ist.
- Verwenden Sie Garn für Perlenarbeiten wie Nymo oder Handquiltgarn.
- Verwenden Sie sehr feines Seidenstickgarn.

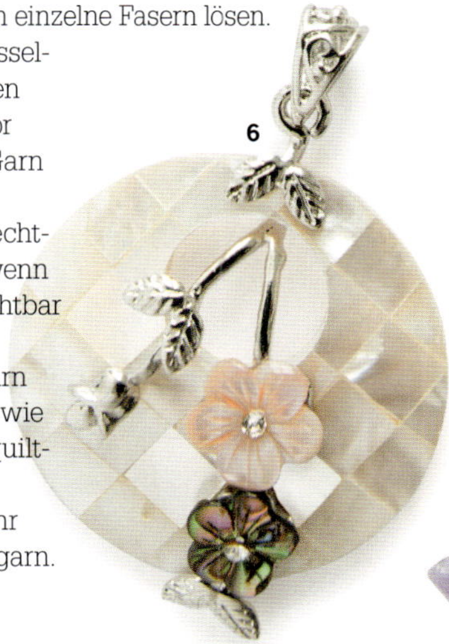

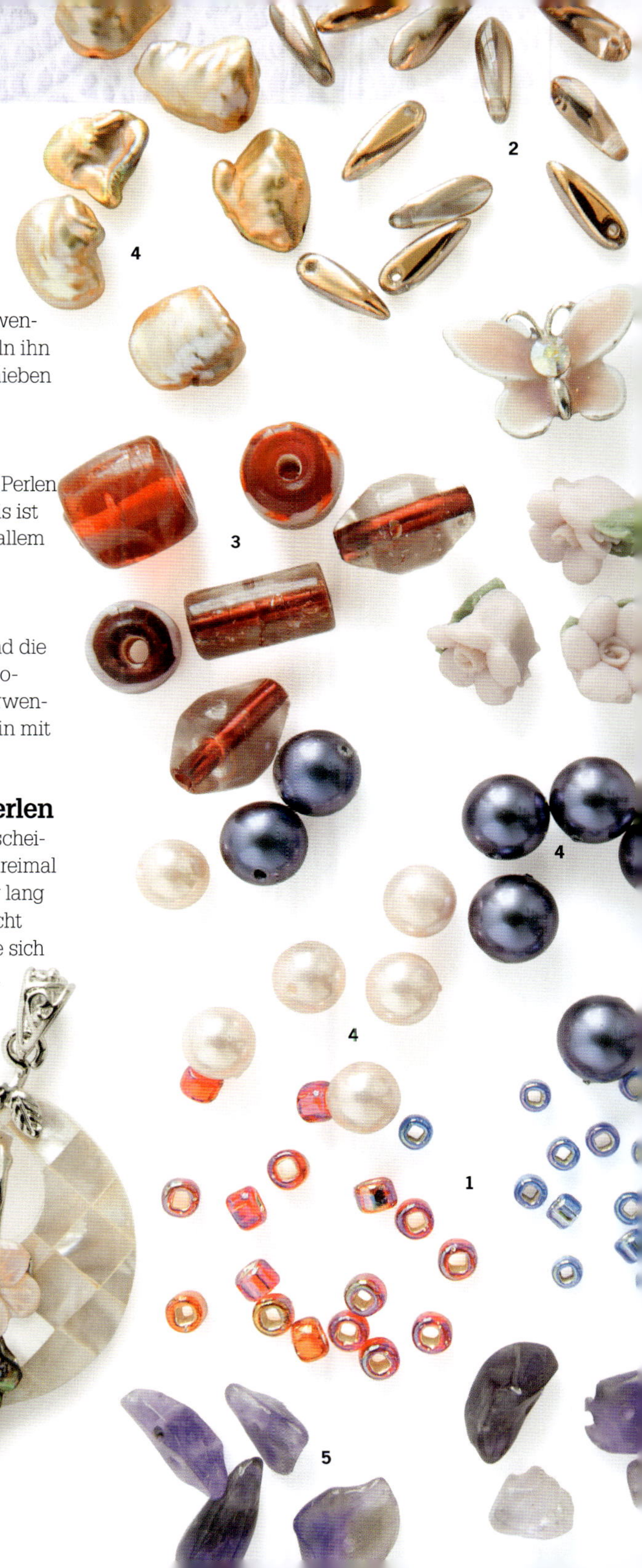

Garn- und Perlenmenge schätzen

Es gibt ein paar leichte Berechnungen, mit deren Hilfe Sie kalkulieren können, wieviel Garn und wieviele Perlen Sie für ein bestimmtes Flechtstück benötigen.

Garnmenge abschätzen

Als Faustregel zum Berechnen der Garnmenge für eine 60 cm lange Halskette, die rund mit 8 Strängen geflochten wird, gilt, dass die Länge des Garns auf jeder Position auf der Scheibe doppelt so lang sein muss wie das Endergebnis = 120 cm. Multiplizieren Sie diese Zahl mit der Anzahl an belegten Positionen oder Spulen (8 Stück für einen 8-strängigen Zopf) = 9,75 m

Garnmenge runder 8-strängiger Zopf = (fertige Länge x 2) x Anzahl an belegten Positionen/Spulen

Wenn möglich, schneiden Sie die Fäden immer länger als erforderlich zu und flechten Sie bis zum Ende des Fadens. Ein Garnknäuel von 5 m kann zum Beispiel besser in acht gleich lange Teile geschnitten werden als in 8 x 50 cm, womit Sie dann etwa 1 m Garn verschwenden. Überschüssiges Flechtwerk kann abgeschnitten werden und für kleine Arbeiten oder als Muster verwendet werden oder das Schmuckstück auch einfach ein bisschen verlängern.

Die Verwendung von verdrilltem Kumihimo-Garn

Kumihimo-Garn gibt es als verdrilltes Seil zu je vier Abschnitten mit 2,7 m Länge. Legen Sie die Scheibe vor sich hin und beginnen Sie mit einem sauberen Ende (siehe Seite 29), sodass auf jeder Position ein Faden von 133 cm zu liegen kommt. Teilen Sie dieses Maß durch zwei und die geschätzte Länge des fertigen 8-strängigen Zopfes ergibt etwa 66 cm, ist also perfekt für unseren 60 cm langen Beispielzopf.

Um eine längere Kette mit diesem Garn in diesem Muster zu flechten, beginnen Sie mit acht Garnabschnitten, die mit einem Überhandknoten zusammengeknotet sind (siehe Seite 22). In diesem Fall braucht das Garn auf jeder Position eine Länge von 2,7 m. Dies ergibt einen runden 8-strängigen Zopf von etwa 133 cm Länge. Arbeiten Sie auf diese Weise, wenn Ihr Schmuckstück Quasten haben soll.

Eine Anmerkung über Spannung

Das Tolle an Schaumstoffscheiben ist, dass die Schlitze die Spannung erhalten und Sie kein Gewicht benötigen. Bei den einfachen, runden Flechtarbeiten, bei denen die Scheibe während des Flechtens festgehalten wird, muss der Zopf nachgespannt werden, indem Sie ihn sachte in seine ganze Länge ziehen. Den Unterschied können Sie in den Beispielen auf der nächsten Seite sehen. Bei den meisten anderen Flechtarbeiten und auch bei der quadratischen Scheibe wird die Flechtarbeit unter der Scheibe gehalten, sodass sie als Gegengewicht fungiert und durch das Ziehen keine weitere Länge gewonnen werden kann.

Perlenmenge abschätzen

Die beste Art, die Perlenmenge für ein bestimmtes Schmuckstück zu bestimmen, ist das Flechten einer Probearbeit in diesem Muster für eine Länge von etwa 2,5 cm und dann von diesem Stück ausgehend die Perlenmenge zu berechnen. Wenn Sie die Perlen oder auch ähnliche Perlen noch nicht zur Hand haben, um einen Probezopf zu flechten und sie auch keiner Anleitung aus den hier gezeigten Arbeiten folgen, arbeiten Sie mit der Tabelle auf der

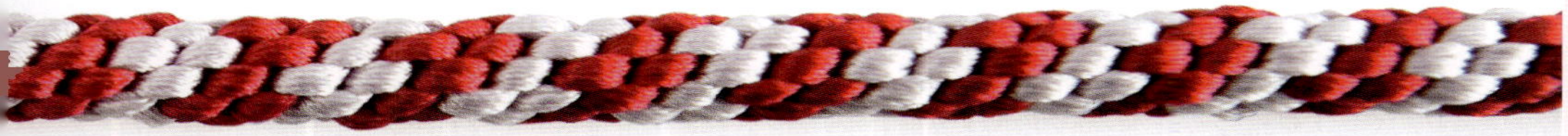

Einfacher runder 8-strängiger Zopf in zwei Farben mit vier Strängen in Farbe A und vier in Farbe B. Wenn die fertige Kette 60 cm lang sein soll, werden viermal 120 cm Garn in Farbe A und viermal 120 cm in Farbe B benötigt.

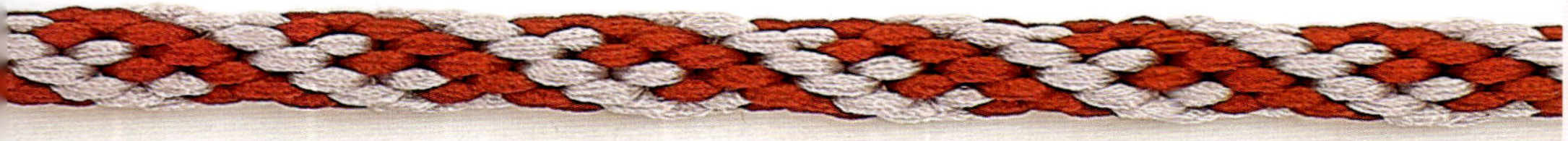

Komplexer runder 12-strängiger Zopf in denselben beiden Farben und demselben Garn. 6 Stränge in Farbe A und 6 in Farbe B. Diesmal werden für eine 60 cm lange Halskette sechsmal 120 cm Garn in Farbe A und sechsmal 120 cm in Farbe B benötigt.

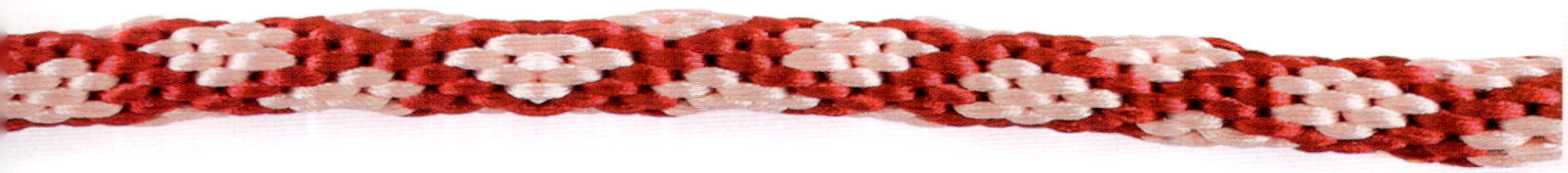

Sehr komplexer runder 16-strängiger Zopf in denselben beiden Farben und demselben Garn. 8 Stränge in Farbe A und 8 in Farbe B. Für eine 60 cm lange Halskette werden achtmal 120 cm Garn in Farbe A und achtmal 120 cm in Farbe B benötigt.

nächsten Seite. Wenn Sie 20 Perlen für 2,5 cm Flechtwerk gebraucht haben, ist die Berechnung für eine Kette von 60 cm folgende:

(20 Perlen : 2,5 cm) x 60 cm = 480 Perlen

Diese Berechnung funktioniert für die meisten Perlentypen und lässt sich für alle Flechtmuster anwenden.

Das Flechten eines Probestücks hilft Ihnen dabei, herauszufinden, ob Sie mit dem Endergebnis zufrieden sein werden.

Eine weitere Art, die Perlenmenge zu bestimmen, ist 10 Perlen auf jeden Strang zu fädeln, der perlenbesetzt sein soll, und dann die Länge des geflochtenen Stücks abzumessen. Rechnen Sie von diesem Wert ausgehend. Wenn Sie also mit acht Strängen und je 10 Perlen einen Zopf von 10 cm flechten, ergibt die Berechnung für 60 cm folgendes:

8 Fäden x 10 Perlen = 80 Perlen : 10 cm x 60 cm = 480 Perlen gleichmäßig auf 8 Fäden verteilt.

Was diese Berechnungen Ihnen aber nicht sagen können, ist das benötigte Gewicht der Perlen. Es gibt viele Faktoren, die bei Stickperlen mitspielen. Die Anzahl kann je nach Marke, Verarbeitung und Qualität der Perlen variieren.

WIEVIELE PERLEN SIE KAUFEN MÜSSEN

Geschätztes Gewicht von Perlen für eine 50 cm lange, runde, 8-strängige Kette

Größe der Perlen	Perlen pro Gramm	Perlen pro 2,5 cm Zopf	Geschätztes Gewicht
11	110	68	1.360 Perlen = **15 g**
8	40	56	1.120 Perlen = **30 g**
6	12–16	40	800 Perlen = **50 g**

Die Tabelle oben rechts liefert Ihnen einen sehr groben Überblick. Darauf basierend würden Sie für die 60 cm lange Kette mit Perlen der Größe 6 etwa 40 g = 480 Perlen benötigen. Bei Perlen der Größe 8 ergäben etwa 12 g 480 Perlen.

Für Perlenstränge entwerfen Sie Ihr Flechtwerk so, dass Sie die Perlen anpassen können. Dies kann heißen, dass Sie den perlenbesetzten Abschnitt zuerst gestalten, wie das auch beim Collier „Zauberhafte Perlen" auf Seite 114 der Fall ist.

Weitere Faktoren, die die Berechnung beeinflussen

Die benötigte Garnmenge hängt von einigen Faktoren ab, wie der Art und Dicke des Garns, dem Flechtmuster und der Technik, die für Anfang und Ende verwendet wird. Je dünner das Garn ist, umso länger wird der Zopf. Je komplexer der Zopf ist, umso mehr Garn wird verbraucht. Auch das Beginnen und Enden mit Quasten erfordert mehr Garn.

Rechnen Sie bei komplexeren und aus Perlen bestehenden Arbeiten mit der 2,5–3-fachen Länge, multipliziert mit der Anzahl der belegten Positionen auf der Scheibe.

Tipp

Lassen Sie unabhängig vom Perlentypus immer eine Reserve, damit Ihnen die Perlen nicht ausgehen.

Vorher

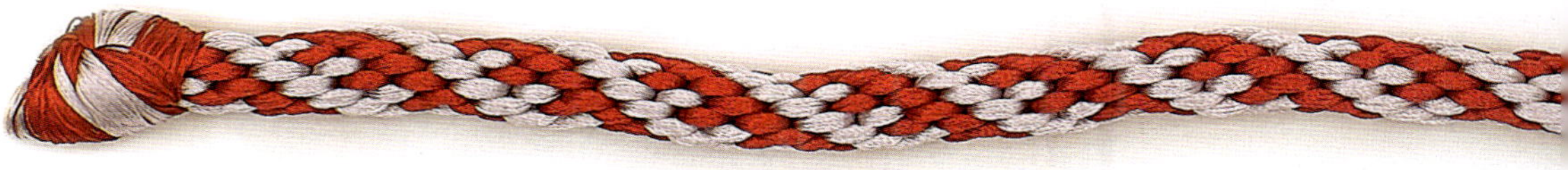

Nachher

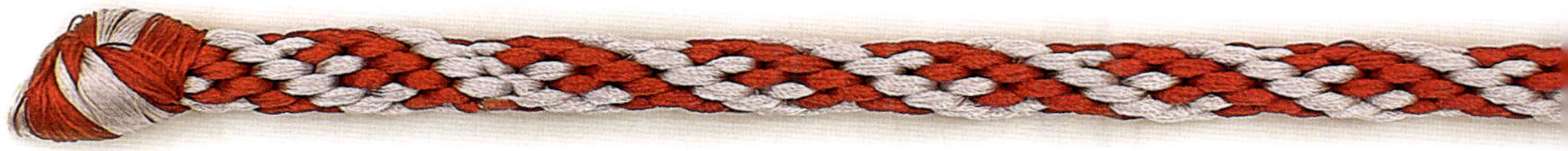

Vorher-Nachher-Beispiele zur Spannung
Das obere Beispiel ist ein runder 12-strängiger Zopf, der direkt von der Scheibe genommen wurde. Das untere Beispiel zeigt denselben Zopf, nachdem er auf seine volle Länge gezogen wurde. So entsteht die fertige Länge einer Flechtarbeit. Achten Sie darauf, wie die Flechtstruktur sich vereinheitlicht hat.

Flechtwerke designen

Zuerst müssen Sie entscheiden, was Sie flechten wollen. Denken Sie sich dann aus, wie Ihr Schmuckstück aussehen soll und welche Materialien, Farben und Flechtmuster Sie brauchen, um zum gewünschten Ergebnis zu kommen.

Erst wenn Sie die oben genannten Entscheidungen getroffen haben, können Sie mit dem Flechten beginnen. In anderen Worten: Das Flechten ist der letzte Arbeitsschritt des Designs. Nehmen Sie sich also die Zeit, um die richtigen Zutaten für Ihre Arbeit auszuwählen.

Die Entscheidung, was Sie machen wollen, ist wahrscheinlich der leichteste Teil und hier sehen wir uns einmal das Design einer Halskette an. Dafür müssen folgende Entscheidungen getroffen werden:

- Die Garnfarbe und -art (siehe Seite 12)
- Die fertige Länge
- Welches Flechtmuster entspricht am besten Ihren Vorstellungen?
- Soll es eine Kette mit oder ohne Perlen sein? Wenn Sie Perlen in das Design einarbeiten wollen, müssen Sie Farbe und Perlensorte aussuchen.
- Wie komplex soll der Zopf werden? Kommen die Perlen auch mit einer einfacheren Flechttechnik gut zur Geltung?
- Welche Eigenschaften soll das Schmuckstück haben? Wie sollen Anfang und Ende aussehen? Möchten Sie Metallenden verwenden, sodass das Flechtstück saubere Enden hat, oder möchten Sie lieber mit Quasten beginnen und enden?

Längen von Halsketten und Armbändern

Es gibt zahlreiche Standardlängen für Ketten und Armbänder, die für Sie hilfreich sein können, wenn Sie Ihr Design planen.

Abmessung für ein Armband:
Umfang des Armgelenkes plus 2,5 cm = fertige Länge.

Die Länge des Flechtwerkes ist die fertige Länge minus der beigefügte Verschluss.

Muster oder Flechtstruktur

Dinge, die Sie bedenken sollten, wenn Sie das Flechtmuster auswählen, sind folgende:

- Wie soll das fertige Schmuckstück aussehen?
- Welche Materialien werden verwendet, um dies zu erreichen?
- Wie komplex muss das Muster sein?
- Was ist der Blickfang des Schmuckstücks?
- Perlen, Garn oder Muster?

Wenn Sie diese Entscheidungen einmal getroffen haben, können Sie ein Kumihimo-Muster auswählen. Der einfachste runde 8-strängige Zopf kann die beste Wahl sein, wenn Sie aufwändige Garne oder Perlen verwenden. Bei glatten, glänzenden Seidengarnen kann das Flechtmuster aufwändiger sein, da die Struktur des Geflechts im Fokus liegt.

Je mehr Fadenpositionen belegt sind, umso komplexer wird das Muster, wie Sie anhand der Beispiele B und C sehen können. Beispiel D wird mit zwei Farben geflochten, aber die Struktur ist recht anspruchsvoll. Um dies zu erreichen, wird die Stärke der einzelnen Stränge variiert: Die roten Stränge sind doppelt so dick wie die im anderen Beispiel und die Metallic-Stränge haben nur ein Viertel der Stärke wie im Muster davor.

Farbe

Dies sollten Sie beachten, wenn Sie die Farben für Ihre Arbeit auswählen:

- Wie stellen Sie sich das fertige Schmuckstück vor?
- Wie gut passen die Farben zusammen?
- In welchem Verhältnis zueinander sollen die Farben verwendet werden?

Verschiedene Längen von Halsketten auf einer Büste

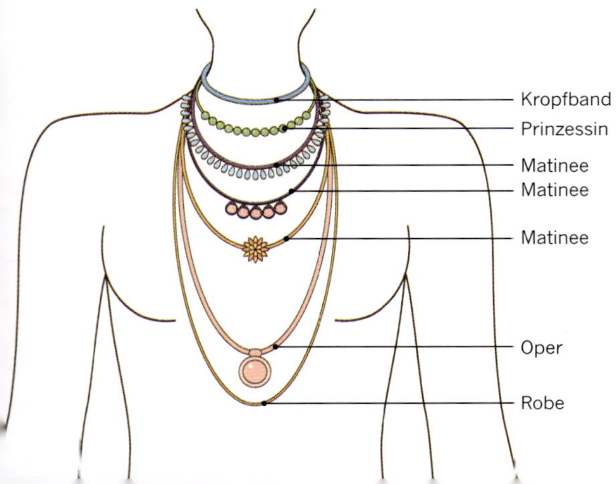

STANDARDLÄNGEN FÜR HALSKETTEN	**Kropfband**	40 cm
	Prinzessin	45 cm
	Matinee	50 cm
	Matinee	55 cm
	Matinee	60 cm
	Oper	75 cm
	Oper	90 cm
STANDARDLÄNGEN FÜR ARMBÄNDER	**Klein**	16 cm
	Mittel	18 cm
	Groß	19–20 cm

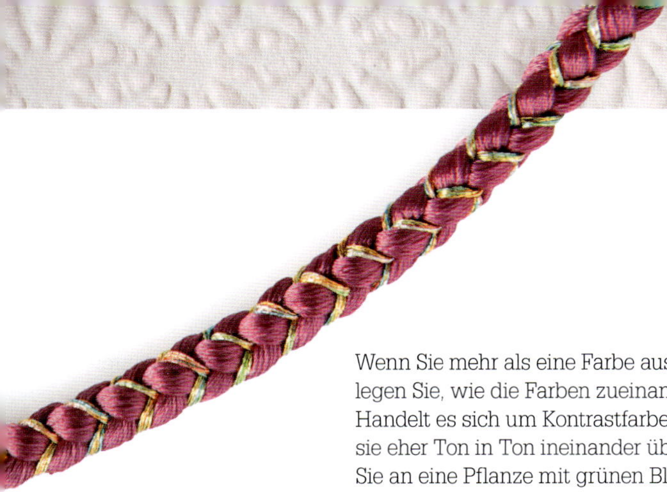

Wenn Sie mehr als eine Farbe auswählen, überlegen Sie, wie die Farben zueinanderpassen. Handelt es sich um Kontrastfarben oder greifen sie eher Ton in Ton ineinander über? Wenn Sie an eine Pflanze mit grünen Blättern und violetten Blüten denken, dann stehen die Farben einander im Farbenrad gegenüber und bilden so einen Kontrast (Komplementärfarben)

Kontrastfarben können Sie auch beim Halsband „Buntes Bleiglas“ auf Seite 66 sehen. Die Farben in den Fensterscheiben sind nur dann lichtdurchlässig, wenn Kontrastfarben oder Farben verschiedener Farbkarten verwendet werden. Zusammengehalten werden sie von einer dominanten Farbe – in diesem Fall Violett.

Die Farben Rot, Orange und Herbstgelb harmonieren miteinander, da sie sich nebeneinander auf dem Farbenrad befinden (Analogfarben). Ein perfektes Flechtbeispiel für Analogfarben ist der Zopf „Sonnenaufgang über Manhattan“ auf Seite 64, wo die Farben so zusammenspielen, dass sie eine goldene Schattierung erzeugen. Eine weitere Art, Farben harmonisch einzusetzen, ist das Verwenden von zwei Schattierungen einer Farbe (monochrom). So werden etwa zwei Farbtöne einer Farbe für das Lariat-Band „Türkis wie der Himmel“ verwendet, um die Struktur des Geflechts hervorzuheben.

Auch die Proportionen der Farben sind wichtig. Um die Struktur des Zopfes zu betonen, eignen sich zwei Farben in gleichem Verhältnis am besten. Um ein Muster innerhalb des Zopfes zu gestalten, verwenden Sie so viele Farben, wie notwendig sind, um das Muster darzustellen. Die Serie aus runden, 16-strängigen Zöpfen auf Seite 44 zeigt perfekte Beispiele dafür, wie notwendig die Farbproportionen sind, um ein Muster zu erkennen. Beim Diamantmuster ist beispielsweise der Umriss des Diamanten in einer Farbe und der Hintergrund in einer anderen Farbe geflochten – in unserem Beispiel hat jede Farbe gleich viele Fäden.

Beispiel A, ein einfacher runder 8-strängiger Zopf, betont das Flechtmuster. Die Startposition der einzelnen Stränge legt fest, welches Muster geflochten wird, weshalb es bereits vor dem Bestücken der Scheibe ausgewählt werden muss. Die Beispiele B und C sind immer noch zweifarbig mit gleichen Proportionen gehalten, aber es werden mehr Positionen auf der Scheibe verwendet. Beim runden 12-strängigen Zopf wurden 6 Stränge je Farbe verwendet, der runde 16-strängige Zopf wurde mit 8 Strängen je Farbe geflochten.

Die Textur des Zopfes wird durch die Proportionen der verwendeten Farben beeinflusst.

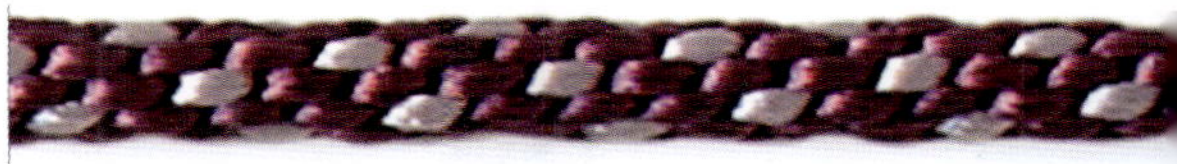

Beispiel A: Runder, 8-strängiger Zopf

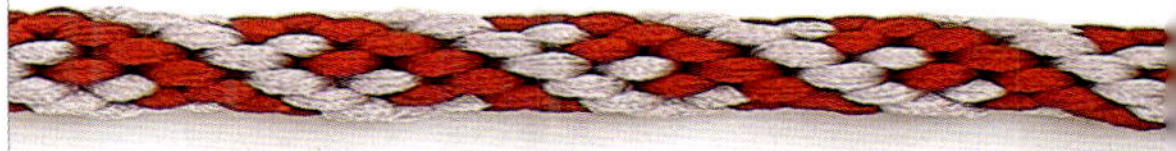

Beispiel B: Runde, 12-strängige schicke Spirale

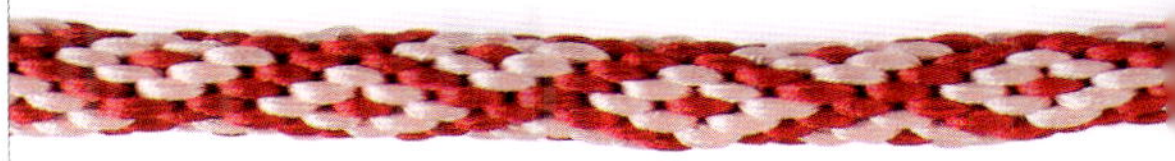

Beispiel C: Runder, 16-strängiger Diamantzopf

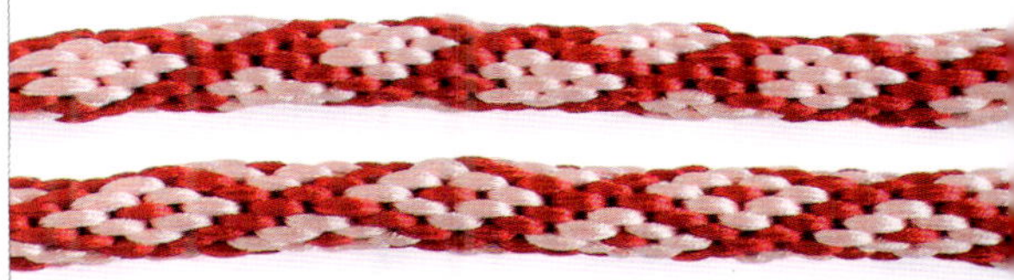

Für Herz- und Diamantmuster wird in jeder Farbe dieselbe Anzahl an Positionen verwendet.

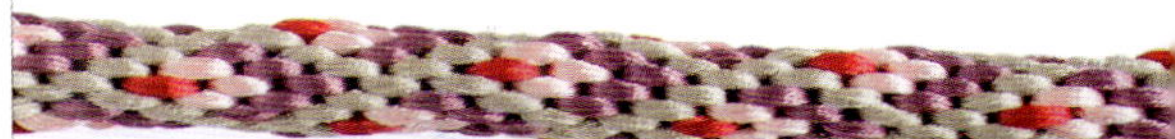

Die Flamme ist detailreicher, aber die Farbproportionen sind recht unterschiedlich, um das Feuer darzustellen.

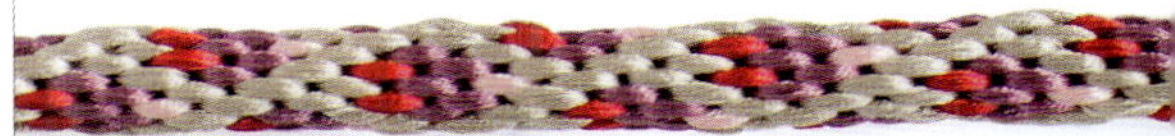

Der Baum hat mehr Details, braucht also mehr Farben zu gleichen Teilen.

Wird für den mittleren Strang dieselbe Farbe wie für den Umriss des Diamanten verwendet, wird die Diamantenform massiver, wenn 9 Stränge dafür verwendet werden, während 7 Stränge in der Hintergrundfarbe verflochten werden, was insgesamt 16 Stränge ergibt. Soll die Mitte überhaupt eine andere Farbe, etwa Gold, haben, wird ein Strang Gold, 8 Stränge für den Umriss des Diamanten und 7 Stränge für den Hintergrund verflochten, was wieder eine Summe von 16 Strängen ergibt.

Die Anzahl der Farben beeinflusst das Endergebnis des Musters, selbst wenn Sie denselben Zopf flechten. Experimentieren Sie mit der Anordnung von Farben.

Um herauszufinden, wo die Farben landen, wenn Sie die Scheibe bespannen, folgen Sie den Anleitungen im Abschnitt „Schmuckstücke" und experimentieren Sie, indem Sie sie rundherum austauschen, um zu sehen, wie das Ergebnis aussieht. Wenn Sie das Ergebnis mögen, notieren Sie sich die Anordnung.

Perlen

Es gibt viele verschiedene Perlen und die Formen und Größen wurden bereits auf Seite 14 im Detail erklärt. Dies sollten Sie allerdings

Das Farbenrad

Die Farbwahl kann länger dauern als das Flechten des Schmuckstücks. Verwenden Sie dieses Farbenrad, um sich die Wahl zu erleichtern.

Komplementärfarben liegen einander im Farbenrad direkt gegenüber. Diese Farben ergeben Designs, die hervorstechen. Um den Kontrast zu mildern, verwenden Sie die Analogfarben, die direkt danebenliegen.

Analogfarben sind Farben, die nebeneinander im Farbenrad liegen. Diese Farben harmonieren miteinander. Verbinden Sie sie mit einer neutralen Farbe.

Monochrome Farbschemata bedienen sich verschiedener Schattierungen ein und derselben Farbe. Achten Sie darauf, dass der Unterschied zwischen den Farbtönen groß genug ist, damit er auch sichtbar ist.

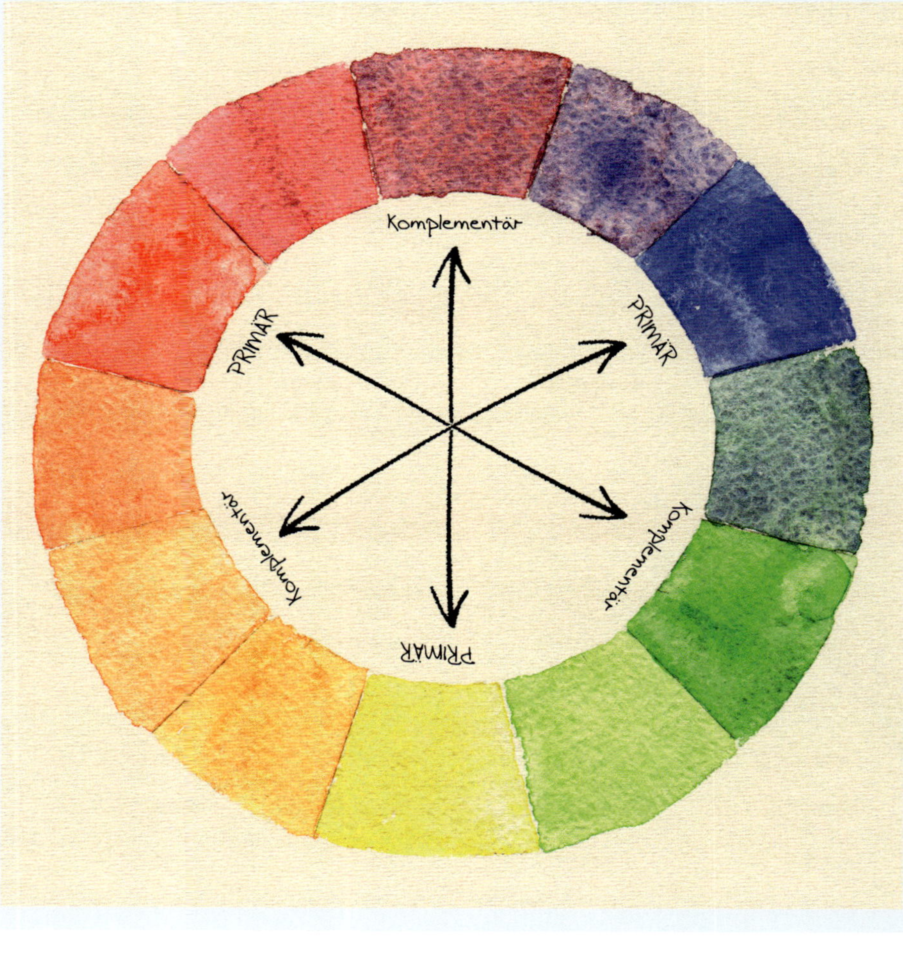

Kräftige Seide: Ist das Garn, das Sie gewählt haben, ein Seidengarn mit kräftiger Farbe oder ein sehr elegantes Garn, ist es am besten, die Arbeit in nur einer Farbe zu flechten, um den Blick auf das schöne Garn zu lenken. Oft eignet sich dazu ein runder 8-strängiger Zopf am besten.

Gemusterte Zöpfe und solche mit verschiedenen Texturen eignen sich dazu, mit mehr als nur einer Farbe zu arbeiten, um die Details des Flechtdesigns hervorzuheben. Die Farben können harmonieren, komplementär oder kontrastreich sein.

Metallic-Perlen und -Garne sorgen zusätzlich zum Farbschema für Reichhaltigkeit und Tiefe.

Schablonen

Verwenden Sie diese Schablonen, um Ihre eigenen Scheiben aus Karton anzufertigen. Sie können vergrößert werden oder weniger Schlitze haben – je nachdem, was Sie gerade benötigen (siehe Seite 10)

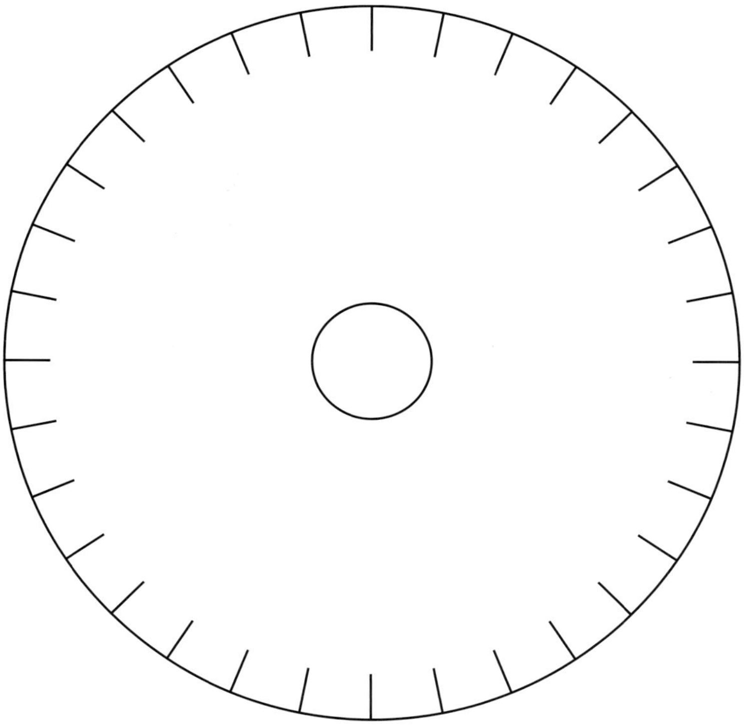

Runde Scheibe, 32 Schlitze

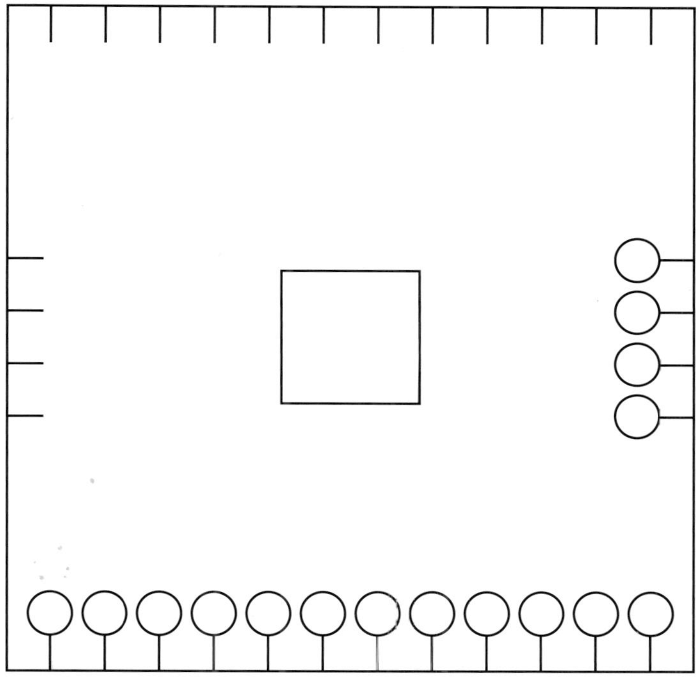

Quadratische Scheibe

Danksagungen

Ganz besonderer Dank geht an meine Familie und meine Freunde für ihre Geduld, ihre Unterstützung und ihre Ermutigungen sowie für ihre ständige Bereitschaft, sich Dinge zeigen und erklären zu lassen. Ich hätte das ohne euch nicht geschafft! Ich danke dem Team von Quarto dafür, dass es die Vision zu diesem Buch hatte. Es war mir eine Freude, mit euch zu arbeiten. Danke an Donna McKean von Riverside Beads (www.riversidebeads.co.uk), die mir bei den schrittweisen Anleitungen ein zweites Paar Hände geliehen hat und mich mit einigem an Equipment ausgestattet hat, das aus logistischen Gründen nicht aus Australien versendet werden konnte. Außerdem möchte ich folgenden Personen danken, da sie mir auf meinem Weg eine Inspirationsquelle waren:

Makiko Tada (Japan); Janis Saunders – Braiders Hand (USA) (www.braidershand.com); Joanne Ivy – Cranberry Beads (Australien) (www.crandberry.net.au), Robyn Alexander – ColourStreams (Australien) (www.colourstreams.com.au).

Schlussendlich danke ich meinen Schülern und Kunden für ihren Enthusiasmus. Alle Materialien, die in diesem Buch verwendet wurden, sind im Set oder einzeln bei Beth im Braid and Bead Studio und unter www.braidandbeadstudio.com erhältlich. Wenn Sie Rückfragen haben oder einfach nur ihre Kreation mit mir teilen möchten, senden Sie mir doch ein E-Mail unter beth@braidandbeadstudio.com

Stichwortverzeichnis

Fertigstellung der Halskette

1 Siehe Seite 30 für Anleitungen über das Beenden mit Endkappen.

2 Wenn nötig, verankern Sie überschüssige Fäden im Zopf und schneiden Sie sie zurecht.

Länge bei Fertigstellung: ca. 60 cm

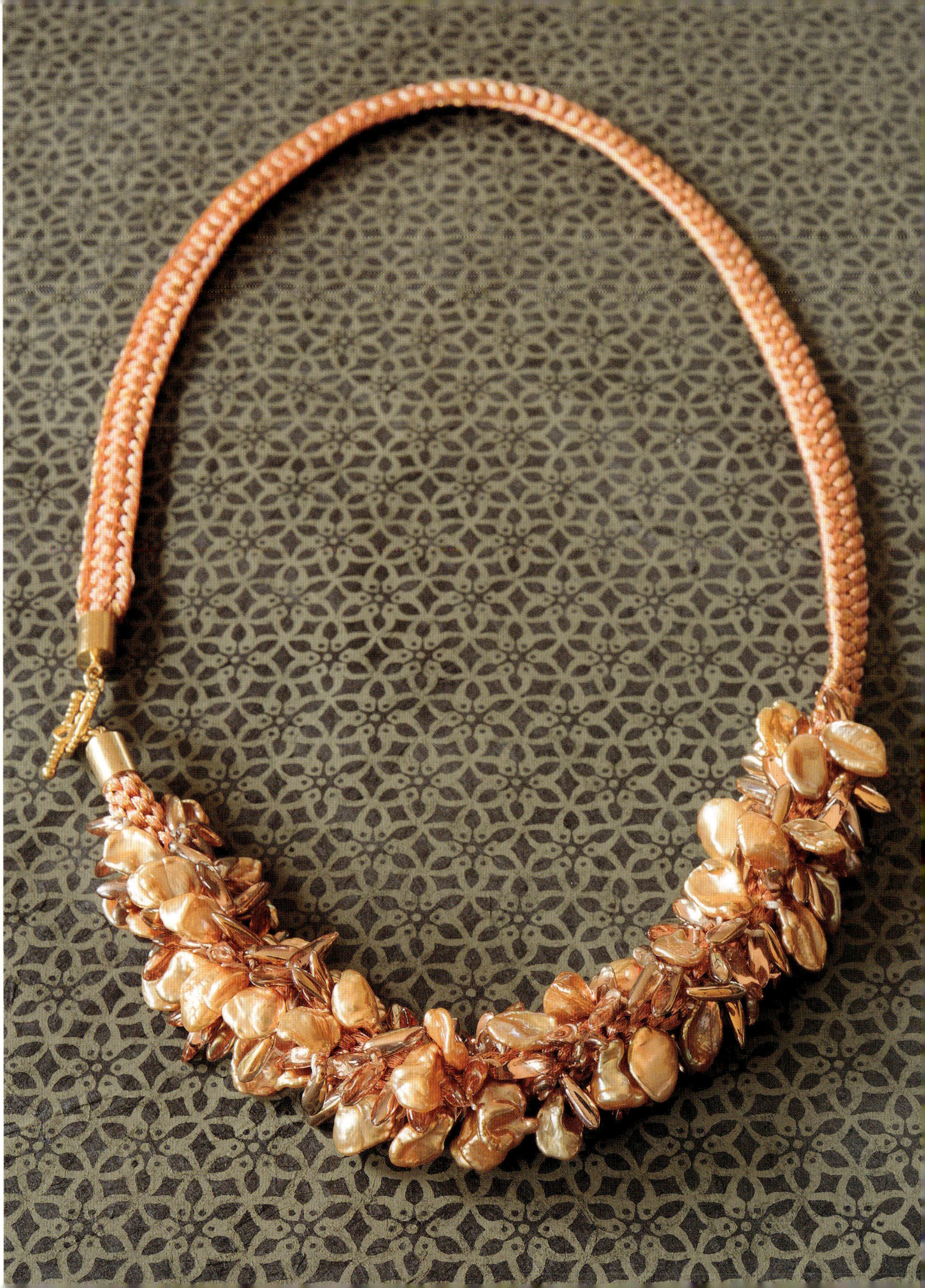

Collier „Blumen im Frühling“

Dies ist ein Projekt für alle Schwierigkeitsgrade. Der runde, 8-strängige Zopf ist verdreht und gedreht, entweder völlig individuell gestaltet oder in harmonischer Form, damit er all die schönen Rosen halten kann.

Sie benötigen

Garn zu je 2,7 m

6 Abschnitte Imposter Kumihimo-Garn #10 Aubergine

2 Längen Seidengarn Exotic Lights #50 Brombeer oder ein ähnliches Garn, das die Farbe in Schattierungen ändert (Effektgarn), das gleich stark ist wie das Imposter-Kumihimo-Garn

5 Rosen-Anhänger (26 mm)

4 kleine Rosen (10 mm)

1 Endkappenset mit Verschluss (5 mm)

8 kleine Spulen

Technik

Dies ist ein runder, 8-strängiger Zopf mit Blumen, die nach dem Flechten eingearbeitet werden, um die Form der Halskette zu gestalten. Zu Beginn werden die Fäden mit einem Überhandknoten verknotet. Sie müssen einen etwa 130 cm langen runden, 8-strängigen Zopf flechten.

Vorbereitung von Scheibe und Fäden

- Verknoten Sie alle Fäden an einem Ende mit einem Überhandknoten und stecken Sie den Knoten in das Loch in der Scheibe (siehe Tipps rechts als Hilfestellung).
- Positionieren Sie das Effektgarn auf der Scheibe in den Schlitzen 32 und 16.
- Positionieren Sie das auberginefarbene Garn auf der Scheibe in den Schlitzen 1, 8, 9, 17, 24 und 25.
- Wickeln Sie alle Fäden auf die Spulen

1 Belegen Sie die Scheibe, wie im Diagramm gezeigt und oben beschrieben.

2 Folgen Sie der Flechtanleitung für „Mein erster Kumihimo-Zopf“ (siehe Seite 36) und flechten Sie einen 130 cm langen runden, 8-strängigen Zopf.

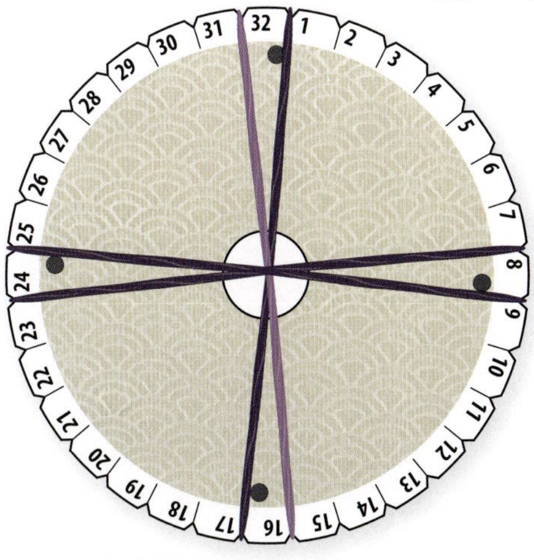

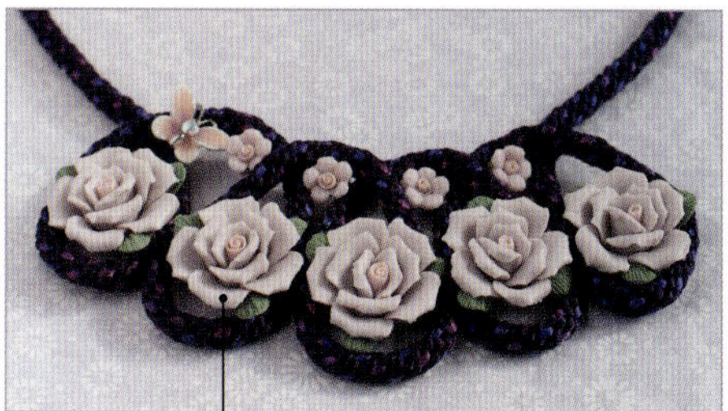

Die Blumen sollten unten gebohrt sein.

GRAD | **SCHEIBE**

Besser flechten lernen

- Wenn Sie die Scheibe mit Kumihimo-Garn dieser Länge belegen, das mit einem Überhandknoten verknotet werden muss, kann es für Sie einfacher sein, die Fäden einzeln in Position zu bringen und schon etwa 15 cm durch das Loch zu stecken. Wenn alle Fäden an ihrem Platz sind, knoten Sie sie unter der Scheibe zusammen. Dies verhindert, dass sie sich weiter verheddern oder in ihre Einzelfäden auftrennen.
- Die Fäden können auf der Scheibe zurechtgerückt werden, sodass sie glatt sind, bevor Sie sie auf die Spulen wickeln.

Fertigstellung des Colliers

1 Nehmen Sie die Arbeit von der Scheibe und verknoten Sie sie mit einem Überhandknoten.

2 Zeichnen Sie die Schablone eines Halses und heften Sie sie mit Stecknadeln an ein Kissen oder ein Brett. Auch eine Schmuckbüste ist bestens geeignet.

3 Entscheiden Sie, wie lang die Strecke von der Endkappe bis zum Beginn der Schlingen sein soll und heften Sie diesen Punkt wie gezeigt ab.

4 Legen Sie den Zopf in Ihrem Design in Schlingen und stecken Sie ihn fest.

5 Legen Sie die Blumen auf die Schlingen, um deren Größe und Form festzulegen (s. l.)

6 Verwenden Sie starkes Garn, um durch die Schlingen mit den Blumen dazwischen hindurchzunähen.

7 Nähen Sie die kleinen Blumen an und befestigen Sie die Punkte, an denen sich die Schlingen des Zopfes überkreuzen.

Optional: Fügen Sie einen kleinen Email-Schmetterling hinzu, um das Schmuckstück zu vervollständigen.

Siehe Seite 30 für Anleitungen über das Beenden mit Verschluss und Endkappen.

Länge bei Fertigstellung: ca. 50 cm

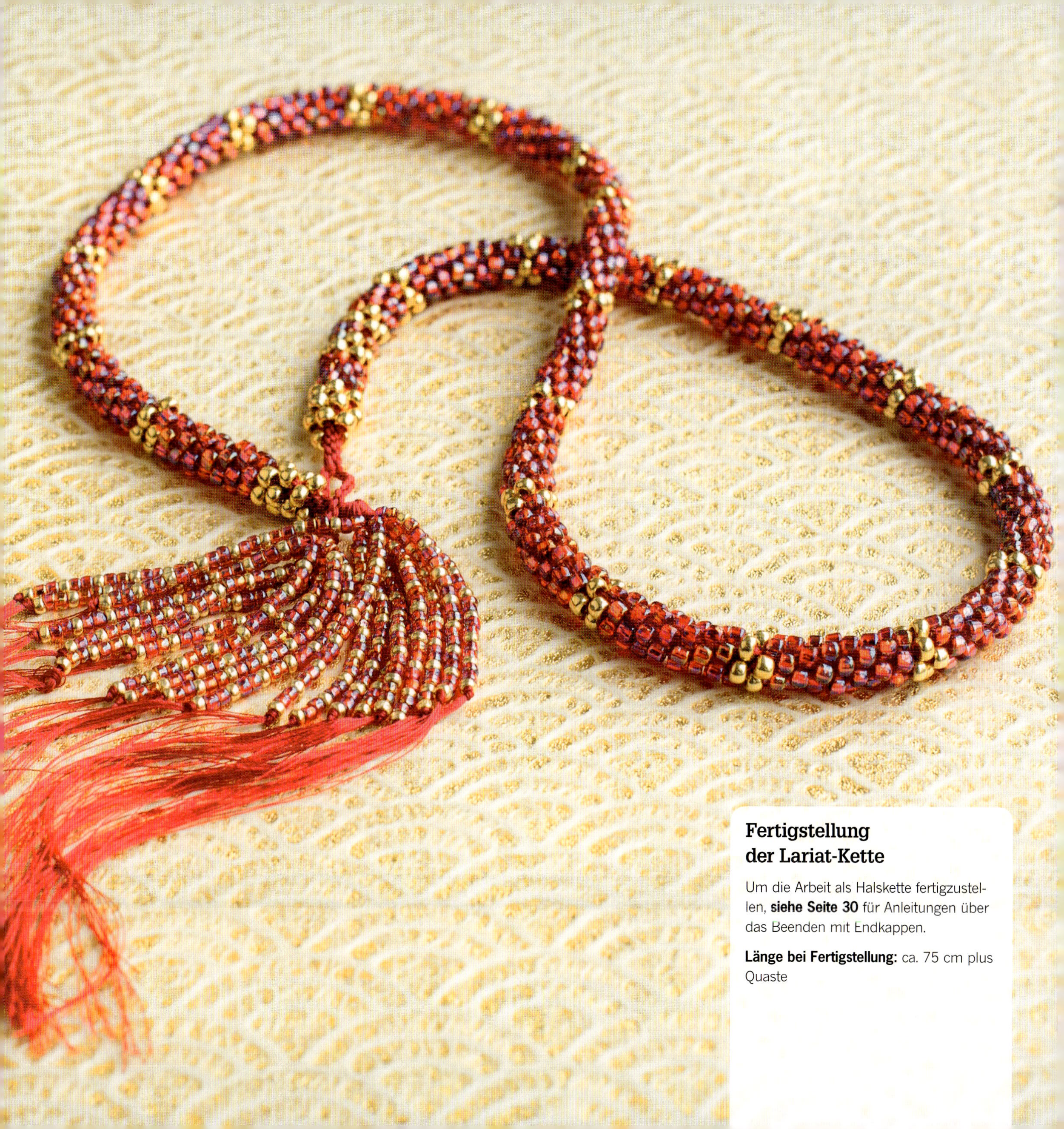

Fertigstellung der Lariat-Kette

Um die Arbeit als Halskette fertigzustellen, **siehe Seite 30** für Anleitungen über das Beenden mit Endkappen.

Länge bei Fertigstellung: ca. 75 cm plus Quaste

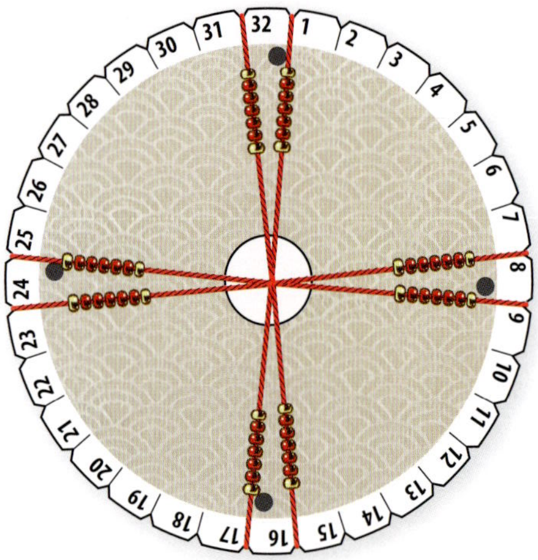

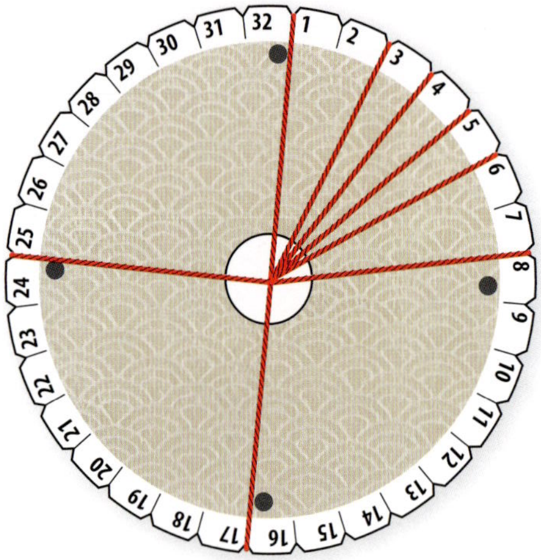

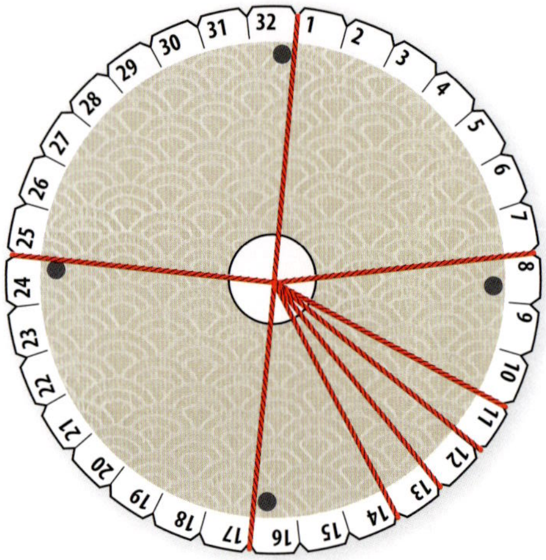

Anleitung für den Zopf

1 Belegen Sie die Scheibe wie im Diagramm gezeigt, indem Sie den Knoten in das Loch in der Mitte legen und die Fäden auf die Positionen 32, 1, 8, 9, 16, 17, 24 und 25 bringen.

2 Folgen Sie der Flechtanleitung für „Mein erster Kumihimo-Zopf" (siehe Seite 36) und flechten Sie einen 1 cm langen runden, 8-strängigen Zopf ohne Perlen.

3 Arbeiten Sie mit jeder Flechtbewegung eine Perle ein, bis die erste Perlenmenge aufgebraucht ist.

4 Fädeln Sie die übrigen Perlen wie zuvor auf das Garn, in folgender Reihenfolge: 2 x Rot, 1 x Gold, 1 x Rot, 1 x Gold, 2 x Rot, 2 x Gold.

5 Flechten Sie 6 mm ohne Perlen, um die Fäden des perlenbesetzten Zopfes zu befestigen, damit Sie dann die Schlinge flechten können.

Schlinge für die Quaste

6 Teilen Sie die Fäden in zwei Teile zu je vier Fäden (ein Teil für jede Seite der Schlinge) und flechten Sie dann einen runden, 4-strängigen Zopf mit der einen Hälfte auf den Positionen 1, 8, 17 und 25 (siehe Seite 46) und sichern Sie die anderen vier Fäden auf einer Seite der Scheibe, sodass Sie nicht mit den Arbeitsfäden zusammentreffen. Diese Seite der Schlinge sollte etwa 2,5 cm lang werden. Die Schlinge muss groß genug werden, damit die perlenbesetzte Quaste hindurchpasst.

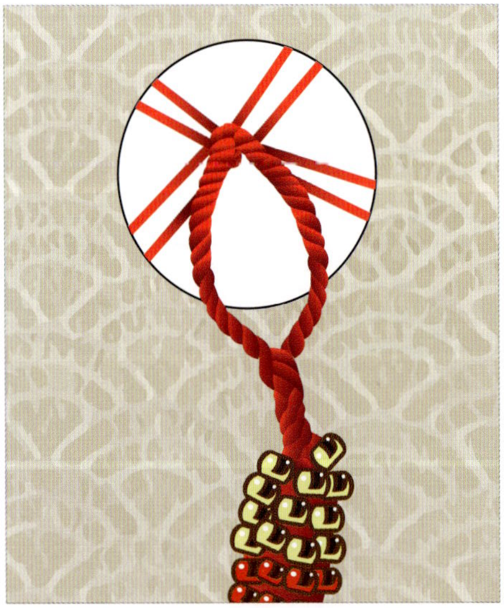

Dieses Diagramm zeigt das Ende des perlenbesetzten Zopfes und wie die beiden Seiten der Schlinge verbunden werden, bevor der Zopf von der Scheibe entfernt wird, um die Quaste zu gestalten.

7 Legen Sie die Arbeitsfäden beiseite und positionieren Sie die anderen vier Fäden, um dann einen runden, 4-strängigen Zopf (siehe Seite 46) für die zweite Seite der Schlinge zu flechten, sodass diese zur ersten Seite passt.

8 Bringen Sie alle Fäden wieder zurück in ihre Ursprungspositionen und flechten Sie 6 mm lang einen runden, 8-strängigen Zopf, um die Schlinge zu schließen.

Die Quasten herstellen

9 Nehmen Sie den Zopf von der Scheibe und gestalten Sie an jedem Ende eine Quaste mit einem schönen Überhandknoten (siehe Seite 25).

10 Fädeln Sie etwa 24 Perlen in Größe 8 auf die Fäden, wie auf dem Foto auf Seite 126 gezeigt, verknoten Sie sie, um sie zu befestigen, und schneiden Sie sie zurecht (siehe Seite 32)

FORTSETZUNG AUF DER NÄCHSTEN SEITE

Üppige, perlenbesetzte Lariat-Kette

Wie die Perlen am Anfang aufgefädelt werden, entscheidet über das Ergebnis dieses eleganten Musters. Perlenbesetzte Quasten verleihen der Lariat-Kette ein luxuriöses Flair. Durch die Verwendung verschiedener Garne kann dieses Schmuckstück von Flechtern aller Schwierigkeitsstufen bewältigt werden.

GRAD | SCHEIBE

Besser flechten lernen

- Denken Sie an die Mantras „Rechts kommt, links geht“ und „Die Perle bewegt sich vor dem Faden“!
- Verwenden Sie Garn in einer den Perlen ähnlichen Farbe.
- Halten Sie die Spulen während des Flechtens so nah an der Scheibe wie möglich.
- Wenn Sie kein erfahrener Flechter sind, versuchen Sie bei diesem Werkstück bitte nicht, mit Kumihimo-Garn zu arbeiten, da die einzelnen Längen in dünnere Stränge geteilt werden müssen (siehe Seite 12)
- Verwenden Sie einfädiges Garn, wenn Sie eine Quaste haben wollen, oder Flechtschnur, wie C-Lon-Garn, für eine Halskette mit Verschluss und Endkappen.

Sie benötigen

Schwierigkeitsstufe 1 & 2
- 8 einfädige Fäden oder Flechtschnur, Länge je 2,7 m
- 20 g goldene Stickperlen der Größe 6 (ca. 200 Perlen)
- 60 g silbern schimmernde, rote Perlen der Größe 6 (ca. 980 Perlen)

Schwierigkeitsstufe 3
- 3 Abschnitte Imposter Kumihimo-Garn #25 Cooles Rot, 2,7 m
- Perlenmengen, wie oben angegeben

Quaste
- 10 g goldene Perlen der Größe 8 (ca. 100 Perlen)
- 10 g silbern schimmernde, rote Perlen der Größe 8 (ca. 100 Perlen)

Für die Halskette
1 Endkappenset mit Verschluss (5 mm)

8 mittlere Spulen

Technik

Dieser runde, 8-strängige Zopf wird mit einem Überhandknoten begonnen, da die Fäden sehr lang sind. Die Perlen werden vor dem Flechten in einer bestimmten Reihenfolge auf die Flechtschnur oder das Seidengarn gefädelt und dann einzeln während des Flechtens eingearbeitet (siehe Seite 27 für detailliertere Informationen).

Achten Sie darauf, dass die Perlen nicht ins Innere des Zopfes rutschen. Sie müssen an der Außenseite des Zopfes stehen. Am besten ist es, erst die Perle zu bewegen und dann die Flechtbewegung durchzuführen. Sie haben die Möglichkeit, die Kette entweder mit einer Quaste oder mit Endkappen fertigzustellen.

Vorbereitung von Scheibe und Fäden

Durch das Verändern der Garnstärke können Flechter aller Schwierigkeitsstufen dieses Projekt, wie unten ausgeführt, bewältigen.

Alle Schwierigkeitsstufen

- Knoten Sie alle Fäden an einem Ende mit einem Überhandknoten etwa 15–17 cm vom Ende entfernt zusammen.
- Belegen Sie die Scheibe wie für einen normalen runden, 8-strängigen Zopf mit je einem Faden an jeder Seite der Punkte (siehe nächste Seite). Da die Fäden sehr lang sind, empfehle ich Ihnen, sie auf die Spulen zu wickeln, bevor Sie die Perlen auffädeln, um zu verhindern, dass sie sich verheddern. Wickeln Sie nur einen Faden wieder ab, um die Perlen aufzufädeln.
- Fädeln Sie auf jede Schnur mithilfe einer Nadel für Perlenarbeiten und einem Hilfsfaden Perlen in der folgenden Reihenfolge: 2 x Gold, 5 x Rot, 1 x Gold, 5 x Rot, 1 x Gold.
- Fädeln Sie für den Anfang die zwei goldenen Perlen und 16 Wiederholungen des Perlenmusters auf. Die Perlen sind recht schwer, was das Flechten vereinfacht. Außerdem erhalten Sie einen Überblick darüber, wie viele Perlen Sie noch benötigen werden.

Nur für Schwierigkeitsstufe 3

Teilen Sie die Längen des Kumihimo-Garns in 8 Stränge zu je 14 Einzelfäden. Wickeln Sie dabei jeden Strang auf eine Spule und wickeln Sie sie einzeln wieder ab, wenn Sie die Perlen auffädeln.

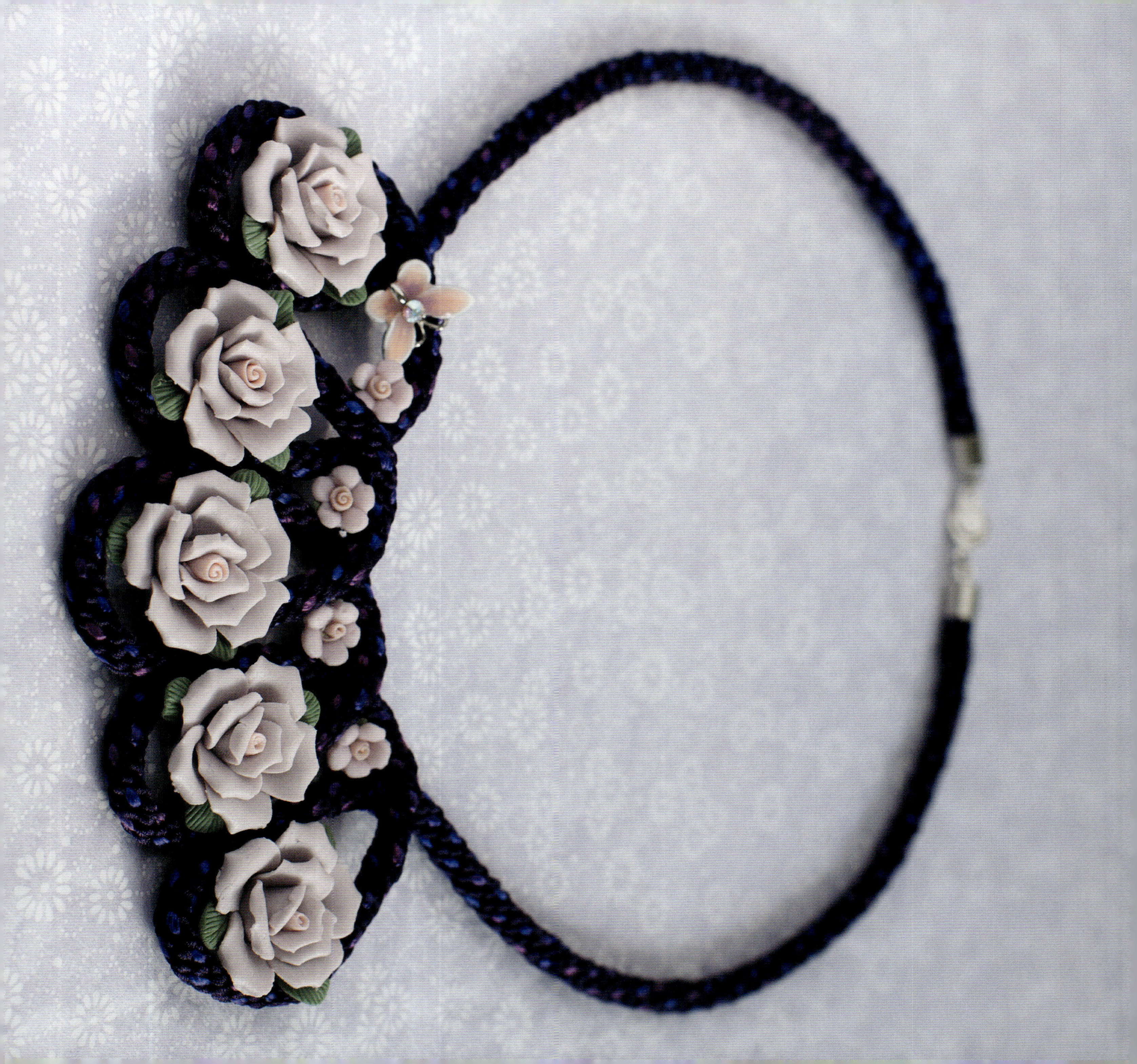

beachten, wenn Sie sich für Perlen in Ihrer Arbeit entscheiden:

- Wie soll das fertige Schmuckstück aussehen?
- Wie werden die Perlen wirken?
- Welche Perlensorte ist erforderlich?
- Welche Farbe sollen die Perlen haben?
- Welcher Teil des Zopfes wird mit Perlen versehen?
- Wie viele Perlen werden gebraucht?

Sobald diese Entscheidungen getroffen wurden, sollten Sie überlegen, auf welchen Garntyp die Perlen gefädelt werden. Wenn das Schmuckstück an allen Strängen mit Perlen versehen werden soll, wie etwa die Halskette „Goldene Rhapsodie", ist Garn für Perlenarbeiten – C-Lon oder etwas Ähnliches – gut geeignet, da das Garn nicht zu sehen ist.

Wenn die Arbeit nur auf ein paar Strängen Perlen haben soll, wie etwa das flache perlenbesetzte Collier „Ozeanblau" auf Seite 104, muss für die Perlen dasselbe Garn verwendet werden wie für die restliche Flechtarbeit.

Um festzustellen, wie gut sich die Perlen für Ihr Projekt eignen und wie viele Perlen für ein gutes Ergebnis benötigt werden, halten Sie sich an die Formeln unter „Garn- und Perlenmenge schätzen" auf Seite 16.

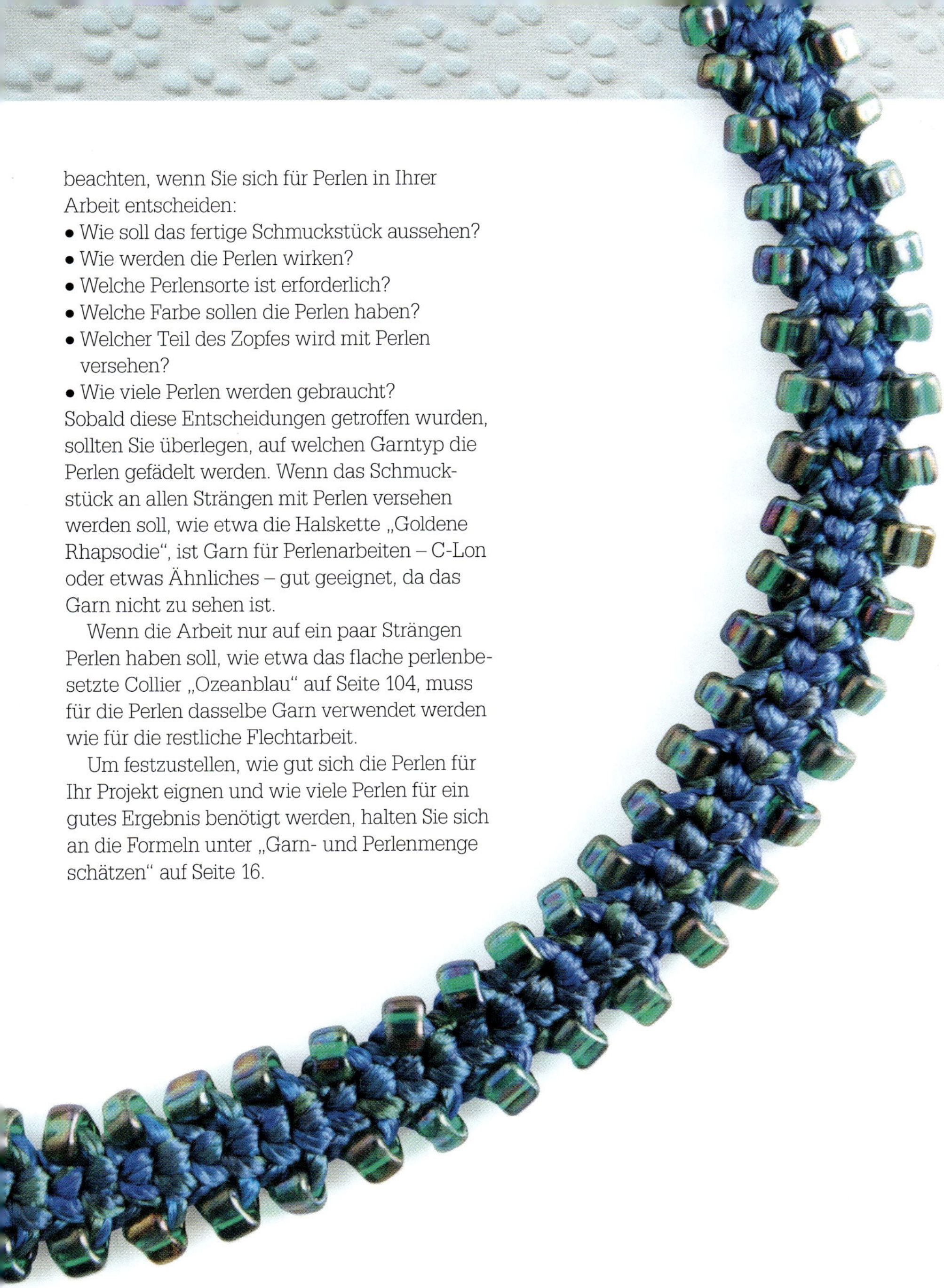

Hier befinden sich die Perlen nur auf zwei der acht Stränge und alle Fäden sind sichtbar. Wäre hier ein anderes Garn verwendet worden, würde man dies sehen und möglicherweise würde es den Gesamteindruck der Flechtarbeit stören.

Mögliche Flechtarbeiten

Schmuck, etwa Halsketten, Armbänder, Ohrringe und Broschen.

Scherenbänder – Flechten Sie direkt am Scherengriff oder nutzen Sie eine Schlinge oder einen Verschluss und enden Sie mit einer Quaste (siehe Seite 32)

Taschenanhänger/-bänder, um Ihr Gepäck schnell zu erkennen, oder als hübscher Gurt für Kameras und Smartphones (siehe Seite 74)

Schlüsselbänder, entweder mit einem Verschluss oder einer Schlinge. Toll, um überschüssige Zöpfe oder Bänder zu verarbeiten.

Gürtel – entweder geflochten oder in Makramee-Technik geknüpft.

Vorhangkordeln aus mehreren Flechtwerken, die wiederum zusammengeflochten werden. Flache Bänder eignen sich dafür am besten.

Schnürsenkel – verwenden Sie feine Flechtarbeiten, um lustige Schnürsenkel in Teamfarben zu gestalten.

Taschengriffe – sind besonders schön bei selbstgefilzten oder gehäkelten Taschen.

Schlüsselbänder für Lese- und Sonnenbrillen

Zierknoten oder -kordeln für selbstgemachte Kleidungsstücke oder Möbel.

Dekorationen – wickeln Sie eine sehr lange Flechtarbeit um eine Schaumstoff- oder Styroporform, etwa eine Glocke, um eine Weihnachtsdekoration zu erhalten. Eine 50 mm große Kunststoffglocke verbraucht etwa 2,25 m eines feinen runden 8-strängigen Zopfes.

Schüsseln oder Übertöpfe – wickeln Sie ein sehr langes Geflecht zu einer Schüsselform oder um einen Topf herum.

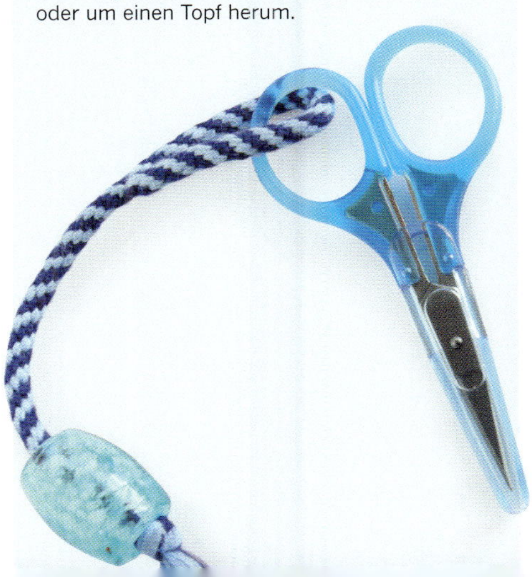

Grundtechniken

Die folgenden Techniken werden Ihnen dabei helfen, die meisten Ihrer Flechterfahrungen zu machen, und ein Nachschlagewerk werden, während Sie wunderschöne japanische Zöpfe flechten. In diesem Abschnitt wurde ein runder, 8-strängiger Zopf, der 8 Garnpositionen hat, als Beispiel verwendet.

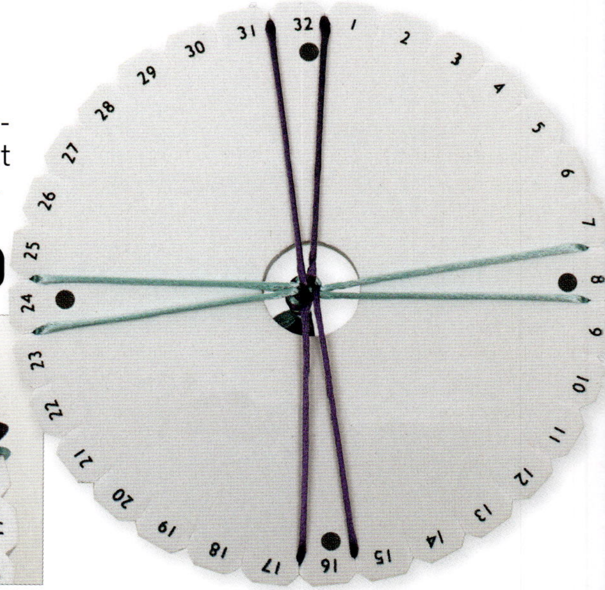

Die Scheibe bespannen

Die Scheibe hat 32 Schlitze für die Fäden und ein Loch in der Mitte, durch das der Zopf nach unten hin wächst. Hier sehen Sie das Bespannen für einen runden 8-strängigen Zopf, das Prinzip ist aber für jedes Muster dasselbe.

Nehmen Sie die runde Scheibe und verknoten Sie 8 Längen Garn an einem Ende. Bringen Sie den Knoten in die Mitte des Loches in der Scheibe und bringen Sie die Garnstränge auf ihre Startpositionen (rechts).

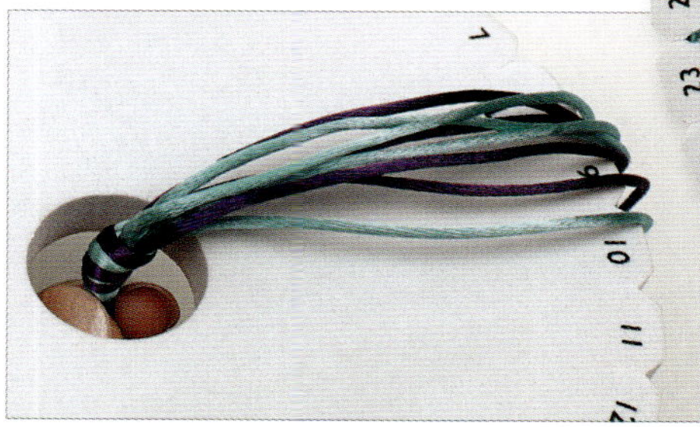

Verwendung der runden Kumihimo-Scheibe

Diese Technik kann sowohl bei Kunststoff- als auch bei Pappkartonscheiben angewandt werden; allerdings sind Kunststoffscheiben leichter zu halten, widerstandsfähiger und die Fäden bleiben beim Flechten leichter in der richtigen Position (siehe unten Schritt 3). Es ist praktisch, eine Scheibe für sehr feines Garn und eine für dickes oder Draht zu haben, da diese die Schlitze beschädigen könnten. Achten Sie darauf, dass die Nummerierung der Scheibe immer rechts neben jedem Schlitz steht.

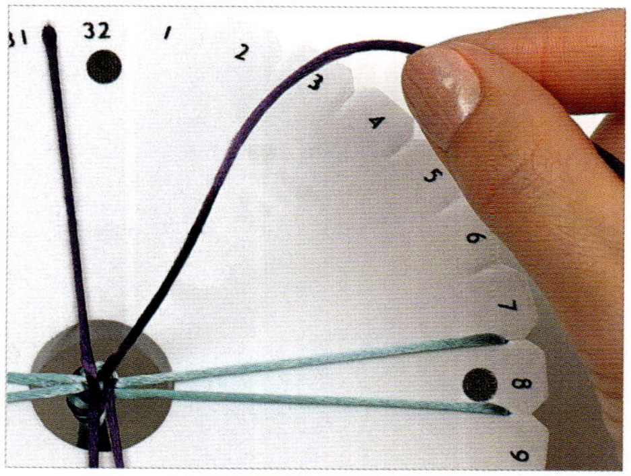

1 Halten Sie die Scheibe in Ihrer linken Hand, sodass Ihre rechte Hand frei bleibt, um die Fäden zu bewegen – oder machen Sie es genau anders herum, falls Sie Linkshänder sind. Heben Sie die Fäden mit der rechten Hand so nah an der Scheibe wie möglich aus dem Schlitz.

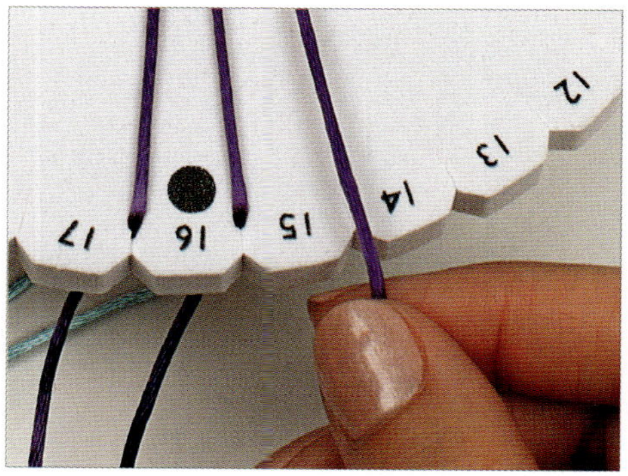

2 Legen Sie den Faden in den Zielschlitz und halten Sie ihn dabei gespannt.

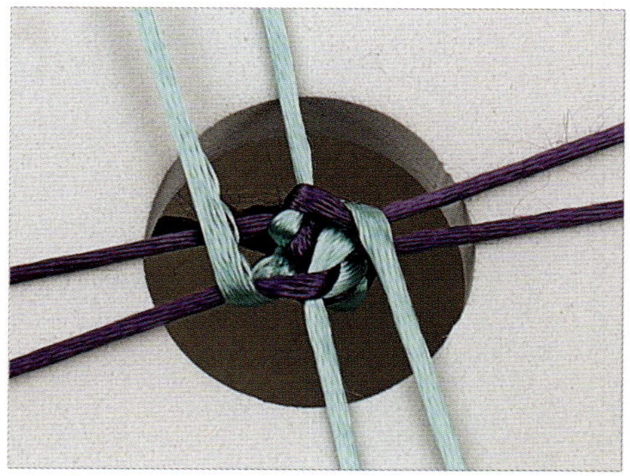

3 Der Punkt, an dem die Fäden sich im Loch kreuzen, wird als Flechtpunkt bezeichnet. Die Flechtarbeit sollte in der Mitte des Lochs bleiben und nicht auf eine Seite rutschen. Wenn dies passiert, gerät der Zopf aus der Form.

Korrektur einer verformten Flechtarbeit

Ziehen Sie die Fäden so zurecht, dass der Flechtpunkt wieder in der Mitte liegt. Halten Sie die Scheibe mit dem linken Daumen über dem oberen linken Faden fest, während Sie den rechten Faden bewegen. Bleibt eine Unebenheit zurück, halten Sie den Zopf unter der Scheibe fest.

Halten Sie den Knoten unter der Scheibe bei den ersten Flechtbewegungen immer fest. Wenn sich die Flechtstruktur einmal gebildet hat, halten Sie bei runden Zöpfen die Scheibe und bei anderen Flechtmustern den Zopf selbst fest, damit die Flechtarbeit sich nicht verformen kann.

IHNEN IST EIN FEHLER PASSIERT?
Arbeiten Sie sich Schritt für Schritt bis zum Fehler zurück, beheben Sie ihn und fahren Sie in die richtige Richtung fort. Folgen dabei Sie den Diagrammen in entgegengesetzter Richtung.

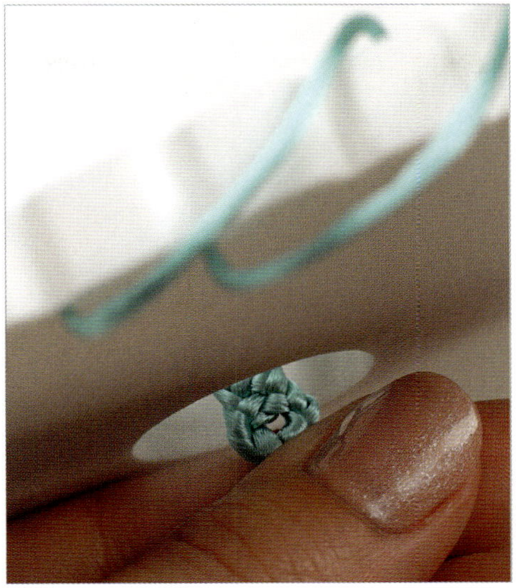

Flechtarbeiten ohne Drehen

Die Scheibe wird bei flachen, eckigen und spiralförmigen Zöpfen nicht gedreht, sondern die Arbeit mit dem linken Daumen und Zeigefinger unter der Scheibe am Flechtpunkt festgehalten. Die Scheibe bleibt auf der linken Faust, die rechte Hand bleibt frei, um die Flechtbewegungen ausführen zu können. Die Muster wurden so entworfen, dass die rechte Hand leicht und fließend von einem Faden zum anderen gelangen kann. Finden Sie heraus, wo sich der Flechtpunkt für die einzelnen Zöpfe befindet!

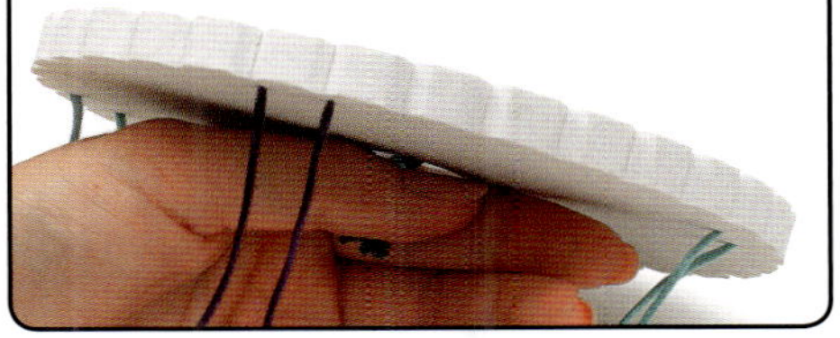

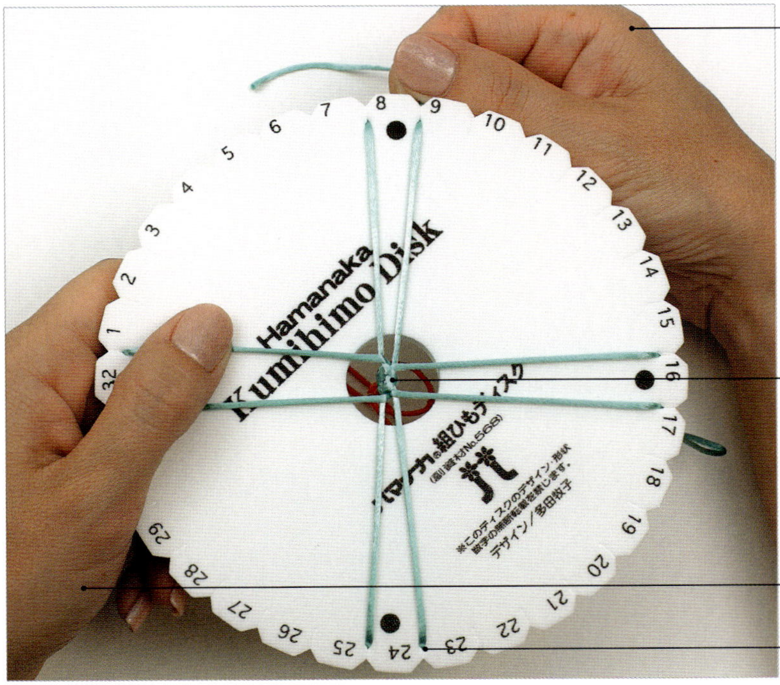

Die Scheibe drehen

Bei runden Zöpfen, die ein Drehen der Scheibe während des Flechtens erfordern, ist die Richtung, in die Sie sie drehen, egal, aber es muss für den ganzen Zopf dieselbe bleiben. In den gezeigten Arbeiten wird die Scheibe gegen den Uhrzeigersinn gedreht. Die rechte Hand kann so, bereit für den nächsten Schritt, leicht zum nächsten Fadenpaar gleiten.

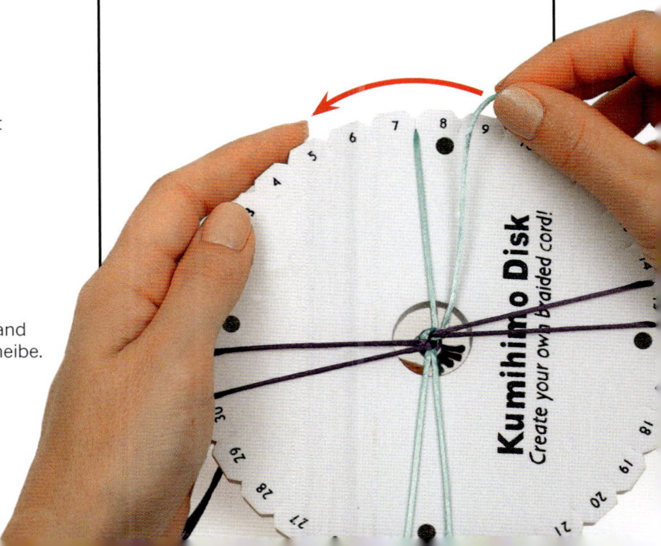

Verwendung der quadratischen Kumihimo-Scheibe

Die quadratische Scheibe ist oben nummeriert, unten mit eingekreisten Ziffern versehen und wird, wie unten gezeigt, gehalten. Das Flechtwerk selbst wird unter der quadratischen Scheibe am Flechtpunkt gehalten, sodass die rechte Hand frei bleibt, um die Flechtbewegungen auszuführen. Die Scheibe wird während des Flechtens nicht gedreht.

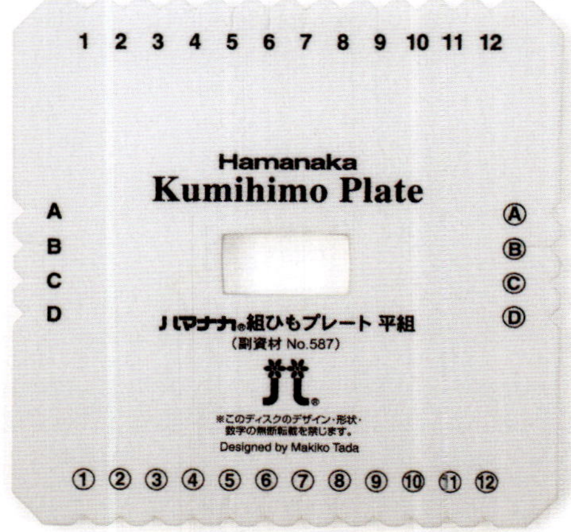

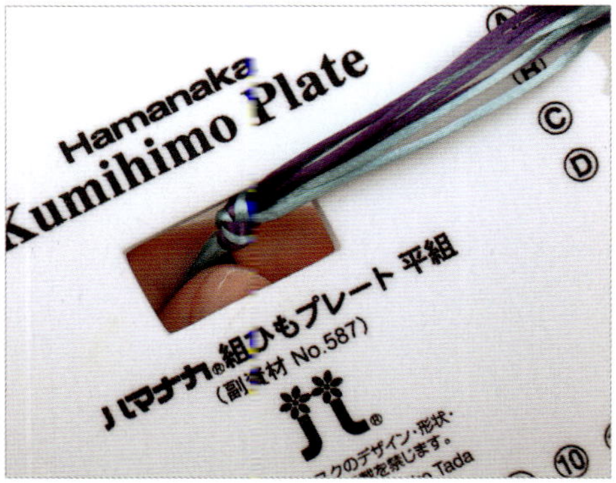

1 Führen Sie den Knoten durch das Loch und halten Sie ihn mit der linken Hand unter der Scheibe fest, sodass die Scheibe auf Ihrer Faust liegen bleibt. So ist Ihre rechte Hand frei, um die Fäden in Ihre Startpositionen zu bringen. Achten Sie darauf, dass die Fäden fest in ihren Schlitzen gehalten werden und flach auf der Scheibe aufliegen.

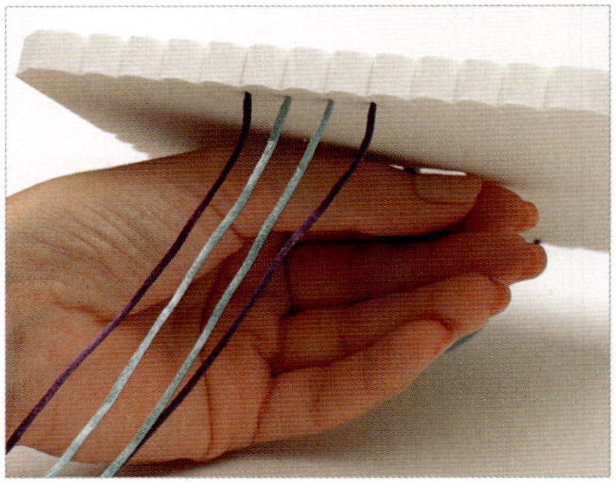

2 Halten Sie den Knoten oder den Zopf unter der Scheibe am Flechtpunkt mit Ihrem linken Daumen und Zeigefinger fest, sodass Ihre rechte Hand zum Flechten frei bleibt. Die Scheibe bleibt durchgehend auf Ihrer linken Faust.

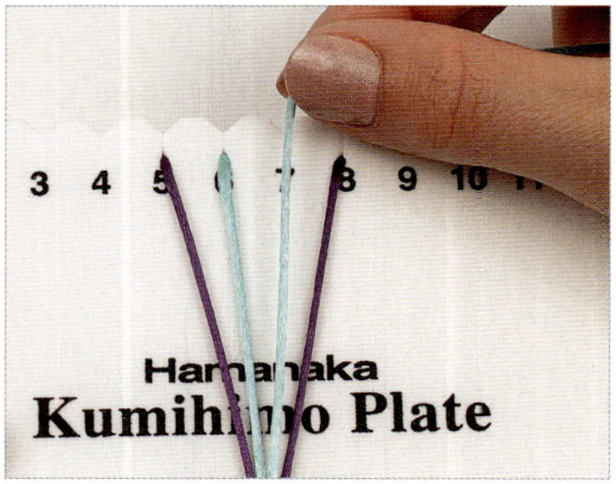

3 Heben Sie die Fäden so nah wie möglich an der Scheibe aus dem Schlitz.

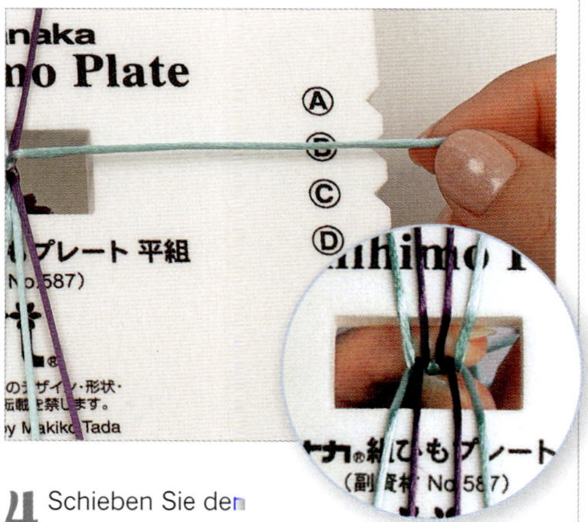

4 Schieben Sie den Faden in den Zielschlitz und halten Sie ihn weiterhin so nah wie möglich an der Scheibe. Der Flechtpunkt sollte in der Mitte des Lochs in der Scheibe bleiben.

ANFANG UND ENDE MIT DER QUADRATISCHEN SCHEIBE

Beginnen Sie dann wieder mit der ersten Bewegung.

Verwendung von Spulen

Spulen werden verwendet, um die Arbeitsfäden knotenfrei zu halten (siehe Seite 11). Öffnen Sie die Spule, wickeln Sie das Garn glatt und gleichmäßig um die Mitte und sichern Sie es, indem Sie die Spule verschließen. Wickeln Sie die Spulen so auf, dass sie direkt unter der Scheibe hängen. Bei perlenbesetzten Flechtstücken sollten die Perlen nicht zu fest am Garn sitzen. Lassen Sie den Perlen Raum, damit sie sich bewegen können.

Aufhören und wiederaufnehmen

Sie müssen Ihr Flechtwerk mitten in der Arbeit liegenlassen? Kein Problem! Bei runden 8-, 12- und 16-strängigen Flechtarbeiten gibt es zwei Arten, sie liegenzulassen, sodass Sie genau wissen, wo sie angehalten haben, wenn Sie zurückkehren. Dies gilt nur für runde Zöpfe.

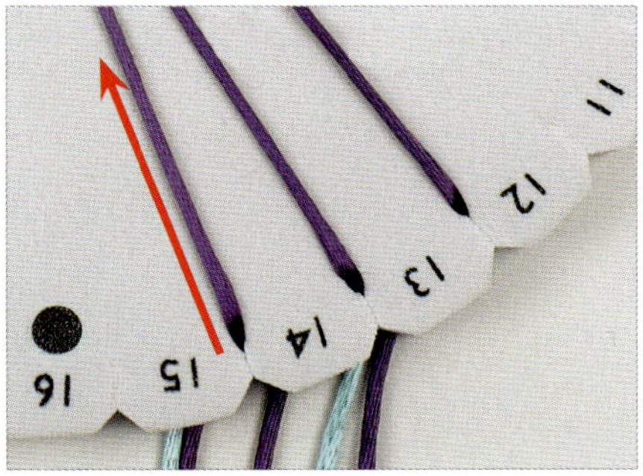

1 Lassen Sie drei Fäden unten an der Scheibe – nach einem „rechts kommt" (siehe Seite 36). Wenn Sie die Scheibe wieder aufnehmen, ist der nächste Schritt ein „links geht" – der Faden unten links wird nach oben geführt.

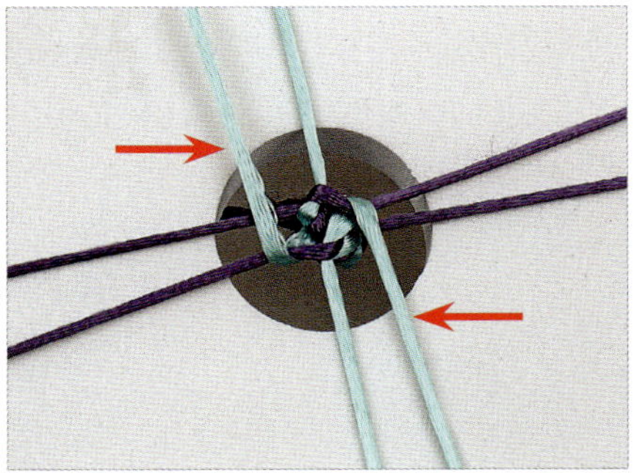

2 Achten Sie darauf, welche Fäden am Flechtpunkt oben liegen. Dies waren die letzten, die bewegt wurden. In diesem Fall ist grün oben, sodass die violetten Fäden als nächstes an der Reihe sind.

Praktische Knoten und Hilfsfaden

Es gibt 3 sehr nützliche Alltagsknoten für das Flechten: Den Überhandknoten und den Ankerstich (s. unten und S. 26), um Arbeiten zu beginnen oder zu beenden, und den Kreuzknoten bei Arbeiten mit einem Hilfsfaden. Deshalb sollten Sie diese Techniken erlernen.

Überhandknoten

Dies ist ein Grundknoten, um die Fäden an einem Ende zusammenzuknoten oder den Zopf vorübergehend zu befestigen, bevor er mit Endkappen oder Quasten fertiggestellt wird. Das ist die einfachste Art, eine Flechtarbeit fertigzustellen.

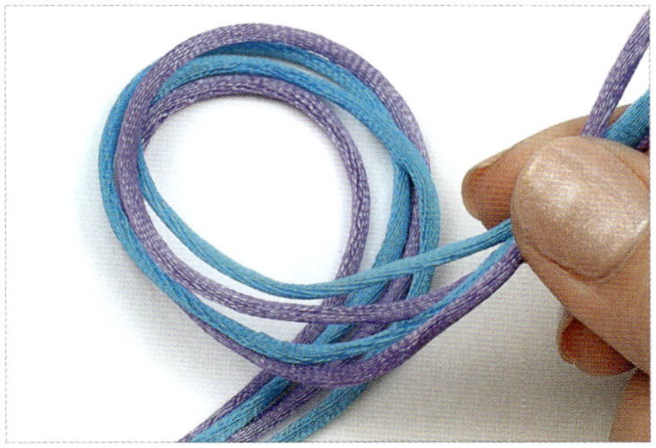

1 Um die Fäden mit einem Überhandknoten zu verknoten, nehmen Sie zuerst die kurzen Enden der Fäden und legen Sie sie über die langen Enden zu einer Schlinge.

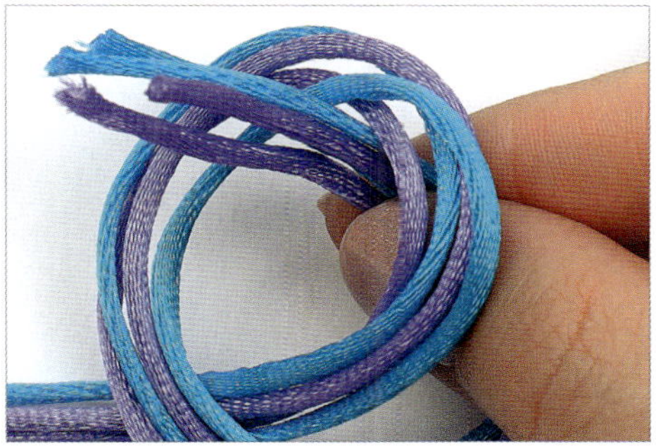

2 Führen Sie das kurze Ende von hinten durch die Schlinge, die gerade entstanden ist.

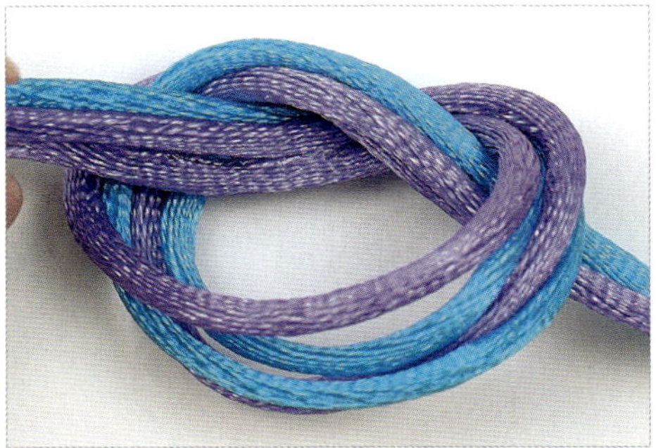

3 Ziehen Sie den Knoten so nah wie möglich am kurzen Ende fest, so wie es für das entsprechende Projekt erforderlich ist.

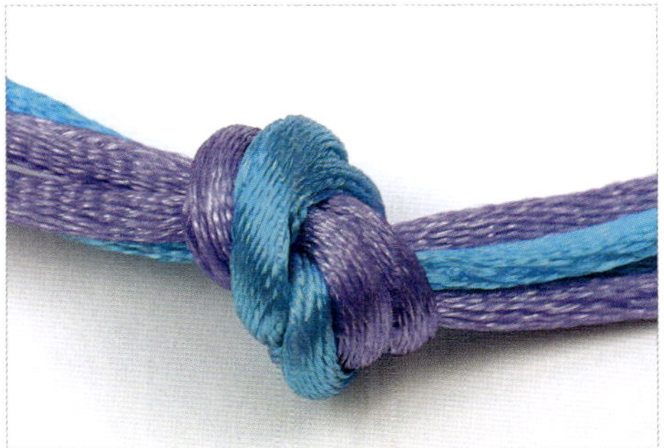

4 Der fertige Überhandknoten. **Tipp:** Wenn der Knoten abgeschnitten wird, machen Sie sich keine Sorgen über den Verlauf der Farben. Ist er jedoch sichtbar, achten Sie auf den Verlauf der Farben und Fäden in dem Knoten.

Verwendung eines Hilfsfadens

Ein Hilfsfaden wird verwendet, um Perlen auf Garn oder Flechtschnur zu fädeln, das sonst nicht durch ein Nadelöhr und dann durch die Perle passen würde. Anmerkung: Handquiltgarn eignet sich dafür hervorragend.

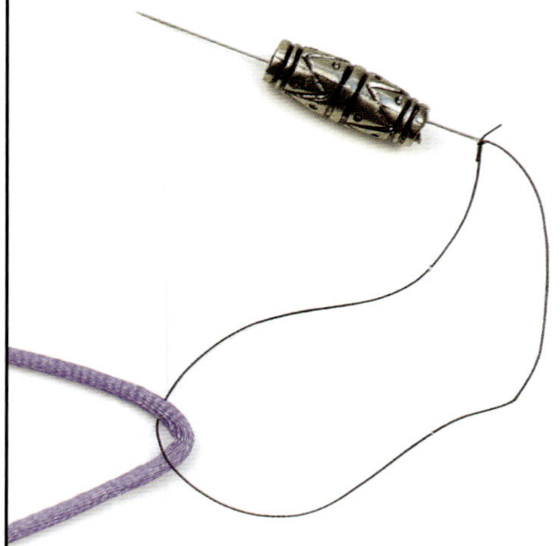

1 Fädeln Sie ein starkes Garn für Perlenarbeiten auf eine Nadel und verknoten Sie den Faden mit einem Kreuzknoten (siehe rechts). Der Knoten sollte auf die Seite zeigen, sodass er weg von der Nadel zeigt und weg von der Stelle, an der die Flechtschnur sein wird.

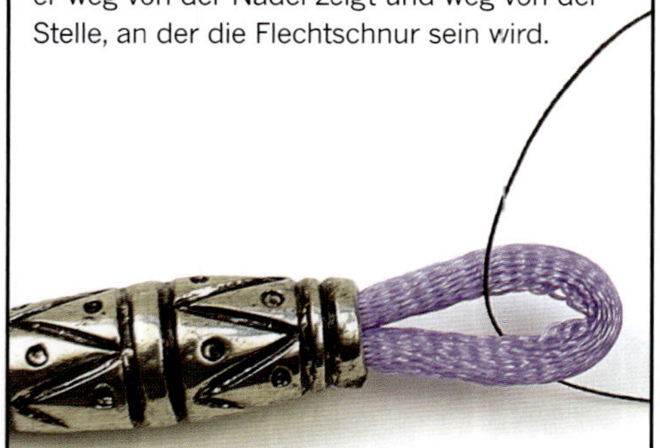

2 Fädeln Sie die Perlen auf die Nadel und schieben Sie sie über den Hilfsfaden auf das Flechtgarn.

Kreuzknoten

Dies ist ein starker, flacher Knoten, der ideal ist, um Garn für Perlenarbeiten und Hilfsfäden zu verknoten (siehe links).

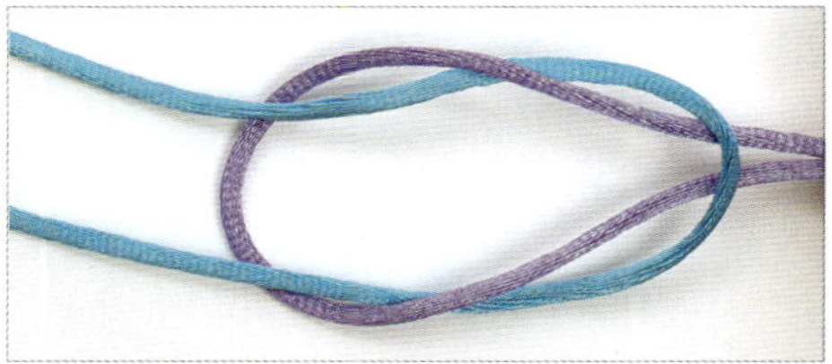

1 Führen Sie den rechten Faden über den linken und dann den linken Faden über den rechten.

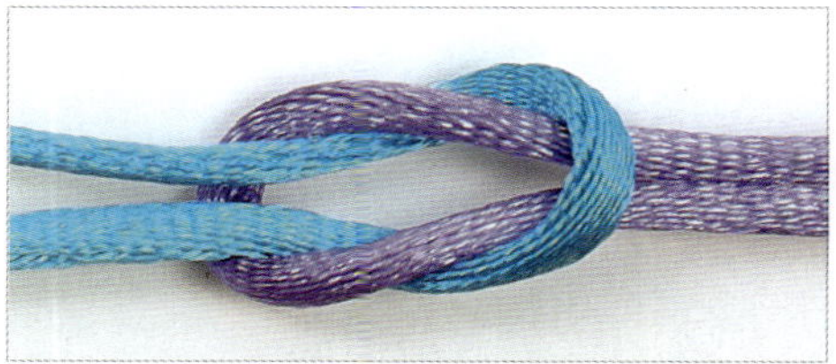

2 Ziehen Sie an dem Fadenpaar um den Knoten festzuziehen.

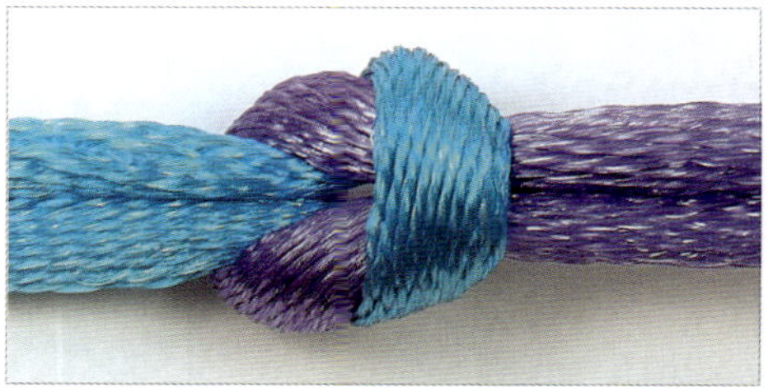

3 Dieser Knoten wird auch oft bei Perlenarbeiten verwendet, wenn zwei Längen Garn für Perlenarbeiten miteinander verbunden werden müssen. Wenn nötig, kann er auch angewandt werden, um sehr feines Flechtgarn oder -band dort zu verknoten, wo eine Perle die Verbindungsstelle verdecken wird, oder die Verbindungsstelle kann in den Zopf eingearbeitet werden.

Ankerstich

Er wird verwendet, um die Mitte der Fäden zusammenzuknoten, um ein sauberes Ende zu erhalten, das direkt in einer Endkappe enden kann, wenn die Flechtarbeit fertiggestellt ist. Ob die Fäden mit einem Ankerstich verknotet werden, bevor Sie auf die Scheibe gebracht werden oder ob dies passiert, wenn die Scheibe schon bespannt ist, ist egal – es wird immer ein sauberer Anfang entstehen.

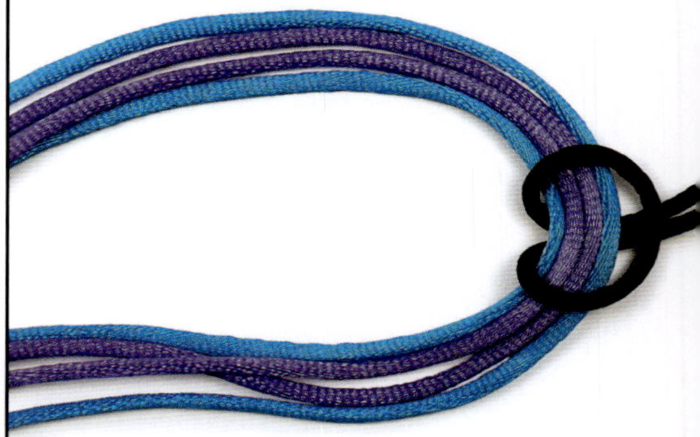

1 Dieses Foto zeigt den Ankerstich (schwarzer Faden) um die Mitte von vier Längen Flechtseide geschlungen. Ziehen Sie die Enden des schwarzen Fadens fest, um den Knoten festzuziehen.

2 Wenn der Knoten festgezogen ist, passt er in das Loch in der Scheibe. Diese Technik wird für viele Arbeiten in diesem Buch verwendet.

Perlenbesetzte Zöpfe

Wählen Sie das Flechtgarn so aus, dass es zu den Perlen passt, und belegen Sie die Scheibe in der Startposition für die Flechtarbeit Ihrer Wahl.

- Sortieren Sie die Perlen zu gleich großen Gruppen, je eine für jeden Faden, der Perlen tragen soll. Für einen runden, 8-strängigen Zopf mit Perlen auf jedem Faden benötigen Sie acht Perlengruppen. Für einen Zopf, der nur zwei Fäden mit Perlen haben soll, brauchen Sie nur zwei Perlengruppen.
- Verwenden Sie einen Hilfsfaden oder eine Nadel mit einem großen Öhr und fädeln Sie die Perlen auf das Flechtgarn oder die Flechtseide. Wickeln Sie die Fäden auf eine Spule, um zu verhindern, dass die Fäden herunterfallen.

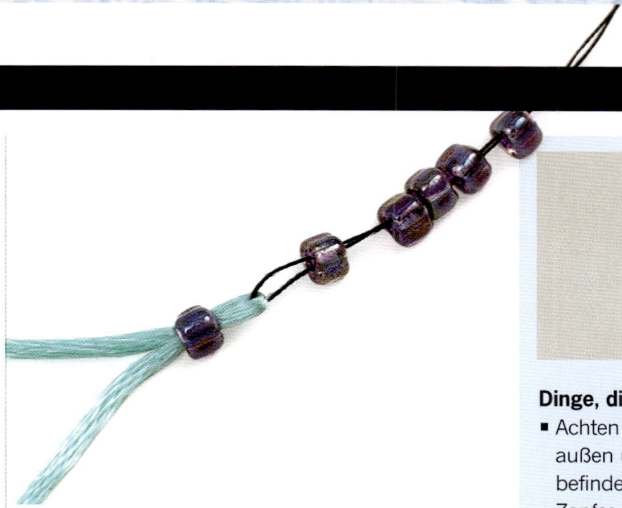

Perlen auf das Garn fädeln
Verwenden Sie eine Perlennadel mit einem Hilfsfaden (s. S. 26) oder eine Nadel mit einem großen Öhr, um die Flechtschnur oder das Flechtgarn zu einer Schlinge zu legen. Fädeln Sie die Perlen auf die Nadel, indem Sie sie mit dem Hilfsfaden aufs Garn schieben. Die Fäden auf Spulen wickeln.

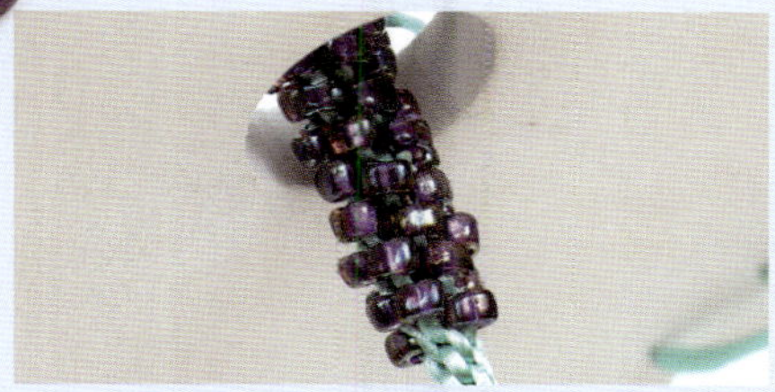

Dinge, die Sie beachten sollten

- Achten Sie darauf, dass sich die Perlen außen und nahe an der Flechtarbeit befinden. Rutscht eine Perle ins Innere des Zopfes, trennen Sie ihn auf, bis Sie den Fehler erreicht haben, korrigieren Sie ihn und flechten Sie normal weiter.
- Vollständig perlenbesetzte Werkstücke mit einem 1 cm langen Abschnitt ohne Perlen beginnen und beenden, damit dieser umwickelt, zugeschnitten und in eine Endkappe gesteckt werden kann.

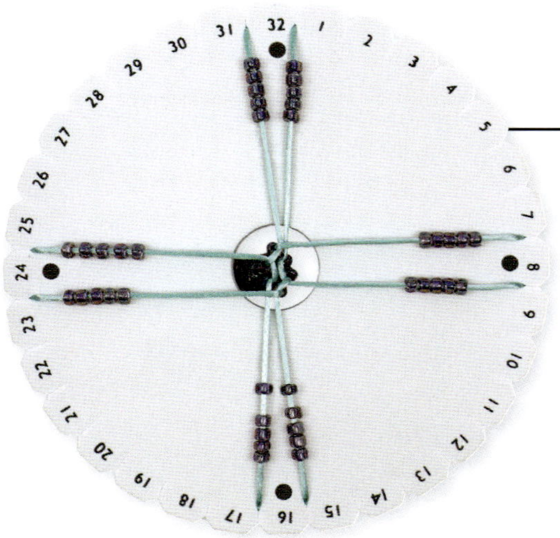

Die Perlen freigeben

1 Schieben Sie fünf oder zehn Perlen auf jeden perlenbesetzten Strang oben auf der Scheibe, sodass sie bereit sind, in den Zopf eingearbeitet zu werden. Einerseits lässt sich die Scheibe so leichter bedienen, andererseits behalten Sie den Überblick über die Perlen, die Sie bereits verwendet haben, denn wenn der erste Faden ohne Perlen ist, sollte auf allen anderen noch je eine Perle zu finden sein.

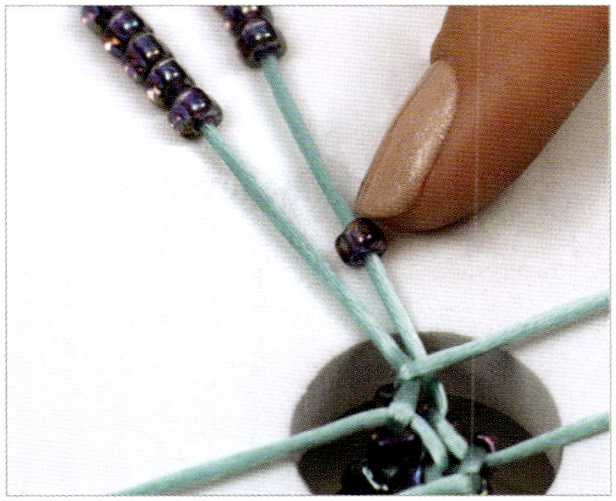

2 Schieben Sie die Perle nach unten zum Zopf und führen Sie dann die Flechtbewegung durch.

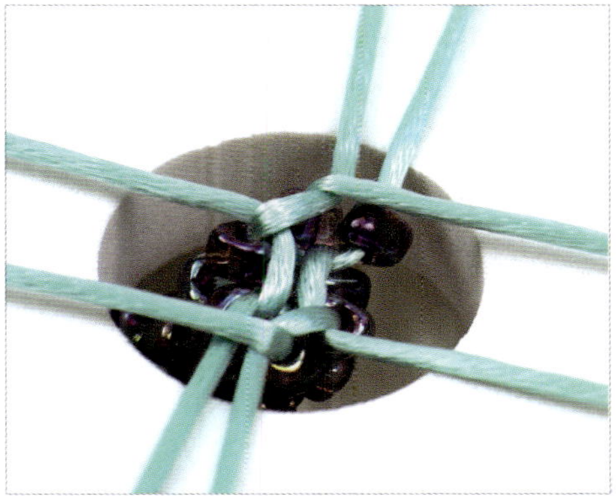

3 Die Perle sollte unter den Faden geklemmt an ihrem Platz bleiben. Halten Sie die Perle mit Ihrem linken Daumen und dem Nagel des Zeigefingers unter der Scheibe fest, wenn Sie einen Perlenabschnitt beginnen. Wenn nötig oder wenn Sie dies leichter finden, machen Sie dies während des ganzen Zopfes.

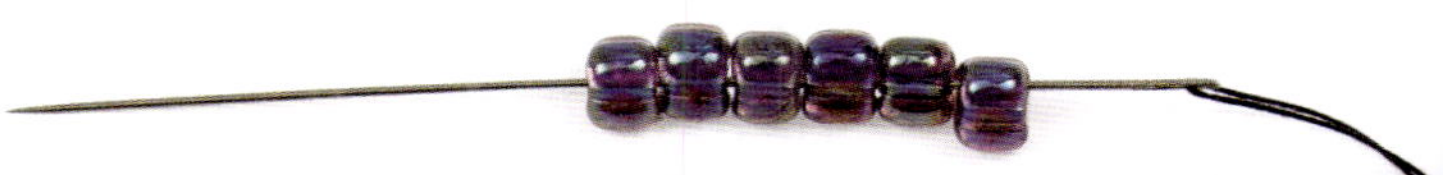

Anfang und Ende

Es gibt einige Arten, eine Flechtarbeit so zu beginnen und zu beenden, dass sie professionell gefertigt aussieht. Hier muss man sich entscheiden, bevor das eigentliche Flechten beginnt.

Sie müssen noch vor dem Belegen der Scheibe festlegen, wie die fertige Flechtarbeit verwendet und wie sie geöffnet und geschlossen werden soll. Ein 60 cm langer runder, 8-strängiger Zopf mit Endkappen kann beispielsweise mit einem sauberen Ende begonnen werden, während dieselbe Arbeit mit einer Länge von 75 cm mit Quasten beendet werden kann und mit einem Überhandknoten beginnt, damit am Ende eine Quaste daraus entstehen kann.

Flechtarbeiten, die mit einem Überhandknoten beginnen

Diese Technik können Sie für Zöpfe mit vielen Farben, mit ungeraden Farbanzahlen oder mit Quasten verwenden. Der Überhandknoten wird auch eingesetzt, wenn die Fäden zu kurz für den fertigen Zopf sind – etwa wenn Sie Kumihimo-Garn verwenden, das 2,7 m lang ist und die fertige Arbeit länger als 60 cm sein soll. So kann das fertige Flechtstück bis zu 120 cm lang werden. Orientieren Sie sich an Seite 16 (Garn- und Perlenmenge schätzen).

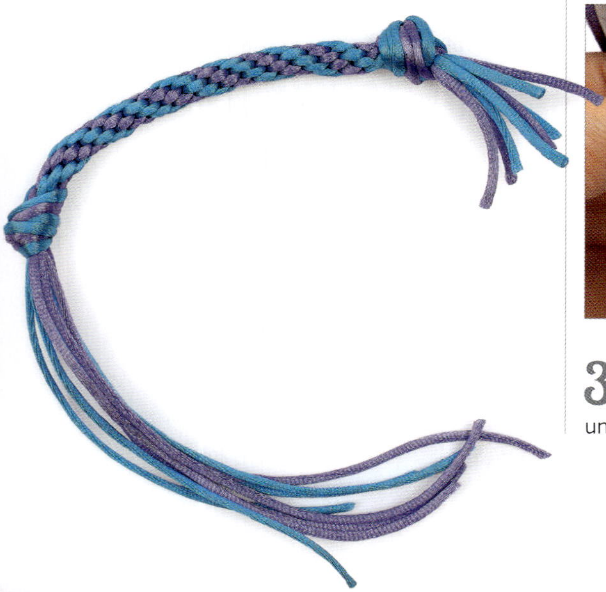

Anfang und Ende mit einem Überhandknoten

Es ist am einfachsten, eine Flechtarbeit mit einem Überhandknoten zu beginnen und zu beenden. (siehe Seite 25).

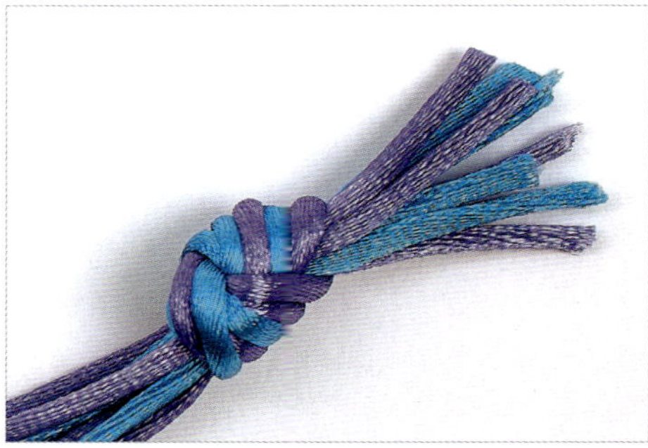

1 Verknoten Sie das Flechtgarn an einem Ende, um die Arbeit zu beginnen.

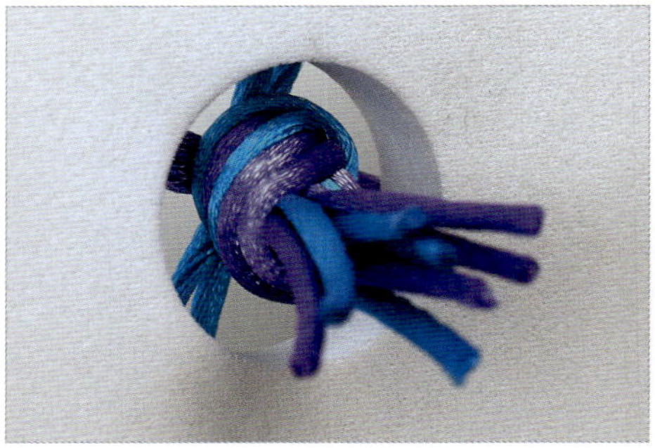

2 Führen Sie den Knoten in das Loch in der Scheibe und belegen Sie die Scheibe mit den Fäden in der gewünschten Startposition.

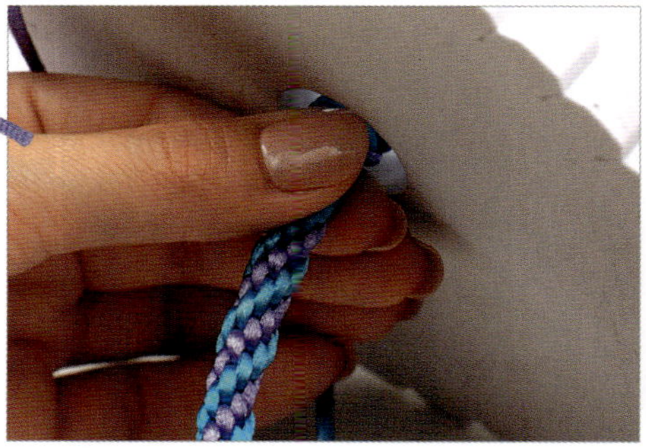

3 Ist der Zopf fertig, entfernen Sie die Fäden aus den Schlitzen und halten Sie den Zopf unter der Scheibe an seinem Ende fest.

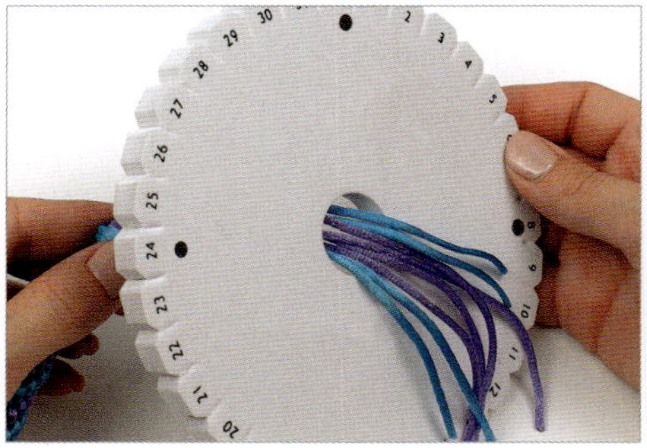

4 Nehmen Sie die Flechtarbeit von der Scheibe und verknoten Sie die Fäden wie in Schritt 1.

Anfang mit einem sauberen Ende

Dies ist eine weitere, sehr leichte Art, eine Flechtarbeit zu beginnen, indem Sie die Enden perfekt vorbereiten, um Sie direkt in eine Endkappe zu stecken. Der Knoten wird entfernt, bevor Sie die Endkappe ankleben. Diese Anfangstechnik wurde für die in diesem Buch gezeigten Arbeiten immer dann verwendet, wenn dies möglich war.

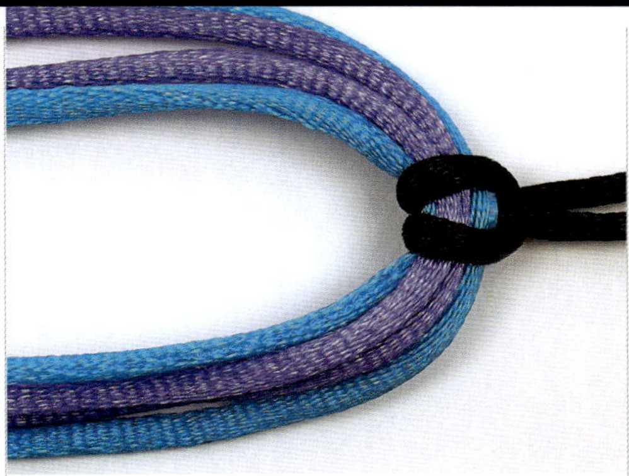

1 Nehmen Sie alle Fäden des Flechtgarns und falten Sie sie in der Mitte. Knoten Sie sie mit einem Ankerstich (siehe Seite 26) zusammen und verwenden Sie dazu einen Garnrest von etwa 15 cm. Achten Sie darauf, dass Sie nur vier Garnlängen verwenden, um einen runden, 8-strängigen Zopf zu flechten.

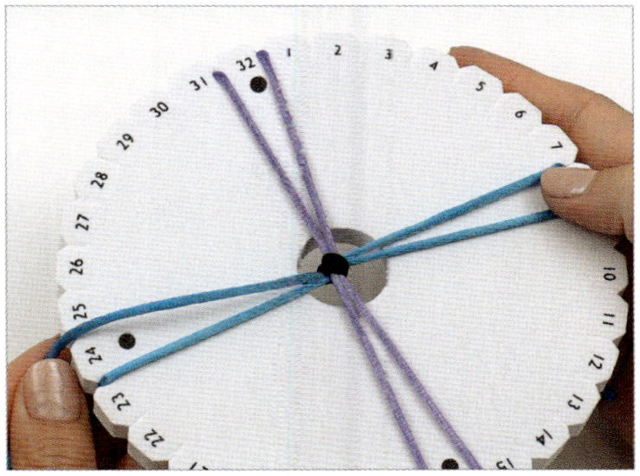

2 Führen Sie den Knoten in das Loch in der Scheibe, halten Sie ihn fest und legen Sie die Fäden in die Schlitze, sodass sie flach auf der Scheibe aufliegen. Halten Sie den Knoten unter der Scheibe während der ersten Flechtbewegungen fest. Sobald sich der Zopf stabilisiert hat, halten Sie die Scheibe, wie für runde Zöpfe erforderlich oder wie in der Anleitung angegeben, fest (siehe Seite 22).

Fertigstellung mit einer Verbindungsperle

Jede Perle kann als Verbindungsperle verwendet werden, solange sie lang genug und das Loch groß genug ist, um beide Enden darin unterzubringen. Überprüfen Sie die Größe der Perle, wie für Endkappen beschrieben. Dies ist eine schöne Art, einen Armreifen oder ein Schmuckstück, das nicht geöffnet werden muss, fertigzustellen.

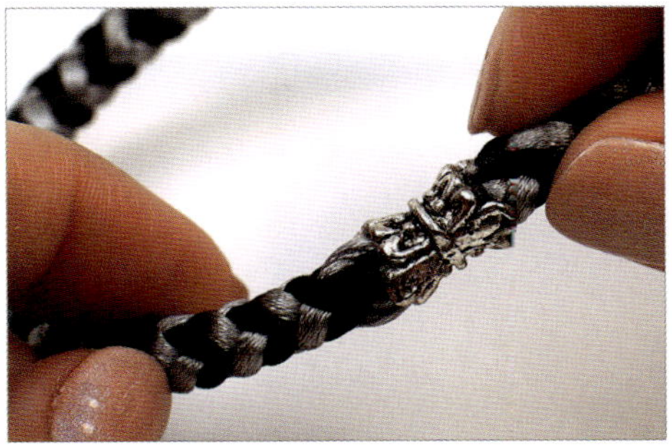

1 Angenommen, der Zopf wurde mit einem sauberen Ende begonnen, entfernen Sie den Knoten, tragen Sie ein wenig Klebstoff auf und schieben Sie die Flechtarbeit in die eine Hälfte der Perle.

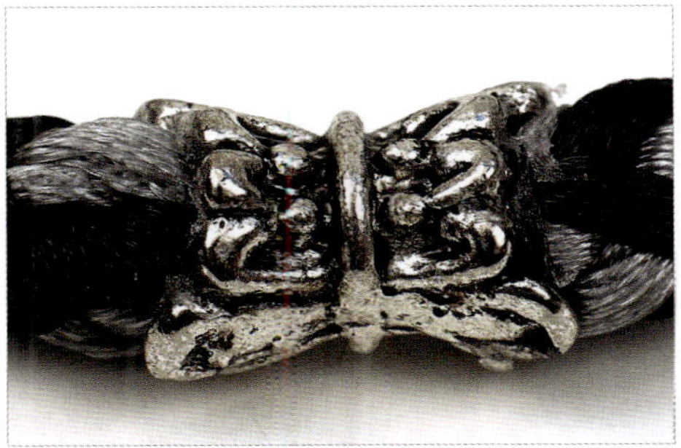

2 Umwickeln Sie das zweite Ende des Zopfes (siehe Seite 30), schneiden Sie es zurecht und tragen Sie ein wenig Klebstoff auf, um es in die andere Seite der Perle zu stecken. Drücken Sie die beiden Enden der Flechtarbeit zusammen, sodass sie in der Perle aufeinandertreffen.

Fertigstellung mit Endkappen

Dies ist eine sehr schnelle Möglichkeit, Ihre Flechtarbeit professionell fertigzustellen.

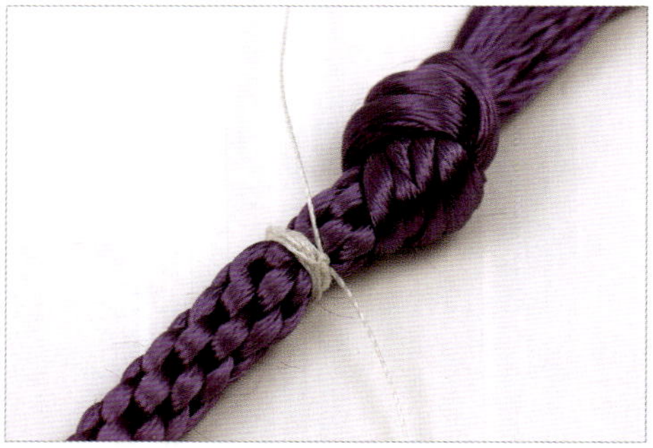

1 Entfernen Sie den Zopf aus der Scheibe und verknoten Sie ihn mit einem starken Faden – Handquiltgarn eignet sich gut. Wickeln Sie diesen Faden einige Male um die Flechtarbeit, um die einzelnen Flechtfäden zu sichern. Wenn es Ihnen lieber ist, kann der Zopf auch mit einem Überhandknoten beendet und das Garn dann so darum gewickelt werden, dass ein kleiner Abstand vor dem Knoten bleibt und die Arbeit dann zugeschnitten werden kann.

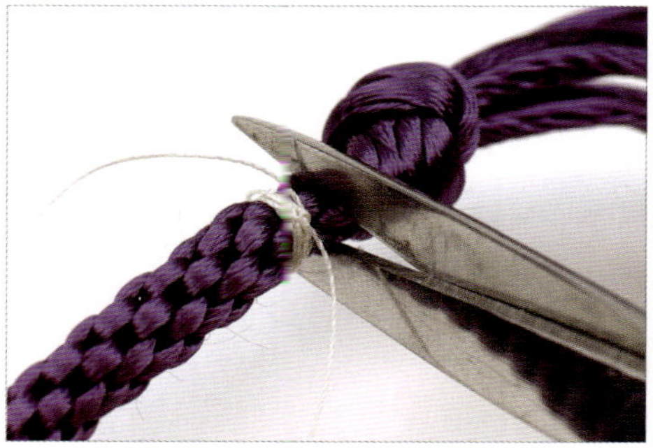

2 Schneiden Sie das überschüssige Garn und den Knoten etwa 3 mm hinter dem Ende der Flechtarbeit ab. Schneiden Sie den Zopf nicht zu nah an der Wicklung ab, da er sich sonst auftrennen könnte.

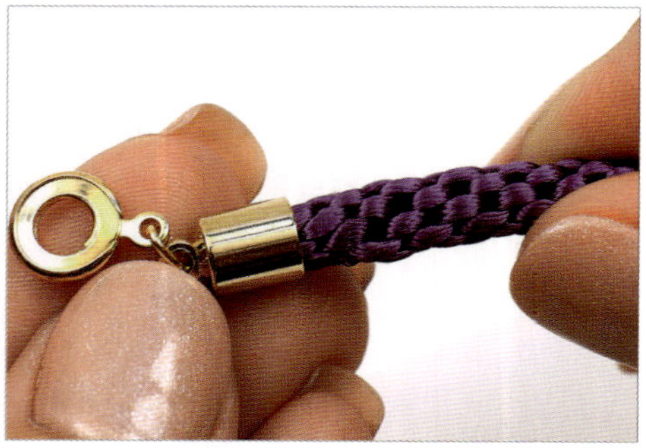

3 Tragen Sie ein wenig durchsichtigen Kraftkleber am Schnitt auf und führen Sie den Zopf dann mit einer Drehbewegung in die Endkappe. Den Knoten vom Anfang öffnen, Klebstoff auftragen und das Ende in die andere Endkappe stecken. Die Arbeit zum Trocknen beiseite legen.

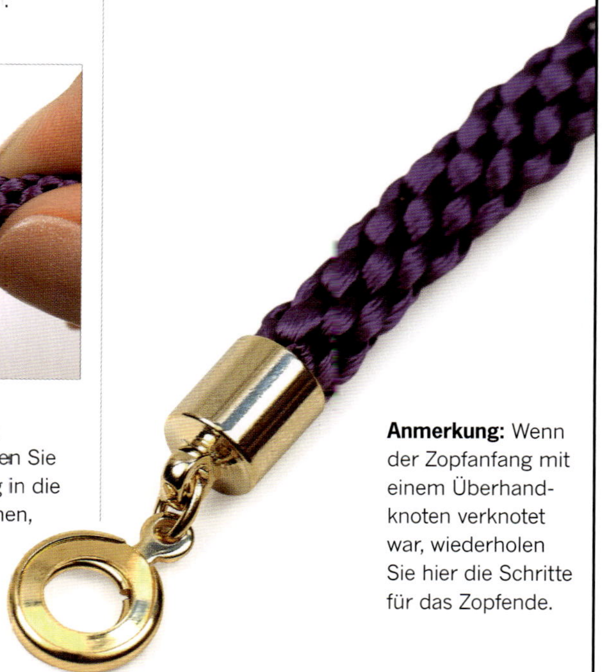

Anmerkung: Wenn der Zopfanfang mit einem Überhandknoten verknotet war, wiederholen Sie hier die Schritte für das Zopfende.

Anfang mit einer geflochtenen

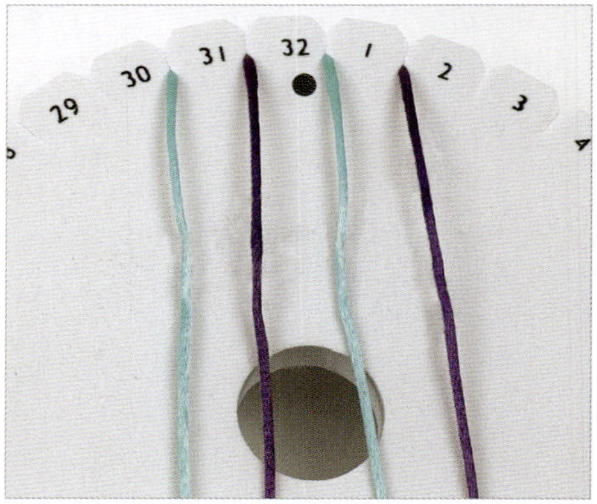

1 Bringen Sie das Flechtgarn mit der Mitte über dem Loch an der Scheibe an. Legen Sie die Fäden auf die Positionen ganz oben an der runden Scheibe (30, 31, 32 und 1) oder auf die Positionen oben in der Mitte an der quadratischen Scheibe.

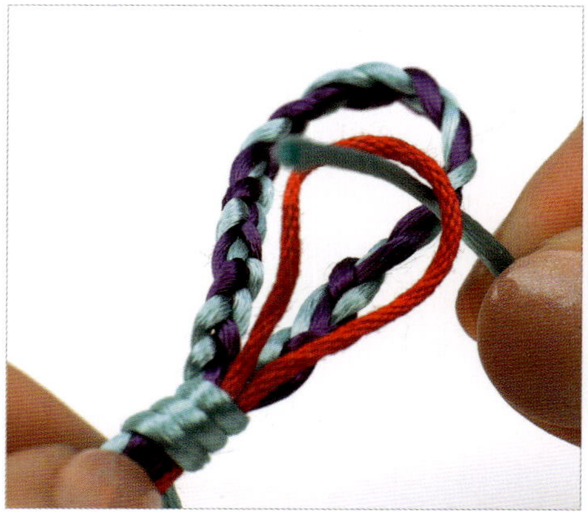

5 Stecken Sie das türkise Ende in die Schlinge aus dem Garnrest.

Schlinge

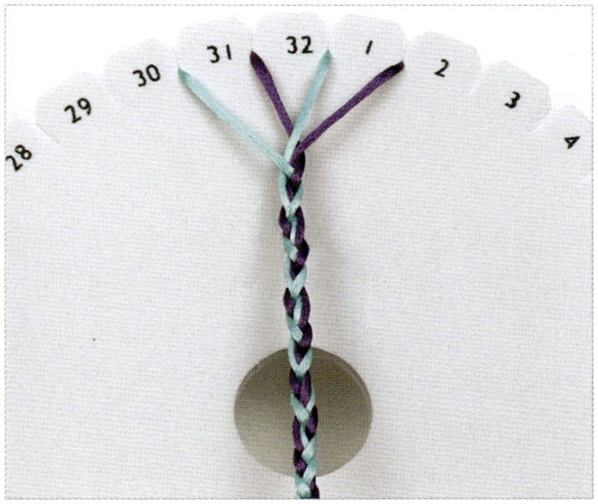

2 Flechten Sie etwa 7,5 cm, sodass der Mittelpunkt über dem Loch in der Mitte liegt. Um einen 3-strängigen Zopf zu flechten, müssen einige Fäden zusammengenommen und wie einer behandelt werden. **Tipp:** Halten Sie die Scheibe mit Ihren Knien fest, sodass Sie beide Hände zum Flechten frei haben.

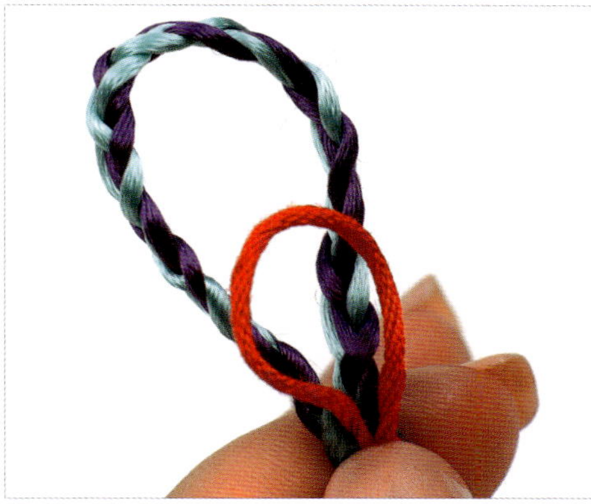

3 Falten sie den Zopf in der Mitte und entfernen Sie ihn von der Scheibe. Legen Sie eine Schlinge aus einem Garnrest von etwa 20 cm auf den Zopf, wie hier mit der roten Schlinge gezeigt.

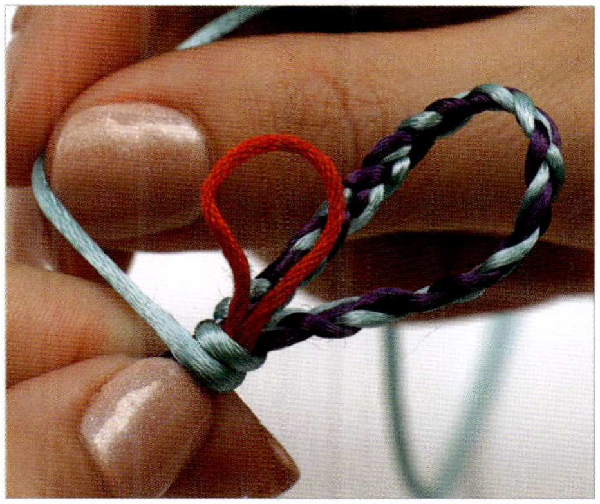

4 Verwenden Sie einen der zum Flechten vorgesehenen Fäden, die hinter dem Zopf liegen (hier Türkis) und wickeln Sie ihn um die geflochtene Schlinge und das zur Schlinge genommene Garn und halten Sie dabei die Arbeit fest.

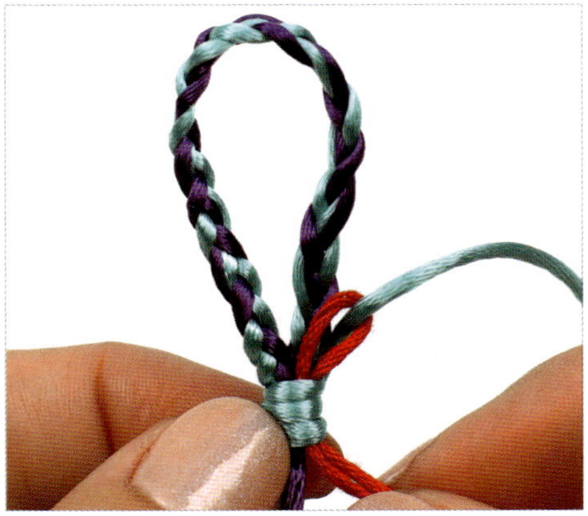

6 Ziehen Sie an den beiden Enden des Garnrests, sodass der türkise Faden durch die Wicklung gezogen wird. Entfernen Sie den Garnrest.

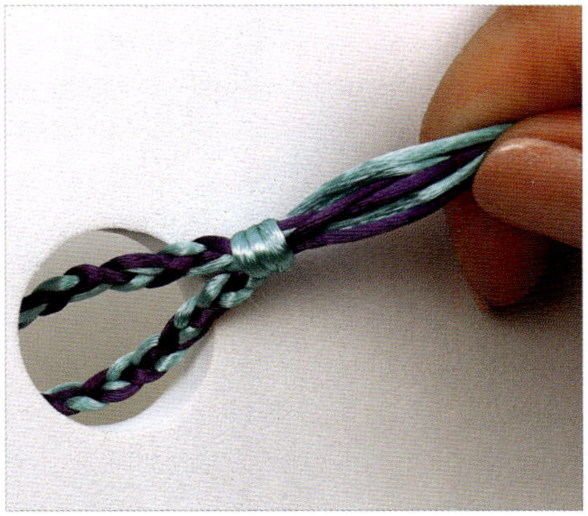

7 Stecken Sie die geflochtene Schlinge in das Loch in der Scheibe und belegen Sie sie mit den Fäden in Startposition.
Anmerkung: Achten Sie darauf, während des Belegens der Scheibe und der ersten Flechtbewegungen die Schlinge an der Wicklung festzuhalten, damit sie sich nicht auftrennt.

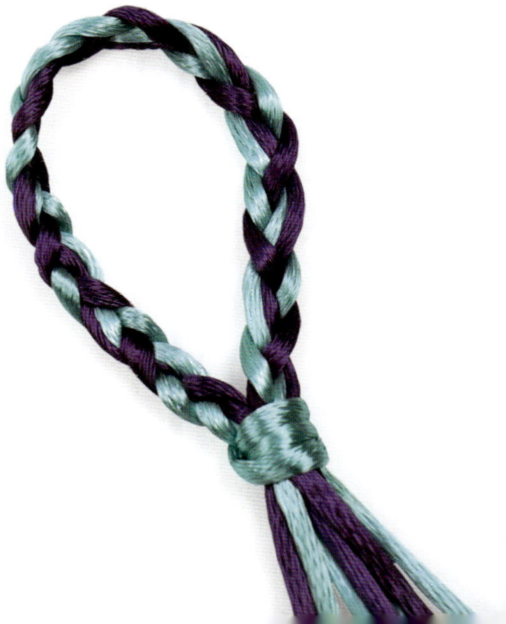

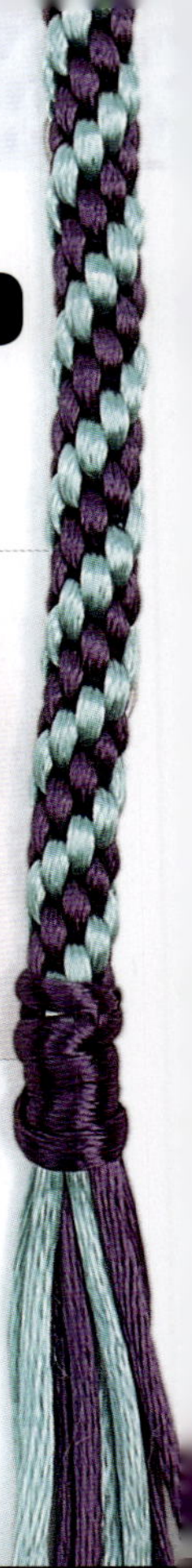

Fertigstellung mit einer Quaste

Mit Quasten können Sie Kumihimo-Zöpfe auf attraktive Weise beenden. Sie können bei Lesezeichen wie etwa dem Lesezeichen im Fischgrätmuster (siehe Seite 76), Reißverschlussanhängern, Schlüsselringen oder Schmuckstücken wie dem Zopf „Für Jasmine" (siehe Seite 78) verwendet werden und zum richtigen Hingucker der Arbeit werden.

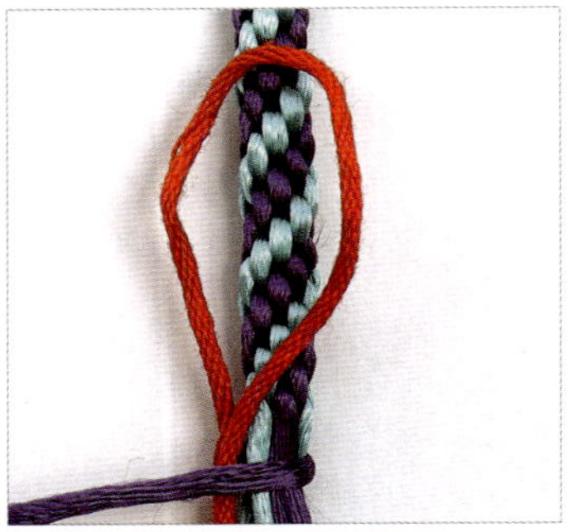

1 Nehmen Sie die Flechtarbeit von der Scheibe und achten Sie darauf, sie an ihrem Ende festzuhalten. Legen Sie eine etwa 20 cm lange Schlinge aus Garnresten auf den Zopf, wie hier mit der roten Schlinge gezeigt.

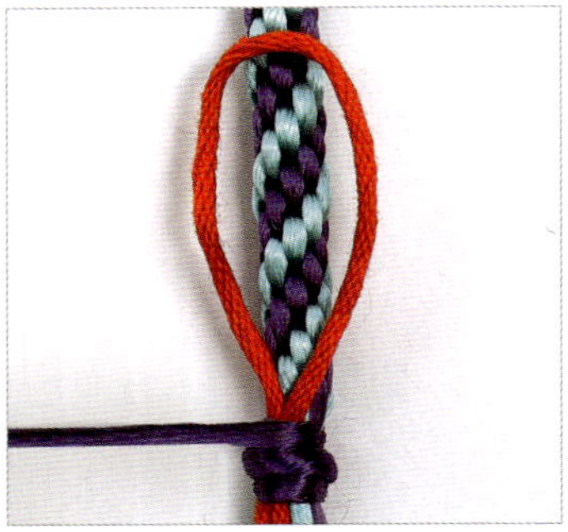

2 Nehmen Sie einen der Flechtfäden von hinten aus dem Zopf (hier Violett) und wickeln Sie ihn einige Male um das Zopfende und die Schlinge, während Sie die Arbeit festhalten. Die Wicklung sollte in Richtung des Zopfes, also den Zopf hinauf, entstehen.

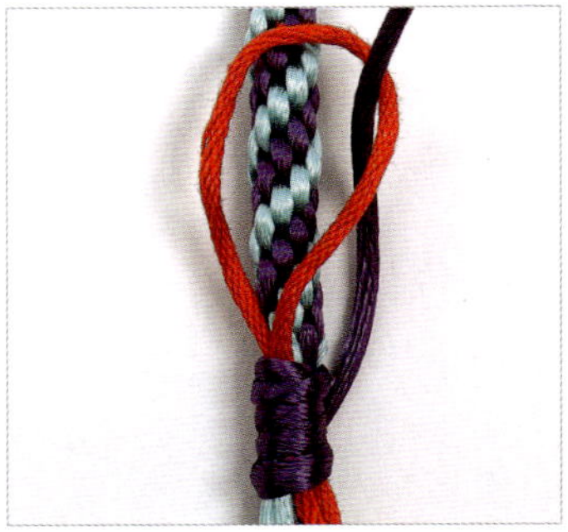

3 Stecken Sie das Ende des violetten Garnes in die Schlinge des Garnrestes.

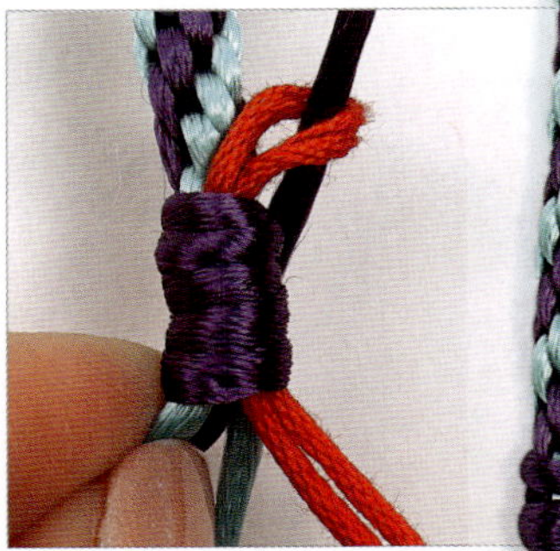

4 Ziehen Sie an beiden Enden des Garnrests, sodass der violette Faden durch die Wicklung gezogen wird. Entfernen Sie den Garnrest. Glätten Sie die Quaste über Dampf und schneiden Sie die Enden auf die gewünschte Länge zu.

Fertigstellung mit einer perlenbesetzten Quaste

Das Anbringen von Perlen an die Quaste verleiht der Arbeit eine ganz andere Dimension. Bei der Lariat-Kette „Süße Georgia" (siehe Seite 94) ist das Garn vollständig von Perlen bedeckt, während die üppige, perlenbesetzte Lariat-Kette (siehe unten und Seite 124) noch einen Blick auf das Flechtgarn zulässt.

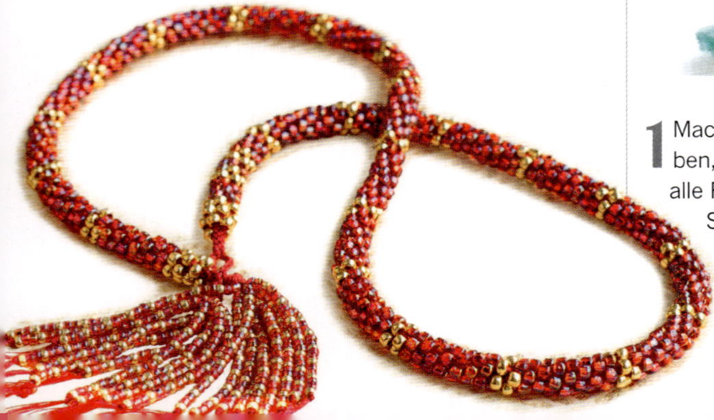

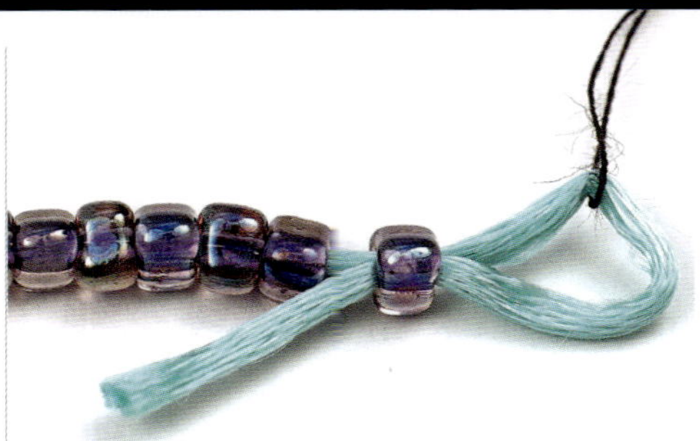

1 Machen Sie eine Quaste wie oben beschrieben, schneiden Sie sie jedoch nicht zu, bis alle Perlen an ihrem Platz sind. Verwenden Sie eine Nadel für Perlenarbeiten und einen Hilfsfaden und schieben Sie die benötigte Anzahl an Perlen auf die Fäden der Quaste.

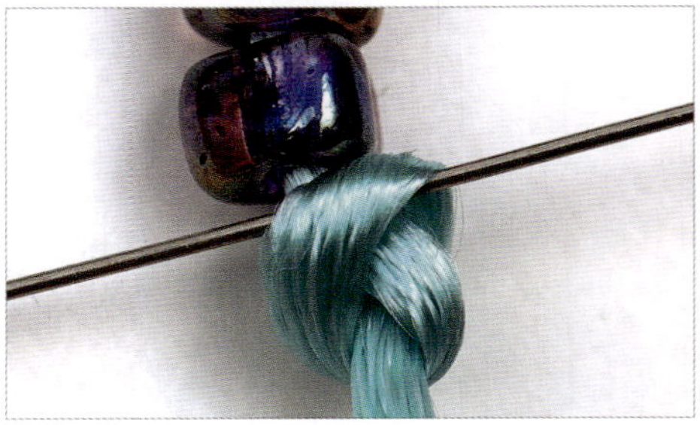

2 Wenn die Quaste fertig mit Perlen besetzt ist, verknoten Sie sie mit einem Überhandknoten. Machen Sie den Knoten um eine Stecknadel herum, damit Sie ihn direkt zur letzten Perle hochschieben können. Wiederholen Sie diesen Vorgang bei jedem Faden der Quaste. Glätten Sie die Quaste und schneiden Sie sie zu.

Fertigstellung mit einem doppelten Überhandknoten

Der doppelte Überhandknoten bietet eine hübsche und praktische Möglichkeit, um sehr feine Flechtarbeiten fertigzustellen.

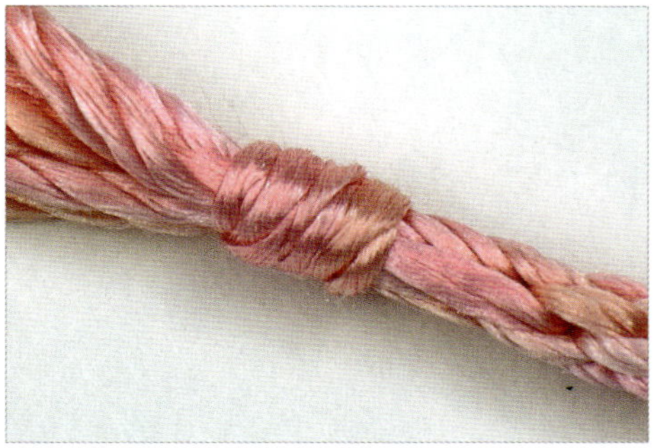

1 Das Ende nach Fertigstellung umwickeln (s. S. 30). Das Garn dafür muss recht lang sein, da sie damit auch das Ende in den Knoten nähen. Starkes Nähgarn eignet sich gut, ich habe aber einen Faden aus dem Zopf genommen, damit man ihn besser sieht.

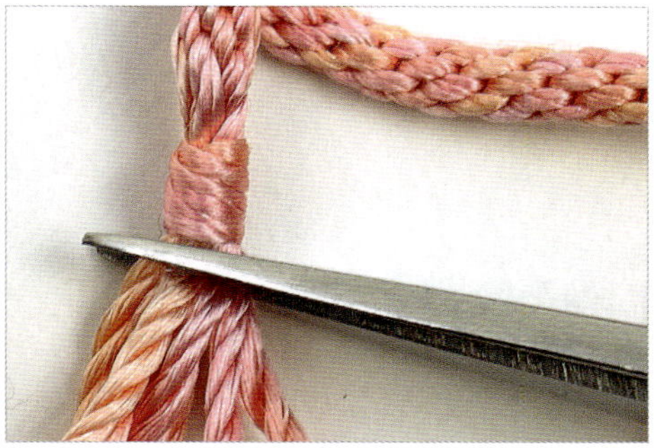

2 Schneiden Sie das Flechtgarn so nah wie möglich an der Wicklung ab und achten Sie dabei darauf, nicht in diese hineinzuschneiden.

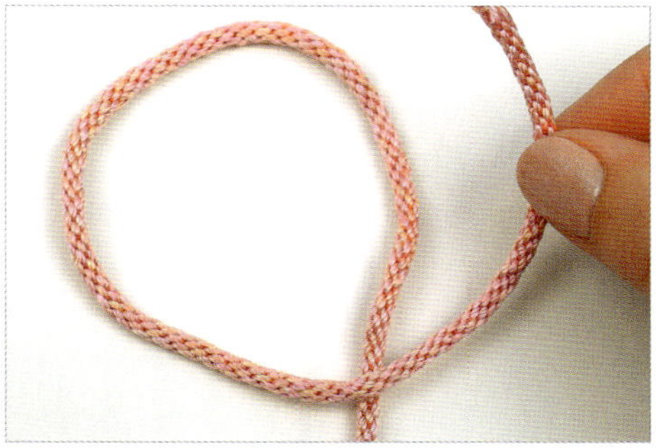

3 Knüpfen Sie einen doppelten Überhandknoten, indem Sie eine Schlinge in die Flechtarbeit machen.

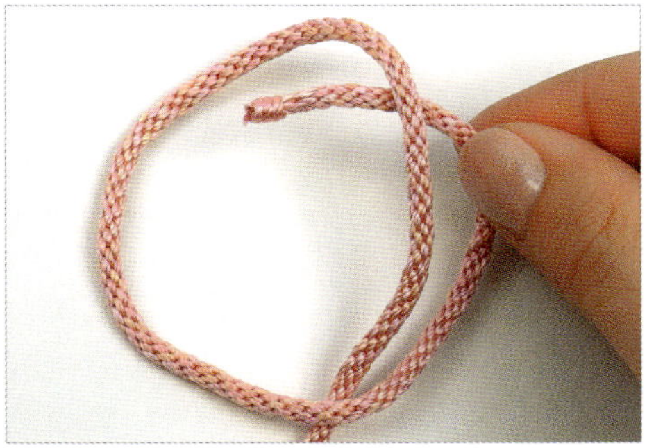

4 Führen Sie das Ende des Zopfes zweimal durch die Schlinge.

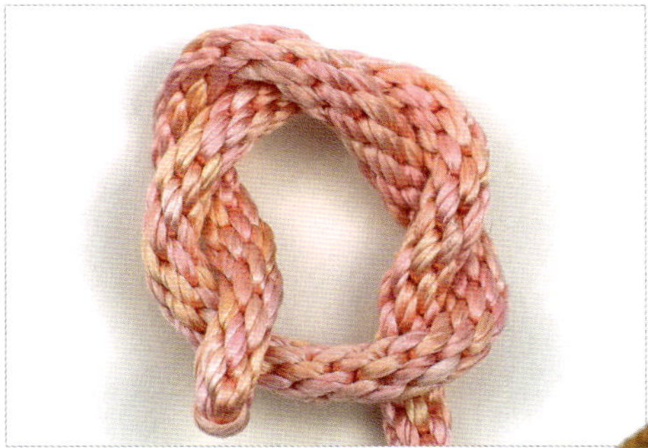

5 Ziehen Sie den Knoten fest, indem Sie ihn in Richtung Zopfende schieben, sodass eine kleine Kugel entsteht.

6 Fädeln Sie das Nähgarn, mit dem Sie die Wicklung vorgenommen haben, auf eine Nadel und vernähen Sie es, indem Sie die Umwicklung zurück in den Knoten nähen und dann im Inneren des Zopfes befestigen. Wenn die Arbeit befestigt ist, schneiden Sie die Wicklung zurecht, sodass sie nicht mehr sichtbar ist.

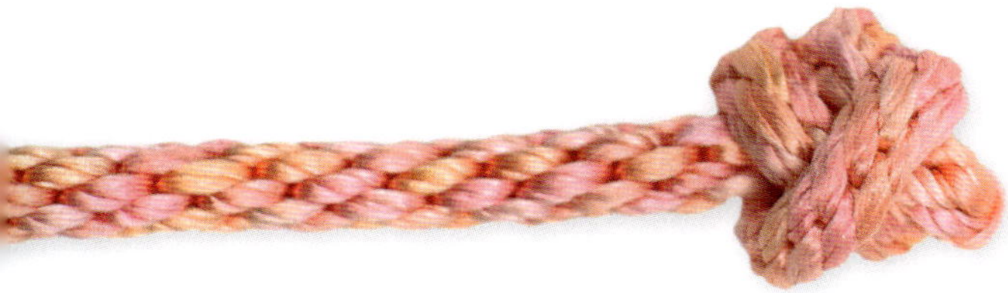

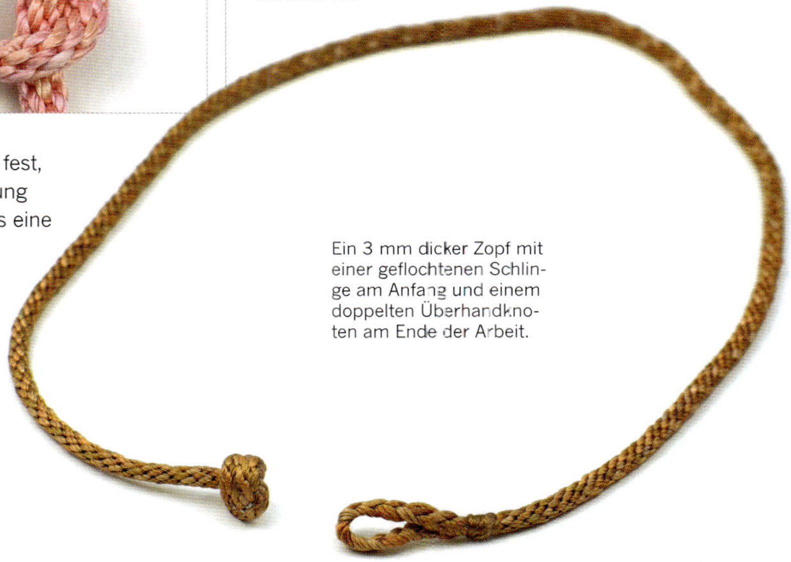

Ein 3 mm dicker Zopf mit einer geflochtenen Schlinge am Anfang und einem doppelten Überhandknoten am Ende der Arbeit.

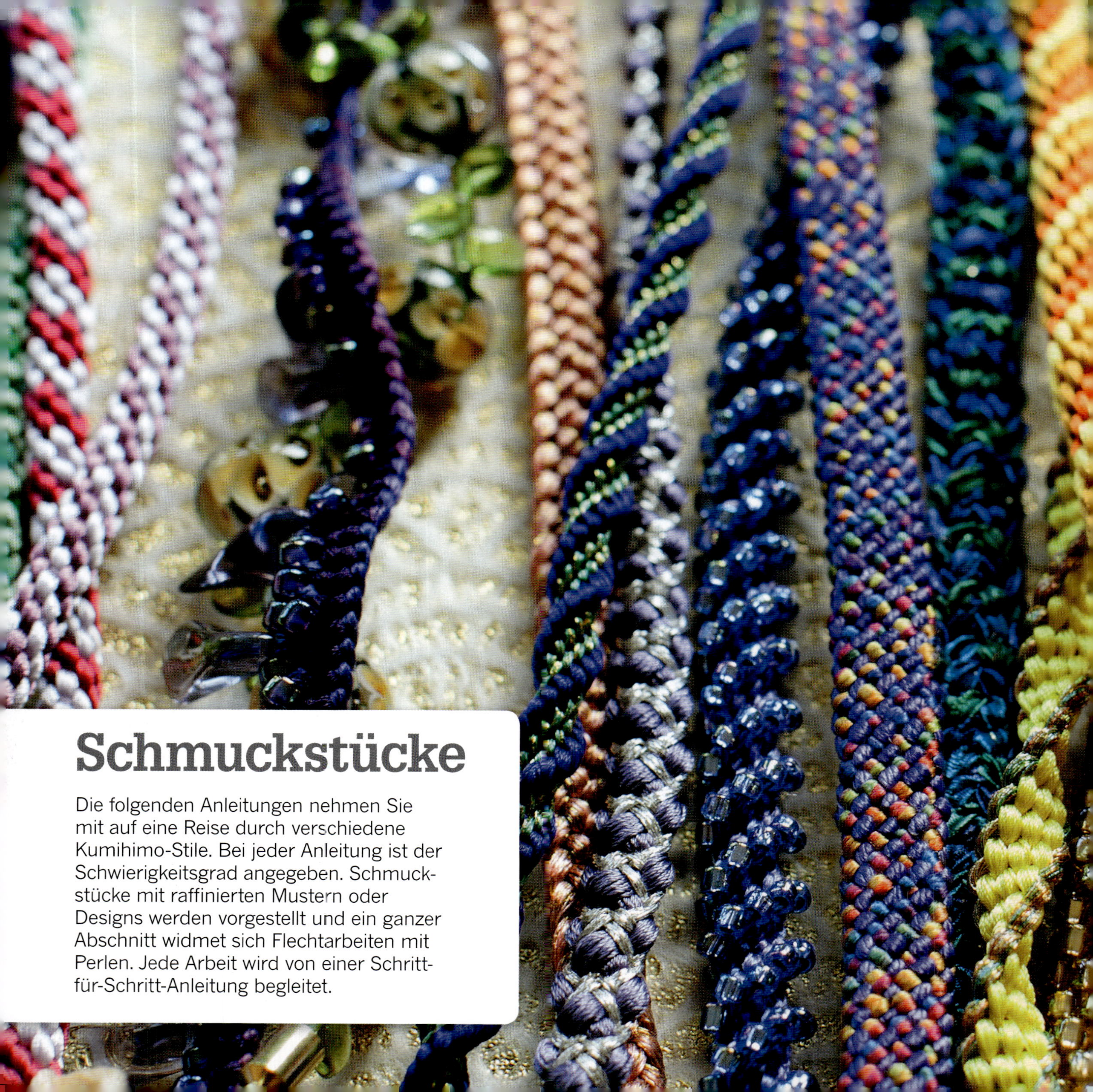

Schmuckstücke

Die folgenden Anleitungen nehmen Sie mit auf eine Reise durch verschiedene Kumihimo-Stile. Bei jeder Anleitung ist der Schwierigkeitsgrad angegeben. Schmuckstücke mit raffinierten Mustern oder Designs werden vorgestellt und ein ganzer Abschnitt widmet sich Flechtarbeiten mit Perlen. Jede Arbeit wird von einer Schritt-für-Schritt-Anleitung begleitet.

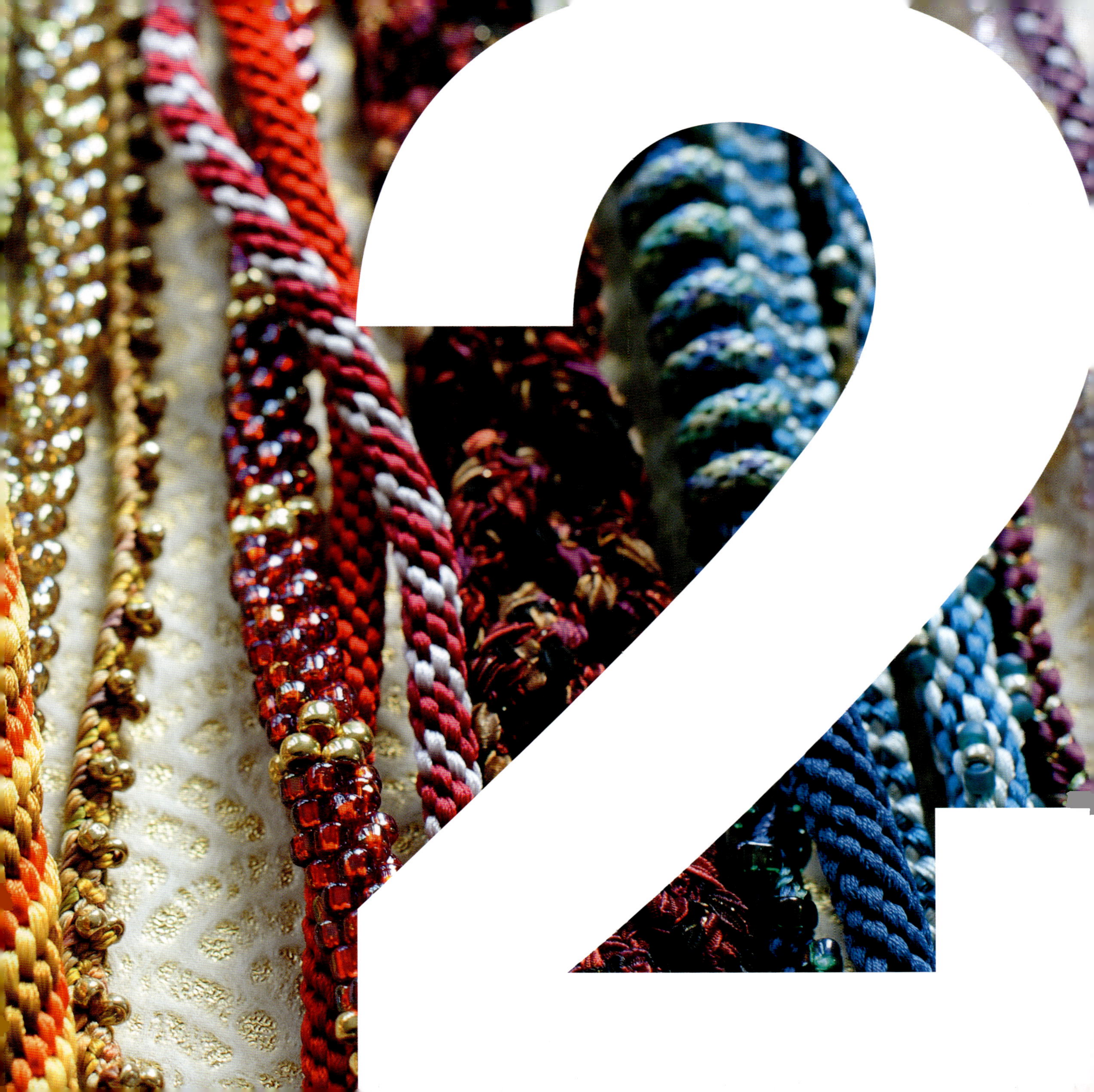
2

Mein erster Kumihimo-Zopf

Ihr erster Kumihimo-Zopf ist ein runder 8-strängiger Zopf, der schnell und leicht zu flechten ist. Der fortgeschrittene Flechter kann diese vielseitige Flechtarbeit verwenden, um schöne Farben und Texturen in Szene zu setzen. Wenn Sie diesen Zopf gemeistert haben, werden Sie anhand der Schmuckstücke in diesem Buch merken, dass die Möglichkeiten schier endlos sind.

GRAD | **SCHEIBE**

Besser flechten lernen

- Achten Sie nach den ersten Flechtbewegungen nur noch auf das Mantra „rechts kommt, links geht“ und drehen Sie die Scheibe dabei gegen den Uhrzeigersinn zum nächsten Fadenpaar.
- Wenn Sie die Scheibe ablegen, lassen Sie drei Fäden unten an der Scheibe liegen, um mit einem „links geht“ wieder anzufangen.
- Die Fäden an der Spitze des Zopfes sollten in der Mitte des Lochs bleiben.
- Für jede Bewegung gibt es eine Gegenbewegung. Wird ein Faden von oben nach unten bewegt, muss ein anderer von unten nach oben.

Sie benötigen

4-fädiges Baumwoll-Häkelgarn mit Längen von 1 m

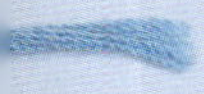
2 Abschnitte in Hellblau

2 Abschnitte in Dunkelblau

1 Perle mit einem großen Loch

Technik

Diese Arbeit wird runder, 8-strängiger Zopf genannt, weil auf der Scheibe acht Fäden sind und der Zopf eine runde Form annimmt. Der rechte Faden kommt mit jeder Bewegung auf Sie zu, während der linke sich von Ihnen wegbewegt. Die Scheibe wird während des Flechtens gegen den Uhrzeigersinn gedreht.

Vorbereitung von Scheibe und Fäden

Knoten Sie in der Mitte mit einem Garnrest die vier Garnlängen mit einem Ankerstich zusammen (siehe Seite 26). Achten Sie darauf, wie die Fäden sich über dem Loch in der Scheibe überkreuzen. Dieser Punkt wird Flechtpunkt genannt. Halten Sie während der ersten Bewegungen den Knoten fest, damit die Fäden nicht durchrutschen. Sobald der Zopf sich herausgebildet hat, müssen Sie nur noch die Scheibe festhalten. Bewegen Sie den Knoten über das Loch in der Scheibe, sodass die Enden nach unten durch die Scheibe führen.

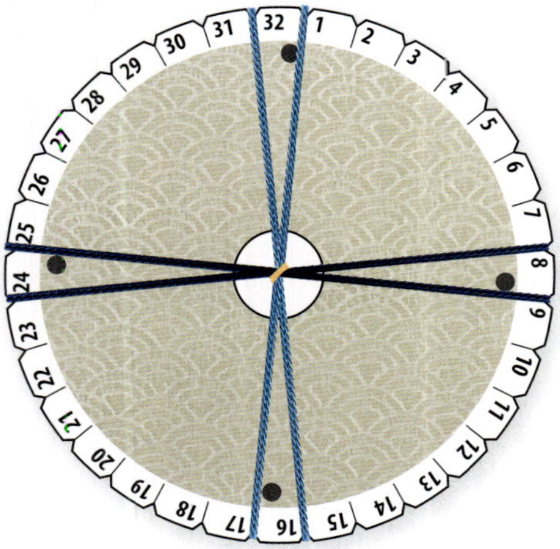

1 Richten Sie die Scheibe wie auf dem Diagramm ein, indem Sie das hellblaue Garn von Schlitz 32 zu Schlitz 16 sowie von Schlitz 1 zu Schlitz 17 und das dunkelblaue Garn von Schlitz 8 zu Schlitz 24 und von Schlitz 9 zu Schlitz 25 führen.

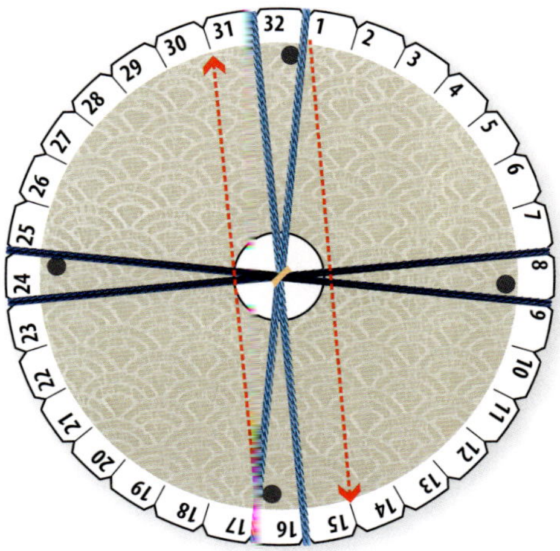

2 Bewegen Sie 1 hinunter zu 15 und 17 hinauf zu 31. Rechts kommt herunter zu Ihnen, links geht hinauf und von Ihnen weg. Drehen Sie die Scheibe gegen den Uhrzeigersinn bis zum nächsten Fadenpaar.

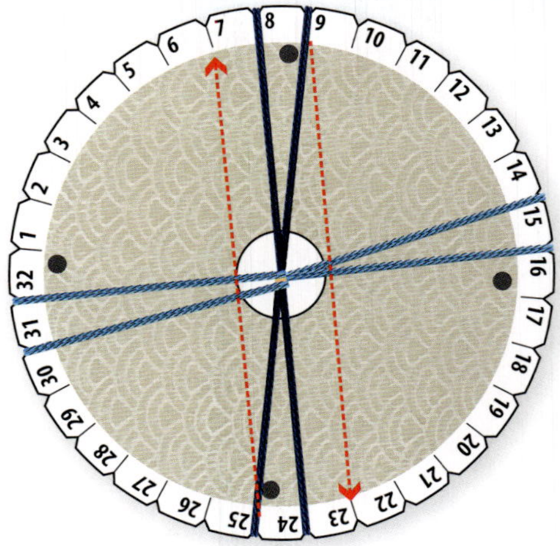

3 Bewegen Sie 9 hinunter zu 23 und 25 hinauf zu 7. Rechts kommt herunter zu Ihnen, links geht hinauf und von Ihnen weg. Drehen Sie die Scheibe gegen den Uhrzeigersinn bis zum nächsten Fadenpaar.

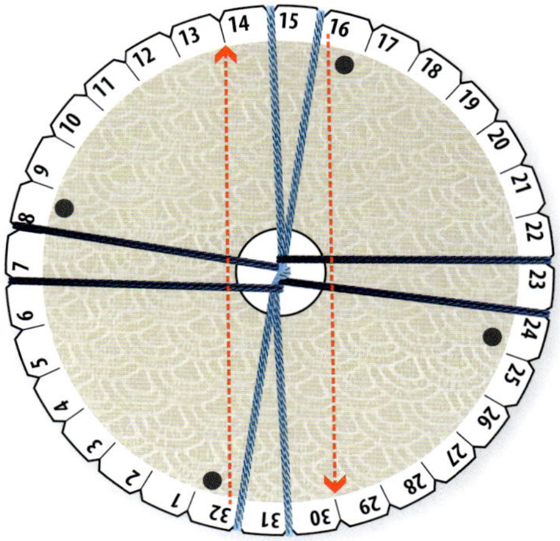

4 Bewegen Sie 16 hinunter zu 30 und 32 hinauf zu 14. Rechts kommt, links geht. Drehen Sie die Scheibe gegen den Uhrzeigersinn bis zum nächsten Fadenpaar.

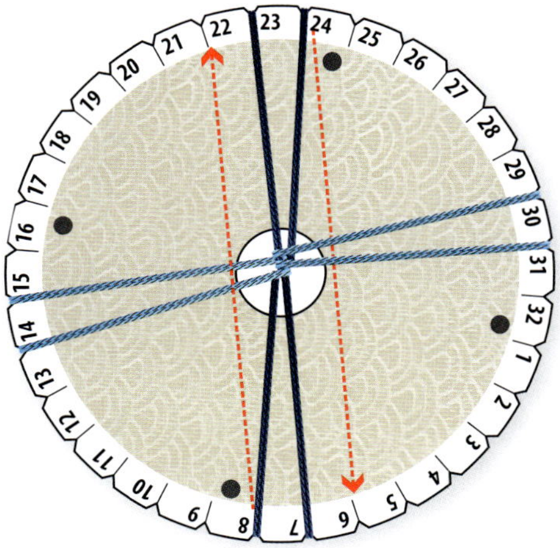

5 Bewegen Sie 24 hinunter zu 6 und 8 hinauf zu 22. Rechts kommt, links geht. Drehen Sie die Scheibe gegen den Uhrzeigersinn bis zum nächsten Fadenpaar.

6 Fahren Sie mit dem Flechten fort und folgen Sie den Diagrammen. Während des Flechtens bewegen sich die Fäden um die Scheibe und ein Spiralmuster erscheint. Flechten Sie, bis Ihnen das Garn ausgeht oder Sie die gewünschte Länge erreicht haben. Gratuliere! Sie haben Ihren ersten Kumihimo-Zopf geflochten!

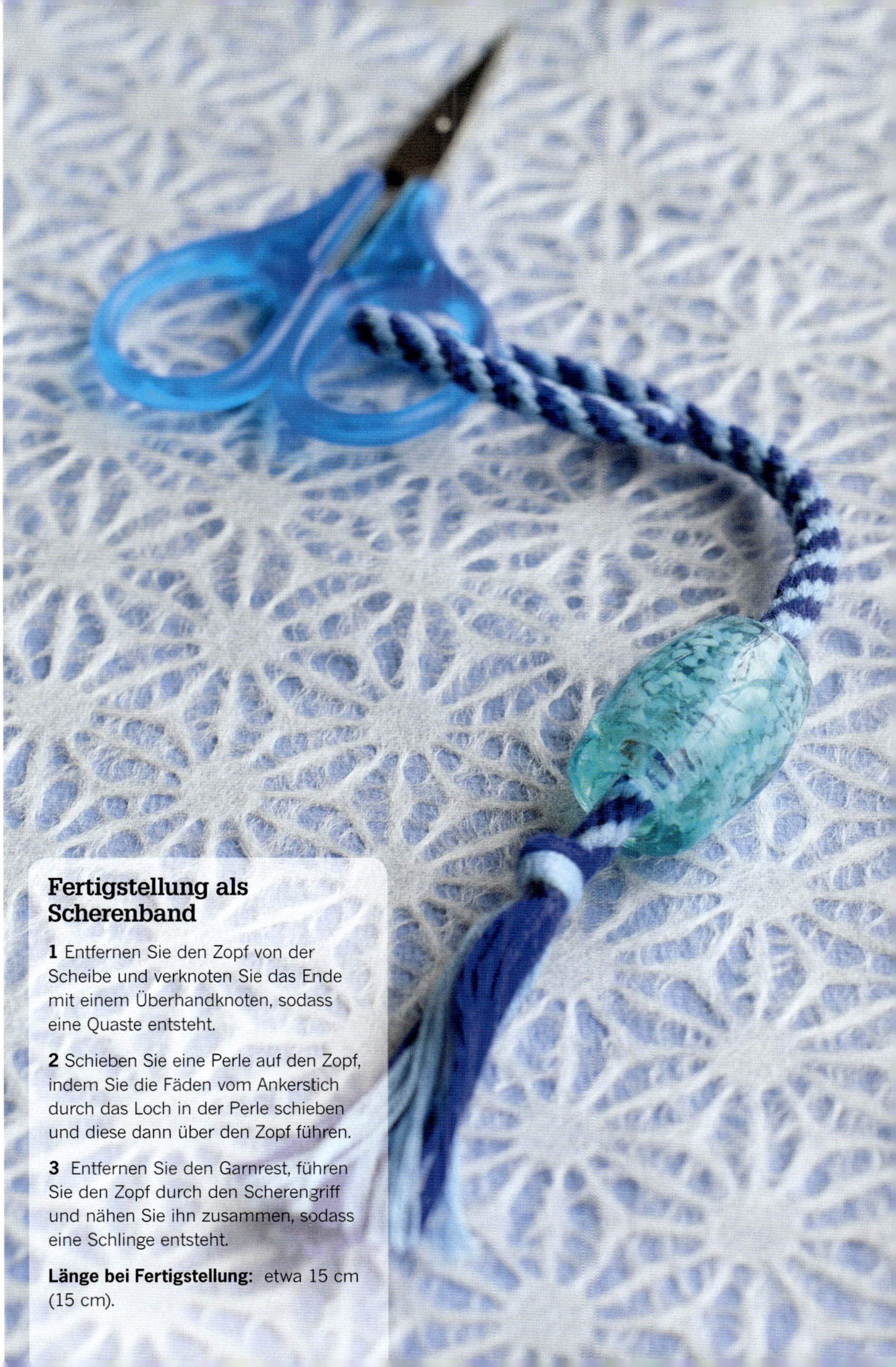

Fertigstellung als Scherenband

1 Entfernen Sie den Zopf von der Scheibe und verknoten Sie das Ende mit einem Überhandknoten, sodass eine Quaste entsteht.

2 Schieben Sie eine Perle auf den Zopf, indem Sie die Fäden vom Ankerstich durch das Loch in der Perle schieben und diese dann über den Zopf führen.

3 Entfernen Sie den Garnrest, führen Sie den Zopf durch den Scherengriff und nähen Sie ihn zusammen, sodass eine Schlinge entsteht.

Länge bei Fertigstellung: etwa 15 cm (15 cm).

Meine erste Kumihimo-Serie

Hier lernen Sie, wie ein Wechsel der Farbgebung das Endresultat ein und desselben Zopfes vollkommen verändern kann. Flechten Sie diese individuellen Halsketten auf der runden Kumihimo-Scheibe, verwenden Sie Kumihimo-Garn für ein luxuriöses Ergebnis oder kreieren Sie eine Auswahl an Schlüsselringen oder Reißverschlussanhängern, indem Sie an den Flechtarbeiten verschiedenste Zierstücke anbringen.

GRAD | **SCHEIBE**

Besser flechten lernen

- Eine Kordel Kumihimo-Garn besteht aus vier Garnabschnitten zu je 2,7 m. Lesen Sie mehr über Garne auf Seite 12.
- Als alternatives Garn eignen sich Satinband oder Satinseil. So umgehen Sie das Zuschneiden des Kumihimo-Garns.

Sie benötigen

Imposter Kumihimo-Garn, Länge 2,7 m

- **Doppeltes Zickzackmuster:** 2 Abschnitte in #12 Blasse Orchidee
  2 Abschnitte in #25 Cooles Rot
- **Vertikale Streifen:** 2 Abschnitte in #12 Blasse Orchidee
  2 Abschnitte in #47 Beerenviolett
- **Einfaches Zickzackmuster:** 2 ½ Abschnitte in #12 Blasse Orchidee
  1 ½ Abschnitte in #25 Cooles Rot
- **Punkte:** 1 Abschnitt in #12 Blasse Orchidee
  3 Abschnitte in #47 Beerenviolett

1 Endkappe u. 1 Verschluss für jede Halskette (5 mm)

8 kleine Spulen

Fertige Länge der Flechtarbeiten: ca. 60 cm

Technik

Die Zöpfe auf diesen Seiten sind runde, 8-strängige Zöpfe. Für jeden sind hier die Positionen gezeigt und die Bewegungen sind im Detail unter „Mein erster Kumihimo-Zopf" (siehe Seite 36) zu finden. Die Scheibe wird während des Flechtens gegen den Uhrzeigersinn gedreht. Die Zöpfe 1, 2 und 4 beginnen mit einem sauberen Ende (siehe Seite 29). Das einzelne Zickzackband beginnt aufgrund der ungeraden Zahl der Farbpositionen mit einem Überhandknoten.

Vorbereitung von Scheibe und Fäden

Knoten Sie alle Fäden an einem Ende zusammen und legen Sie den Knoten in das Loch in der Scheibe. Wickeln Sie alle Fäden auf kleine Spulen.

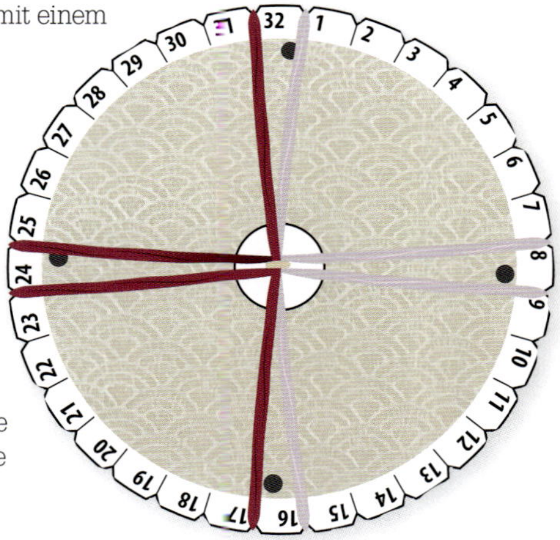

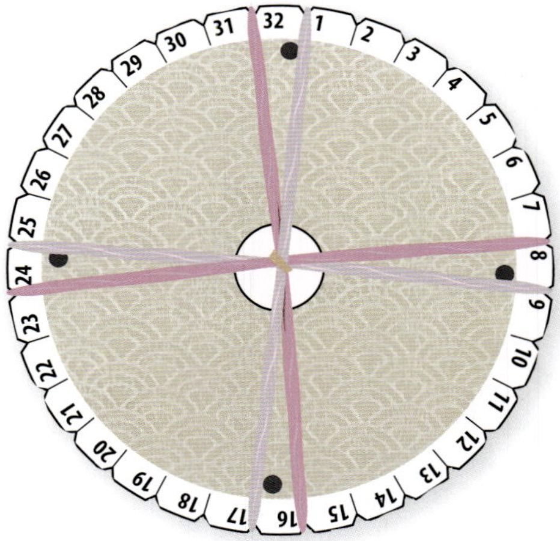

Doppeltes Zickzackmuster (1)

1 Verwenden Sie 2 Abschnitte Orchidee und 2 Abschnitte Rot und belegen Sie die Scheibe wie folgt: Orchidee auf Position 1, 8, 9 und 16; Rot auf Position 17, 24, 25 und 32.

2 Beginnen Sie mit dem Flechten, wie in der Anleitung auf den Seiten 36–37 beschrieben, und ein doppeltes Zickzackmuster entsteht.

3 Siehe Seite 30 für Anleitungen über das Beenden des doppelten Zickzackmusters mit Endkappen.

Vertikale Streifen (2)

1 Verwenden Sie 2 Abschnitte Orchidee und 2 Abschnitte Beerenviolett und belegen Sie die Scheibe wie folgt: Orchidee auf Position 1, 9, 17 und 25; Beerenviolett auf Position 32, 8, 16 und 24.

2 Beginnen Sie mit dem Flechten, wie in der Anleitung auf den Seiten 36–37 beschrieben, und ein vertikales Streifenmuster entsteht.

3 Siehe Seite 30 für Anleitungen über das Beenden des vertikalen Streifenmusters mit Endkappen.

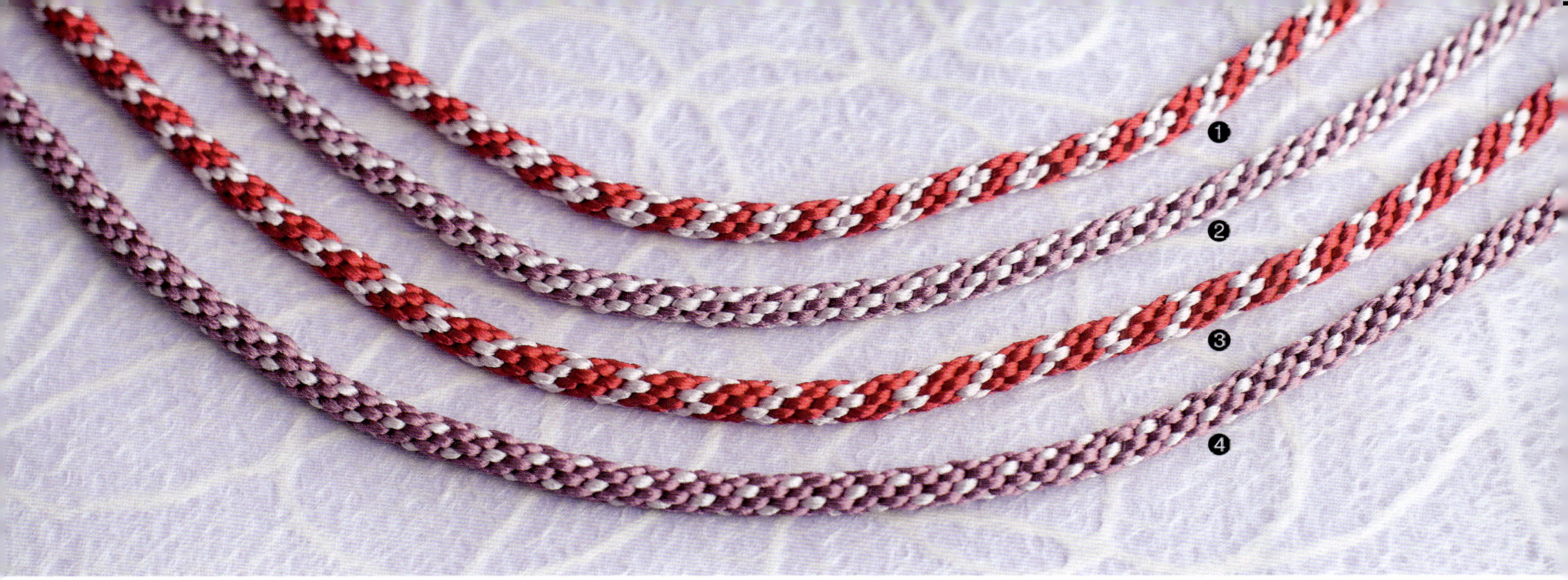

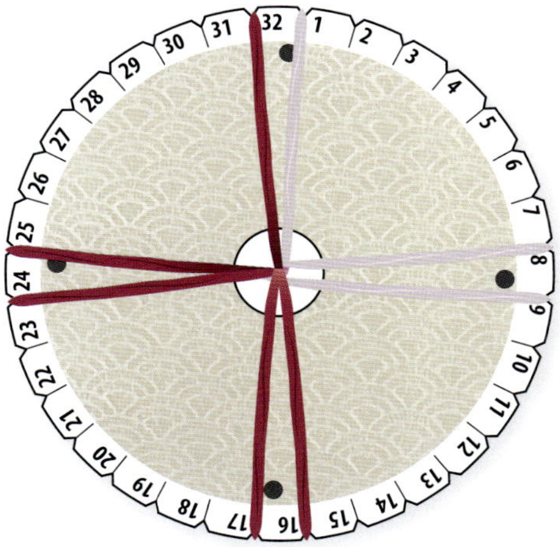

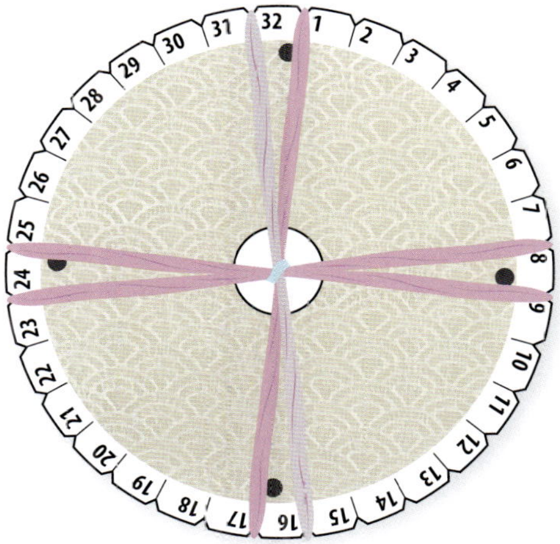

Einfaches Zickzackmuster (3)

1 Schneiden Sie alle Garnabschnitte in der Mitte durch, um drei Längen Orchidee und fünf Längen Rot zu erhalten. Anmerkung: Verknoten Sie die Enden eines jeden Abschnittes vor dem Schneiden, damit der Faden zusammenhält, wenn er geschnitten ist. Dies müssen Sie nur machen, wenn Sie Kumihimo-Fäden verwenden (siehe Seite 12).

2 Knoten Sie die drei Längen Orchidee und die fünf Längen Rot an einem Ende mit einem Überhandknoten zusammen. Legen Sie den Knoten in das Loch und belegen Sie die Scheibe wie folgt: Orchidee auf Position 1, 8 und 9; Rot auf Position 16, 17, 24, 25 und 32. Die Knoten an den langen Enden können nun sicher gelöst werden. Jede Länge wird halb so lang sein wie bei den anderen drei Zöpfen (1,35 m).

3 Beginnen Sie mit dem Flechten, wie in der Anleitung auf den Seiten 36–37 beschrieben, und auf dem Zopf entwickelt sich ein einfaches Zickzackmuster.

4 Umwickeln Sie den Zopf am Ende und entfernen Sie den Überhandknoten bevor Sie ihn in die Endkappe einpassen.

Punkte (4)

1 Verwenden Sie einen Abschnitt Orchidee und drei Abschnitte Beerenviolett und belegen Sie die Scheibe wie folgt: Orchidee auf Position 32 und 16; Beerenviolett auf Position 1, 8, 9, 17, 24 und 25.

2 Beginnen Sie mit dem Flechten, wie in der Anleitung auf den Seiten 36–37 beschrieben, und ein Punktmuster entsteht.

3 Siehe Seite 30 für Anleitungen über das Beenden des Punktmusters mit Endkappen.

Spiralkette „Sonnenuntergang“

Dies ist ein runder 12-strängiger Zopf mit Fäden auf 12 Positionen. Durch die Verwendung verschiedener Farben entsteht ein Spiralmuster. Das Flechtstück ist dicker und etwas kürzer als ein runder 8-strängiger Zopf, der mit denselben Materialien gemacht wird, und das Spiralmuster selbst ist länger.

GRAD | SCHEIBE

Besser flechten lernen

- Beachten Sie das Muster der Fäden. Die Paare in jeder Farbe liegen immer einander gegenüber.
- Wenn Sie die Scheibe ablegen, lassen Sie drei Fäden unten auf der Scheibe, damit Sie die Arbeit mit einem „links geht“ wieder aufnehmen können.
- Als alternative Garne eignen sich Satinband oder Satinseil.

Sie benötigen

Imposter Kumihimo-Garn, Länge 2,7 m

2 Abschnitte in #4 Goldrute

2 Abschnitte in #50 Orange

2 Abschnitte in #15 Gold

Endkappen und Verschluss (6 mm)

12 kleine Spulen

Technik

Dies ist eine leichte Flechtarbeit, da sie dem runden, 8-strängigen Zopf ähnlich ist (siehe Seite 36) und mit einem sauberen Ende begonnen wird. Auf dieselbe Weise kommt Ihnen der rechte Faden bei jeder Bewegung entgegen und der linke geht weg. Die Scheibe wird während des Flechtens gegen den Uhrzeigersinn gedreht.

Vorbereitung von Scheibe und Fäden

Knüpfen Sie sechs Längen Garn in der Mitte zusammen, um mit einem sauberen Ende zu beginnen (siehe Seite 29). Legen Sie den Knoten in das Loch in der Scheibe und belegen Sie die Scheibe wie beschrieben. Wickeln Sie alle Fäden auf kleine Spulen. Halten Sie den Knoten für die ersten Bewegungen fest (siehe Seite 36).

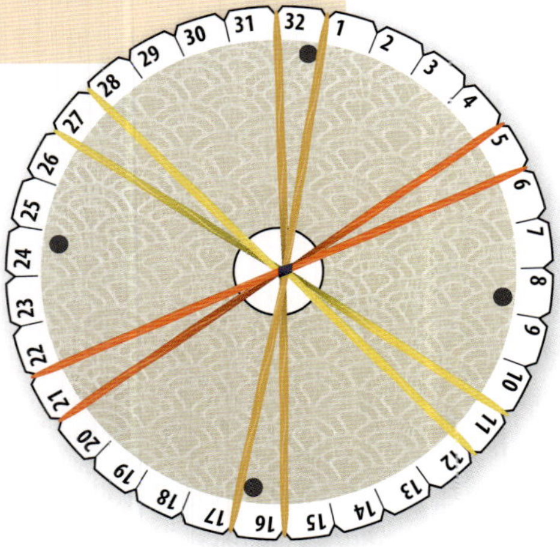

1 Belegen Sie die Scheibe wie auf dem Diagramm gezeigt: Gold von Position 1 zu 17 und von 32 zu 16, Orange von Position 5 zu 21 und von 6 zu 22 und Goldrute von Position 11 zu 27 und von 12 zu 28.

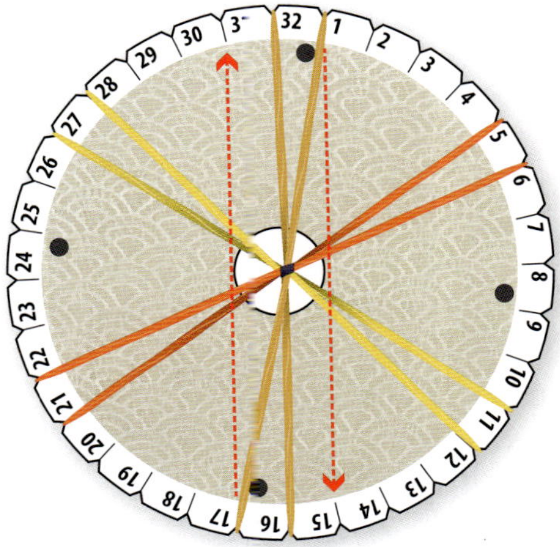

2 Bewegen Sie 1 hinunter nach 15 und dann 17 hinauf zu 31. Drehen Sie die Scheibe gegen den Uhrzeigersinn bis zum nächsten Fadenpaar.

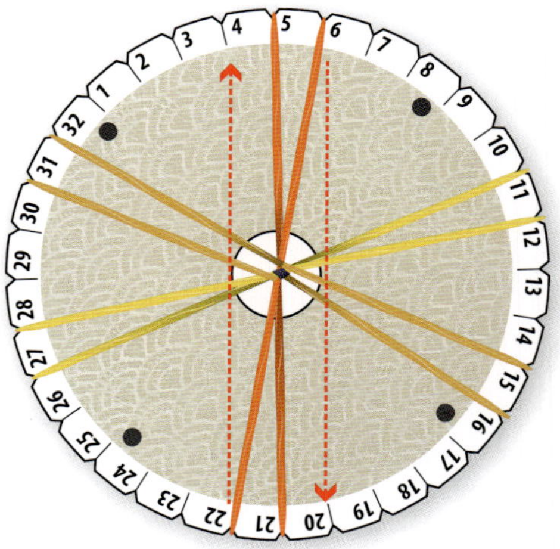

3 Bewegen Sie 6 hinunter zu 20 und dann 22 hinauf zu 4. Drehen Sie die Scheibe gegen den Uhrzeigersinn bis zum nächsten Fadenpaar.

Fertigstellung der Halskette

Siehe Seite 30 für Anleitungen über die Fertigstellung der Halskette mit Endkappen

Fertige Länge: ca. 55 cm.

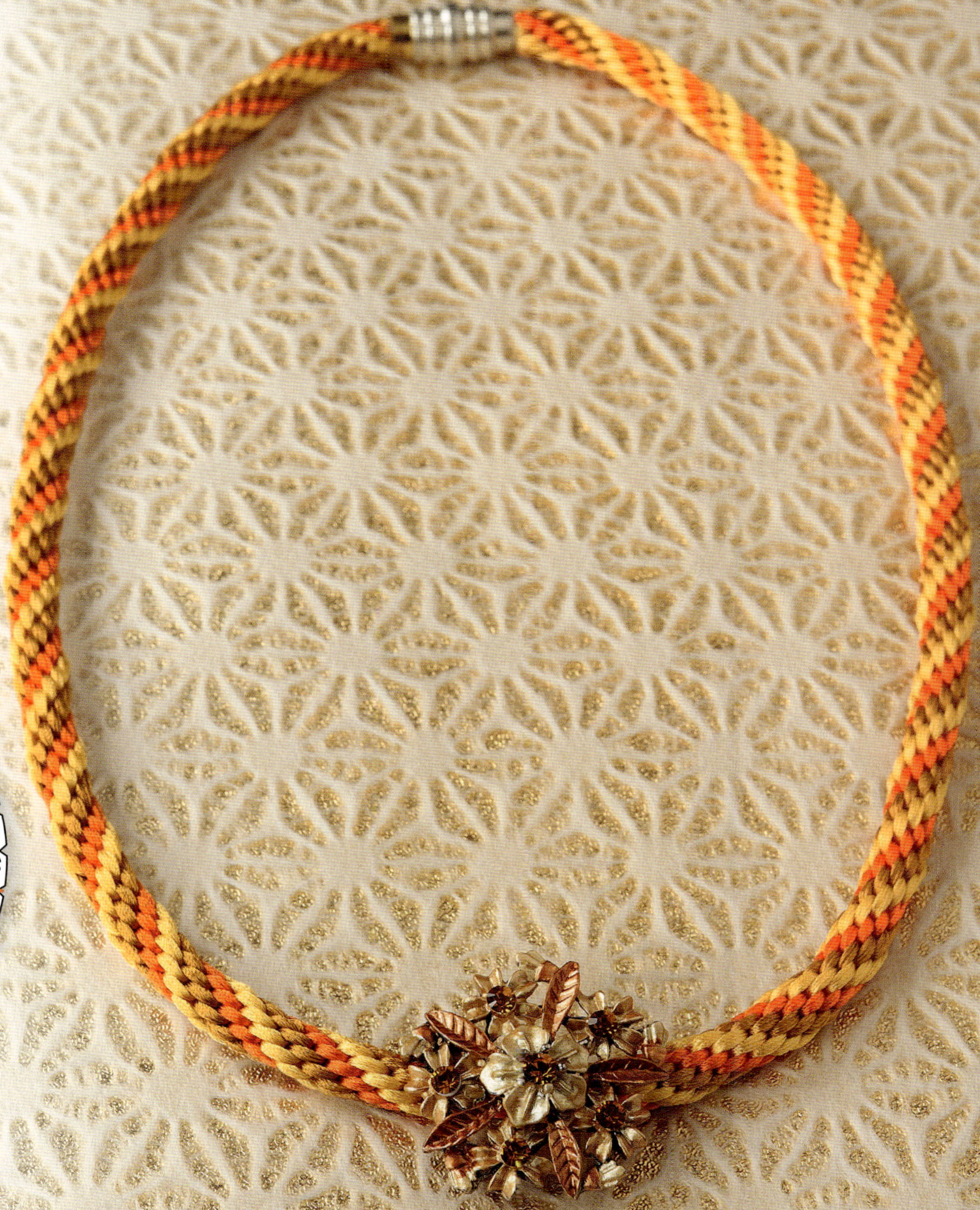

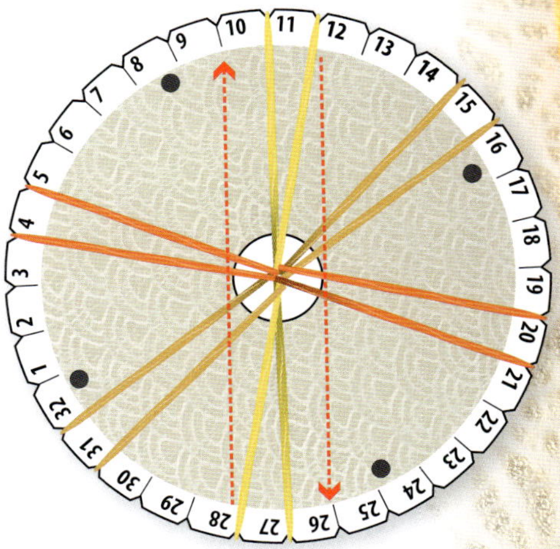

4 Bewegen Sie 12 hinunter zu 26 und dann 28 hinauf zu 10. Drehen Sie die Scheibe gegen den Uhrzeigersinn bis zum nächsten Fadenpaar.

5 Fahren Sie mit dem Flechten fort und folgen Sie dem Diagramm, bis der Zopf die erforderliche Länge erreicht hat.

Halskette „Rose Trellis“

Dies ist ein runder 16-strängiger Zopf mit Fäden auf 16 Positionen. Durch die Verwendung verschiedener Farbschemata können Sie eine große Bandbreite an Flechtmustern realisieren. Dieses spezielle Muster besteht aus einer Spirale in Ziegelrot, die sich ihren Weg durch das Jadegrün bahnt, und rosafarbenen Punkten, die die Rosenknospen darstellen sollen. Stellen Sie die Arbeit, wie gezeigt, mit dekorativen Knoten oder einer Quaste (siehe Seite 32) fertig.

GRAD | **SCHEIBE**

Besser flechten lernen

- Merken Sie sich, auf welchen Positionen die Fäden liegen und wie sie am Flechtpunkt aussehen.
- Eine gute Garnalternative ist Satinseil.
- Sie fragen sich, was der nächste Schritt sein soll? Schauen Sie sich den Flechtpunkt an, um das festzustellen – der Faden, der ganz oben liegt, ist immer der, der als letztes bewegt wurde.

Sie benötigen

Imposter Kumihimo-Garn, Länge 2,7 m

1 Abschnitt in #16 Pink

4 Abschnitte in #34 Ziegelrot

11 Abschnitte in #30 Ozeanjade

Endkappen und Verschluss (8 mm)

16 kleine Spulen

Technik

Beim runden 16-strängigen Zopf sind die Bewegungen dieselben wie beim runden 8-strängigen Zopf (siehe Seite 36) und beim runden 12-strängigen Zopf (siehe Seite 40), nur dass mit mehr Fäden gearbeitet wird. Da es nur eine Position für den rosafarbenen Strang gibt, beginnt die Flechtarbeit damit, dass alle Fäden mit einem Überhandknoten zusammengeknotet werden. Während des Flechtens wird die Scheibe gegen den Uhrzeigersinn gedreht.

Vorbereitung von Scheibe und Fäden

Knoten Sie alle Fäden an einem Ende mit einem Überhandknoten zusammen und legen Sie den Knoten in das Loch in der Scheibe. Wickeln Sie alle Fäden auf kleine Spulen.

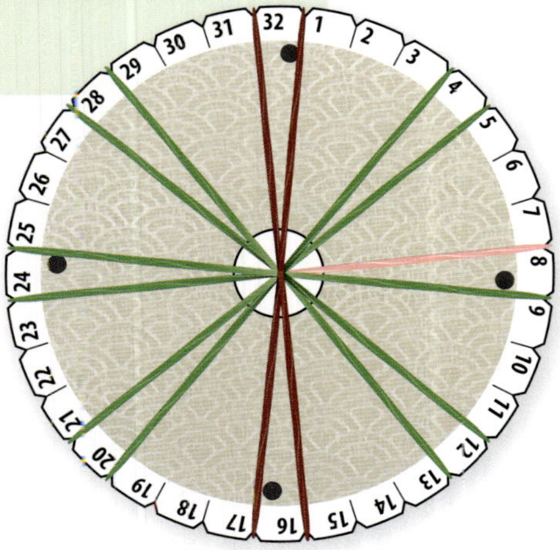

1 Belegen Sie die Scheibe wie auf dem Diagramm gezeigt: Ziegelrot auf Position 32, 1, 16 und 17; Rosa auf Position 8 und Jade auf Position 4, 5, 9, 12, 13, 20, 21, 24, 25, 28 und 29. **Anmerkung:** Es sind immer zwei Schlitze frei zwischen jedem Fadenpaar.

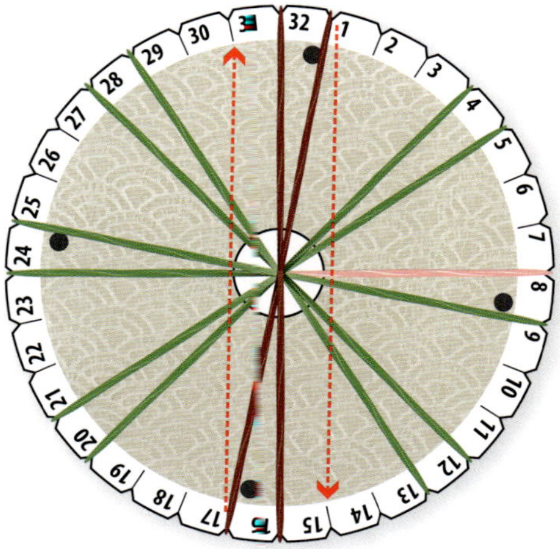

2 Bewegen Sie 1 hinunter zu 15 und dann 17 hinauf zu 31. Drehen Sie die Scheibe gegen den Uhrzeigersinn bis zum nächsten Fadenpaar.

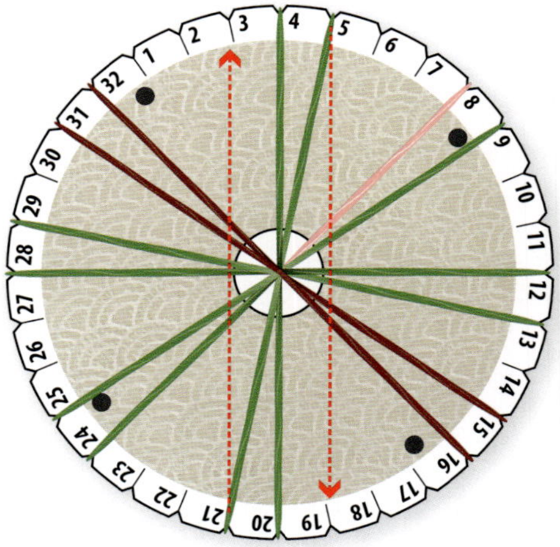

3 Bewegen Sie 5 hinunter zu 19 und dann 21 hinauf zu 3. Drehen Sie die Scheibe gegen den Uhrzeigersinn bis zum nächsten Fadenpaar.

Fertigstellung der Halskette

1 Nehmen Sie den Zopf von der Scheibe und umwickeln Sie beide Enden mit einem starken Garn, um sie zu sichern (siehe Seite 30).

2 Suchen Sie sich Ihren Zierknoten aus (hier wird ein flacher Knopfknoten gezeigt).

3 Schneiden Sie überschüssiges Garn zurecht, tragen Sie Klebstoff an den Enden auf und stecken Sie sie in die Endkappen (siehe Seite 30).

Variante: Beenden Sie die Flechtarbeit mit einer Quaste an jedem Ende (siehe Seite 32) und tragen Sie das Stück als Lariat oder Gürtel.

Fertige Länge des Flechtstücks:
ca. 127 cm

Fertige Länge der Halskette:
ca. 55 cm

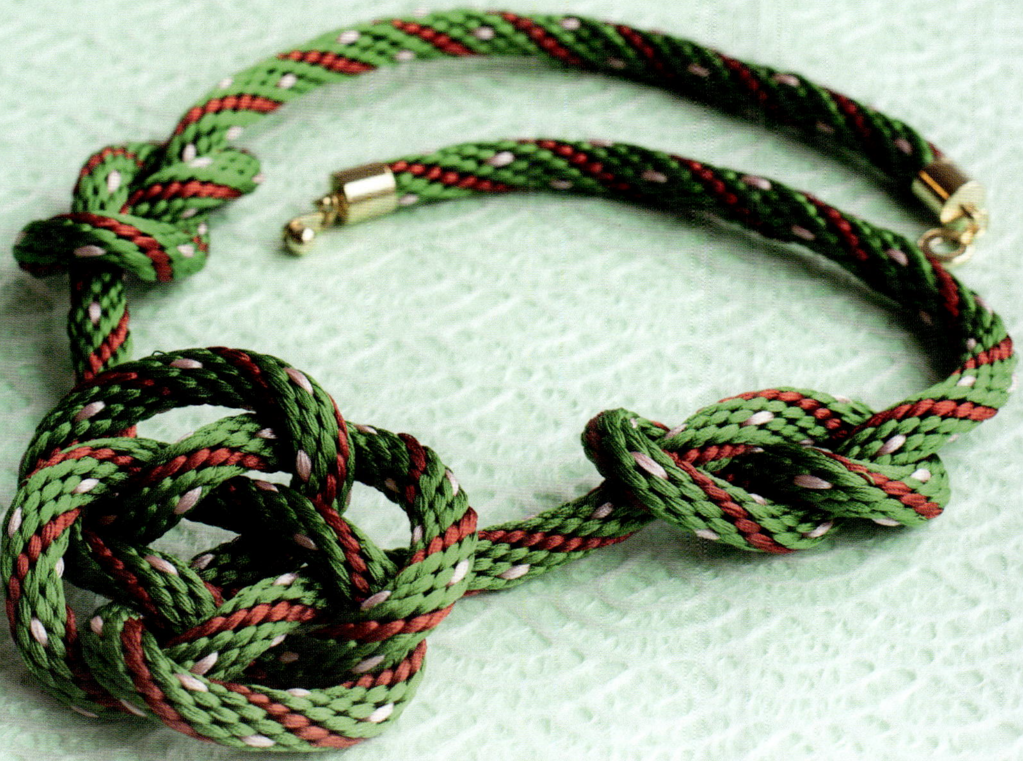

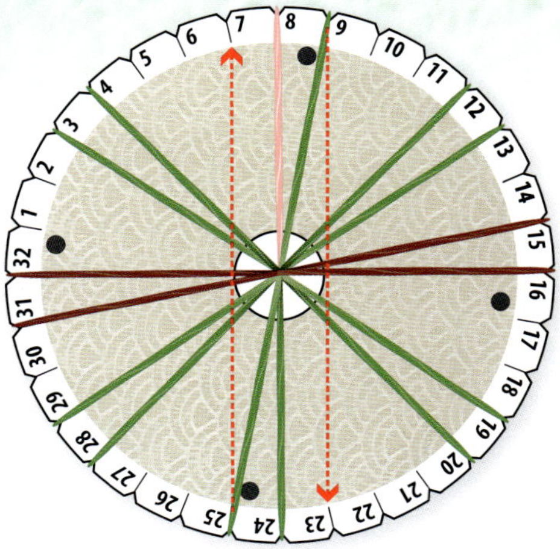

4 Bewegen Sie 9 hinunter zu 23 und dann 25 hinauf zu 7. Drehen Sie die Scheibe gegen den Uhrzeigersinn bis zum nächsten Fadenpaar.

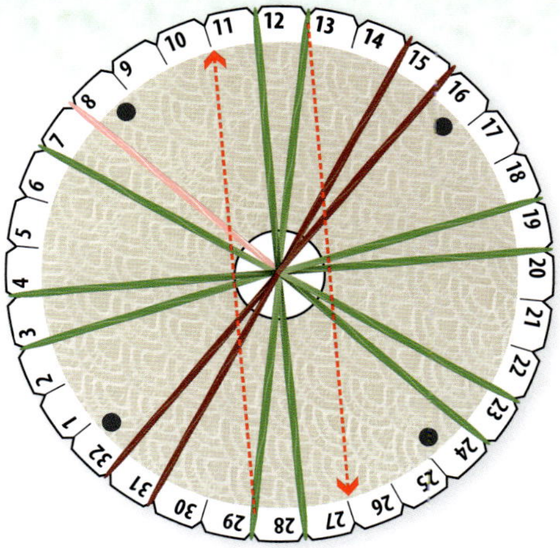

5 Bewegen Sie 13 hinunter zu 27 und dann 29 hinauf zu 11. Drehen Sie die Scheibe gegen den Uhrzeigersinn bis zum nächsten Fadenpaar.

6 Fahren Sie mit dem Flechten fort und folgen Sie dem Diagramm, bis der Zopf die erforderliche Länge erreicht hat. **Anmerkung:** Wenn Ziegelrot wieder auf Position 1 liegt und Sie die Flechtsequenz wiederholen können, sollten alle Fäden wieder auf ihrer Startposition liegen.

Serie aus runden, 16-strängigen Zöpfen

Die folgenden Seiten zeigen einige runde 16-strängige Zöpfe, die durch verschiedene Farbschemata entstehen. Die Technik ist dieselbe wie bei der Halskette „Rose Trellis“ (siehe Seite 42).

GRAD | **SCHEIBE**

Besser flechten lernen

Für wirklich schnelle und einfache Flechtarbeiten ersetzen Sie das Garn mit Satinseil oder Perlgarn #3. Beginnen Sie jeden Zopf mit Längen von 45 cm, die am Ende mit einem Überhandknoten verknotet sind. So können Sie auch ganz leicht eine Quaste machen. Wenn Sie auf diese Art arbeiten, brauchen Sie keine Spulen.

Sie benötigen

Imposter Kumihimo-Garn, Länge 2,7 m

- **Herz**
  8 Abschnitte in #16 Rosa
  8 Abschnitte in #25 Rot
- **Diamant**
  8 Abschnitte in #16 Rosa
  8 Abschnitte in #25 Rot
- **Flamme**
  3 Abschnitte in #16 Rosa
  1 Abschnitt in #25 Rot
  5 Abschnitte in #47 Beerenviolett
  7 Abschnitte #41 Silber
- **Baum**
  1 Abschnitt in #16 Rosa
  2 Abschnitte in #25 Rot
  5 Abschnitte in #47 Beerenviolett
  8 Abschnitte in #41 Silber
- **Weihnachtsbaum**
  1 Abschnitt in #15 Gold
  2 Abschnitte in #25 Rot
  5 Abschnitte in #2 Smaragd
  8 Abschnitte in #41 Silber

16 kleine Spulen

- **Für Halsketten:**
  4 Endkappen- und Verschlussets (8 mm)
- **Für Schlüsselringe:**
  4 Endkappensets (8 mm) mit Schlüsselring

Technik

Orientieren Sie sich an der Halskette „Rose Trellis“ (siehe Seite 42) für Technik und Flechtanleitung. Die Scheibe wird während des Flechtens gegen den Uhrzeigersinn gedreht.

Vorbereitung von Scheibe und Fäden

Verknoten Sie alle Fäden mit einem Überhandknoten an einem Ende und stecken Sie den Knoten in das Loch in der Scheibe. Wickeln Sie alle Fäden auf kleine Spulen

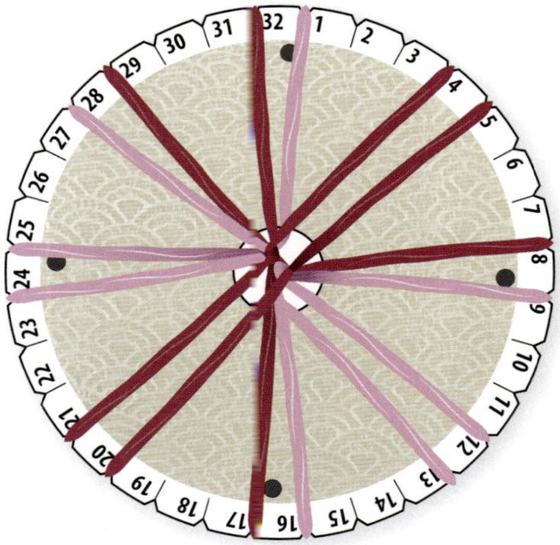

Herz (1)

1 Belegen Sie die Scheibe wie auf dem Diagramm gezeigt: Rosa auf Position 1, 9, 12, 13, 16, 24, 25 und 28; Rot auf Position 32, 4, 5, 8, 17, 20, 21 und 29.

2 Folgen Sie der Flechtanleitung für die Halskette „Rose Trellis“ (siehe Seite 42).

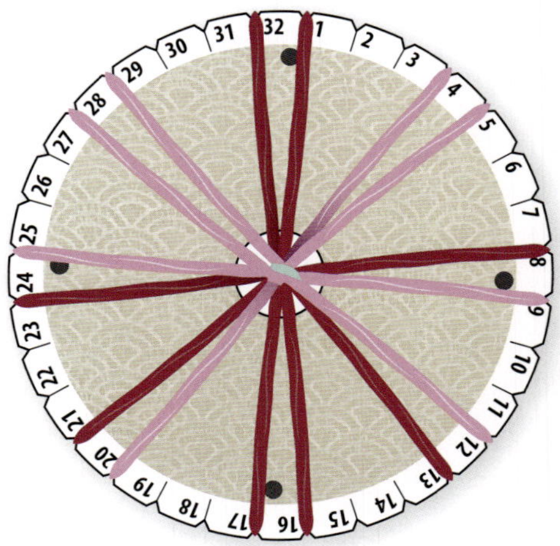

Diamant (2)

1 Belegen Sie die Scheibe wie auf dem Diagramm gezeigt: Rosa auf Position 4, 5, 9, 12, 20, 25, 28 und 29; Rot auf Position 32, 1, 8, 13, 16, 17, 21 und 24.

2 Folgen Sie der Flechtanleitung für die Halskette „Rose Trellis“ (siehe Seite 42).

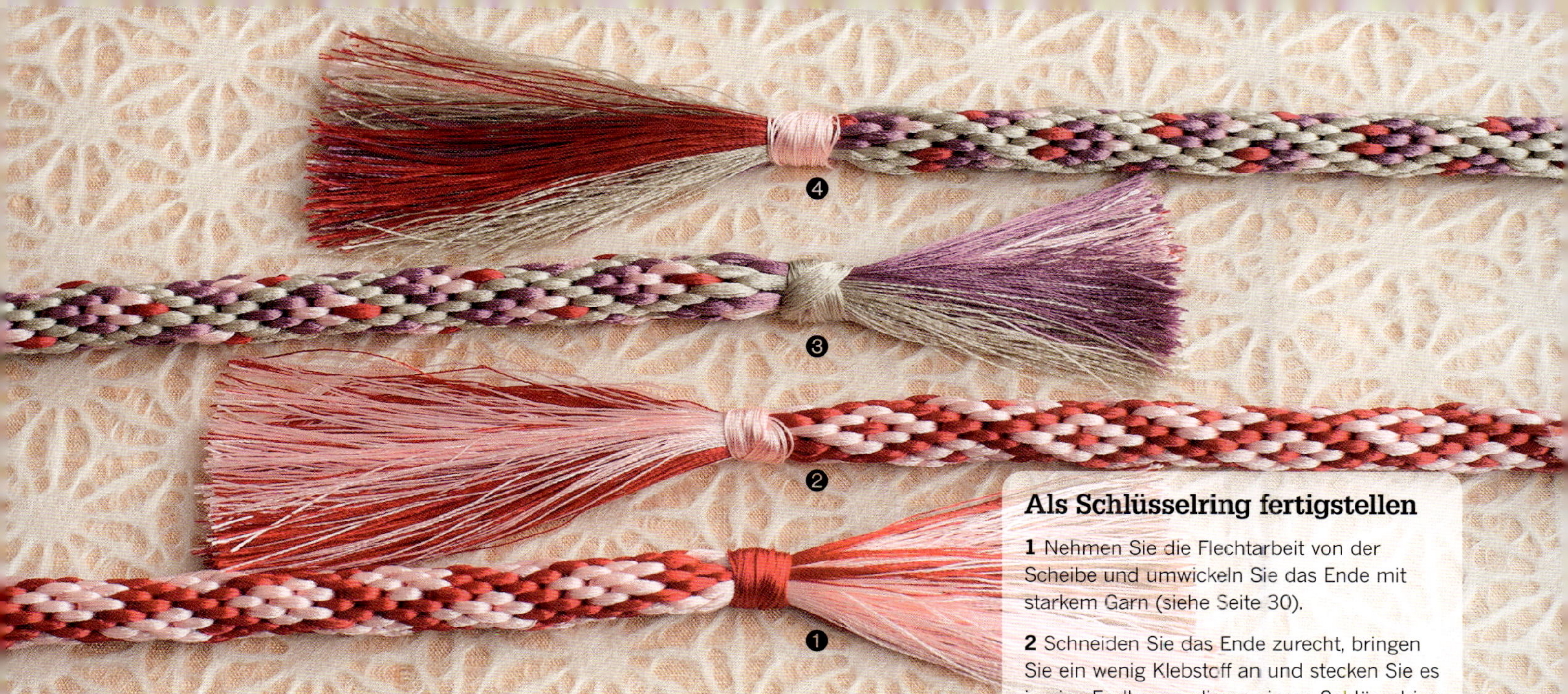

Als Schlüsselring fertigstellen

1 Nehmen Sie die Flechtarbeit von der Scheibe und umwickeln Sie das Ende mit starkem Garn (siehe Seite 30).

2 Schneiden Sie das Ende zurecht, bringen Sie ein wenig Klebstoff an und stecken Sie es in eine Endkappe, die an einem Schlüsselring befestigt ist.

3 Machen Sie am anderen Ende eine saubere Quaste (siehe Seite 32).

Fertige Länge etwa 15 cm.

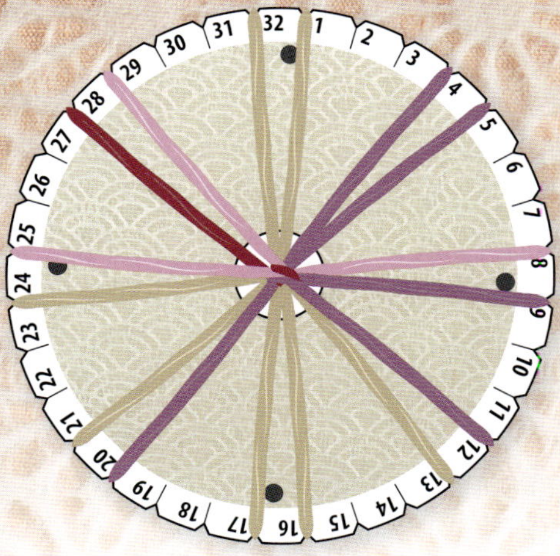

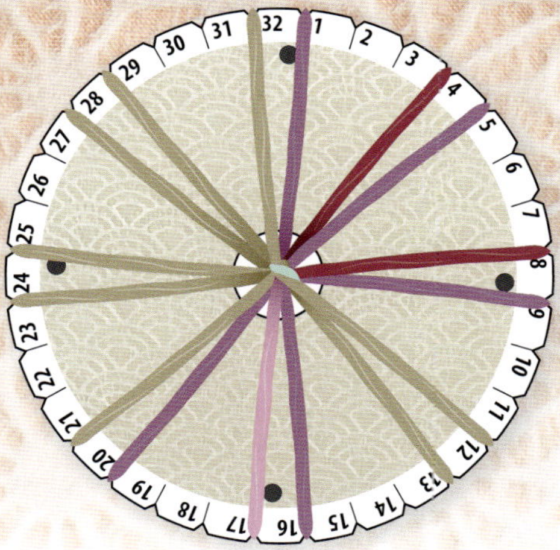

Flamme (3)

1 Belegen Sie die Scheibe wie auf dem Diagramm gezeigt: Rosa auf Position 8, 25 und 29; Rot auf Position 28, Beerenviolett 4, 5, 9, 12 und 20 und Silber auf Position 32, 1, 13, 16, 17, 21 und 24.

2 Folgen Sie der Flechtanleitung für die Halskette „Rose Trellis" (siehe Seite 42).

Baum (4)

1 Belegen Sie die Scheibe wie auf dem Diagramm gezeigt: Rosa auf Position 17; Rot auf Position 4 und 8; Beerenviolett auf 1, 5, 9, 16 und 20 und Silber auf Position 32, 12, 13, 21, 24, 25, 28 und 29.

2 Folgen Sie der Flechtanleitung für die Halskette „Rose Trellis" (siehe Seite 42).

Weihnachtsbaum (5)

1 Belegen Sie die Scheibe wie auf dem Diagramm gezeigt: Rosa auf Position 17; Rot auf Position 4 und 8; Beerenviolett auf 1, 5, 9, 16 und 20 und Silber auf Position 32, 12, 13, 21, 24, 25, 28 und 29.

2 Folgen Sie der Flechtanleitung für die Halskette „Rose Trellis" (siehe Seite 42).

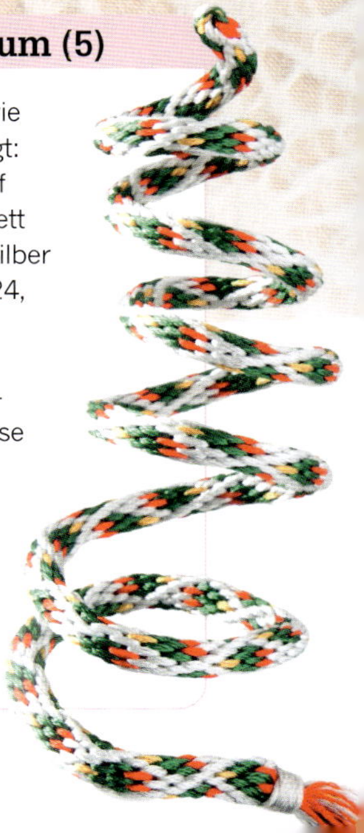

Mehrreihige Halskette „La Plume“

Dieser Zopf ist perfekt, um eine dezente, elegante Flechtarbeit für einen speziellen Anhänger zu gestalten. Wenn Sie sich einen dickeren Zopf wünschen, damit er einen schwereren Anhänger hält, teilen Sie die Fäden in Mehrfachstränge.

GRAD | **SCHEIBE**

Besser flechten lernen

- Halten Sie den Zopf durchgehend unter der Scheibe fest.
- Behalten Sie Position 1 auf Nord-Position oben an der Scheibe und verwenden Sie die Schlitze an den Punkten.
- Das Geheimnis dieser Flechtarbeit ist es, die Überkreuzungsbewegung rechts über dem linken Faden zu halten.
- Wenn der Zopf von der Scheibe genommen wird, sichern Sie ihn vor dem Umwickeln mit einem Überhandknoten. Dieser Knoten wird abgeschnitten, bevor die Endkappen angebracht werden.

Sie benötigen

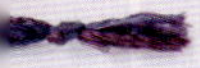

4 Längen von 2 m Seidengarn Exotic Lights #50 Brombeere oder Perlgarn #3

Endkappen und Verschluss (5 mm)

Anhänger mit einem Loch von ca. 10 mm

4 kleine Spulen

Technik

Dies ist ein runder 4-strängiger Zopf mit Fäden auf vier Positionen und nur vier Bewegungen, um diese 3 mm breite Flechtarbeit zu gestalten. Die Scheibe wird während des Flechtens nicht gedreht.

Vorbereitung von Scheibe und Fäden

Verknoten Sie alle Fäden mit einem Überhandknoten an einem Ende und stecken Sie den Knoten in das Loch in der Scheibe. Wickeln Sie alle Fäden auf kleine Spulen

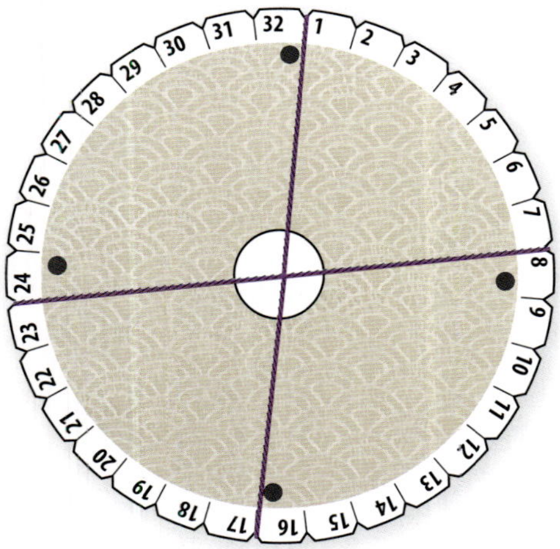

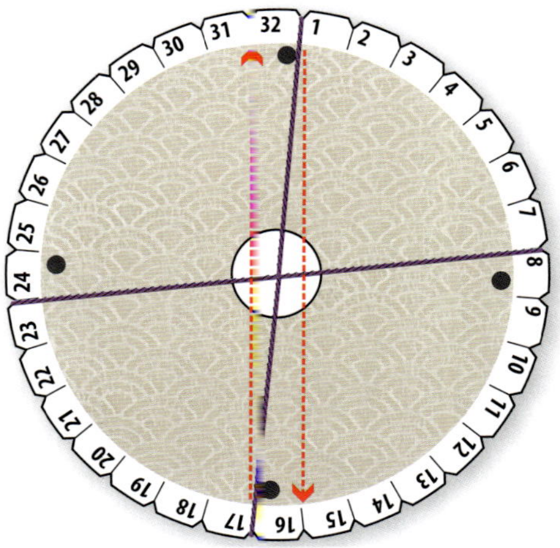

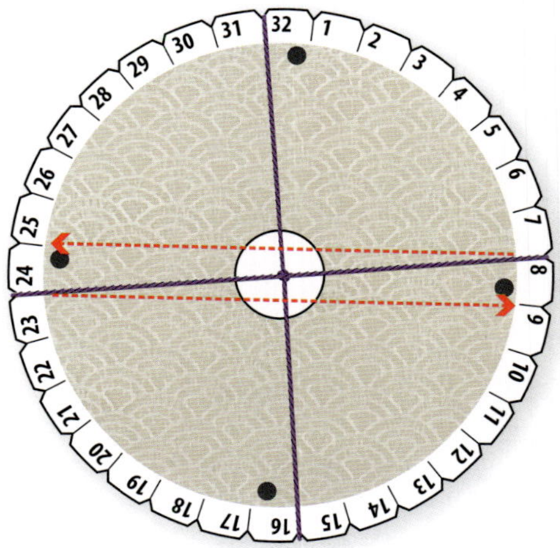

1 Belegen Sie die Scheibe, wie auf dem Diagramm gezeigt, indem Sie Fäden auf Position 1, 8, 17 und 24 legen.

2 Bewegen Sie 1 hinunter zu 16 und dann 17 hinauf zu 32.

3 Bewegen Sie 8 nach links zu 25 und dann 24 nach rechts zu 9.

4 Fahren Sie mit dem Flechten fort und folgen Sie dem Diagramm, bis die gewünschte Länge erreicht ist.

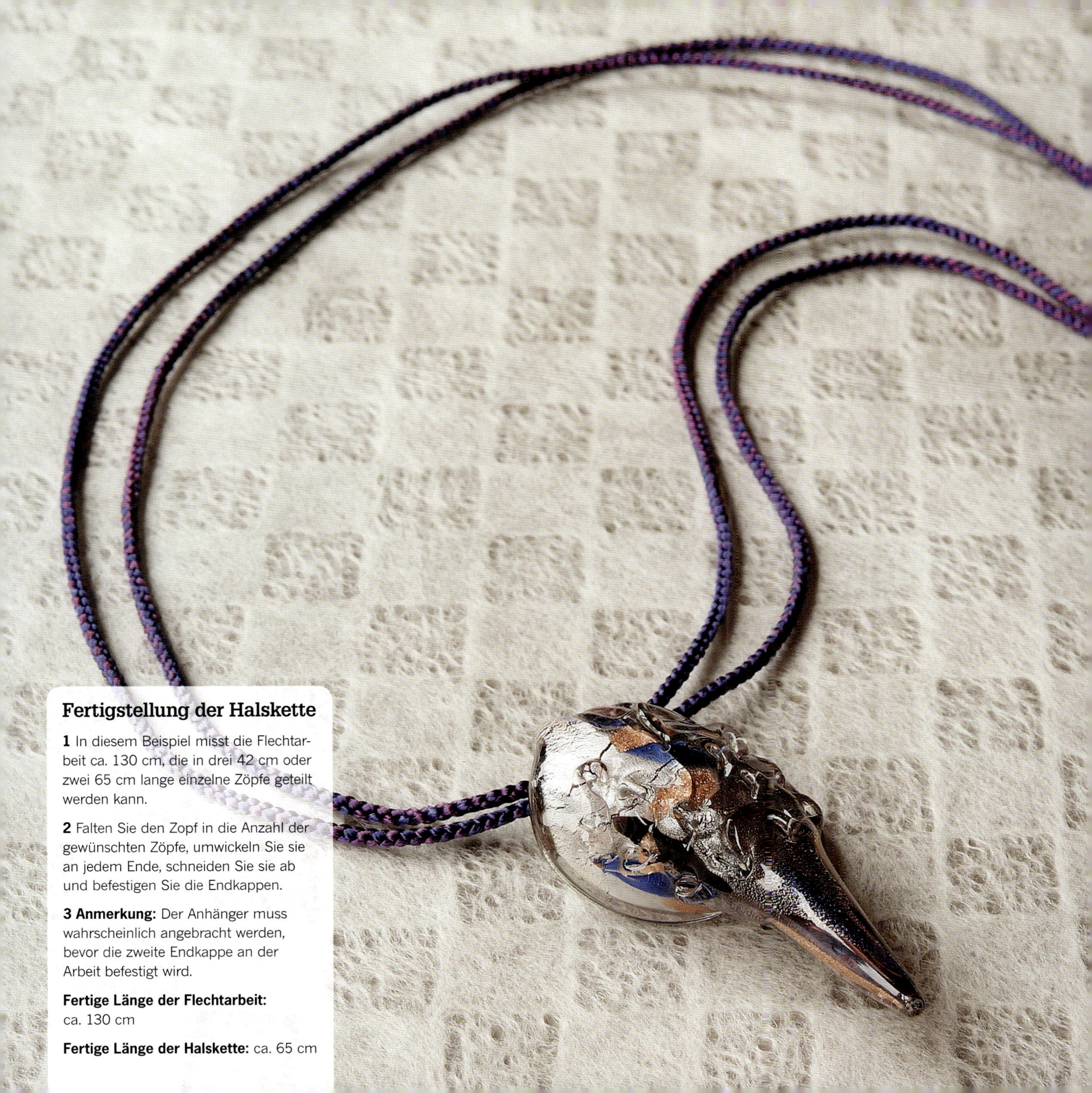

Fertigstellung der Halskette

1 In diesem Beispiel misst die Flechtarbeit ca. 130 cm, die in drei 42 cm oder zwei 65 cm lange einzelne Zöpfe geteilt werden kann.

2 Falten Sie den Zopf in die Anzahl der gewünschten Zöpfe, umwickeln Sie sie an jedem Ende, schneiden Sie sie ab und befestigen Sie die Endkappen.

3 Anmerkung: Der Anhänger muss wahrscheinlich angebracht werden, bevor die zweite Endkappe an der Arbeit befestigt wird.

Fertige Länge der Flechtarbeit: ca. 130 cm

Fertige Länge der Halskette: ca. 65 cm

Halsband „Pfau“ aus Seidenbändern

Flechten Sie dieses atemberaubend schöne flache Werkstück aus buntem Kumihimo-Band, das dem Stück eine wunderschöne Struktur verleiht. Tragen Sie es alleine, bringen Sie einen Anhänger an oder kombinieren Sie es mit einem perlenbesetzten Armband.

GRAD	SCHEIBE

Besser flechten lernen

- Halten Sie bei flachen Bändern die Flechtarbeit unter der Scheibe und lassen Sie die Scheibe auf Ihrer Hand ruhen.
- Legen Sie die Scheibe immer erst nach Beenden einer Runde ab, sodass Sie die Arbeit mit der ersten Flechtbewegung wieder aufnehmen können.
- Versuchen Sie doch einmal, flache anstelle von runden Endkappen zu verwenden.
- Kumihimo-Band wird in einem Seil aus vier Längen Band geliefert, die je 2,7 m lang sind. Es ist in der Mitte bereits verknotet, was die Verwendung ganz einfach macht.

Sie benötigen

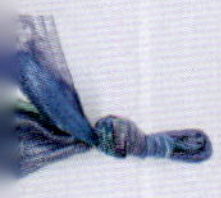

1 Seil (4 Längen) Kumihimo-Flechtband in der Farbe „Variegated Peacock“, 2,7 m lang

Endkappen und Verschluss (8 mm)

8 kleine Spulen

Technik

Dies ist ein flaches Flechtstück mit Bändern auf 8 Positionen. Mit 12 Bewegungen wird eine Flechtsequenz fertiggestellt. Die Arbeit wird während des Flechtens unter der Scheibe festgehalten und die Scheibe wird während des Flechtens nicht gedreht.

Vorbereitung von Scheibe und Fäden

Verknoten Sie alle Bänder in der Mitte, um mit einem sauberen Ende zu beginnen (siehe Seite 29). Stecken Sie den Knoten in das Loch in der Scheibe und belegen Sie die Scheibe mit den Bändern wie in Schritt 1 gezeigt. Wickeln Sie alle Bänder auf kleine Spulen. Halten Sie den Knoten unter der Scheibe während des Bespannens und der ersten Flechtbewegungen, bis sich die Arbeit selbst stabil hält.

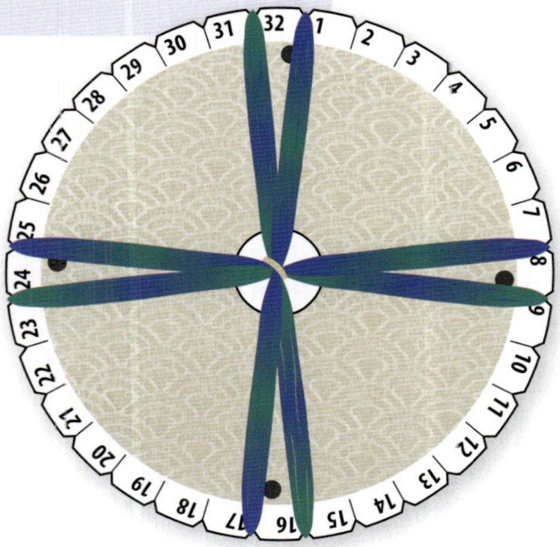

1 Belegen Sie die Scheibe, wie auf dem Diagramm gezeigt, indem Sie die Bänder von Position 32 zu 16, von 1 zu 17, von 8 zu 24 und von 9 zu 25 spannen.

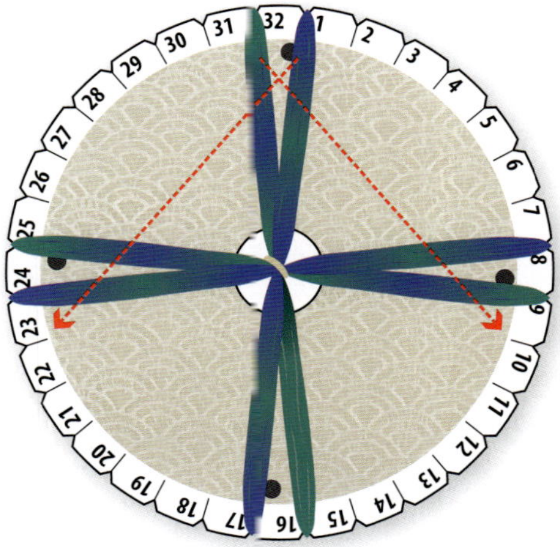

2 Bewegen Sie 32 hinunter zu 10 und dann 1 hinunter zu 23.

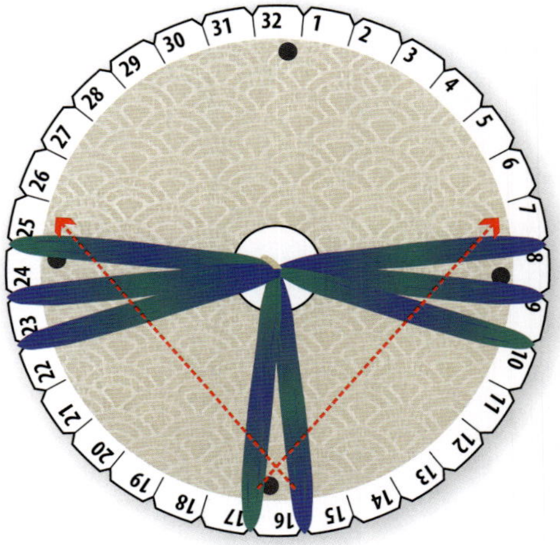

3 Bewegen Sie 16 hinauf zu 26 und dann 17 hinauf zu 7.

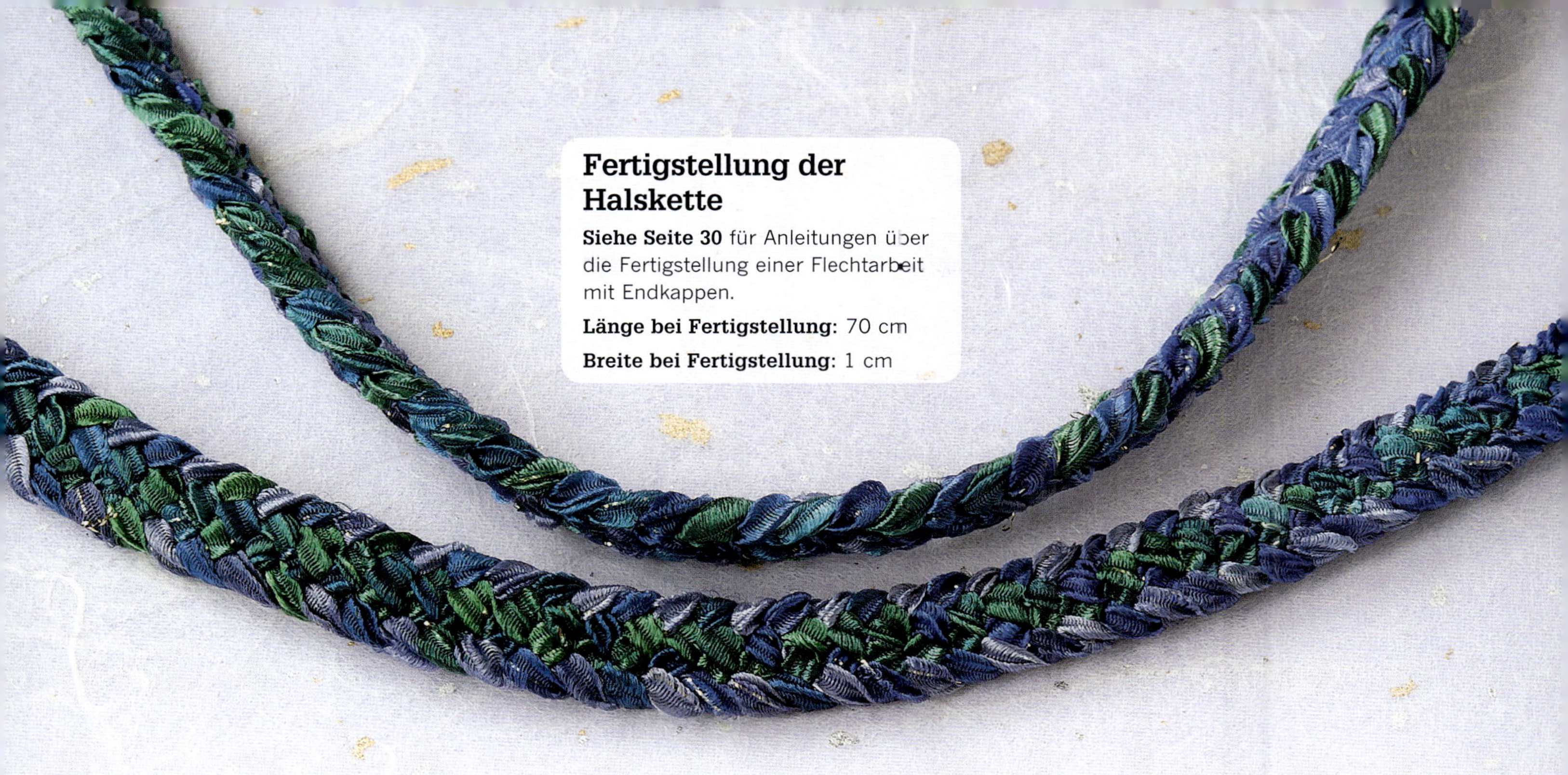

Fertigstellung der Halskette

Siehe Seite 30 für Anleitungen über die Fertigstellung einer Flechtarbeit mit Endkappen.

Länge bei Fertigstellung: 70 cm

Breite bei Fertigstellung: 1 cm

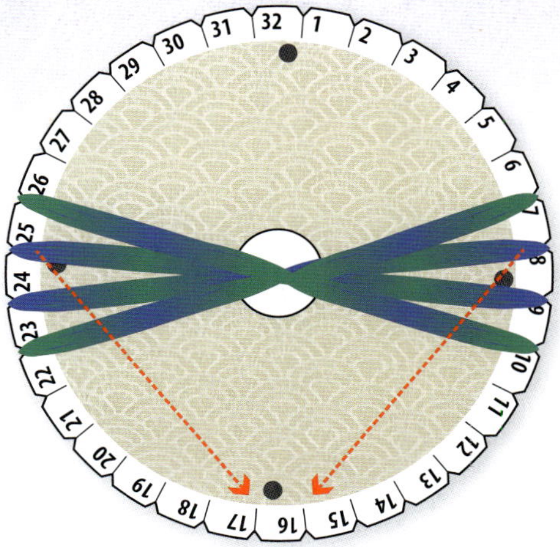

4 Bewegen Sie 8 hinunter zu 16 und dann 25 hinunter zu 17.

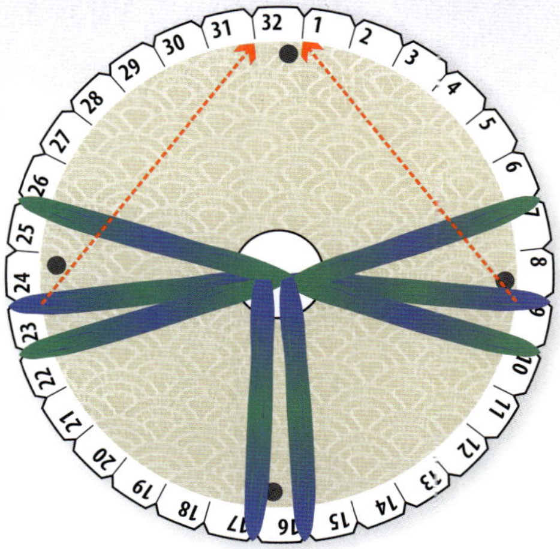

5 Bewegen Sie 9 hinauf zu 1 und dann 24 hinauf zu 32.

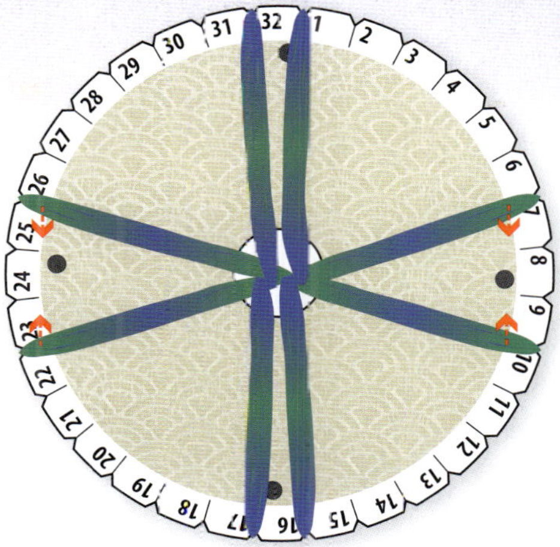

6 Bringen Sie die Bänder wieder an ihre Startpositionen, indem Sie 7 hinunter zu 8, 10 hinauf zu 9 und dann 26 hinunter zu 25 sowie 23 hinauf nach 24 bewegen. Die Scheibe ist nun bereit für die nächste Flechtsequenz.

7 Fahren Sie mit dem Flechten fort und folgen Sie den Diagrammen, bis die Arbeit die gewünschte Länge erreicht hat.

Lariat-Band „Türkis wie der Himmel“

Diese luxuriöse Lariat-Kette wird aus Kumihimo-Garn in zwei Farben geflochten, damit das Muster des Bandes zur Geltung kommt.

GRAD | **SCHEIBE**

Besser flechten lernen

- Halten Sie das Kumihimo-Garn glatt, indem Sie es durch Daumen und Zeigefinger gleiten lassen.
- Wenn Ihnen ein Fehler passiert, trennen Sie die Sequenz bis zum Fehler auf, korrigieren Sie ihn und fahren Sie mit der Arbeit fort.
- Wenn Sie die Arbeit beiseite legen müssen, vervollständigen Sie eine Sequenz, sodass Sie dann automatisch mit der ersten Flechtbewegung wieder anfangen.

Sie benötigen

Imposter Kumihimo-Garn, Länge 2,7 m

2 Abschnitte in #46 Türkis

2 Abschnitte in #53 Blasses Himmelblau

Optional: Einige Perlen, um die Schlinge zu verzieren

8 kleine Spulen

Technik

Dies ist ein flaches Flechtstück mit Fäden auf 8 Positionen. Die Scheibe wird während des Flechtens nicht gedreht – Position 1 bleibt immer oben. Halten Sie die Arbeit während des Flechtens unter der Scheibe fest und legen Sie die Scheibe auf Ihre Hand.

Vorbereitung von Scheibe und Fäden

Knoten Sie die vier Abschnitte in der Mitte mit starkem Nähgarn zusammen (es wird am Ende verwendet, um die Schlinge anzunähen). Wickeln Sie alle Fäden auf kleine Spulen.

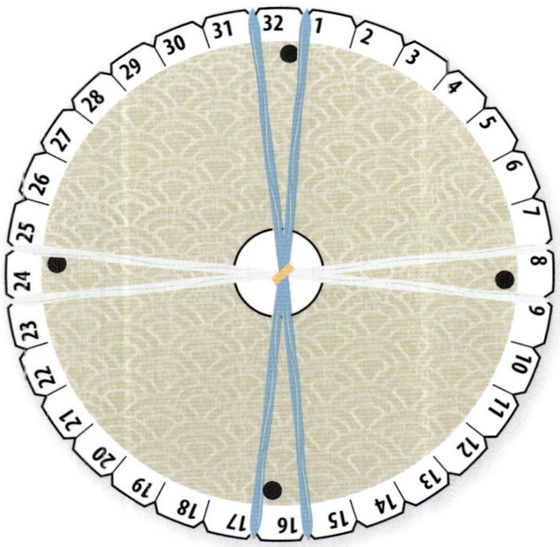

1 Belegen Sie die Scheibe wie auf dem Diagramm gezeigt: Türkis von Position 1 zu 17 und von 32 zu 16 und Himmelblau von Position 8 zu 24 und von 9 zu 25. **Anmerkung:** Wenn sie einmal auf der Scheibe befestigt sind, misst jeder der 8 Fäden vom Loch aus 1,35 m. Diese Fäden nennt man Kettfäden.

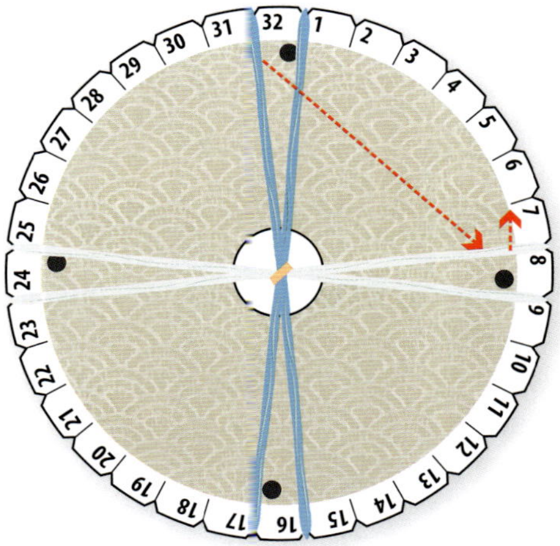

2 Öffnen Sie die Seite, indem Sie 8 hinauf zu 7 und 32 hinunter zu 8 bewegen.

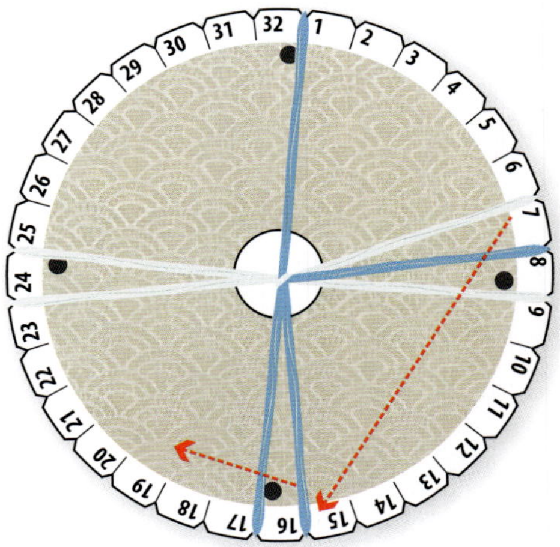

3 Bewegen Sie 7 zu 16, nehmen Sie dabei 16 aus dem Schlitz nach links, sodass 7 in den Schlitz gelegt werden kann.

FORTSETZUNG AUF SEITE 52

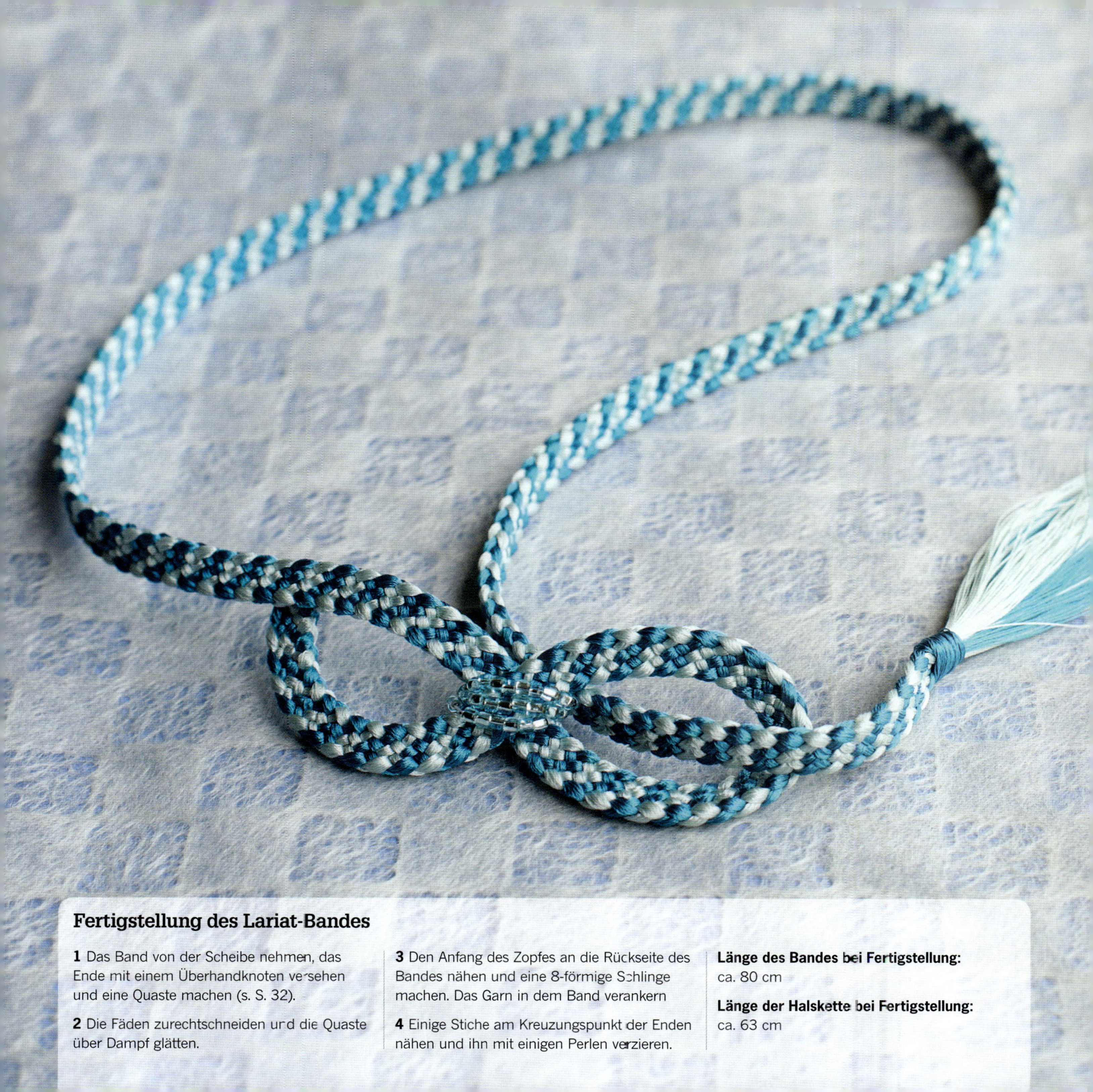

Fertigstellung des Lariat-Bandes

1 Das Band von der Scheibe nehmen, das Ende mit einem Überhandknoten versehen und eine Quaste machen (s. S. 32).

2 Die Fäden zurechtschneiden und die Quaste über Dampf glätten.

3 Den Anfang des Zopfes an die Rückseite des Bandes nähen und eine 8-förmige Schlinge machen. Das Garn in dem Band verankern

4 Einige Stiche am Kreuzungspunkt der Enden nähen und ihn mit einigen Perlen verzieren.

Länge des Bandes bei Fertigstellung: ca. 80 cm

Länge der Halskette bei Fertigstellung: ca. 63 cm

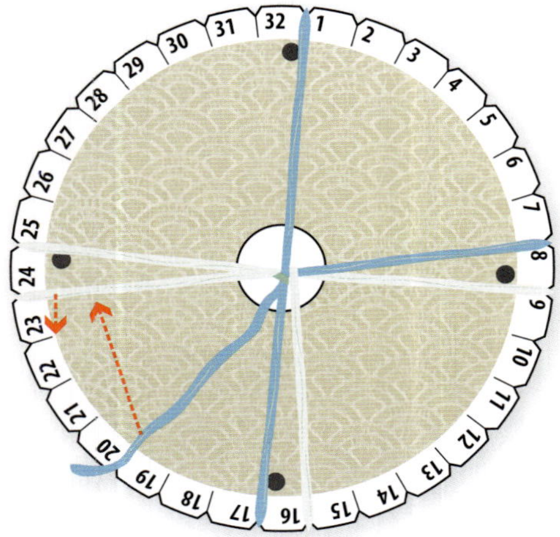

4 Öffnen Sie die Seite, indem Sie 24 zu 23 bewegen und dann 16 (immer noch lose) hinauf zu 24 bewegen.

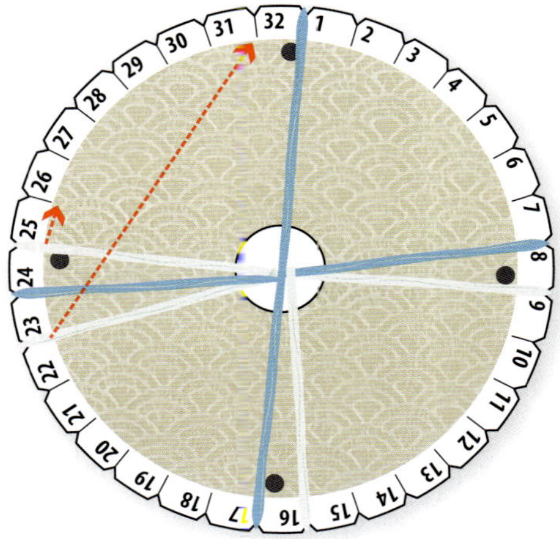

5 Bewegen Sie 23 zu 32. **Anmerkung:** Dies ist die Hälfte der Sequenz. Nun arbeiten Sie zurück in die andere Richtung und öffnen die Seite, indem Sie 25 zu 26 bewegen.

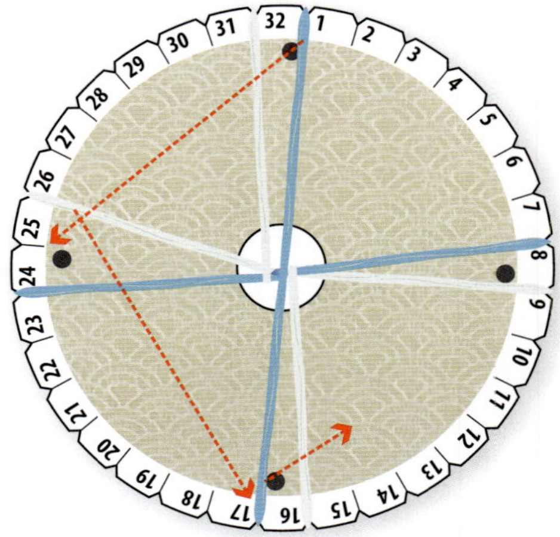

6 Bewegen Sie 1 zu 25 und 26 zu 17, nehmen Sie dabei 17 aus dem Schlitz nach rechts, sodass 26 in den Schlitz gelegt werden kann.

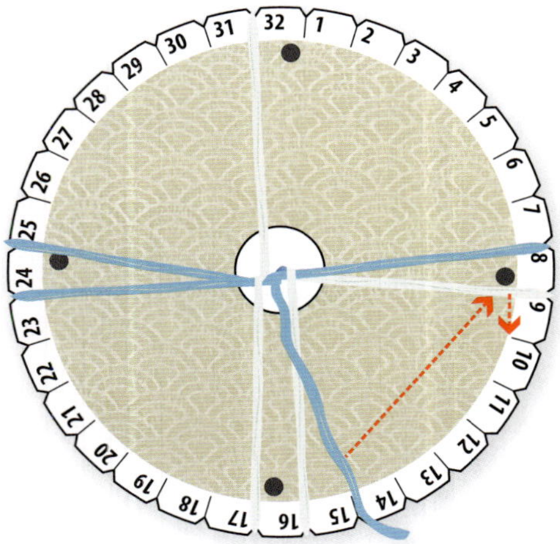

7 Bewegen Sie 9 zu 10 und 17 (lose) zu 9.

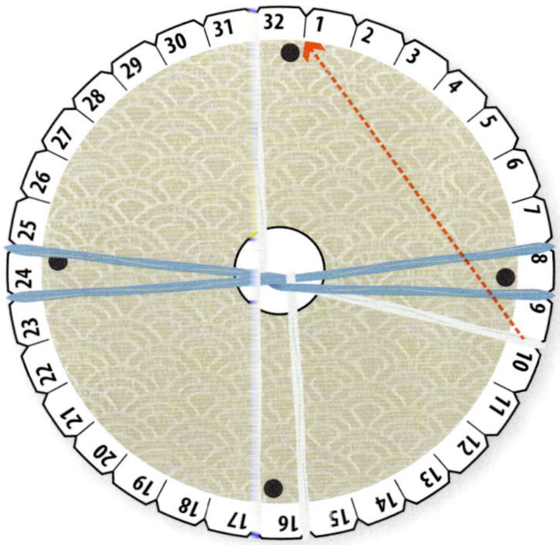

8 Bewegen Sie 10 zu 1.

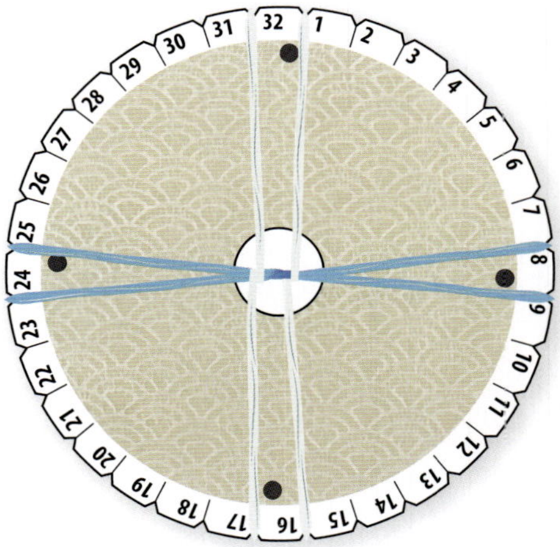

9 Die Scheibe ist nun soweit, dass die Flechtsequenz von Neuem begonnen werden kann. Achten Sie darauf, dass die Farben ihre Plätze getauscht haben, aber trotzdem in Startposition auf jeder Seite eines Punktes liegen.

10 Fahren Sie mit dem Flechten fort, folgen Sie den Diagrammen, bis die Flechtarbeit etwa 80 cm oder die gewünschte Länge erreicht hat.

Geflochtene Halskette „Margarita“

Diese Arbeit besteht aus drei flachen Zöpfen, die zu einer zauberhaften Kette zusammengefasst werden. Das glamouröse Stück wird aus Kumihimo-Flechtband geflochten.

GRAD | **SCHEIBE**

Besser flechten lernen

- Halten Sie die Flechtarbeit unter der Scheibe zwischen Daumen und Zeigefinger fest und lassen Sie die Scheibe auf Ihrer Hand ruhen.
- Wenn Sie Erfahrung mit Perlenarbeiten haben, versuchen Sie, Ihre eigenen Enden zu gestalten, anstatt die Endkappen zu benutzen.
- Aus einer längeren Variante dieser Arbeit können Sie einen tollen Gürtel gestalten.

Sie benötigen

3 Seile (12 Längen) Kumihimo-Flechtband in der Farbe „Golden Roses Variegated“, 2,7 m lang

Endkappen und Verschluss (10 mm)

8 kleine Spulen

Technik

Jeder der drei flachen Zöpfe wird mit Bändern auf 8 Positionen geflochten. Die Bewegungen werden erst im Uhrzeigersinn und dann in die andere Richtung durchgeführt. Jeder Zopf wird separat geflochten, dann werden die Zöpfe zu einem schönen Flechtwerk zusammengeflochten. Der Zopf selbst wird während des Flechtens unter der Scheibe festgehalten, die Scheibe wird während des Flechtens nicht gedreht.

Vorbereitung von Scheibe und Fäden

Knoten Sie die vier Abschnitte in der Mitte zusammen, um mit einem sauberen Ende zu beginnen (siehe Seite 29). Stecken Sie den Knoten in das Loch in der Scheibe und belegen Sie die Scheibe mit den Bändern wie in Schritt 1 gezeigt. Wickeln Sie alle Fäden auf kleine Spulen. Halten Sie den Knoten unter der Scheibe während des Bespannens und der ersten Flechtbewegungen. Dann halten Sie den Zopf selbst fest.

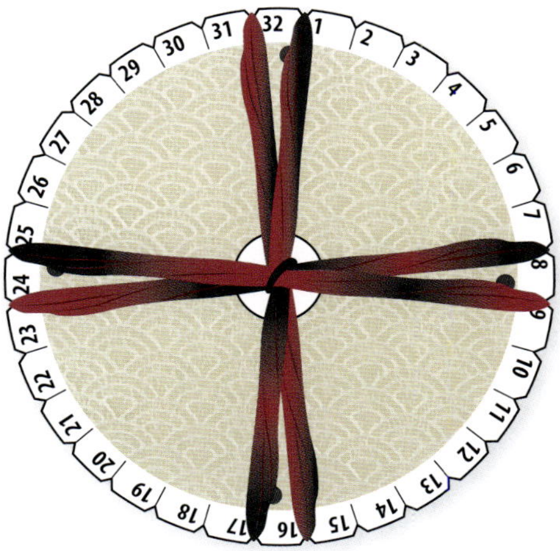

1 Belegen Sie die Scheibe, wie auf dem Diagramm gezeigt, indem Sie die Bänder auf folgende Positionen spannen: 32, 1, 8, 9, 16, 17, 24 und 25.

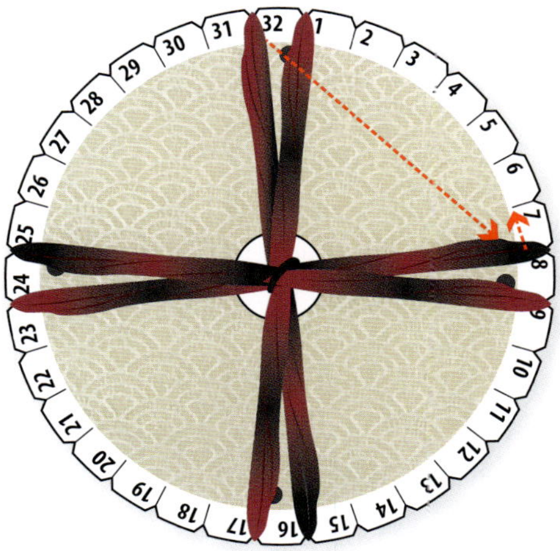

2 Öffnen Sie die Seite, indem Sie 8 hinauf zu 7 und 32 hinunter zu 8 bewegen.

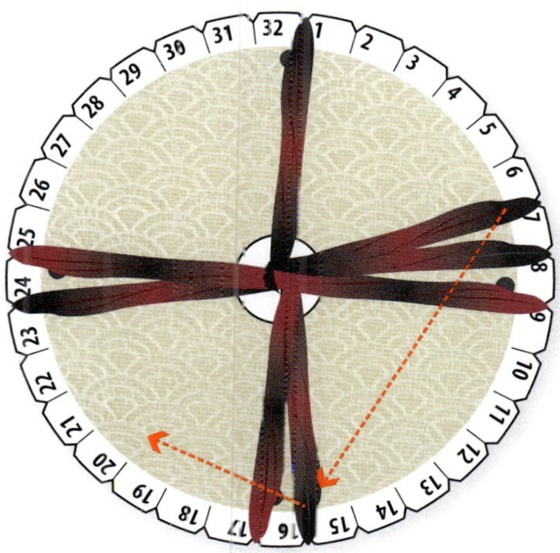

3 Bewegen Sie 7 zu 16 und nehmen Sie dabei 16 aus dem Schlitz nach links, sodass 7 in der Schlitz gelegt werden kann.

FORTSETZUNG AUF DER NÄCHSTEN SEITE

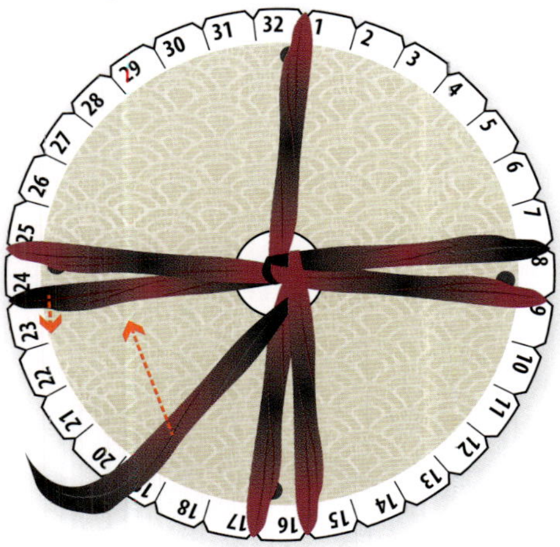

4 Öffnen Sie die Seite. Bewegen Sie 24 zu 23 und 16 (lose) zu 24.

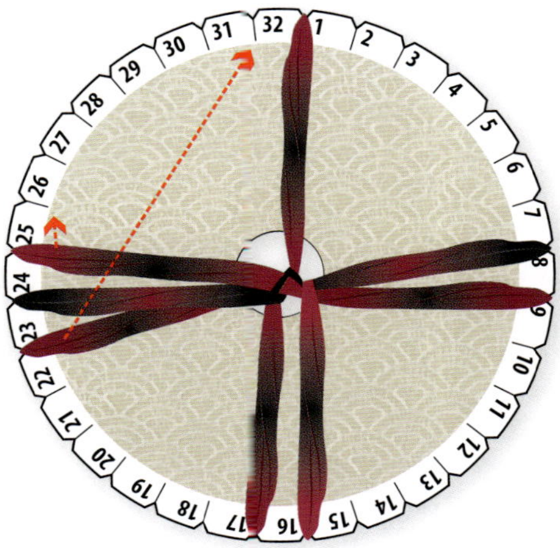

5 Bewegen Sie 23 zu 32. Anmerkung: Dies ist die Hälfte der Sequenz. Nun arbeiten Sie zurück in die andere Richtung und öffnen Sie die Seite, indem Sie 25 zu 26 bewegen.

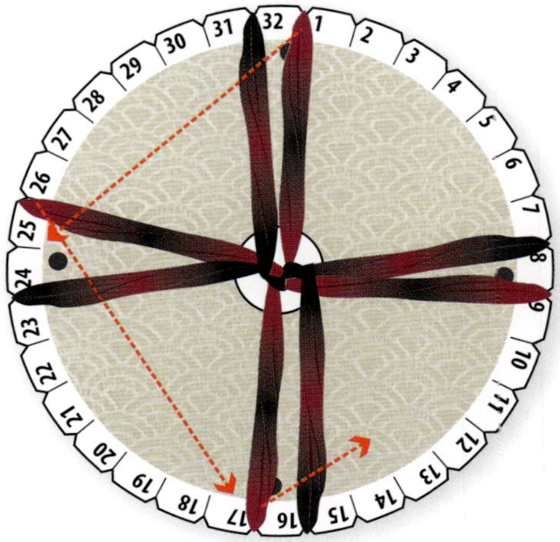

6 Bewegen Sie 1 zu 25 und 26 zu 17, nehmen Sie dabei 17 aus dem Schlitz nach rechts, sodass 26 in den Schlitz gelegt werden kann.

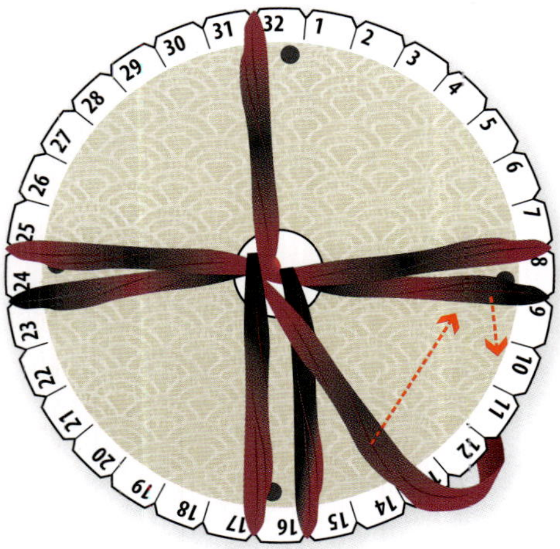

7 Bewegen Sie 9 zu 10 und 17 (lose) zu 9.

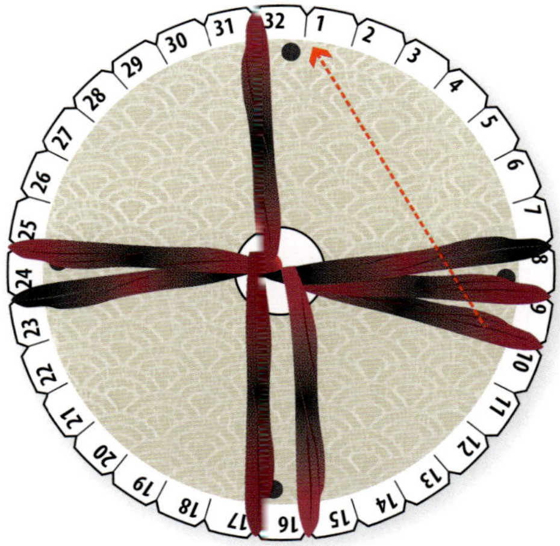

8 Bewegen Sie 10 zu 1.

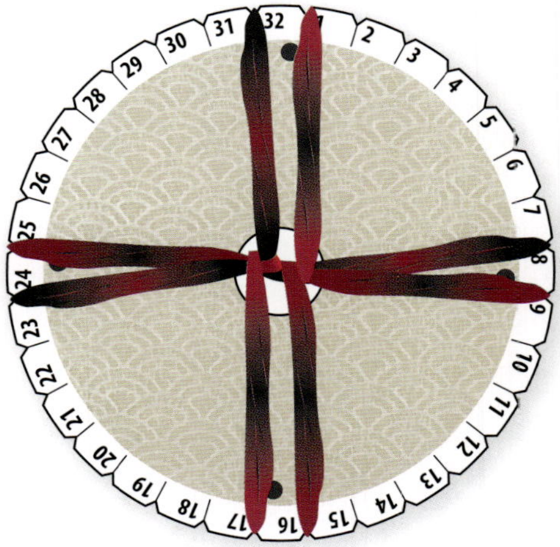

9 Die Scheibe ist nun soweit, dass die Flechtsequenz von Neuem begonnen werden kann.

10 Fahren Sie mit dem Flechten fort und folgen Sie den Diagrammen, bis die Flechtarbeit etwa 76 cm erreicht hat.

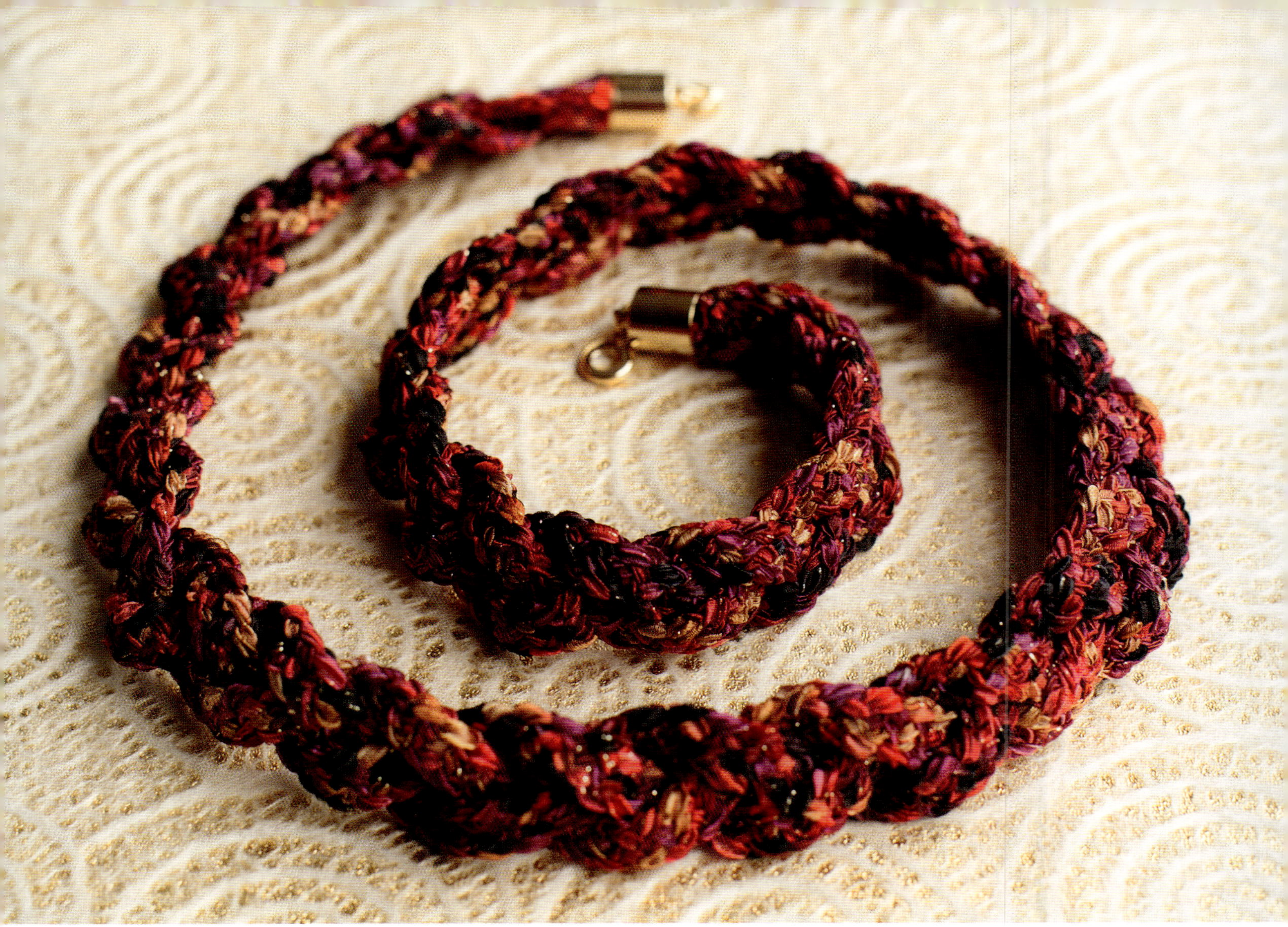

Fertigstellung der Halskette

1 Nehmen Sie den Zopf von der Scheibe, sichern Sie ihn mit einem Überhandknoten und legen Sie ihn beiseite.

2 Wenn Sie alle Zöpfe geflochten haben, umwickeln Sie sie gemeinsam an einem Ende mit Garn.

3 Flechten Sie die einzelnen Zöpfe zusammen. Achten Sie darauf, dass der Zopf umso kürzer wird, je fester Sie flechten.

4 Umwickeln Sie am Ende alle Zöpfe gemeinsam und schneiden Sie überschüssigen Faden ab.

5 Tragen Sie ein wenig durchsichtigen Klebstoff auf und stecken Sie den Zopf in die Endkappen.

Breite bei Fertigstellung: ca. 2,5 cm

Länge der Halskette bei Fertigstellung: ca. 76 cm

Halsband „Delikate Zitrone“

Dies ist ein flacher Zopf, der sich während des Flechtens ganz natürlich zu einer Spirale dreht. Es gibt Fäden auf 8 Positionen. Da jeder Faden von oben bewegt wird, ersetzt er immer einen unteren.

GRAD | **SCHEIBE**

Besser flechten lernen

- Wenn Sie Spulen verwenden, halten Sie sie nahe an der Scheibe und lassen Sie sie nicht zu weit hinunterhängen, damit sie sich nicht verhedern.
- Ziehen Sie die Bewegungen mit dem Bronzegarn in Schritt 3 nicht zu fest an! Die Fäden sollten mittig zum Zopf in Zitronengelb liegen.

Sie benötigen

Imposter Kumihimo-Garn, Länge 2,7 m

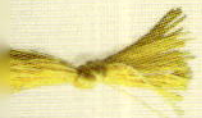
3 Abschnitte in #22 Zitronengelb

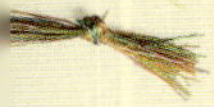
1 Abschnitt in M46 Metallic-Bronze

Endkappen und Verschluss (5 mm)

8 kleine Spulen

Technik

Dies ist ein flacher Zopf mit Fäden auf 8 Positionen und er wird im Zickzack geflochten, sodass die Fäden immer in denselben Schlitzen folgende Bewegungen beschreiben: hinauf – hinunter – hinauf – hinunter. Dies verleiht der Arbeit den Spiraleffekt. Halten Sie den Zopf während des Flechtens unter der Scheibe fest und halten Sie Position 1 immer oben, es werden für die ganze Arbeit immer dieselben Schlitze verwendet.

Vorbereitung von Scheibe und Fäden

Knoten Sie die Fäden in der Mitte zusammen, um ein sauberes Ende zu erhalten (siehe Seite 29), und stecken Sie den Knoten in die Mitte der Scheibe. Wickeln Sie alle Fäden auf kleine Spulen.

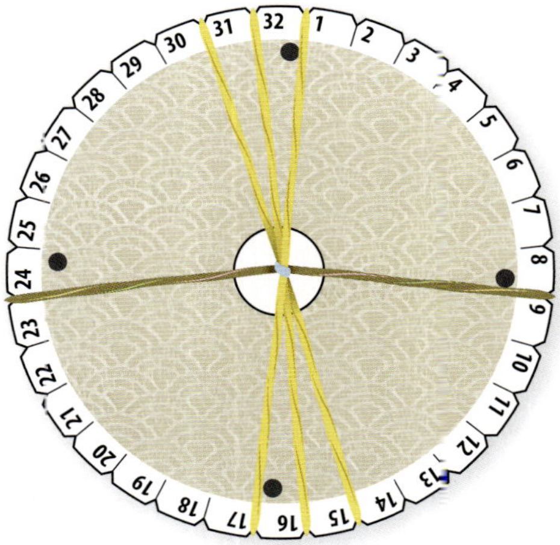

1 Belegen Sie die Scheibe wie auf dem Diagramm gezeigt: Bronze von Position 9 hinüber zu 24 und Zitronengelb von 31 zu 15, von 32 zu 16 und von 1 zu 17.

Anmerkung: Wenn sie einmal auf der Scheibe befestigt sind, misst jeder der 8 Fäden vom Loch aus 1,35 m. Diese Fäden nennt man Kettfäden.

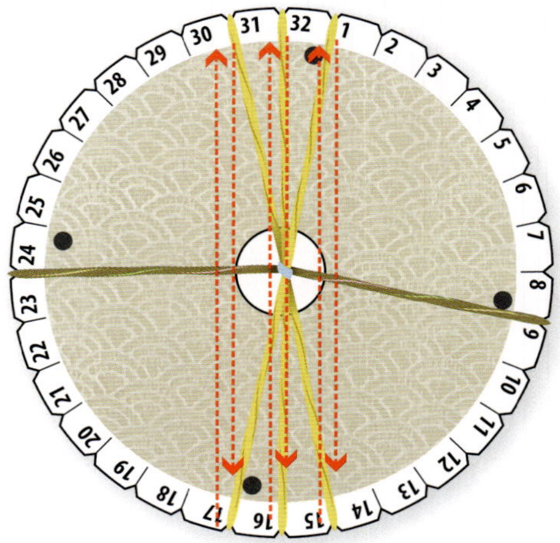

2 Bewegen Sie die oberen Fäden nach unten und ersetzen Sie sie mit den unteren Fäden und umgekehrt – bewegen Sie 1 zu 15 und 15 zu 1; bewegen Sie 32 zu 16 und 16 zu 32; bewegen Sie 31 zu 17 und 17 zu 31.

Fertigstellung des Halsbandes

Siehe Seite 36 für Anleitungen über das Fertigstellen eines Halsbandes mit Endkappen.

Länge bei Fertigstellung: ca. 45 cm

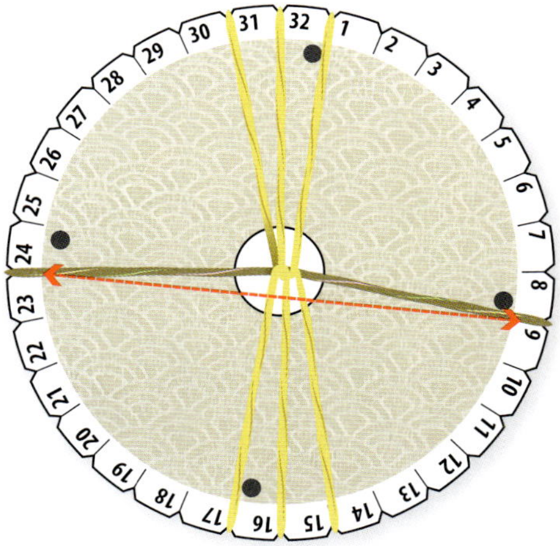

3 Führen Sie 9 zu 24 und dann 24 zu 9 in einer Zickzackbewegung und halten Sie die erste Bewegung über der zweiten.

4 Fahren Sie mit dem Flechten fort und folgen Sie dabei den Diagrammen, bis der Zopf etwa 45 cm misst oder die gewünschte Länge erreicht hat.

Anmerkung: Der Kreuzfaden (Metallic) geht schneller zur Neige als die anderen Fäden, da er die Breite der Nord-Süd-Fäden überspannen muss.

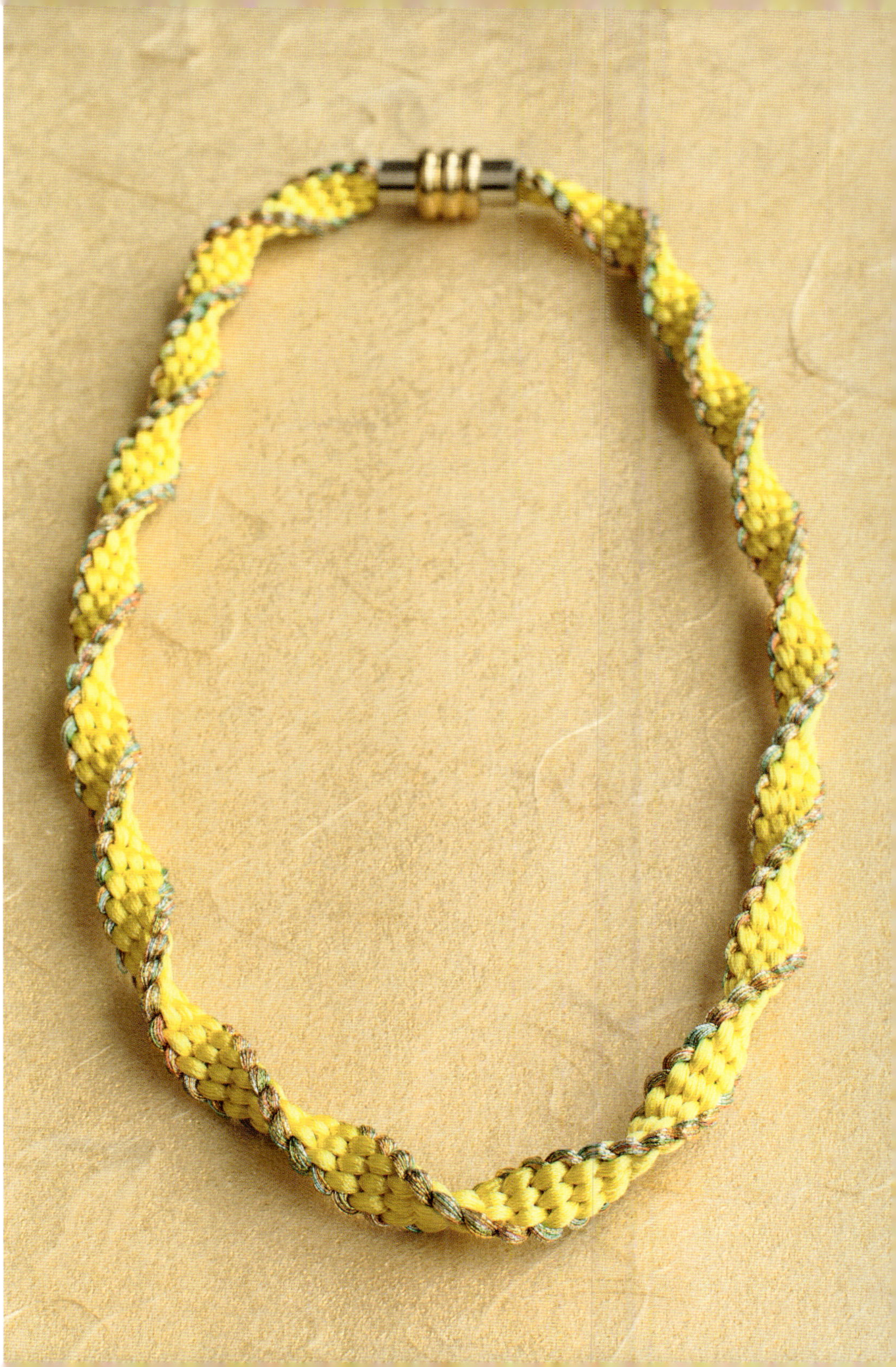

Halskette „Verdrehte Spiralen“

Dieser Spiralzopf wird mit Garnen verschiedener Stärke geflochten, um der Arbeit diesen außergewöhnlichen Effekt zu verleihen. Die Fäden belegen 12 Positionen auf der Scheibe, wobei das dickere Garn leicht eingedreht wird, während es bearbeitet wird.

GRAD | **SCHEIBE**

Besser flechten lernen

- Flechten Sie die Bewegungen zur Seite fest, um eine dreidimensionale Flechtarbeit zu erhalten, bei der die Spirale gut zur Geltung kommt.
- Wie Sie das Kumihimo-Garn richtig teilen, schlagen Sie auf Seite 12 nach.
- Wenn Sie das Kumihimo-Garn nicht in einzelne Stränge geteilt haben, können Sie auch Stickgarn in Metallic-Optik verwenden, das auf 2,7 m zurechtgeschnitten wurde

Sie benötigen

Imposter Kumihimo-Garn, Länge 2,7 m

4 Abschnitte in #26 Violett

1 Abschnitt in #3 Metallic-Grün-Glitzer, in 4 Strängen zu je 10 einzelnen Fäden geteilt

Endkappen und Verschluss (5 mm)

8 kleine Spulen
4 mittlere Spulen

Technik

Dieser Spiralzopf hat oben und unten an der Scheibe dickere Fäden und feinere an den Seiten. Verdrehen Sie die stärkeren Fäden ein wenig, wenn Sie sie bewegen (von oben nach unten). Wenn Sie die feinen Fäden bewegen (von Seite zu Seite), halten Sie sie gespannt. Die Scheibe wird nicht gedreht.

Vorbereitung von Scheibe und Fäden

- **Dicke Fäden:** Legen Sie das Garn mit je zwei Abschnitten in die Schlitze der Scheibe. Verdrehen Sie das Garn vorsichtig, sodass es aussieht, als sei es ein Faden. Auf mittlere Spulen wickeln.
- **Dünne Fäden:** Teilen Sie das Metallic-Garn in vier Stränge zu je 10 Fäden, belegen Sie damit die Scheibe, wie in Diagramm 1 gezeigt, und wickeln Sie sie auf kleine Spulen. Verknoten Sie alle Fäden miteinander in der Mitte, sodass der Knoten im Loch der Scheibe zu liegen kommt.

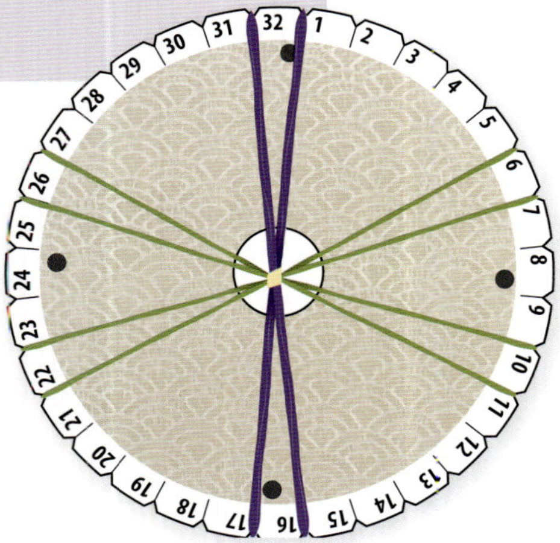

1 Belegen Sie die Scheibe, wie auf dem Diagramm gezeigt, indem Sie 2 Abschnitte Violett aufeinanderlegen und dann über die Scheibe spannen, von Position 32 zu 16 und die anderen beiden Abschnitte aufeinanderliegend von Position 1 zu 17. Legen Sie die 10-fädigen Stränge des grünen Metallic-Garns wie folgt: Von 6 zu 22, von 7 zu 23, von 10 zu 26 und von 11 zu 27.

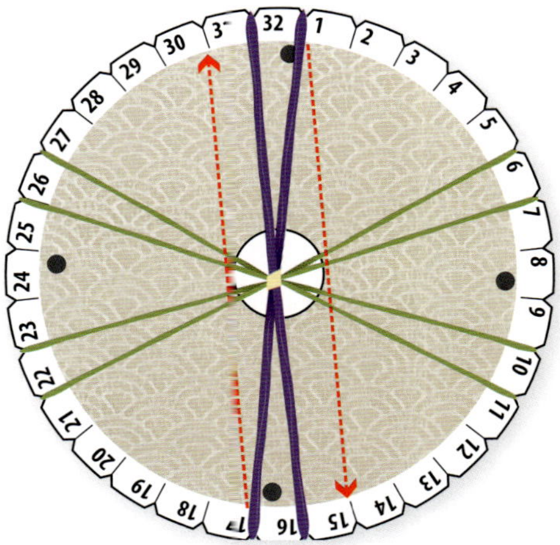

2 Bewegen Sie 1 zu 15 und 17 zu 31. Verdrehen Sie diese Fäden vorsichtig, während Sie die Bewegungen durchführen.

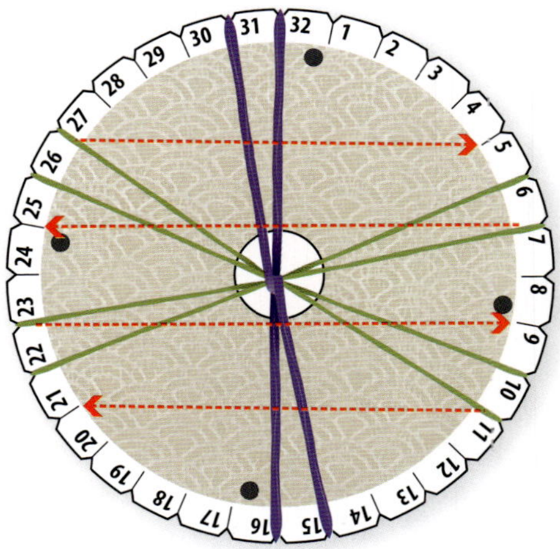

3 Bewegen Sie 11 zu 21, 23 zu 9, 7 zu 25 und 27 zu 5. Halten Sie die Fäden gespannt, während Sie die Bewegungen durchführen.

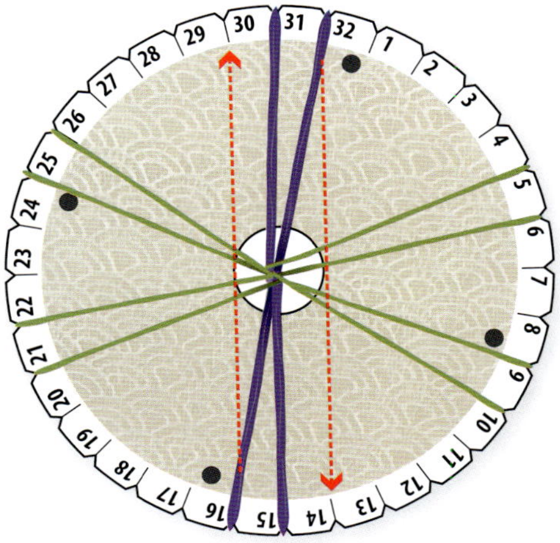

4 Bewegen Sie 32 zu 14 und 16 zu 30.

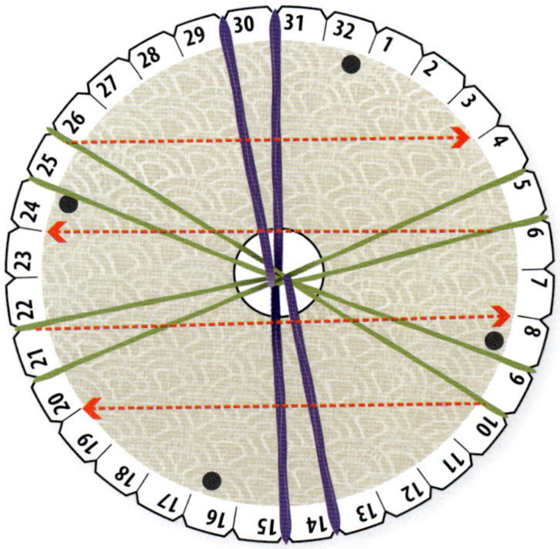

5 Bewegen Sie 10 zu 20, 22 zu 8, 6 zu 24 und 26 zu 4.

6 Fahren Sie mit dem Flechten fort und folgen Sie dabei den Diagrammen, bis der Zopf ca. 50 cm misst oder die gewünschte Länge erreicht hat. **Anmerkung:** Nach Fertigstellung der gesamten Flechtsequenz sollten die Fäden auf der Scheibe wieder so liegen wie am Anfang.

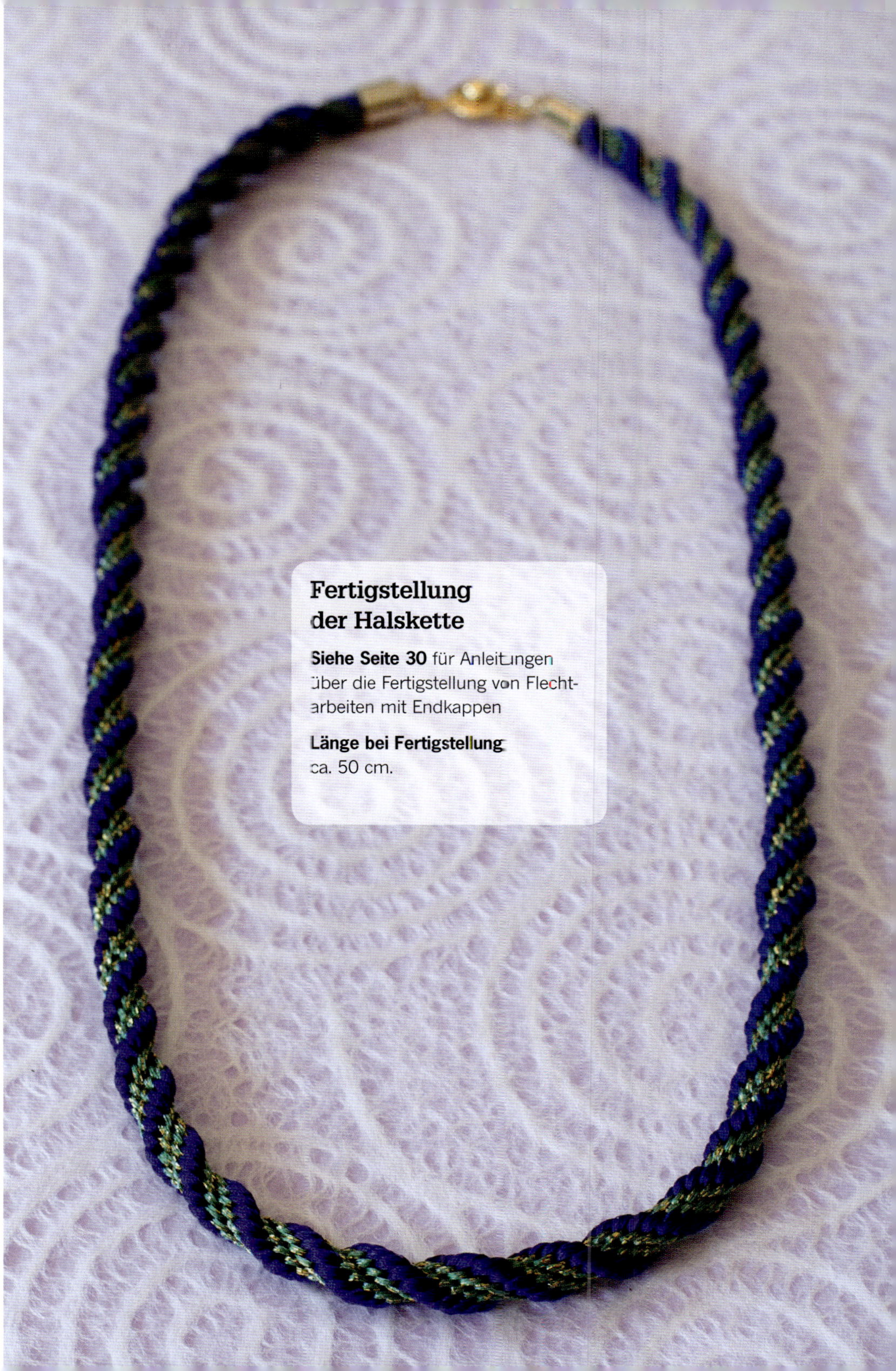

Fertigstellung der Halskette

Siehe Seite 30 für Anleitungen über die Fertigstellung von Flechtarbeiten mit Endkappen

Länge bei Fertigstellung ca. 50 cm.

Eckig geflochtener Armreif

Dies ist ein eckiger, 8-strängiger Zopf mit 8 Kettfäden (Garn auf acht Positionen); durch die Verwendung verschiedener Farben wird die Form des Zopfes sichtbar. Um die Dicke des Armreifs zu erhalten, werden die Fäden doppelt genommen.

GRAD | **SCHEIBE**

Besser flechten lernen

- Beachten Sie die Anordnung der Fäden. Nach Fertigstellung einer Flechtsequenz kommen die Farbenpaare genau anders herum zu liegen. Wird der Zopf zum Beispiel mit Jadegrün oben und unten begonnen, befindet sich Jadegrün am Ende der ersten Flechtsequenz links und rechts und Silber liegt oben und unten auf der Scheibe.
- Halten Sie das Kumihimo-Garn glatt, indem Sie sie es durch Daumen und Zeigefinger gleiten lassen.

Sie benötigen

Imposter Kumihimo-Garn, Länge 2,7 m

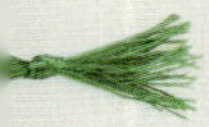
2 Abschnitte in #30 Ozeanjade

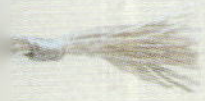
2 Abschnitte in #41 Warmes Silber

1 große Zinnperle mit einem ca. 8 mm großen Loch oder magnetische Endkappen und Verschluss (8 mm)

Technik

Die Scheibe wird während des Flechtens nicht gedreht – Position 1 sollte oben bleiben und der Zopf selbst unter der Scheibe festgehalten werden. Beginnen Sie die Arbeit damit, die Fäden in der Mitte zusammenzuknoten, um ein sauberes Ende zu erhalten, das auch gleich in eine große Perle oder eine Endkappe passt.

Vorbereitung von Scheibe und Fäden

Falten Sie jeden Abschnitt in der Mitte, um ihn doppelt zu nehmen. Die Länge beträgt nun 1,35 m. Verknoten Sie die Enden miteinander in der Mitte, um mit einem sauberen Ende zu beginnen (siehe Seite 29), führen Sie den Knoten in das Loch in der Scheibe und belegen Sie sie. Halten Sie den Knoten während der ersten Flechtbewegungen fest. Da die Fäden auf jeder Position nur 67 cm lang sind (Kettfäden), ist es nicht notwendig, sie auf Spulen zu wickeln.

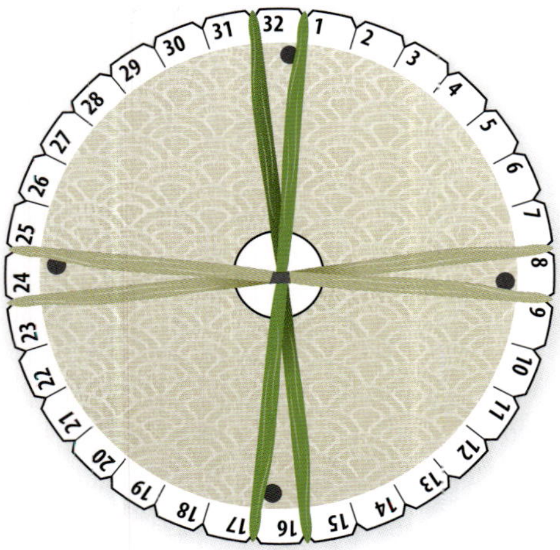

1 Belegen Sie die Scheibe, wie auf dem Diagramm gezeigt: Jade von Position 1 zu 17 und 32 zu 16; Silber von 8 zu 24 und 9 zu 25. **Anmerkung:** Schneiden Sie die Fäden dort durch, wo sie gefaltet sind, damit es leichter wird, sie glatt zu halten.

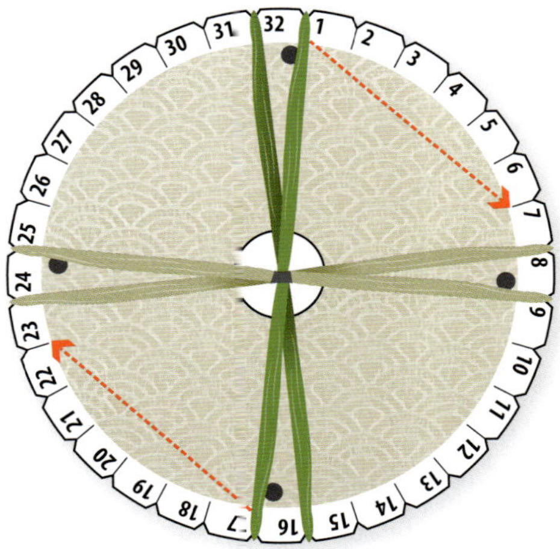

2 Bewegen Sie 1 hinunter zu 7 und 17 hinauf zu 23.

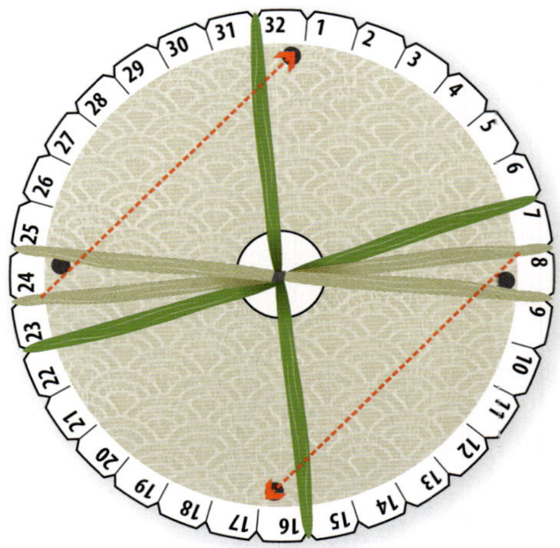

3 Bewegen Sie 24 hinauf zu 1 und 8 hinunter zu 17.

Fertigstellung des Armreifs

Für die Fertigstellung mit Verbindungsperle siehe S. 29, für das Beenden der Arbeit mit Endkappen siehe S. 36.

Länge bei Fertigstellung: ca. 20 cm

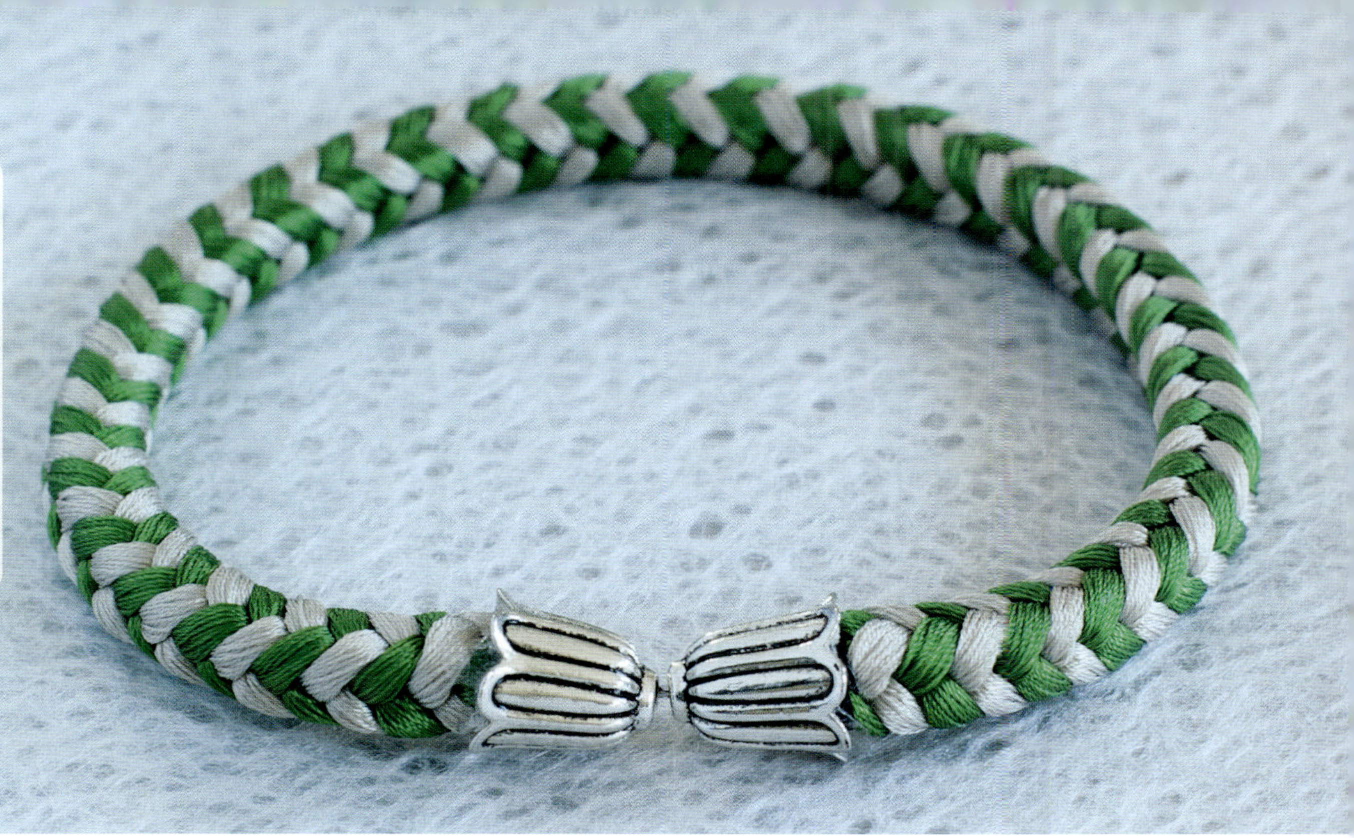

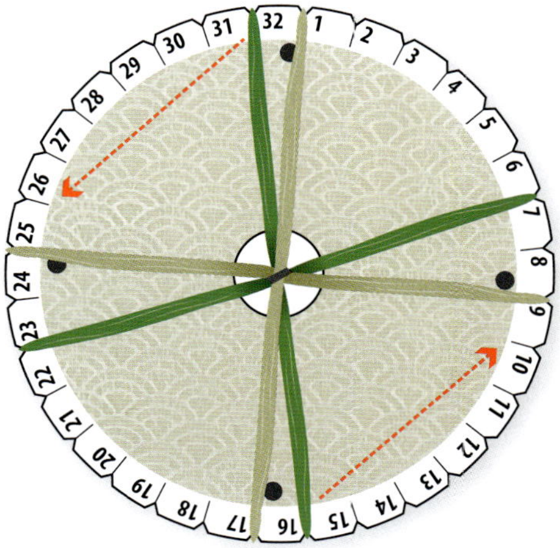

4 Bewegen Sie 16 hinauf zu 10 und 32 hinunter zu 26.

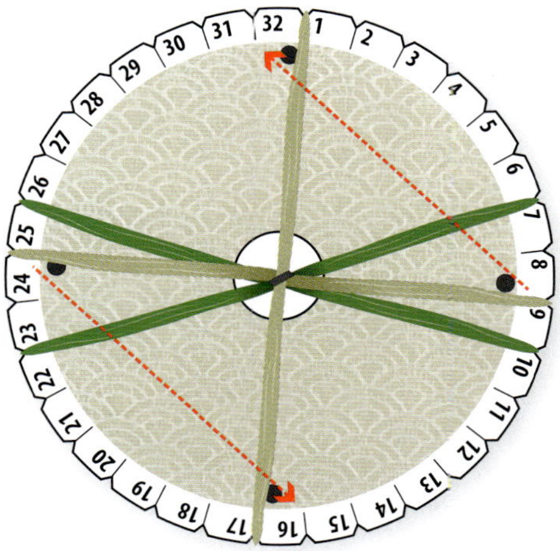

5 Bewegen Sie 25 hinunter zu 16 und 9 hinauf zu 32.

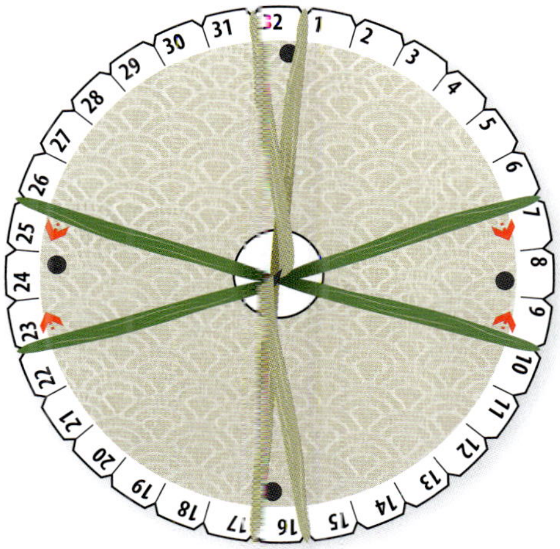

6 Positionieren Sie folgende Fäden neu: 7 auf 8, 10 auf 9, 23 auf 24 und 26 auf 25. Wiederholen Sie nun die Schritte 1 bis 6, bis der Zopf die gewünschte Länge erreicht hat.

Anmerkung: Diese Garnlänge ergibt einen Zopf von etwa 30 cm. Schneiden Sie den überschüssigen Zopf ab, um daraus noch einen Reißverschlussanhänger zu machen (siehe Seite 74).

Eckig geflochtener Zopf „Morgenröte“

Wenn sie Stränge in verschiedenen Stärken verwenden und diese verdrehen, können Sie diesem eckigen, 8-strängigen Zopf ganz ohne Perlen Glamour verleihen. Arbeiten Sie ihn zu einem Lariat mit einer Quaste vorne oder als Halskette mit einer Verzierung aus perlenbesetztem Draht, den Sie in der Mitte annähen, so wie auf der Rückseite des Buches gezeigt.

GRAD	SCHEIBE

Besser flechten lernen

- Halten Sie das Kumihimo-Garn glatt, indem Sie es durch Daumen und Zeigefinger gleiten lassen.
- Wie Sie das Kumihimo-Garn richtig teilen, schlagen Sie auf Seite 12 nach.
- Verdrehen Sie die dickeren Fäden immer in dieselbe Richtung.
- Wenn Sie das Kumihimo-Garn nicht in einzelne Stränge geteilt haben, können Sie auch Stickgarn in Metallic-Optik verwenden, das auf 2,7 m zurechtgeschnitten wurde.

Sie benötigen

Imposter Kumihimo-Garn, Länge 2,7 m

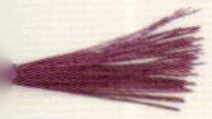

4 Abschnitte in #19 Weinrot

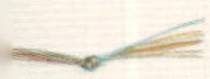

2 Abschnitte zu je 10 Fäden in #M46 Metallic-Bronze

Endkappen und Verschluss (optional), (5 mm)

4 mittlere Spulen
4 kleine Spulen

Verzierung aus Perlen (optional)

Technik

Die Scheibe wird während des Flechtens nicht gedreht und der Zopf wird während des gesamten Flechtvorgangs unter der Scheibe festgehalten. Es ist wichtig, die dickeren Stränge durchgehend immer in dieselbe Richtung leicht einzudrehen. Der Zopf wird mit einem sauberen Ende begonnen und kann sowohl mit Quaste als auch mit Endkappen beendet werden.

Vorbereitung von Scheibe und Fäden

- **Dünne Fäden:** Teilen Sie das bronzefarbene Garn in zwei Stränge zu je 10 Fäden und wickeln Sie sie auf kleine Spulen.
- **Dicke Fäden:** Belegen Sie die Scheibe mit zwei Abschnitten in Weinrot von 1 zu 17 und mit den anderen beiden von 32 zu 16. Wickeln Sie das Garn auf mittlere Spulen.

Verknoten Sie die Fäden miteinander in der Mitte, sodass Sie mit einem sauberen Ende (siehe Seite 29) beginnen können, und legen Sie den Knoten in das Loch in der Scheibe.

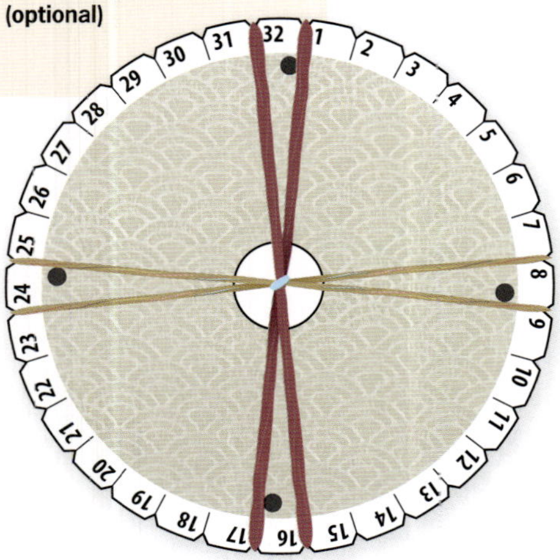

1 Belegen Sie die Scheibe wie auf dem Diagramm gezeigt: Weinrot von 1 zu 17 und von 32 zu 16; Bronze von 8 zu 24 und von 9 zu 25.

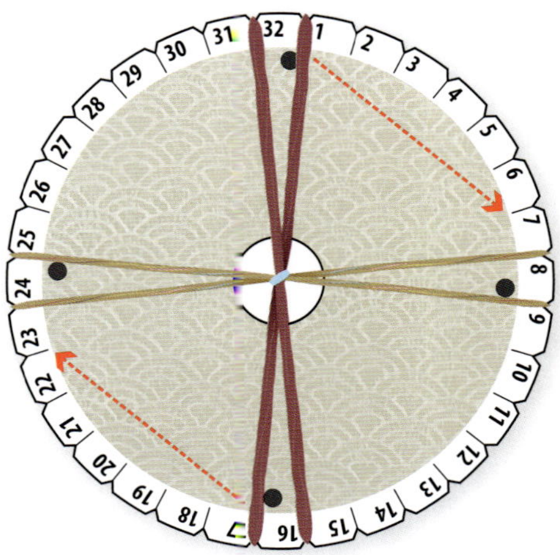

2 Bewegen Sie 1 hinunter zu 7 und 17 hinauf zu 23.

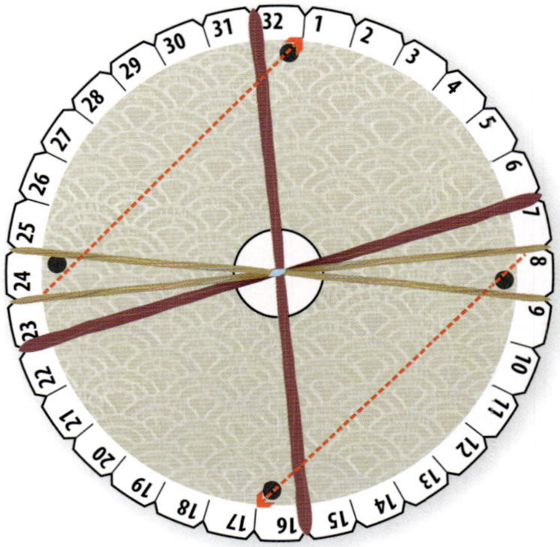

3 Bewegen Sie 24 hinauf zu 1 und 8 hinunter zu 17.

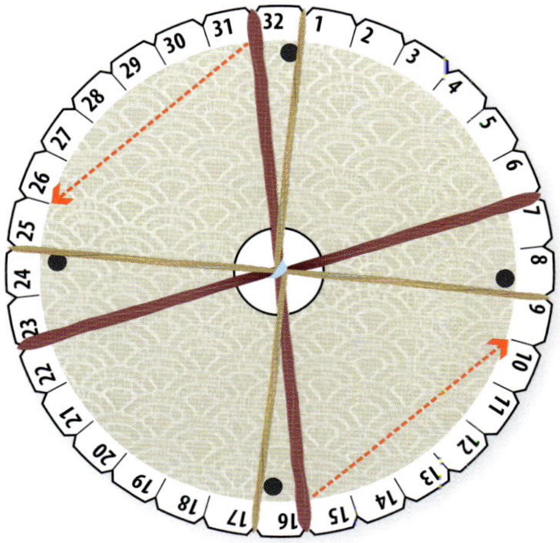

4 Bewegen Sie 16 hinauf zu 10 und 32 hinunter zu 26.

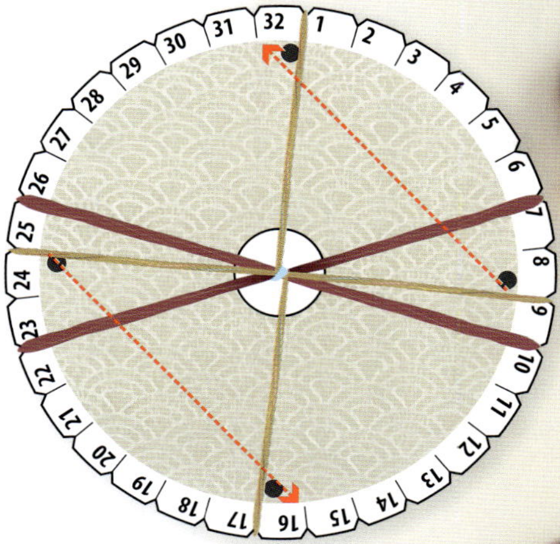

5 Bewegen Sie 25 hinunter zu 16 und 9 hinauf zu 32.

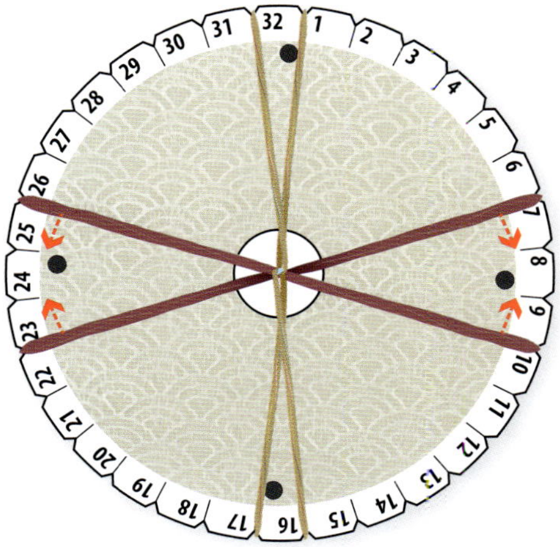

6 Positionieren Sie folgende Fäden neu: 7 auf 8, 10 auf 9, 26 auf 25 und 23 auf 24. Fahren Sie mit dem Flechten fort und folgen Sie den Diagrammen, bis der Zopf 65 cm oder die gewünschte Länge erreicht hat. Glätten, verdrehen oder drehen Sie die dickeren Stränge wieder aus, falls dies notwendig wird.

Fertigstellung der Halskette

Um die Flechtarbeit als Halskette fertigzustellen, entfernen Sie den Zopf von der Scheibe und befestigen Sie die Enden an Endkappen.

Fertigstellung als Lariat

1 Entfernen Sie den Zopf von der Scheibe

2 Nähen Sie den Zopfanfang (das saubere Ende) an das Zopfende an.

3 Fertigen Sie eine Quaste an, die die Naht verbirgt (siehe Seite 32).

Länge bei Fertigstellung: ca. 65 cm

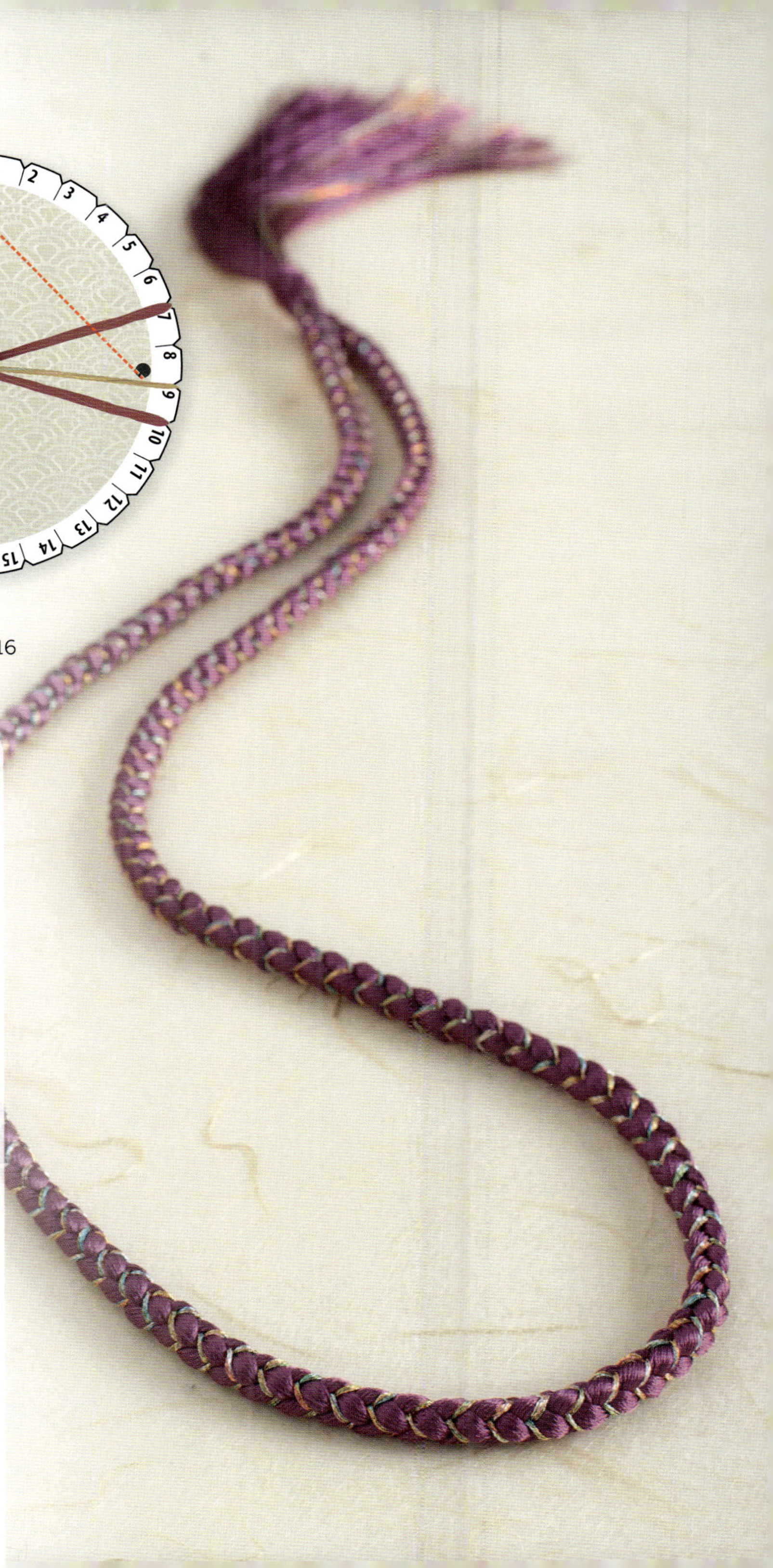

„Sonnenaufgang über Manhattan“

Dies ist ein eckiger Zopf mit Garn auf 8 Positionen. Der Cabochon-Anhänger wird von einem goldenen Zopf in Tränenform eingefasst. Ich habe den Anhänger auf einer New-York-Reise gekauft und er passt einfach perfekt zu dieser Flechtarbeit.

GRAD	SCHEIBE

Besser flechten lernen

- Halten Sie das Kumihimo-Garn glatt, indem Sie sie es durch Daumen und Zeigefinger gleiten lassen.
- Beachten Sie das Muster der Fäden auf der Scheibe und am Flechtpunkt.
- Die Fäden, die am Flechtpunkt oben liegen, sind die letzten, die bewegt worden sind.

Sie benötigen

Imposter Kumihimo-Garn, Länge 2,7 m

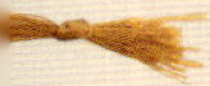
2 Abschnitte in #15 Gold

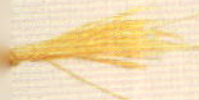
2 Abschnitte in #4 Goldrute

Cabochon-Anhänger, Durchmesser 4 cm

Endkappen und Verschluss (5 mm)

8 kleine Spulen

Technik

Die Scheibe wird während des Flechtens nicht gedreht – Position 1 sollte oben bleiben und der Zopf selbst unter der Scheibe festgehalten werden. Beginnen Sie die Arbeit mit einem sauberen Ende (siehe Seite 29). Achten Sie darauf, dass die Fäden durchgehend glatt bleiben.

Vorbereitung von Scheibe und Fäden

Verknoten Sie die Fäden miteinander in der Mitte, sodass Sie mit einem sauberen Ende (siehe Seite 29) beginnen können, und legen Sie den Knoten in das Loch in die Scheibe. Wickeln Sie alle Fäden auf Spulen.

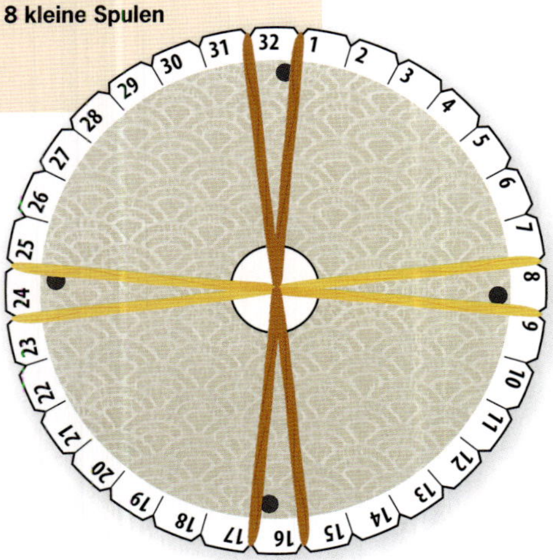

1 Belegen Sie die Scheibe, wie auf dem Diagramm gezeigt: Gold von Position 32 zu 16 und von 1 zu 17; Goldrute von 8 zu 24 und von 9 zu 25.

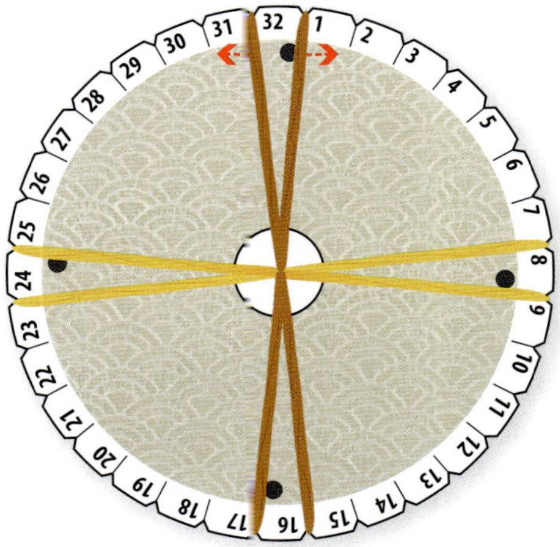

2 Öffnen Sie das obere Fadenpaar, indem Sie 1 zu 2 und 32 zu 31 bewegen.

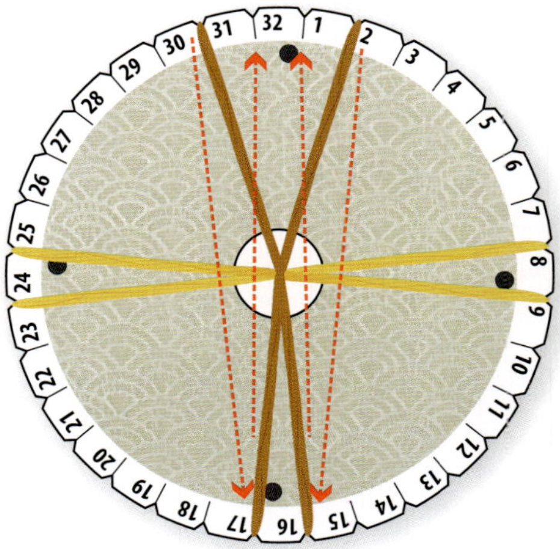

3 Bewegen Sie 16 hinauf zu 1 und 2 hinunter zu 16. Bewegen Sie 17 hinauf zu 32 und 31 hinunter zu 17.

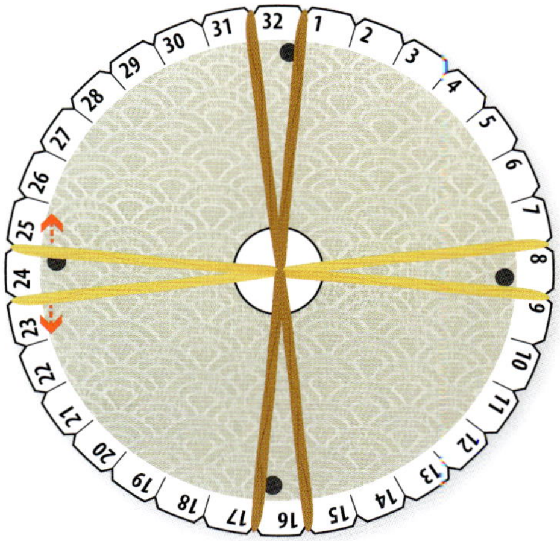

4 Öffnen Sie das seitliche Fadenpaar, indem Sie 25 zu 26 und 24 zu 23 bewegen.

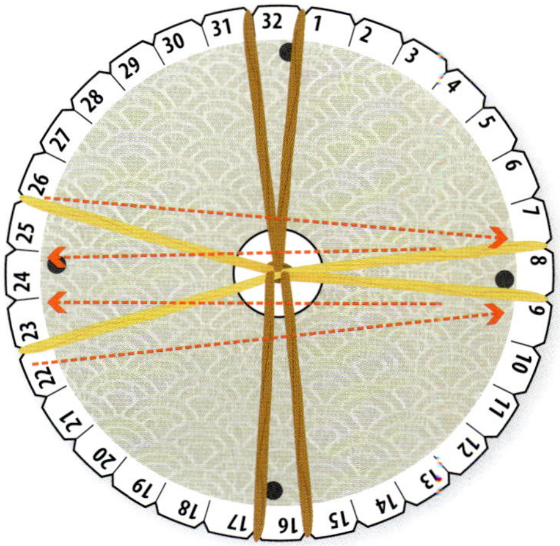

5 Bewegen Sie 8 hinüber zu 25 und 26 hinüber zu 8. Bewegen Sie 9 hinüber zu 24 und 23 hinüber zu 9.

6 Fahren Sie mit dem Flechten fort und folgen Sie den Diagrammen, bis der Zopf 70 cm oder die gewünschte Länge erreicht hat.

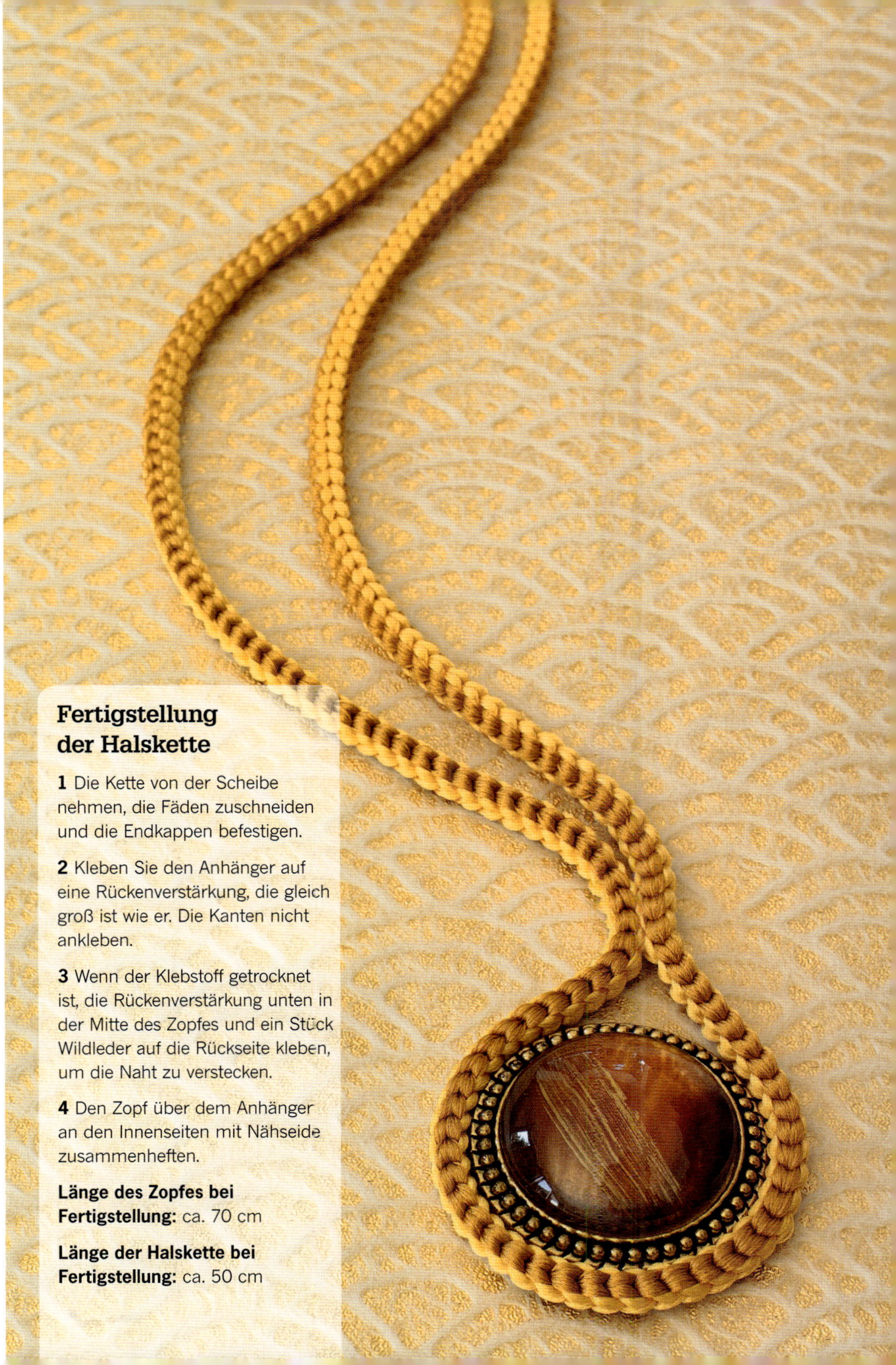

Fertigstellung der Halskette

1 Die Kette von der Scheibe nehmen, die Fäden zuschneiden und die Endkappen befestigen.

2 Kleben Sie den Anhänger auf eine Rückenverstärkung, die gleich groß ist wie er. Die Kanten nicht ankleben.

3 Wenn der Klebstoff getrocknet ist, die Rückenverstärkung unten in der Mitte des Zopfes und ein Stück Wildleder auf die Rückseite kleben, um die Naht zu verstecken.

4 Den Zopf über dem Anhänger an den Innenseiten mit Nähseide zusammenheften.

Länge des Zopfes bei Fertigstellung: ca. 70 cm

Länge der Halskette bei Fertigstellung: ca. 50 cm

Halsband „Buntes Bleiglas“

Dieser hohle Zopf sieht mit handgefärbtem Seidengarn, Metallfäden oder einer Kombination von beidem schier atemberaubend aus. Das Garn wird in dieser Arbeit doppelt genommen. Da der Zopf hohl ist, kann er auch flachgedrückt werden, um dieses schöne Halsband zu gestalten.

GRAD | **SCHEIBE**

Besser flechten lernen

- Es werden nur die Schlitze verwendet, die auch für die Startpositionen benutzt werden.
- Während der Arbeit denken Sie an das Mantra „Heben und platzieren!“.
- Halten Sie das Garn während des gesamten Flechtens glatt.
- Exotic Lights entspricht Perlgarn #3. Das Perlgarn müsste zum Flechten doppelt genommen werden.

Sie benötigen

Seidengarn Exotic Lights

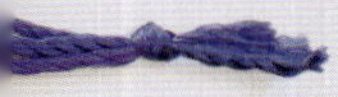

2 Knäuel in #27 Genie-Violett, 16 m

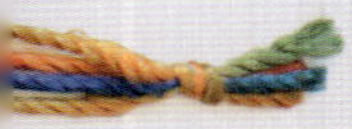

2 Knäuel in #15 Marrakesh, 16 m

Endkappen und Verschluss (8 mm)

16 kleine Spulen

Technik

Dies ist ein hohler Zopf mit Garn auf sechzehn Positionen. Die Fäden werden rund um die Scheibe gewoben – erst im Uhrzeigersinn, dann gegen den Uhrzeigersinn. Die Hauptfarbe wird im Uhrzeigersinn verarbeitet und bleibt links von der Kontrastfarbe. Die Kontrastfarbe läuft gegen den Uhrzeigersinn.

Um den Faden in den nächsten Schlitz zu bringen, heben Sie den Faden, der dort liegt, zuerst in Flechtrichtung aus dem Weg.

Beispiel: Um 32 zu 4 zu bewegen, heben Sie 4 heraus in Richtung 8, sodass 32 in Schlitz 4 gebracht werden kann. Um 4 zu 8 zu bewegen, heben Sie 8 heraus in Richtung 12, sodass 4 in Schlitz 8 gebracht werden kann und so weiter. Dies ist die „Heben-und-Platzieren-Bewegung“.

Vorbereitung von Scheibe und Fäden

Schneiden Sie das violette Garn in vier gleich lange Abschnitte zu je 4 m und falten Sie sie in der Mitte zusammen, um sie doppelt zu nehmen (4 x 2 m). Legen Sie sie glatt auf die Scheibe, wie in Schritt 1 beschrieben. Wiederholen Sie diesen Vorgang für das Garn in Marrakesh. Knoten Sie alle Fäden in der Mitte zusammen, um mit einem sauberen Ende zu beginnen (siehe Seite 29), und stecken Sie den Knoten durch das Loch in der Scheibe. Wickeln Sie das Garn auf die Spulen.

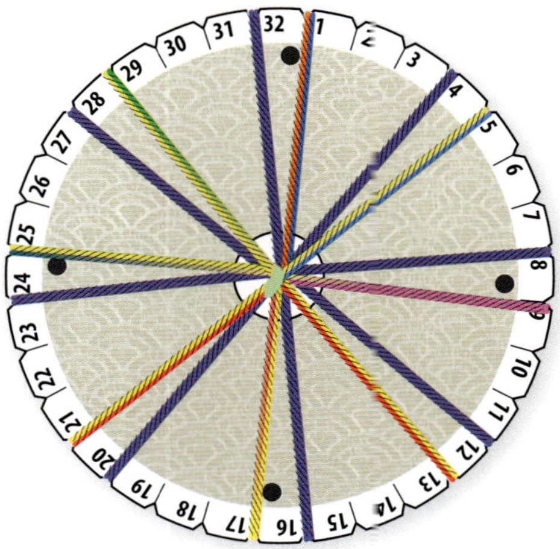

1 Belegen Sie die Scheibe wie im Diagramm gezeigt: **Hauptfarbe** (Violett) von 32 zu 16, von 4 zu 20, von 8 zu 24 und von 12 zu 28. **Kontrastfarbe** (Marrakesh) von 1 zu 17, von 5 zu 21, von 9 zu 25 und von 13 zu 29.

Jetzt, wo die Scheibe belegt ist, ist jeder Faden vom Loch in der Mitte bis zum Ende 1 m lang.

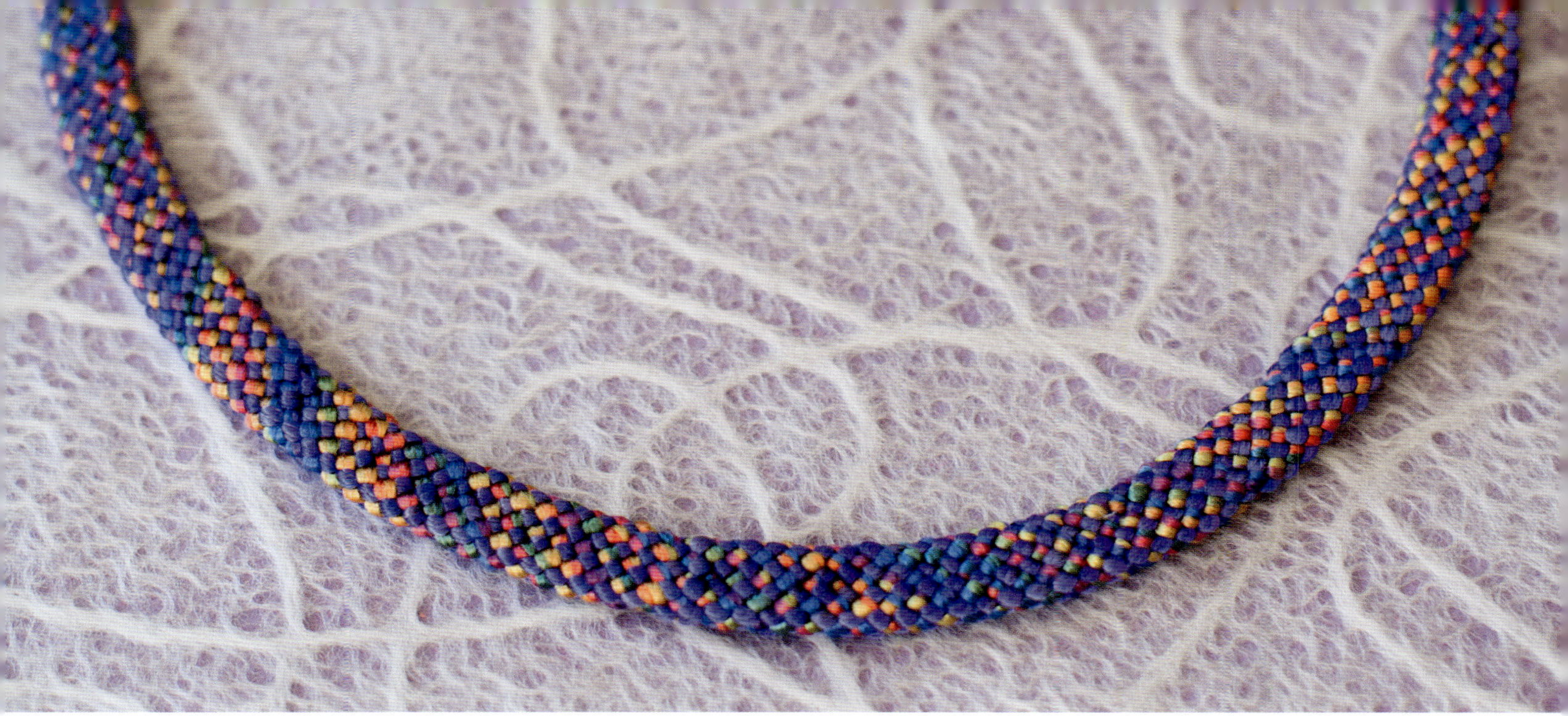

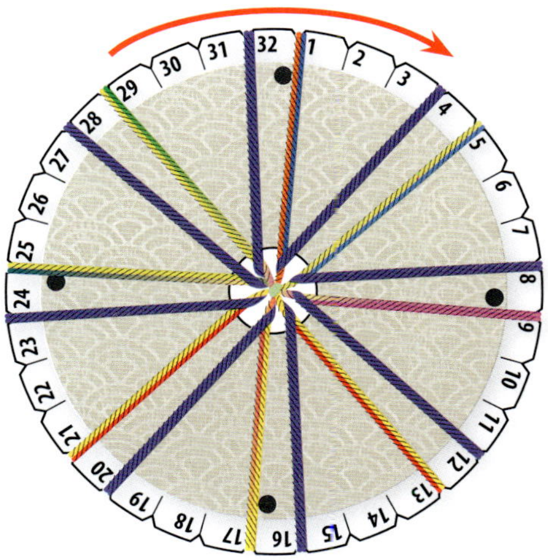

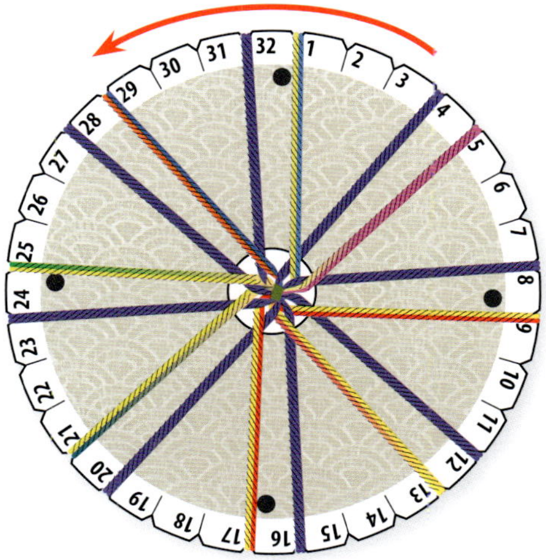

Fertigstellung der Halskette

Schlagen Sie auf Seite 30 nach, um die Flechtarbeit mit Endkappen zu beenden.

Länge bei Fertigstellung:
ca. 50 cm

2 Beginnen Sie mit einer Flechtsequenz in der Hauptfarbe im Uhrzeigersinn. Bewegen Sie 32 zu 4, 4 zu 8, 8 zu 12, 12 zu 16, 16 zu 20, 20 zu 24, 24 zu 28 und 28 zu 32.

Das obige Diagramm zeigt, wie die Scheibe nach dieser Flechtsequenz aussehen sollte.

3 Flechten Sie eine Flechtsequenz in der Kontrastfarbe gegen den Uhrzeigersinn. Bewegen Sie 1 zu 29, 29 zu 25, 25 zu 21, 21 zu 17, 17 zu 13, 13 zu 9, 9 zu 5 und 5 zu 1.

Das obige Diagramm zeigt, wie die Scheibe nach dieser Flechtsequenz aussehen sollte.

4 Fahren Sie mit dem Flechten fort und folgen Sie dabei den Diagrammen, bis die Arbeit 50 cm oder die gewünschte Länge erreicht hat.

Halskette „Kumihimo-Überraschung“

Diese Technik ermöglicht Ihnen einzigartige Flechtarbeiten. Der runde, 8-fädige Zopf in mehrfarbigem Seidengarn wird um den Hauptzopf gewickelt. Er kann dort ganz nach Belieben angebracht werden.

Technik

Diese Arbeit bedient sich des leichten runden, 8-strängigen Zopfes, der bereits auf Seite 36 beschrieben wurde. Der mehrfarbige runde, 8-strängige Zopf wird mit einem sauberen Ende begonnen und zuerst geflochten. Ziehen Sie den Hauptzopf regelmäßig über den mehrfarbigen, indem Sie dessen Ende festhalten.

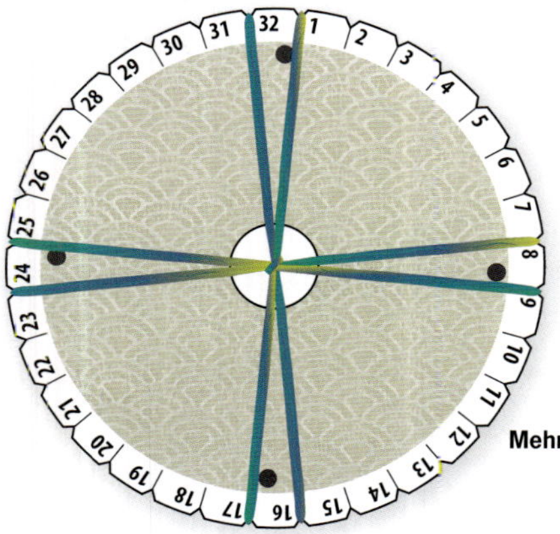

Mehrfarbiger Zopf

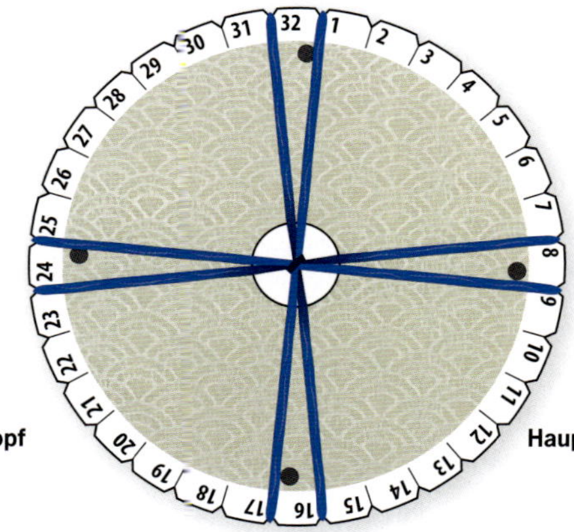

Hauptzopf

Vorbereitung von Scheibe und Fäden: Mehrfarbiger Zopf
Das bunte Garn in 4 gleich lange Teile schneiden und direkt auf die Scheibe bringen. Die Fäden für ein sauberes Ende in der Mitte verknoten und auf die Spulen wickeln.

1 Die Scheibe, wie oben auf dem Diagramm gezeigt, belegen.

2 Der Flechtanleitung „Mein erster Kumihimo-Zopf“ (s. S. 36) folgen und einen ca. 100 cm langen, runden 8-strängigen Zopf flechten. Diesen von der Scheibe nehmen und mit einem Überhandknoten verknoten.

3 Je einen Fadenmarkierer in die Mitte und 15 cm von jedem Ende entfernt setzen, um zu markieren, wo der mehrfarbige Zopf aus dem Hauptzopf herauskommt und wo er wieder in ihm verschwindet.

Vorbereitung: Hauptzopf
Die 4 Abschnitte in Mitternachtsblau auf die Scheibe legen, die Fäden für ein sauberes Ende in der Mitte verknoten und dann auf die Spulen wickeln.

1 Die Scheibe wie oben auf dem Diagramm gezeigt für einen runden, 8-strängigen Zopf belegen.

2 Der Flechtanleitung „Mein erster Kumihimo-Zopf“ (s. S. 36) folgen und ca. 1 cm flechten.

3 Den mehrfarbigen Zopf in die Mitte des Hauptzopfes bringen. Dabei sein Ende verwenden, um ihn in den Anfang des Hauptzopfes hineinzuziehen.

4 Bis zum Fadenmarkierer bei 15 cm um den mehrfarbigen Zopf herumflechten (s. Schritt 3 des mehrfarbigen Zopfes).

Sie benötigen

- **1 Länge (16 m) handgefärbtes Seidengarn Exotic Lights in #16 Meerespanorama**
- **4 Abschnitte (2,7 m) Imposter Kumihimo-Garn in #52 Mitternachtsblau**
- **Endkappen und Verschluss (8 mm)**
- **8 kleine Spulen**

GRAD | **SCHEIBE**

Besser flechten lernen

Kumi-Kalkulation, Hauptzopf:

- Sind erst einmal die ersten 15 cm des Zierzopfes um den Zopf herumgeflochten, messen Sie die Länge der verbleibenden Fäden anhand eines Kettfadens (Loch bis Fadenende) ab. Ziehen Sie es von der Anfangslänge des Garns (135 cm) ab, um festzustellen, wieviel Garn verwendet wurde. Sie werden diese Menge brauchen, um die 15 cm ans andere Ende zu flechten. In diesem Fall waren 90 cm übrig, das heißt, dass die Garnmenge für 15 cm Flechtarbeit 45 cm beträgt.
- Ziehen Sie den Mittelteil des Hauptzopfes auf seine ganze Länge, bevor Sie ihn in den Zierzopf einbringen und eindrehen, sodass er für die letzten 15 cm bereit ist.

5 Den mehrfarbigen Zopf außen an den Hauptzopf bringen, indem Sie ihn zwischen den beiden Hauptfäden hinunter und unter die Scheibe führen (s. Abb. unten).

6 Nur am Hauptzopf weiterarbeiten und die Berechnung von S. 68 beachten: Sie benötigen 45 cm Mitternachtsblau für die letzten 15 cm des Hauptzopfes. Der aktuelle Abschnitt der Kette beträgt 20 cm.

7 Den mehrfarbigen Zopf um den eben geflochtenen Hauptabschnitt drehen und ihn dann zurück durch die beiden Hauptfäden von oben in die Scheibe führen.

8 Um den mehrfarbigen Zopf herumflechten, um die 2. Seite passend zur ersten fertigzustellen.

9 Ist der mehrfarbige Zopf wieder im Hauptzopf verankert, dessen Ende umwickeln und so zuschneiden, dass Sie direkt darüberflechten können.

10 Siehe S. 30 für die Fertigstellung mit Endkappen.

So sieht die Schlinge unter der Scheibe aus, wenn die beiden Seiten geflochten sind.

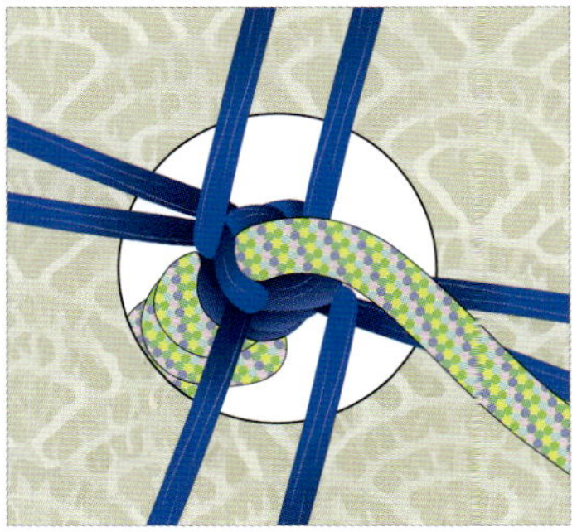

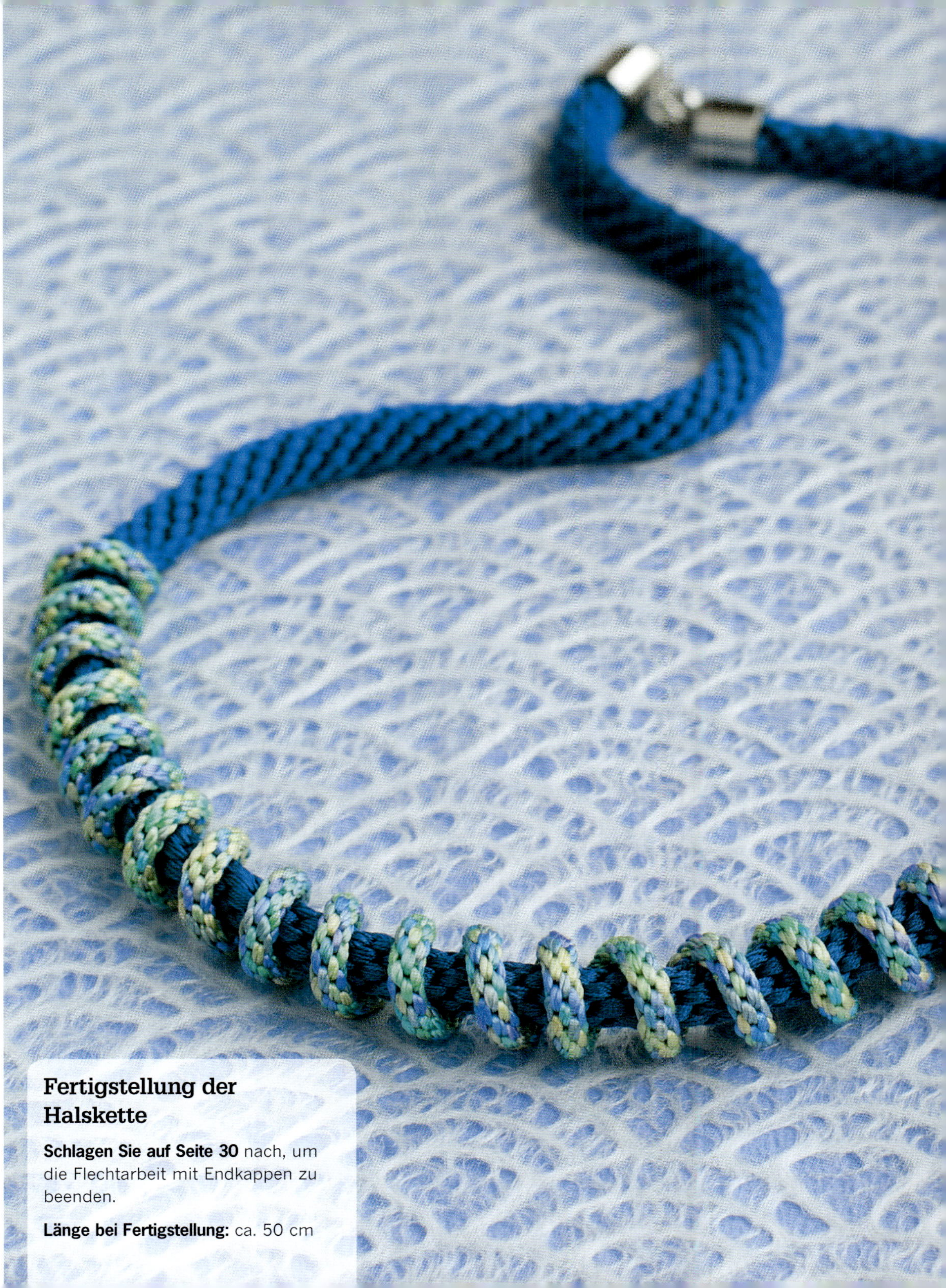

Fertigstellung der Halskette

Schlagen Sie auf Seite 30 nach, um die Flechtarbeit mit Endkappen zu beenden.

Länge bei Fertigstellung: ca. 50 cm

Halskette „Lavendelfelder“

Diese Halskette können Sie so frei gestalten, wie Sie wollen, indem Sie einen runden 16-strängigen Zopf in zwei runde, 8-strängige Zöpfe aufteilen und diese dann wieder zu einem 16-strängigen Zopf vereinen. Dies ist die einfachste Variante für einen Zopf dieser Art. Er erfordert Geduld und Geschick, ist den Aufwand aber auf jeden Fall wert.

Sie benötigen

Seidengarn Exotic Lights

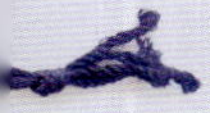

2 Längen (je 16 m) in #27 Genie-Violett

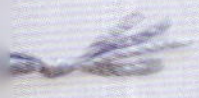

2 Längen (je 16 m) in # Wisteria-Blau

Endkappen und Verschluss, 5 mm

16 kleine Spulen

Technik

Diese Arbeit bedient sich zwei verschiedener Flechttechniken, die bereits erklärt wurden, nämlich des runden 8-strängigen und des runden 16-strängige Zopfes sowie des Teilens und Spleißens. Sie beginnt mit einem Überhandknoten und Garn auf 16 Positionen. Halten Sie sich an die Halskette „Rose Trellis“ (siehe Seite 42) für die runde, 16-strängige Technik und an die Flechtanleitung für „Mein erster Kumihimo-Zopf“ (siehe Seite 36) für die runde, 8-strängige Technik. Folgen Sie den Schritten und Sie erhalten ein wunderbar interessantes Ergebnis. Die Maße, die für die geflochtenen Abschnitte angegeben wurden, stellen sicher, dass das Garn gleichmäßig verbraucht wird.

Vorbereitung von Scheibe und Fäden

Schneiden Sie in jeder Farbe 8 Fäden gleicher Länge zurecht und verknoten Sie sie an einem Ende mit einem Überhandknoten. Legen Sie den Knoten in das Loch in der Scheibe und bespannen Sie die Scheibe wie im Diagramm gezeigt. Wickeln Sie das Garn auf die Spulen.

GRAD | **SCHEIBE**

Besser flechten lernen

- Verwenden Sie ein einfädiges Garn, wie etwa Perlgarn #3 oder Stickseide.
- Das wichtigste Maß ist zu Beginn die Länge des Kettfadens (Faden von Loch in der Scheibe bis zum Ende). In diesem Fall ist er 2 m lang. Sie brauchen diese Anfangslänge, um eine Flechtarbeit von 70 cm zu gestalten.
- Die Fäden müssen von den Spulen gewickelt werden, wenn sie von der Scheibe genommen werden. Sie können sie bei jedem Abschnitt wieder aufwickeln oder die verwendeten Fäden mit den Fingern glatt streichen, damit sie sich nicht verheddern. Verwenden Sie Spulen für die längeren Abschnitte des Zopfes.

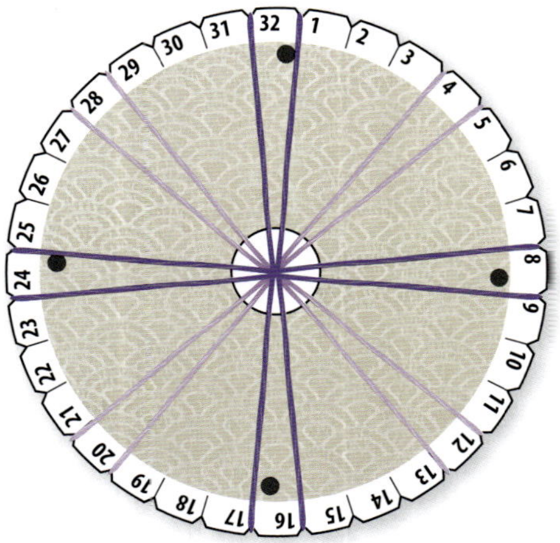

1 Belegen Sie die Scheibe wie auf dem Diagramm gezeigt: Violett auf Position 32, 1, 8, 9, 16, 17, 24 und 25 und Blau auf Position 4, 5, 12, 13, 20, 21, 28 und 29.

2 Folgen Sie den Flechtanleitungen für das Halsband „Rose Trellis“ (siehe Seite 42), um einen etwa 10 cm langen runden, 16-strängigen Zopf zu flechten.

3 Nehmen Sie die violetten Fäden von der Scheibe und stecken Sie sie nach unten durch das Loch in der Scheibe.

4 Arbeiten Sie nur mit dem blauen Garn und flechten Sie für 5 cm einen runden, 8-fädigen Zopf (siehe Seite 36 für Anleitung).

5 Nehmen Sie die blauen Fäden und den Zopf von der Scheibe und verknoten Sie das Ende mit einem Laufknoten, um ein Auftrennen zu verhindern.

6 Bringen Sie die violetten Fäden auf ihre ursprünglichen Positionen auf beiden Seiten der Punkte und flechten Sie einen 2,5 cm langen, runden, 8-fädigen Zopf.

7 Drehen Sie den blauen um den violetten Zopf.

8 Führen Sie die blauen Fäden zurück durch das Loch, entknoten Sie sie und positionieren Sie sie wie in Schritt 1.

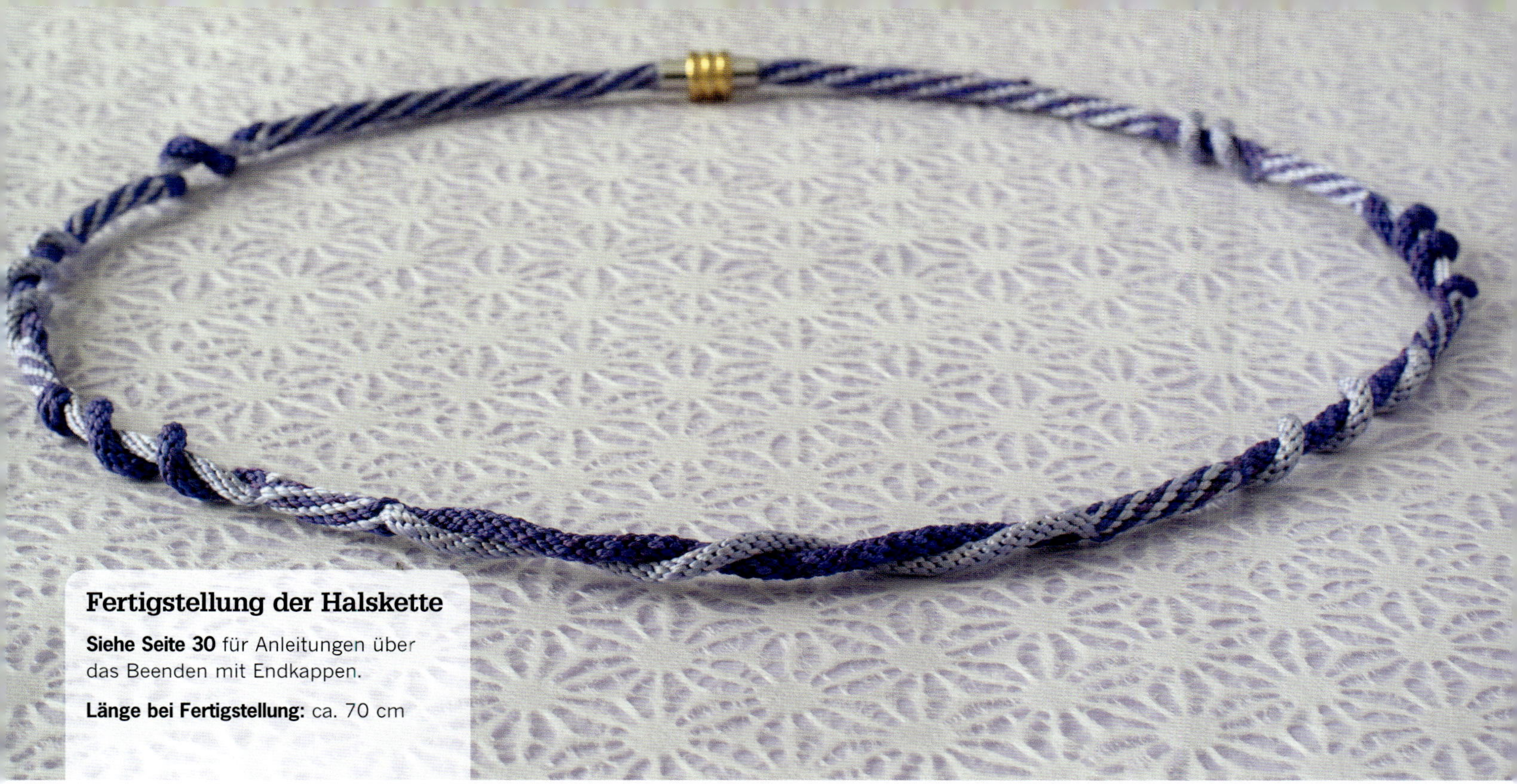

Fertigstellung der Halskette

Siehe Seite 30 für Anleitungen über das Beenden mit Endkappen.

Länge bei Fertigstellung: ca. 70 cm

9 Flechten Sie einen 2,5 cm langen runden, 16-strängigen Zopf

10 Wiederholen Sie die Schritte 3–9 in umgekehrten Farben und Längen, wie gerade beschrieben.

11 Fahren Sie mit der zweiten Hälfte der Halskette fort, indem Sie die Farben und Abschnitte von Abschnitt 7 bis zurück zu Abschnitt 1 vertauschen. Orientieren Sie sich an der Tabelle und dem Diagramm rechts.

ABSCHNITTE: ZÖPFE, FARBEN UND MASSE		
Abschnitt 1	rund, 16-strängig	gemischt, 10 cm
Abschnitt 2	rund, 8-strängig	Blau, 5 cm, um Violett gedreht, 2,5 cm
Abschnitt 3	rund, 16-strängig	gemischt, 2,5 cm
Abschnitt 4	rund, 8-strängig	Violett, 7,5 cm, um Blau gedreht, 5 cm
Abschnitt 5	rund, 16-strängig	gemischt, 2,5 cm
Abschnitt 6	rund, 8-strängig	Blau, 7,5 cm, um Violett gedreht, 5 cm
Abschnitt 7	rund, 16-strängig	gemischt, 2,5 cm
Abschnitt 8	rund, 8-strängig	Violett, 12 cm, um Blau gedreht, 12 cm

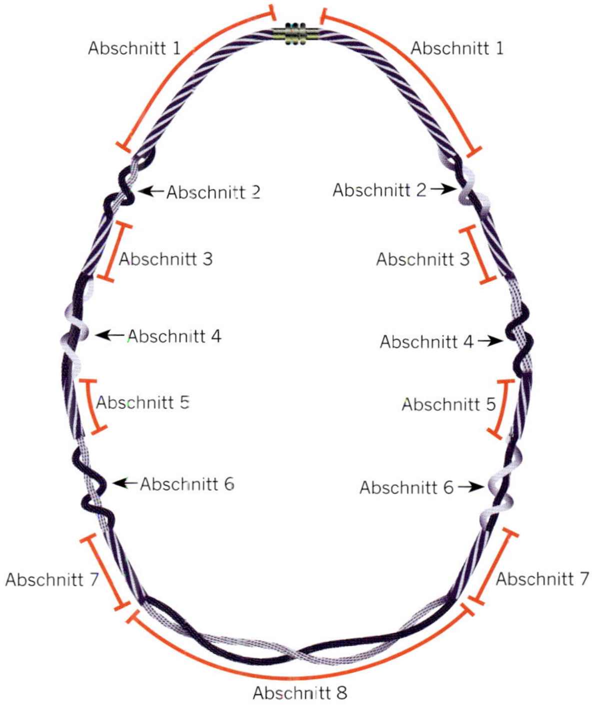

Geflochtene Halskette „Frou-Frou“

Flechten Sie diese lustige Kette, indem Sie Fransengarn oder acht Fäden mit verschiedenen Texturen verwenden. Verwenden Sie es, wie es ist, verdreht, doppelt genommen oder als modisches Highlight mit einer Reihe Laufknoten wie auf dem Foto.

GRAD | **SCHEIBE**

Besser flechten lernen

- Knoten Sie entweder mittlere Spulen an den Garnanfang als Gegengewicht oder halten Sie den Zopf unter der Scheibe leicht fest. Dies erlaubt es Ihnen, die federhaften Stückchen nach außen an den Zopf zu bringen.
- Verwenden Sie die Schlitze, um die Fäden zu halten, wenn Sie die Arbeit ablegen.

Sie benötigen

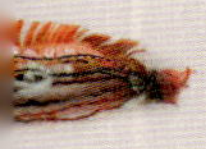

Fransengarn „Felting Froufrou“ von Colourstreams aus mindestens 8 Fäden in verschiedenen Texturen, je 2 m

Endkappen und Verschluss (6,5 mm)

8 kleine Spulen
Wahlweise: Einige mittlere Spulen, die als Gewichte verwendet werden.

Technik

Dies ist ein runder, 8-strängiger Zopf mit Garn auf acht Positionen. Um einen weicheren Look zu erhalten, legen Sie die Fäden an ihre Positionen, ohne die Schlitze zu verwenden; ohne die Spannung, die durch die Schlitze entsteht, sieht die Arbeit lockerer aus.

Vorbereitung von Scheibe und Fäden

Teilen Sie die Garnlängen in acht Längen. Manchmal haben die Knäule sehr dünnes Garn, das zusammengelegt werden kann. Knoten Sie die Fäden an einem Ende mit einem Überhandknoten zusammen. Dieser wird später abgeschnitten, damit die Endkappen angebracht werden können. Legen Sie den Knoten in das Loch in der Scheibe und positionieren Sie die Fäden darauf für einen runden, 8-fädigen Zopf. Wickeln Sie alle Fäden auf Spulen.

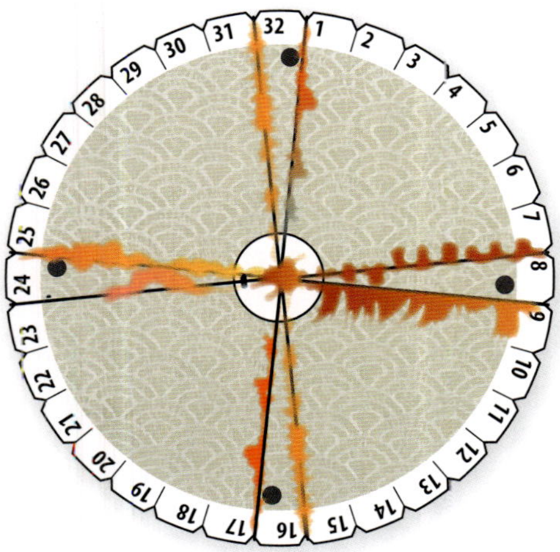

1 Belegen Sie die Scheibe wie auf dem Diagramm gezeigt, indem Sie die Fäden auf folgende Positionen bringen: von 32 zu 16, von 1 zu 17, von 8 zu 24 und von 9 zu 25.

2 Folgen Sie der Flechtanleitung für „Mein erster Kumihimo-Zopf“ (siehe Seite 36), um einen runden, 8-strängigen Zopf mit einer Länge von ca. 150 cm zu flechten. Nehmen Sie den Zopf von der Scheibe und verknoten Sie die Enden mit einem Überhandknoten, um ein Auftrennen zu verhindern.

Fertigstellung der Halskette

1 Benutzen Sie eine Häkelnadel oder eine Sticknadel, um federartige Stückchen, die sich im Zopf verfangen haben, herauszuziehen.

2 Siehe Seite 30 für die Fertigstellung mit Endkappen.

3 Um bei Ihrer Arbeit ein Ergebnis wie auf dem Foto zu erzielen, knüpfen Sie einige Laufknoten vorne in die Mitte des Zopfes, wie auf dem Foto unten gezeigt. Dieser Knotentyp kann einfach wieder aufgetrennt werden, sodass Sie das Schmuckstück auch auf andere Arten tragen können.

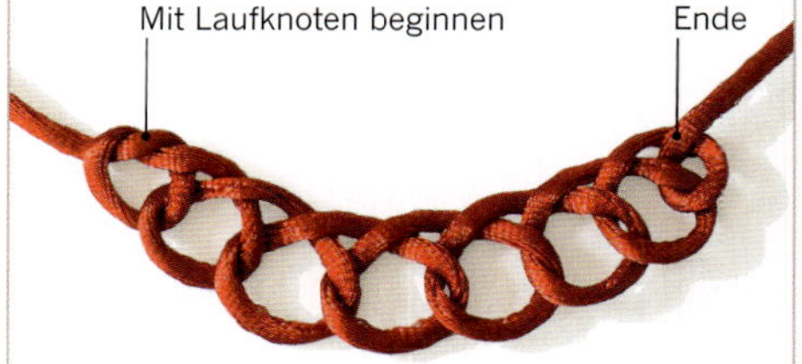

Länge des Zopfes bei Fertigstellung:
ca. 150 cm

Länge der Halskette bei Fertigstellung:
ca. 50 cm

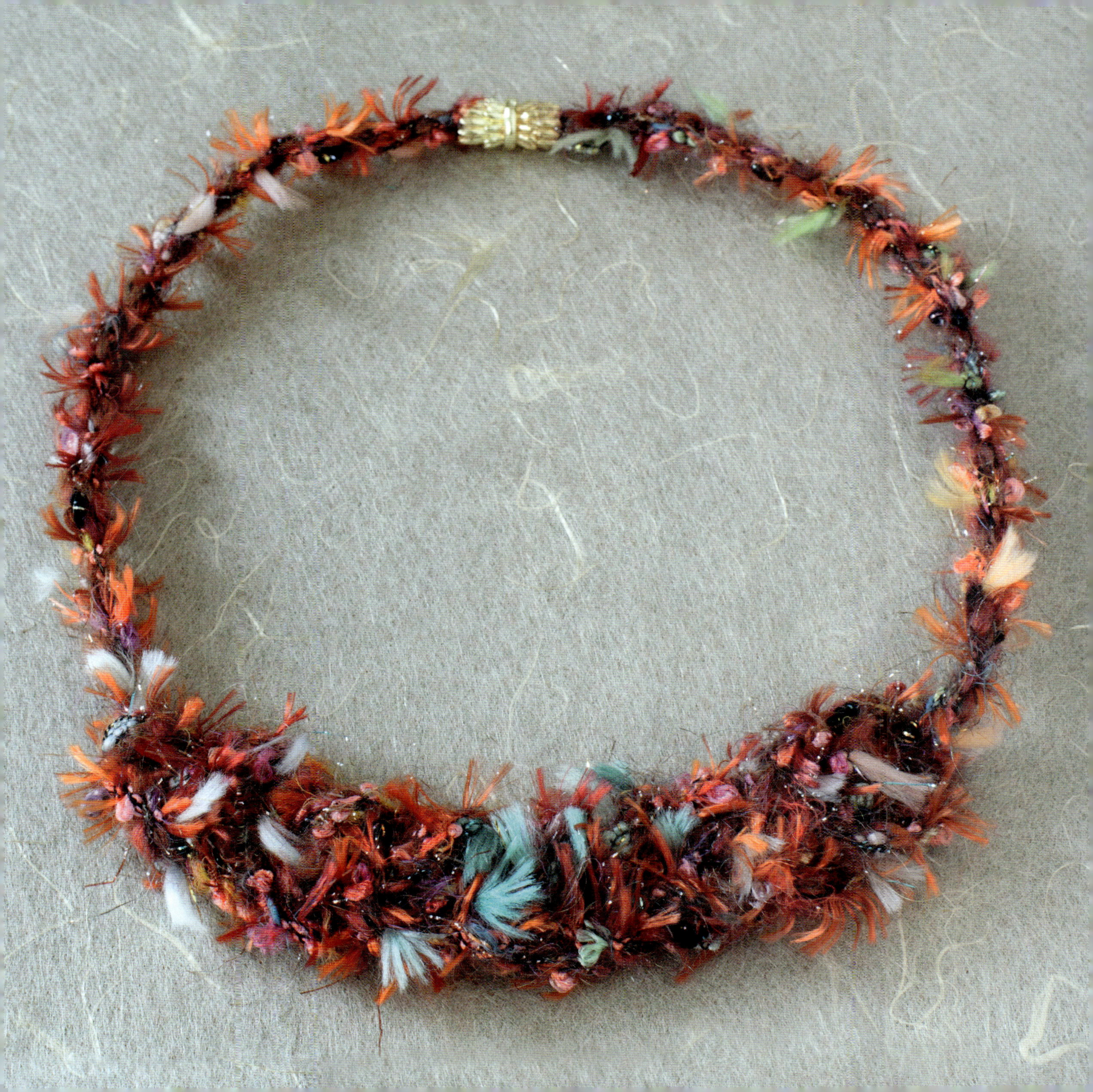

Blaue, geknotete Taschenkordel

Ihr erstes Kumihimo-Band auf der quadratischen Scheibe ist ein flaches, 8-strängiges Band, das sehr schnell und leicht geflochten ist und deswegen bestens für Einsteiger geeignet ist. Der erfahrenere Flechter kann es nutzen, um schöne Farben und Oberflächen von außergewöhnlichen Garnen auszuarbeiten.

GRAD | SCHEIBE

Besser flechten lernen

- Achten Sie auf die Fäden im Loch der Scheibe (den Flechtpunkt), da sie immer in der Mitte bleiben sollten (siehe Seite 22).
- Die rechte Seite des Zopfes ist am weitesten von Ihnen entfernt.
- Für dieses Band habe ich 4-fädiges Häkelgarn aus Baumwolle verwendet. Sie können auch Perlgarn #3, Garn oder Stickgarn verwenden.
- Wenn Sie die Scheibe ablegen, achten Sie darauf, die ganze Flechtsequenz vorher fertigzustellen, sodass Sie am Anfang weiterflechten können, wenn Sie die Arbeit wieder aufnehmen.

Sie benötigen

4 Längen dunkelblaues Garn, 120 cm

4 Längen hellblaues Garn, 120 cm

1 Karabiner für die Schließe

Technik

Dies ist ein flaches Band mit Garn auf acht Positionen auf der Scheibe. Das Band wird direkt an den Schlüsselanhänger geflochten. Die Scheibe wird nicht gedreht, sondern während der Arbeit immer in derselben Position gehalten. Das Band selbst wird während des Flechtens unter der Scheibe festgehalten. Es ist nicht notwendig, diese kurzen Garnlängen auf Spulen zu wickeln. Fahren Sie einfach mit den Fingern durch die Fäden, damit sie nicht verheddern.

Eine Anmerkung bezüglich der Länge: Ist die Scheibe einmal belegt, ist jeder Kettfaden 60 cm lang, was eine Bandlänge von 30 cm ergibt. Daher brauchen Sie für eine 60 cm lange Flechtarbeit die doppelte Garnmenge, sodass sie mit 120 cm pro Kettfaden beginnen. Beachten Sie, dass der Kettfaden das Maß ist, das vom Loch in der Mitte bis zum Fadenende gemessen wird.

Vorbereitung von Scheibe und Fäden

Falten Sie die Fäden in der Mitte, um sie doppelt zu nehmen, und bringen Sie sie mit einem Ankerstich (siehe Seite 26) an dem Schlüsselanhänger an. Bringen Sie den Anhänger in das Loch in der Scheibe, sodass die Fäden oben herauskommen.

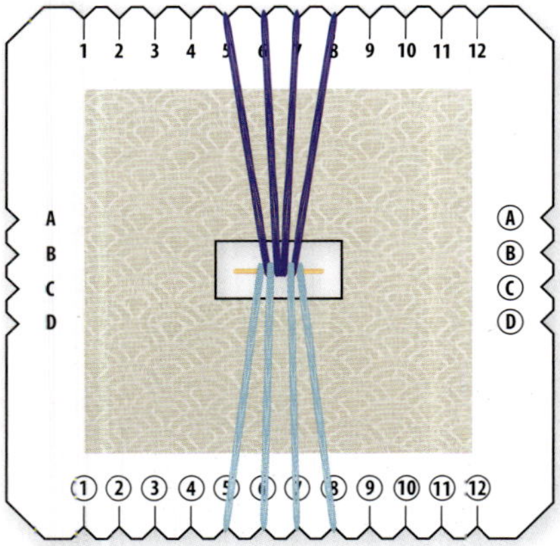

1 Belegen Sie die Scheibe wie auf dem Diagramm gezeigt: Dunkelblau auf Position 5, 6, 7 und 8 und Hellblau auf Position ⑤, ⑥, ⑦ und ⑧. Das Garn wird doppelt genommen, sodass sich in jedem Schlitz 2 Fäden befinden.

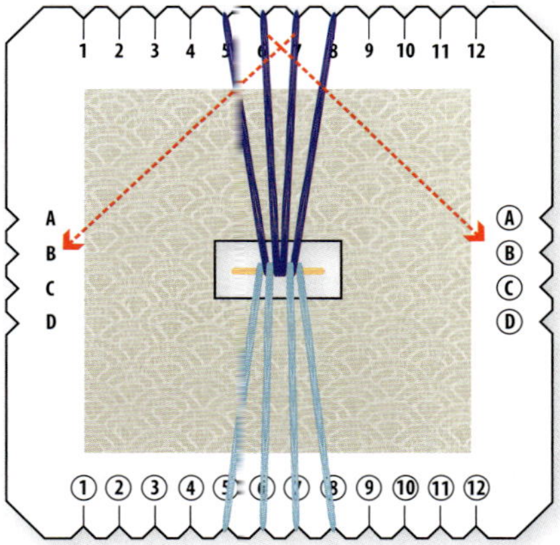

2 Bewegen Sie 6 hinunter zu Ⓑ und 7 hinunter zu B

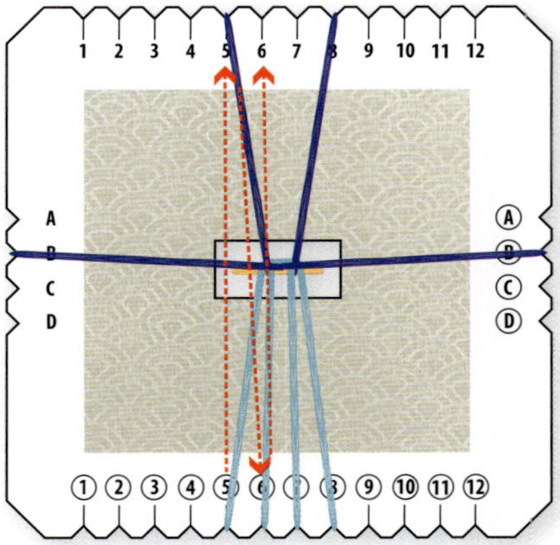

3 Bewegen Sie ⑥ hinauf zu 6, 5 hinunter zu ⑥ und ⑤ hinauf zu 5.

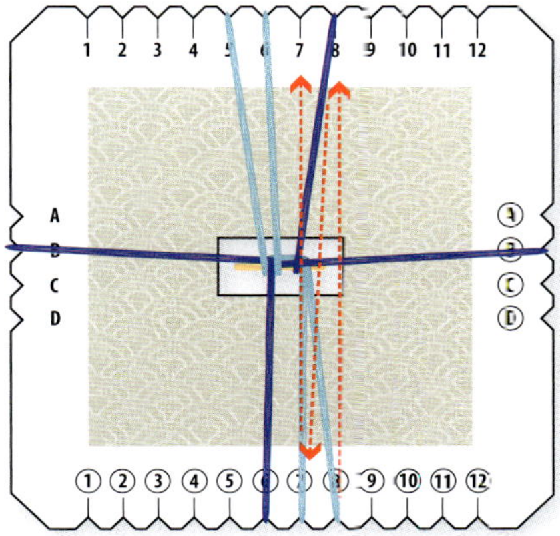

4 Bewegen Sie ⑦ hinauf zu 7, 8 hinunter zu ⑦ und ⑧ hinauf zu 8.

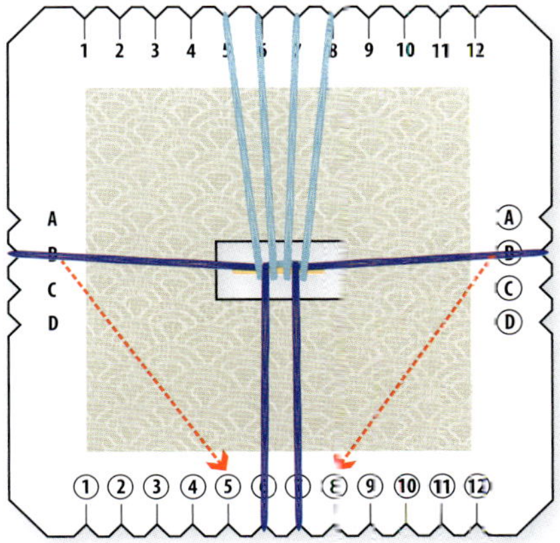

5 Bewegen Sie Ⓑ hinunter zu ⑧ und B hinunter zu ⑤. Die Flechtsequenz ist nun beendet. Fahren Sie mit dem Flechten fort und wiederholen Sie dabei die Schritte 2–5, bis das Band etwa 30 cm misst.

Fertigstellung der Taschenkordel

1 Nehmen Sie die Fäden von der Scheibe. Halten Sie dazu die Fäden nah am Flechtpunkt.

2 Heben Sie die Fäden einzeln aus den Schlitzen und legen Sie die Scheibe beiseite.

3 Machen Sie eine Quaste und schneiden Sie die Fäden zu.

4 Verzieren Sie das Stück mit einem hübschen Knoten (hier wird ein doppelter Münzknoten gezeigt). Je aufwändiger der Knoten sein soll, umso länger muss das Band sein.

Länge des Bandes bei Fertigstellung: ca. 30 cm

Länge der Kordel bei Fertigstellung: ca. 12 cm

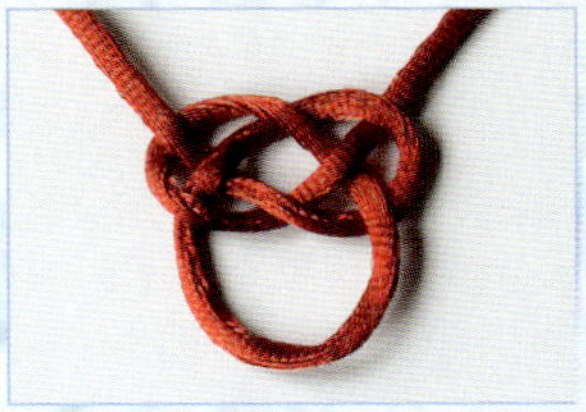

Doppelter Münzknoten

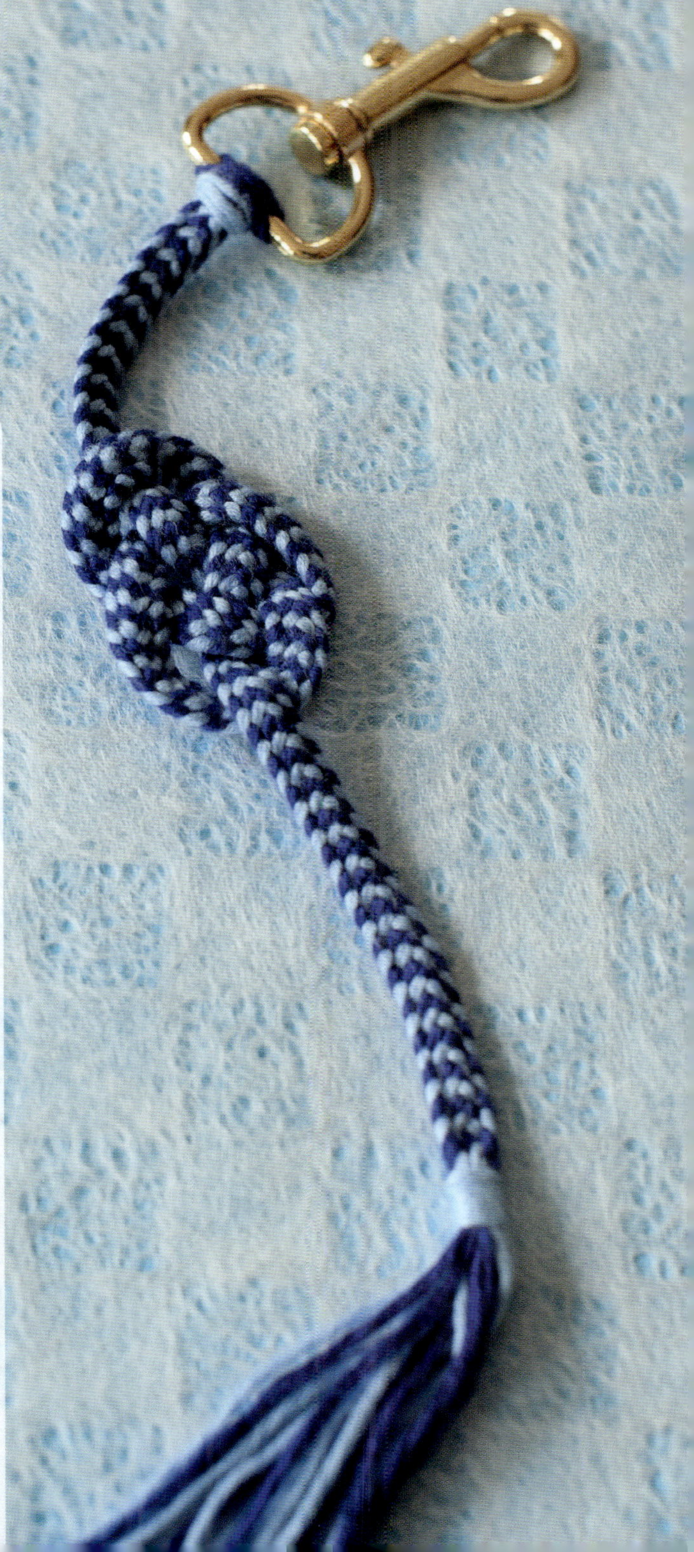

Lesezeichen im Fischgrätmuster

Dieses Lesezeichen wird alle Ihre Freunde dazu bringen, auch eines haben zu wollen. Es ist ein flaches Fischgrätband in drei Farben und wird auf der quadratischen Kumihimo-Scheibe geflochten. Dieses kleine Band wird mit einer Schlinge begonnen und mit einer Quaste beendet – einfach ein Helfer, der Ihnen zeigt, wo Sie mit dem Lesen aufgehört haben.

GRAD | SCHEIBE

Besser flechten lernen

- Halten Sie die Scheibe mit Ihren Knien fest, wenn Sie eine Schlinge machen, sodass Sie beide Hände zum Flechten frei haben.
- Halten Sie die Wicklung um die Schlinge fest, während Sie die Scheibe belegen und die ersten Flechtbewegungen machen, um die Schlinge vor einem Auflösen zu schützen.
- Sie können auch Perlgarn, handgefärbtes Seidengarn oder Stickgarn verwenden.

Sie benötigen

Seidengarn Exotic Lights, 180 cm lang

2 Längen in #52 Cotswold-Steinweiß

2 Längen in #2 Wassernymphenblau

2 Längen in #19 Grün

Technik

Dies ist ein flaches Band mit Garn auf zwölf Positionen auf der Scheibe. Durch die Verwendung von drei Farben entsteht ein Fischgrätmuster in dem Band, das mit einer geflochtenen Schlinge beginnt und mit einer Quaste endet. Das Band selbst wird während des Flechtens unter der Scheibe festgehalten.

Vorbereitung von Scheibe und Fäden

Zuerst wird die Scheibe so vorbereitet, dass die geflochtene Schlinge hergestellt werden kann, die im Detail auf Seite 30 beschrieben wird. Wenn dies erledigt ist, kann die Scheibe für das Band belegt werden, indem die Schlinge in das Loch gesteckt wird und die Fäden auf die Scheibe und in ihre Startpositionen gebracht werden. Die Fäden werden doppelt genommen, um die Details des Musters besser herauszuarbeiten.

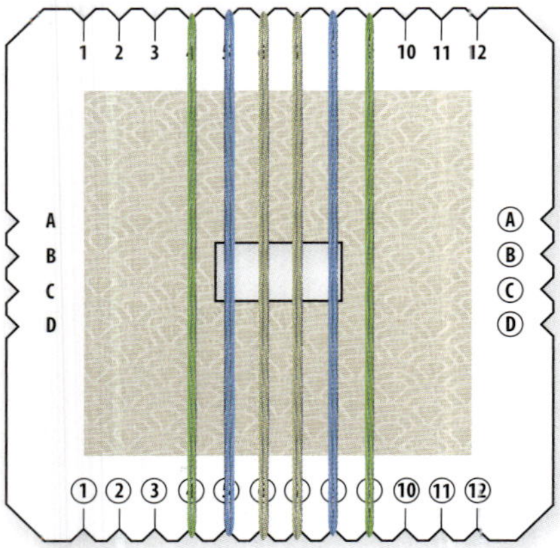

Beginn der geflochtenen Schlinge

1 Belegen Sie die Scheibe wie auf dem Diagramm gezeigt: Steinweiß von 6 zu ⑥ und von 7 zu ⑦, Blau von 5 zu ⑤ und von 8 zu ⑧ und Grün von 4 zu ④ und von 9 zu ⑨.

2 Nehmen Sie die Fäden von den unteren Positionen und flechten Sie eine 7,5 cm lange geflochtene Schlinge (siehe Seite 30).

Beginn des Flechtmusters

3 Belegen Sie die Scheibe, sodass Sie zum Flechten bereit ist, wie in Schritt 1. Diesmal befindet sich aber die Schlaufe in dem Loch und die Fäden werden an ihre Startpositionen gebracht. **Anmerkung:** Achten Sie darauf, die Umwicklung festzuhalten, während Sie die Scheibe belegen, um zu verhindern, dass sich die Schlinge auflöst.

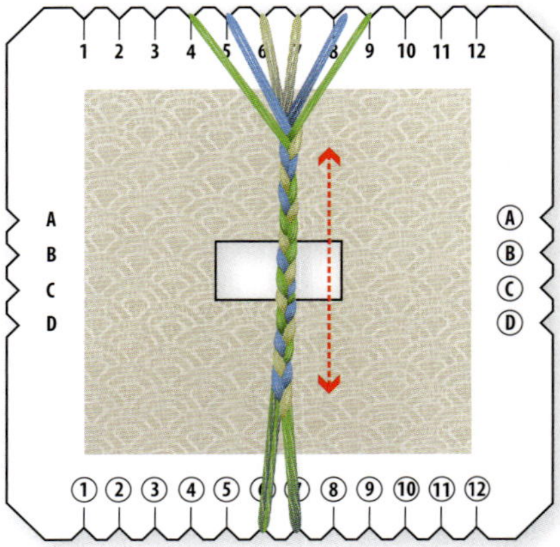

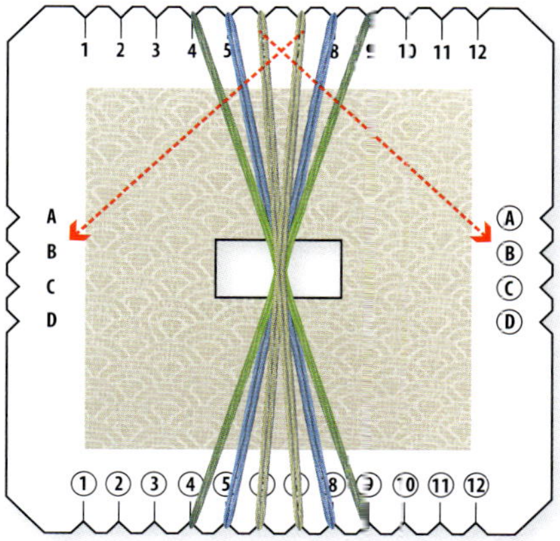

4 Bewegen Sie 6 hinunter zu Ⓔ und 7 hinunter zu B.

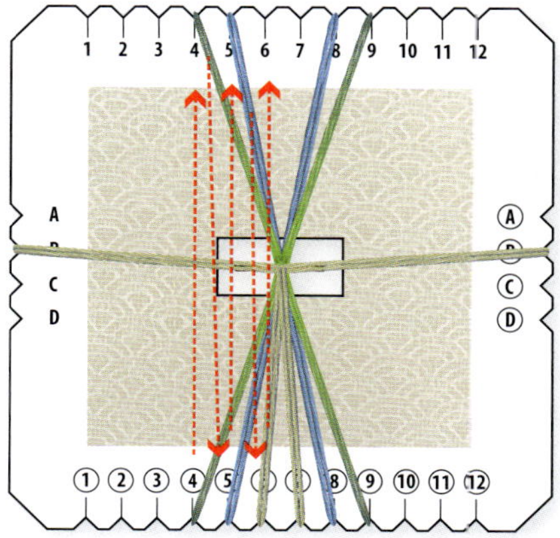

5 Bewegen Sie ⑥ hinauf zu 6, 5 hinunter zu ⑥, ⑤ hinauf zu 5, 4 hinunter zu ⑤ und ④ hinauf zu 4.

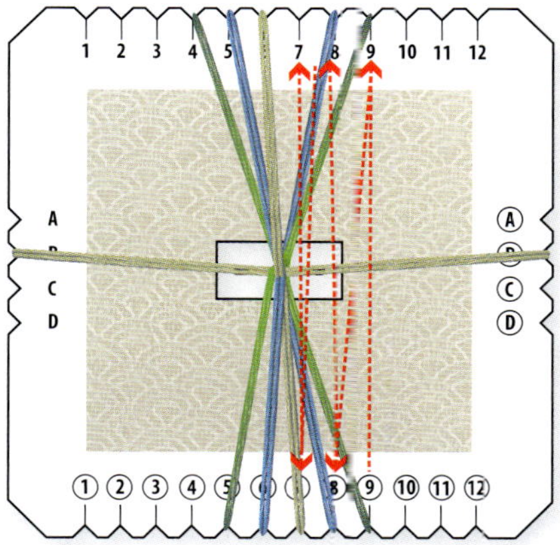

6 Bewegen Sie ⑦ hinauf zu 7, 8 hinunter zu ⑦, ⑧ hinauf zu 8, 9 hinunter zu ⑧ und ⑨ hinauf zu 9.

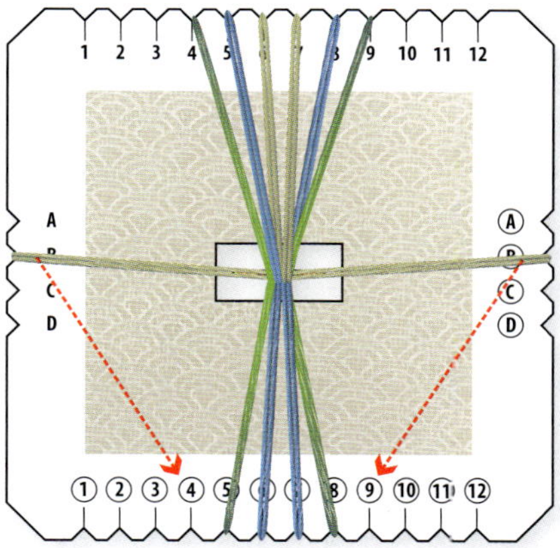

7 Bewegen Sie Ⓑ hinunter zu ⑨ und B hinunter zu ④. Die Flechtsequenz ist nun vollständig.

8 Fahren Sie mit dem Flechten fort und folgen Sie den Diagrammen, um ein ca. 25 cm langes Band zu flechten.

Fertigstellung des Lesezeichens

Siehe Seite 32 für die Fertigstellung mit einer 10 cm langen, wahlweise perlenbesetzten Quaste.

Länge bei Fertigstellung: ca. 38 cm.

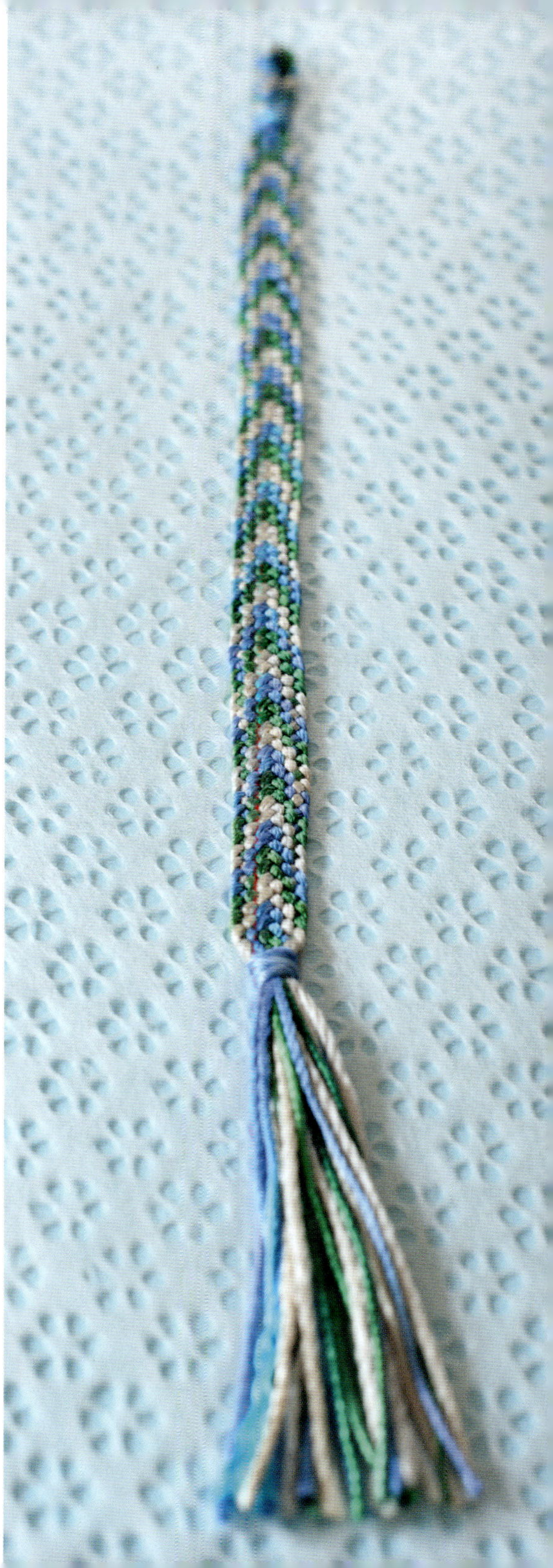

Zopf „Für Jasmine“

Dieser gerundete, flache Zopf kann mit Endkappen oder einer Schlinge und einer Quaste beendet werden, was ihm ein glamouröseres Erscheinungsbild verleiht. Diese Flechtarbeit sieht aus, als könnte sie einer Prinzessin gerecht werden, weshalb ich sie nach meiner eigenen kleinen Prinzessin Jasmine benannt habe.

GRAD	SCHEIBE

Besser flechten lernen

- Halten Sie das Kumihimo-Garn glatt, indem Sie es durch Daumen und Zeigefinger gleiten lassen.
- Sie haben lange Garnreste übrig? Verknoten Sie sie vor dem Zuschneiden an einem Ende, um sie für eine kleinere Arbeit zu verwenden!
- Siehe Seite 12 für Details über das Teilen einzelner Kumihimo-Fäden.

Sie benötigen

4 Längen Imposter Kumihimo-Garn in #62 Weintraube, Länge 2,7 m

4 Längen aus je 7 einzelnen Strängen eines Abschnitts Kumihimo-Metallic-Silbergarn, Länge 2,7 m

ca. 60 Perlen (Größe 11) für die Schlinge

Endkappen und Verschluss (8 mm)

12 kleine Spulen

Technik

Dies ist ein abgerundeter, relativ flacher Zopf mit Garn auf zwölf Positionen, der mit einem sauberen Ende begonnen wird. Die dicken Fäden in 32, 1, 16 und 17 sind doppelt genommene Kumihimo-Fäden. Die anderen 8 Positionen werden mit Metallic-Garn aus je 7 Fäden belegt.

Die Scheibe wird während des Flechtens nicht gedreht und der Zopf wird durchgehend unter der Scheibe festgehalten.

Vorbereitung von Scheibe und Fäden

Belegen Sie die Scheibe mit den Fäden auf ihren Startpositionen, wie im Diagramm unten gezeigt. Verknoten Sie die Fäden in der Mitte und wickeln Sie sie auf Spulen

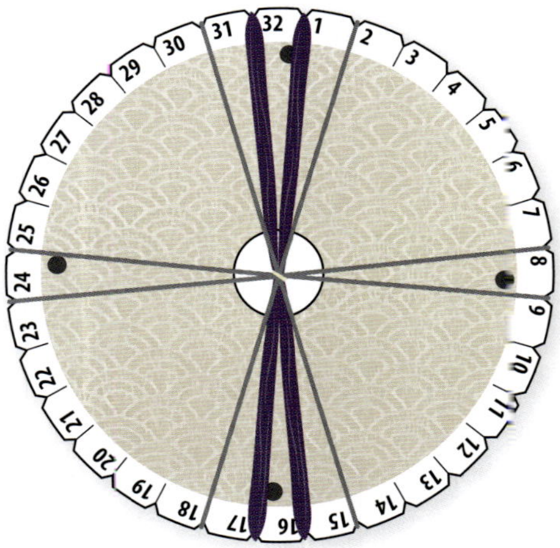

1 Belegen Sie die Scheibe wie auf dem Diagramm gezeigt: Je 2 Abschnitte Weintraube von 32 zu 16 und weitere 2 Abschnitte von 1 zu 17; je 7 Einzelfäden in Silber von 31 zu 15, von 2 zu 18, von 8 zu 24 und von 9 zu 25.

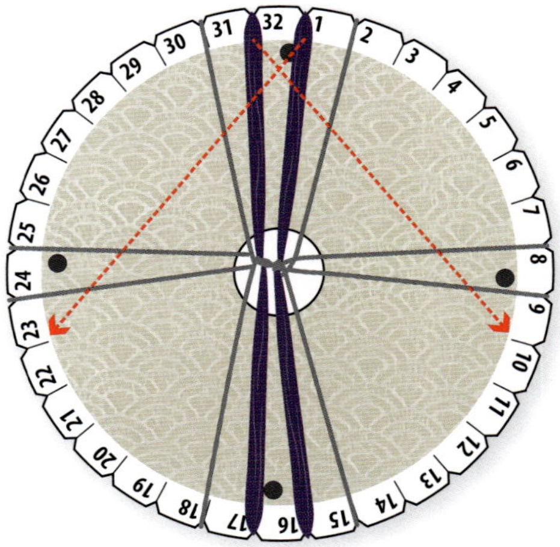

2 Bewegen Sie 32 hinunter zu 10 und 1 hinunter zu 23.

FORTSETZUNG AUF SEITE 80

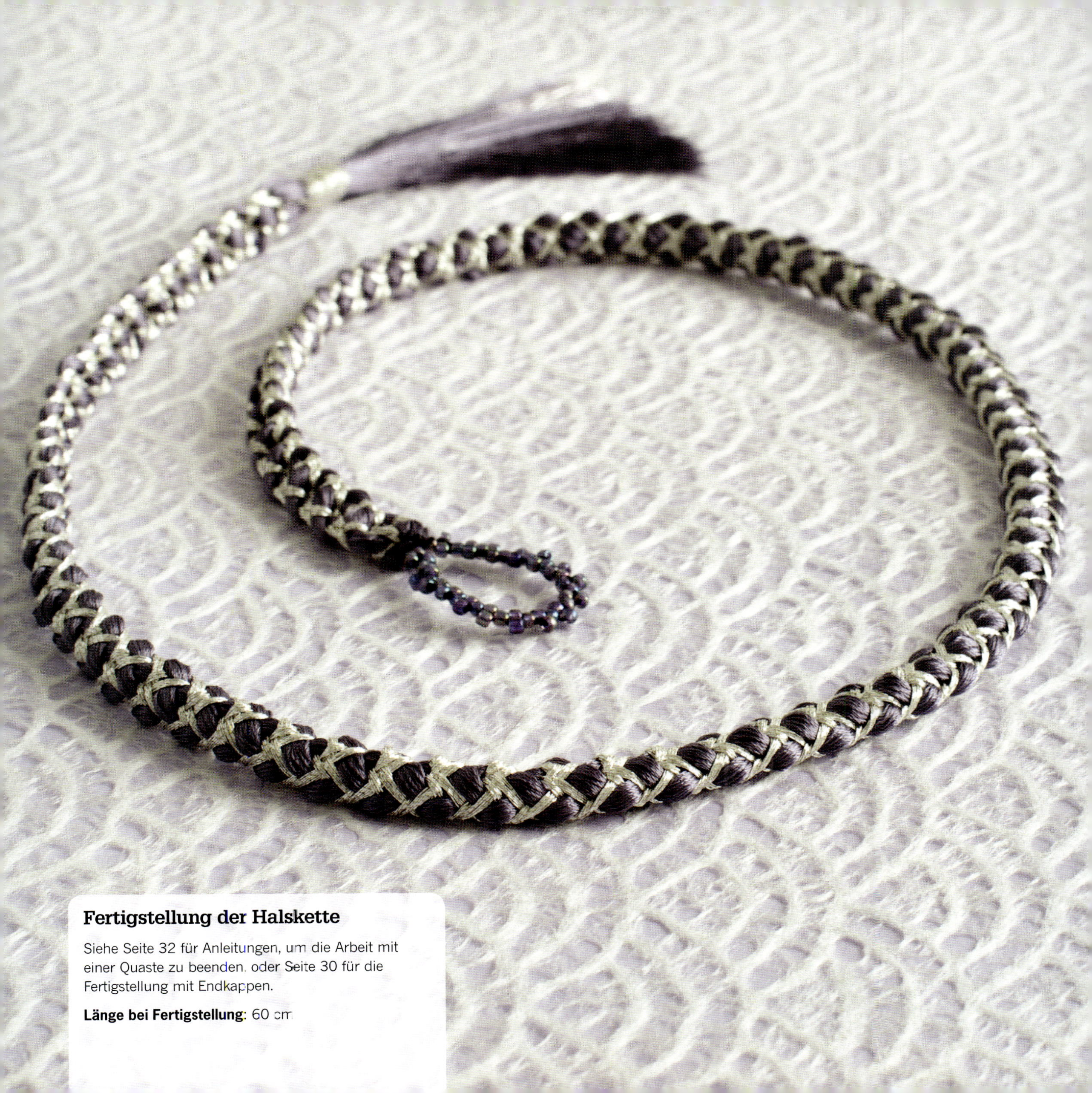

Fertigstellung der Halskette

Siehe Seite 32 für Anleitungen, um die Arbeit mit einer Quaste zu beenden, oder Seite 30 für die Fertigstellung mit Endkappen.

Länge bei Fertigstellung: 60 cm

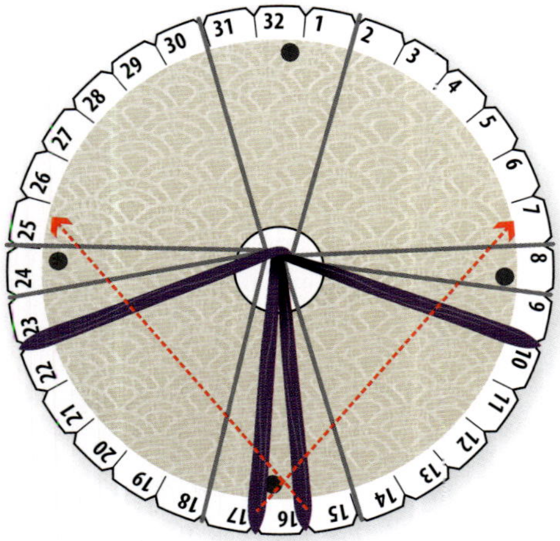

3 Bewegen Sie 16 hinauf zu 26 und 17 hinauf zu 7.

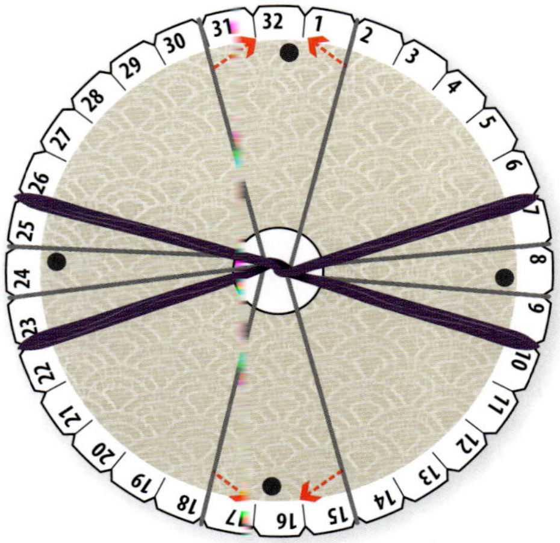

4 Bringen Sie die oberen und unteren Fäden wieder in Position: bewegen Sie 15 zu 16, 18 zu 17, 2 zu 1 und 31 zu 32.

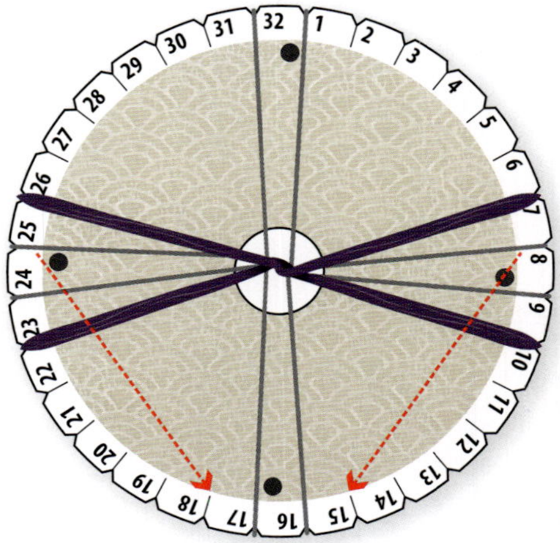

5 Bewegen Sie 8 hinunter zu 15 und 25 hinunter zu 18.

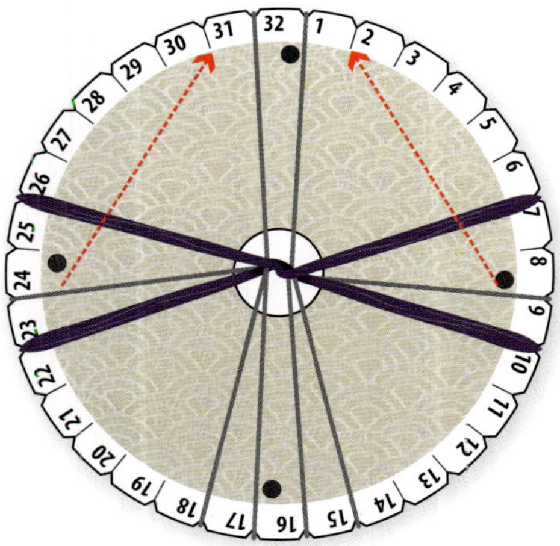

6 Bewegen Sie 9 hinauf zu 2 und 24 hinauf zu 31.

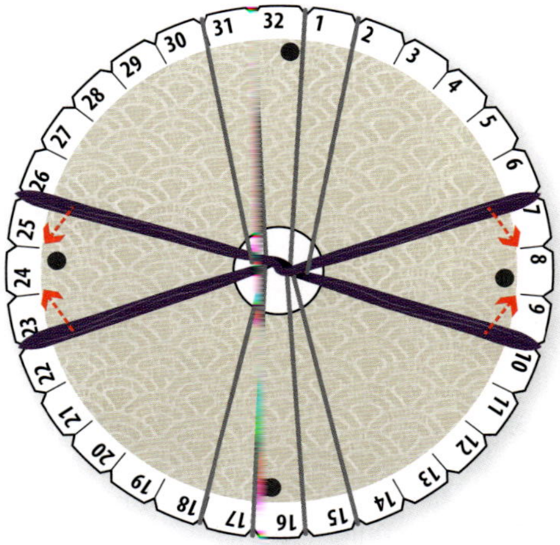

7 Bringen Sie die Fäden an den Seiten wieder in Position: bewegen Sie 7 hinunter zu 8, 10 hinauf zu 9, 26 hinunter zu 25 und 23 hinauf zu 24.

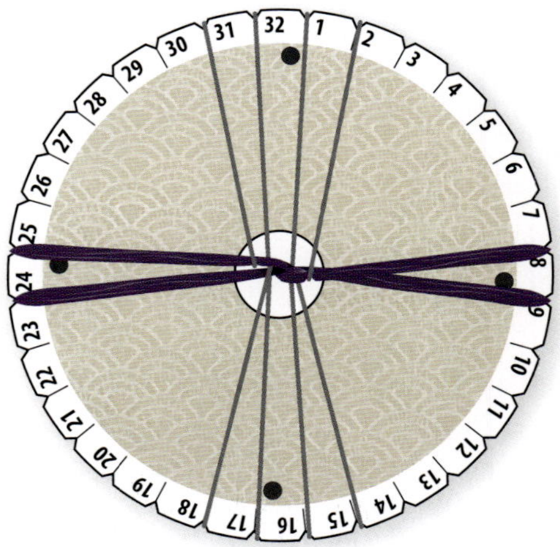

8 Die Scheibe ist nun bereit für die nächste Flechtsequenz.

9 Fahren Sie mit dem Flechten fort und folgen Sie dabei den Diagrammen, bis der Zopf die gewünschte Länge erreicht hat. Achten Sie auf die Positionswechsel der Fäden.

„Beerentraum im Zickzackmuster“

Der Hauptteil der Arbeit ist ein flaches Band im Zickzack in vier Farben, das auf der quadratischen Scheibe geflochten wird. Es ist an einem runden, 8-strängigen Zopf befestigt, um die Arbeit zu vervollständigen. Das Zickzackband kann auch als Lesezeichen verwendet werden oder an eine Einkaufstasche genäht werden.

Sie benötigen

Imposter Kumihimo-Garn, Länge 120 cm

Zickzackzopf

4 Abschnitte in #25 Cooles Rot

2 Abschnitte in #47 Beerenviolett

2 Abschnitte in #12 Blasse Orchidee

2 Abschnitte in #9 Limette

Zwei Endkappen (8 mm) mit je einem Bindering

10 kleine Spulen

Runder Zopf

4 Abschnitte in #25 Cooles Rot

Endkappen ohne Verschluss, 5 mm

Endkappen und Verschluss, 5 mm

8 kleine Spulen

Technik

Dies ist ein flaches Zickzackband mit Garn auf zehn Positionen auf der quadratischen Scheibe. Durch die Verwendung von vier Farben bildet sich ein Muster im Band. Es wird mit einem Überhandknoten begonnen. Das Band selbst wird während des Flechtens festgehalten. Der runde, 8-strängige Zopf beginnt mit einem sauberen Ende und wird wie in der Anleitung auf Seite 36 geflochten. Die Blume vorne können Sie wahlweise gestalten.

Vorbereitung von Scheibe und Fäden für den Zickzackzopf

- Knoten Sie die 10 Garnlängen an einem Ende mit einem Überhandknoten zusammen. Positionieren Sie die Fäden, wie gezeigt, auf der Scheibe und wickeln Sie sie auf Spulen.
- Belegen Sie die Scheibe für den runden Zopf wie für einen runden, 8-strängigen Zopf und verwenden Sie nur das rote Garn.
- Beachten Sie bitte, dass Sie die Anleitung für die Fertigstellung der Kette auf Seite 83 finden.

GRAD | **SCHEIBE**

Besser flechten lernen

Für das Zickzackband

- Wenn Sie die Scheibe mit Kumihimo-Garn belegen, das mit einem Überhandknoten verknotet wird, positionieren Sie einen Faden nach dem anderen mit einer Länge von ca. 15 cm durch das Loch. Wenn alle Fäden an ihrem Platz sind, verknoten Sie sie unter der Scheibe und streichen Sie sie zurecht, damit sie glatt und flach auf der Scheibe zu liegen kommen.
- Drehen Sie die Scheibe um 180 Grad, wann immer die Fäden wieder an ihre Startposition zurückkehren.
- Formen Sie die Spitzen vorsichtig über einem dampfenden Teekessel, bevor Sie die Endkappen einpassen.

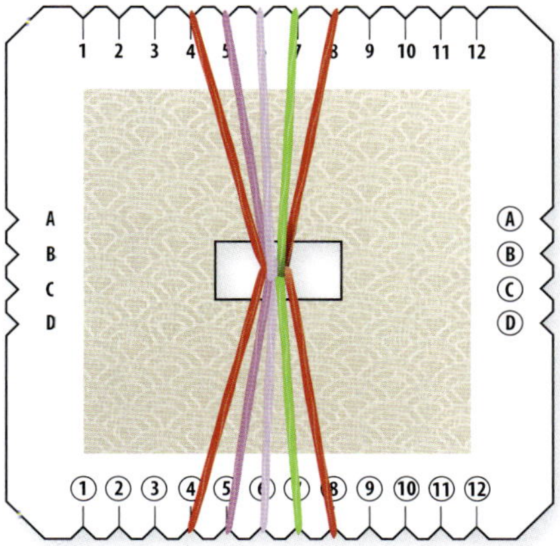

1 Belegen Sie die Scheibe wie auf dem Diagramm gezeigt: Rot auf Position 4 und ④, Violett auf 5 und ⑤, Orchidee auf 6 und ⑥, Limette auf 7 und ⑦ und Rot auf 8 und ⑧.

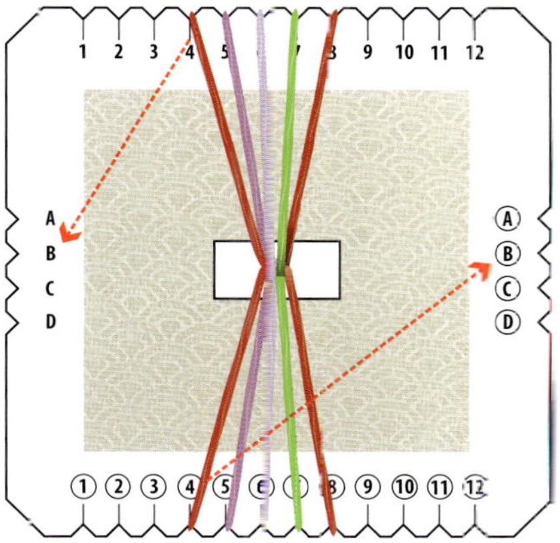

2 Bewegen Sie 4 hinunter zu B und ④ hinauf zu Ⓑ.

FORTSETZUNG AUF SEITE 82

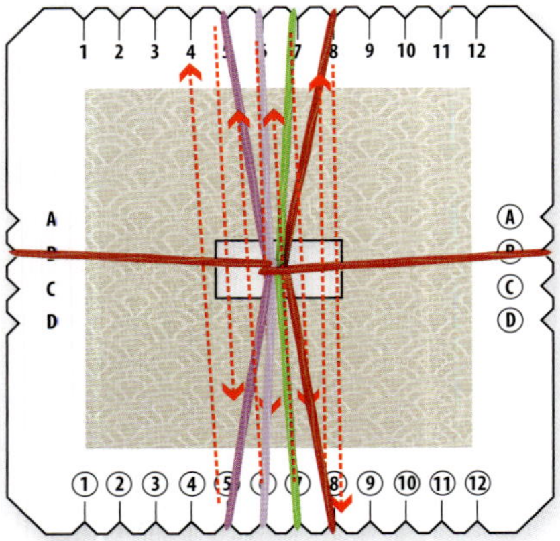

3 * Bewegen Sie ⑤ zu 4, 5 zu ⑤, ⑥ zu 5, 6 zu ⑥, ⑦ zu 6, 7 zu ⑦, ⑧ zu 7 und 8 zu ⑧.

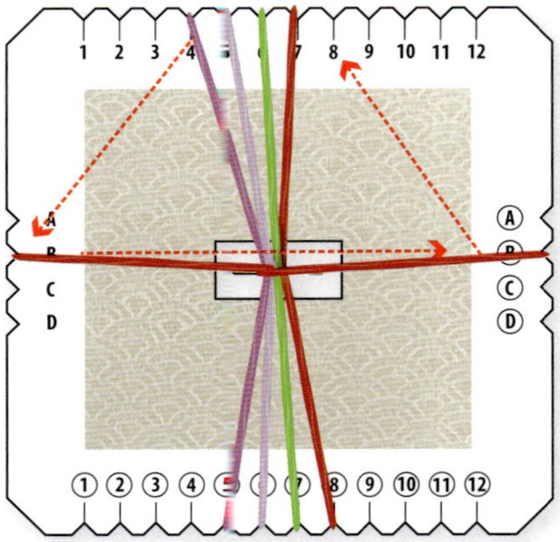

4 Bewegen Sie Ⓑ zu 8, B zu Ⓑ und 4 zu B**. Von * zu ** 8-mal wiederholen.

5 Wiederholen Sie Schritt 3 noch einmal. Bewegen Sie Ⓑ zu 8 und B zu ④. Die Garne befinden sich nun wieder in der Startposition.

6 Drehen Sie die Scheibe um 180 Grad, sodass nun die Ziffern in Kreisen oben liegen.

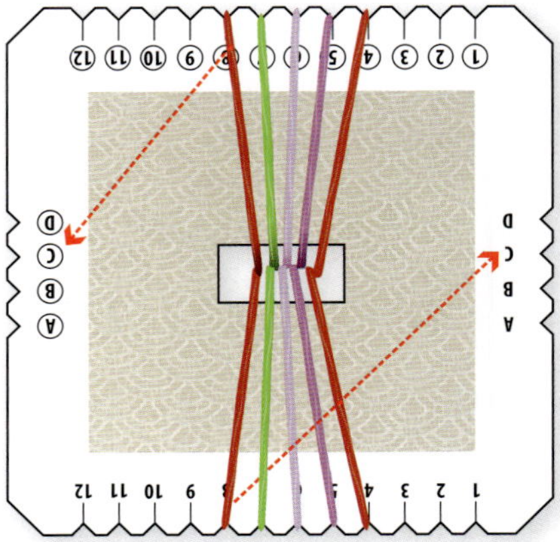

7 Bewegen Sie ⑧ hinunter zu Ⓒ und 8 hinauf zu C.

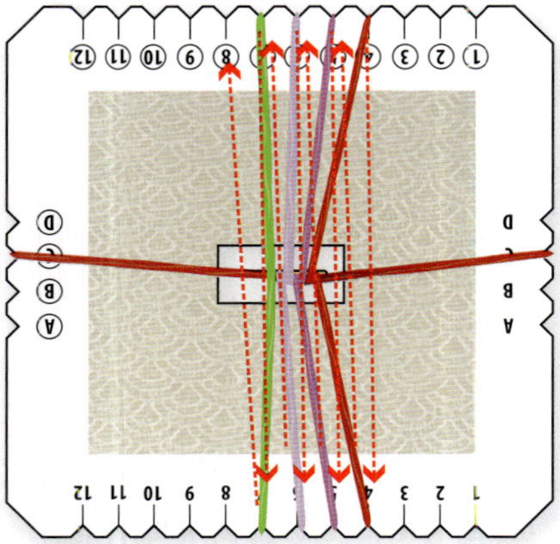

8 * Bewegen Sie 7 zu ⑧, ⑦ zu 7, 6 zu ⑧, ⑦ zu 6, 5 zu ⑥, ⑤ zu 5, 4 zu ⑤ und ④ zu 4.

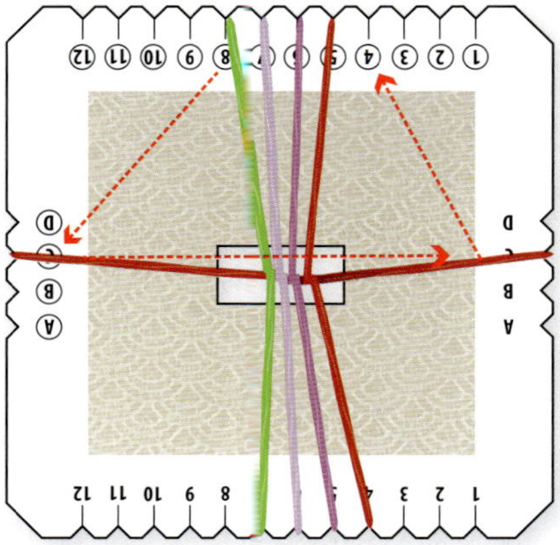

9 Bewegen Sie C zu ④, Ⓒ zu C und ⑧ zu Ⓒ**.

10 Von * zu ** 8-mal wiederholen. Wiederholen Sie Schritt 9 noch einmal. Bewegen Sie Ⓒ zu 8 und C zu ④.

11 Drehen Sie die Scheibe um 180 Grad, sodass nun die Ziffern in Kreisen unten liegen. Die Garne befinden sich nun wieder in der Startposition, sodass Sie die Flechtsequenz ab Schritt 2 wieder beginnen können.

12 Fahren Sie mit dem Flechten fort und folgen Sie den Diagrammen, bis das Band 45 cm misst.

Fertigstellung der Halskette

Zickzackband

1 Siehe Seite 30 für Anleitungen über das Beenden mit Endkappen (8 mm).

2 Nähen Sie die vorderen Spitzen zusammen, um die Blume in der Mitte der Halskette zu gestalten.

Runder Zopf

1 Beginnen Sie mit einem sauberen Ende und flechten Sie einen ca. 25 cm langen, runden, 8-strängigen Zopf (siehe Anleitung auf Seite 36)

2 Nehmen Sie den Zopf von der Scheibe, umwickeln Sie das Ende und stecken Sie es in die Endkappen (5 mm) ohne Verschluss (siehe Seite 30).

3 Um den Zopf in der Mitte durchzuschneiden, umwickeln Sie den Zopf links und rechts von der Mitte und schneiden ihn zwischen diesen beiden Partien durch.

4 Stecken Sie nun die Endkappen mit Verschluss auf die Enden.

5 Um die Arbeit zusammenzufügen, verbinden Sie die Endkappen der beiden Zöpfe mit Binderingen.

Länge des Zickzackzopfs bei Fertigstellung: ca. 45 cm

Länge der Halskette bei Fertigstellung: ca. 55 cm

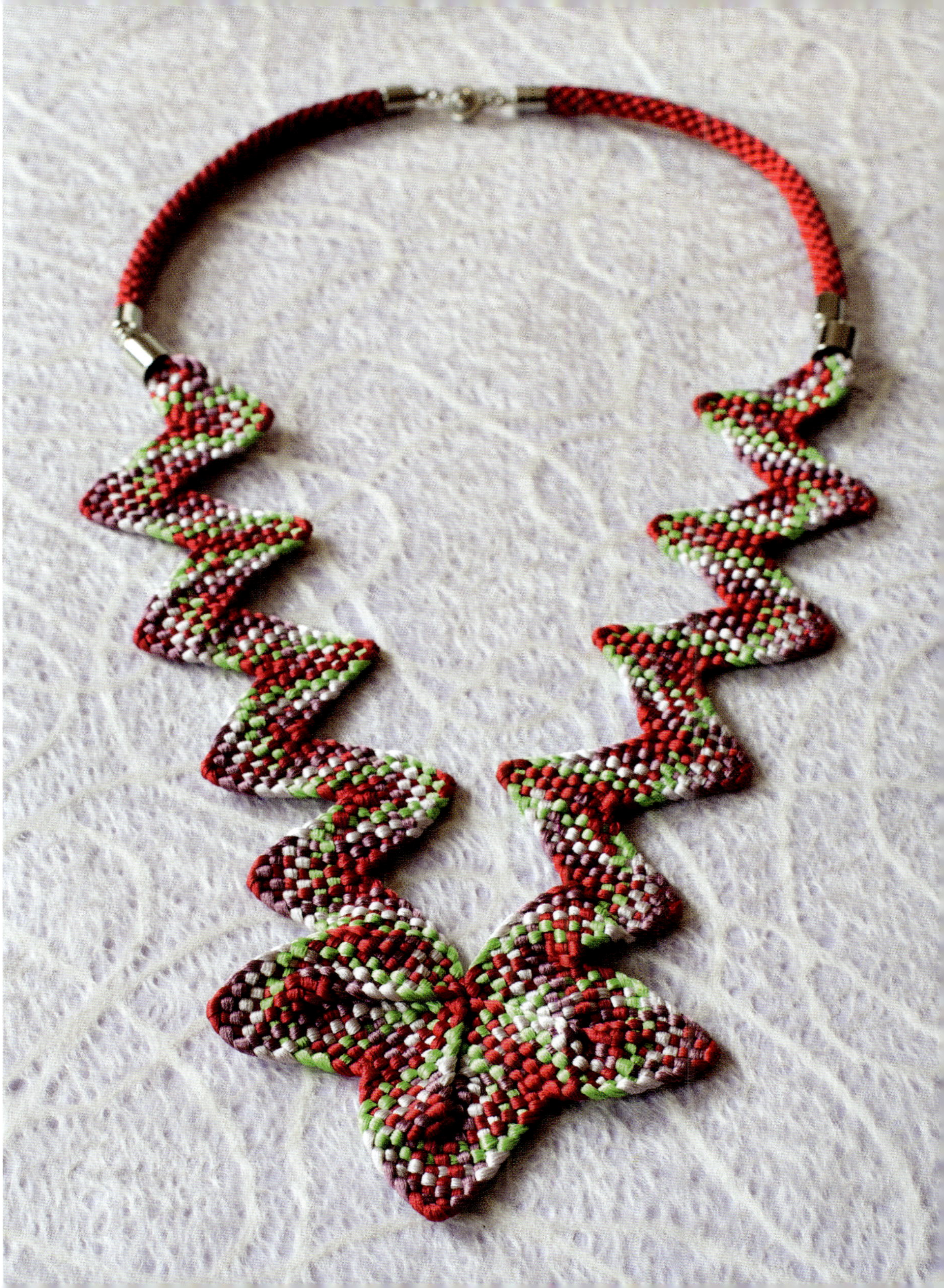

Halskette „Goldene Rhapsodie“

Hier ist das ideale Projekt, um mit perlenbesetzten Flechtarbeiten anzufangen! Es handelt sich um einen runden, 8-strängigen Zopf mit denselben Perlen auf allen acht Fäden. Der Zopf ist einfach, da Sie kein Perlenmuster befolgen müssen, aber er ergibt eine bezaubernde Halskette.

GRAD | SCHEIBE

Besser flechten lernen

- Wenn Sie kein Perlenbrett haben, verwenden Sie eine flache Platte mit einem Stück Filz darauf, damit Sie keine Perlen verlieren, während Sie sie auf das Garn oder die Schnur fädeln.
- Schieben Sie immer zehn Perlen auf einmal auf der Scheibe hoch, um die Kontrolle über die Anzahl der verwendeten Perlen zu behalten, vor allem, wenn Sie noch unerfahren darin sind, Zöpfe mit Perlen zu versehen. Die Perlen sollten gleichmäßig verbraucht werden.
- Lassen Sie die Perlen nicht in die Schlitze der Scheibe rutschen, da dies die Scheibe beschädigen könnte.
- Verwenden Sie Flechtschnur als Alternative zum Seidengarn.

Sie benötigen

- **Seidengarn Exotic Lights in #37 Uluru, Länge 8 m**
- **40 g goldfarbene Stickperlen mit Silberschattierung, Größe 6 (ca. 650 Perlen)**
- **Endkappen und Verschluss, 5 mm**
- **8 kleine Spulen**

Technik

Die Perlen werden auf die Flechtschnur oder das Garn gefädelt, bevor Sie beginnen, und dann einzeln eingearbeitet. Wenn Sie die Perlen einarbeiten, achten Sie darauf, dass sie nicht ins Innere des Zopfes rutschen. Überprüfen Sie immer wieder, dass sie an der Außenseite des Zopfes stehen. Am besten ist es, erst die Perle und dann das Garn zu bewegen. Schlagen Sie auf Seite 27 nach, um detailliertere Anweisungen über das Freigeben von Perlen zu erhalten.

Vorbereitung von Scheibe und Fäden

- Schneiden Sie vier gleich lange Garnabschnitte zurecht und verknoten Sie sie in der Mitte für ein sauberes Ende. Belegen Sie die Scheibe wie für einen normalen runden 8-strängigen Zopf mit je einem Faden an jeder Seite der Punkte (siehe unten)
- Teilen Sie die Perlen in acht Haufen – auf jedem Haufen sind ca. 80 Perlen.
- Verwenden Sie eine Perlennadel und einen Hilfsfaden (siehe Seite 26), um die Perlen auf die acht Fäden zu fädeln
- Wickeln Sie jeden Faden auf eine kleine Spule.

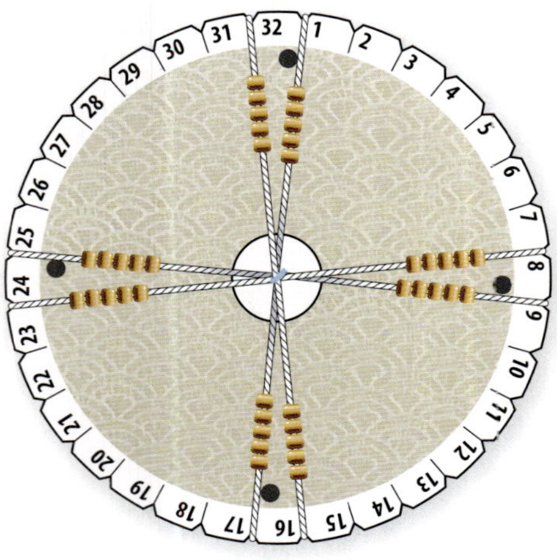

1 Belegen Sie die Scheibe wie auf dem Diagramm gezeigt, indem Sie die Fäden in folgende Position bringen: von 32 zu 16, von 1 zu 17, von 8 zu 24 und von 9 zu 25.

2 Folgen Sie der Flechtanleitung für „Mein erster Kumihimo-Zopf“ (siehe Seite 36), um etwa 1 cm lang einen runden, 8-strängigen Zopf ohne Perlen zu flechten. Dieses Stück wird in die Endkappe gesteckt, wenn der Zopf fertig ist.

3 Geben Sie immer eine Perle nach der anderen mit jeder Flechtbewegung frei und flechten Sie weiter, bis der Zopf 49 cm misst.

4 Flechten Sie 1 cm ohne Perlen.

Fertigstellung der Halskette

Siehe Seite 30 für Anleitungen über das Beenden mit Endkappen.

Länge bei Fertigstellung: ca. 50 cm

Breite bei Fertigstellung: ca. 1 cm

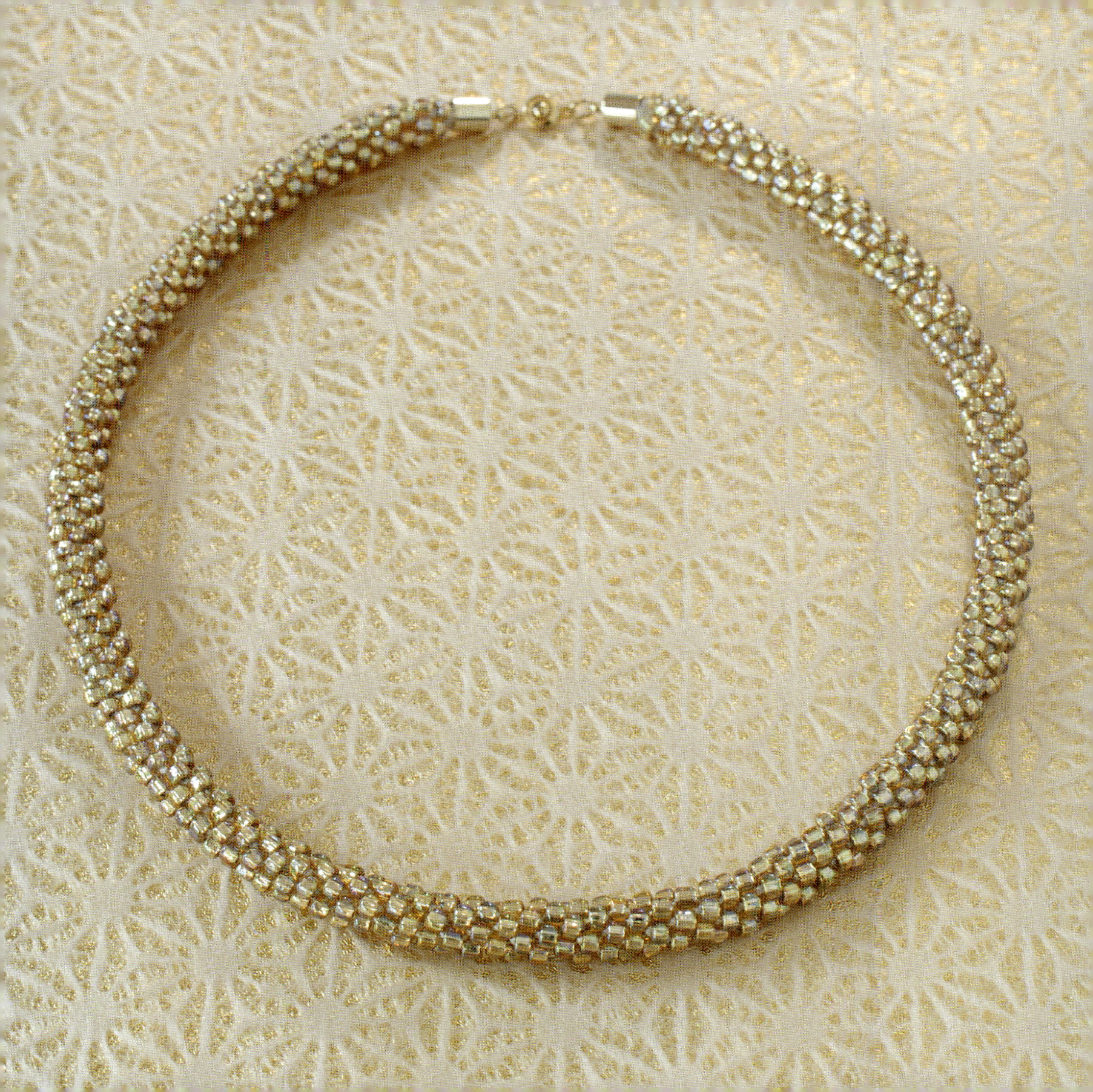

Perlenbesetztes Armband „Monet“

Dies ist ein runder, 8-strängiger Zopf mit Garn auf acht Positionen und Perlen auf nur vier Fäden. Die Verteilung der Perlen verleiht dem Muster ein spiralförmiges Aussehen. Befestigen Sie das Armband an einem einfachen Zopf, um es als Halskette zu tragen.

GRAD | **SCHEIBE**

Sie benötigen

Seidengarn Exotic Lights 4 Abschnitte in #14 Monet oder Perlgarn # 3, Länge 2 m

20 g irisgrüne, zum Garn passende Stickperlen, Größe 6 (ca. 200 Perlen)

Endkappen und Verschluss (8 mm)

8 kleine Spulen

Technik

Dies ist ein runder, 8-strängiger Zopf, der mit einem sauberen Ende begonnen wird. Die Perlen werden noch vor dem Flechten auf das Garn gefädelt und dann einzeln während des Flechtens freigegeben. Wenn Sie die Perlen einarbeiten, achten Sie darauf, dass sie nicht ins Innere des Zopfes rutschen. Sie müssen an der Außenseite des Zopfes stehen.

Am besten ist es, erst die Perle und dann das Garn zu bewegen. Schlagen Sie auf Seite 27 nach, um detailliertere Anweisungen über das Freigeben von Perlen zu finden.

Vorbereitung von Scheibe und Fäden

- Falten Sie jede der vier Garnlängen in der Mitte, um sie doppelt zu nehmen.
- Belegen Sie die Scheibe wie für einen normalen runden, 8-strängigen Zopf mit je einem Faden an jeder Seite der Punkte (siehe unten)
- Teilen Sie die Perlen in zwei gleich große Haufen zu je ca. 100 Perlen.
- Verwenden Sie eine Perlennadel und einen Hilfsfaden (siehe Seite 26), um die Perlen auf die vier doppelt genommenen Fäden an den Seiten zu fädeln.
- Fädeln Sie die Hälfte der Perlen auf die andere Seite der Fäden. Es befinden sich etwa 50 Perlen auf den Positionen 8, 9, 24 und 25 (siehe Diagramm). Die anderen Schlitze (32, 1, 16 und 17) werden nur mit Garn belegt.
- Wickeln Sie jeden Faden auf eine kleine Spule.
- Verknoten Sie die Fäden in der Mitte, um mit einem sauberen Ende zu beginnen.

Besser flechten lernen

- Um die Länge des Zopfes zu bestimmen, messen Sie den Verschluss, den Sie verwenden wollen, ab und ziehen Sie ihn von der benötigten Länge ab.
- Wenn Sie das Garn doppelt nehmen, fädeln Sie die Perlen an dem Ende auf, das gefaltet ist und schieben Sie die Hälfte dann auf die andere Seite.
- Denken Sie an das Mantra „rechts kommt, links geht“

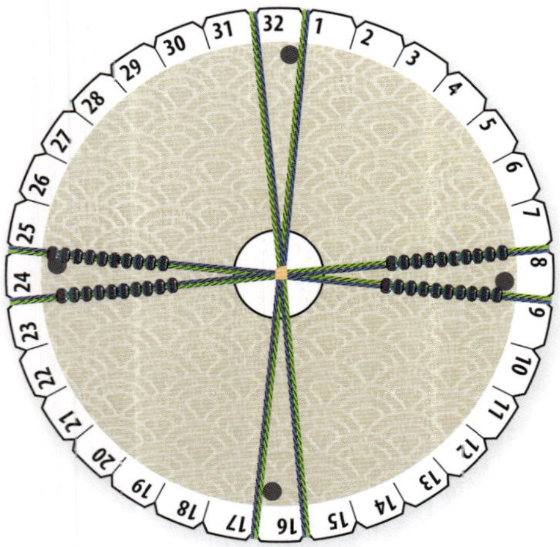

1 Belegen Sie die Scheibe wie auf dem Diagramm gezeigt, indem Sie die Fäden von Position 32 zu 16, von 1 zu 17, von 8 zu 24 und von 9 zu 25 spannen.

2 Folgen Sie der Flechtanleitung für „Mein erster Kumihimo-Zopf“ (siehe Seite 36) und flechten Sie etwa 1 cm lang einen runden, 8-strängigen Zopf ohne Perlen. Dieses Ende wird bei Fertigstellung des Zopfes in eine Endkappe gesteckt.

3 Geben Sie mit jeder Bewegung der perlenbesetzten Fäden eine Perle frei und fahren Sie damit fort, bis der Zopf 20 cm lang ist oder die gewünschte Länge erreicht hat.

4 Flechten Sie wieder 1 cm ohne Perlen.

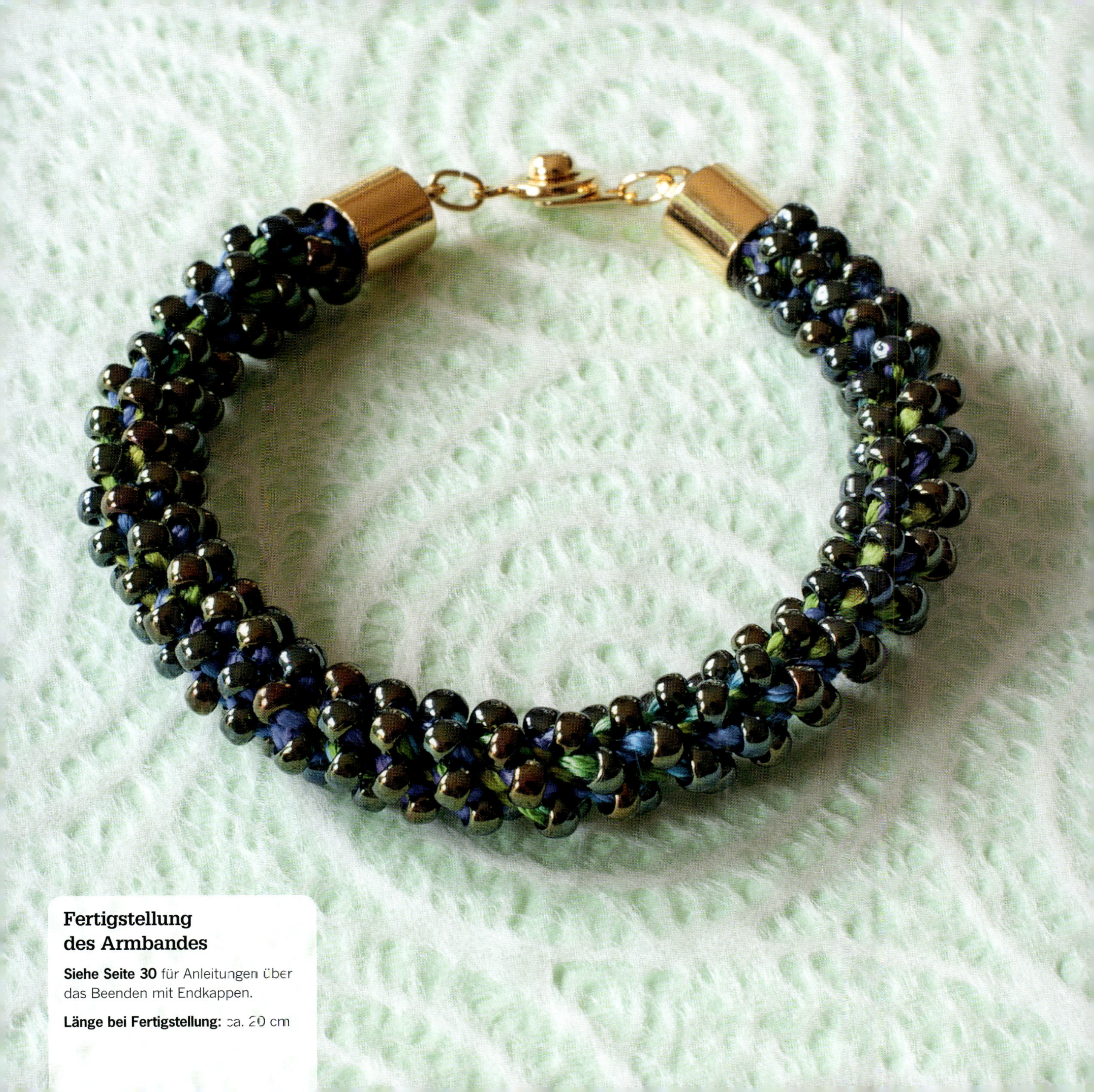

Fertigstellung des Armbandes

Siehe Seite 30 für Anleitungen über das Beenden mit Endkappen.

Länge bei Fertigstellung: ca. 20 cm

Armband „Regenbögen & Tautropfen“

Wenn Sie gelernt haben, den einfachen, runden 8-strängigen Zopf zu flechten, macht die Arbeit mit verschiedenen Perlen eine Menge Spaß. Magatama-Perlen mit kleinen Goldperlen, die dazwischen eingestreut werden, machen dieses wunderschöne Armband zu etwas Besonderem.

GRAD | SCHEIBE

Sie benötigen

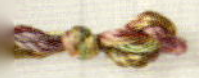

- **Seidengarn Exotic Lights in #31 Lilipilli, Länge 4 m**
- **30 g Magatama-Perlen in Metallic-Regenbogen, Größe 7 (ca. 270 Perlen)**
- **2 g Stickperlen in Gold, Größe 8 (ca. 90 Perlen)**
- **Endkappen und Verschluss (8 mm)**
- **8 kleine Spulen**

Technik

Die Perlen werden vor Beginn der Arbeit auf das Seidengarn gefädelt und dann einzeln freigegeben, während der runde, 8-strängige Zopf geflochten wird.

Wenn Sie die Perlen einarbeiten, achten Sie darauf, dass sie nicht ins Innere des Zopfes rutschen. Sie müssen an der Außenseite des Zopfes stehen. Am besten ist es, erst die Perle und dann das Garn zu bewegen. Schlagen Sie auf Seite 27 nach, um detailliertere Anweisungen über das Freigeben von Perlen zu finden.

Vorbereitung von Scheibe und Fäden

- Schneiden Sie vier gleich lange Garnabschnitte zurecht und verknoten Sie sie in der Mitte für ein sauberes Ende. Belegen Sie die Scheibe wie für einen normalen runden, 8-strängigen Zopf mit je einem Faden an jeder Seite der Punkte (siehe unten).
- Teilen Sie die Magatama-Perlen in sechs Haufen. Verwenden Sie eine Perlennadel und einen Hilfsfaden (siehe Seite 26), um die Perlen auf die Fäden auf den Positionen 32, 8, 9, 16, 24 und 25 zu fädeln.
- Fädeln Sie nun je 45 Stickperlen in Größe 8 auf die beiden Fäden auf den Positionen 1 und 17.
- Wickeln Sie jeden Faden auf eine kleine Spule.

Besser flechten lernen

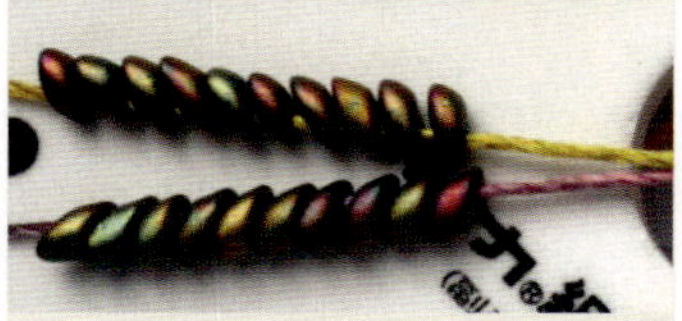

- Wenn Sie Magatama-Perlen verwenden, achten Sie darauf, dass sich alle in dieselbe Richtung neigen und, wie gezeigt, weg vom Loch in der Mitte der Scheibe zeigen.
- Um eine Halskette von 60 cm zu flechten, benötigen Sie etwa die dreifache Menge an Garn und Perlen.
- Um die Länge des Perlenzopfes zu bestimmen, ziehen Sie die Länge des Verschlusses von der Länge des Armbandes bei Fertigstellung ab.
- Verwenden Sie Flechtgarn, wie C-Lon, als Alternative zu Seidengarn.

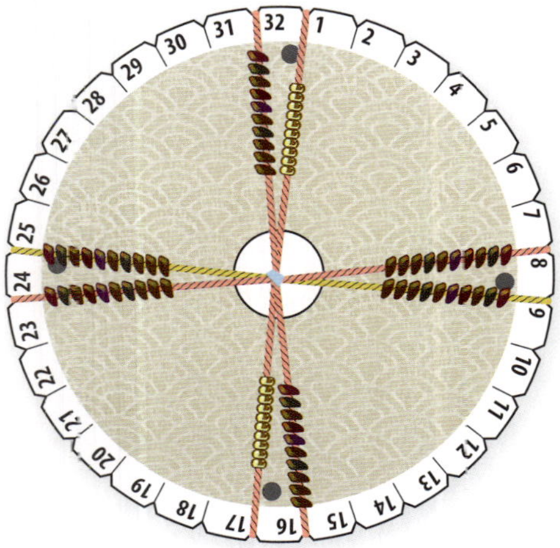

1 Belegen Sie die Scheibe wie auf dem Diagramm gezeigt, indem Sie die Fäden von Position 32 zu 16, von 1 zu 17, von 8 zu 24 und von 9 zu 25 spannen.

2 Folgen Sie der Flechtanleitung für „Mein erster Kumihimo-Zopf“ (siehe Seite 36) und flechten Sie einen 1 cm langen, runden, 8-strängigen Zopf ohne Perlen. Dieses Ende wird bei Fertigstellung des Zopfes in eine Endkappe gesteckt.

3 Geben Sie mit jeder Bewegung eine Perle frei und fahren Sie damit fort, bis der Zopf 20 cm lang ist oder die gewünschte Länge erreicht hat.

4 Flechten Sie wieder 1 cm ohne Perlen.

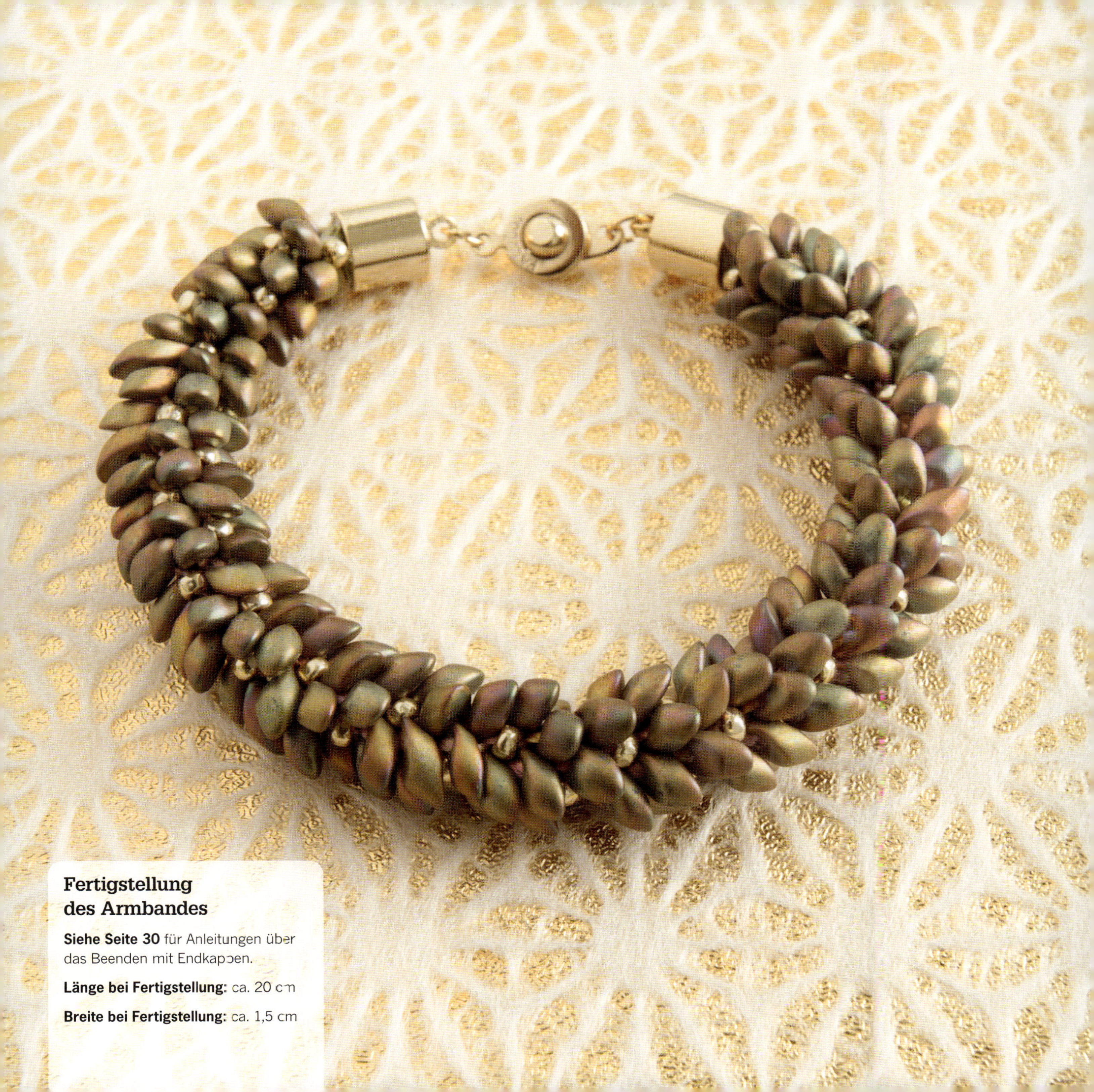

Fertigstellung des Armbandes

Siehe Seite 30 für Anleitungen über das Beenden mit Endkappen.

Länge bei Fertigstellung: ca. 20 cm

Breite bei Fertigstellung: ca. 1,5 cm

Armband „Blue Moon“

Eine Mischung aus tropfenförmigen und Magatama-Perlen, die mit einem zarten, herzförmigen Verschluss vervollständigt wird, ergibt dieses elegante Armband. Perlen in verschiedenen Farben ergeben das Spiralmuster, die verschiedenen Größen der Perlen formen die Struktur.

GRAD | SCHEIBE

Besser flechten lernen

- Wenn Sie Magatama-Perlen verwenden, achten Sie darauf, dass sich alle in dieselbe Richtung neigen und vom Loch in der Mitte der Scheibe wegzeigen (siehe Seite 88).
- Legen Sie fünf bis zehn Perlen auf jedem Faden gleichzeitig auf die Scheibe. Sie sollten gleichmäßig verbraucht werden.
- Um eine Halskette von 60 cm zu flechten, benötigen Sie etwa die dreifache Menge an Garn und Perlen.
- Um die Länge des Perlenzopfes zu berechnen, messen Sie die Länge des Verschlusses ab und ziehen Sie sie von der Länge des Armbandes bei Fertigstellung ab.

Sie benötigen

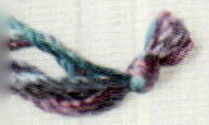

Seidengarn Exotic Lights in #34 Arabische Nächte, Länge 4 m

20 g Magatama-Perlen (4 x 7 mm) in Klarer Kristall (ca. 160 Perlen)

20 g tropfenförmige, matte Perlen in Blau-Metallic, 4 mm (ca. 160 Perlen)

Endkappen und Verschluss (10 mm)

8 kleine Spulen

Technik

Die Perlen werden vor dem Flechten auf das Seidengarn gefädelt und dann einzeln freigegeben, während Sie den runden, 8-strängigen Zopf flechten.

Wenn Sie die Perlen einarbeiten, achten Sie darauf, dass sie nicht ins Innere des Zopfes rutschen. Sie müssen an der Außenseite des Zopfes stehen. Am besten ist es, erst die Perle und dann das Garn zu bewegen. Schlagen Sie auf Seite 27 nach, um detailliertere Anweisungen über das Freigeben von Perlen zu finden.

Vorbereitung von Scheibe und Fäden

- Schneiden Sie das Garn in vier gleich lange Fäden und verknoten Sie sie in der Mitte. Belegen Sie die Scheibe wie für einen normalen runden, 8-strängigen Zopf (siehe unten).
- Teilen Sie die Magatama-Perlen in vier Haufen. Verwenden Sie eine Perlennadel und einen Hilfsfaden (siehe Seite 26), um die Perlen auf die Fäden auf den Positionen 32, 1, 16 und 17 zu fädeln.
- Teilen Sie die tropfenförmigen Perlen in vier gleich große Haufen und fädeln Sie sie auf die verbleibenden Fäden auf den Positionen 8, 9, 24 und 25.
- Wickeln Sie jeden Faden auf eine kleine Spule.

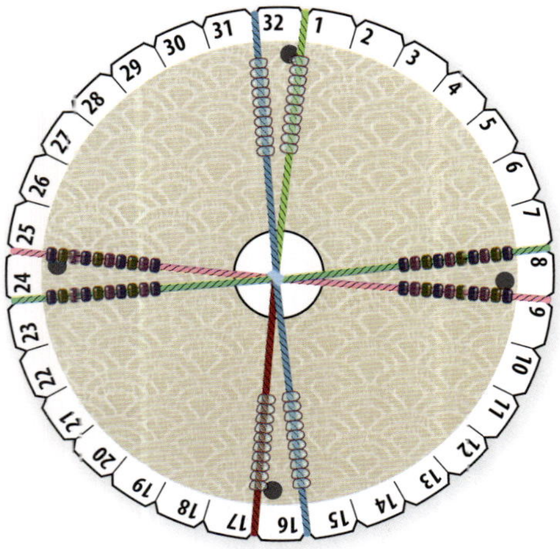

1 Belegen Sie die Scheibe wie auf dem Diagramm gezeigt, indem Sie die Fäden von Position 32 zu 16, 1 zu 17, 8 zu 24 und 9 zu 25 spannen.

2 Folgen Sie der Flechtanleitung für „Mein erster Kumihimo-Zopf“ (siehe Seite 36) und flechten Sie einen etwa 1 cm langen runden, 8-strängigen Zopf ohne Perlen. Dieses Ende wird bei Fertigstellung des Zopfes in eine Endkappe gesteckt.

3 Geben Sie mit jeder Bewegung der perlenbesetzten Fäden eine Perle frei und fahren Sie damit fort, bis der Zopf 20 cm lang ist oder die gewünschte Länge erreicht hat.

4 Flechten Sie wieder 1 cm ohne Perlen.

Fertigstellung des Armbandes

Siehe Seite 30 für Anleitungen über das Beenden mit Endkappen.

Länge bei Fertigstellung: ca. 20 cm

Breite bei Fertigstellung: ca. 1,5 cm

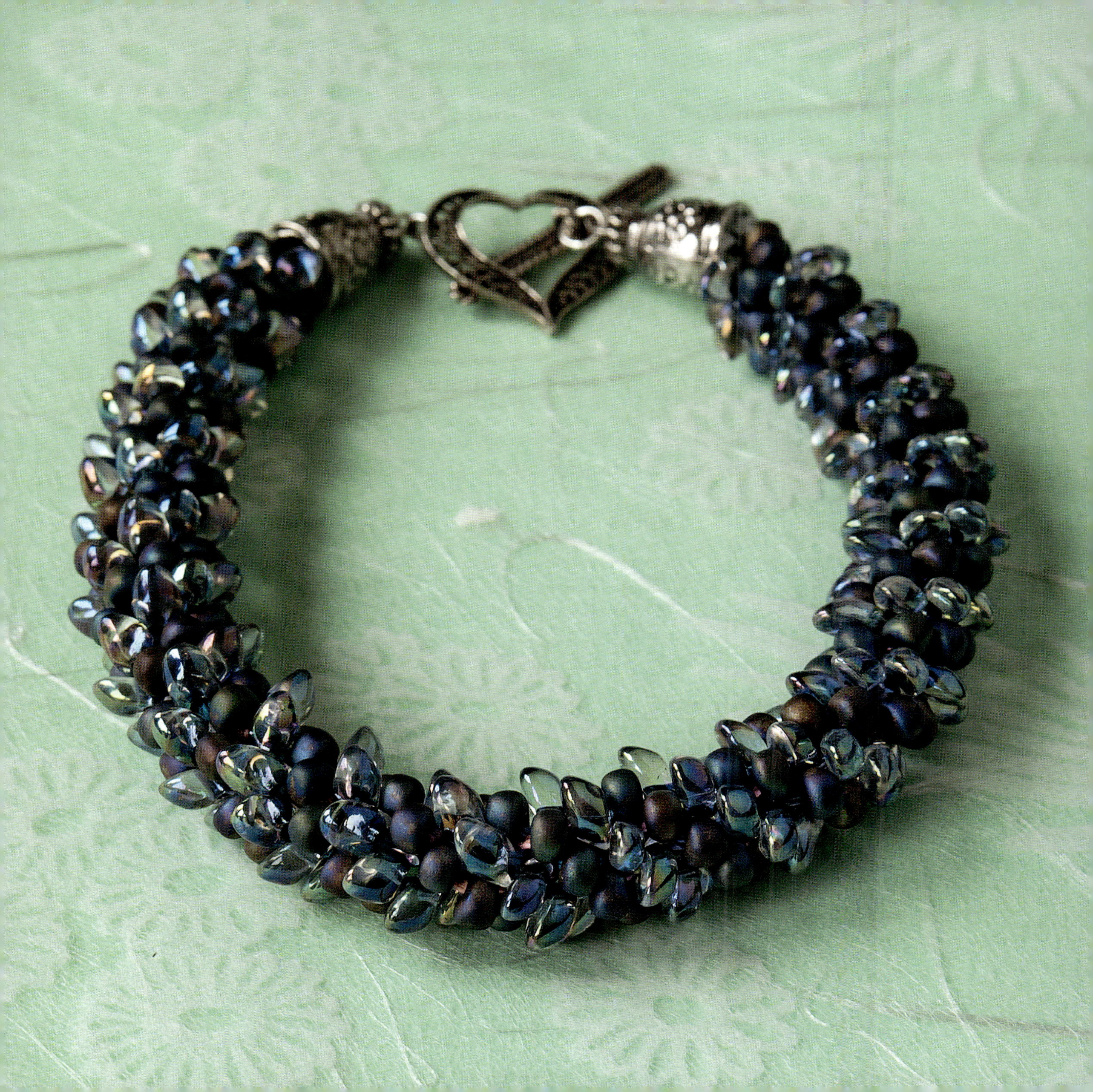

Armband „Seeigel“

Dolchförmige Perlen in bestechendem Blau und Gold mit eingestreuten kleinen, blauen Stickperlen ergeben dieses außergewöhnliche Armband. Dies ist ein runder, 8-strängiger Zopf mit Perlen auf allen 8 Positionen.

GRAD | **SCHEIBE**

Besser flechten lernen

- Man kann dolchförmige Perlen weder richtig noch falsch auffädeln. Verwenden Sie sie einfach so, wie sie Ihnen in die Hand kommen.
- Legen Sie fünf bis zehn Perlen auf jedem Faden gleichzeitig auf die Scheibe. Sie sollten gleichmäßig verbraucht werden.
- Um eine Halskette von 60 cm zu flechten, benötigen Sie etwa die dreifache Menge an Garn und Perlen.
- Flechten Sie einen glatten, runden, 8-strängigen Zopf und befestigen Sie das Armband daran, um es als Halskette zu tragen.
- Verwenden Sie feine Flechtschnur als Alternative zum Seidengarn.

Sie benötigen

- **Seidengarn Exotic Lights in #14 Monet, Länge 4 m**
- **50 g blaugoldene, dolchförmige Perlen (3 x 11 mm) (ca. 350 Perlen)**
- **2 g Stickperlen in Irisblau, Größe 8 (ca. 50 Perlen)**
- **Endkappen und Verschluss (8 mm)**
- **7 mittlere Spulen für die dolchförmigen Perlen**
- **1 kleine Spule für die Stickperlen**

Technik

Die Perlen werden vor dem Flechten auf das Seidengarn gefädelt und dann einzeln freigegeben, während Sie den runden, 8-strängigen Zopf flechten.

Wenn Sie die Perlen einarbeiten, achten Sie darauf, dass sie nicht ins Innere des Zopfes rutschen. Sie müssen an der Außenseite des Zopfes stehen. Am besten ist es, erst die Perle und dann das Garn zu bewegen. Schlagen Sie auf Seite 27 nach, um detailliertere Anweisungen über das Freigeben von Perlen zu finden.

Vorbereitung von Scheibe und Fäden

- Schneiden Sie das Garn in vier gleich lange Fäden und verknoten Sie sie in der Mitte. Belegen Sie die Scheibe wie für einen normalen runden, 8-strängigen Zopf mit je einem Faden an jeder Seite der Punkte (siehe unten).
- Teilen Sie die dolchförmigen Perlen in sieben Haufen. Verwenden Sie eine Perlennadel und einen Hilfsfaden (siehe Seite 26), um die Perlen auf die Fäden auf den Positionen 32, 8, 9, 16, 17, 24 und 25 zu fädeln.
- Fädeln Sie nun alle Stickperlen in der Größe 8 auf den Faden in Position 1.
- Wickeln Sie die Fäden mit den dolchförmigen Perlen auf die mittleren Spulen und den Faden mit den Stickperlen auf die kleine Spule.

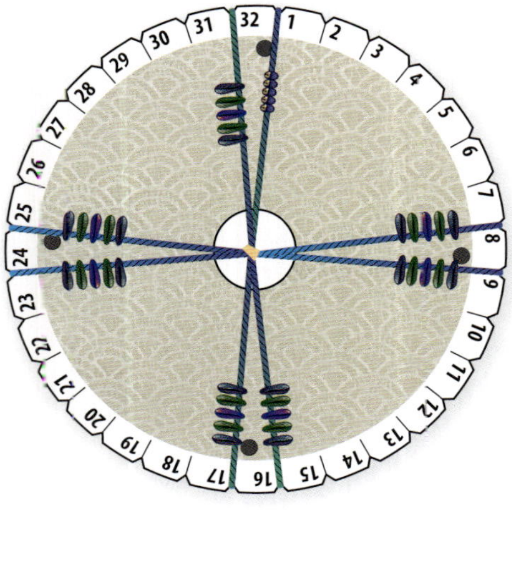

1 Belegen Sie die Scheibe wie auf dem Diagramm gezeigt, indem Sie die Fäden von Position 32 zu 16, von 1 zu 17, von 8 zu 24 und von 9 zu 25 spannen.

2 Folgen Sie der Flechtanleitung für „Mein erster Kumihimo-Zopf“ (siehe Seite 36) und flechten Sie einen 1 cm langen runden, 8-strängigen Zopf ohne Perlen. Dieses Ende wird bei Fertigstellung des Zopfes in eine Endkappe gesteckt.

3 Geben Sie mit jeder Bewegung der perlenbesetzten Fäden eine Perle frei und fahren Sie damit fort, bis der Zopf 23 cm lang ist oder die gewünschte Länge erreicht hat. Dieses Armband ist länger als die vorhergehenden, was der zusätzlichen Stärke der dolchförmigen Perlen geschuldet ist. Passen Sie die Länge bitte an das Armgelenk des künftigen Trägers an!

4 Flechten Sie wieder 1 cm ohne Perlen.

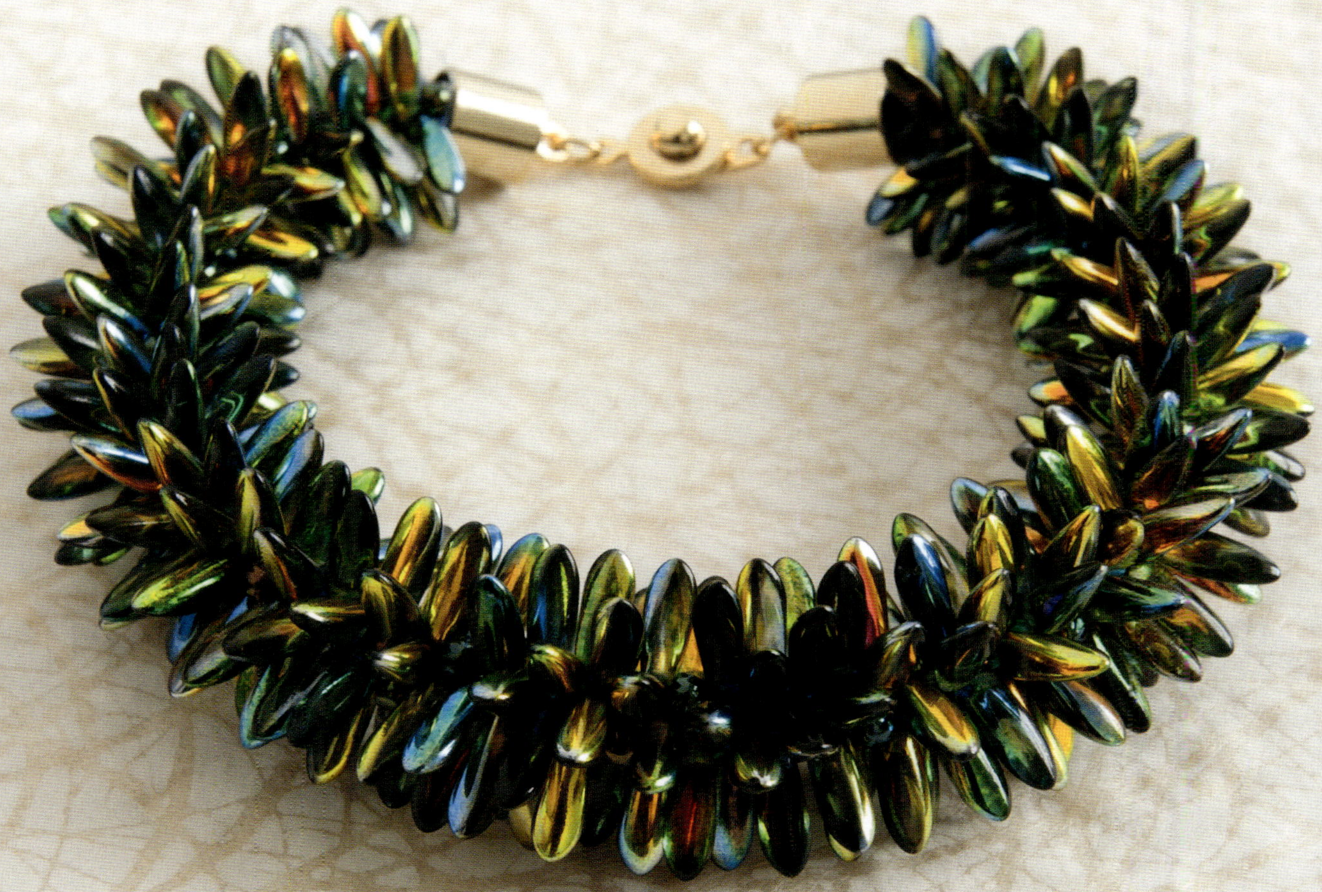

Fertigstellung des Armbandes

Siehe Seite 30 für Anleitungen über das Beenden mit Endkappen.

Länge bei Fertigstellung: ca. 23 cm

Breite bei Fertigstellung: ca. 2 cm

Lariat-Kette „Süße Georgia“

Die Schönheit dieser Halskette liegt in den Farben der Millefiori-Perlen. Fügen Sie noch eine perlenbesetzte Schlinge und eine Quaste an und Sie haben ein wirklich einzigartiges Schmuckstück vor sich. Dies ist ein runder, 8-strängiger Zopf mit vier perlenbesetzten Fäden für die Schlinge und acht perlenbesetzten Fäden für den Hauptteil. Diese Flechtarbeit ist ganz besonders meiner süßen Georgia gewidmet.

GRAD	SCHEIBE

Besser flechten lernen

- Wenn Sie am Anfang nur die Stickperlen für die Schlinge auffädeln, ist es leichter, die Anzahl der benötigten Perlen anzupassen.
- Verwenden Sie Garn, das in das Farbschema der Perlen passt.
- Verwenden Sie feine Flechtschnur als Alternative zum Seidengarn.
- Wenn Sie Variationen dieser Arbeit gestalten, wird der Garntyp als Erstes durch die Größe der Löcher bestimmt und dann erst sollte Ihre Vorliebe für Flechtschnur oder Seidengarn zum Tragen kommen.

Sie benötigen

- **Ophir feines Seidengarn in #2 Wassernymphe, Länge 15 m**
- **10 Stränge flache, runde Millefiori-Perlen, 6 mm (ca. 680 Perlen)**
- **5 g silbern glänzende Stickperlen in Wasserblau**
- **1 schöne Perlenkappe, um die Quaste zu halten**
- **8 mittlere Spulen für die Stickperlen**

Technik

Dieses Projekt kann in drei Elemente aufgeteilt werden: Die Schlinge, die Lariat-Kette und die Quaste. Die Perlen für die Schlinge werden auf vier Fäden gefädelt, bevor sie mit der Arbeit beginnen, und einzeln während des Flechtens freigegeben (siehe Seite 27 für detaillierte Anweisungen). Dann werden die Millefiori-Perlen für die Lariat-Kette auf alle 8 Fäden gefädelt. Die Quaste wird am Ende fertiggestellt.

Wenn Sie die Perlen einarbeiten, achten Sie darauf, dass sie nicht ins Innere des Zopfes rutschen. Sie müssen an der Außenseite des Zopfes stehen. Am besten ist es, erst die Perle und dann das Garn zu bewegen.

Vorbereitung von Scheibe und Fäden

- Schneiden Sie das Garn in vier gleich lange Fäden und belegen Sie die Scheibe wie für einen normalen runden, 8-strängigen Zopf.
- Verwenden Sie starkes Garn für die Perlenarbeiten und verknoten Sie die Enden in der Mitte. Dieser Knoten wird verwendet, um die Schlinge in der Mitte anzubringen.
- Um die Schlinge zu beginnen, fädeln Sie etwa 40 Stickperlen auf jeden der Fäden, die sich jetzt auf den Positionen 32, 1, 16 und 17 befinden.
- Wickeln Sie die Fäden auf die Spulen.

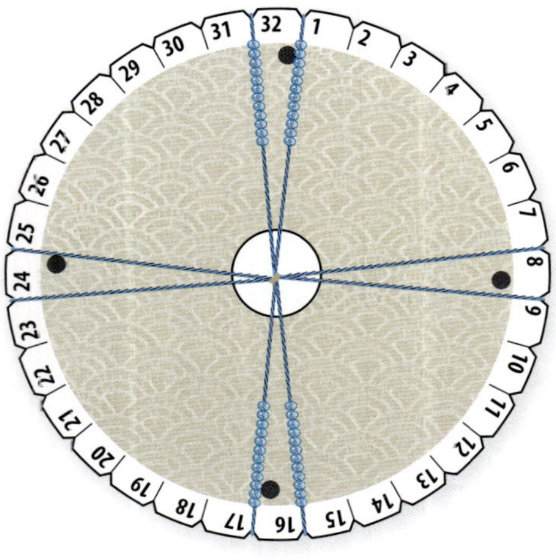

Diagramm für Schlinge

1 Belegen Sie die Scheibe wie auf dem Diagramm gezeigt, indem Sie die Fäden von Position 32 zu 16, von 1 zu 17, von 8 zu 24 und von 9 zu 25 spannen.

2 Folgen Sie der Flechtanleitung für „Mein erster Kumihimo-Zopf“ (siehe Seite 36) und flechten Sie einen 6 mm langen, 8-strängigen Zopf ohne Perlen.

3 Geben Sie dann mit jeder Bewegung der perlenbesetzten Fäden eine Perle frei und flechten Sie die erforderliche Länge für die Schlinge (ca. 5 cm). Vergrößern oder verkleinern Sie die Anzahl der Stickperlen, um die für die Schlinge benötigte Länge zu erreichen.

4 Flechten Sie wieder 6 mm ohne Perlen, bis die Fäden wieder an ihren Startpositionen angelangt sind. An diesen kleinen, glatten Abschnitten wird die Schlinge an die Kette genäht.

5 Um die Scheibe für den Hauptteil der Lariat-Kette zu belegen, fädeln Sie auf dieselben acht Fäden je etwa 80 Millefiori-Perlen und wickeln Sie sie dann wieder auf die Spulen. Halten Sie einige Perlen für die Quaste zurück.

6 Fahren Sie mit dem Flechten fort und arbeiten Sie mit jeder Bewegung eine Perle ein, bis der Zopf 60 cm oder die gewünschte Länge erreicht hat.

Fertigstellung der Lariat-Kette

1 Nehmen Sie den Zopf von der Scheibe und verknoten Sie das Ende mit einem Überhandknoten, um es zu befestigen.

2 Schieben Sie die Perlenkappe über alle 8 Fäden, sodass Sie das schmale Ende an den Knoten schieben. Tipp: Verwenden Sie hierfür einen Hilfsfaden.

3 Fädeln Sie eine Mischung aus Stickperlen und Millefiori-Perlen auf jeden Faden. Beginnen Sie jede Länge mit ein paar Stickperlen, die in die Perlenkappe hineinreichen.

4 Befestigen Sie die Perlen, indem Sie den Faden zurück über die Länge der Perlen bringen und dann zurück in die vorletzte Perle stecken. Tragen Sie einen Klacks klaren Nagellack dort auf, wo das Garn herauskommt. Bringen Sie dann einen Klacks Nagellack auf den Faden an der letzten Perle auf.

5 Nähen Sie die Schlinge mit dem geknoteten Faden an und verstecken Sie diesen dann im Inneren des Zopfes.

Länge bei Fertigstellung: ca. 60 cm

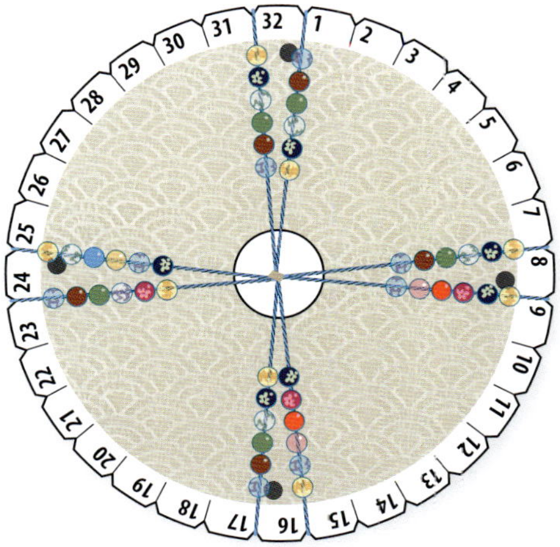

Diagramm für Hauptteil

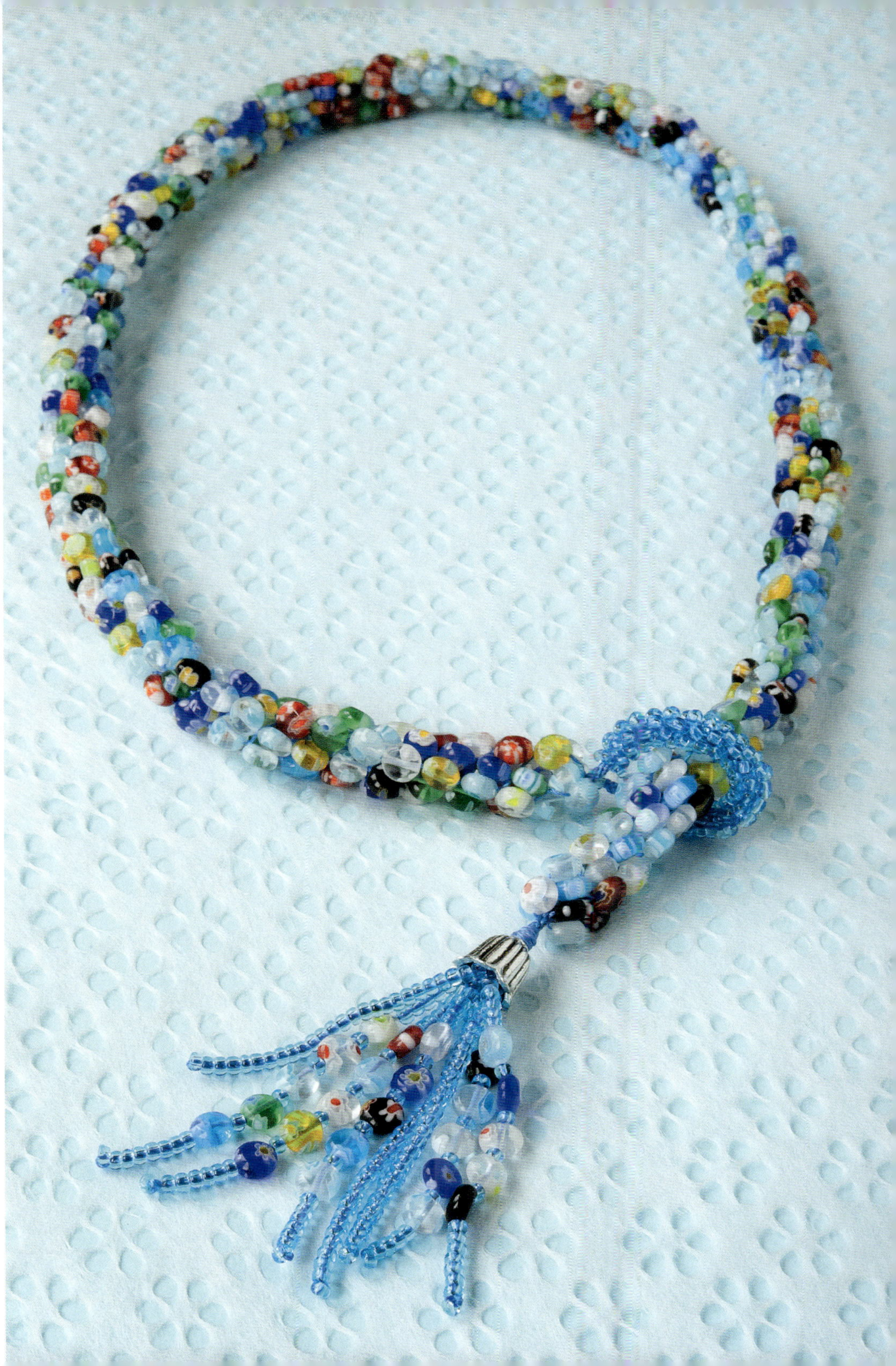

Collier „Hübsch in Violett“

Zwei Zöpfe in einem! Diese Arbeit vereint einen runden, 12-strängigen und einen runden, 8-strängigen Zopf miteinander und wird im 12-strängigen Abschnitt an vier Fäden mit Perlen geflochten. Die Anordnung der Perlen betont das Spiralmuster dieser außergewöhnlich hübschen Flechtarbeit. Sie wird mit einem Verbindungsstück beendet, das eher an der Seite als hinten am Nacken getragen wird.

GRAD | **SCHEIBE**

Besser flechten lernen

- Behalten Sie diese beiden Mantras im Hinterkopf: „Rechts kommt, links geht“ und „Die Perle bewegt sich vor dem Faden“.
- Beginnen und beenden Sie perlenbesetzte Flechtarbeiten immer mit einem perlenlosen Abschnitt von 1 cm, um ihn in die Endkappen stecken zu können.
- Was ist ein Hilfsfaden? Es ist eine Nadel, auf die ein kurzes Stück starkes Nähgarn gefädelt und mit einem Kreuzknoten verknotet wurde (siehe Seite 26). Diese Schlinge wird über einen dickeren Faden gezogen, sodass sich Perlen leichter darauf fädeln lassen.
- Ob die Fäden vor dem Belegen der Scheibe mit einem Ankerstich verknotet werden oder erst dann, wenn sie schon auf der Scheibe liegen, ändert nichts daran, dass die Arbeit mit einem sauberen Ende begonnen wird.

Sie benötigen

Seidengarn Exotic Lights, Länge 2 m

6 Längen in #17 Jacaranda

4 Längen in #21 Genie-Violett

15 g silbern glänzende Stickperlen in Saphirblau, Größe 8 (ca. 280 Perlen)

Endkappen und Verschluss (5 mm)

12 kleine Spulen

Technik

Die Perlen werden auf dünnes Garn gefädelt, bevor Sie mit der Arbeit beginnen, und während des Flechtens des runden, 12-strängigen Zopfes einzeln freigegeben (siehe Seite 27). Der glatte, nicht mit Perlen besetzte Zopf verjüngt sich am Ende zu einem runden, 8-strängigen Zopf. Die perlenbesetzten Fäden sind nur halb so dick wie die glatten Fäden. Wenn Sie die Perlen einarbeiten, achten Sie darauf, dass sie nicht ins Innere des Zopfes rutschen. Sie müssen an der Außenseite des Zopfes stehen. Am besten ist es, erst die Perle und dann das Garn zu bewegen.

Vorbereitung von Scheibe und Fäden

- Bringen Sie die Fäden wie folgt direkt auf die Scheibe:
  Jacaranda (einzelne Fäden) von 32 zu 16 und von 1 zu 17.
  Jacaranda (doppelt genommene Fäden) von 5 zu 21 und von 6 zu 22.
  Genie-Violett (doppelt genommene Fäden) von 11 zu 27 und von 12 zu 28.
- Verknoten Sie die Fäden in der Mitte für ein sauberes Ende mit einem Garnrest.
- Verwenden Sie die Perlennadel und einen Hilfsfaden, fädeln Sie je ein Viertel der Perlen (ca. 70 Stück) auf jeden der vier einzeln genommenen Fäden in Jacaranda und wickeln Sie sie dann auf Spulen.

1 Belegen Sie die Scheibe wie oben beschrieben. **Anmerkung:** Die Fäden an den Positionen 32, 1, 16 und 17 sind einzelne Fäden in Jacaranda, auf die die Perlen der Größe 8 gefädelt werden. Die Fäden 5, 6, 21 und 22 sind doppelt genommene Fäden in Jacaranda und die Fäden 11, 12, 27 und 28 sind doppelt genommene Fäden in Violett.

2 Folgen Sie der Flechtanleitung für die Spiralkette „Sonnenuntergang“ (siehe Seite 40) und flechten Sie einen etwa 1 cm langen, runden, 12-strängigen Zopf ohne Perlen. Dieser Abschnitt wird am Ende in die Endkappe gesteckt.

3 Geben Sie dann mit jeder Bewegung der perlenbesetzten Fäden eine Perle frei und flechten Sie weiter, bis der Zopf etwa 25 cm misst.

4 Flechten Sie 1 cm des runden, 12-strängigen Zopfes ohne Perlen.

5 Fahren Sie mit dem Flechten fort und arbeiten Sie nur mit den dicken Fäden weiter, um einen runden, 8-strängigen Zopf (siehe Seite 36) zu flechten. Dieser letzte einfache Faden kann zurechtgeschnitten und im 8-strängigen Zopf versteckt werden.

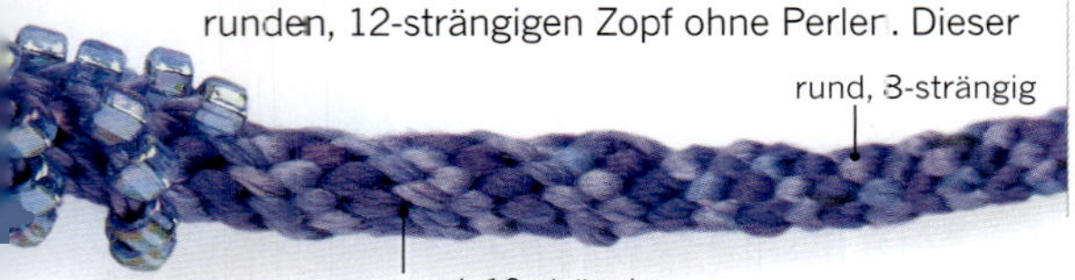

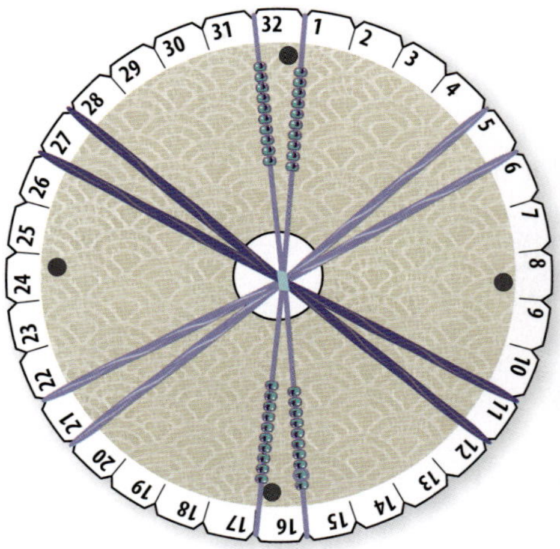

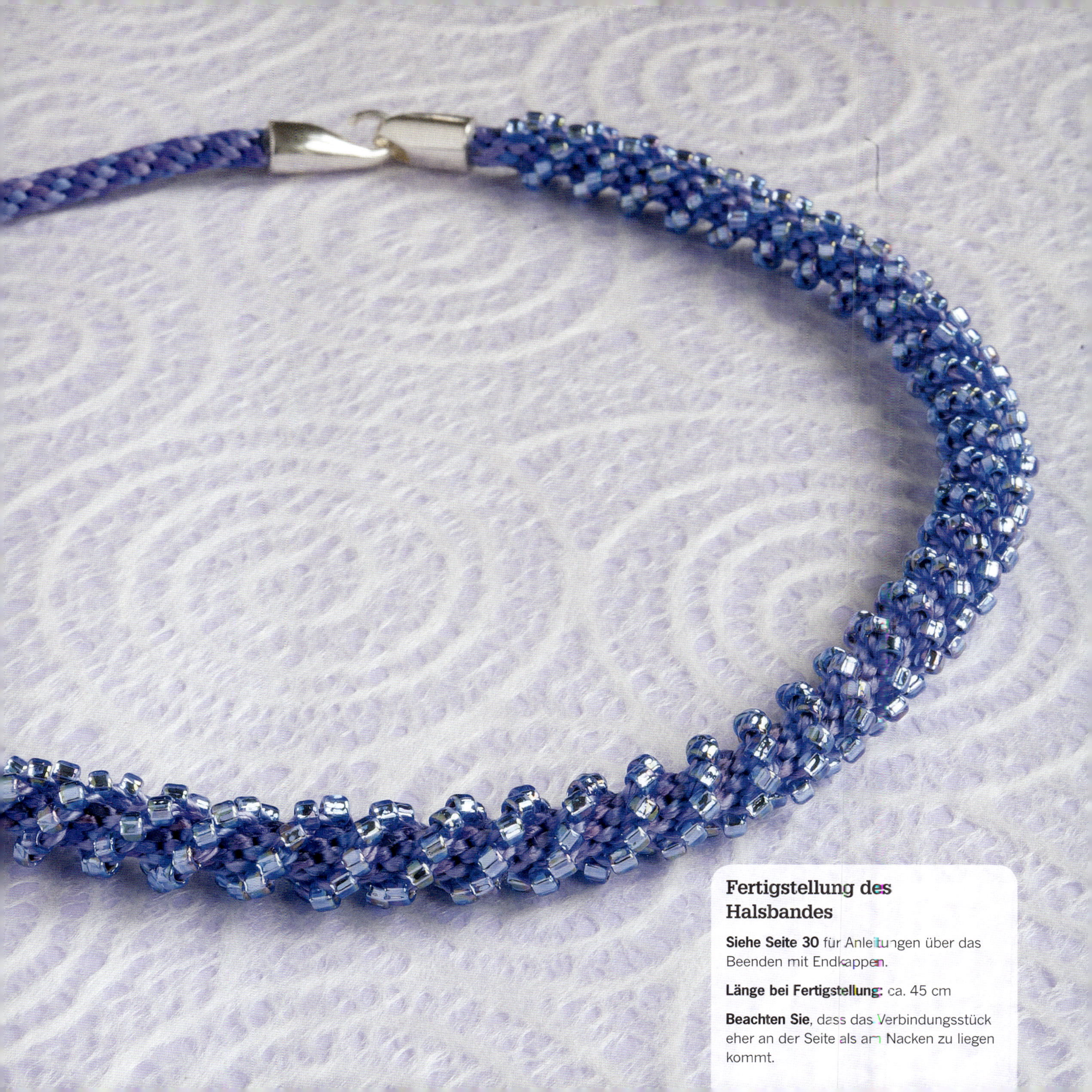

Fertigstellung des Halsbandes

Siehe Seite 30 für Anleitungen über das Beenden mit Endkappen.

Länge bei Fertigstellung: ca. 45 cm

Beachten Sie, dass das Verbindungsstück eher an der Seite als am Nacken zu liegen kommt.

„Rosa Perlen und gedrehter Zopf“

Dies ist ein runder, 16-strängiger Zopf mit Fäden auf 16 Positionen, der mit einem sauberen Ende begonnen wird. Der Zopf wird um die aufgefädelten Perlen gedreht, damit diese atemberaubende Halskette entsteht.

GRAD | **SCHEIBE**

Besser flechten lernen

- Verwenden Sie so viele verschiedene Fäden für diese Flechtarbeit, wie es Ihnen gefällt, sodass Ihre Kette wirklich einzigartig wird.
- Wenn Sie die Perlen und den Zopf miteinander verdrehen, wird der Zopf umso kürzer, je fester die Drehung wird.

Sie benötigen

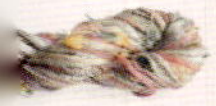

10 Längen Oliver Twist One Off's-Garn (handgefärbtes Stickgarn) in #30 Pale Candy (blasses Bonbonrosa), 4 m

2 Stränge hellrosa (oder zum Garn passende) Perlen, aufgefädelt insgesamt 80 cm

Endkappen und Verschluss (6 mm)

16 kleine Spulen

Technik

Der Zopf wird mit Garn in verschiedenen Strukturen geflochten und wird mit einem sauberen Ende begonnen. Die beiden Perlenstränge werden auf Garn oder Seide für Perlenarbeiten gezogen.

Vorbereitung von Scheibe und Fäden

- Wenn Sie Oliver Twist oder ähnliches Garn verwenden, wählen Sie so viele oder wenige individuelle Fäden, wie beschrieben, um das gewünschte Ergebnis zu erzielen.
- Platzieren Sie die Fäden auf der Scheibe für einen runden, 16-strängigen Zopf (siehe Seite 42), verknoten Sie die Fäden in der Mitte für ein sauberes Ende und wickeln Sie die Fäden auf die Spulen
- Dieser Garntyp beinhaltet für gewöhnlich auch Metallic-Fäden, die dabei helfen können, das Spiralmuster hervorzuheben.

1 Belegen Sie die Scheibe wie im Diagramm gezeigt, indem Sie die Fäden auf die Positionen 32, 1, 4, 5, 8, 9, 12, 13, 16, 17, 20, 21, 24, 25, 28 und 29 bringen. **Anmerkung:** Zwischen jedem Fadenpaar sind zwei leere Schlitze.

2 Folgen Sie der Flechtanleitung für die Halskette „Rose Trellis“ (siehe Seite 42) und flechten Sie einen etwa 90 cm langen runden, 16-strängigen Zopf ohne Perlen. Dieses Ende wird in eine Endkappe gesteckt.

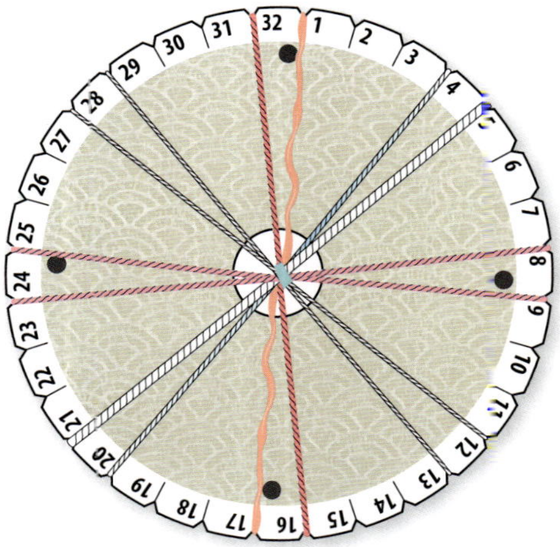

Fertigstellung der Halskette

1 Nehmen Sie die Flechtarbeit von der Scheibe und verknoten Sie sie mit einem Überhandknoten, um sie zu sichern.
2 Verankern Sie den Perlenstrang im sauberen Ende des Zopfes, sodass die Perlen etwa 1 cm vom Ende entfernt beginnen.
Tipp: Verwenden Sie eine Vielzweckklemme, auf einem Haken oder einem Türgriff, um die Enden zu sichern, während Sie den Zopf verdrehen.

3 Drehen Sie den Zopf um die Perlen in dieselbe Richtung wie sich das Spiralmuster dreht.
4 Verankern Sie den Perlenstrang in dem Ende des Zopfes.
5 Umwickeln Sie das Ende samt Perlenstrang und schneiden Sie alle Fäden zu. **Tipp:** Verwenden Sie das Garn, auf das die Perlen gefädelt sind, für die Umwicklung und verankern Sie sie vor dem Abschneiden in dem Zopf.

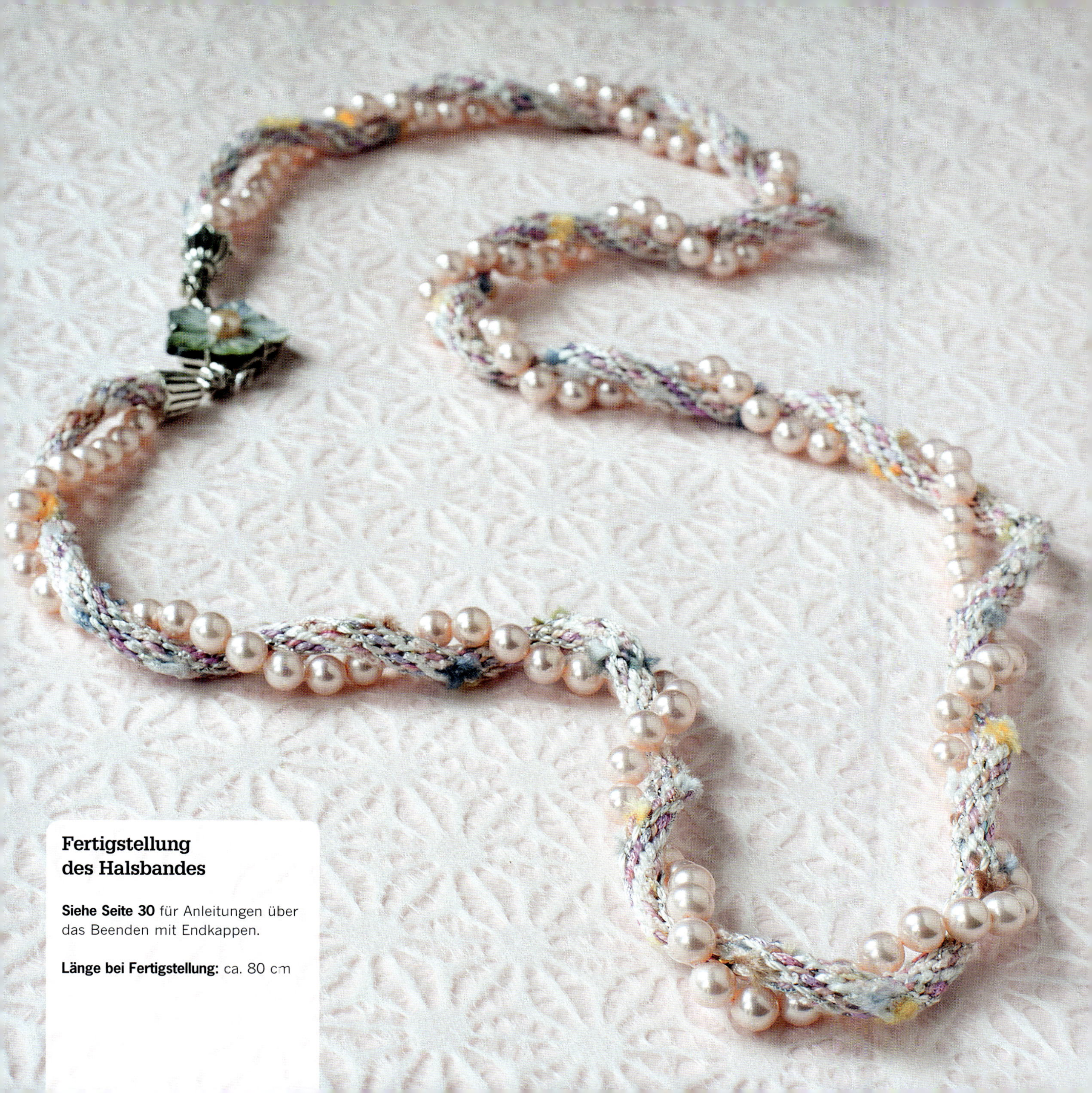

Fertigstellung des Halsbandes

Siehe Seite 30 für Anleitungen über das Beenden mit Endkappen.

Länge bei Fertigstellung: ca. 80 cm

„Diamanten für die Ewigkeit“

Diese runde, 16-strängige perlenbesetzte Halskette zeigt das Diamantmuster, in das kleine Picot-Perlen in der Mitte eingearbeitet sind.

GRAD | SCHEIBE

Besser flechten lernen

- Achten Sie auf die Fäden am Flechtpunkt (siehe Seite 22). Die beiden obenliegenden Fäden wurden als letztes bewegt.
- Überprüfen Sie die Picot-Perlen nach jeder eingearbeiteten Gruppe, um sicherzustellen, dass die drei Perlen an der Außenseite des Zopfes stehen.
- Das feine Garn mit den Perlen wird schneller verbraucht als die anderen Fäden, weshalb es von Beginn an länger sein muss.
- Wenn Sie das Imposter-Kumihimo-Garn nicht durchschneiden möchten, verwenden Sie die volle Länge, um eine längere Halskette oder zwei Zöpfe zu flechten, indem Sie den Zopf durchschneiden, wenn er fertig ist. Sie benötigen dazu doppelt so viele Perlen. Vergessen Sie nicht, den Zopf an zwei Stellen zu umwickeln und ihn dann dazwischen durchzuschneiden (siehe Seite 30).

Sie benötigen

Imposter Kumihimo-Garn, Länge 2,7 m

7 halbe Abschnitte (je 135 cm) in #46 Türkis für den Hintergrund

8 halbe Abschnitte (je 135 cm) in #53 Blasses Himmelblau für die Diamantform

1 Länge einfädiges Garn für die Mitte und die Perlen, etwa 1,5-mal länger als die anderen Fäden, ca. 200 cm

5 g Platin-Perlen, Größe 8 (ca. 100 Stück)

10 g matte, aquamarinfarbene Perlen, Größe 8 (ca. 200 Stück)

Endkappen und Verschluss (8 mm)

16 kleine Spulen

Technik

Dieser runde, 16-strängige Zopf wird mit Garn auf 16 Positionen geflochten und mit einem Überhandknoten begonnen. Nur das Garn auf Position 8 ist mit Perlen versehen und es werden immer drei Stück freigegeben, wenn der Faden bewegt wird. Siehe Seite 27 für eine detailliertere Anleitung. Die Scheibe wird gegen den Uhrzeigersinn zum nächsten Fadenpaar gedreht und wird durchgehend festgehalten.

Wenn Sie die Perlen einarbeiten, achten Sie darauf, dass sie nicht ins Innere des Zopfes rutschen. Sie müssen an der Außenseite des Zopfes stehen. Am besten ist es, erst die Perle und dann das Garn zu bewegen. Schlagen Sie auf Seite 27 nach, um detailliertere Anweisungen über das Freigeben von Perlen zu erhalten.

Vorbereitung von Scheibe und Fäden

- Verknoten Sie die Garnlängen an einem Ende mit einem Überhandknoten.
- Platzieren Sie den Knoten in dem Loch in der Scheibe und belegen Sie diese wie folgt: Hintergrundfäden (Türkis): 32, 1, 13, 16, 17, 21 und 24; Diamantfäden (blasses Himmelblau): 4, 5, 9, 12, 20, 25, 28 und 29; Faden mit Perlen: nur auf Position 8.
- Wickeln Sie alle Fäden AUSSER Nummer 8 auf die Spulen.
- Fädeln Sie auf Faden Nummer 8 – die Mitte des Diamanten – Perlen der Größe 8 in Dreiergruppen auf: 1 Aquamarin, 1 Platin, 1 Aquamarin. Sie benötigen für die Länge der Halskette etwa 100 Gruppen.
- Wickeln Sie den perlenbesetzten Faden auf eine Spule.

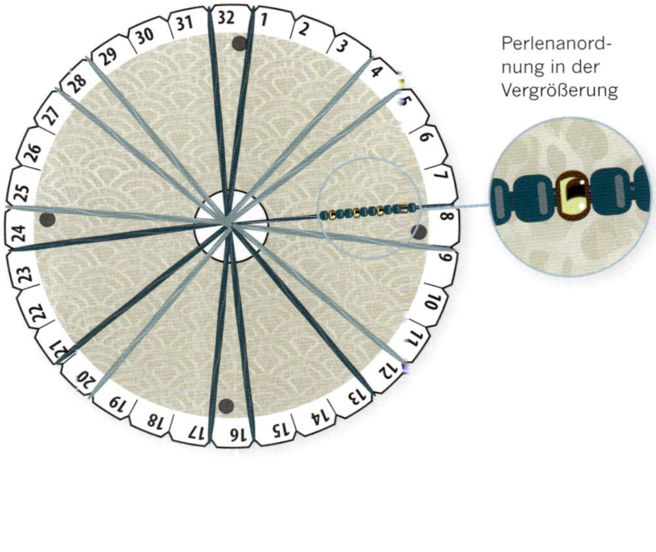

Perlenanordnung in der Vergrößerung

1 Belegen Sie die Scheibe, wie im Diagramm gezeigt und oben beschrieben.

2 Folgen Sie der Flechtanleitung für die Halskette „Rose Trellis“ (siehe Seite 42) und flechten Sie einen etwa 1 cm langen runden, 16-strängigen Zopf ohne Perlen. Am Ende wird dieser in eine Endkappe gesteckt.

3 Fahren Sie mit dem Flechten fort, bis der Zopf ca. 55 cm misst, und arbeiten Sie immer 3 Perlen (ein Picot) ein, wann immer der Faden mit den Perlen bewegt wird.

4 Flechten Sie erneut 1 cm ohne Perlen.

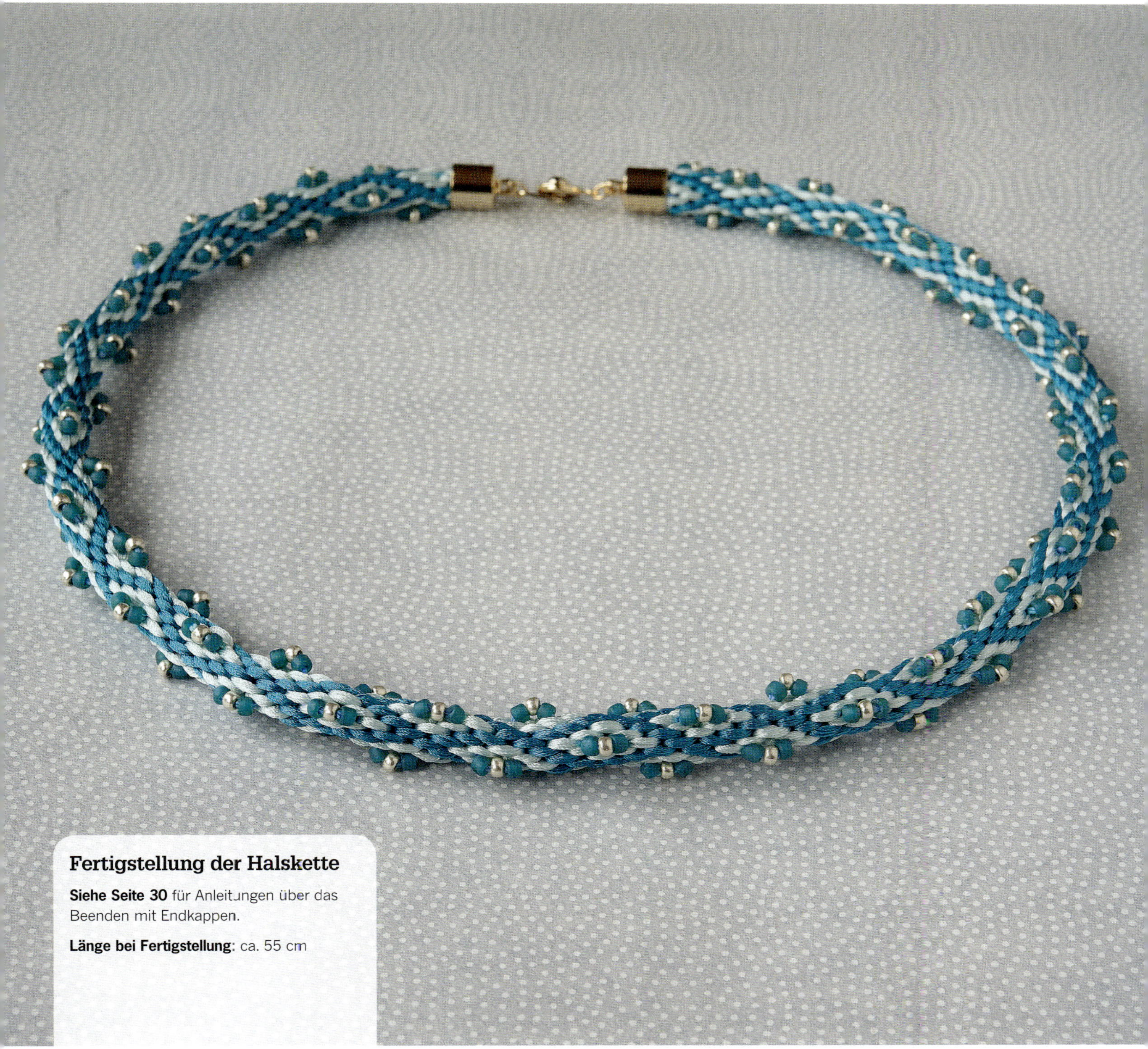

Fertigstellung der Halskette

Siehe Seite 30 für Anleitungen über das Beenden mit Endkappen.

Länge bei Fertigstellung: ca. 55 cm

Aventurin-Armband

Dieser kleine Zopf eignet sich bestens, um kleine, runde Aventurinperlen zu präsentieren. Denken Sie ihn sich als einen runden, 4-strängigen Zopf mit einem zusätzlichen Faden mit Perlen. Wussten Sie, dass der rote Aventurin Sie in Sachen Kreativität unterstützten kann?

GRAD | SCHEIBE

Besser flechten lernen

- Das Geheimnis dieses Zopfes ist es, die rechten, überkreuzenden Bewegungen über die linken Fäden durchzuführen.
- Regulieren Sie die Spannung des mit Perlen versehenen Garns, bevor Sie die nächste Perle hinzufügen.
- Bringen Sie die Endkappen mit einer Dreh- oder Schraubbewegung an.
- Halten Sie die eingeflochtenen Perlen unter der Scheibe mit den Fingernägeln von Daumen und Zeigefinger fest.
- Wenn Sie verschiedene Garnsorten verwenden, sollte das Hauptgarn drei- bis viermal so dick sein wie das Garn mit den Perlen.

Sie benötigen

Seidengarn Exotic Lights in #37 Uluru, Länge 4 m

45 Aventurinperlen (6 mm), auf 2 m langes, einfädiges Garn gefädelt.

Endkappen und Verschluss (3 mm)

5 kleine Spulen
1 mittlere Spule

Technik

Dieser Zopf ist dem „La Plume"-Zopf (siehe Seite 46) ähnlich, mit dem Unterschied, dass er mit einem eigenen, perlenbesetzten Faden, der nur ein Viertel der Stärke der Hauptfäden aufweist, geflochten wird. Die Perlen werden auf das Flechtgarn oder die Seide gefädelt, bevor Sie mit dem Flechten beginnen, und dann einzeln während des Flechtens freigegeben. Siehe Seite 27 für detailliertere Anweisungen. Es wird mit einem sauberen Ende begonnen. Da die Scheibe während des Flechtens nicht gedreht wird, werden immer dieselben Schlitze verwendet.

Vorbereitung von Scheibe und Fäden

- Schneiden Sie das Garn in zwei gleiche Längen. Falten Sie die Fäden in der Mitte, um das Garn doppelt zu nehmen und belegen Sie die Scheibe damit für einen runden, 4-strängigen Zopf: von 1 zu 17 und von 8 zu 24.
- Bringen Sie den perlenbesetzten Faden auf der Scheibe von 13 zu 29 mit den Perlen nur auf einer Seite an, nämlich auf 13.
- Verknoten Sie alle Fäden in der Mitte miteinander und wickeln Sie sie auf die Spulen. Verwenden Sie dabei die mittlere Spule für den Faden mit den Perlen.

Einarbeiten der Perlen

- Geben Sie mit jeder Bewegung des perlenbesetzten Fadens eine Perle frei.
- Da sich die Perlen nur auf einem Faden befinden, werden sie erst von einer und dann von der anderen Seite freigegeben.
- Denken Sie daran, erst die Perle und dann den Faden zu bewegen.
- Halten Sie die Arbeit unter der Scheibe mit Daumen und Zeigefinger fest und lassen Sie die Scheibe auf Ihrer Hand liegen.

1 Belegen Sie die Scheibe, wie auf dem Diagramm gezeigt und oben beschrieben.

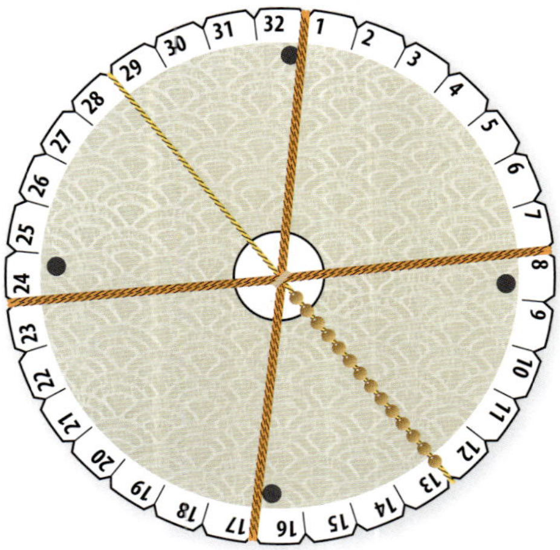

2 Bewegen Sie 1 hinunter zu 16 und 17 hinauf zu 32.

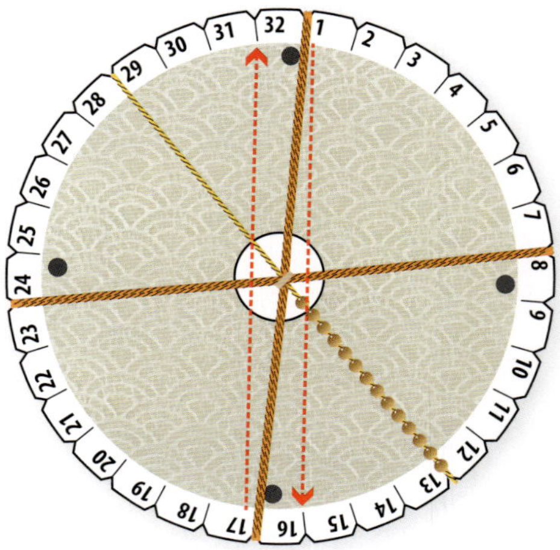

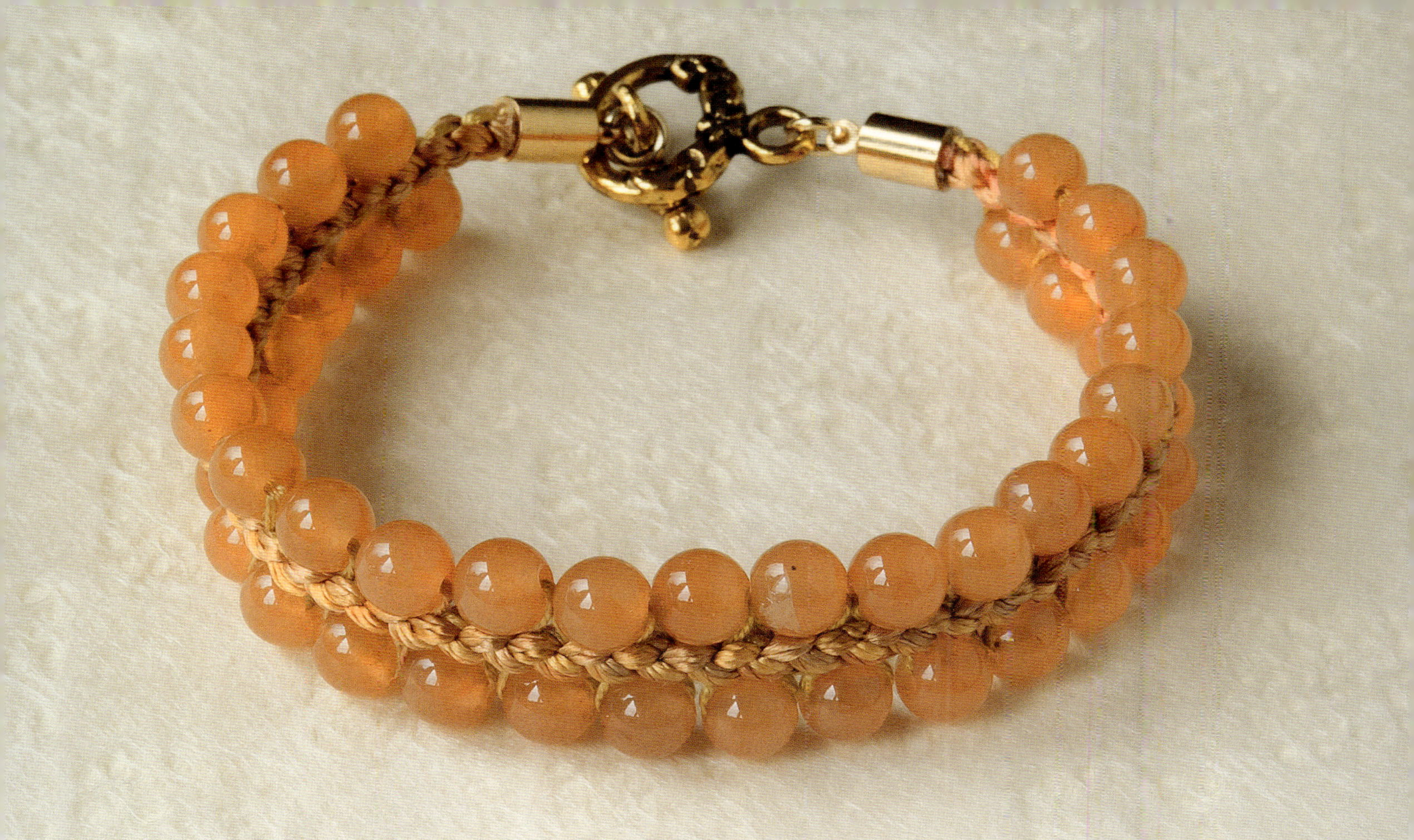

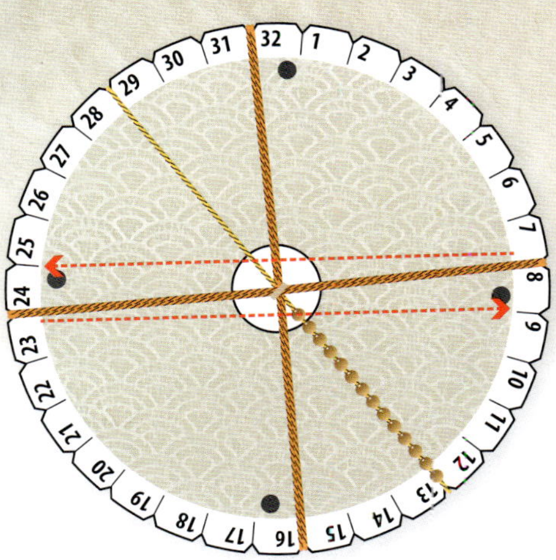

3 Bewegen Sie 8 nach links zu 25 und dann 24 nach rechts zu 9.

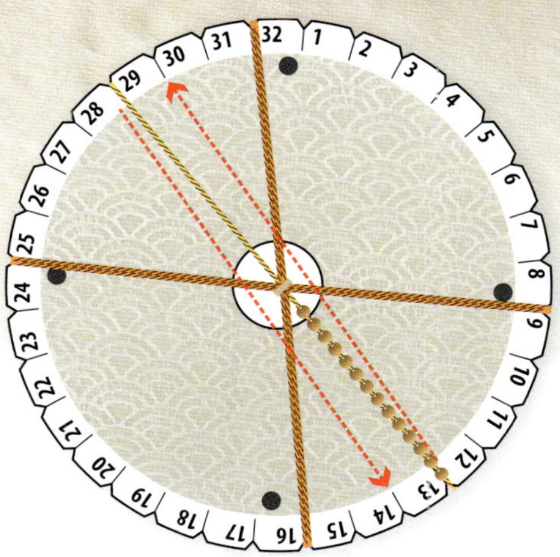

4 Bewegen Sie 13 zu 30 und 29 zu 14, ohne eine Perle einzuarbeiten.

Fertigstellung der Armbandes

Siehe Seite 30 für Anleitungen über das Beenden mit Endkappen.

Länge bei Fertigstellung: ca. 19 cm

5 Folgen Sie den Diagrammen und flechten Sie 1 cm ohne Perlen, um diese dann in eine Endkappe stecken zu können.

6 Flechten Sie 16,5 cm mit Perlen, um den Hauptteil des Zopfes zu flechten.

7 Flechten Sie erneut 1 cm ohne Perlen, um ihn in eine Endkappe zu stecken.

Flaches Perlencollier „Ozeanblau“

Die Verwendung von dreieckigen Perlen entlang der Kante dieses flachen, 8-strängigen Zopfes verhilft der Form dieses Colliers zu Eleganz.

GRAD | SCHEIBE

Besser flechten lernen

- Garn mit Perlen ist schneller verbraucht als Garn ohne Perlen. Wenn Sie kein Kumihimo-Garn verwenden, lassen Sie den Faden für die Perlen einige Zentimeter länger als die anderen.
- Um den Zopf 5 cm länger zu flechten, benötigen Sie pro Seite 8 zusätzliche Perlen, also insgesamt 16 Perlen.
- Wenn Sie die Fäden zurechtschneiden, lassen Sie sie immer etwas länger, als benötigt, oder so lang, wie es das Knäuel Ihnen erlaubt.
- Legen Sie die Scheibe erst ab, wenn Sie eine ganze Runde geflochten haben, sodass Sie die Arbeit mit der ersten Flechtbewegung wieder aufnehmen können.

Sie benötigen

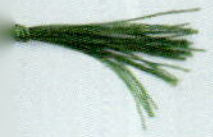

4 Abschnitte Imposter Kumihimo-Garn in #30 Ozeanjade, Länge 2,7 m

oder

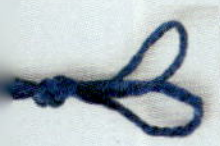

Seidengarn Exotic Lights (handgefärbt) in #38 Ozeanblau, Länge 16,5 m

20 g dreieckige Perlen in Smaragdgrün, Größe 5 (ca. 160 Stück)

Endkappen und Verschluss (8 mm)

8 kleine Spulen

Technik

Dies ist ein flaches, 8-strängiges Band mit perlenbesetztem Garn auf nur 2 Positionen und perlenlosem, glattem Garn auf den restlichen 6 Positionen. Das Band selbst wird während des Flechtens unter der Scheibe festgehalten, wobei Position 1 durchgehend oben bleibt. Die Perlen werden auf das Flechtgarn oder die Seide gefädelt, bevor Sie mit dem Flechten beginnen, und dann während des Flechtens einzeln freigegeben.

Wenn Sie die Perlen einarbeiten, achten Sie darauf, dass sie nicht ins Innere des Zopfes rutschen. Sie müssen an der Außenseite des Bandes stehen. Am besten ist es, erst die Perle und dann das Garn zu bewegen.

Vorbereitung von Scheibe und Fäden

- Wenn Sie Imposter-Kumihimo-Garn verwenden, legen Sie die vier Abschnitte direkt auf die Scheibe. Benutzen Sie dieses Garn, wenn Sie möchten, dass die fertige Halskette länger als 50 cm wird.
- Wenn Sie Exotic-Lights-Garn oder anderes, vorgeschnittenes Garn verwenden, falten Sie Längen von 4 m in der Mitte, um es doppelt zu verwenden.
- Wenn Sie die Scheibe mit den Fäden belegen, lassen Sie die perlenbesetzten Fäden auf Position 32 und 1 ein bisschen länger, da das Garn schneller verbraucht wird.
- Belegen Sie die Scheibe wie folgt: von 32 zu 16, von 1 zu 17, von 8 zu 24 und von 9 zu 25.
- Verwenden Sie eine Nadel und einen Hilfsfaden und fädeln Sie ca. 80 Perlen auf die Fäden 32 und 1 (siehe Seite 26).
- Verknoten Sie das Garn in der Mitte und wickeln Sie die Fäden auf Spulen.

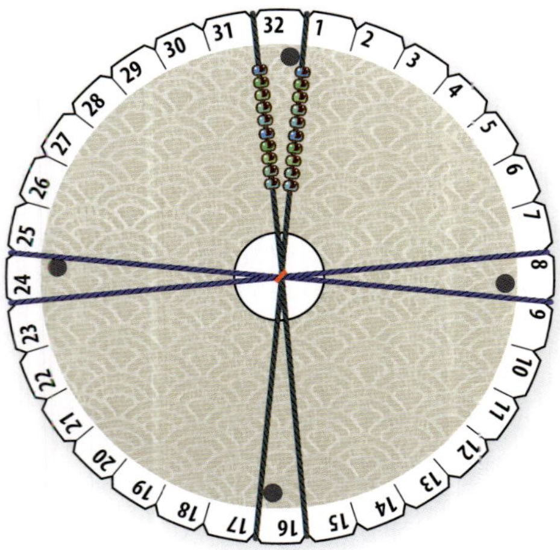

1 Belegen Sie die Scheibe, wie im Diagramm gezeigt und oben beschrieben.

2 Folgen Sie der Flechtanleitung für den Bänderzopf „Pfau“ (siehe Seite 48), um drei ganze Flechtsequenzen des flachen, 8-strängigen Bandes ohne Perlen zu flechten. Dieser Abschnitt wird am Ende in eine Endkappe gesteckt.

3 Beginnen Sie damit, jedes Mal eine Perle freizugeben, wenn die Fäden mit den Perlen von 9 hinauf zu 1 und von 24 hinauf zu 32 bewegt werden, und fahren Sie mit dem flachen, 8-strängigen Band fort, bis es ca. 20 cm misst. Achten Sie darauf, dass die Perlen an das Band gedrückt und unter den Faden geklemmt werden, der sie überkreuzt. Denken Sie daran, erst die Perle und dann das Garn zu bewegen.

4 Flechten Sie weitere drei Sequenzen ohne Perlen, damit die Enden zusammenpassen.

Fertigstellung des Colliers

Siehe Seite 30 für Anleitungen über das Beenden mit Endkappen.

Länge bei Fertigstellung: ca. 50 cm

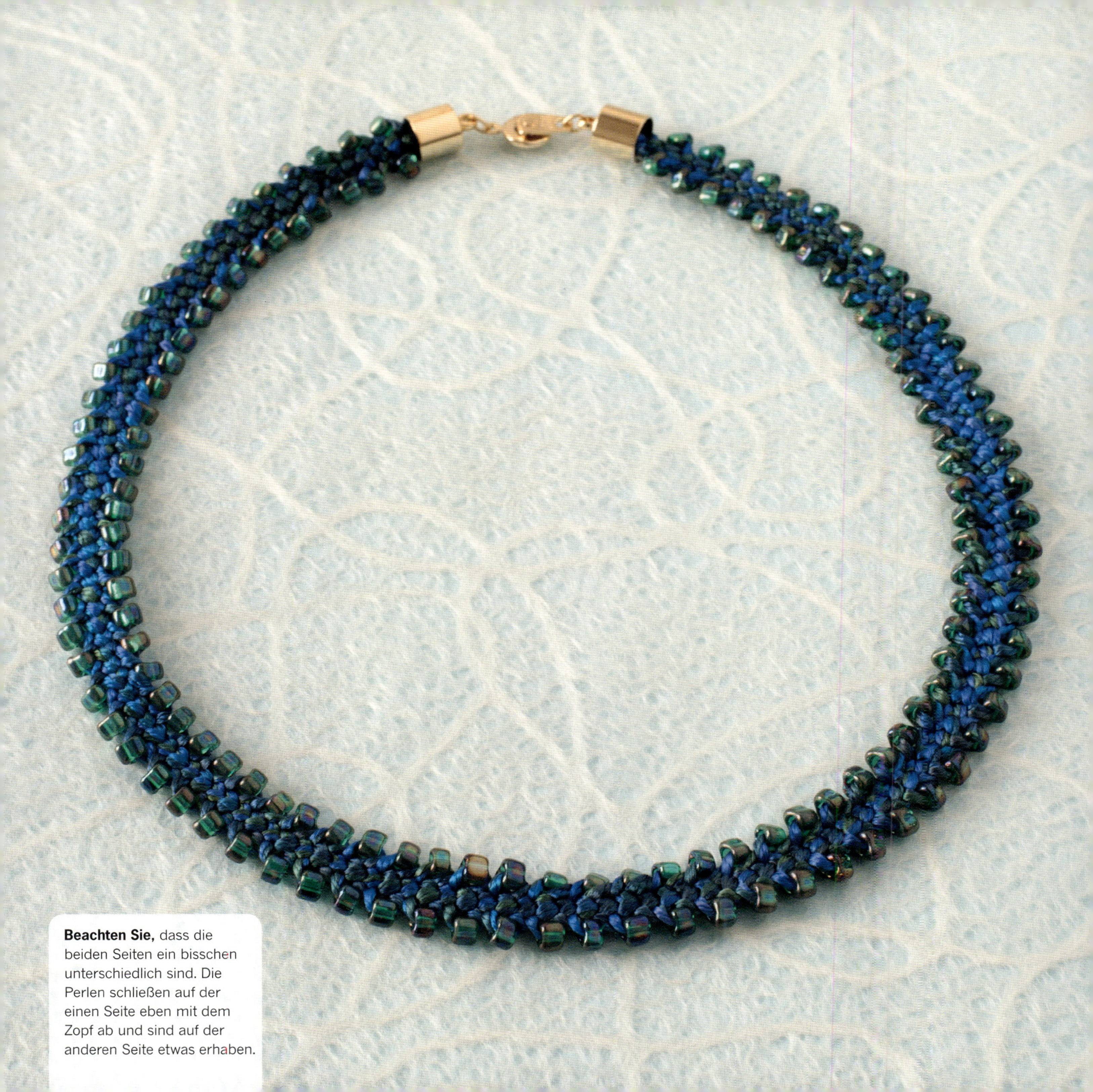

Beachten Sie, dass die beiden Seiten ein bisschen unterschiedlich sind. Die Perlen schließen auf der einen Seite eben mit dem Zopf ab und sind auf der anderen Seite etwas erhaben.

Flaches, perlenbesetztes Collier „Göttin“

Die Perlen werden entlang einer Kante dieses flachen, 8-strängigen Bandes eingearbeitet. Die Stickperlen werden in den Zopf gearbeitet, während die paddelförmigen Perlen erst nach dem Flechten angebracht werden. Stellen Sie die Arbeit mit Endkappen fertig oder bringen Sie eine perlenbesetzte Schlinge und eine Quaste an, um dem Schmuckstück eine weitere Dimension zu verleihen.

GRAD | **SCHEIBE**

Besser flechten lernen

- Für diese Arbeit müssen die Fäden zuerst verknotet werden, da ihre Positionen auf der Scheibe nicht direkt gegenüberliegen.
- Halten Sie die Perlen und den Zopf während des Flechtens unter der Scheibe fest.
- Wenn Sie gerne Kumihimo-Garn verwenden, können Sie auch einen Abschnitt extra verwenden, den Sie in zwei Teile teilen, um feineres Garn zu erhalten, etwa mit ca. 18 Einzelfäden (siehe Seite 12).

Sie benötigen

Fäden mit einer Länge von 2,7 m

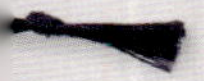

2 Abschnitte Imposter Kumihimo-Garn in #10 Aubergine

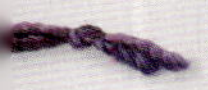

2 Abschnitte dünneres Garn, wie etwa Seidengarn Exotic Lights (handgefärbt) in #50 Brombeere

20 g violett schimmernde Stickperlen, Größe 6 (ca. 240 Perlen)

46 tansanitblaue, paddelförmige Perlen (9 x 18 mm)

Endkappen und Verschluss (optional) (5 mm)

8 kleine Spulen

Technik

Dies ist ein flaches, 8-strängiges Band mit perlenbesetztem Garn auf vier Positionen und perlenlosem, glattem Garn auf den restlichen vier Positionen. Der Zopf wird mit einem sauberen Ende begonnen und während des Flechtens unter der Scheibe festgehalten, wobei Position 1 durchgehend oben bleibt.

Die Stickperlen werden auf das Flechtgarn oder die Seide gefädelt, bevor Sie mit dem Flechten beginnen, und dann während des Flechtens einzeln freigegeben.

Wenn Sie die Perlen einarbeiten, achten Sie darauf, dass sie nicht ins Innere des Bandes rutschen. Sie müssen an der Außenseite des Bandes stehen. Am besten ist es, erst die Perle und dann das Garn zu bewegen.

Vorbereitung von Scheibe und Fäden

- Verknoten Sie die vier Garnlängen (2 Fäden Kumihimo-Garn und 2 feinere Fäden) in der Mitte.
- Legen Sie den Knoten in das Loch in der Scheibe und bringen Sie jeden Abschnitt Kumihimo-Garn auf die Positionen 16, 17, 25 und 8. Legen Sie das feinere Garn auf die Positionen 32, 1, 24 und 9.
- Verwenden Sie eine Nadel und einen Hilfsfaden und fädeln Sie ca. 60 Perlen auf die feineren Fäden auf 32, 1, 24 und 9 (siehe Seite 26).
- Wickeln Sie alle Fäden auf Spulen auf und achten Sie darauf, dass die Perlen entlang der Kante des Bandes sitzen, sodass sie einem Reißverschluss ähnlich sehen.

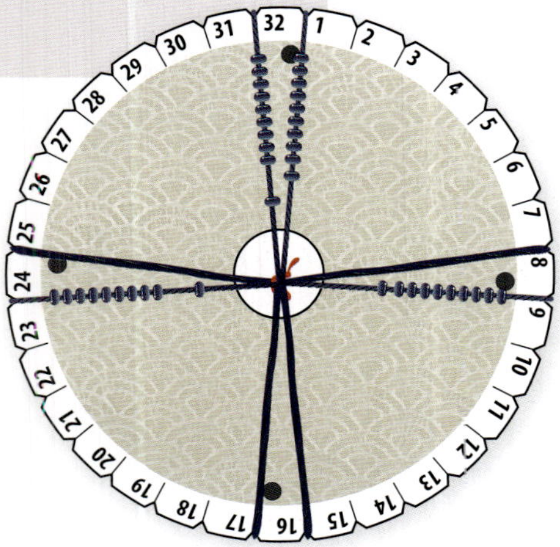

1 Belegen Sie die Scheibe, wie im Diagramm gezeigt und oben beschrieben.

2 Folgen Sie der Flechtanleitung für den Bänderzopf „Pfau“ (siehe Seite 48), um drei ganze Flechtsequenzen des flachen, 8-strängigen Bandes ohne Perlen zu flechten.

3 Fahren Sie mit dem Flechten fort und geben Sie jedes Mal eine Perle frei, wenn die Fäden mit den Perlen von 9 hinauf zu 1 bewegt werden, und flechten Sie, bis der Zopf ca. 65 cm misst. Achten Sie darauf, dass die Perlen an das Band gedrückt und unter den Faden geklemmt werden, der sie überkreuzt. Denken Sie daran, erst die Perle und dann das Garn zu bewegen.

4 Flechten Sie weitere drei Sequenzen ohne Perlen, damit die Enden zusammenpassen.

Fertigstellung des Colliers

1 Nehmen Sie das Band von der Scheibe und verknoten Sie es mit einem Überhandknoten, um es zu sichern.

2 Ziehen Sie das Band vorsichtig über Dampf auseinander, um es zu glätten und in die Länge zu ziehen (bei flachen Bändern ist diese Behandlung hilfreich).

3 Verwenden Sie eine Nadel und starkes Garn für Perlenarbeiten und nähen Sie die paddelförmigen Perlen bei etwa jeder fünften Stickperle an, ohne direkt in die Stickperle zu stechen, sodass sie sich über der paddelförmigen Perle befindet. So legen diese auch die perlenbesetzte Seite leicht in Falten, sodass das Collier schön flach sitzt.

4 Stellen Sie sicher, dass das Garn für die Perlenarbeiten an jedem Ende in den Zopf gesteckt wird.

5 Siehe Seite 30 für Anleitungen über das Beenden mit Endkappen.

Fertigstellung mit perlenbesetzter Schlinge und Quaste

1 Folgen Sie den oben beschriebenen Schritten 1 und 2.

2 Befestigen Sie das Garn für Perlenarbeiten am Anfang der Flechtarbeit und fädeln Sie einige kleinere Perlen darauf für die Schlinge

3 Befestigen Sie das Garn erneut, bevor Sie die paddelförmigen Perlen anbringen, wie in den Schritten 3 und 4 oben beschrieben.

4 Gestalten Sie eine Quaste mit oder ohne Perlen am Ende des Zopfes (siehe Seite 32)

Länge bei Fertigstellung: ca. 65 cm

Beachten Sie, dass die beiden Seiten sich ein wenig voneinander unterscheiden. Auf der einen Seite liegen die Perlen höher als der Zopf und auf der anderen Seite schließen sie eben mit ihm ab.

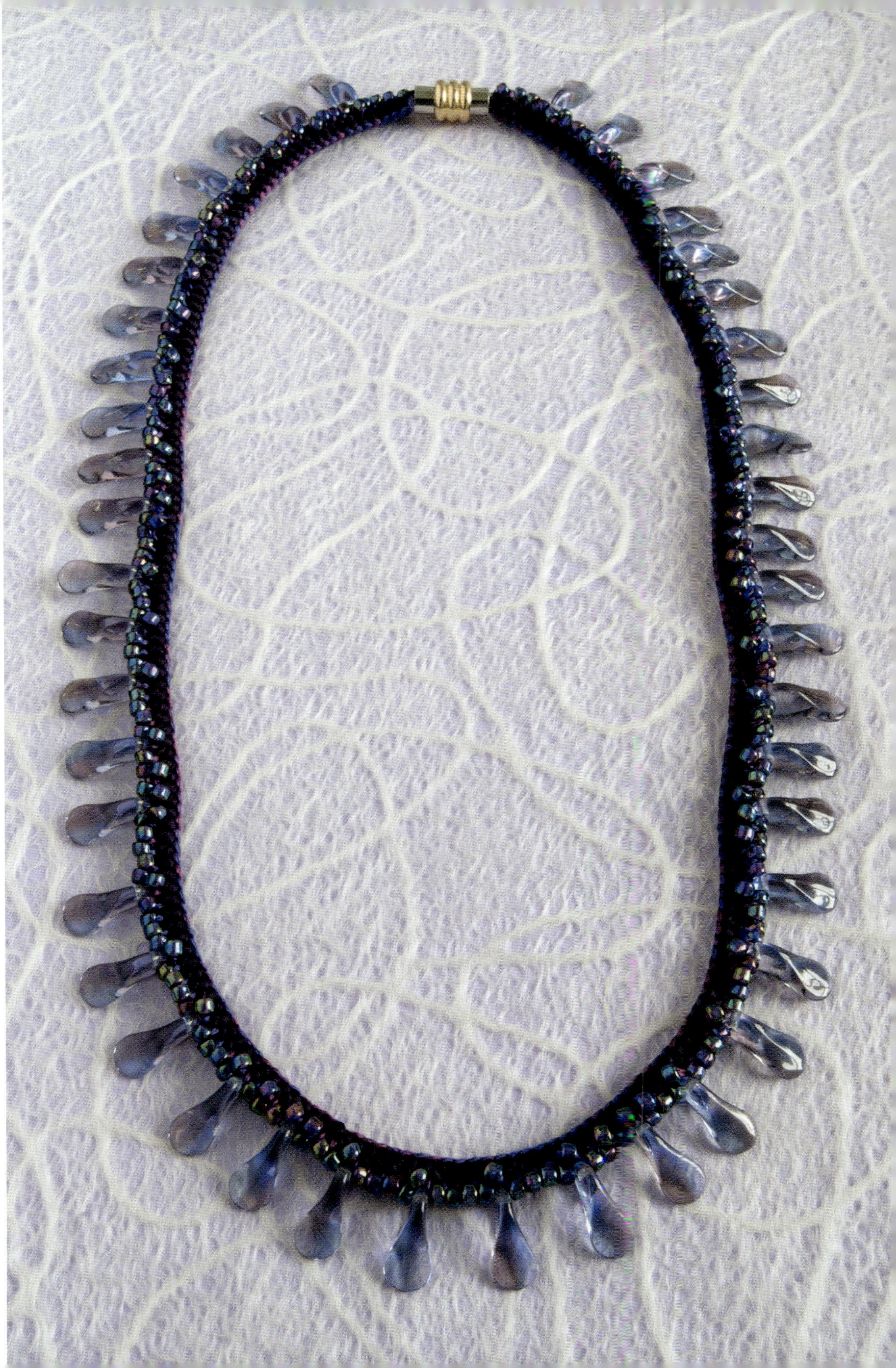

Halskette „Spitze und mehr"

Dies ist ein eckiger, 8-strängiger Zopf mit Perlen auf einem eigenen Faden, wodurch sich kleine Picot-Spitzen ihren Weg entlang der Seiten des Zopfes bahnen. Für das „Mehr" habe ich einen perlenbesetzten Rosenquarz-Cabochon-Anhänger hinzugefügt.

GRAD | **SCHEIBE**

Besser flechten lernen

- Behalten Sie die Perlen im Auge, sodass Sie immer nur die korrekte Anzahl an Perlen freigeben und entlang der Seiten des Zopfes einarbeiten.
- Um größere Picots zu gestalten, geben Sie 5 Perlen auf einmal frei.
- Drehen Sie die Kumihimo-Fäden und halten Sie sie so glatt wie möglich.
- Wenn Sie Erfahrung mit Perlenarbeiten haben, setzen Sie wie auf dem Foto rund um den Anhänger Perlen und gestalten Sie die Öse groß genug, damit sie über den perlenbesetzten Zopf passt.

Sie benötigen

2 Abschnitte Imposter Kumihimo-Garn in #12 Blasse Orchidee, Länge 2,7 m

2 Abschnitte Seidengarn Exotic Lights (handgefärbt) in #12 Morgengrauen oder ein anderes, leicht unregelmäßiges Garn derselben Stärke und der Länge 2,7 m

15 g transparente, rosafarbene Stickperlen (Größe 8), aufgefädelt auf Garn für Perlenarbeiten oder auf feines Garn, 4 m

Endkappen und Verschluss (5 mm)

Anhänger oder perlenbesetzter Cabochon-Anhänger Ihrer Wahl

10 kleine Spulen

Technik

Dies ist ein eckiger, 8-strängiger, perlenbesetzter Zopf, der sich der Technik des „Umlegens" des Perlenstranges bedient, anstatt mit perlenbesetzten Kettfäden zu arbeiten

Die Scheibe wird während des Flechtens nicht gedreht – Position 1 sollte immer oben bleiben und der Zopf selbst wird unter der Scheibe festgehalten. Der Zopf wird mit einem sauberen Ende begonnen. Siehe „Eckig geflochtener Armreif" auf Seite 60 für detailliertere Anweisungen.

Vorbereitung von Scheibe und Fäden

- Fädeln Sie die Perlen mit einem Hilfsfaden auf ein geeignetes Garn für Perlenarbeiten und legen Sie es von 13 zu 29, mit Perlen auf jeder Seite. Dieser Faden dient nur als Hilfsmittel, um die Perlen an ihren Platz zu bringen.
- Positionieren Sie das Kimihimo-Garn von 32 zu 16 und von 1 zu 17 und das restliche Garn von 8 zu 24 und von 9 zu 25.
- Verknoten Sie die Fäden in der Mitte und legen Sie den Knoten in das Loch in der Scheibe.
- Wickeln Sie alle Fäden auf Spulen.
- Überkreuzen Sie nun 32 mit 1 und dann 16 mit 17, wie in Schritt 1 des Diagramms gezeigt.

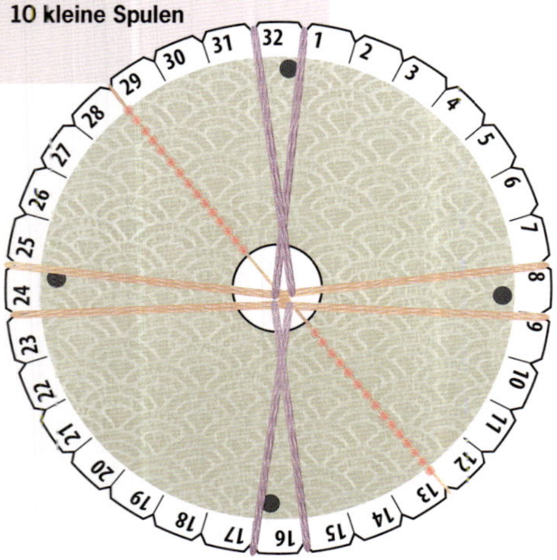

1 Belegen Sie die Scheibe wie im Diagramm gezeigt und oben beschrieben.

2 Folgen Sie der Flechtanleitung für den eckig geflochtenen Armreif (siehe Seite 60), um vier ganze Flechtsequenzen des eckigen, 8-strängigen Zopfes ohne Perlen zu flechten. Wenn Sie diese Flechtbewegungen ausführen, achten Sie darauf, dass Sie UNTER den perlenbesetzten Fäden arbeiten. So werden diese nach oben befördert, wo dann die ersten Perlen freigegeben werden können

3 Flechten Sie nun vier ganze Flechtsequenzen des eckigen, 8-strängigen Zopfes ÜBER den perlenbesetzten Fäden, sodass diese nun unter dem Flechtpunkt herauskommen und die Fäden in ihren Startpositionen zu liegen kommen.

4 4 Perlen über den Rand des Zopfes schieben, wo das perlenbesetzte Garn aus ihm herausragt. Die perlenbesetzten Fäden auf die jeweils andere Seite der Scheibe bringen: von 13 zu 29 und von 29 zu 13.

5 Schritt 3 wiederholen, dann 4 Perlen freigeben und die Position der perlenbesetzten Fäden wie in Schritt 4 tauschen.

6 Mit dem Flechten fortfahren, die Schritte 4 und 5 wiederholen, bis die gewünschte Länge erreicht ist.

7 Zum Fertigstellen erneut einen Abschnitt ohne Perlen flechten, sodass er zum Beginn des Zopfes passt. Vergessen Sie nicht, die perlenbesetzten Fäden in den Zopf einzuarbeiten, indem Sie die Flechtfäden DARUNTER bewegen.

Fertigstellung der Halskette

1 Nehmen Sie den Zopf von der Scheibe, umwickeln Sie das Ende, schneiden Sie es zu und stecken Sie es in eine der Endkappen.

2 Bringen Sie den Anhänger oder den perlenbesetzten Cabochon-Anhänger Ihrer Wahl auf die Kette, bevor Sie die zweite Endkappe aufsetzen.

3 Entfernen Sie den Garnrest und bringen Sie die zweite Endkappe an.

Länge bei Fertigstellung: ca. 55 cm

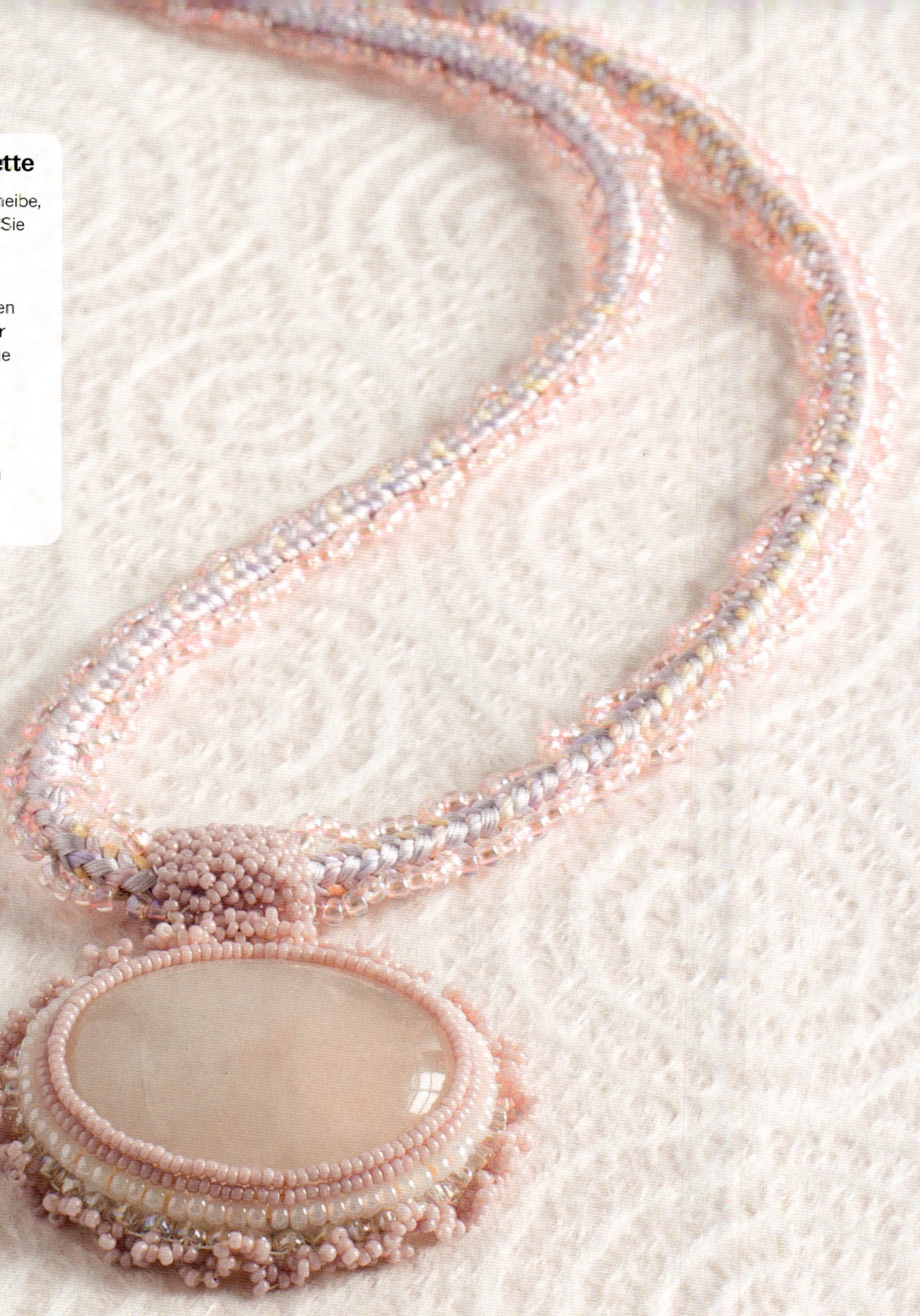

Geflochtene Halskette „Blütentraum“

Dieser Zopf wird spiralförmig geflochten und mit schönen, handgemachten Perlen verziert. Der Zopf wird erst geflochten und dann mit dem perlenbesetzten Abschnitt verbunden, was seine Gestaltung recht einfach macht.

GRAD | **SCHEIBE**

Besser flechten lernen

- Halten Sie den Zopf unter der Scheibe durchgehend fest – lassen Sie die Scheibe auf Ihrer Hand ruhen. Die Fäden arbeiten sich ihren Weg um die Scheibe.

Kumi-Kalkulation

Die Fäden oben und unten sind doppelt so schnell verbraucht wie die Fäden an den Seiten. Für diese Arbeit sind die Kettfäden 1,35 m lang und ergeben einen 33 cm langen Zopf. Um einen 66 cm langen Zopf zu erhalten, müssen die oberen und unteren Flechtfäden je 2,7 m lang sein, während die Fäden an der Seite ihre Länge von 1,35 m behalten können.

Sie benötigen

3 Abschnitte Imposter Kumihimo-Garn in #30 Ozeanjade, Länge 2,7 m

60 cm Flechtschnur oder -garn in Grün für den perlenbesetzten Abschnitt

7 handgemachte Perlen (ca. 10–12 mm im Durchmesser)

20 Perlen in Blüten- oder Blattform (6 x 8 mm)

16 grüne Stickperlen (Größe 8)

2 Endkappen (4 mm), mit Bindering versehen

2 Endkappen (6 mm)

Endkappen und Verschluss (5 mm)

12 kleine Spulen

Technik

Dieser spiralförmige Zopf hat Garn auf 12 Positionen. Die Abschnitte des Kumihimo-Garns werden in der Mitte gefaltet, um insgesamt 6 Längen zu ergeben. Da im Zopf selbst keine Perlen verarbeitet werden, können Sie jedes Garn verwenden, das ähnlich dick ist.

Vorbereitung von Scheibe und Fäden

- Teilen Sie jede Länge Kumihimo-Garn in zwei Abschnitte mit je etwa 18 Fäden auf (siehe Seite 12).
- Platzieren Sie diese dann gleich auf der Scheibe.
- Knoten Sie die Fäden in der Mitte mit einem Ankerknoten zusammen (siehe Seite 26) und wickeln Sie sie auf Spulen.

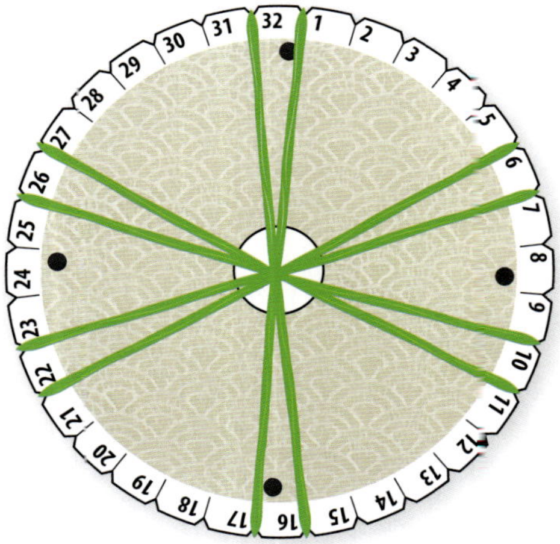

1 Belegen Sie die Scheibe, wie im Diagramm gezeigt, und bringen Sie das Kumihimo-Garn in folgende Positionen: von 32 zu 16, von 1 zu 17, von 6 zu 22, von 7 zu 23, von 10 zu 26 und von 11 zu 27.

2 Folgen Sie der Flechtanleitung für die Halskette „Verdrehte Spiralen“ (siehe Seite 58), um einen Spiralzopf von ca. 33 cm Länge zu flechten.

Fertigstellung des Zopfes

1 Nehmen Sie den Zopf von der Scheibe und umwickeln Sie das Ende, um es zu sichern.

2 Schneiden Sie überschüssiges Garn ab, tragen Sie ein wenig Kraftkleber auf und stecken Sie das Ende in eine Endkappe mit einem Durchmesser von 6 mm.

3 Entfernen Sie den Knoten vom Anfang, tragen Sie ein wenig Kraftkleber auf und stecken Sie das Ende in eine Endkappe mit einem Durchmesser von 6 mm.

4 Umwickeln Sie den Zopf auf jeder Seite des Mittelpunktes und schneiden Sie ihn dann zwischen diesen beiden Umwicklungen durch (siehe Seite 30). Stecken Sie die Enden in die Endkappe mit Verschluss (5 mm).

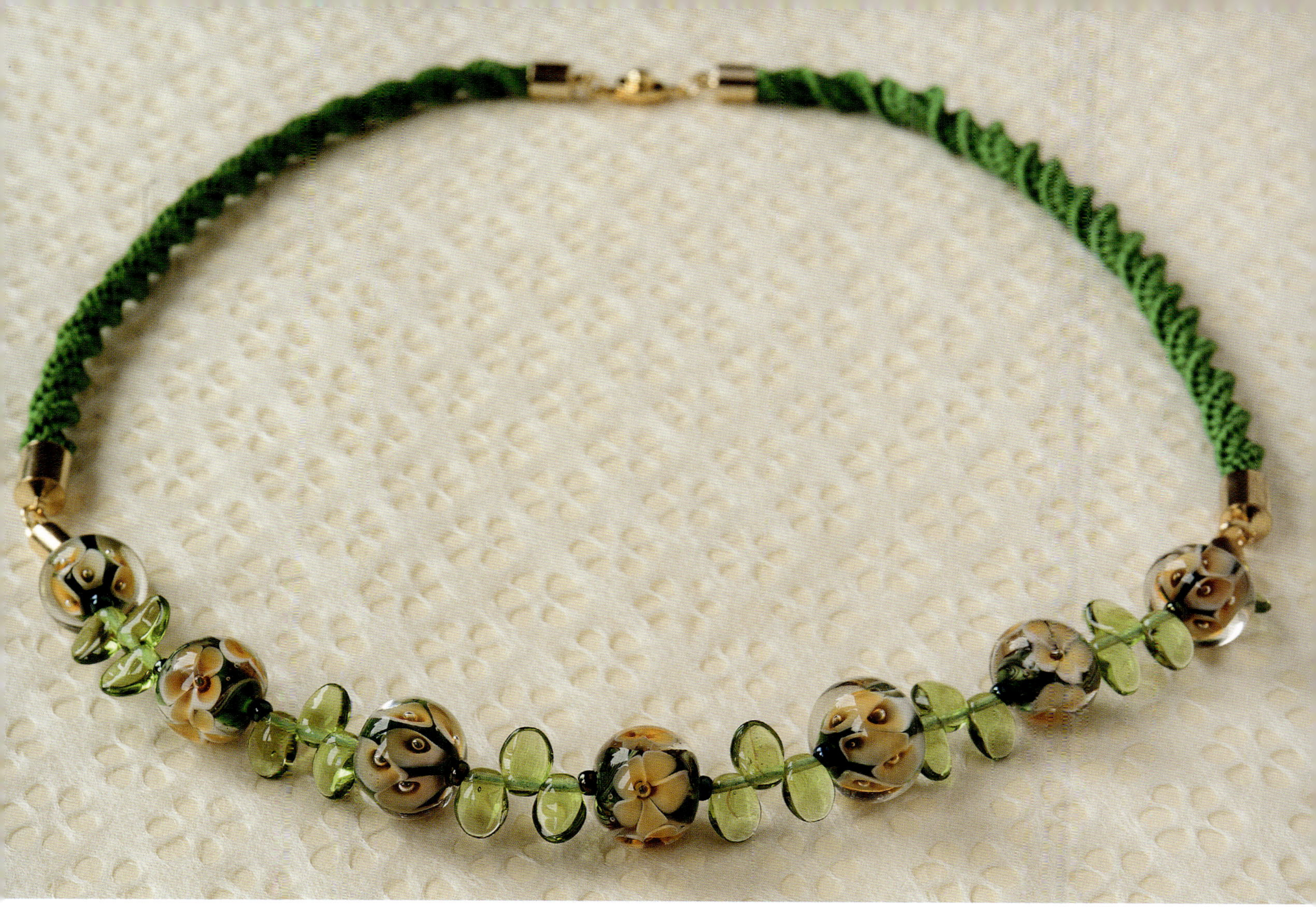

Fertigstellung der Halskette

1 Fädeln Sie alle Perlen auf einer Länge von etwa 20 cm auf das Garn oder die Schnur für Perlenarbeiten (Muster nach Ihrer Wahl).

2 Verknoten Sie die Enden des Garnes einige Male und stecken Sie ein Ende in eine 4 mm große Endkappe.

3 Stellen Sie das andere Ende ebenfalls fertig.

4 Verwenden Sie die Binderinge an den Endkappen, um den perlenbesetzten Abschnitt mit dem Zopf zu verbinden (siehe unten).

Länge bei Fertigstellung: ca. 55 cm

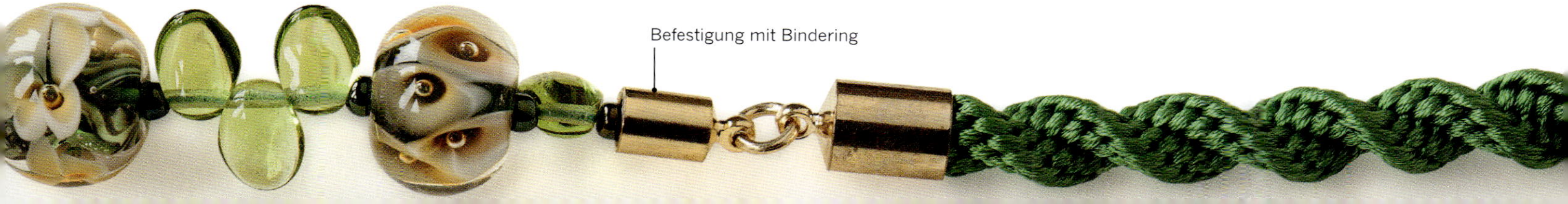

Perlenbesetztes Halsband „Mystik“

Dieses zarte Halsband ist ein flaches, 8-strängiges Band, das auf der quadratischen Kumihimo-Scheibe geflochten wird. Die Perlen erscheinen wie durch Zauberhand auf dem Flechtstück, das sich als süßes Armband eignet.

GRAD | **SCHEIBE**

Besser flechten lernen

- Achten Sie darauf, dass die Perlen außen auf dem Zopf sitzen.
- Ich habe für diesen Zopf Seidengarn Exotic Lights in zwei verschiedenen, einander leicht unterscheidenden Schattierungen verwendet. Sie können auch Perlgarn #3 verwenden, solange die Fäden an den Seiten doppelt so dick sind wie die Fäden oben und unten.

Sie benötigen

Seidengarn Exotic Lights

4 m #31 Lilipilli

8 m #37 Uluru

5 g goldfarbene Stickperlen, Größe 8 (ca. 90 Perlen)

Endkappen und Verschluss (4 mm)

8 kleine Spulen

Technik

Dieses flache Band mit dicken und dünnen Fäden hat Garn auf 8 Positionen auf der Scheibe. Die perlenbesetzten Fäden werden nur auf zwei dieser Positionen gelegt. Sie werden jedes zweite Mal einzeln freigegeben, wenn die perlenbesetzten Fäden nach oben zur Seite bewegt werden. Halten Sie den Zopf unter der Scheibe während des Flechtens fest.

Vorbereitung von Scheibe und Fäden

- Falten Sie jede Länge des Garns in Uluru in der Mitte. Bringen Sie die Fäden wie folgt auf die Scheibe:
- **Dünne Fäden:** Schneiden Sie das Garn in Lilipilli in zwei gleich lange Teile und belegen Sie die Scheibe damit von 6 zu ⑥ und von 7 zu ⑦.
- **Dicke Fäden:** Schneiden Sie das Garn in Uluru in zwei gleich lange Teile und falten Sie sie in der Mitte, um sie doppelt zu verwenden. Belegen Sie die Scheibe damit von B zu Ⓑ und von C zu Ⓒ.
- Beachten Sie, dass jeder Kettfaden 1 m lang ist, wenn die Scheibe belegt wird.
- Fädeln Sie ca. 45 Perlen auf jeden der dünnen Fäden auf den Positionen ⑥ und ⑦.
- Verknoten Sie die Fäden in der Mitte und wickeln Sie sie auf die Spulen.

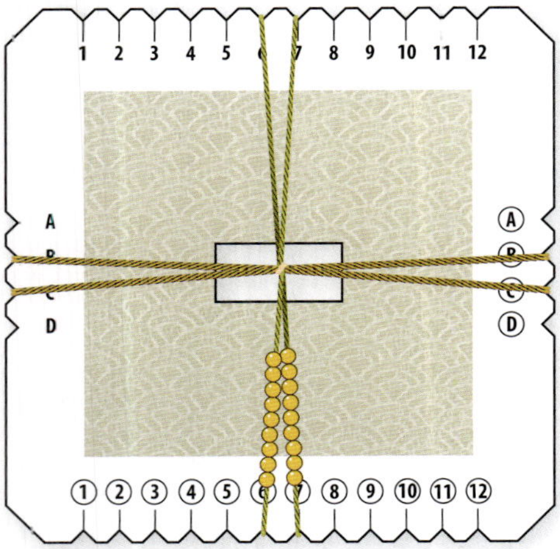

1 Belegen Sie die Scheibe, wie im Diagramm gezeigt und oben beschrieben.

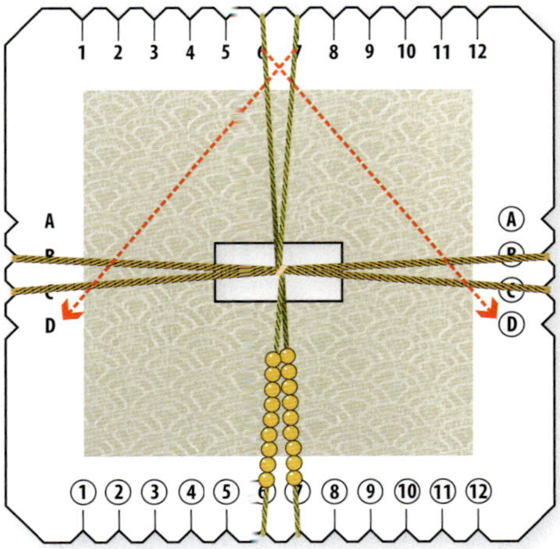

2 Bewegen Sie 6 hinunter zu Ⓓ und 7 hinunter zu D.

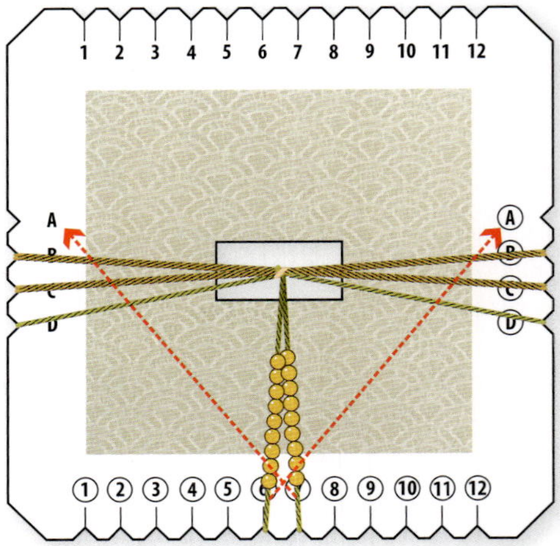

3 Bewegen Sie ⑦ hinauf zu A und ⑥ hinauf zu Ⓐ

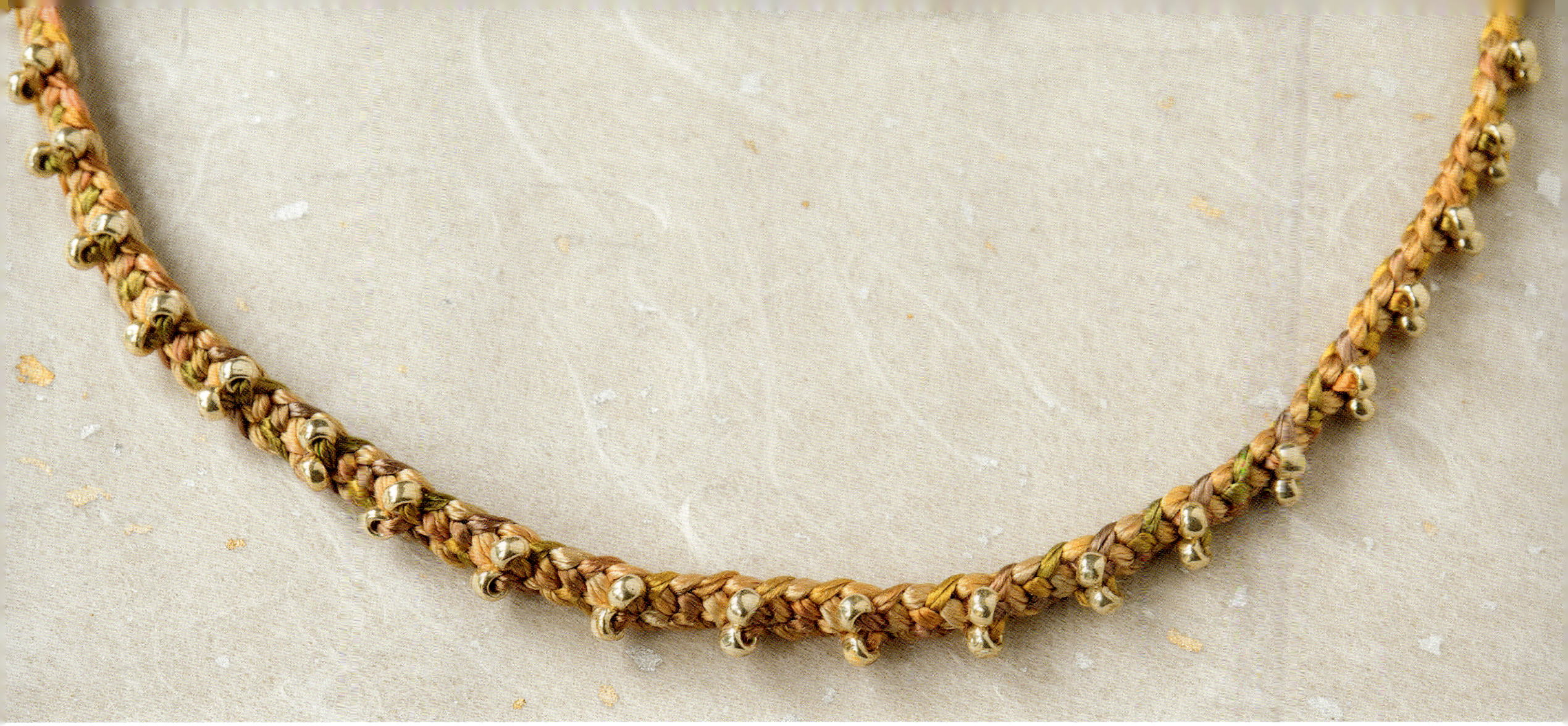

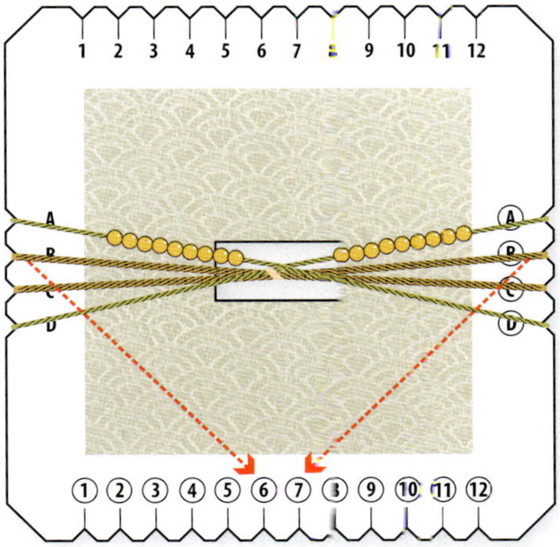

4 Bewegen Sie Ⓑ hinunter zu ⑦ und B hinunter zu ⑥.

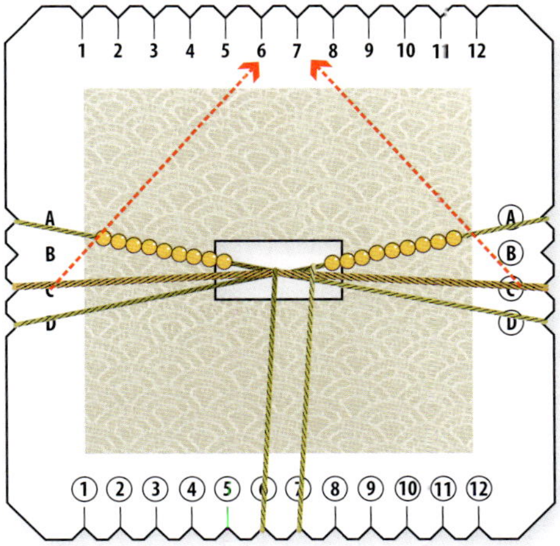

5 Bewegen Sie Ⓒ hinauf zu 7 und C hinauf zu 6.

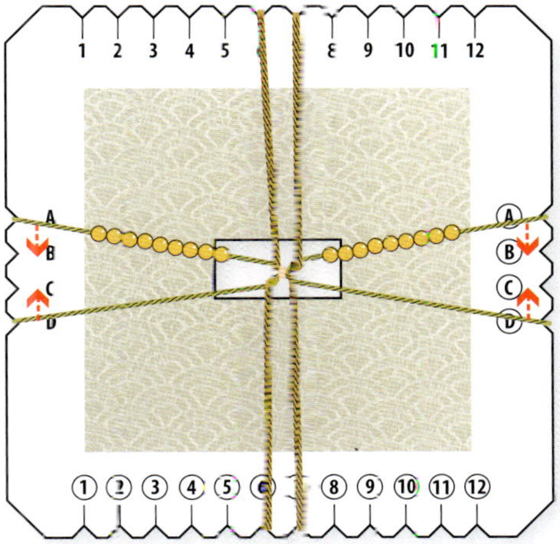

6 Die Fäden neu positionieren: A zu B, D zu C, Ⓐ zu Ⓑ und Ⓓ zu Ⓒ führen.

7 Flechten, bis das Band 1 cm misst. Ist das Band fertig, wird dieses Stück in eine Endkappe gesteckt. Mit dem Flechten fortfahren, bis das Band 43 cm lang misst, und jedes 2. Mal, wenn die perlenbesetzten Fäden nach oben zu den Seiten bewegt werden, eine Perle freigeben. Am Ende wieder 1 cm ohne Perlen flechten, damit das Ende zum Anfang des Zopfes passt

Fertigstellung des Halsbandes

Siehe Seite 30 für Anleitungen über das Beenden mit Endkappen.

Länge bei Fertigstellung: ca. 45 cm

Breite bei Fertigstellung: ca. 6,5 mm

Collier „Zauberhafte Perlen“

Dies ist eine völlig frei gestaltbare Halskette aus Perlen, Perlen und nochmals Perlen. Sie können sie in ein wirklich einzigartiges Collier verwandeln, indem Sie eine Mischung aus Perlen in verschiedensten Formen und Größen verwenden und hier und da vereinzelt Silberperlen mit einarbeiten.

SKILL | **DISK**

Besser flechten lernen

- Wenn Sie die Perlen auffädeln, achten Sie darauf, dass sie so gut wie möglich durchgemischt sind.
- Für die beste Perlenabdeckung arbeiten Sie die Perlen willkürlich ein und halten Sie sie so nah beim Zopf wie nur möglich.
- Gestalten Sie den perlenbesetzten Abschnitt in Armbandlänge und vom Hauptzopf abtrennbar. In der Materialangabe sind zu diesem Zweck zwei Sets aus Endkappen und Verschluss angegeben. Eines davon wird als Verschluss zum Tragen des fertigen Colliers verwendet.
- Die Länge des perlenbesetzten Abschnitts hängt von der Größe und Form der Perlen ab, die Sie verwenden, da diese verschiedene Garnlängen brauchen und Sie auch mehr oder weniger Perlen einarbeiten können, als ich es in dem hier gezeigten Stück gemacht habe.

Sie benötigen

Für den Perlenabschnitt
12 m Flechtschnur, wie C-Lon oder mercerisiertes Baumwoll-Stickgarn

ca. 100 g Perlen in verschiedenen Formen und Größen, aufgefädelt auf 1 m Länge

ca. 30 kleine silberne blumenförmige Perlen

6 kleine Spulen und 2 große Spulen (für die Perlen)

Für den glatten Zopf
4 Abschnitte Imposter Kumihimo-Garn in #25 Cooles Rot, Länge je 2,7 m

2 Sets bestehend aus Endkappen und Verschluss (5 mm)

8 kleine Spulen

Technik

Dieser runde, 8-strängige Zopf wird aus zwei Stücken hergestellt. Der perlenbesetzte Abschnitt wird zuerst geflochten und mit einem sauberen Ende begonnen. Die Perlen werden noch vor dem Flechten aufgefädelt und dann willkürlich während des Flechtens freigegeben. Der perlenbesetzte Abschnitt wird an einem glatten, runden, 8-strängigen Zopf angebracht.

Vorbereitung von Scheibe und Fäden

- Fädeln Sie die Hauptperlen auf eine 4 m lange Flechtschnur. Achten Sie darauf, dass die Perlen gut durchgemischt sind. **Anmerkung:** Die Perlen sind recht schwer, weshalb Sie vielleicht nicht alle gleich von Beginn an auffädeln möchten.
- Positionieren Sie diese Flechtschnur auf der Scheibe von 1 zu 17, mit je der Hälfte der Perlen auf jeder Seite und wickeln Sie sie auf die großen Spulen.
- Teilen Sie das restliche Garn in drei gleich lange Abschnitte und bringen Sie sie auf der Scheibe auf folgende Position: von 32 zu 16, von 8 zu 24 und von 9 zu 25.
- Fädeln Sie die kleinen, silbernen Blumenperlen nur auf das Garn in Schlitz 32.
- Verknoten Sie die Fäden in der Mitte und wickeln Sie sie auf Spulen.

Perlenbesetzter Abschnitt

1 Belegen Sie die Scheibe, wie im Diagramm gezeigt und oben beschrieben.

2 Folgen Sie der Flechtanleitung für „Mein erster Kumihimo-Zopf“ (siehe Seite 36), um einen 1 cm langen runden, 8-strängigen Zopf ohne Perlen zu flechten. Dieser wird am Ende in eine Endkappe gesteckt.

3 Fahren Sie mit dem Flechten fort und arbeiten Sie, wie benötigt, die Perlen ein, bis der Zopf 24 cm oder die gewünschte Länge misst. Die Perlen müssen nicht mit jeder Bewegung freigegeben werden, sondern können willkürlich eingeflochten werden. Das Ziel ist es, dass der Zopf gut mit Perlen bedeckt ist und das Garn so gut wie möglich versteckt ist. Arbeiten Sie eine Silberperle ein, wann immer sie glauben, dass eine Lücke gefüllt werden muss.

4 Flechten Sie erneut 1 cm ohne Perlen.

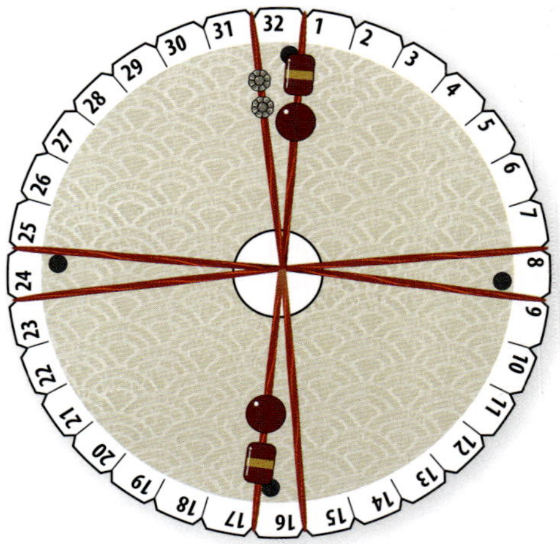

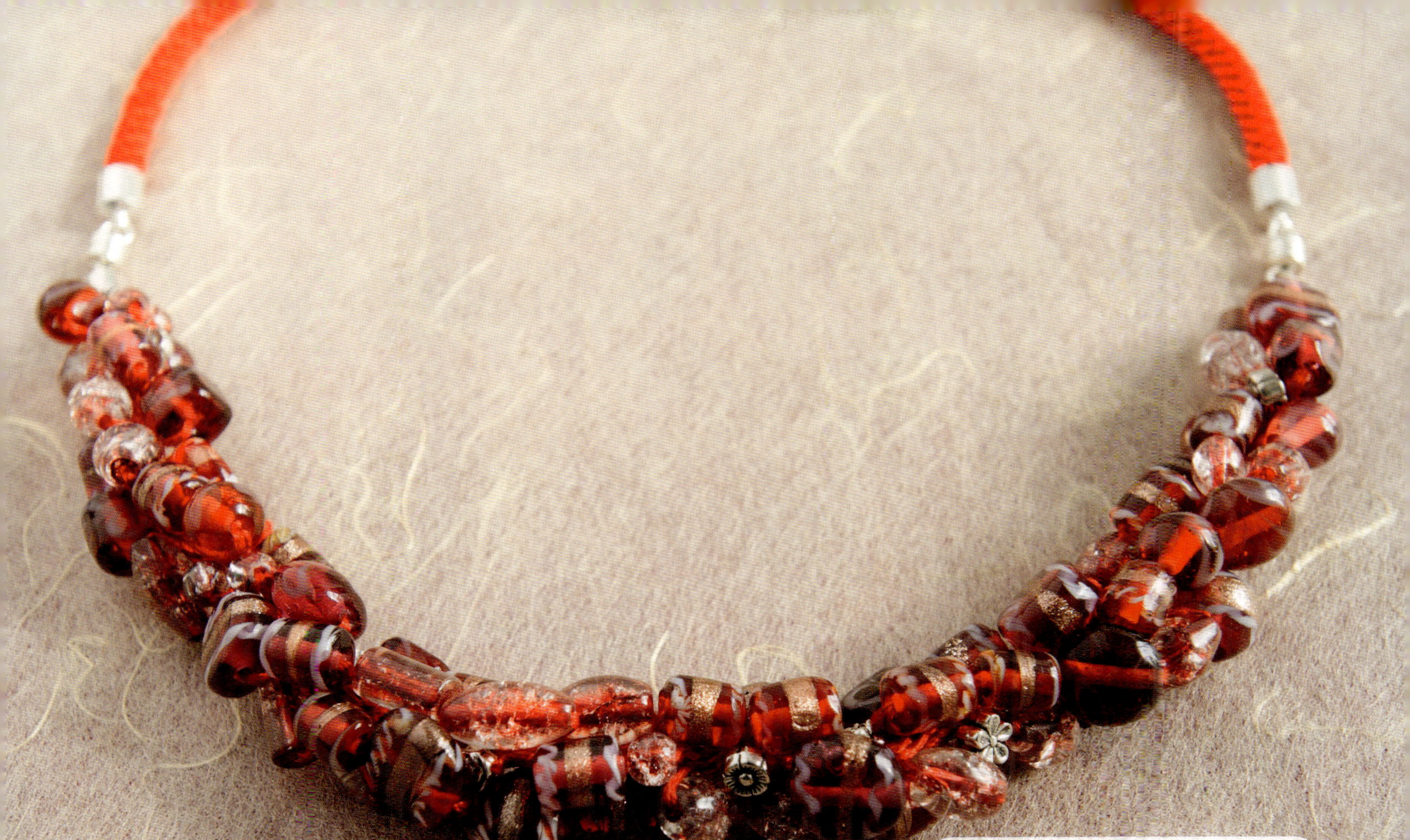

Fertigstellung der Halskette

Der perlenbesetzte Abschnitt wird mit zwei Sets aus Endkappen mit dem glatten Zopf verbunden, sodass dieser abnehmbar ist.

1 Wenn Sie mit einem Abschnitt fertig sind, umwickeln Sie das fertige Ende, um es zu sichern.

2 Schneiden Sie überschüssiges Garn ab, tragen Sie ein wenig Kraftkleber auf und stecken Sie das Ende in eine der Endkappen.

3 Lösen Sie die Knoten des Anfangs, tragen Sie ein wenig Kraftkleber auf und stecken Sie ihn in die andere Endkappe.

Länge des perlenbesetzten Abschnitts bei Fertigstellung: ca. 25 cm

Länge der Halskette bei Fertigstellung: ca. 60 cm

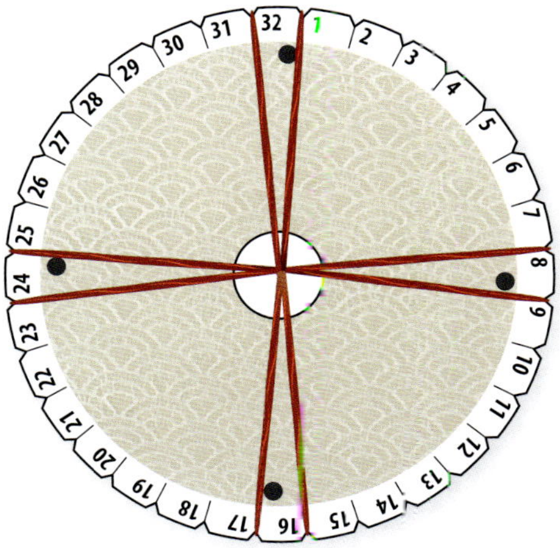

Glatter Zopf

1 Belegen Sie die Scheibe wie auf dem Diagramm gezeigt, indem Sie das Garn wie folgt positionieren: von 32 zu 16, von 1 zu 17, von 8 zu 24 und von 9 zu 25.

2 Folgen Sie der Flechtanleitung für „Mein erster Kumihimo-Zopf“ (siehe Seite 36), um einen 33 cm langen runden, 8-strängigen Zopf ohne Perlen zu flechten.

Perlenarmband „Unter dem Meer“

Dieses völlig frei gestaltbare Armband ist mit Perlen und tropfenförmigen Stickperlen übersät, was es zu einem richtigen Glanzstück macht. Arbeiten Sie die Perlen so ein, wie es Ihnen gefällt, sodass dieses Schmuckstück völlig einzigartig wird.

GRAD | **SCHEIBE**

Sie benötigen

8 m Ophir-Garn #17 Jacaranda oder Flechtschnur, wie C-Lon

1 Strang Perlen (8 mm) in Mauve/Violett (ca. 52 Stück)

ca. 120 kobaltblaue Perlen oder Bleiglasperlen (4 x 6 mm)

Endkappen und Verschluss (4 mm)

6 kleine Spulen und 2 mittlere Spulen für die Perlen

Technik

Im Grunde ist dies ein runder, 8-strängiger Zopf. Da er sich vollkommen frei gestalten lässt, können die Perlen auch während des Flechtens völlig frei eingearbeitet werden.

Vorbereitung von Scheibe und Fäden

- Fädeln Sie die Hauptperlen auf 3 m langes Garn und positionieren Sie es auf der Scheibe von 1 zu 17, mit der Hälfte der Perlen auf jeder Seite, und wickeln Sie es auf die mittleren Spulen.
- Teilen Sie das restliche Garn in drei gleich lange Abschnitte und bringen Sie sie, wie im Diagramm beschrieben, auf der Scheibe an.
- Fädeln Sie die tropfenförmigen Perlen nur auf das Garn in Schlitz 32 und wickeln Sie es auf eine Spule.
- Verknoten Sie die Fäden in der Mitte und wickeln Sie die restlichen Fäden auf Spulen.

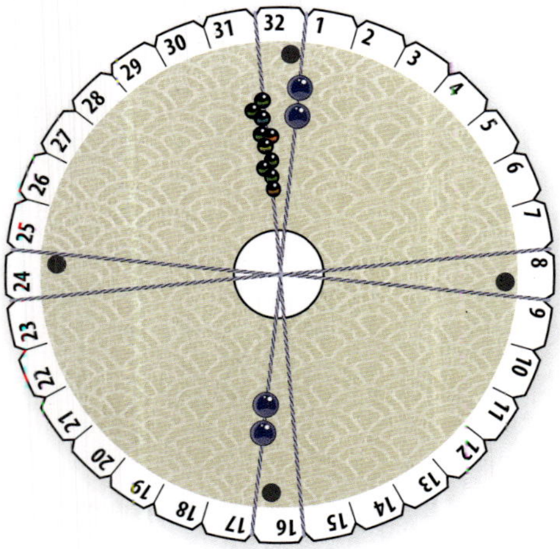

1 Belegen Sie die Scheibe, wie im Diagramm gezeigt und oben beschrieben.

2 Folgen Sie der Flechtanleitung für „Mein erster Kumihimo-Zopf“ (siehe Seite 36), um einen 1 cm langen runden, 8-strängigen Zopf ohne Perlen zu flechten. Dieser wird am Ende in eine Endkappe gesteckt.

3 Fahren Sie mit dem Flechten fort und arbeiten Sie, wie benötigt, die Perlen ein, bis der Zopf 19 cm misst. Die Perlen müssen nicht mit jeder Bewegung freigegeben werden, sondern können willkürlich eingeflochten werden. Das Ziel ist es, dass der Zopf gut mit Perlen bedeckt ist und das Garn so gut wie möglich versteckt ist. Arbeiten Sie bis zu drei tropfenförmige Perlen ein, wann immer sie glauben, dass eine Lücke gefüllt werden muss.

4 Flechten Sie erneut 1 cm ohne Perlen, um den Zopf fertigzustellen.

Besser flechten lernen

- Perlen haben für gewöhnlich sehr kleine Löcher, wählen Sie also ein passendes Garn oder eine passende Schnur.
- Für die beste Perlenabdeckung halten Sie die Perlen so nah beim Zopf wie nur möglich.
- Versuchen Sie, auch mehrere Perlen auf einmal freizugeben. So werden ungeschmückte Stellen ausgefüllt.
- Machen Sie die Flechtbewegungen ohne Perlen sehr fest, da so die Perlen an ihrem Platz bleiben.

Kumi-Kalkulation

Um die Länge des Zopfes zu berechnen, messen Sie den zusammengesetzten Verschluss ab und ziehen Sie ihn von der gewünschten, fertigen Länge ab.

Anmerkung zur Länge

- Die Länge und der Verbrauch des Garns hängen vom Aufnehmen und Einarbeiten der Perlen ab.
- Die Garnlänge in der Materialliste ist für Perlen mit einem Durchmesser von 8 mm auf Ophir-Garn berechnet.

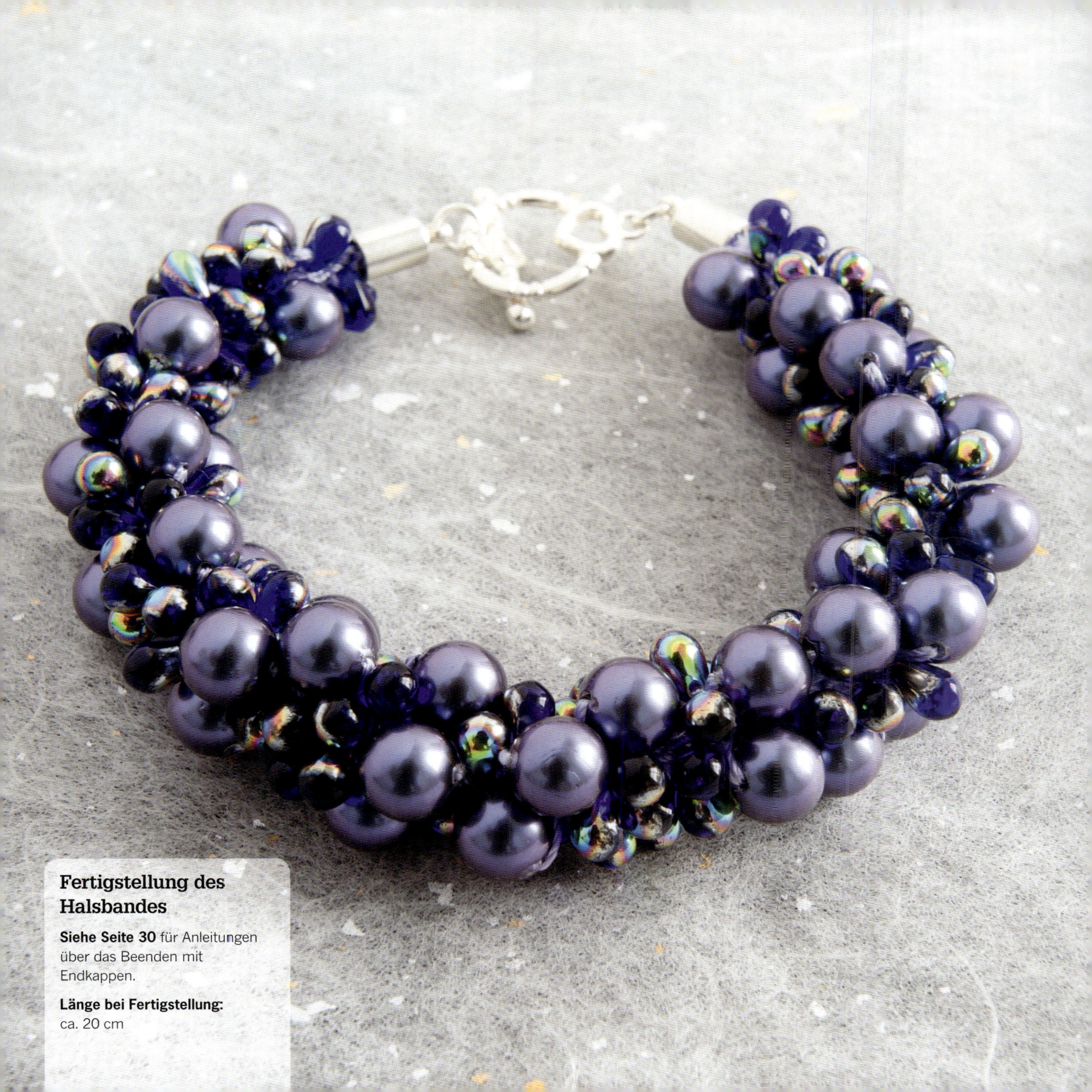

Fertigstellung des Halsbandes

Siehe Seite 30 für Anleitungen über das Beenden mit Endkappen.

Länge bei Fertigstellung: ca. 20 cm

Halskette „Frühlingsknöpfchen“

Diese atemberaubende individuelle Halskette vereint alle Farben des Frühlings. Die Knöpfe werden auf einen einzelnen Faden gefädelt und während des Flechtens freigegeben, sodass ein runder, 8-strängiger Zopf in Dreiecksform entsteht. Er kann mit einem, zwei oder drei Endkappensets gestaltet werden, sodass er sehr vielseitig ist.

GRAD | **SCHEIBE**

Besser flechten lernen

- Achten Sie darauf, dass Knöpfe, die ganz offensichtlich eine Vorderseite haben, alle mit derselben Seite nach oben aufgefädelt werden.
- Schieben Sie 3 Knöpfe auf einmal auf die Scheibe. Wenn Sie diese verwendet haben, lassen Sie das nächste Mal aus, wenn das Knopfgarn bewegt wird. Sie werden immer wissen, was zu geschehen hat.
- Die Knöpfe sollten so nah wie möglich am Zopf sein.
- Wenn es Sie nicht stört, das Kumihimo-Garn aufzuteilen, verwenden Sie 6–10 Einzelfäden statt des einfädigen Garns für die Knöpfe.

Sie benötigen

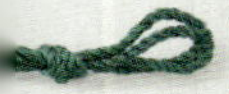

3 Abschnitte Imposter Kumihimo-Garn # 29 Seladongrün, Länge je 2,7 m

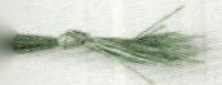

4 m Seidengarn Exotic Lights (handgefärbt) in #19 Grün oder ein ähnliches, einfädiges Garn für die Knöpfe

ca. 90 Knöpfe, 15–20 mm 1, 2 oder 3 Endkappensets mit Verschluss (5 mm)

7 kleine Spulen

1 große Spule für die Knöpfe

Technik

Dies ist ein runder, 8-strängiger Zopf mit Knöpfen, die während des Flechtens eingearbeitet werden und so einen dreieckigen Zopf bilden. Sie werden vor dem Flechten auf ein einfädiges Garn gefädelt. Die Halskette wird mit einem sauberen Ende begonnen und kann mit einer, zwei oder drei Endkappen fertiggestellt werden.

Vorbereitung von Scheibe und Fäden

- Fädeln Sie alle Knöpfe auf das einfädige Garn.
- Bringen Sie dieses auf die Scheibe, sodass die Knöpfe auf zwei Dritteln des Fadens auf Position 1 liegen und das letzte Drittel auf Position 17 liegt.
- Wickeln Sie den Faden mit den Knöpfen auf die große Spule.
- Belegen Sie den Rest der Scheibe wie für einen normalen runden, 8-strängigen Zopf: von 32 zu 16, von 8 zu 24 und von 9 zu 25.

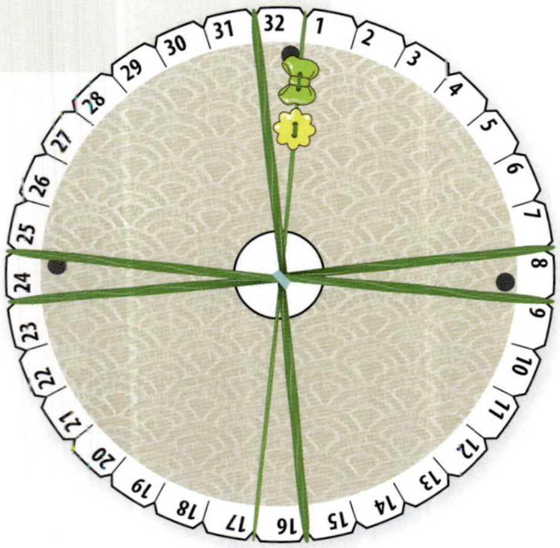

1 Belegen Sie die Scheibe, wie im Diagramm gezeigt und oben beschrieben.

2 Folgen Sie der Flechtanleitung für „Mein erster Kumihimo-Zopf“ (siehe Seite 36), um einen 1 cm langen runden, 8-strängigen Zopf ohne Knöpfe zu flechten. Dieser wird am Ende in eine Endkappe gesteckt.

3 Fahren Sie mit dem Flechten fort und arbeiten Sie dreimal, immer wenn das Garn mit den Knöpfen in Bewegung ist, einen Knopf ein. Lassen Sie das vierte Mal aus. Dies hängt aber von den Knöpfen ab, die Sie verwenden! Wenn die Knöpfe einander nicht zu sehr überlappen, kann es sein, dass Sie die Bewegung nicht auslassen müssen.

4 Flechten Sie, wenn alle Knöpfe verbraucht sind, erneut ohne Knöpfe weiter, bis der Zopf ca. 70 cm misst.

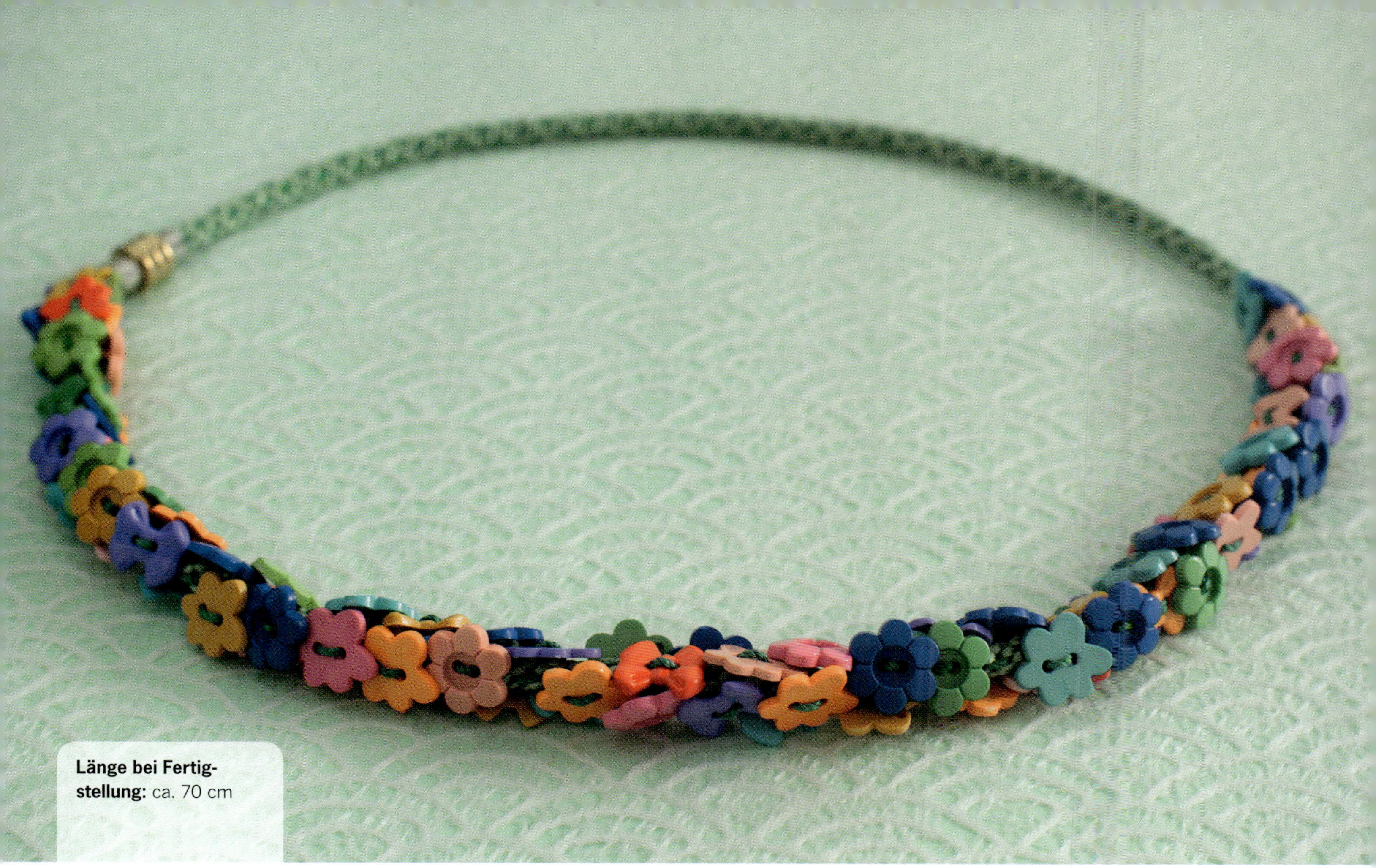

Länge bei Fertigstellung: ca. 70 cm

Fertigstellung der Halskette

1 Nehmen Sie den Zopf von der Scheibe und umwickeln Sie das Ende, um es zu sichern.

2 Schneiden Sie überschüssiges Garn ab, tragen Sie ein wenig Kraftkleber auf und stecken Sie es in eine der Endkappen.

3 Lösen Sie den Knoten vom Anfang, tragen Sie ein wenig Kraftkleber auf und stecken Sie das Ende in die andere Endkappe.

Fertigstellung mit zwei Endkappensets (s. re.)

1 Umwickeln Sie den Zopf 1 cm entfernt vom letzten Knopf.

2 Umwickeln Sie ihn erneut und schneiden Sie den Zopf zwischen den beiden Umwicklungen durch.

3 Tragen Sie Klebstoff auf und passen Sie den Zopf in das zweite Endkappenset ein.

Fertigstellung mit drei Endkappensets (s. re.)

1 Umwickeln Sie den Zopf in der Mitte des glatt geflochtenen Abschnitts.

2 Umwickeln Sie ihn erneut und schneiden Sie den Zopf zwischen den beiden Umwicklungen durch

3 Tragen Sie Klebstoff auf und passen Sie den Zopf in das dritte Endkappenset ein. **Anmerkung:** Wenn Sie mit drei Sets arbeiten, ist dies das einzige Set, das auch einen Verschluss benötigt.

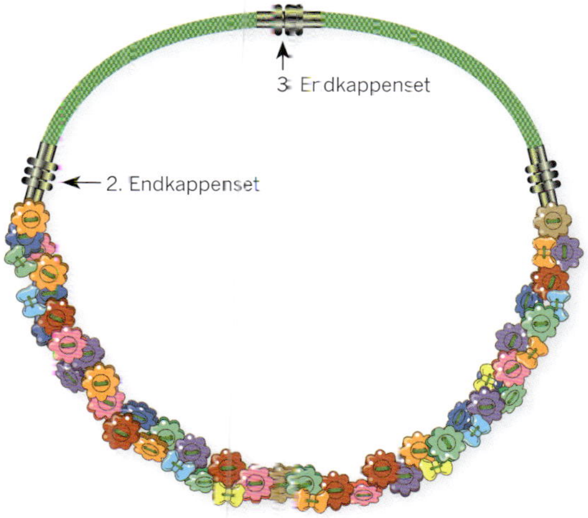

Perlenkette „Schatz und Dolch“

Dies ist eine ganz individuell gestaltbare Halskette mit Keshi-Perlen, die den charismatischen Glanz echter Süßwasserperlen haben, kombiniert mit kupferfarbenen, dolchförmigen Kristallperlen, um ein traumhaft schönes Schmuckstück zu kreieren. Der Zopf wird in einem Stück mit Metallic-Kumihimo-Garn geflochten, beginnt mit einem runden, 8-strängigen Zopf und endet mit einem flachen, 8-strängigen Band.

GRAD | **SCHEIBE**

Besser flechten lernen

- Perlen haben für gewöhnlich sehr kleine Löcher, wählen Sie also ein passendes Garn oder eine passende Schnur.
- Fädeln Sie die Keshi-Perlen und die dolchförmigen Perlen auf verschiedene Fäden, sodass Sie sie je nach Wunsch einarbeiten können.
- Flechten Sie den perlenbesetzten Abschnitt so lang wie ein Armband und machen Sie ihn von der Kette abnehmbar, indem Sie zusätzliche Endkappen verwenden.
- Perlen sind weltweit in Strängen mit einer Länge von 40 cm erhältlich.
- Die fertige Länge des perlenbesetzten Abschnitts hängt davon ab, wie Sie die Perlen auffädeln und einarbeiten. Die Länge des Garns in der Materialliste sollte für einen längeren Abschnitt ausreichen.

Sie benötigen

4 Abschnitte Imposter Kumihimo-Garn #M3 Aprikot-Glitzer (Metallic-Garn), Länge je 2,7 m

8 m Ophir-Garn #37 Uluru oder Flechtschnur, wie C-Lon, für die Perlen

1 Strang Keshi-Perlen, oben gebohrt, 5 x 10 mm (ca. 60 Perlen)

ca. 150 dolchförmige, kupferfarbene Kristallperlen (3 x 11 mm)

1 Endkappenset mit Verschluss (5 mm)

8 kleine Spulen
2 große Spulen

Technik

Der individuelle Teil der Arbeit wird als runder, 8-strängiger Zopf geflochten. Die Perlen werden vor Beginn der Arbeit aufgefädelt und dann während des Flechtens willkürlich eingearbeitet, indem Ihre Fäden über den Hauptzopf gelegt werden. Sie sind so auch unabhängig von den eigentlichen Flechtbewegungen. Wenn der perlenbesetzte Abschnitt fertiggestellt ist, wechseln Sie zu einem flachen, 8-strängigen Band. Dieses wird mit einem sauberen Ende begonnen.

Vorbereitung von Scheibe und Fäden

- Fädeln Sie alle Keshi-Perlen auf eine 4 m lange Flechtschnur und alle dolchförmigen Perlen auf eine 4 m lange Flechtschnur.
- Verknoten Sie diese beiden Fäden miteinander und legen sie die Keshi-Perlen auf Position 29 und die dolchförmigen Perlen auf Position 13. Wickeln Sie die Fäden auf die großen Spulen. Den Knoten in das Loch steckten und in den Zopf einflechten, wenn mit dem Flechten begonnen wird.
- Bringen Sie das Metallic-Garn in die normale Startposition für einen runden, 8-strängigen Zopf: von 32 zu 16, von 1 zu 17, 8 zu 24 und von 9 zu 25.
- Verknoten Sie die Fäden in der Mitte für ein sauberes Ende (siehe Seite 29).
- Wickeln Sie diese restlichen Fäden auf kleine Spulen.

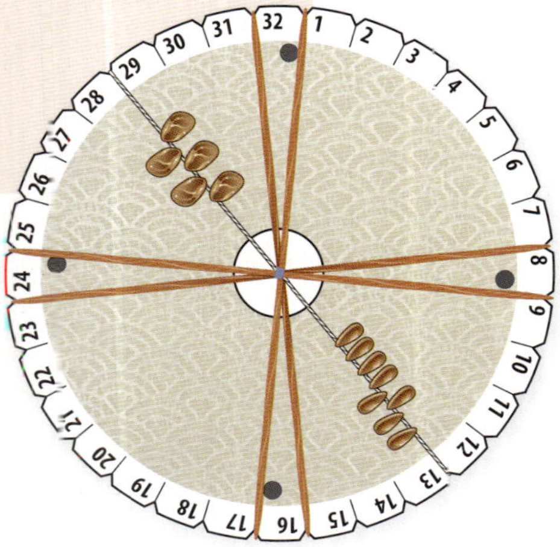

Abschnitt des frei gestaltbaren runden, 8-strängigen Zopfes

1 Belegen Sie die Scheibe, wie im Diagramm gezeigt und oben beschrieben. Beachten Sie, dass die perlenbesetzten Fäden auf Position 13 und 29 zu liegen kommen sollen.

2 Folgen Sie der Flechtanleitung für „Mein erster Kumihimo-Zopf“ (siehe Seite 36), um einen 1 cm langen runden, 8-strängigen Zopf ohne Perlen zu flechten. Dieser wird am Ende in eine Endkappe gesteckt. Flechten Sie den Zopf um die perlenbesetzten Fäden herum, sodass diese im Inneren des Zopfes sind. Nehmen Sie die Fäden nach außen, wenn Sie bereit sind, die Perlen einzuarbeiten.

3 Fahren Sie mit dem Flechten fort und arbeiten Sie Perlen ein, wie sie benötigt werden, indem Sie die perlenbesetzten Fäden von einer Seite zur anderen bewegen: von 13 zu 29 und 29 zu 13. Geben Sie die Keshi-Perlen willkürlich, aber immer nur eine, frei. Füllen Sie Lücken mit den dolchförmigen Perlen und geben Sie dabei immer ein bis drei Stück frei. Ziel ist es, dass der Zopf gut bedeckt ist. Bei dieser Arbeit ist der Zopf zwischen den Perlen zwar sichtbar, fügt sich aber gut in die Arbeit ein.

4 Flechten Sie weiter, bis alle Perlen verbraucht sind, und flechten Sie dann wieder 1 cm ohne Perlen, wobei Sie die Fäden der Perlen wie in Schritt 2 behandeln.

Abschnitt mit dem flachen Band

5 Folgen Sie der Flechtanleitung für den Bänderzopf „Pfau“ (siehe Seite 48), um ein flaches, 8-strängiges Band zu flechten, und fahren Sie damit fort, bis der gesamte Zopf 58,6 cm misst.

MIT YOGA DURCHS JAHR

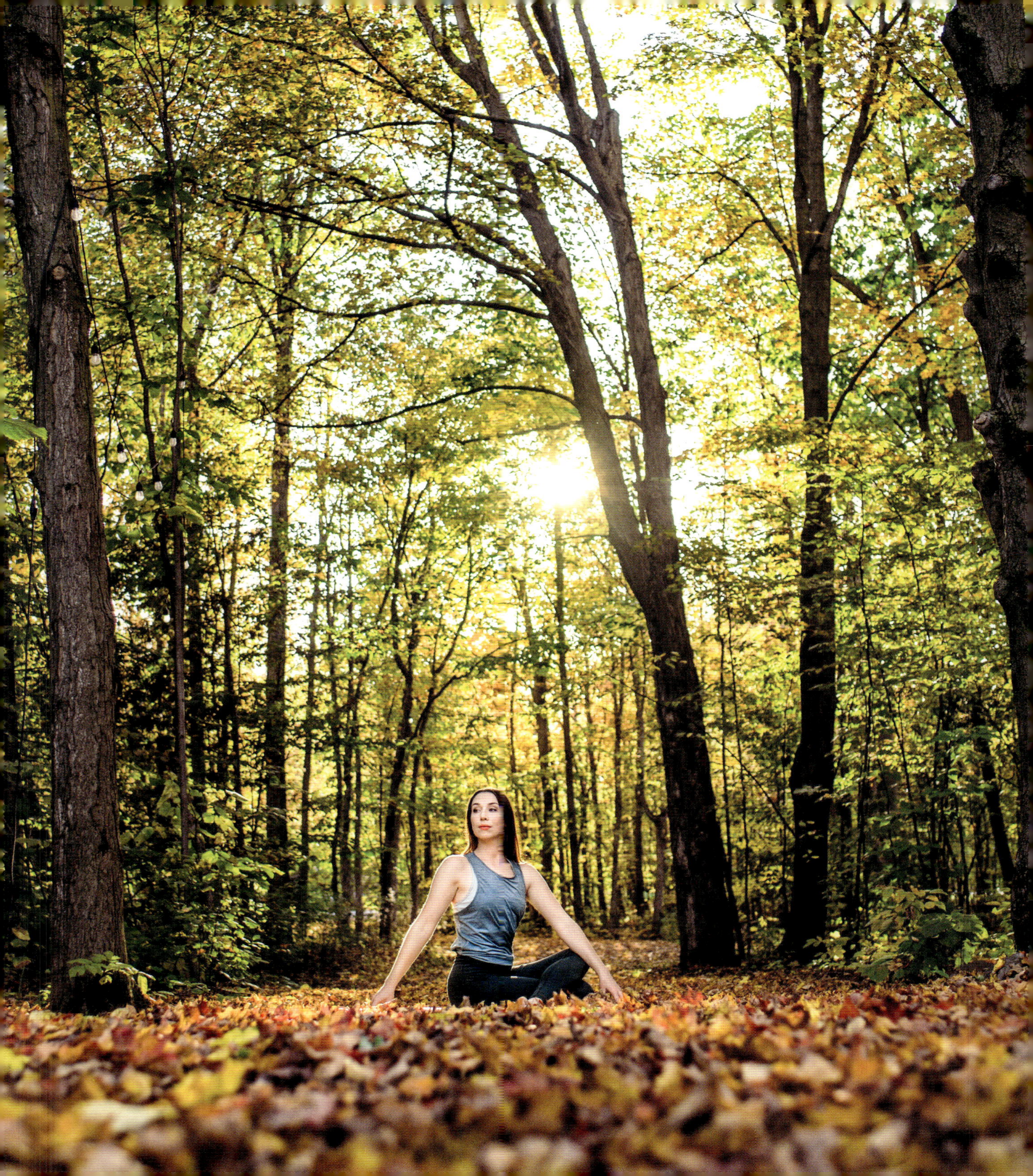

MIT YOGA DURCHS JAHR

ÜBUNGEN, MEDITATIONEN & RITUALE IM FLUSS DER JAHRESZEITEN

KASSANDRA REINHARDT

von Yoga with Kassandra

DK

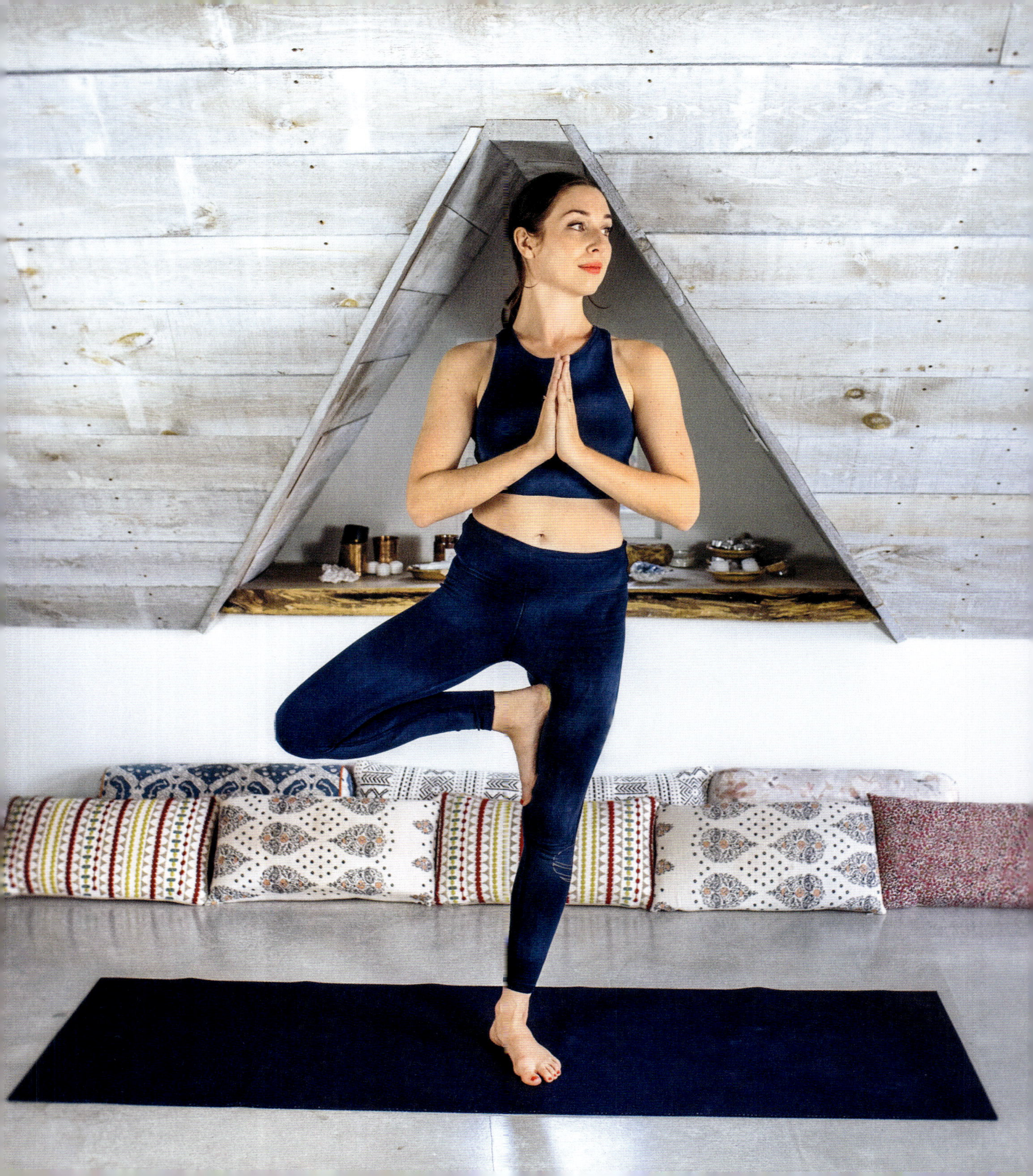

Für meine Schüler auf der ganzen Welt –
danke für eure Hingabe und eure Unterstützung.
Dieses Buch ist für euch.

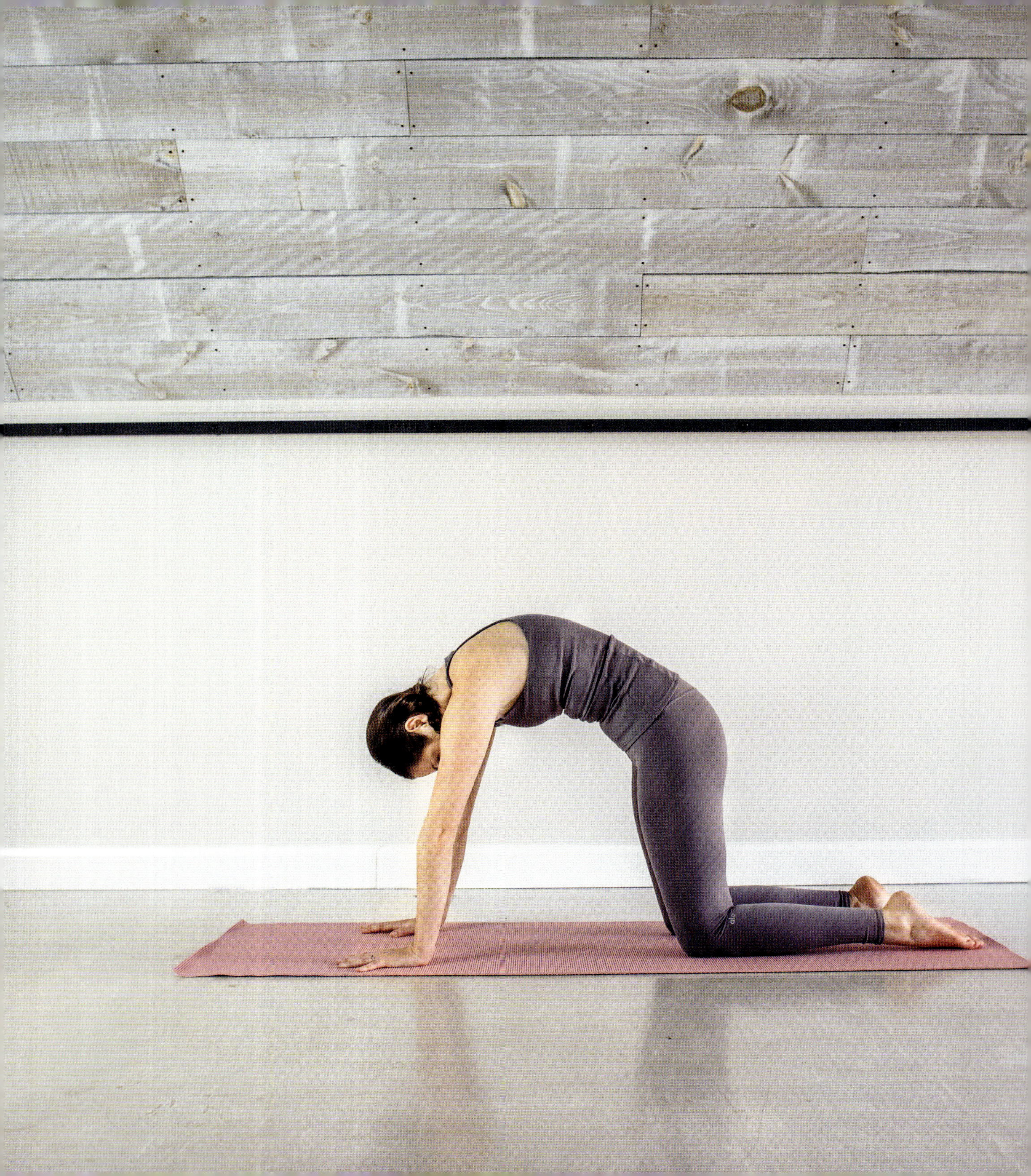

INHALT

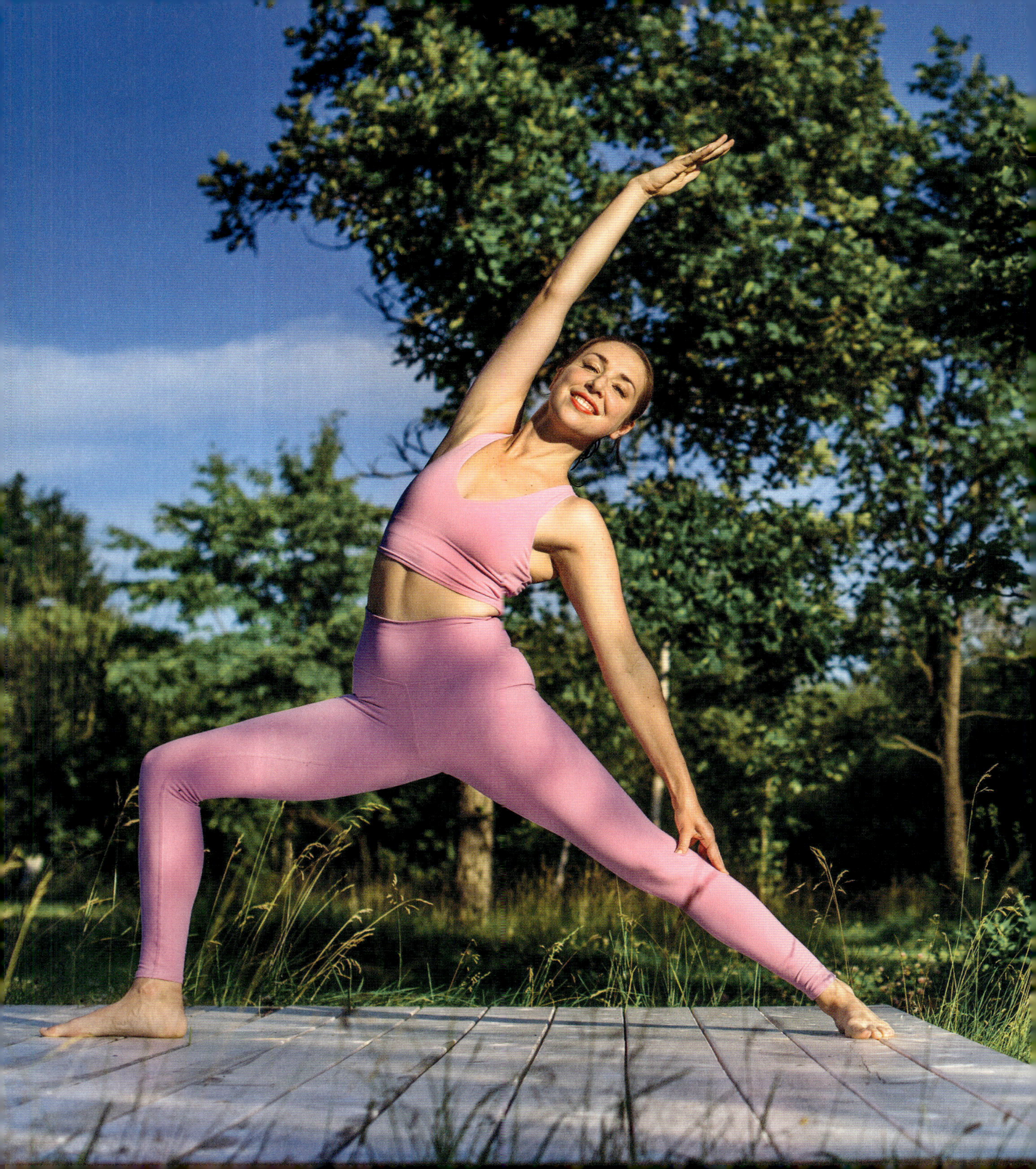

EINLEITUNG

Willkommen – und schön, dass Sie sich für dieses Buch entschieden haben! Ich praktiziere und lehre Yoga mittlerweile seit über zehn Jahren, und ich freue mich, die Praktiken und Tipps, die mein Leben in dieser Zeit so grundlegend verändert haben, nun mit Ihnen zu teilen.

Als ich klein war, begann ich mit Ballett. Ich liebte es, litt aber mental und körperlich unter dem Fokus auf Disziplin. 2008 besuchte ich dann zum ersten Mal eine Yogaklasse, um beweglicher zu werden und mit Stress und Ängsten besser umgehen zu können.

Gern würde ich sagen, dass ich Yoga ab dem ersten Mal auf der Yogamatte liebte – aber das war nicht der Fall. Es dauerte, bis ich den Reichtum der Yogapraxis wirklich zu schätzen wusste. Und ich musste verschiedene Yogastile und -lehrer ausprobieren, bevor ich einen Ansatz fand, der mir entsprach. In den ersten Jahren fiel es mir schwer, meinen Geist zur Ruhe kommen zu lassen. Durch meine Balletterfahrung fielen mir die Haltungen zwar leicht – aber ich kämpfte mit dem Meditieren und damit, dem Drang, mir etwas beweisen zu müssen, zu widerstehen. Aber wie es oft im Leben der Fall ist, stellte ich fest, dass genau die Aspekte der Yogapraxis, gegen die ich mich am meisten sträubte, die waren, die ich am dringendsten brauchte.

Vom Ballett war ich es gewohnt, immer danach zu streben, besser zu werden. Dieses Mindset wirkte sich aber körperlich und mental negativ auf mich aus. Meine Yoga-Lehrer ermutigten mich immer wieder, mich einfach fallen zu lassen. Der Fokus sollte auf meiner inneren Erfahrung und nicht auf äußerlich messbaren Ergebnissen liegen. Ich brauchte ein wenig, um das zu begreifen, aber als es so weit war, fühlte es sich an, als würde eine riesige Last von mir abfallen. Yoga half mir, mit meinem Körper in Verbindung zu treten und ganz im Moment zu sein. Es war im Grunde ein radikaler Akt von Selbstwertschätzung: Ich lernte, gütig mit mir zu sein, indem ich nach der Mentalität »Weniger ist mehr« lebte.

Und genau das ist es, wobei die Yogasequenzen in diesem Buch auch Ihnen helfen sollen. Sie sollten keine Punkte auf irgendeiner To-do-Liste sein, sondern Möglichkeiten, sich selbst auf einer tieferen Ebene kennenzulernen – denn wie man auf der Yogamatte handelt, ist ein Spiegel des eigenen Verhaltens im Alltag. Achten Sie auf Ihre innere Stimme, wenn Sie an Ihre Grenzen kommen und aus Ihrer Komfortzone hinaustreten. Was erzählt sie Ihnen? Das ist einer der vielen Wege, wie die Yogapraxis persönliches Wachstum und Selbstentwicklung unterstützen kann.

Oft heißt es, dass die Yogahaltung, die einem am schwersten fällt, die ist, die man am dringendsten braucht – und das kann ich nur bestätigen. Wenn man Ablehnung gegen eine Yogahaltung verspürt, ist es zudem wichtig, zu unterscheiden, ob sie nicht richtig für den eigenen Körper ist oder ob sie einfach unbekannt und daher unbequem ist. Einsicht ist ein Schlüsselelement des Yoga: Jede Haltung kann uns etwas lehren, und jedes Mal, wenn man die Yogamatte ausrollt, wird man ein Stück weiser.

Lange klassifizierte ich Yogaklassen und Meditationen als »gut« oder »schlecht« – was mich in meinem persönlichen Wachstum behinderte. Denn es ist normal, dass man an manchen Tagen abgelenkter ist und sich eine Yogahaltung, die einem eigentlich leicht fällt, plötzlich unglaublich schwierig anfühlt. Dabei ist es nur wichtig, diese Herausforderungen nicht zu ignorieren oder Ausreden dafür zu suchen, warum etwas nicht so läuft, wie man es sich vorstellt. Stattdessen sollte man neugierig und offen dafür bleiben, was einen diese Erfahrung lehren kann.

Wir alle sind immer wieder mit Schwierigkeiten konfrontiert. Yoga ist dabei keine Ausnahme, aber es kann uns die Werkzeuge geben, um Herausforderungen mit Würde zu begegnen. Im Laufe der Zeit wurde mir klar, dass mir eine regelmäßige Praxis hilft, bei mir selbst zu bleiben – selbst in den schwierigsten Momenten. Yoga schenkt neue Perspektiven und lässt uns Verbundenheit mit uns selbst, gegenüber anderen und mit dem großen Ganzen erleben.

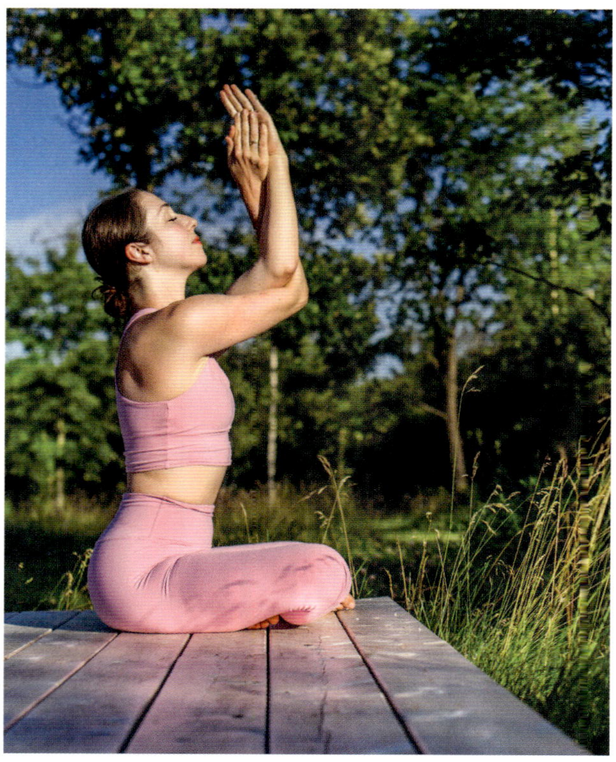

Meine Praxis wurde noch intensiver, als ich begann, im Einklang mit den Rhythmen der Natur, den Mond- und Sonnenzyklen, zu praktizieren. Dadurch konnte ich meine Energielevel optimieren, und ich fühlte mich tief verbunden mit mir und der Welt um mich herum. Zu erkennen, welche Praxis je nach Stimmung und Energielevel passend war, war unglaublich bestärkend. Und die Integration von Yoga in meinen Alltag war zudem ein wunderbarer Weg, um mich geerdet zu fühlen, ganz egal, was der Tag für mich brachte. Daher bin ich der festen Überzeugung, dass selbst eine kurze tägliche Yogapraxis das Leben nachhaltig verändern kann.

Als eher ruheloser und ängstlicher Mensch fand ich Halt und Trost in langsameren Yoga-Arten wie Yin

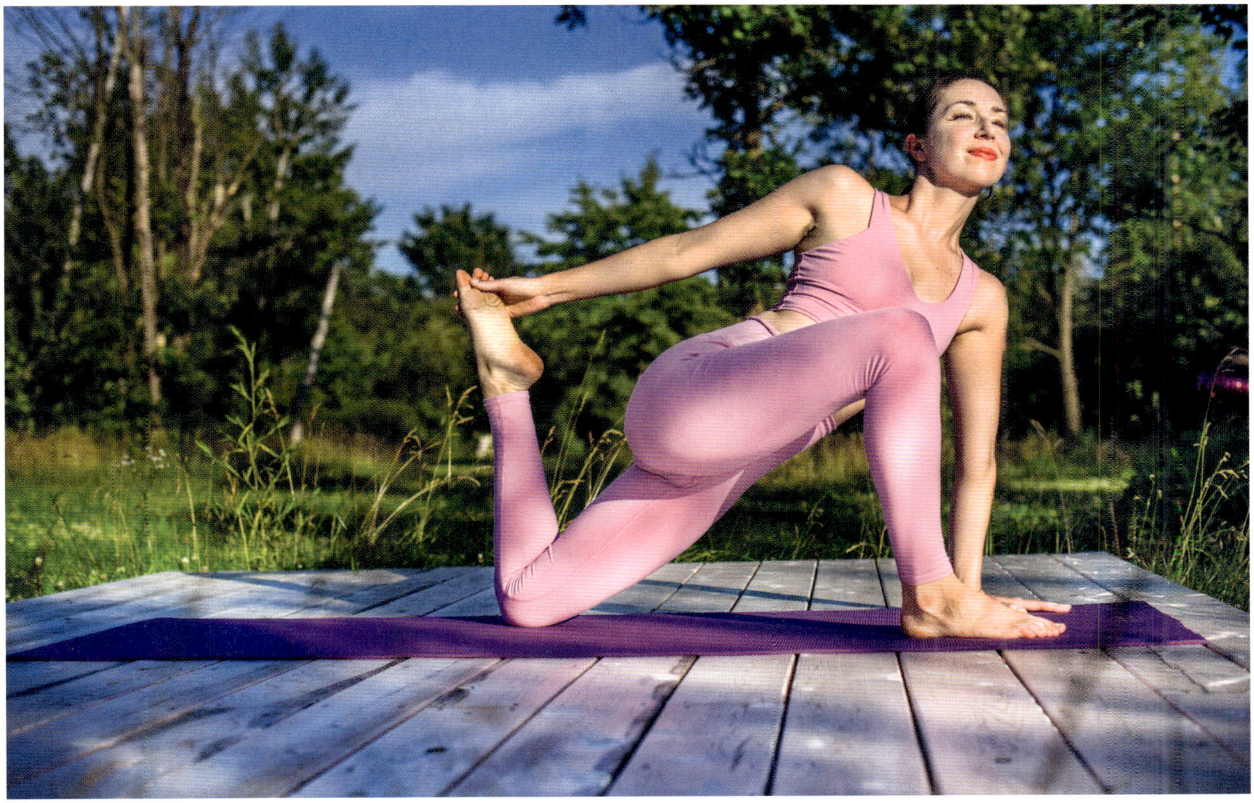

Yoga. Vinyasa Yoga wiederum lehrte mich Körperbewusstsein und half mir, die Verbindung zwischen Körper und Geist zu erkennen. Heute lehre und praktiziere ich daher hauptsächlich diese beiden Yogastile, die auch den Sequenzen in diesem Buch zugrunde liegen. Wenn Sie gerade erst mit Yoga beginnen, rate ich Ihnen, nicht aufzugeben, wenn Sie zu dieser Art der Praxis nicht auf Anhieb Zugang finden. Yoga ist eine Reise, und der erste Schritt ist, herauszufinden, was zu einem passt. Mit der Zeit erkennt man ganz automatisch, was richtig für einen ist.

Mein Ziel war es immer, gut nachvollziehbare Yogasequenzen zu erstellen, die man ganz einfach in den eigenen vier Wänden durchführen kann. In diesem Sinne: Egal ob Sie mit diesem Buch oder meinen Online-Klassen praktizieren, ich hoffe, Sie fühlen sich getragen und unterstützt, und ich bin dankbar, diese Reise mit Ihnen beginnen zu dürfen!

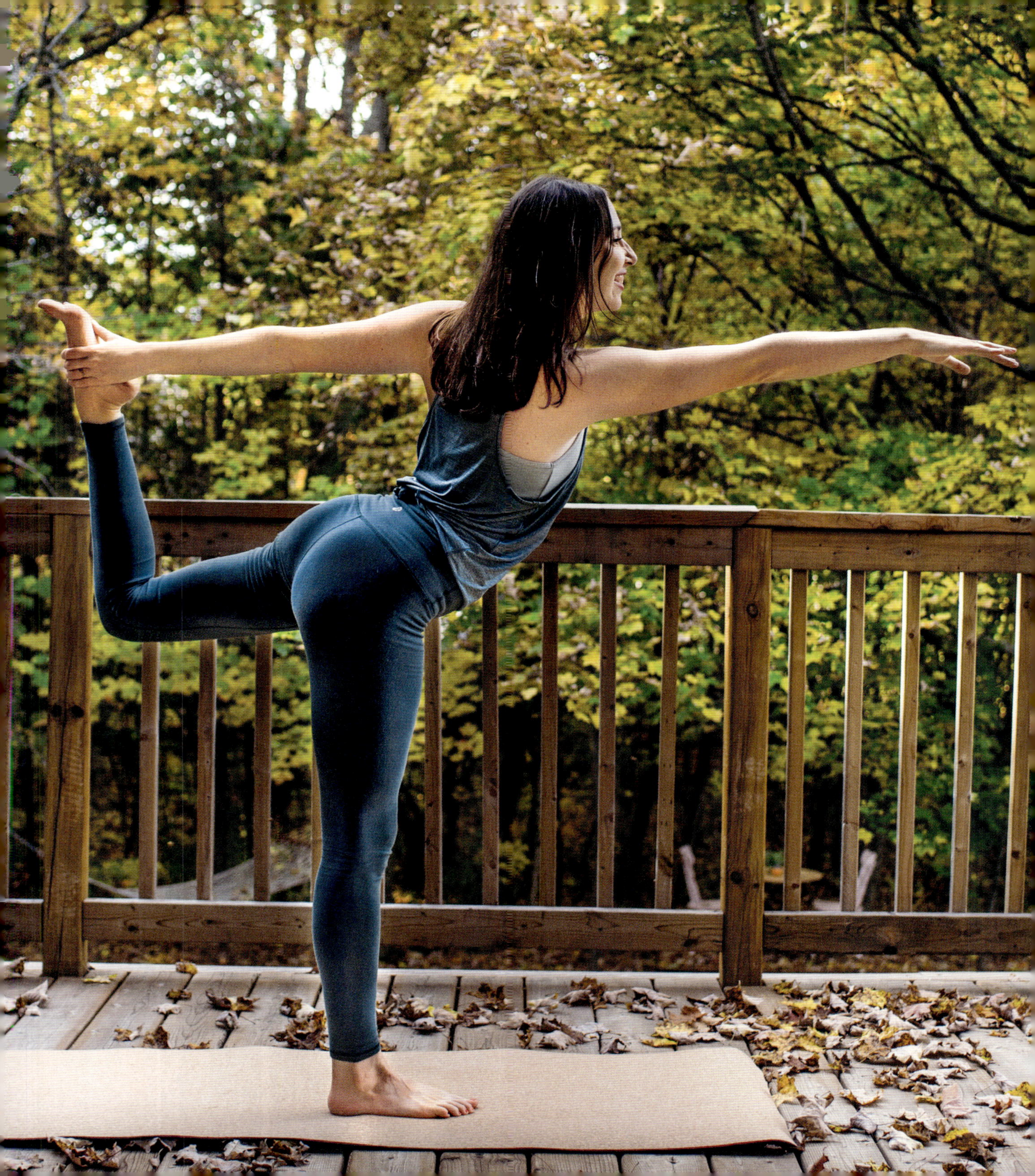

ÜBER DIESES BUCH

Dieses Buch soll Sie im Fluss der Jahreszeiten begleiten und mit Ihnen wachsen – mit Yogaklassen und -sequenzen, die sicher, effektiv und zugleich bedeutungsvoll sind. Es ist mir außerdem wichtig, dass sich die Yogapraxis ganz einfach in den Alltag integrieren lässt und Ihnen Wohlbefinden und seelischen Frieden schenkt.

Das Buch ist in Kapitel unterteilt, die den vier Jahreszeiten entsprechen, sodass Sie im Einklang mit der Natur praktizieren können. Jedes Kapitel enthält eine Morgenpraxis, eine Abendmeditation, eine Atemübung, Affirmationen, Mondrituale, vier Yogasequenzen sowie Buch- und Musikvorschläge und Informationen zu passenden Düften, Ölen und Kristallen. Ich möchte Ihnen so viele Optionen wie nur möglich geben, damit Sie die Praxis zusammenstellen können, die Ihren Bedürfnissen am besten entspricht.

Bei jeder Yogasequenz findet sich ein QR-Code, hinter dem sich eine in Englisch gehaltene Video-Yogaklasse für die jeweilige Sequenz verbirgt. Ich liebe es, Online-Yoga-Unterricht zu geben, und deshalb wollte ich auch Ihnen die Möglichkeit geben, die Yogasequenzen so zu verfolgen. Bei den Meditationen gibt es ebenfalls QR-Codes, mit deren Hilfe man eine englische Aufnahme einer geführten Meditation abspielen kann – so steht der Entspannung nichts mehr im Weg!

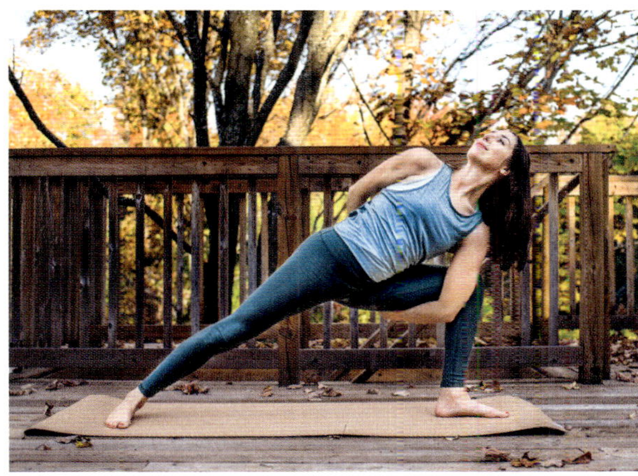

Jede Jahreszeit wird zudem durch ein passendes Thema bestimmt, und den Anfang macht hier der Winter, denn dieser steht für Aufbruch und den Übergang in ein neues Jahr und ist damit der richtige Startpunkt für Ihre Reise. Natürlich kann man aber auch sonst jederzeit bei der passenden Jahreszeit einsteigen.

Mir ist wichtig, dass Sie sich bestärkt fühlen, dieses Buch genau so zu verwenden, wie Sie es möchten. Sie fühlen sich nach einer wärmenden Sommerpraxis im Winter? Warum nicht. Genießen Sie es einfach!

Alle Audio-Aufnahmen und Videos finden Sie auf Englisch auch unter
https://www.yogawithkassandra.com/year-of-yoga/

Das Passwort zum Abrufen lautet »yearofyoga«.

SICHERHEIT & HILFSMITTEL

Im Hinblick auf die Sicherheit beim Yoga gilt es drei wichtige Punkte zu beachten:

LANGSAM BEGINNEN. Bleiben Sie realistisch im Hinblick darauf, wozu Ihr Körper fähig ist. Beim Yoga geht es nicht darum, sich etwas zu beweisen oder eine To-do-Liste abzuarbeiten. Bei jeder Praxis stehen Selbstfürsorge und Selbstentdeckung im Mittelpunkt. Wenn Sie die Matte ausrollen, dann tun Sie das aus Freude! Machen Sie sich keine Sorgen über Ihre Fortschritte und setzen Sie sich keine zu hohen Ziele. Bleiben Sie realistisch und tun Sie, was sich für Sie richtig anfühlt. Sie müssen niemandem etwas beweisen.

DEN UNTERSCHIED ZWISCHEN SPÜREN UND SCHMERZ VERSTEHEN. Bei jeder Haltung spürt man etwas, das ist ganz normal, aber Yoga sollte niemals schmerzhaft sein. Wer auf der Suche nach einem intensiven Training ist, dem fällt das vermutlich zunächst schwer – aber weniger ist hier wirklich oft mehr. Widerstehen Sie dem Drang, immer an Ihre Grenzen zu gehen. Bei der Yogapraxis geht es darum, den Körper zu spüren, ohne vollkommen von ihrer Intensität übermannt zu werden.

DEN FOKUS AUF DIE ATMUNG RICHTEN. Ob man sich überanstrengt, merkt man sofort, wenn man seine Aufmerksamkeit auf die Atmung richtet. Fällt es Ihnen plötzlich schwer, ruhig und gleichmäßig zu atmen, dann sind Sie vermutlich zu weit gegangen. Und wenn Sie schnell und stoßweise atmen, dann ist es an der Zeit, eine Pause einzulegen. Wenn Sie merken, dass Ihre Gedanken abschweifen, dann bringen Sie Ihren Fokus sanft wieder zurück zu Ihrer Atmung und darauf, wie die Luft durch die Nasenlöcher strömt. Achten Sie während der gesamten Praxis auf einen gleichmäßigen Atemrhythmus.

Bei jeder Sequenz finden sich Informationen zum jeweiligen Schwierigkeitsgrad:

ALLE LEVEL: für jeden geeignet, unabhängig von der bisherigen Erfahrung

ANFÄNGER: für Yoga-Einsteiger geeignet

FORTGESCHRITTENE: perfekt für alle mit etwas Erfahrung und einem gewissen Grad an Dehnbarkeit

PROFIS: ideal für geübte Praktizierende mit reichlich Erfahrung

Das sind allerdings nur Anhaltspunkte – Ihr Körper weiß, was richtig für ihn ist, hören Sie auf ihn und zwingen Sie sich zu nichts, was sich nicht richtig anfühlt.

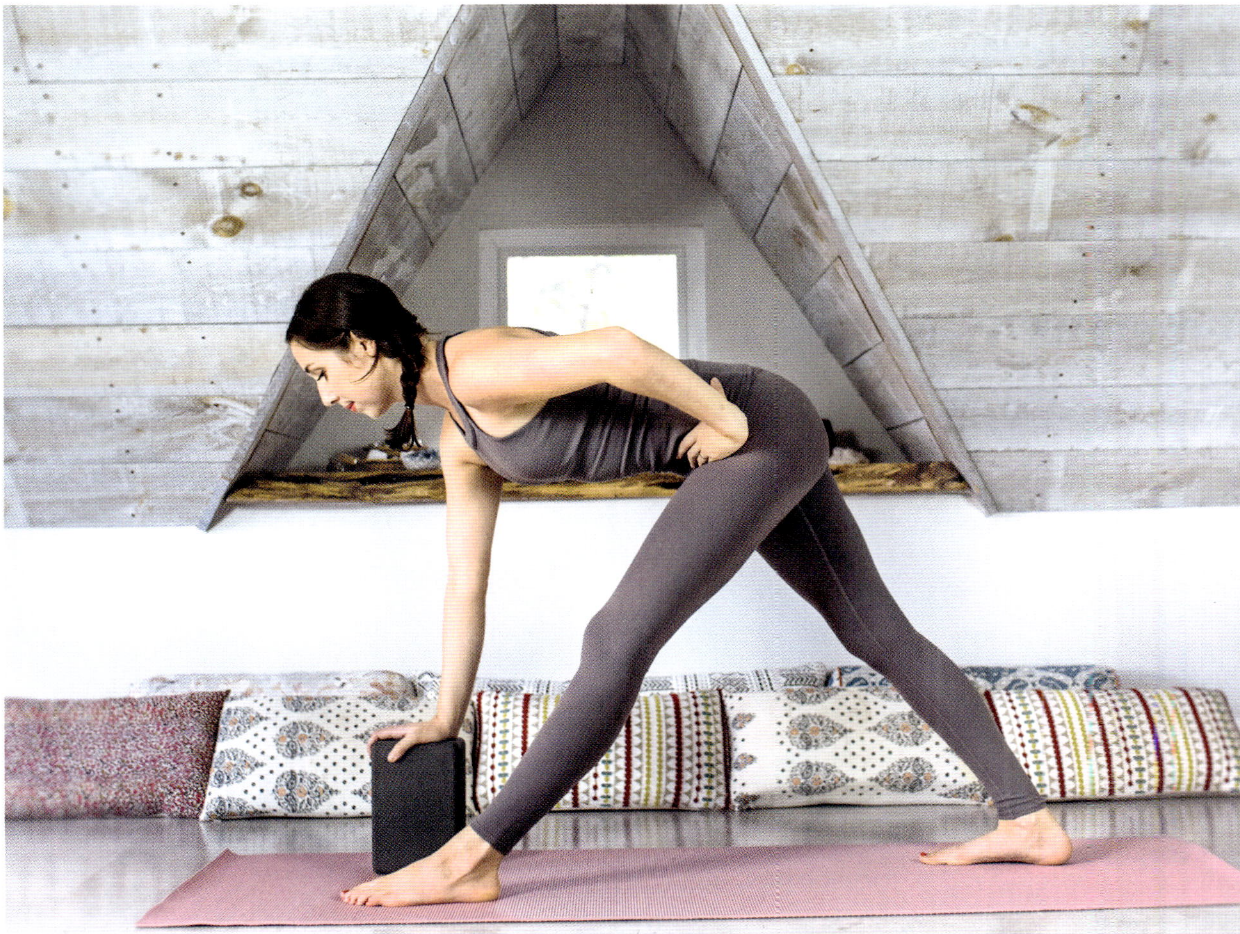

Um das Beste aus Ihrer Praxis herausholen zu können, lohnt es sich, in einige grundlegende Hilfsmittel zu investieren. Oft können aber auch Gegenstände, die jeder bereits zuhause hat, als Ersatz dienen:

YOGABLÖCKE (AUS KORK, BAMBUS ODER SCHAUMSTOFF): Alternativ eignen sich auch Couchkissen, gefaltete Decken oder dicke Bücher.

YOGAGURT: Als Ersatz kann man auch einen Gürtel oder ein Theraband verwenden.

YOGABOLSTER: Stattdessen eignet sich auch ein entsprechend großes Couchkissen, ein Kopfkissen oder eine gefaltete dicke Decke.

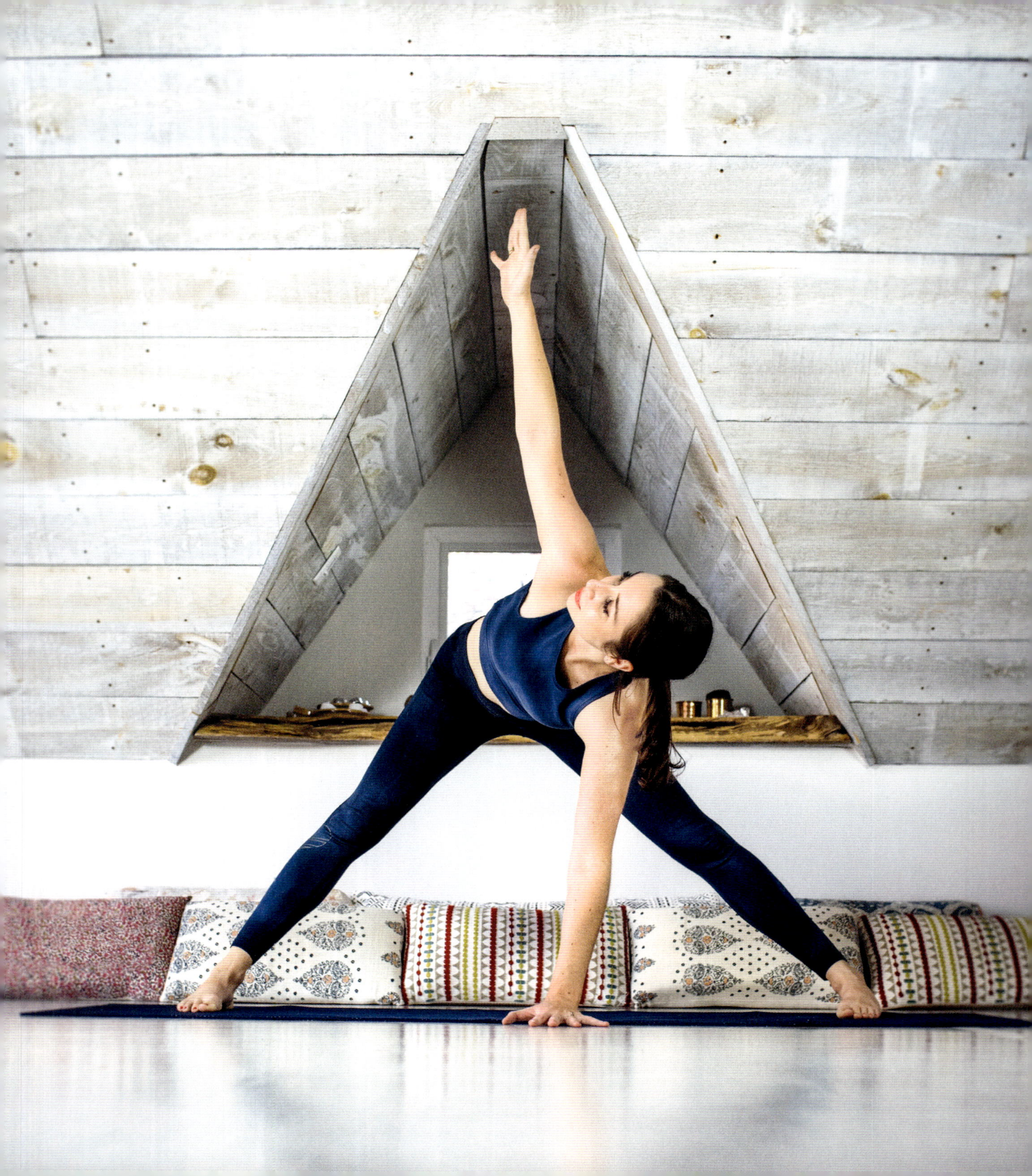

EINE YOGAPRAXIS BEGINNEN

Für Anfänger können sich die ersten Schritte herausfordernd anfühlen, aber das muss nicht so sein! Ich wünsche mir, dass die Yogapraxis für Sie bedeutungsvoll, sicher und effektiv ist. Haben Sie Spaß und konzentrieren Sie sich auf die folgenden Grundlagen:

FANGEN SIE KLEIN AN. Ich bin überzeugt, dass selbst eine kurze Einheit jeden Tag das Leben nachhaltig verändern kann. Der Weg zum Erfolg beginnt mit kurzen Sequenzen, von denen ausgehend man sich steigert, wenn man sie beherrscht.

WERDEN SIE SICH IHRER MOTIVATION BEWUSST. Was hat Sie zum Yoga gebracht? Möchten Sie an Ihrer Körper-Geist-Verbindung arbeiten und mehr im Moment sein, oder sind es die positiven gesundheitlichen Auswirkungen auf Geist und Körper, die sie motivieren? Was auch immer es ist: Wenn Sie spüren, dass Ihre Motivation schwindet, dann besinnen Sie sich wieder darauf, was Ihr ursprünglicher Ansporn war.

FINDEN SIE EINEN ORT FÜR IHRE PRAXIS. Eine einladende, friedliche Umgebung hilft Ihnen, sich ganz auf die Yogapraxis einzulassen. Das muss kein großer, speziell eingerichteter Raum sein – er sollte nur ruhig sein und genug Platz für Ihre Matte bieten.

VERMEIDEN SIE ABLENKUNGEN. Während der Yogapraxis sollte man Ablenkungen so weit wie möglich vermeiden. Stellen Sie Ihr Smartphone auf lautlos und bitten Sie Ihre Familie oder Ihre Mitbewohner, Sie nicht zu stören. Auch die richtige Beleuchtung und passende Musik können helfen. Jetzt geht es nur um Sie – der Rest kann warten.

SEIEN SIE GÜTIG ZU SICH SELBST. Es wäre wunderbar, jeden Tag praktizieren zu können, ohne je zu scheitern, aber hin und wieder soll es einfach nicht sein. Nehmen Sie es sich nicht übel, wenn Sie einen Tag, eine Woche oder sogar einen Monat nicht praktizieren – das führt nur dazu, dass es schwerer wird, überhaupt wieder anzufangen. Seien Sie gütig zu sich selbst und beginnen Sie wieder, wenn Sie bereit sind.

HALTEN SIE ES EINFACH. Konzentrieren Sie sich auf einfache Bewegungen, bei denen Sie sich gut fühlen, anstatt darauf, komplizierte Posen meistern zu wollen. Herausforderungen lassen uns wachsen, aber es geht dabei um die Reise dorthin und nicht um das Ergebnis. Lassen Sie alle Erwartungen los und gehen Sie Ihren eigenen Weg.

GÖNNEN SIE SICH PAUSEN. Ich gönne mir jede Woche einen Tag, an dem mein Körper zur Ruhe kommen darf. Auch Sie werden mit der Zeit einen Rhythmus finden, der sich richtig für Sie anfühlt – hören Sie auf Ihren Körper!

DIE EIGENE YOGAPRAXIS VERBESSERN

Es ist ganz normal, dass die Motivation für die Yogapraxis im Laufe der Zeit schwindet. Wenn es sich anfühlt, als würden Sie auf Autopilot laufen und einfach nicht weiterkommen, helfen Ihnen diese Tipps und Techniken, um wieder Inspiration zu finden.

SETZEN SIE INTENTIONEN. Yoga ist Meditation in Bewegung und ein Akt der Hingabe. Bevor Sie beginnen, schließen Sie die Augen und fragen Sie sich:

- Warum rolle ich heute meine Matte aus?
- Was motiviert mich, zu praktizieren?
- Was soll mich diese Praxis lehren?

Intentionen können auf das Körperliche abzielen, meist lohnt es sich aber, grundlegender zu werden und tiefere Bedeutung aus der Yogapraxis zu ziehen. Wie unterstützt Yoga Ihre emotionale, mentale und spirituelle Gesundheit? Das sollte Ihre Motivation sein. Erfüllen Sie dazu jede Haltung mit Achtsamkeit und Aufmerksamkeit.

LESEN SIE. Yoga ist vor allem eine spirituelle Praxis und eine Philosophie. Viele Fortschritte geschehen im Inneren, durch *svadhyaya,* (Selbst-)Studium und Selbstbeforschung. Auf der Suche nach tieferer Bedeutung hilft es, die Lektüre der heiligen Schriften des Yoga zu einem Teil der täglichen Yogaroutine zu machen. In diesem Buch finden Sie zudem zahlreiche Buchvorschläge, mit denen Sie Ihre Praxis auf eine höhere Ebene heben können.

STUDIEREN SIE DIE ACHT GLIEDER DES YOGA. Das von Patanjali verfasste *Yogasutra* enthält Instrumente und Richtlinien, die einem helfen, in Harmonie mit der Welt, sich selbst und dem Göttlichen zu leben. Darunter sind auch die acht Glieder des Yoga:

Yama: Ethik, Moral
Niyama: Selbstbeherrschung
Asana: Yogahaltung
Pranayama: Kontrolle des Atems
Pratyahara: Beherrschung der Sinne
Dharana: Konzentration
Dhyana: Meditation
Samadhi: All-Einheit oder Glückseligkeit

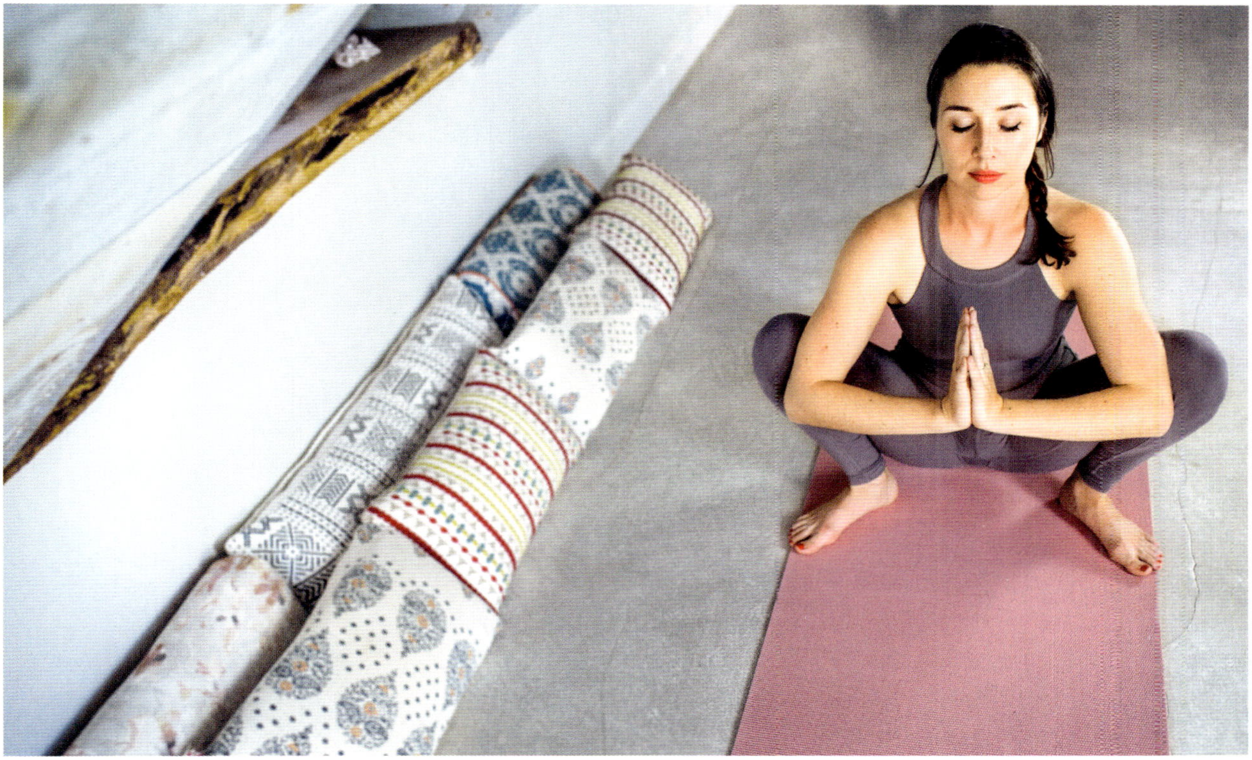

In diesem Buch finden sich Informationen zu einigen dieser Glieder wie *Asana, Pranayama* und *Dhyana.* Der Reichtum des Yoga basiert aber auf allen Gliedern im Zusammenspiel. Nehmen Sie sich also Zeit, um auch die anderen Glieder zu studieren.

SCHLIESSEN SIE DIE AUGEN. Eine tolle Möglichkeit, um Ihre Praxis zu verbessern, ist, sie mit geschlossenen Augen durchzuführen. Das hilft, den Körper zu spüren und sich auf die Atmung zu konzentrieren. Man muss sich auf die anderen Sinne verlassen, und die Bewegungen werden herausfordernder – ein toller Weg, um zu wachsen! Oberstes Gebot ist dabei aber immer die Sicherheit: Tun Sie nur, was sich für Sie gut anfühlt.

GEHEN SIE HINAUS. Viele *Asanas* (Yogahaltungen) sind nach Tieren, landschaftlichen Merkmalen und anderen Dingen aus der Natur benannt: etwa *Tadasana,* die Berghaltung, *Garudasana,* der Adler, und *Vrksasana,* der Baum, um nur einige Beispiele zu nennen. Der Reichtum der Natur ist unglaublich inspirierend. Schenken Sie sich eine neue Perspektive: Gehen Sie mit Ihrer Matte hinaus und lassen Sie sich von der Natur leiten.

VINYASA

Bei vielen Yogasequenzen in diesem Buch findet sich als Anweisung der Begriff *vinyasa* – was so viel bedeutet wie »auf eine bestimmte Art legen, setzen, stellen«. Ein Vinyasa besteht aus einer Abfolge der folgenden vier Yogahaltungen, wobei die einzelnen Haltungen mit jedem Ein- beziehungsweise Ausatmen durchgeführt werden.

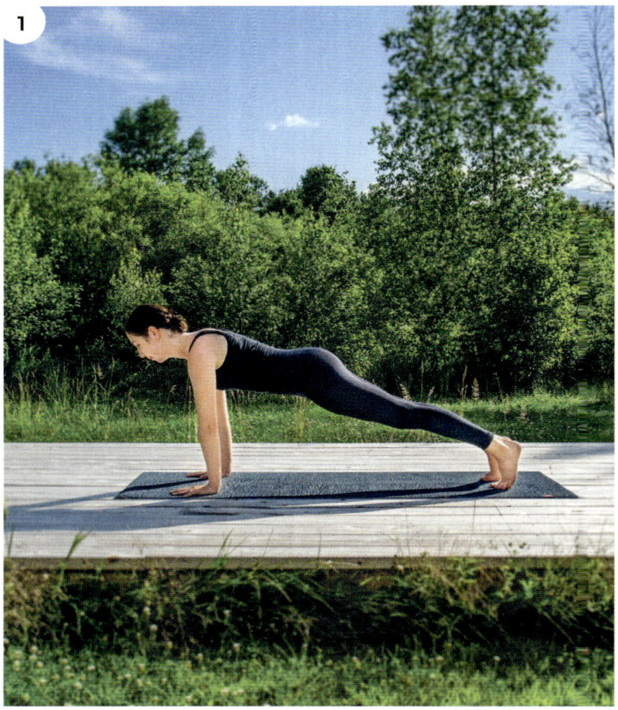

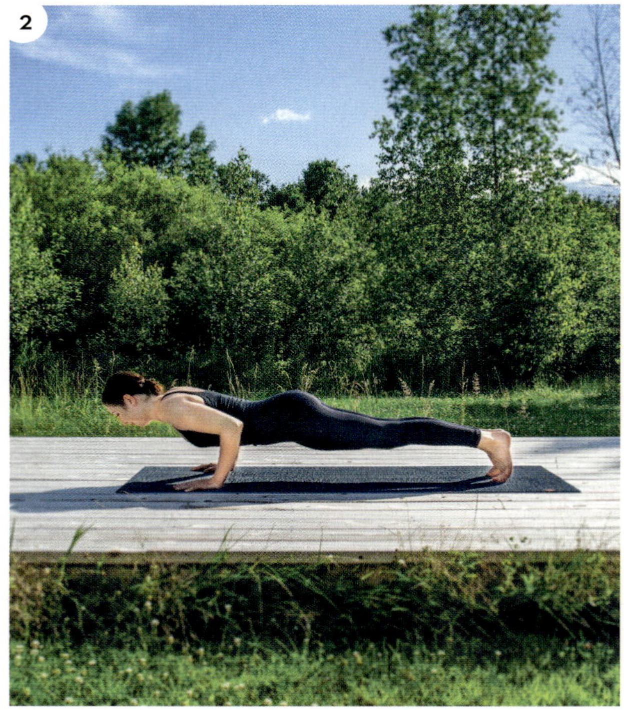

1. Hoher Stütz *(Kumbhakasana)*
Zunächst in den Hohen Stütz kommen, dabei sind die Schultern über den Handgelenken ausgerichtet und die Beine gestreckt. Die Finger leicht spreizen und fest in die Matte drücken, den oberen Rücken anspannen. Kopf, Hüfte und Fersen sind in einer Diagonale ausgerichtet, die Bauchmuskulatur ist angespannt, die Oberarme ziehen zueinander. Halten und einatmen.

2. Bretthaltung *(Chaturanga Dandasana)*
Nun ausatmen, die Ellbogen beugen und gleichzeitig den Oberkörper langsam in Richtung Matte absenken, bis die Ellbogen im 90-Grad-Winkel über den Handgelenken ausgerichtet sind. Die Ellbogen ziehen in Richtung Rippen, die Zehenspitzen sind fest verwurzelt. Für eine einfachere Variante die Knie auf die Matte absenken.

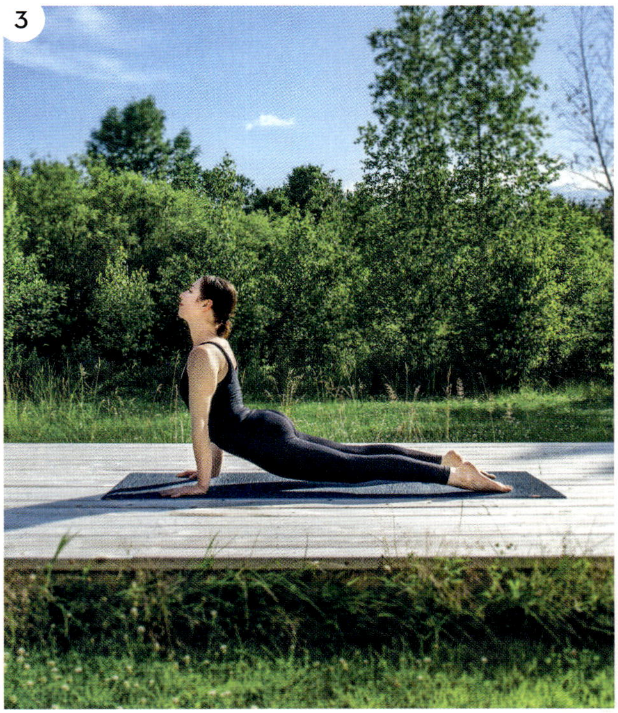

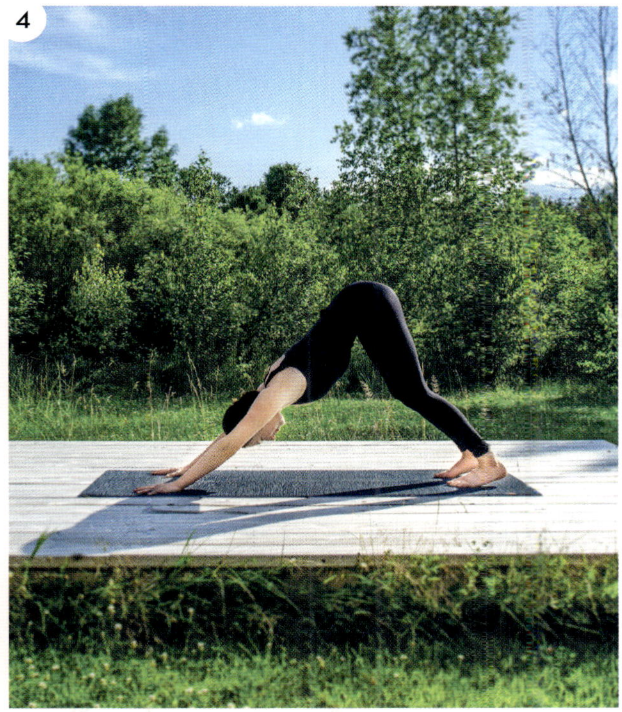

3. Heraufschauender Hund *(Urdhva Mukha Svanasana)*

Einatmen, die Fußrücken auf die Matte legen, die Arme durchstrecken und die Brust nach oben drücken. Die Fußrücken drücken fest gegen die Matte, die Schultern rollen zurück, um die Brust zu öffnen, und die Hüfte bleibt in der Luft. Spannen Sie die Oberschenkelmuskulatur an und machen Sie die Wirbelsäule lang.

4. Herabschauender Hund *(Adho Mukha Svanasana)*

Ausatmen, die Füße wieder auf die Matte stellen, die Körpermitte anspannen und die Hüfte nach hinten oben schieben, um in ein umgekehrtes V zu kommen. Die Brust zieht in Richtung Oberschenkel, die Füße stehen möglichst flach auf der Matte, dazu wenn nötig die Knie beugen. Die Bauchmuskulatur ist angespannt, das Steißbein zieht nach oben.

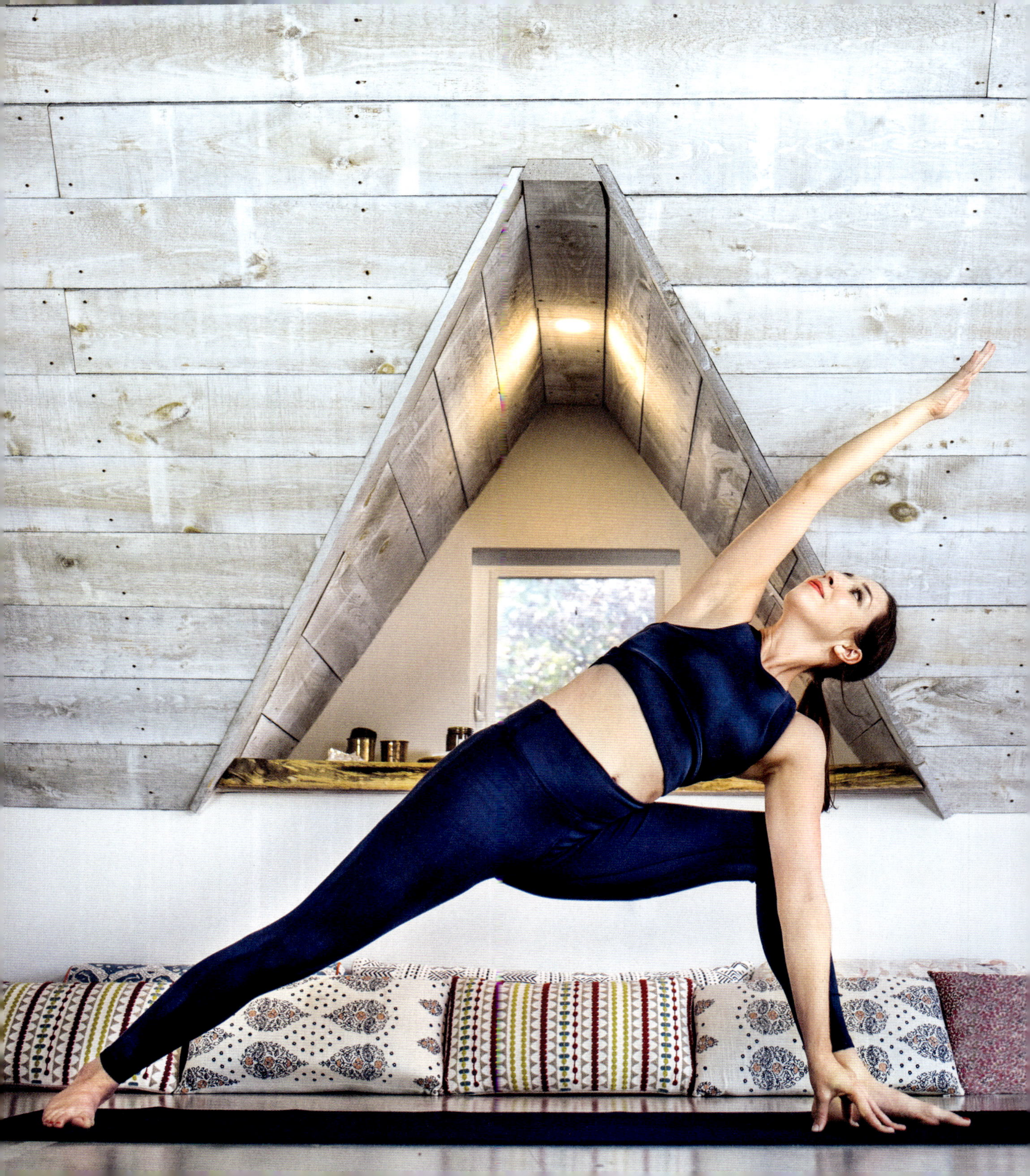

MONDPRAKTIKEN

Der Mondzyklus hilft uns dabei, mit den verschiedenen Phasen unseres Lebens und der Weisheit der Natur, die jedem von uns innewohnt, in Einklang zu kommen. Es gibt acht Mondphasen, wobei der Fokus in diesem Buch auf den zwei gegensätzlichen liegt: dem Neumond und dem Vollmond.

Der Neumond ist der Beginn von allem, denn alles hat seinen Ursprung in der Dunkelheit. Jeden Monat schenkt er uns die Möglichkeit, neu anzufangen, zu träumen, Intentionen zu formulieren und Selbstfürsorge zu betreiben.

Knapp zwei Wochen später ist Vollmond, der Mond ist nun am hellsten zu sehen. Er erleuchtet den Himmel und unsere Herzen mit seiner Einladung, das Leben zu feiern und den Überfluss, den es uns schenkt, wertzuschätzen.

Ich empfehle Ihnen, die folgenden zwei Sequenzen nachts möglichst ungestört durchzuführen. Wenn es das Wetter erlaubt, kann man auch draußen in der Natur praktizieren und dazu die passende Playlist abspielen. Schalten Sie das Smartphone auf lautlos, legen Sie Ihr Tagebuch bereit, zünden Sie Kerzen an – und konzentrieren Sie sich.

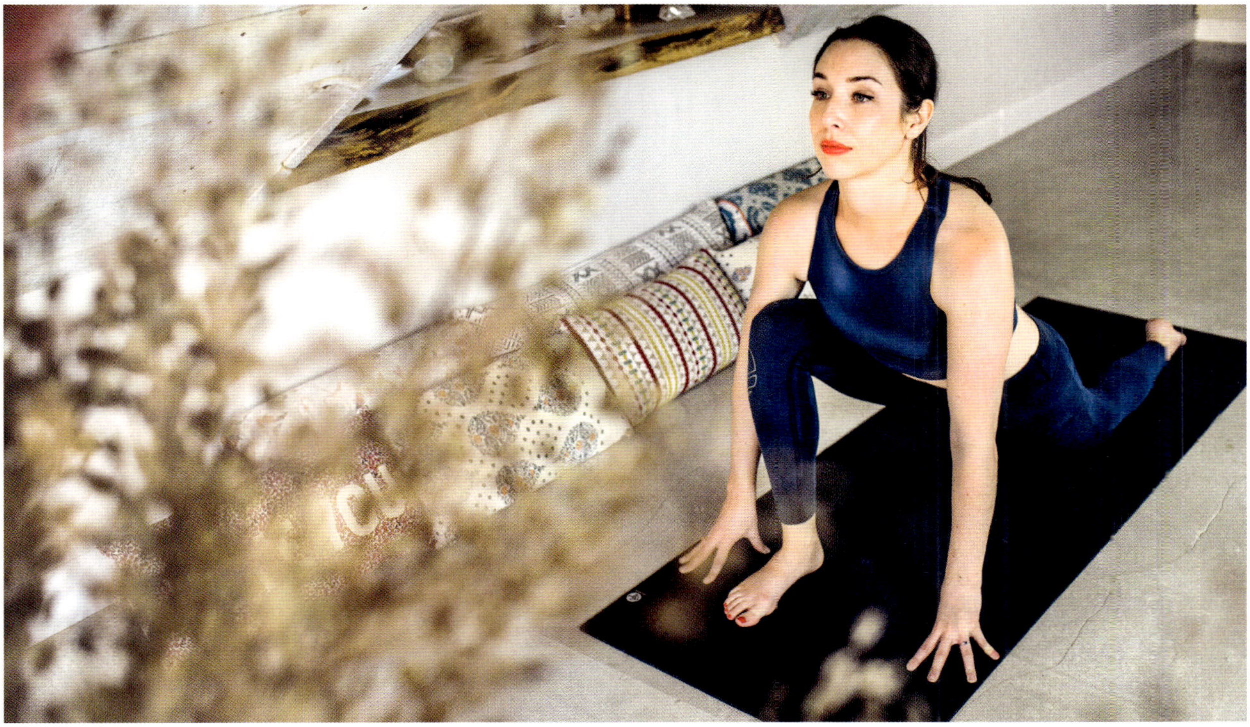

NEUMOND-LISTE

Musik

»Small Memory« von Jon Hopkins
»Beacon« von Ayla Nereo
»Jai Ma« von Govind Das & Radha
»Wish You Were Here« von Pink Floyd
»Higher Love« von James Vincent McMorrow
»When I Get My Hands on You« von The New Basement Tapes
»Lullaby« von Trevor Hall
»Heavy Rope (Acoustic)« von Lights
»Mother of the Water« von Alexa Sunshine Rose
»Om Mani Padme Hum« von Veet Vichara & Premanjali
»Deep Peace« von Ashana
»Opening the Heart« von Annie Jameson

Bücher

Moon Time von Lucy H. Pearce
Die Wolfsfrau : die Kraft der weiblichen Urinstinkte von Clarissa Pinkola Estés
Moonology von Yasmin Boland

Kristalle

BERGKRISTALL: Wenn es darum geht, neue Vorsätze zu fassen und Intentionen zu formulieren, ist der Bergkristall der perfekte Begleiter! Er verstärkt die Energie, klärt den Geist und gilt als Meisterheiler.

SCHWARZER TURMALIN: Dieser Kristall repräsentiert die Dunkelheit des Neumonds. Er hilft uns, Verborgenes in uns selbst zu entdecken, und schenkt tiefe Heilung und Erdung.

Düfte & Öle

SALBEI: Salbei gilt seit langem in vielen Kulturen weltweit als reinigende Pflanze – von den alten Römern über die Kelten bis hin zu den Ureinwohnern Nordamerikas. Er ist ideal für Neuanfänge und um Stimmungsänderungen einzuleiten.

ZEDERNHOLZ: Wenn man sich erschöpft oder abgelenkt fühlt, wirkt Zedernholz erdend und beruhigt die Nerven.

VOLLMOND-LISTE

Musik

»Please Prepare Me« von Beautiful Chorus
»Veiled Grey« von Christian Löffler
»Harvest Moon« von Neil Young
»Blessed We Are« von Peia
»Crystal« von Stevie Nicks
»Slowly« von Max Sedgley
»Pressure« von Milk & Bone
»Fly Me to the Moon« von Minnie Driver
»Goodnight Moon Child« von Beautiful Chorus
»Lakshmi Mantra« von Jaya Lakshmi & Ananda
»The Sound of Silence« von Pat Metheny

Bücher

Lunar Abundance von Ezzie Spencer
Awakening Shakti von Sally Kempton
Yoga Poems von Leza Lowitz

Kristalle

MONDSTEIN: Der Mondstein lässt uns unsere wichtigsten Visionen und Intentionen erkennen und schenkt gute Träume.

SELENIT: Der nach der griechischen Mondgöttin Selene benannte Selenit ist der perfekte Vollmond-Verbündete. Er reinigt und schafft eine Verbindung zu höherem Bewusstsein.

Düfte & Öle

VANILLE: Dieses natürliche Aphrodisiakum lässt uns die Lebendigkeit und die Sinnlichkeit des Vollmonds erleben. Vanille wirkt außerdem stimmungsaufhellend.

YLANG-YLANG: Der Duft des Ylang-Ylang hilft uns, mit der göttlichen weiblichen Energie in Verbindung zu treten. Er steht außerdem für Heiterkeit und Freude.

NEUMOND-YIN-YOGA-FLOW

SCHWIERIGKEITSGRAD: alle Level **HILFSMITTEL:** 2 Blöcke

Diese stärkende Yin-Yoga-Sequenz ist perfekt, um neue Intentionen für den beginnenden Mondzyklus zu formulieren.

Yin Yoga ist eine passive Praxis mit einem Fokus auf die Faszien und das tieferliegende Bindegewebe. Wichtig ist, die Muskulatur bewusst zu entspannen, während man die Haltungen drei bis fünf Minuten auf jeder Körperseite hält. Zwingen Sie sich nicht in die Haltungen, sondern lassen Sie sie zu Ihnen kommen – denken Sie daran: Weniger ist mehr.

1

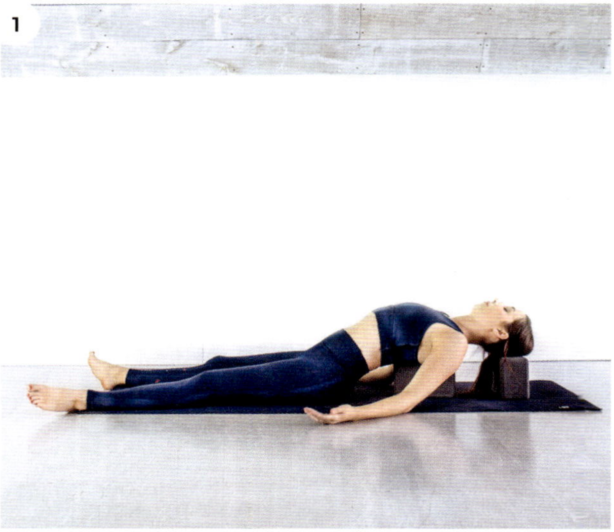

2

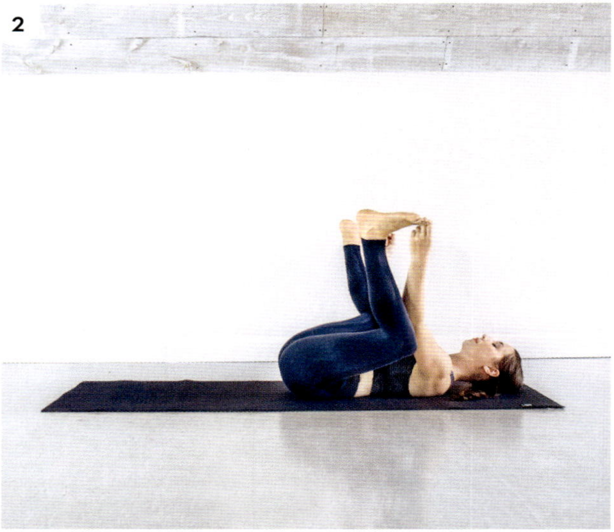

1. Unterstützter Fisch *(Matsyasana)*
Eine entspannte Liegehaltung einnehmen, die Yogablöcke stützen den Kopf und den oberen Rücken zwischen den Schulterblättern. Die Blöcke können dabei auf niedrigster oder mittlerer Höhe positioniert werden – was für Sie angenehmer ist. Die Arme liegen entspannt neben dem Körper, die Füße fallen leicht nach außen. Spüren Sie, wie sich der Brustkorb mit jedem Atemzug hebt und senkt, und schaffen Sie eine Verbindung zu Ihrem Herzraum. Drei bis fünf Minuten halten und dann langsam und achtsam lösen.

2. Happy Baby *(Ananda Balasana)*
Die Yogablöcke beiseitegeben, flach auf den Rücken legen, die Knie in Richtung Schultern ziehen und gleichzeitig das Steißbein zum Boden drücken. So bleiben oder die Fußknöchel über die Knie bringen und mit den Händen jeweils einen großen Zeh umgreifen. Drei bis fünf Minuten halten.

Konzentrieren Sie sich bei dieser Praxis auf Ihre tiefsten Wünsche und achten Sie auf die währenddessen aufkommenden Gedanken und Emotionen. Indem man physische Verspannungen im Körper auflöst, gelingt es, sich auch von mentalen und emotionalen Spannungen zu befreien.

3

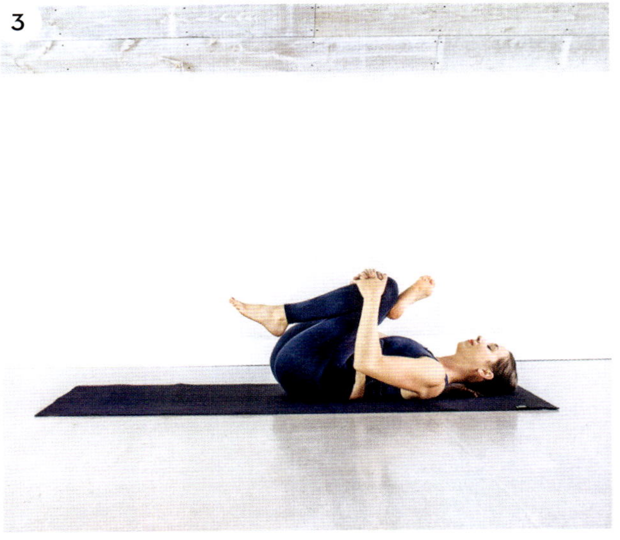

4

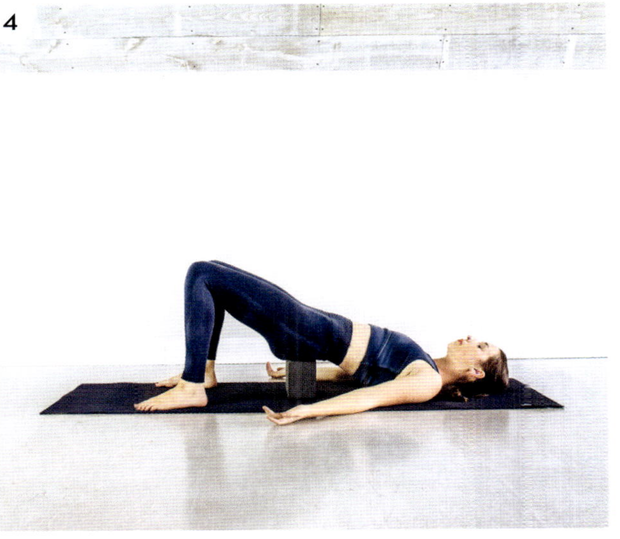

3. Liegender Schwan *(Hamsasana)*

In Rückenlage die Knie anwinkeln und die Füße flach auf den Boden stellen. Nun den rechten Knöchel auf den linken Oberschenkel legen. Mit den Händen – die rechte Hand greift dabei zwischen den Oberschenkeln hindurch – den linken Oberschenkel oder das linke Schienbein umgreifen und zur Brust ziehen, um die rechte Hüfte zu dehnen. Drei bis fünf Minuten halten und dann auf der anderen Seite wiederholen.

4. Unterstützte Brücke *(Setu Bandha Sarvangasana)*

In Rückenlage die Knie anwinkeln und die Füße flach auf den Boden stellen. Die Hüfte anheben und einen Yogablock unter das Steißbein schieben. Der Block kann auf niedrigster oder mittlerer Höhe positioniert werden – was für Sie angenehmer ist. Die Arme liegen entspannt neben dem Körper, die Knie bleiben angewinkelt – für eine intensive Dehnung können die Beine auch ausgestreckt werden. Drei bis fünf Minuten halten.

5

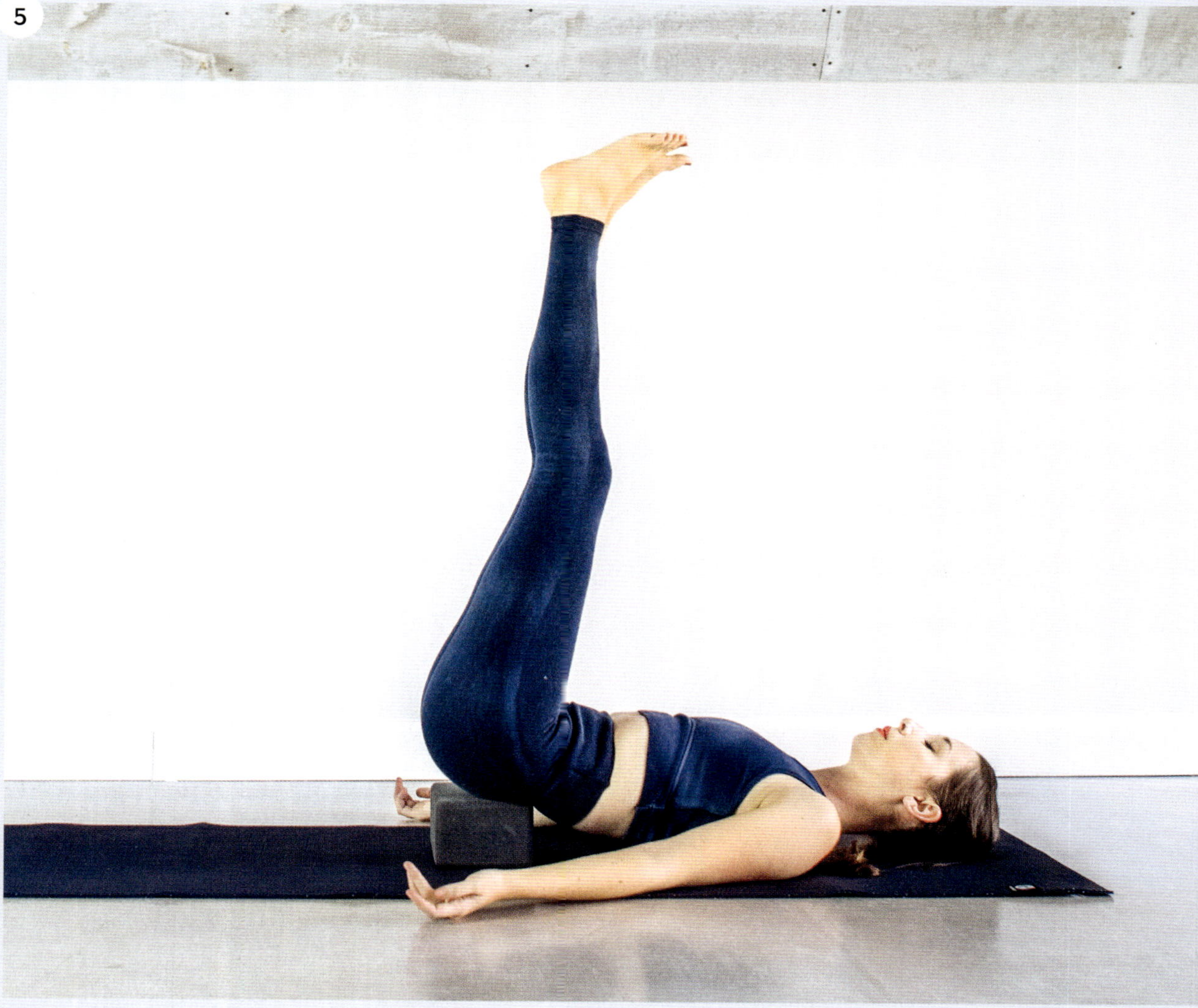

5. Wasserfall *(Viparita Karani)*

Falls Sie Ihre Beine ausgestreckt haben, die Füße Schritt für Schritt in Richtung Körper bringen, bis die Knie wieder angewinkelt sind. Den Yogablock auf der niedrigsten Höhe unter dem Steißbein positionieren und die Beine gerade nach oben strecken. Die Arme liegen entspannt neben dem Körper – für eine sanfte Dehnung im Oberkörper kann man sie auch hinter den Kopf führen. Drei bis fünf Minuten halten und dann sanft lösen.

6

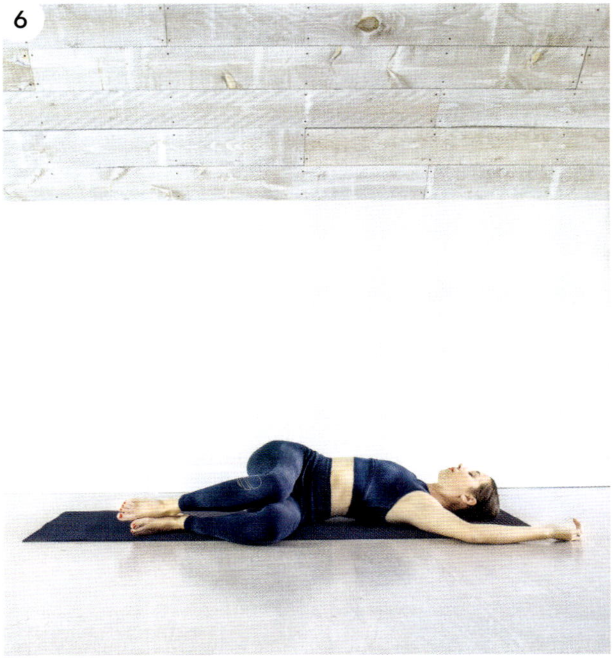

7

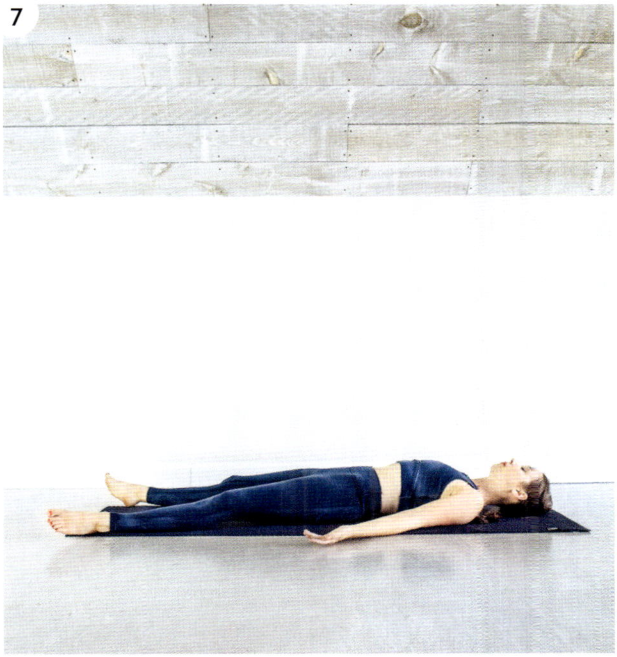

6. Liegende Rückendrehung *(Jathara Parivartanasana)*
Die Knie anwinkeln, die Füße wieder flach auf den Boden stellen und den Yogablock beiseitegeben. Die Ellbogen im 90-Grad-Winkel anwinkeln und flach neben dem Kopf ruhen lassen. Die Hüfte anheben und einige Zentimeter nach rechts verschieben, dann die Knie geschlossen nach links auf den Boden absenken. Der Kopf bleibt gerade – für eine intensivere Dehnung kann man ihn auch nach rechts drehen und den Blick über die rechte Schulter richten. Drei bis fünf Minuten halten und dann auf der anderen Seite wiederholen.

7. Entspannungshaltung *(Savasana)*
Die Füße nacheinander langsam ausstrecken und die Fersen mattenbreit positionieren. Die Schultern sanft von den Ohren wegziehen, die Arme liegen entspannt neben dem Körper, die Handflächen zeigen nach oben. Die Augen schließen, tief ein- und ausatmen und mindestens fünf Minuten so bleiben.

Wenn Sie bereit sind, Ihre Praxis zu beenden, setzen Sie sich langsam auf und nehmen Sie sich anschließend etwas Zeit für sich. Jetzt ist ein guter Moment, um aufzuschreiben, was Sie gelernt haben. Die folgenden Fragen können dabei als Denkanstöße dienen:

- Was sind meine Vorhaben und Intentionen für diesen Neumond?
- Welches Wort beschreibt am besten wie ich mich fühlen möchte?
- Was ist mir im Moment besonders wichtig?
- Wovon brauche ich jetzt mehr in meinem Leben?

VOLLMOND-YOGA-FLOW

SCHWIERIGKEITSGRAD: alle Level **HILFSMITTEL:** Block (optional)

Dieser Vollmond-Yoga-Flow hilft Ihnen, sich auf Reichtum, Dankbarkeit und Optimismus zu fokussieren. Überlegen Sie, während Sie sich achtsam bewegen und atmen, wie sich Ihre Neumondvorsätze und -intentionen im Laufe des Monats manifestiert haben, und feiern Sie die Fülle des Lebens. Bei diesem ruhigen Flow liegt der Fokus auf der Öffnung der Hüfte.

1

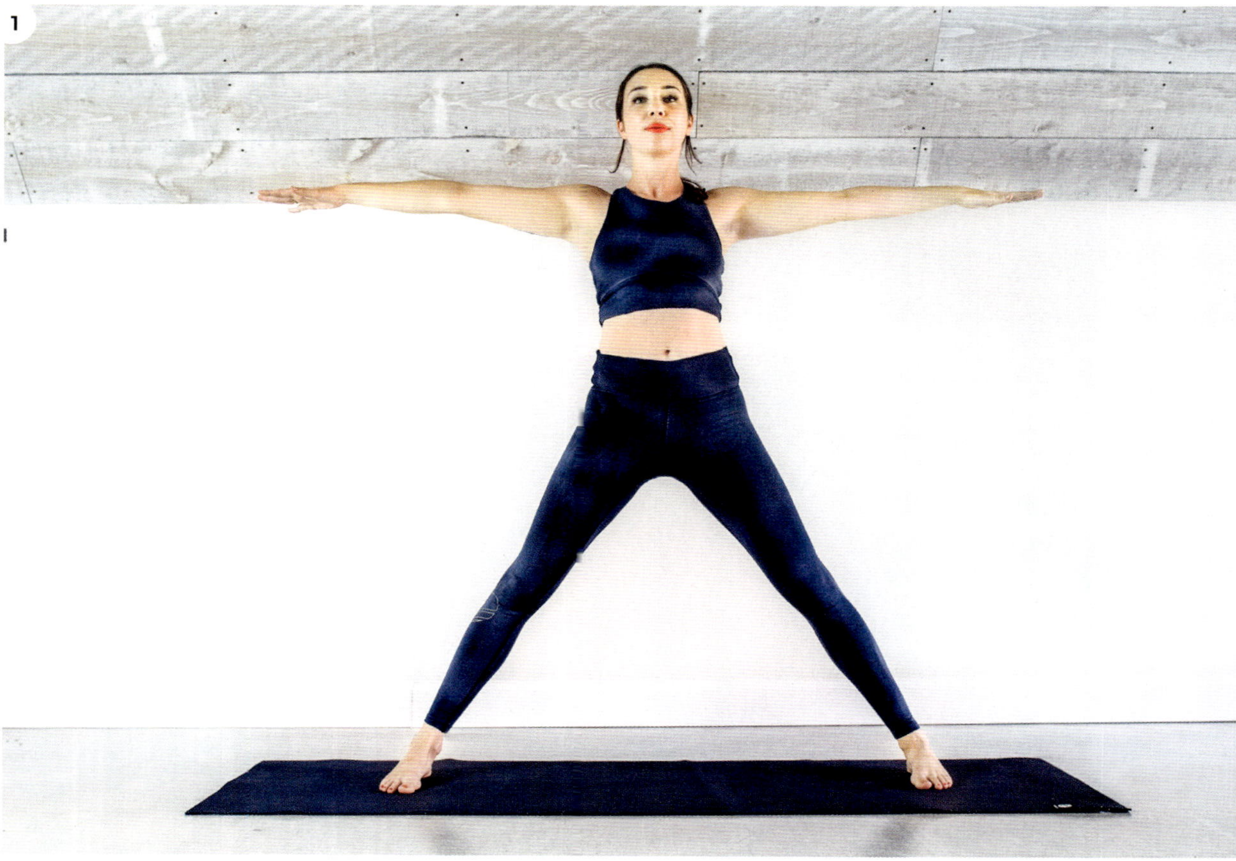

1. Fünfzackiger Stern *(Utthita Tadasana)*
In einer weiten Grätsche auf die Matte stellen. Die Füße sind parallel zu den kurzen Seiten der Matte ausgerichtet, die Arme sind parallel zum Boden seitlich gestreckt. Die Wirbelsäule lang machen und fünfmal tief ein- und ausatmen.

2

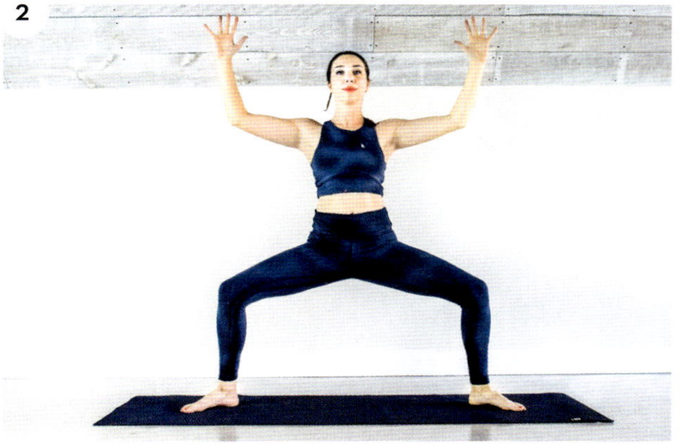

3

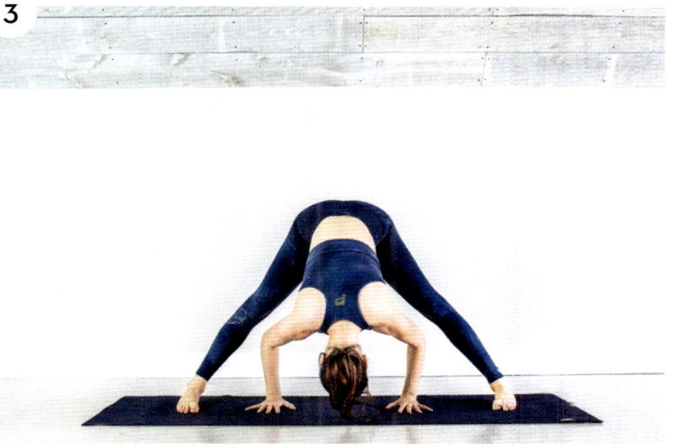

4

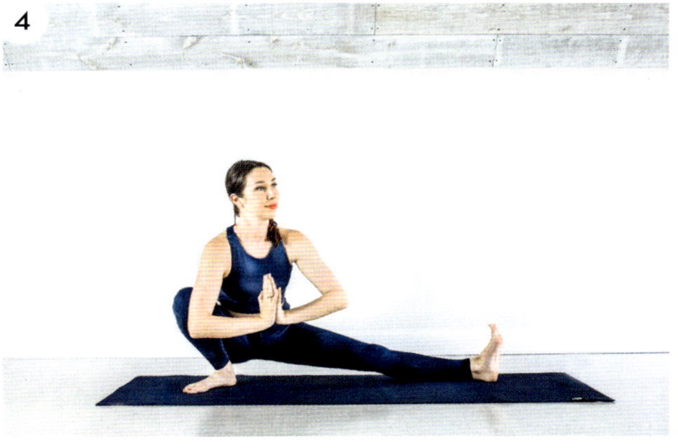

5

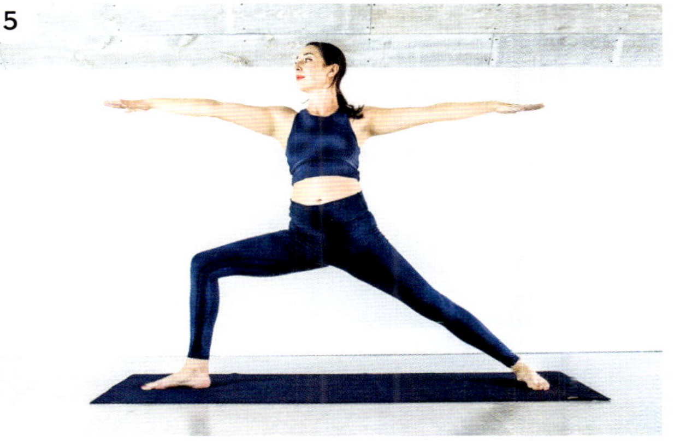

2. Göttin *(Utkata Konasana)*
Die Fersen nach innen bringen, sodass die Füße im 45-Grad-Winkel zum Mattenrand ausgerichtet sind. Die Knie beugen, um in eine halbe Hocke zu kommen, die Ellbogen im 90-Grad-Winkel beugen. Den unteren Bauch anspannen und zehnmal tief ein- und ausatmen.

3. Vorbeuge im weiten Spreiz *(Prasarita Padottanasana)*
Die Beine durchstrecken und die Füße wieder parallel zu den kurzen Seiten der Matte ausrichten. Den Oberkörper aus der Hüfte weit nach vorn beugen, die Hände auf einem Yogablock oder der Matte ablegen oder die großen Zehen umgreifen. Zehnmal tief ein- und ausatmen.

4. Seitlicher Ausfallschritt *(Skandasana)*
Die Fersen wieder nach innen bringen, sodass die Füße im 45-Grad-Winkel zum Mattenrand ausgerichtet sind. Das rechte Knie so tief wie möglich beugen, die Hände vor dem rechten Knie auf einem Yogablock oder der Matte ablegen oder in Gebetshaltung vor das Herz bringen. Fünfmal tief ein- und ausatmen und dann auf der anderen Seite wiederholen. Insgesamt dreimal auf jeder Seite wiederholen.

5. Krieger II *(Virabhadrasana II)*
Über die Vorbeuge im weiten Spreiz nach oben kommen. Die Zehen des rechten Fußes zeigen zum vorderen Ende der Matte, der linke Fuß bleibt parallel zur kurzen Seite der Matte. Das rechte Knie beugen, die Arme seitlich strecken, die Handflächen zeigen nach unten. Den Blick über die rechte Hand richten, zehnmal tief ein- und ausatmen und dann auf der anderen Seite wiederholen.

6

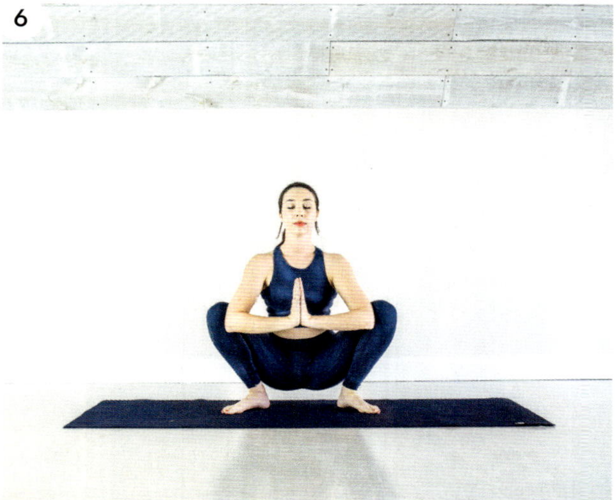

7

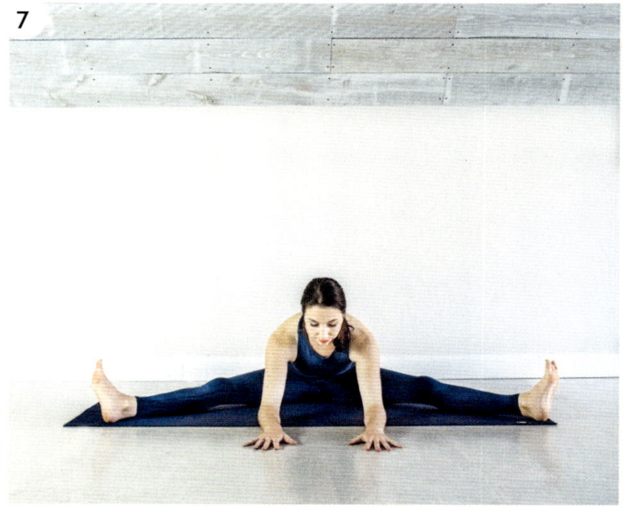

8

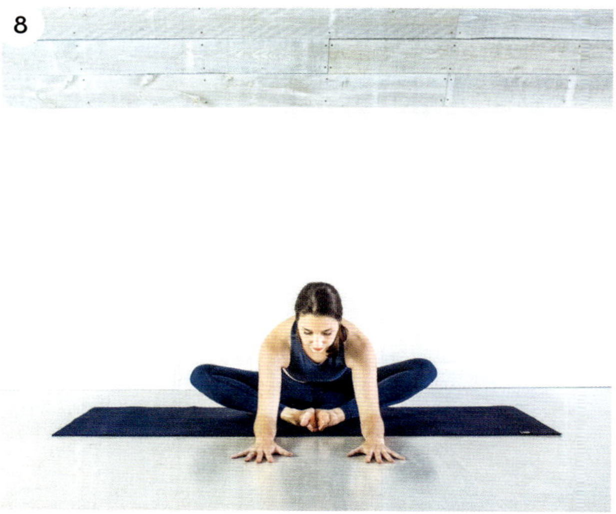

9

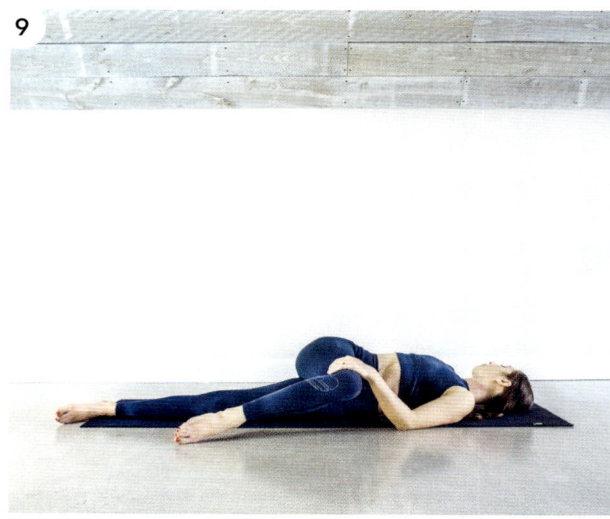

6. Girlande *(Malasana)*

Die Beine wieder strecken und die Füße hüftbreit positionieren, die Zehen zeigen im 45-Grad-Winkel nach außen. Die Knie beugen, um in eine tiefe Hocke zu kommen. Alternativ können Sie sich auch auf einen Yogablock setzen. Die Hände in Gebetshaltung vor das Herz bringen und die Knie mit den Ellbogen nach außen drücken. Die Wirbelsäule lang machen und zehnmal tief ein- und ausatmen

7. Offener Winkel *(Upavistha Konasana)*

Das Gesäß auf die Matte absenken und die Beine weit grätschen. Sie können dabei auf dem Yogablock sitzen bleiben oder ganz auf die Matte kommen, je nachdem, was für Sie angenehmer ist. Den Oberkörper aus der Hüfte nach vorn beugen und die Arme nach vorn ausstrecken, die Handflächen liegen flach auf dem Boden. Zwanzigmal tief ein- und ausatmen.

8. Schmetterling *(Baddha Konasana)*
Den Oberkörper langsam wieder nach oben bringen, die Knie anwinkeln und die Fußsohlen aneinanderlegen. Auch bei dieser Haltung können Sie weiter auf dem Yogablock oder der Matte sitzen. Den Oberkörper wieder nach vorn beugen und die Arme ausstrecken oder mit Zeige- und Mittelfinger die großen Zehen umgreifen. Zwanzigmal tief ein- und ausatmen.

9. Drehung auf dem Rücken *(Supta Matsyendrasana)*
Aus dem Schmetterling wieder nach oben kommen und dann auf den Rücken legen. Das rechte Knie zur Brust ziehen, das linke Bein bleibt gestreckt. Den rechten Oberschenkel mit der linken Hand über den Körper zur linken Seite bringen und den rechten Arm seitlich ausstrecken. Den Blick über die rechte Schulter richten, zehnmal tief ein- und ausatmen und dann auf der anderen Seite wiederholen.

10

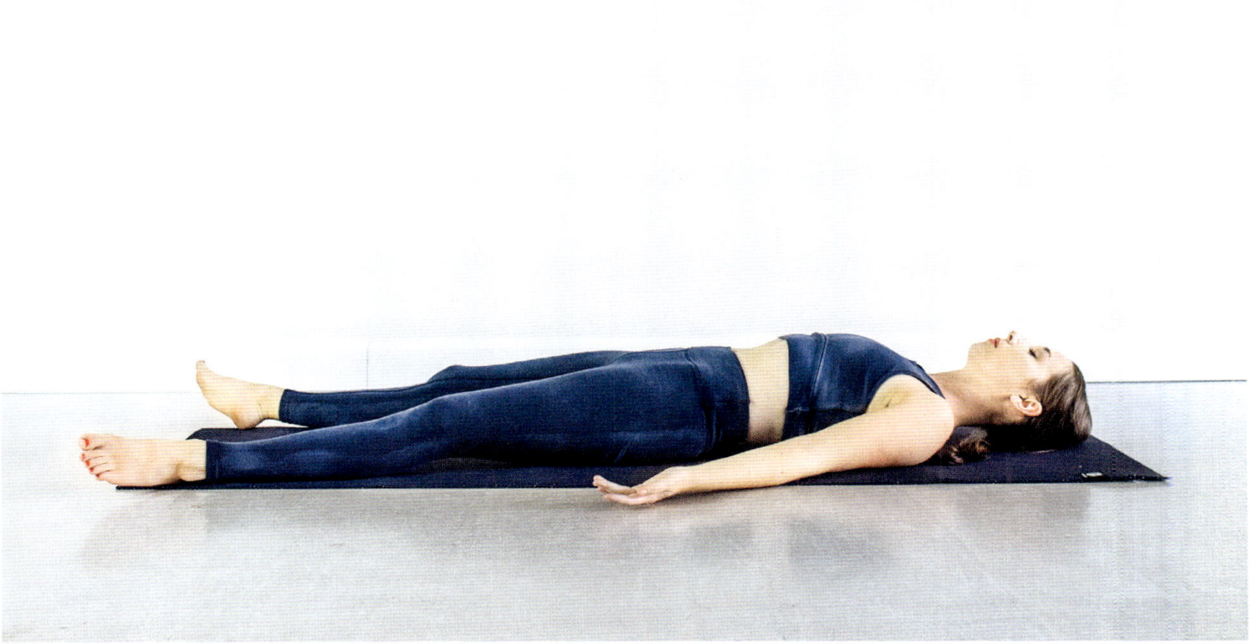

10. Entspannungshaltung *(Savasana)*
Die Drehung sanft auflösen, die Füße nacheinander langsam ausstrecken und die Fersen mattenbreit positionieren. Die Schultern sanft von den Ohren wegziehen, die Arme liegen entspannt neben dem Körper, die Handflächen zeigen nach oben. Die Augen schließen, tief ein- und ausatmen und mindestens fünf Minuten so bleiben.

Nehmen Sie nach der Praxis Ihr Tagebuch zur Hand und beantworten Sie folgende Fragen:

Wofür bin ich im Moment besonders dankbar?
Wann habe ich in letzter Zeit Fülle erlebt?
Was habe ich gelernt?

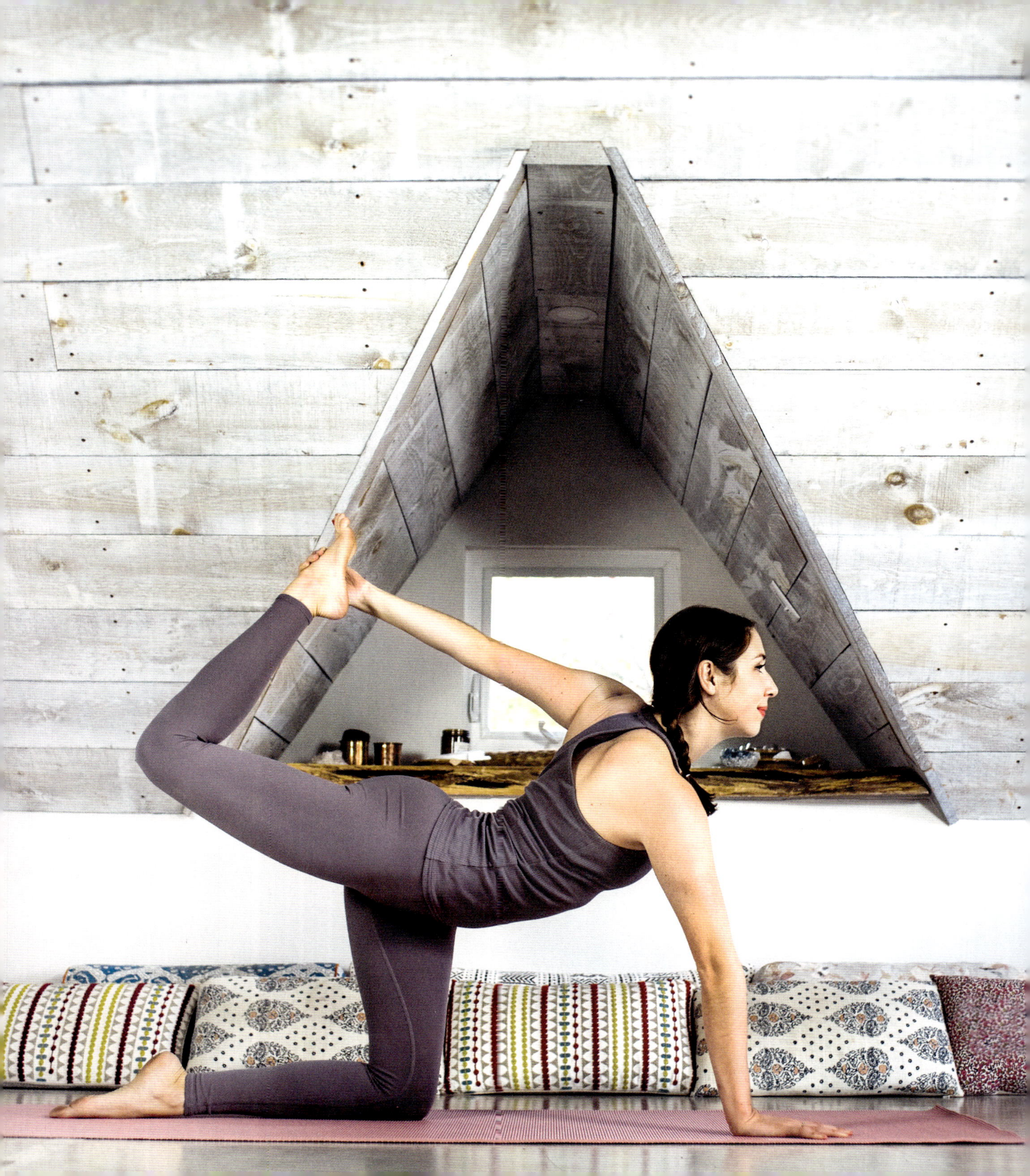

WINTER

Ich frage mich, ob der Schnee die Bäume und die Felder liebt, dass er sie so liebevoll küsst. Und dann zaubert er, weißt du, eine weiße Decke auf sie, und vielleicht sagt er: »Schlaft, meine Lieben, bis der Sommer wiederkommt.«

— LEWIS CARROLL

Der Winter ist eine Einladung, zur Ruhe zu kommen. Er markiert zugleich das Ende eines Jahres und den Beginn eines neuen. Diese Zeit des Übergangs ist perfekt, um die Vergangenheit loszulassen und sich darauf zu konzentrieren, was vor einem liegt.

Während die Natur rundherum noch in tiefem Schlaf versunken liegt, sollten Sie diese friedliche Zeit nutzen, um sich auf Ihre tiefsten Wünsche und Träume zu konzentrieren. Die Yogasequenzen und Tipps in diesem Kapitel unterstützen Sie dabei.

THEMA: Ruhe und Träume

BEGRIFFE: Langsamkeit, Stille, Selbstfürsorge, neue Vorsätze und Intentionen, Anfang, Weisheit, Visualisierung, Aussaat, Rückzug, Potenzial, Innenschau, Schlaf, nähren, Spiritualität, Einsamkeit, Intuition

GEFÜHLE: Neugierde, Frieden, Ruhe

DIE RICHTIGE ZEIT, UM: zur Ruhe zu kommen und sich etwas Gutes zu tun. Machen Sie weniger, essen und schlafen Sie mehr, entspannen Sie sich und üben Sie sich in Selbstfürsorge. Nehmen Sie sich Zeit, um in sich zu gehen, Tagebuch zu schreiben und zu meditieren. Fassen Sie neue Vorsätze und formulieren Sie Intentionen, um sich darüber klar zu werden, was sie wollen. Visualisieren Sie Ihre Vorsätze oder erstellen Sie ein Visionboard.

MORGENPRAXIS

Erdendes Hatha

SCHWIERIGKEITSGRAD: alle Level **HILFSMITTEL:** Block (optional)

Beginnen Sie im Winter jeden Tag mit sanften Bewegungen, um den Körper aufzuwecken und den Geist zu fokussieren. Spüren Sie die Langsamkeit und Ruhe des Winters mit dieser wunderbar erdenden Yogasequenz, die Sie lehrt, am Boden zu bleiben.

1

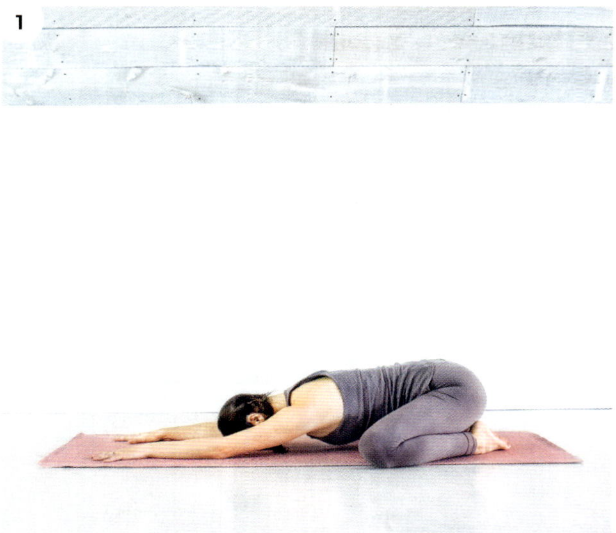

2

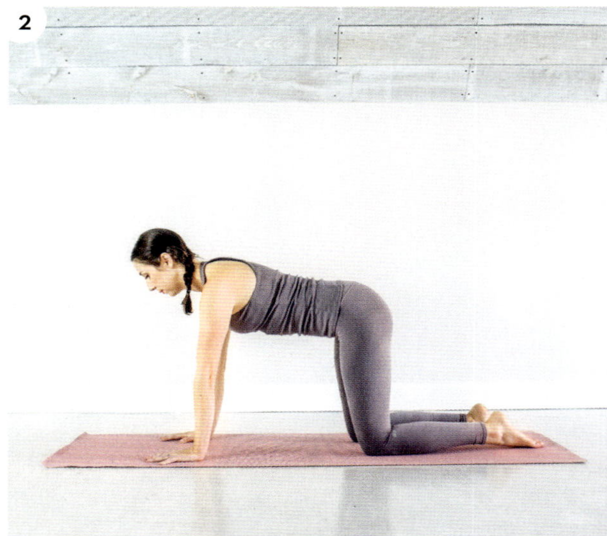

1. Gestreckte Kindhaltung *(Utthita Balasana)*
Auf die Matte knien und die Hände vor dem Körper ablegen. Die Knie nach außen an die Kanten der Matte und die großen Zehen nach innen bringen, sodass sie sich berühren. Die Hüfte nach hinten auf die Fersen absenken, die Arme gerade nach vorn ausstrecken und die Stirn auf einem Yogablock oder dem Boden ruhen lassen. Zehnmal tief ein- und ausatmen.

2. Vierfüßlerstand *(Bharmanasana)*
In den Vierfüßlerstand kommen, die Handgelenke sind unterhalb der Schultern und die Knie unter der Hüfte ausgerichtet, die Wirbelsäule ist gestreckt und die Bauchmuskulatur angespannt. Die Fingerspitzen fest in die Matte drücken und fünfmal tief ein- und ausatmen.

Wir erden uns, indem wir körperlich, mental, emotional und spirituell mit der Erde in Verbindung treten. Achten Sie besonders auf jene Körperteile, die über die Matte direkt mit der Erde in Verbindung stehen und spüren Sie, wie der Boden unter Ihnen Sie trägt.

Denken Sie während dieser Yogasequenz an Ihre Vorsätze und Intentionen für den vor Ihnen liegenden Tag, indem Sie einen Begriff auswählen, der beschreibt, wie Sie sich fühlen möchten oder worauf Sie Ihre Aufmerksamkeit lenken wollen.

3

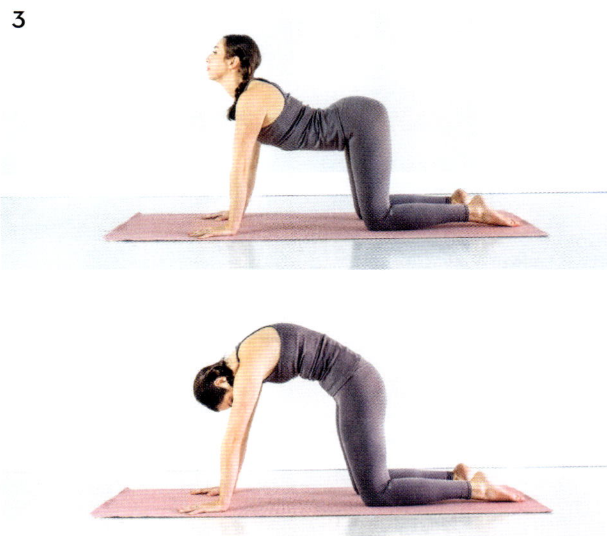

4

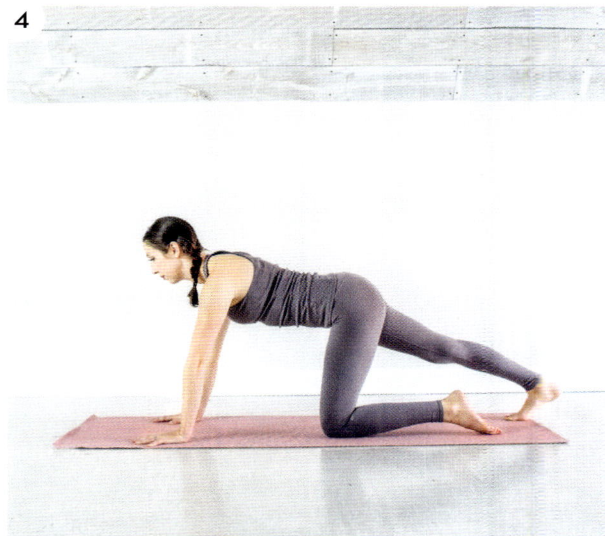

3. Katze/Kuh *(Marjaryasana/Bitilasana)*

Im Vierfüßlerstand tief durch die Nase einatmen und den Rücken nach unten durchdrücken, um den Brustkorb zu dehnen. Der Blick ist nach oben gerichtet, das Steißbein zieht nach oben und der Bauch ist entspannt.

Dann durch die Nase ausatmen und den Rücken rund machen, um die Wirbelsäule zu dehnen. Den Kopf zwischen die Arme senken, die Schulterblätter auseinanderziehen und das Steißbein nach unten drücken. Diese Bewegungsabfolge zehnmal wiederholen.

4. Waden- und Fußgelenkdehnung

Im Vierfüßlerstand das rechte Bein nach hinten ausstrecken und den rechten Fußballen fest in die Matte drücken, die Ferse zieht in Richtung Boden. Fünfmal tief ein- und ausatmen und dann auf der anderen Seite wiederholen. Wieder in den Vierfüßlerstand kommen.

5

6

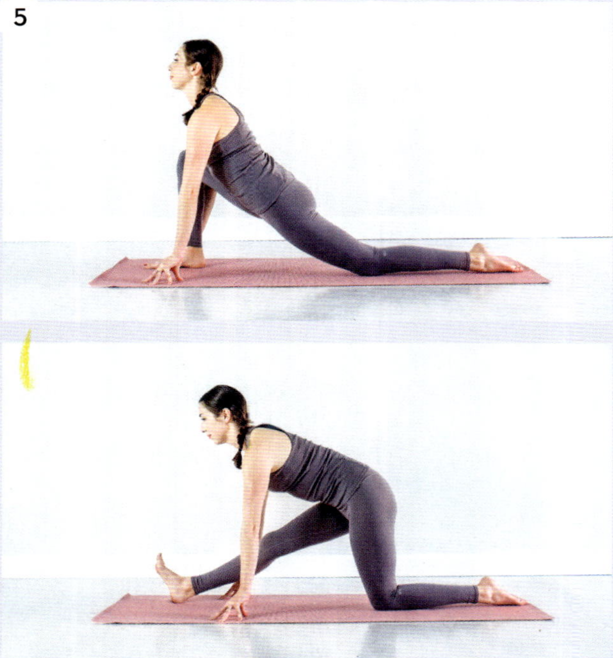

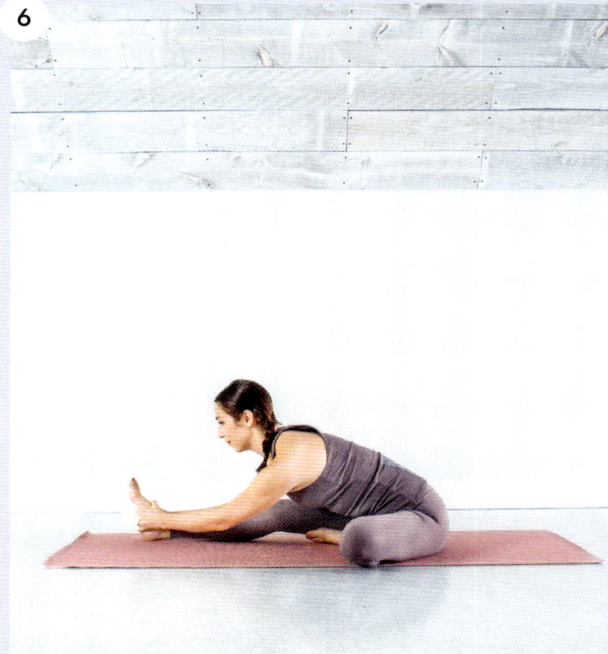

5. Reiter und Halber Affe *(Ashwa Sanchalanasana/ Ardha Hanumanasana)*

Mit dem rechten Fuß einen Schritt zwischen die Handgelenke machen und das Knie über dem Fußgelenk ausrichten. Die Hüfte in Richtung Erde entspannen, die Brust heben und die Schultern nach hinten rollen. Fünfmal tief ein- und ausatmen.

Jetzt das rechte Bein strecken und die Hüfte nach hinten verlagern, um die rechte hintere Oberschenkelmuskulatur zu dehnen. Die Zehen des rechten Fußes zum Körper ziehen und die Ferse in die Matte drücken. Fünfmal tief ein- und ausatmen.

Wieder in den Vierfüßlerstand kommen und auf der anderen Seite wiederholen.

6. Kopf-zum-Knie-Haltung *(Janu Sirsasana)*

Auf die Matte setzen und das rechte Bein nach vorn ausstrecken. Das linke Bein anwinkeln und die linke Fußsohle an den rechten Innenoberschenkel legen.

Einatmen und die Arme über den Kopf bringen, um die Wirbelsäule zu dehnen. Beim Ausatmen den Oberkörper aus der Hüfte nach vorn beugen, dabei bleibt der Rücken gerade. Die Hände entweder links und rechts neben dem ausgestreckten Bein auf der Matte ablegen oder den rechten Fuß umgreifen.

Zehnmal tief ein- und ausatmen und dann auf der anderen Seite wiederholen.

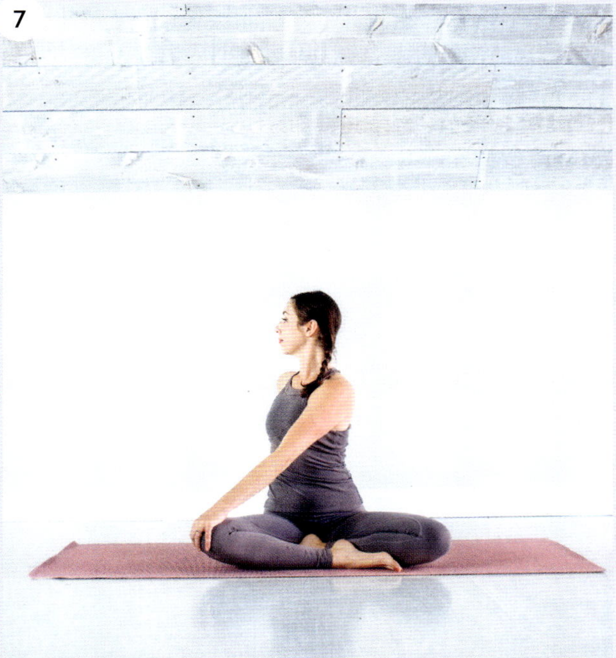

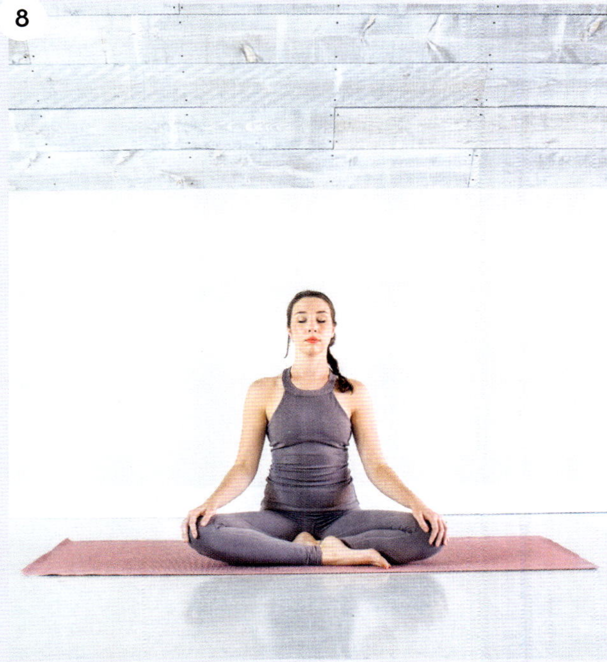

7. Drehsitz *(Parivrtta Sukhasana)*
Im Schneidersitz auf die Matte setzen, die Schultern sind über der Hüfte ausgerichtet. Nun die linke Hand auf das rechte Knie legen und die rechte Hand hinter dem Körper auf der Matte ablegen – sie dient in der Drehung als Stütze. Die Schultern entspannen, die Wirbelsäule bleibt gerade. Zehnmal tief ein- und ausatmen und dann auf der anderen Seite wiederholen.

8. Einfache Sitzhaltung *(Sukhasana)*
Auf der Matte oder einem Yogablock in die Einfache Sitzhaltung kommen, die Hände liegen auf den Knien. Schließen Sie nun die Augen, konzentrieren Sie sich auf den gleichmäßigen Rhythmus Ihrer Atemzüge und formulieren Sie Ihre Intention für den vor Ihnen liegenden Tag. Zehnmal tief ein- und ausatmen.

Schließlich die Hände in Gebetshaltung vor das Herz bringen *(anjali mudra)*, durch die Nase einatmen und mit einem sanften Om *(aum)* ausatmen.

ABENDMEDITATION

Fünf-Sinne-Meditation

Unsere Sinne sind der Schlüssel zu mehr Achtsamkeit. Bei dieser Meditation nutzen wir daher alle fünf Sinne, um uns in Achtsamkeit zu üben. Nehmen Sie sich jeden Abend fünf bis fünfzehn Minuten Zeit, um diese Meditation durchzuführen.

Beginnen Sie in der Einfache Sitzhaltung *(Sukhasana)* – im Schneidersitz – auf dem Boden oder leicht erhöht auf einer gefalteten Decke oder einem Kissen. Mit den Händen die Lotusmudra *(padma),* die sich entfaltende Blüte, vor dem Herz formen. Dafür die Handballen aneinanderlegen und dann die Finger wie eine sich öffnende Blüte auseinanderspreizen, dabei bleiben Daumen und kleine Finger aufeinander liegen. Diese Mudra erlaubt es uns, Mitgefühl für uns selbst und andere zu entwickeln und uns mit unserem inneren Reichtum zu verbinden

Atmen Sie tief und gleichmäßig durch die Nase und beginnen Sie mit dem Sehsinn. Richten Sie Ihren Blick in Ihre Handflächen, in die sich entfaltende Blüte vor Ihrem Herz. Betrachten Sie die Farben und das Licht, als würden Sie all das zum ersten Mal sehen, und atmen Sie zehn- bis zwanzigmal tief ein und aus.

Schließen Sie nun die Augen und konzentrieren Sie sich darauf, was Sie hören. Achten Sie auf jedes Geräusch und nehmen Sie wahr, wie nah oder weit weg die Geräuschquelle ist. Konzentrieren Sie sich nur darauf und atmen Sie zehn- bis zwanzigmal tief ein und aus.

Richten Sie Ihre Aufmerksamkeit nun auf Ihren Geruchssinn, während die Luft durch Ihre Nasenlöcher strömt. Nehmen Sie alle Gerüche wahr, ohne über sie zu urteilen oder sie zu benennen. Atmen Sie so zehn- bis zwanzigmal tief ein und aus.

Konzentrieren Sie sich nun auf Ihren Mund und Ihren Geschmackssinn. Spüren Sie Ihre Zunge, das Innere der Wangen und Ihre Zähne. Schlucken Sie einige Male, um sich Ihres Geschmackssinns bewusst zu werden, und atmen Sie zehn- bis zwanzigmal tief ein und aus.

Richten Sie Ihren Fokus schließlich auf Ihren Tastsinn. Spüren Sie Ihre Handballen und wie sich Daumen und kleine Finger berühren. Spüren Sie die Luft um Sie herum, Ihre Kleidung und die Raumtemperatur. Atmen Sie so zehn- bis zwanzigmal tief ein und aus.

Bringen Sie nun alle Sinne zusammen, um noch intensiver zu sehen, zu hören, zu riechen, zu schmecken und zu fühlen. Atmen Sie zehn- bis zwanzigmal ein und aus und beenden Sie dann die Meditation. Wenn Sie so weit sind, lösen Sie die Mudra und öffnen Sie die Augen.

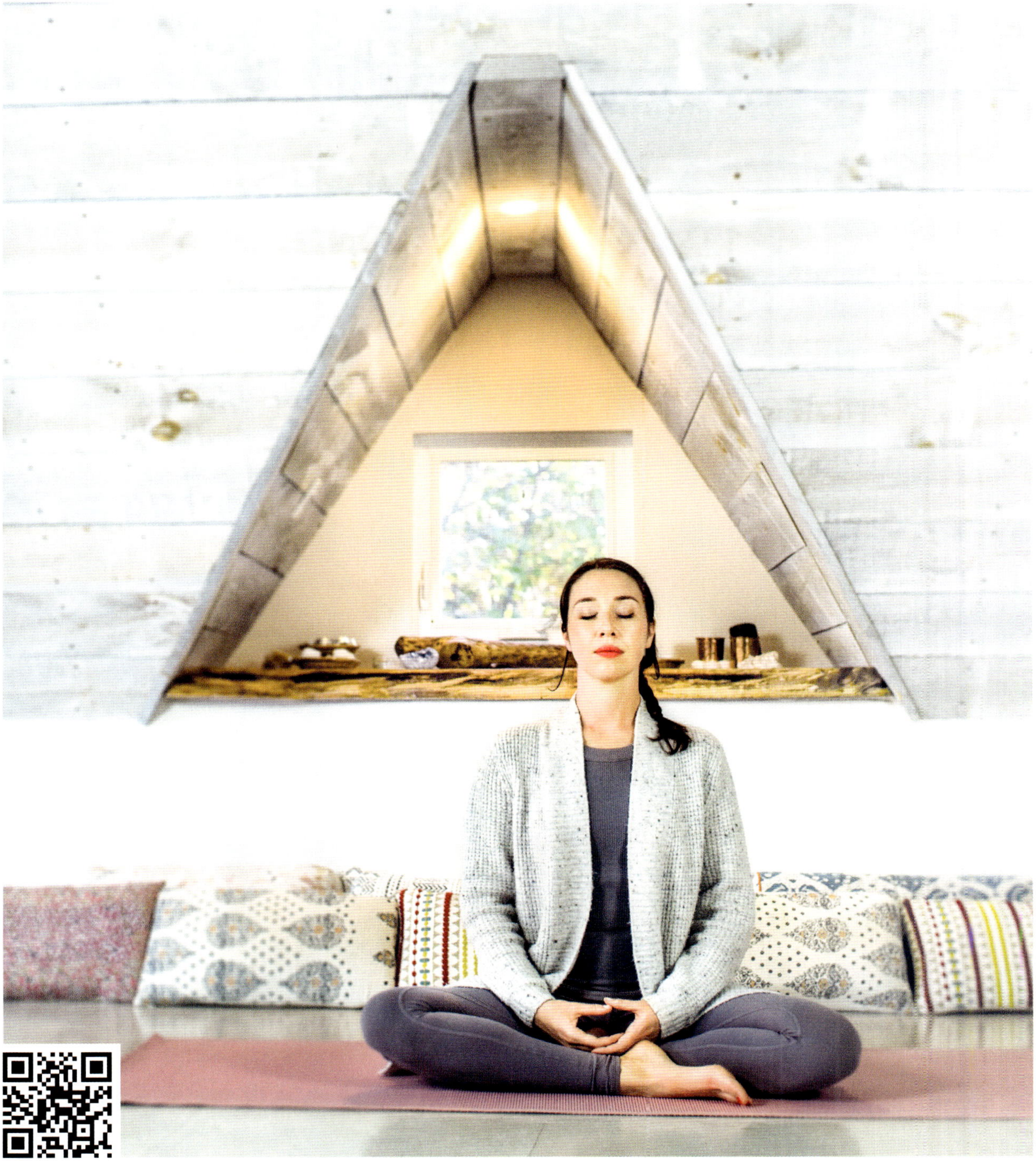

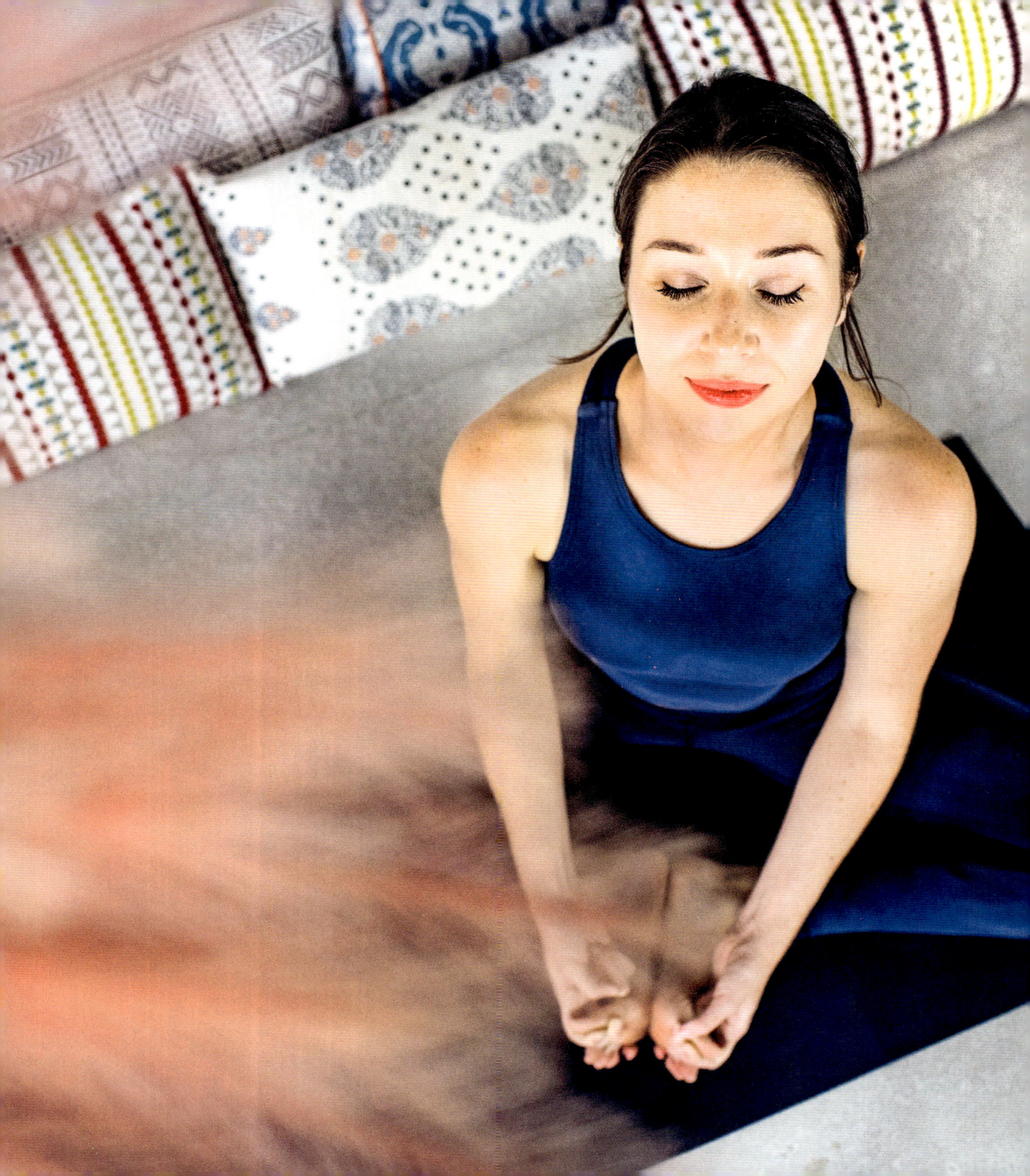

ATEMÜBUNG

Ujjayi-Pranayama

Der Begriff *Pranayama* setzt sich aus den Wörtern *prana* für Lebenskraft und *yama,* was so viel heißt wie beherrschen oder kontrollieren, zusammen. *Ujjayi* wiederum ist die »siegreiche Atmung«, eine Atemtechnik, die dabei hilft, das Bewusstsein zu fokussieren und den Geist zur Ruhe kommen zu lassen.

Ujjayi-Pranayama besteht aus sanften Atemzügen durch die Nase, wobei die Luftröhre im oberen Halsbereich leicht verschlossen wird. Dadurch entsteht beim Atmen ein leises Rauschen, das an den Klang von Wellen erinnert – ähnlich, wie wenn man auf einen Spiegel haucht. Die Atmung ist sanft und ruhig, jeder Atemzug dauert gleich lang.

Für diese Atemtechnik nimmt man am besten die Einfache Sitzhaltung *(Sukhasana),* also den Schneidersitz, auf der Yogamatte oder einem Kissen ein. Nun die Augen schließen und den Fokus auf den Hals richten. Den Kehldeckel leicht verschließen und langsam durch die Nase einatmen, dabei bis drei, vier oder fünf zählen. Dann mit leicht verschlossenem Kehldeckel ebenso lange wieder ausatmen. Die Übung fünf bis zehn Minuten durchführen. Wenn Sie merken, dass Ihre Gedanken abschweifen, bringen Sie Ihren Fokus wieder sanft zurück zu Ihrer Atmung. Nutzen Sie das Geräusch Ihres Atems – wie er sanft durch die Nasenlöcher strömt – als Anker für Ihre Aufmerksamkeit.

Diese Atemübung kann man für sich durchführen, sie ist aber auch die perfekte Grundatmung für die Yogasequenzen und die geführten Meditationen in diesem Buch.

AFFIRMATIONEN

Affirmationen sind positive Aussagen, die helfen, Seiten an sich selbst zu entdecken, die man bisher zurückgewiesen oder unterdrückt hat. Man kann sie zudem nutzen, um sich zu motivieren, als Inspiration sowie um Gedanken und Handlungen in Einklang zu bringen.

Machen Sie im Winter die folgenden Affirmationen zu einem Bestandteil Ihrer Morgen- oder Abendpraxis, indem Sie sie laut oder in Gedanken wiederholen. Es kann guttun, direkt im Anschluss Tagebuch zu schreiben, um den Prozess weiterzuführen.

Die Affirmationen für den Winter helfen uns, Selbstfürsorge zu betreiben, neue Vorsätze und Intentionen zu formulieren und uns unserer inneren Führung bewusst zu werden.

1. *Ich bin einzigartig, und das ist meine größte Stärke.*
2. *Ich erlaube mir, zur Ruhe zu kommen und das Leben zu genießen.*
3. *Ich vertraue auf das Timing meines Lebens.*
4. *Ich bin in Sicherheit, geerdet und stabil.*
5. *Mein Potenzial ist unendlich.*
6. *Ich erlaube mir, groß zu träumen.*
7. *Meine Gedanken, Worte und Taten beruhen auf Liebe.*
8. *Das Leben unterstützt mich auf allen Ebenen.*
9. *Es ist in Ordnung für mich, loszulassen und mich zu entspannen.*
10. *Ich wähle Gelassenheit und Frieden.*
11. *Ich sehe das große Ganze und vertraue auf meine Intuition.*
12. *Ich lasse all das, was ich nicht mehr brauche, los.*
13. *Ich liebe mich selbst.*
14. *Ich kümmere mich um mich.*
15. *Ich glaube an meine Träume und meine Wünsche.*
16. *Ich bin auf dem Pfad der positiven Veränderung.*
17. *Tief in mir ist eine unendliche Quelle der Liebe.*
18. *Ich fühle mich wohl in meinem Körper.*
19. *Ich bin mit meiner Mitte verbunden.*
20. *Es ist meine Reise, sie steht mir zu.*

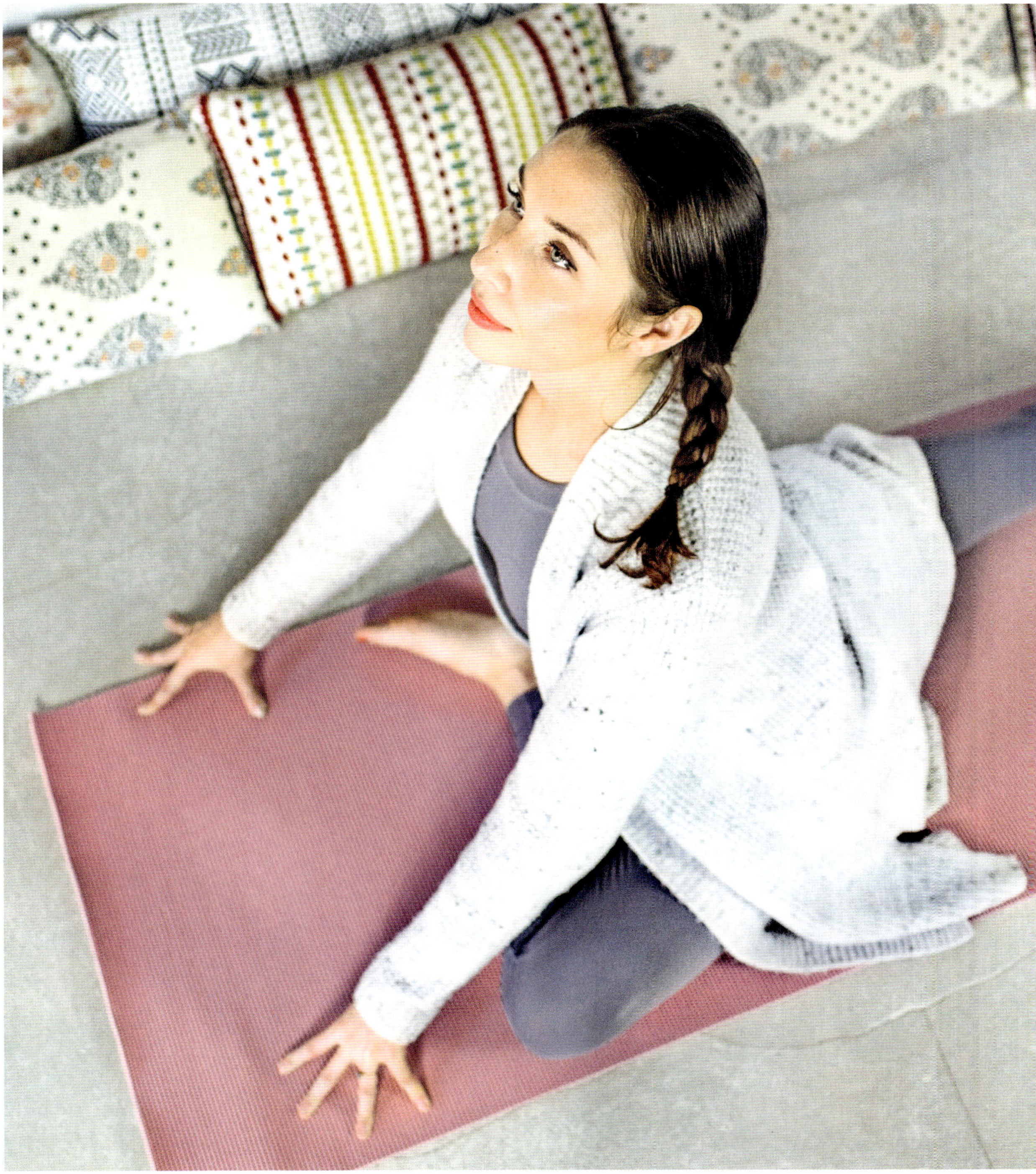

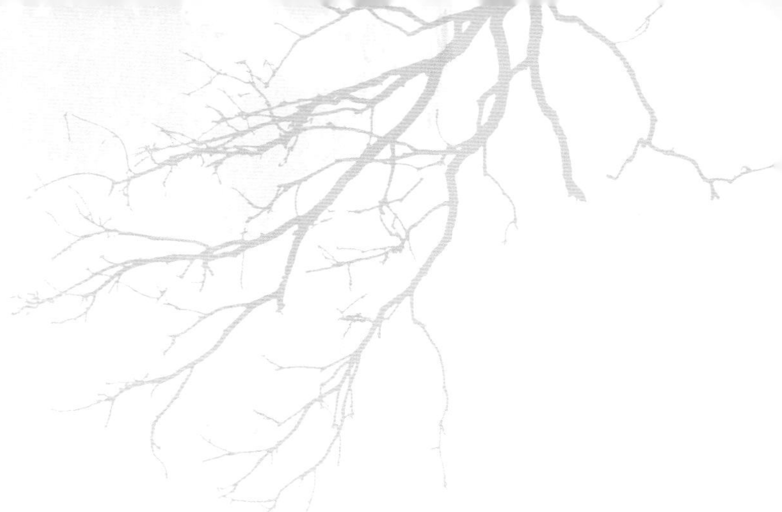

NEUMOND-RITUAL

Visionboard

Der Neumond repräsentiert das unermessliche Potenzial, aus dem alle Träume und Ideen entstehen. Jetzt ist es an der Zeit, sich selbst die ganz großen Fragen zu stellen: Was will ich? Was brauche ich? Was ist mir wichtig?

Eine tolle Möglichkeit, um Antworten auf diese Fragen zu finden, ist ein Visionboard. Schneiden Sie dafür Bilder und Begriffe aus Zeitschriften und Magazinen aus und kleben Sie sie auf ein großes Stück Karton, um Ihre Visionen zu veranschaulichen. Nutzen Sie jeden Neumond im Winter, um weitere Bilder und Begriffe hinzuzufügen.

Konzentrieren Sie sich dabei darauf, was Ihnen wichtig ist und wo dieses Jahr Ihre Prioritäten liegen sollen. Wenn Sie das überfordert, denken Sie zunächst etwa an die folgenden Lebensbereiche: Gesundheit, Beziehungen, Spiritualität, Kreativität und Lebensstil.

Machen Sie nur das zu Ihrer Vision, was wirklich Ihnen entspricht, und nicht das, was Sie denken, dass andere von Ihnen erwarten. Stellen Sie Ihr Visionboard an einem Ort auf, wo Sie es jeden Tag sehen können – als Erinnerung daran, was Ihnen wirklich wichtig ist.

VOLLMOND-RITUAL

Verwöhnendes Bad

Es gibt nichts Schöneres, als einen kalten Wintertag mit einem heißen Bad zu beenden, um zu sich selbst zu finden und neue Kraft zu tanken.

Bei diesem Ritual werden alle Sinne angesprochen – für eine rundum bedeutungsvolle Erfahrung. Für das Auge zündet man Kerzen an oder sorgt für eine andere stimmungsvolle Lichtquelle; um den Geruchssinn anzusprechen, kann man Weihrauch verbrennen oder eine Duftkerze anzünden; für die Geschmacksknospen eignen sich dunkle Schokolade, Tee oder Wein; den Hörsinn stimuliert man mit Musik oder einer geführten Meditation; und für den Tastsinn eignet sich eine Lotion oder Körperöl zum Eincremen nach dem Bad. Sie können auch 500 g Epsom-Salz zum Badewasser geben, um Ihrer Muskulatur eine Extraportion Liebe zu spenden. Für eine noch intensivere Erfahrung eignen sich die Kristalle, Düfte, Öle und Musikvorschläge auf den Seiten 48–49.

Legen Sie außerdem Ihr Tagebuch bereit, um Dinge, für die Sie dankbar sind oder die Sie loslassen möchten, aufzuschreiben. Vielleicht sind Sie sogar so inspiriert, dass Sie ein Gedicht oder einen Liedtext verfassen! Lassen Sie sich von Ihrer Kreativität leiten.

LISTE: BÜCHER, MUSIK & MEHR

Nutzen Sie die Energie des Winters mithilfe dieser Buch- und Musikvorschläge sowie der Kristalle, Düfte und Öle, die perfekt zu dieser Jahreszeit passen. Entspannen Sie sich und gönnen Sie sich in den nächsten Monaten etwas Ruhe.

Musik

»The Southern Sea« von Garth Stevenson
»Window« von The Album Leaf
»Ascent« von Josh Brill
»Let the Drummer Kick« von Citizen Cope
»Purnamadah« von Shantala
»Ink« von Coldplay
»Winter Birds« von Ray LaMontagne
»Gravity« von John Mayer
»Sound of Invisible Waters« von Deuter
»Flying« von Garth Stevenson
»Savasana II« von Gabriele Morgan

Bücher

The Desire Map - Das Arbeitsbuch zur Verwirklichung Ihrer Lebensträume von Danielle LaPorte
Meditations from the Mat von Rolf Gates
The Yoga Sutras of Patanjali von Sri Swami Satchidananda
Mit dem Herzen eines Buddha von Tara Brach
Siddhartha von Hermann Hesse
The Yoga of the Nine Emotions von Peter Marchand

Kristalle

AMETHYST: Der Amethyst regt die Fantasie an und sorgt für einen Inspirationsboost. Er wirkt beruhigend, verbessert den Schlaf und macht Träume klarer.

LABRADORIT: Der Labradorit fördert die Kreativität und lässt uns unsere tiefsten Wünsche erkennen. Wenn man neue Vorsätze und Intentionen formuliert, hilft dieser Kristall, das große Ganze zu sehen.

ROTER JASPIS: Der Rote Jaspis steht mit dem Wurzelchakra *(Muladhara)* in Verbindung und schenkt Erdung und Sicherheit, sodass man seine eigenen Stärken erkennen kann.

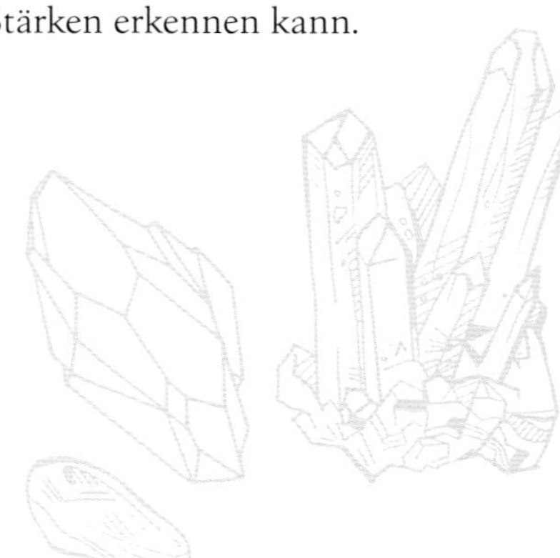

Düfte & Öle

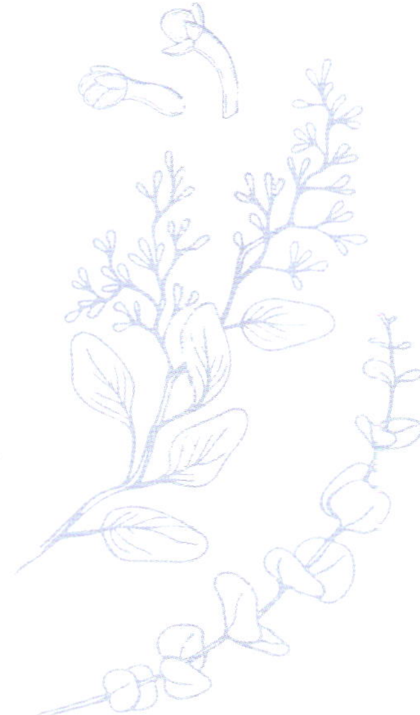

WEIHRAUCH: Verwenden Sie dieses Öl im Zuge einer Meditation, um die spirituelle Verbundenheit zu stärken. Es wirkt sowohl aufmunternd als auch erdend.

EUKALYPTUS: Eukalyptus wirkt energetisierend und belebend, unterstützt die Atmung und hebt die Stimmung auch an dunklen Wintertagen.

NELKE: Nelkenöl wirkt wärmend und entspannend. Traditionell wird es auch als Heilmittel verwendet, vor allem für das Atem- und das Verdauungssystem.

CHAKRA: Wurzelchakra *(Muladhara)*
ELEMENT: Erde
MONDPHASE: Neumond
HIMMELSRICHTUNG: Norden
STERNZEICHEN: Steinbock, Wassermann, Fische

APFEL-ZIMT-SMOOTHIE

FÜR 1–2 PERSONEN

240 ml Milch nach Wahl
25 g Haferflocken
1 Apfel, Kerngehäuse entfernt
1 Banane
30 g Babyspinat
1 EL Mandelbutter
1 TL Zimt
70 g gecrushtes Eis (optional)

Alle Zutaten in einen Standmixer geben und mixen, bis die gewünschte Textur erreicht ist. Anstatt der Mandelbutter eignet sich auch Erdnussbutter, und falls der Smoothie zu dick wirkt, einfach noch 125 ml Milch oder Wasser dazugeben.

YOGASEQUENZ 1

Element: Erde

SCHWIERIGKEITSGRAD: alle Level **HILFSMITTEL:** keine

Der Winter wird mit dem Element Erde assoziiert, das für Stabilität, Weisheit und innere Stärke steht. Außerdem steht es mit dem Wurzelchakra *(Muladhara)* in Verbindung, das sich am unteren Ende der Wirbelsäule befindet. Diese Yogasequenz hilft dabei, die eigene Verbindung zur Erde zu stärken – mit grundlegenden Haltungen mit einem Fokus auf die Beine und die Füße.

Visualisieren Sie sich während dieser Praxis als großen Baum. Stellen Sie sich vor, wie Sie sich ausgehend vom Steißbein durch die Beine verwurzeln, während die Wirbelsäule lang wird und die Arme wie Äste in den Himmel ragen. Diese Sequenz wirkt kräftigend und belebend und fördert Stabilität und Balance.

1

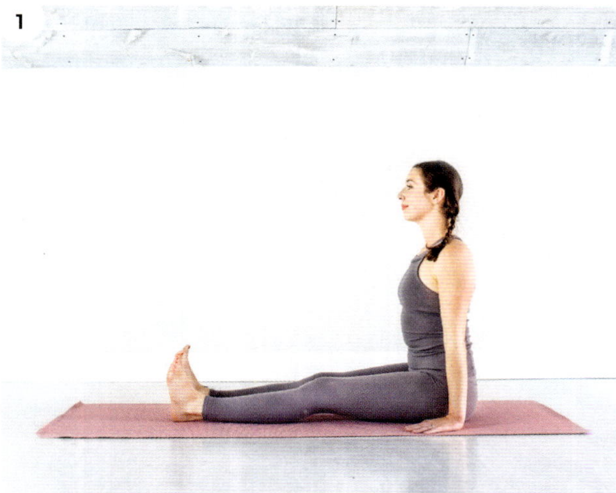

2

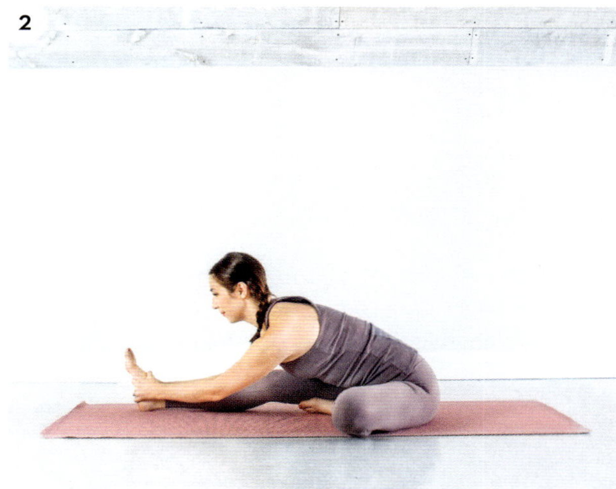

1. Stock *(Dandasana)*
Auf die Matte setzen und die Beine nach vorn ausstrecken, die Fersen sind fest mit dem Boden verankert. Die Handflächen neben der Hüfte auf die Matte legen und ebenfalls fest verwurzeln, die Wirbelsäule ist gestreckt. Zehnmal tief ein- und ausatmen – spüren Sie die Verbindung zum Boden unter Ihnen.

2. Kopf-zum-Knie-Haltung *(Janu Sirsasana)*
Das linke Bein anwinkeln und die linke Fußsohle an den rechten Innenoberschenkel legen. Einatmen und die Arme über den Kopf bringen, um die Wirbelsäule zu dehnen. Beim Ausatmen den Oberkörper aus der Hüfte nach vorn beugen und den rechten Fuß umgreifen. Zehnmal tief ein- und ausatmen, dann auf der anderen Seite wiederholen.

3

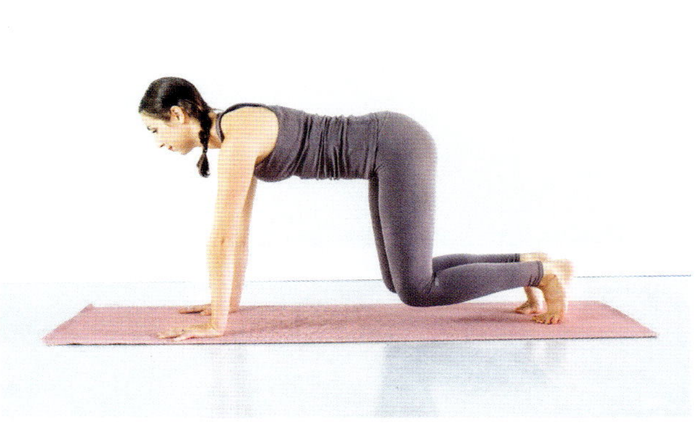

4

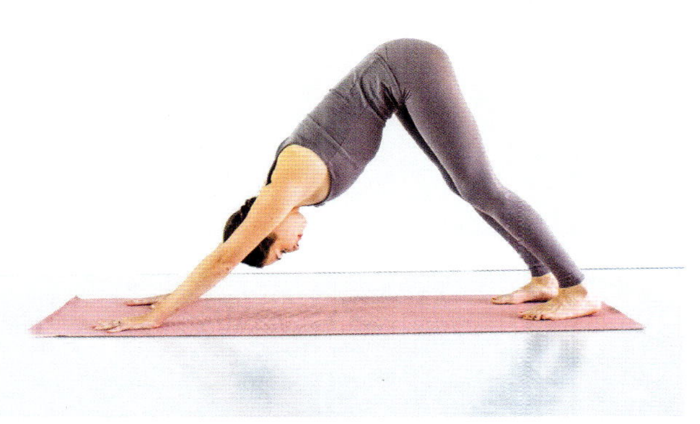

5

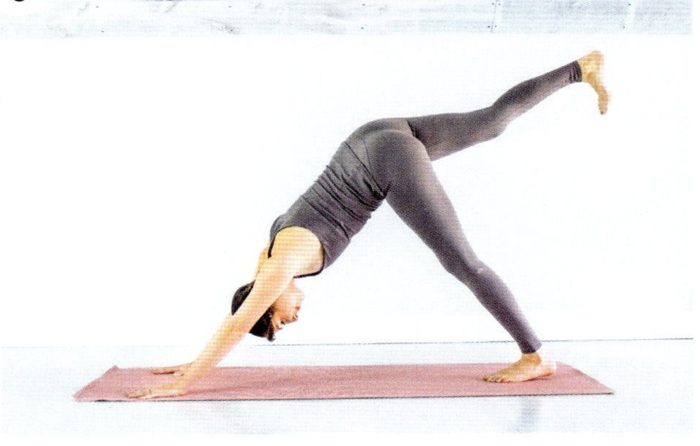

6

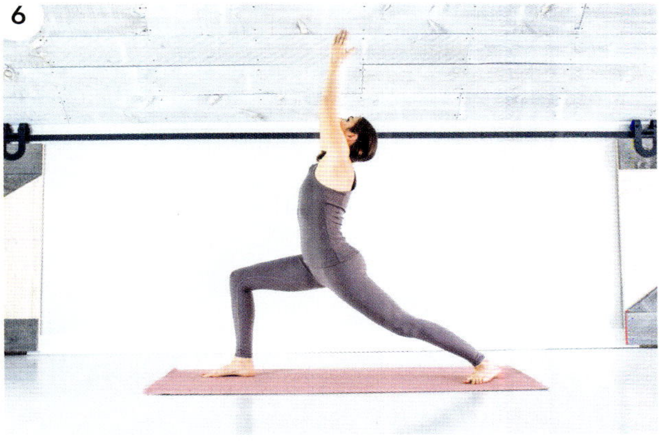

3. Vierfüßlerstand: Variation *(Bharmanasana)*
In den Vierfüßlerstand kommen und die Finger weit auseinanderspreizen. Die Zehen aufstellen und die Knie und die Schienbeine etwa fünf Zentimeter über den Boden anheben. Die Körpermitte anspannen, der untere Rücken bleibt gerade. Halten und zehnmal tief ein- und ausatmen.

4. Herabschauender Hund *(Adho Mukha Svanasana)*
Im Vierfüßlerstand die Hände leicht vor den Schultern platzieren. Die Zehen aufstellen und die Hüfte nach hinten oben schieben, um in ein umgekehrtes V zu kommen. Die Brust zieht Richtung Oberschenkel, der Nacken ist entspannt. Halten und zehnmal tief ein- und ausatmen.

5. Dreibeiniger herabschauender Hund
(Eka Pada Adho Mukha Svanasana)
Im Herabschauenden Hund das rechte Bein nach oben strecken, die Hüfte bleibt dabei parallel zum Boden. Den rechten Fuß anspannen, die linke Ferse in Richtung Matte drücken. Fünfmal tief ein- und ausatmen.

6. Krieger I *(Virabhadrasana I)*
Den rechten Fuß an das vordere Ende der Matte stellen und den linken Fuß im 45-Grad-Winkel zum Mattenrand ausrichten, die linke Ferse ist fest verwurzelt. Das rechte Knie tief beugen, die Arme über den Kopf strecken, die Handflächen aufeinanderpressen und den Blick nach oben richten. Halten und fünfmal tief ein- und ausatmen.

7

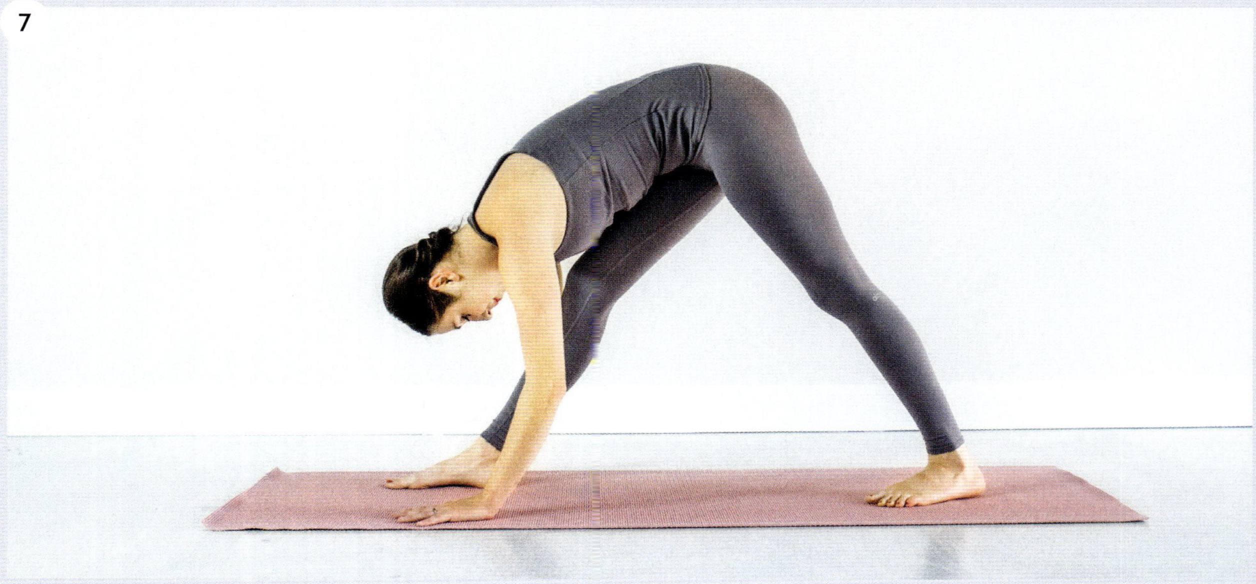

8

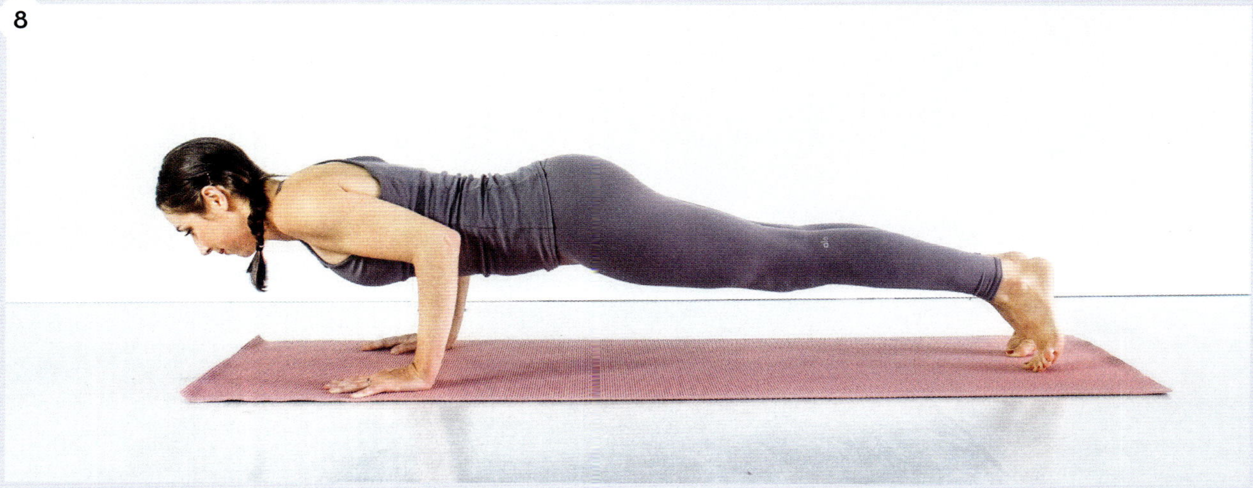

7. Pyramide *(Parsvottanasana)*
Das rechte Bein durchstrecken und den hinteren Fuß einige Zentimeter nach innen bringen. Den Oberkörper aus der Hüfte in Richtung rechtes Schienbein beugen, den unteren Rücken lang machen und das Gewicht gleichmäßig auf beide Beine verteilen. Halten und zehnmal tief ein- und ausatmen.

8. Vinyasa (siehe Seiten 20–21)
Das vordere Knie wieder beugen und in den Hohen Stütz kommen. Es folgen die Bretthaltung, der Heraufschauende Hund und der Herabschauende Hund.

Dreibeinigen herabschauenden Hund, Krieger I und Pyramide auf der anderen Seite wiederholen, darauf folgt ein weiteres Vinyasa.

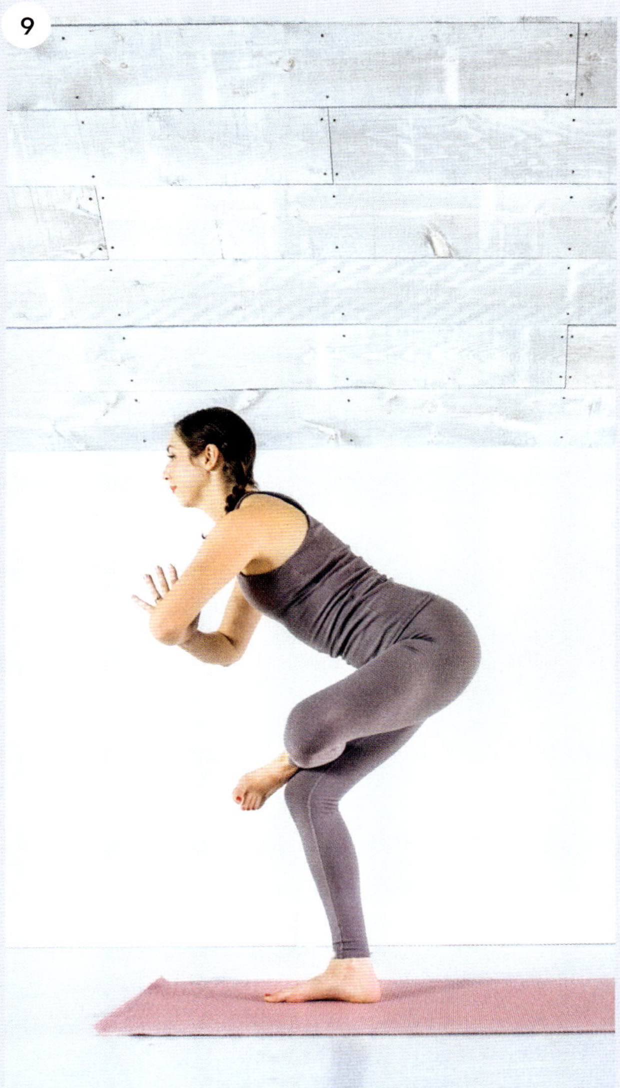

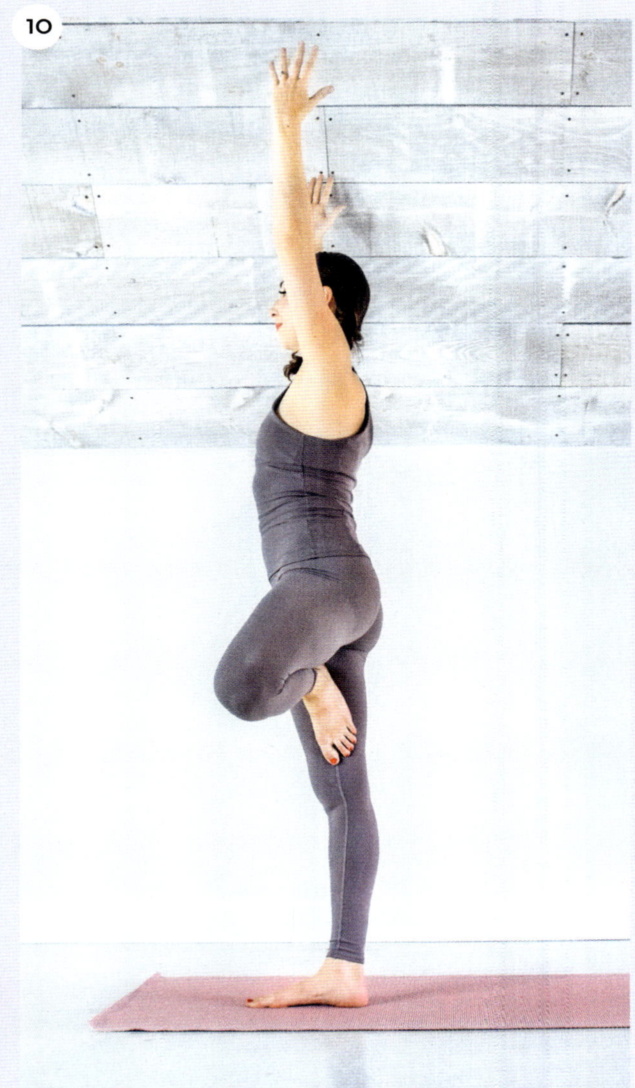

9. Stehende Taube *(Tada Kapotasana)*

Auf die Matte stellen, das Gewicht auf das rechte Bein verlagern und das linke Bein anheben. Das linke Fußgelenk auf dem rechten Knie ablegen und dieses beugen, dabei die Hüfte nach hinten schieben. Die Hände in Gebetshaltung vor das Herz bringen. Halten, zehnmal tief ein- und ausatmen und dann auf der anderen Seite wiederholen.

10. Baum *(Vrksasana)*

Den Oberkörper wieder nach oben bringen und die linke Fußsohle an den rechten Innenoberschenkel legen. Das Gesäß anspannen und die linke Hüfte nach außen drehen. Die Arme über den Kopf strecken, der rechte Fuß ist fest verwurzelt. Halten, zehnmal tief ein- und ausatmen und dann auf der anderen Seite wiederholen.

11

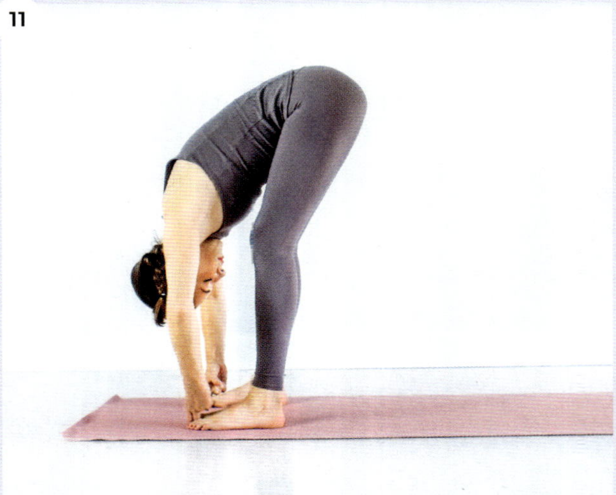

12

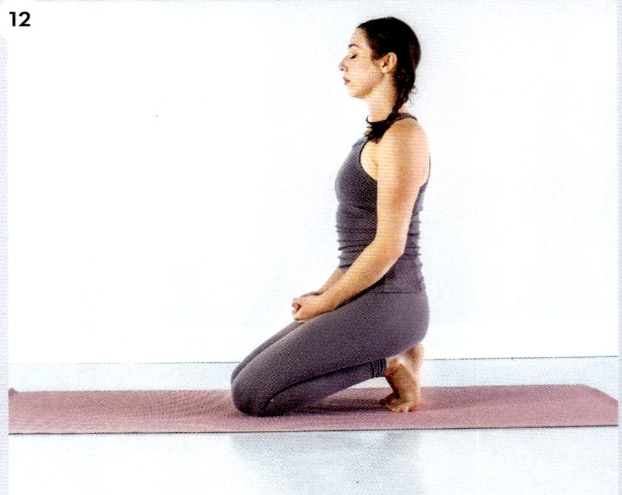

13

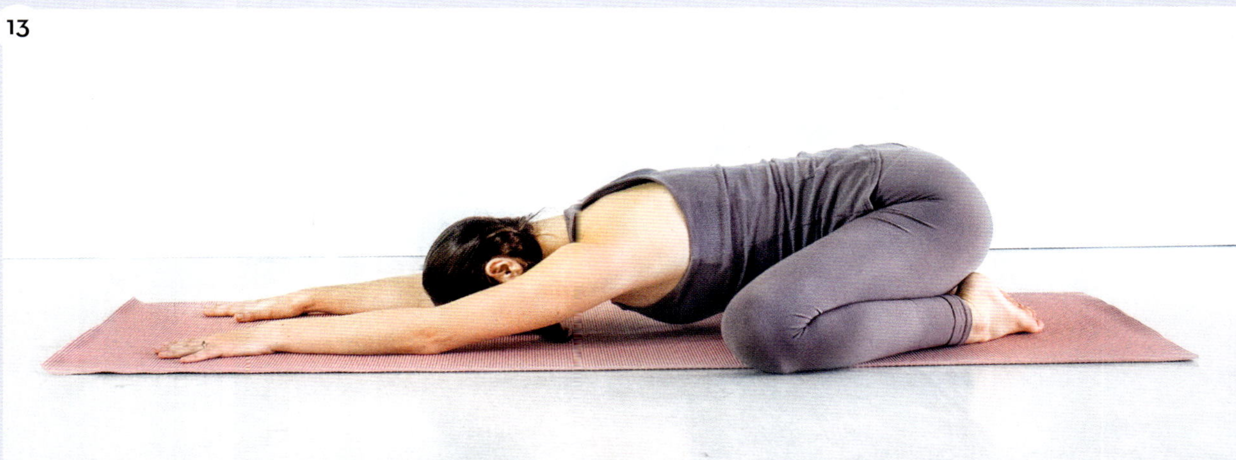

11. Hand-zum-Fuß-Haltung *(Padangusthasana)*
Mit den Füßen hüftbreit auf die Matte stellen. Den Oberkörper aus der Hüfte nach vorn beugen und mit den Zeigefingern die großen Zehen umgreifen, die Ellbogen ziehen dabei nach außen. Zehnmal tief ein- und ausatmen.

12. Fersensitz: Variation *(Vajrasana)*
Auf die Knie kommen, die Zehen aufstellen und die Hüfte auf die Fersen absenken, die Hände ruhen auf den Oberschenkeln. Spüren Sie die Dehnung in den Fußsohlen. Halten und zehnmal tief ein- und ausatmen.

13. Gestreckte Kindhaltung *(Utthita Balasana)*
In den Vierfüßlerstand kommen, dann die Knie nach außen an die Kanten der Matte und die großen Zehen nach innen bringen, sodass sie sich berühren. Die Hüfte nach hinten auf die Fersen absenken, die Arme gerade nach vorn ausstrecken und die Stirn auf einem Yogablock oder dem Boden ruhen lassen. Zehnmal tief ein- und ausatmen.

14

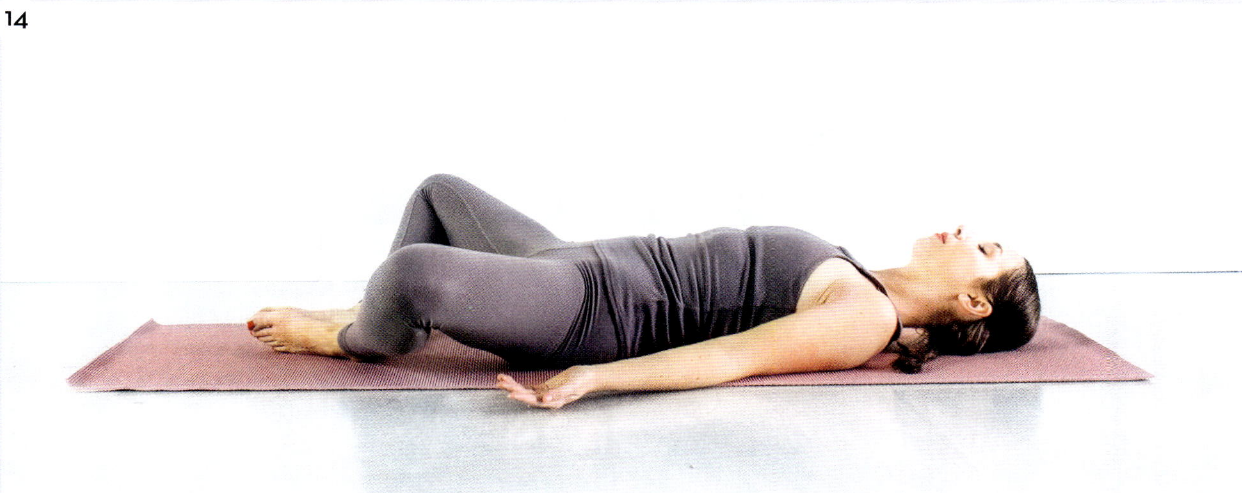

15

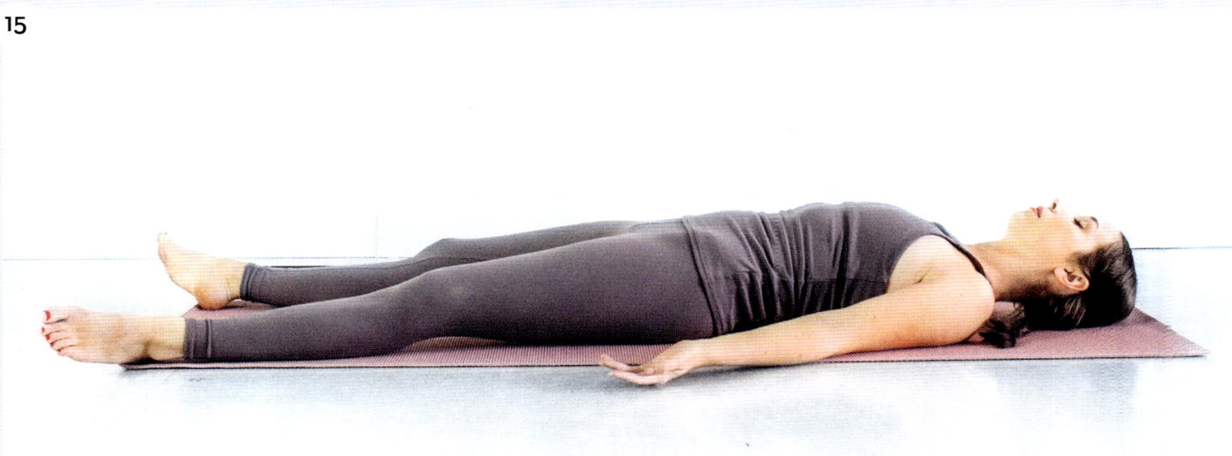

14. Zurückgelehnter Schmetterling *(Supta Baddha Konasana)*
Den Oberkörper wieder aufrichten und dann nach hinten auf die Matte legen. Die Fußsohlen aneinanderlegen und die Knie nach außen fallen lassen. Die Augen schließen und durch die Nase zehnmal tief ein- und ausatmen.

15. Entspannungshaltung *(Savasana)*
Die Füße nacheinander langsam ausstrecken und die Fersen mattenbreit positionieren. Die Schultern sanft von den Ohren wegziehen, die Arme liegen entspannt neben dem Körper, die Handflächen zeigen nach oben. Die Augen schließen, tief ein- und ausatmen und mindestens fünf Minuten so bleiben.

YOGASEQUENZ 2

Stärkung der Wirbelsäule

SCHWIERIGKEITSGRAD: alle Level **HILFSMITTEL:** keine

Ich bin fest überzeugt, dass eine korrekte Körperhaltung essenziell für die Gesundheit ist. Egal ob man an Verspannungen im unteren, mittleren oder oberen Rücken leidet: Diese Yogasequenz lindert diese und hilft Ihnen, die Wirbelsäule richtig auszurichten und eine aufrechte Körperhaltung zu entwickeln.

Diese simple Yogasequenz ist für Anfänger bis Profis geeignet und vor allem auf Stärkung und Dehnung fokussiert. Die Muskulatur entlang der Wirbelsäule, aber auch die Bauchmuskeln werden gekräftigt. Durch Rück- sowie Vorbeugen, Drehungen und Seitbeugen wird der gesamte Körper gedehnt und Verspannungen werden gelöst.

1

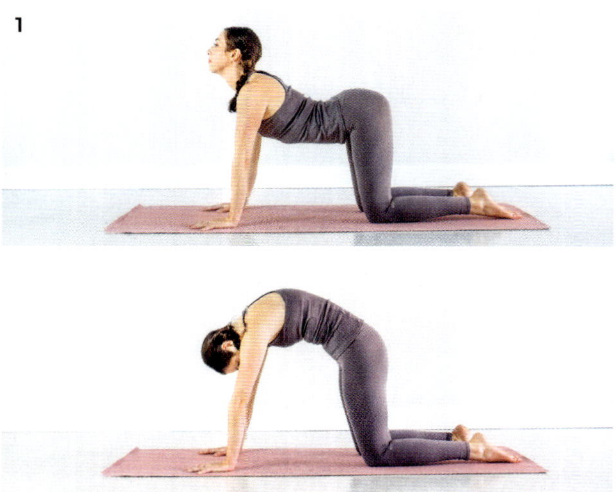

2

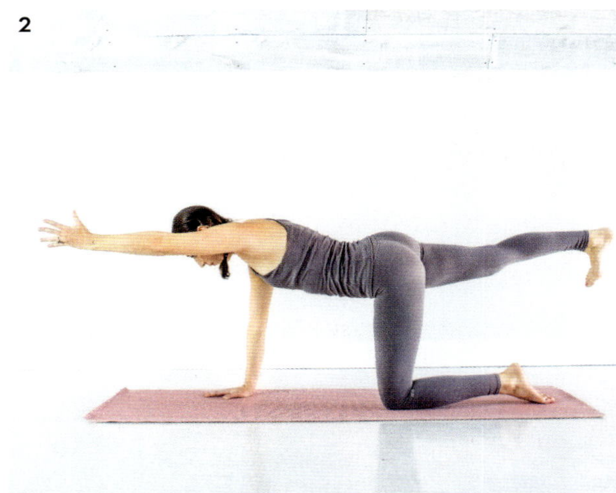

1. Katze/Kuh *(Marjaryasana/Bitilasana)*
Im Vierfüßlerstand tief durch die Nase einatmen, den Rücken nach unten durchdrücken und den Blick nach oben richten, um den Brustkorb zu dehnen. Dann durch die Nase ausatmen, den Rücken rund machen und den Kopf zwischen die Arme senken, um die Wirbelsäule zu dehnen. Diese Bewegungsabfolge zehnmal wiederholen.

2. Diagonale im Vierfüßlerstand *(Dandayamana Bharmanasana)*
Im Vierfüßlerstand das rechte Bein parallel zum Boden nach hinten strecken und den linken Arm auf der Höhe des linken Ohrs nach vorn strecken, die Bauchmuskeln sind angespannt, der untere Rücken bleibt gerade. Zehnmal tief ein- und ausatmen, dann auf der anderen Seite wiederholen.

3

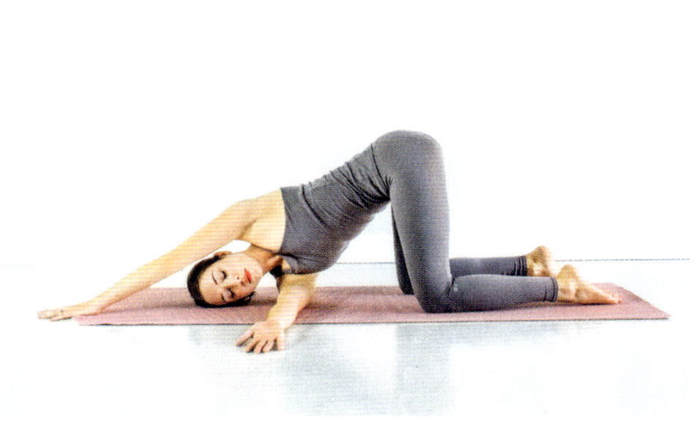

4

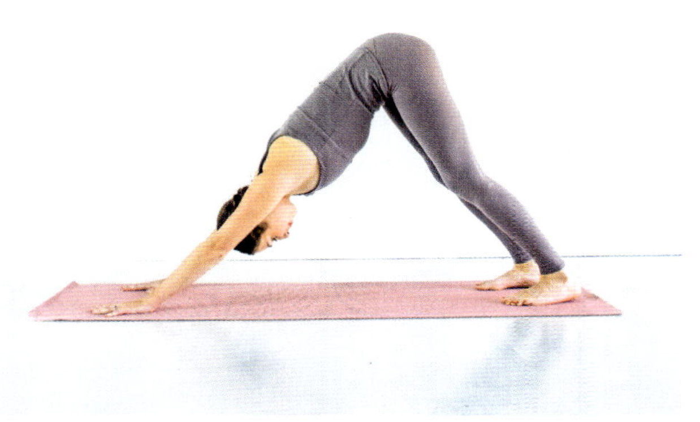

5

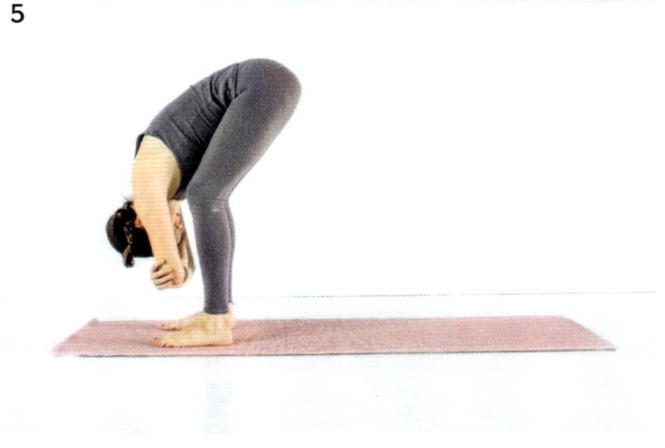

6

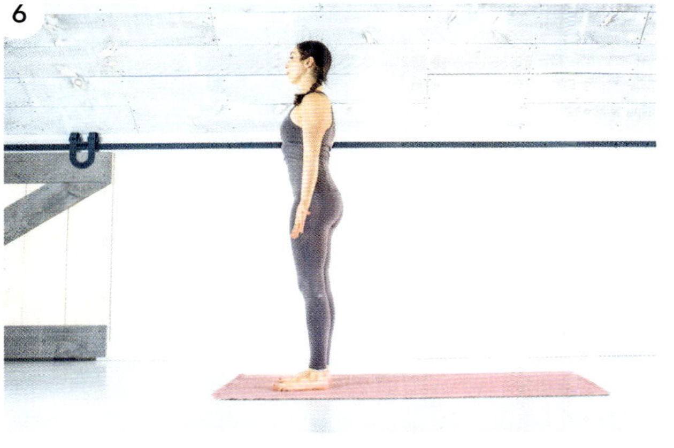

3. Nadel einfädeln *(Parsva Balasana)*
Im Vierfüßlerstand den rechten Arm unter dem Körper hindurchführen, die rechte Schulter sowie das rechte Ohr auf die Matte bringen und den linken Arm über dem Kopf nach vorn strecken. Fünfmal tief ein- und ausatmen und dann auf der anderen Seite wiederholen.

4. Herabschauender Hund *(Adho Mukha Svanasana)*
Im Vierfüßlerstand die Hände vor den Schultern platzieren. Die Zehen aufstellen und die Hüfte nach hinten oben schieben, um in ein umgekehrtes V zu kommen. Die Brust zieht Richtung Oberschenkel, die Fersen drücken fest in die Matte. Zehnmal tief ein- und ausatmen.

5. Stehende Vorbeuge: Variation *(Uttanasana)*
Die Füße schrittweise nach vorn bringen, bis der Oberkörper über den Oberschenkeln positioniert ist. Wenn nötig die Knie beugen, sodass Sie bequem stehen. Den Nacken entspannen, die Arme verschränken und den Oberkörper sanft hin- und herwiegen. Zehnmal tief ein- und ausatmen.

6. Berghaltung *(Tadasana)*
Den Oberkörper aufrichten und die Füße hüftbreit auf die Matte stellen. Die Schultern nach hinten rollen, die Handflächen zeigen nach vorn, und die Füße sind fest mit dem Boden verwurzelt.

7
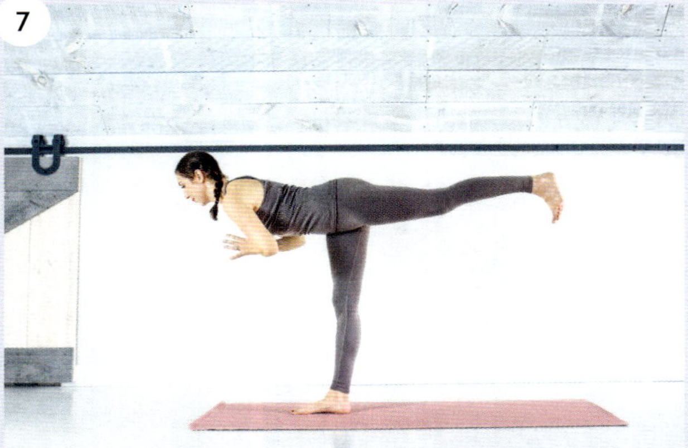
8
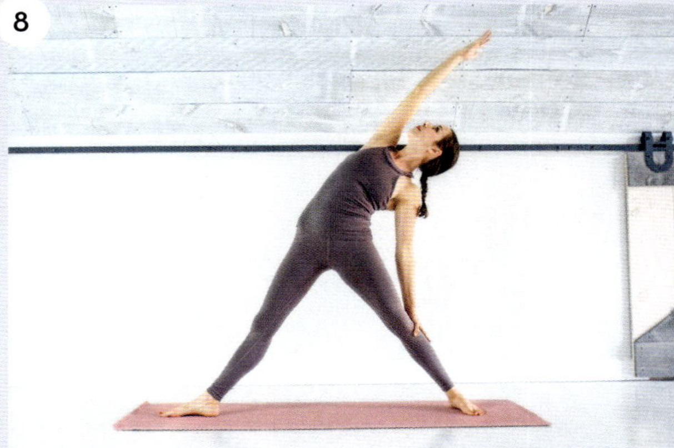
9
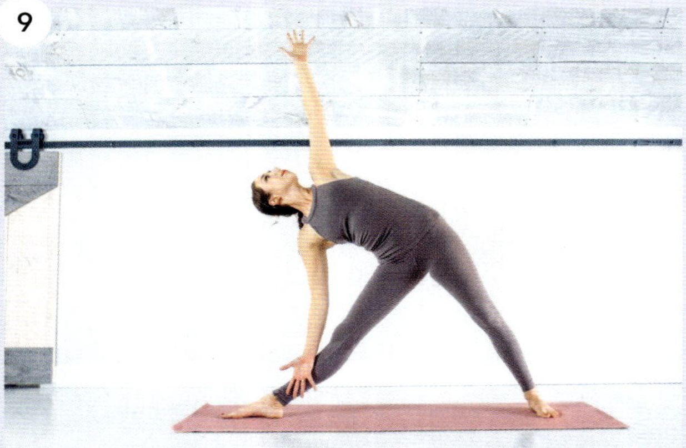
10
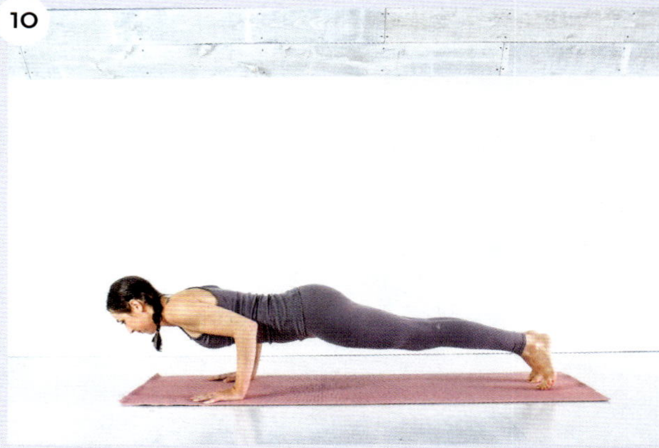

7. Krieger III *(Virabhadrasana III)*
Den Oberkörper nach vorn beugen und das linke Bein nach hinten ausstrecken. Den unteren Bauch anspannen, um den unteren Rücken zu schützen, und den Oberkörper parallel zum Boden ausrichten. Die Hände in Gebetshaltung vor das Herz bringen und zehnmal tief ein- und ausatmen.

9. Dreieck *(Trikonasana)*
Beide Füße bleiben gestreckt, die Hüfte kippt leicht nach hinten, der Brustkorb zieht nach vorn. Den rechten Arm strecken und den Handrücken zum rechten Innenschienbein führen. Den linken Arm nach oben strecken und zehnmal tief ein- und ausatmen.

8. Umgekehrtes Dreieck *(Viparita Trikonasana)*
Den linken Fuß wieder auf die Matte bringen und parallel zur kurzen Seiten der Matte ausrichten. Die linke Hand wandert am linken Bein entlang nach unten, den rechten Arm nach hinten oben strecken – spüren Sie die Dehnung in der Seite. Halten und fünfmal tief ein- und ausatmen.

10. Vinyasa (siehe Seiten 20–21)
Das vordere Knie beugen, die Hände auf dem Boden ablegen und in den Hohen Stütz kommen. Es folgen die Bretthaltung, der Heraufschauende Hund und der Herabschauende Hund.

Krieger III, Umgekehrtes Dreieck und Dreieck auf der anderen anderen Seite wiederholen, darauf folgt ein weiteres Vinyasa.

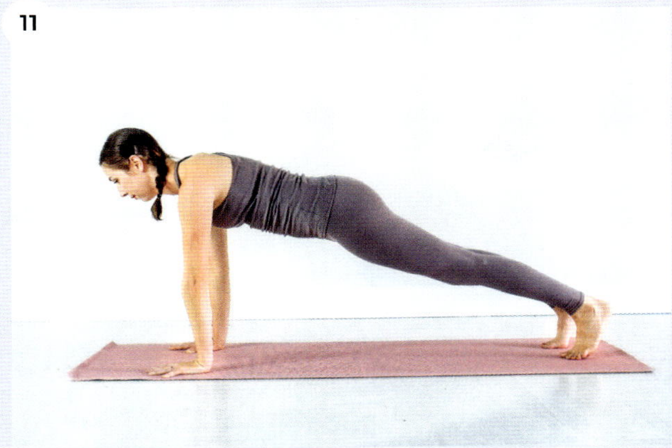

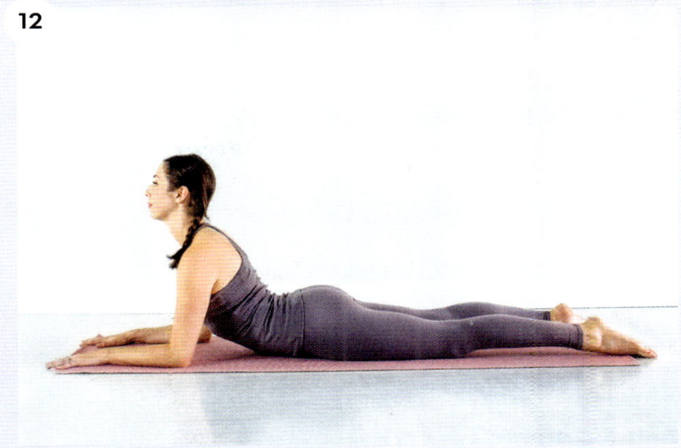

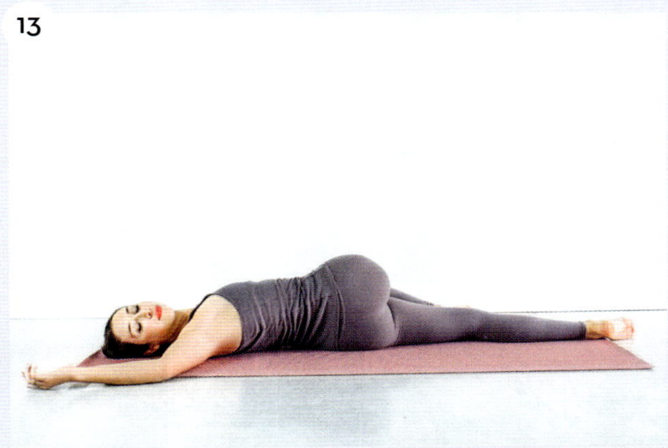

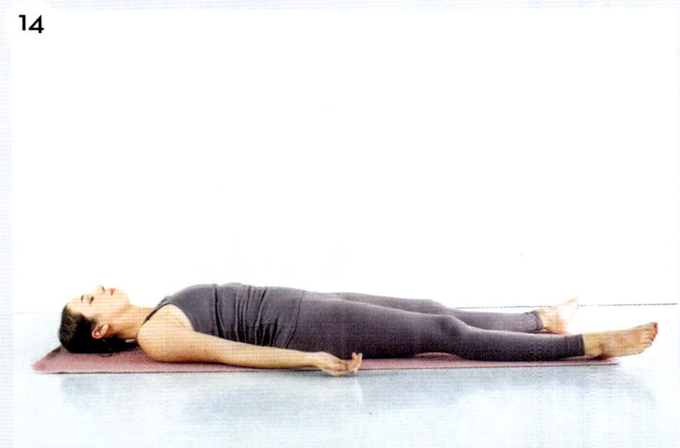

11. Hoher Stütz *(Kumbhakasana)*
In den Hohen Stütz kommen, dabei sind die Schultern über den Handgelenken ausgerichtet und die Beine gestreckt. Wenn nötig können Sie die Knie auch auf die Matte ablegen. Die Bauchmuskulatur ist angespannt, die Oberarme ziehen zueinander. Halten und zehnmal tief ein- und ausatmen.

12. Sphinx *(Salamba Bhujangasana)*
Beine, Bauch und Unterarme auf die Matte absenken, dabei die Ellbogen unter den Schultern ausrichten. Die Brust nach oben drücken und die Schultern zurückrollen, das Herz zieht nach vorn. Zehnmal tief ein- und ausatmen.

13. Drehung auf dem Rücken *(Supta Matsyendrasana)*
Auf den Rücken legen, das rechte Knie zur Brust ziehen, das linke Bein bleibt gestreckt. Den rechten Oberschenkel mit der linken Hand über den Körper zur linken Seite bringen und den rechten Arm seitlich ausstrecken. Den Blick über die rechte Schulter richten, zehnmal tief ein- und ausatmen und dann auf der anderen Seite wiederholen.

14. Entspannungshaltung *(Savasana)*
Die Drehung auflösen, die Füße nacheinander langsam ausstrecken und die Fersen mattenbreit positionieren. Die Schultern sanft von den Ohren wegziehen, die Arme liegen entspannt neben dem Körper, die Handflächen zeigen nach oben. Die Augen schließen, tief ein- und ausatmen und mindestens fünf Minuten so bleiben.

YOGASEQUENZ 3

Yin Yoga für tiefen Schlaf

SCHWIERIGKEITSGRAD Anfänger **HILFSMITTEL:** Block/Kissen (optional)

Wenn Sie das Gefühl haben, als bräuchten Sie einen richtigen Winterschlaf, dann ist diese Yogasequenz perfekt! Die Übungen aus dem klassischen Yin Yoga beruhigen das parasympathische Nervensystem und bereiten Sie optimal auf einen tiefen, erholsamen Schlaf vor. Wenn es Ihnen schwerfällt ein- oder durchzuschlafen, empfehle ich Ihnen, diese Sequenz direkt vor dem Zubettgehen zu praktizieren.

Hier stehen langsame, sanfte Bewegungen im Mittelpunkt, die Stress reduzieren und den Geist zur Ruhe kommen lassen. Wenn Sie möchten, können Sie diese Sequenz auch bereits im Bett liegend durchführen: Decken Sie sich schließlich in der Entspannungshaltung mit der Bettdecke zu und gleiten Sie sanft in einen erholsamen Schlaf.

1

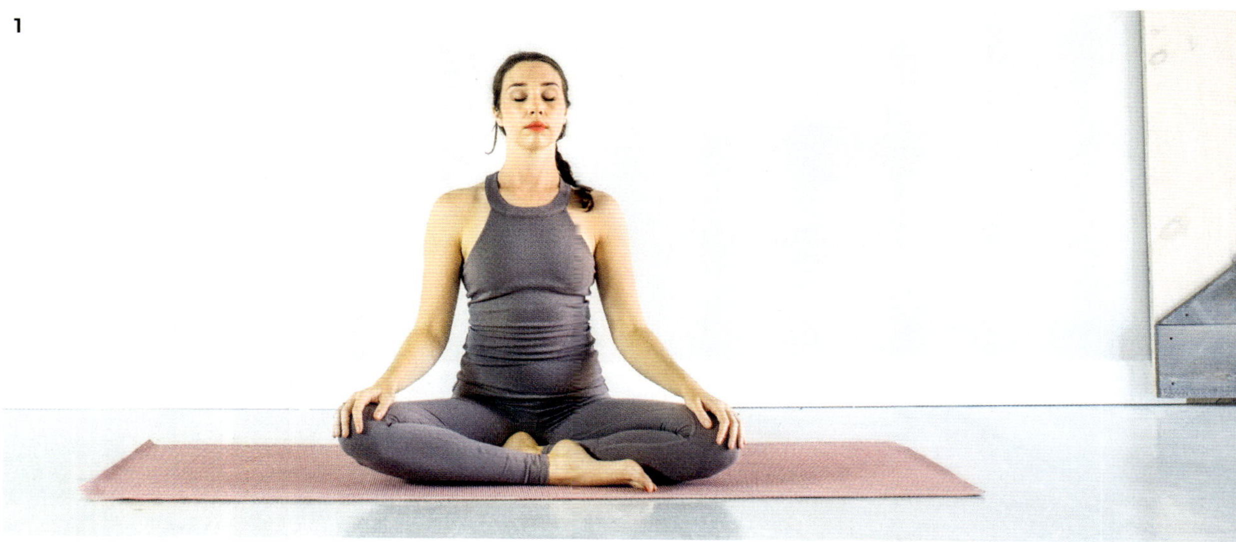

1. Sitzmeditation *(Muktasana)*
Eine bequeme Sitzhaltung einnehmen, die Schultern sind über der Hüfte ausgerichtet, die Handflächen ruhen auf den Knien, und die Augen sind geschlossen. Einige Minuten so bleiben, tief ein- und ausatmen und jeden einzelnen Muskel vom Kopf bis zu den Zehen bewusst entspannen.

2

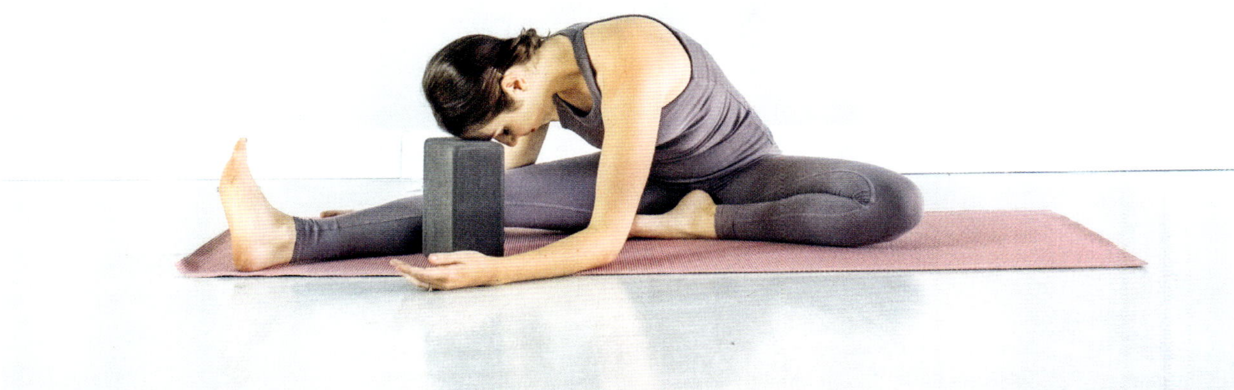

3

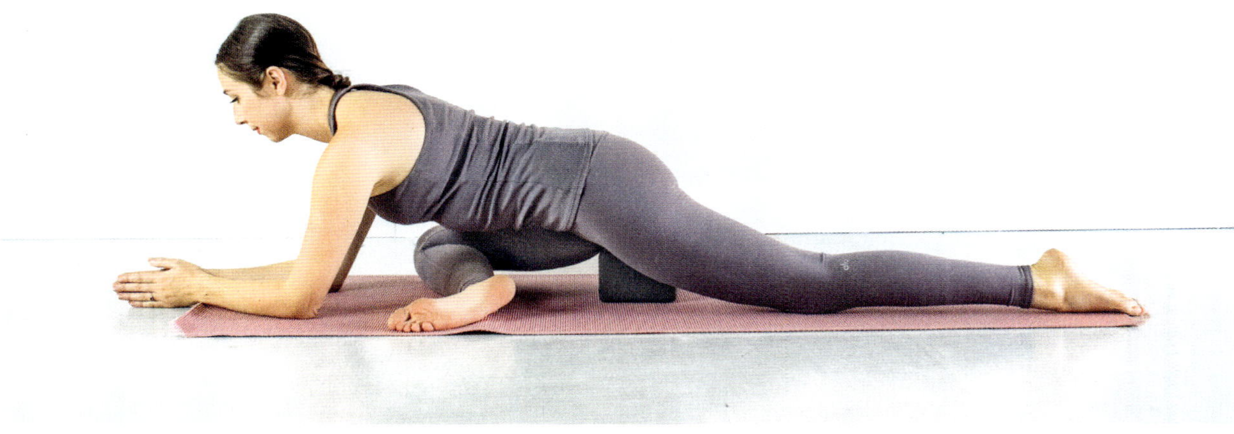

2. Halber Schmetterling *(Ardha Titali Asana)*
Das rechte Bein seitlich strecken, den linken Fuß zum rechten Innenoberschenkel bringen und den Oberkörper nach rechts beugen, die Arme liegen links und rechts des rechten Beins. Ein Yogablock oder Kissen unter der Stirn sorgt für zusätzliche Unterstützung. Drei bis fünf Minuten halten und dann auf der anderen Seite wiederholen.

3. Schwan *(Hamsasana)*
Im Vierfüßlerstand das rechte Knie zum rechten Handgelenk bringen und das linke Bein nach hinten strecken. Ein Yogablock oder Kissen unter der rechten Hüfte hilft, das Becken gerade zu halten. Die Unterarme auf die Matte legen und tief in die Haltung sinken. Drei bis fünf Minuten halten.

4

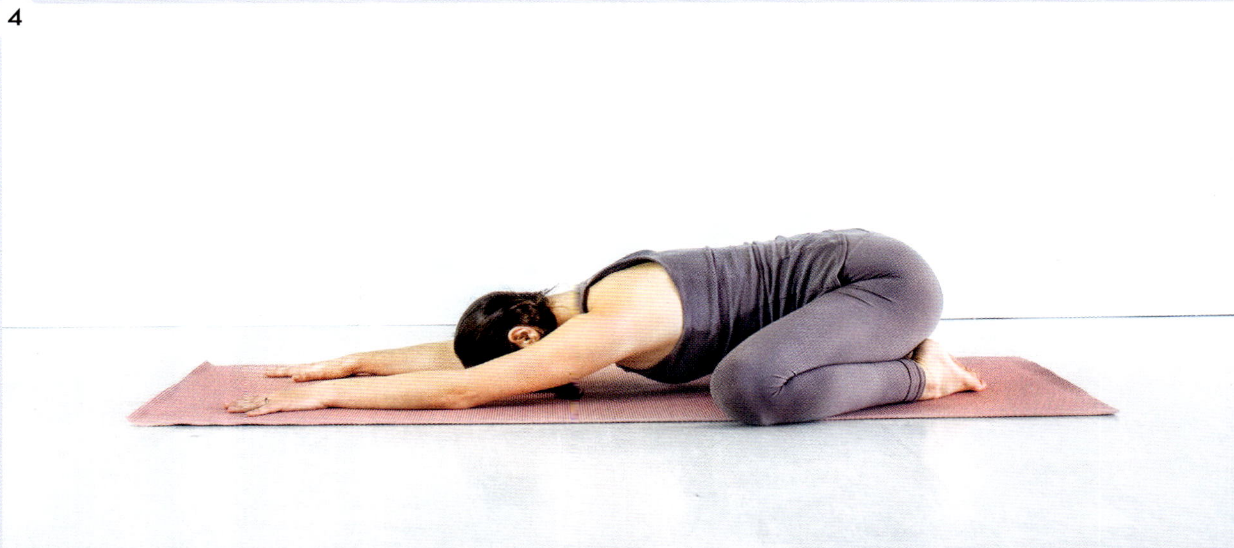

5

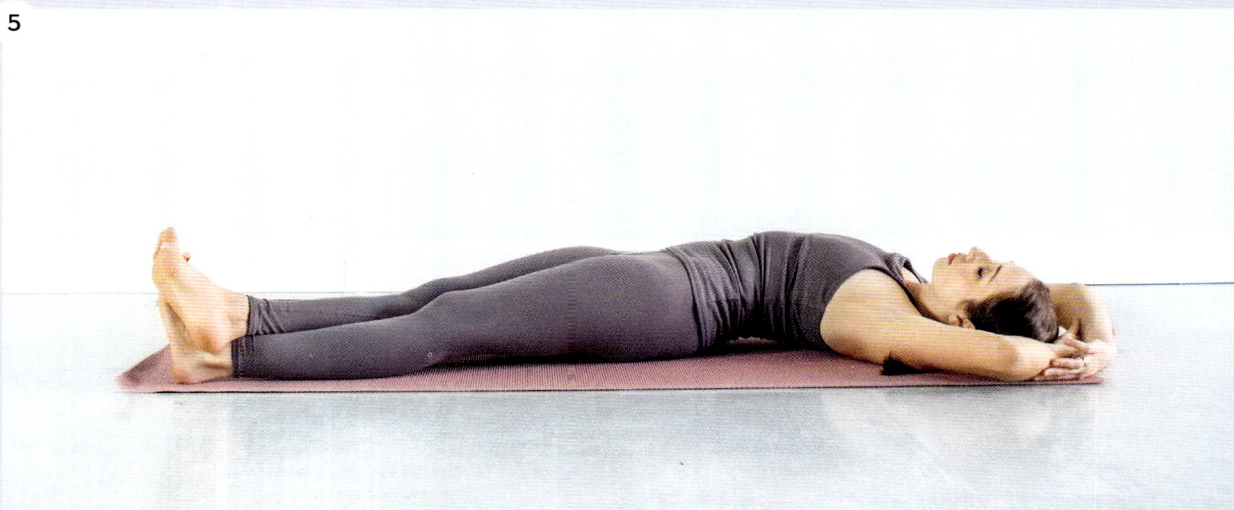

4. Gestreckte Kindhaltung *(Utthita Balasana)*

Den Schwan auflösen, die Knie nach außen an die Kanten der Matte und die großen Zehen nach innen bringen, sodass sie sich berühren. Die Hüfte nach hinten auf die Fersen absenken, die Arme gerade nach vorn ausstrecken und Brust und Stirn absenken. Drei bis fünf Minuten halten, dann den Schwan auf der anderen Seite wiederholen.

5. Banane *(Bananasana)*

Auf den Rücken legen und die Hüfte nach rechts und die Schultern nach links verschieben, sodass der Körper wie eine Banane gekrümmt ist. Die Arme über dem Kopf verschränken, den rechten Fuß über den linken kreuzen, die rechte Hüfte in die Matte drücken und drei bis fünf Minuten halten, dann auf der anderen Seite wiederholen.

6

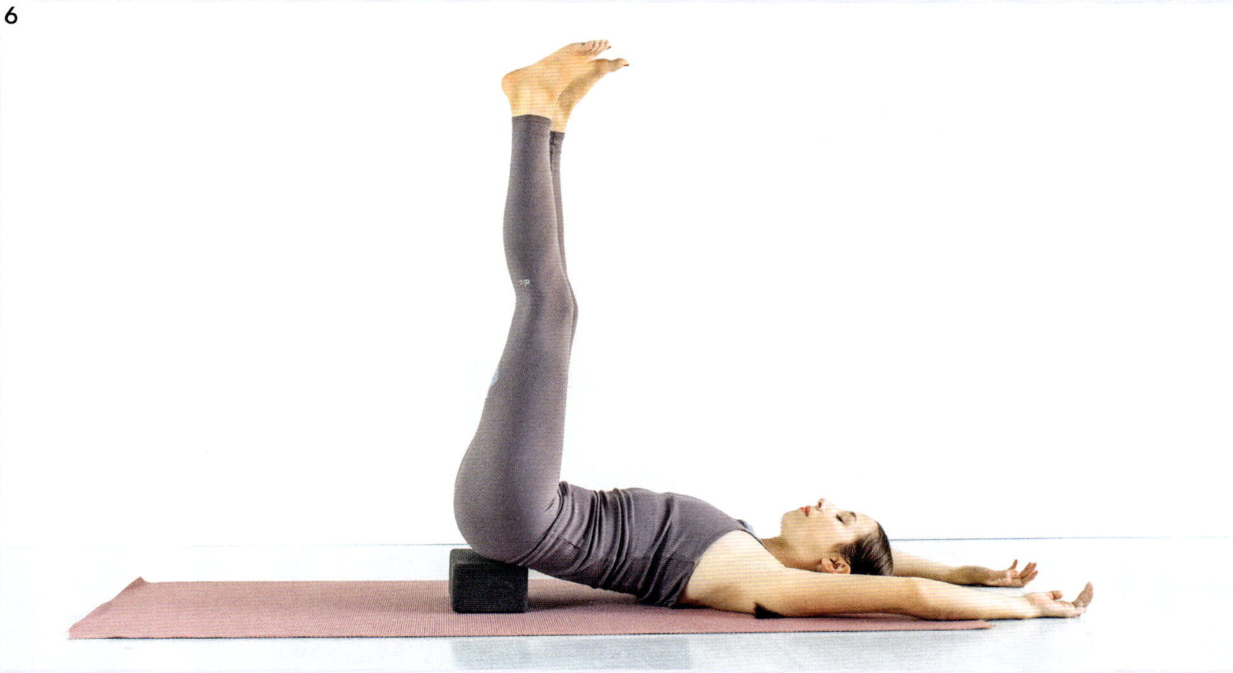

7

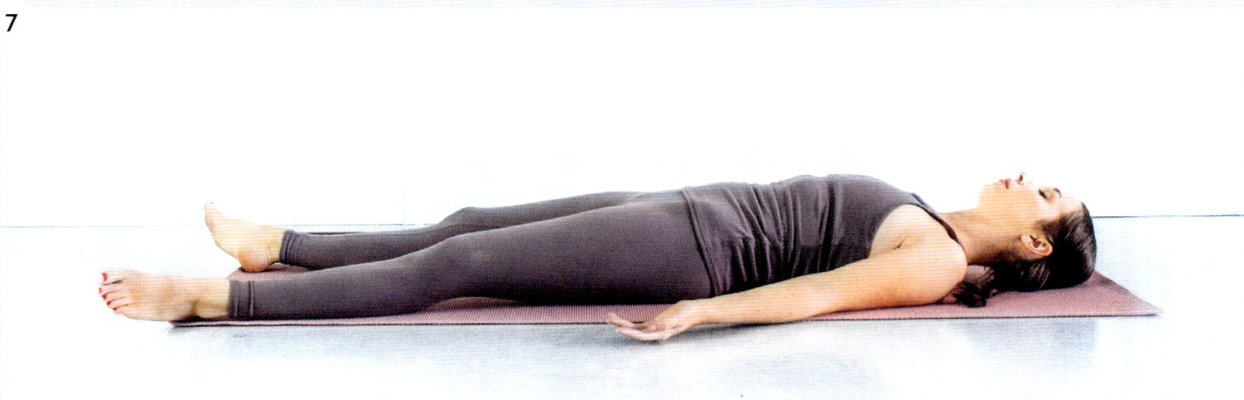

6. Wasserfall *(Viparita Karani)*
Wieder gerade auf den Rücken legen und die Beine nach oben strecken, die Arme liegen entspannt hinter dem Kopf. Wenn Sie möchten, können Sie die Fersen auch an einer Wand abstützen und einen Yogablock oder ein Kissen unter das Steißbein schieben. Drei bis fünf Minuten halten.

7. Entspannungshaltung *(Savasana)*
Die Füße sanft auf die Matte absenken und den Yogablock beziehungsweise das Kissen beiseitegeben. Falls Sie bereits im Bett liegen, ist jetzt der richtige Moment, um sich zuzudecken. Füße und Arme entspannt ausstrecken, die Augen schließen und sanft in den Schlaf gleiten.

YOGASEQUENZ 4

Für mehr Fokus & Klarheit

SCHWIERIGKEITSGRAD Fortgeschrittene **HILFSMITTEL:** keine

Diese Yogasequenz hilft, den Geist zu schärfen, wenn Sie sich schwach und lethargisch fühlen. Dabei werden Balance- und asymmetrische Haltungen kombiniert, für die Konzentration und gesteigerte Aufmerksamkeit essenziell sind. Die Wechselatmung *Nadi Shodhana* (siehe Seite 77) hilft zudem dabei, das innere Gleichgewicht wiederherzustellen. Nach dieser Praxis fühlen Sie sich wieder frisch und klar!

Wichtig ist dabei, daran zu denken, dass einem die Balancehaltungen je nach Tagesverfassung leichter oder schwerer fallen können. Wenn Sie dabei Schwierigkeiten haben oder oft das Gleichgewicht verlieren, bleiben Sie geduldig mit sich – beim nächsten Mal klappt es sicher schon besser!

1

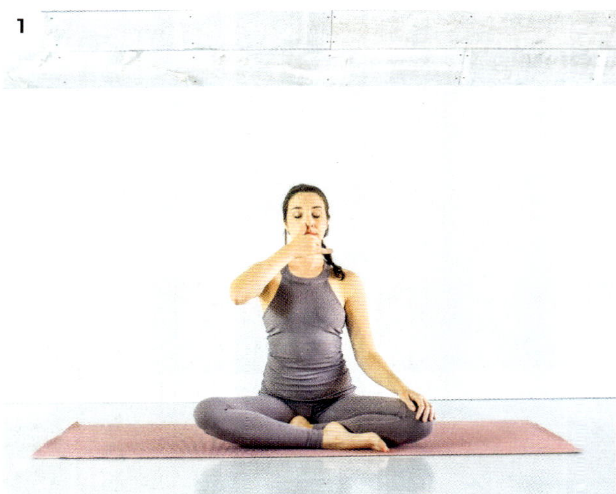

2

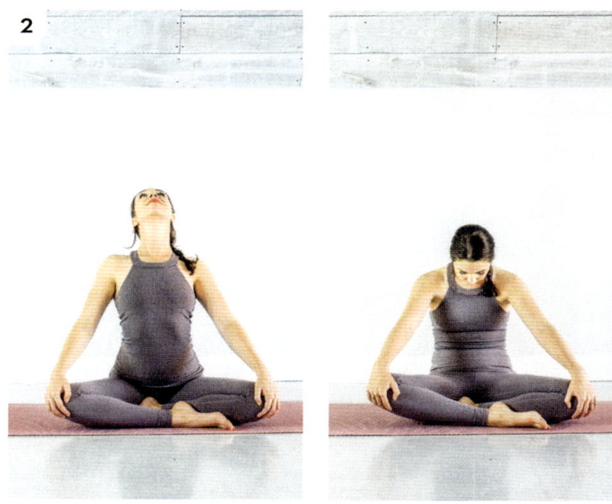

1. Wechselatmung *(Nadi Shodhana)* (siehe Seite 77)
Setzen Sie sich bequem im Schneidersitz auf die Matte und führen Sie mit der rechten Hand zehn Durchgänge der Wechselatmung durch.

2. Sitzende Katze/Kuh *(Upavistha Marjaryasana/ Bitilasana)*
Nun die Hände auf die Knie legen, einatmen und den Rücken durchdrücken, dabei ziehen die Schulterblätter zueinander. Dann ausatmen und dabei den Rücken rund machen. Diese Bewegungsabfolge zehnmal wiederholen.

3

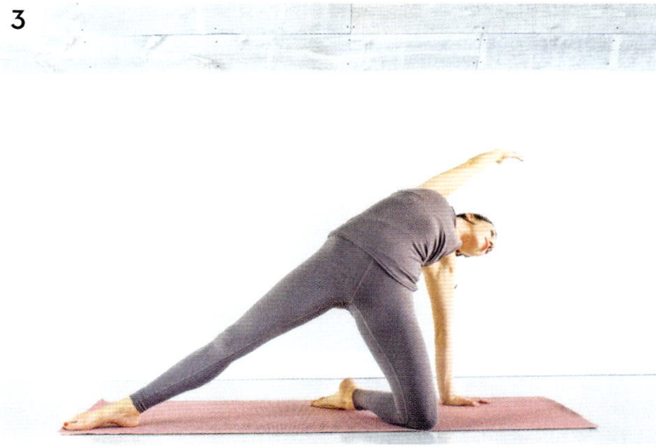

4

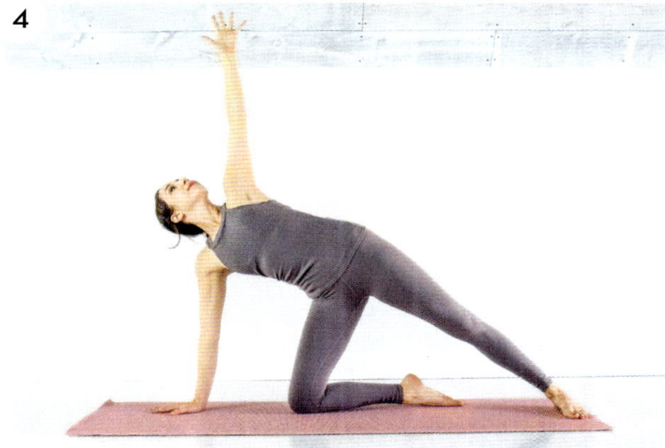

5

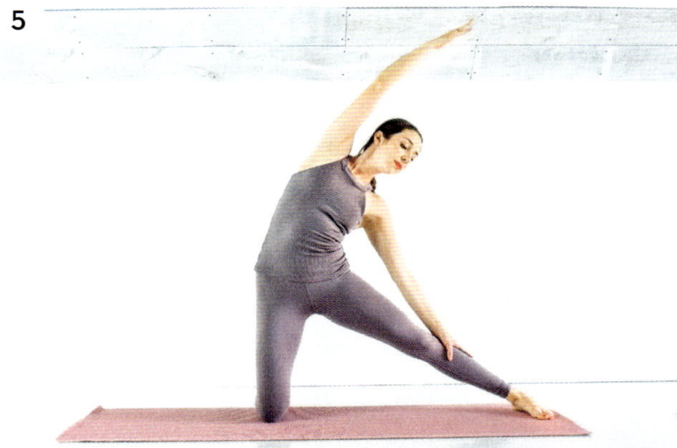

6

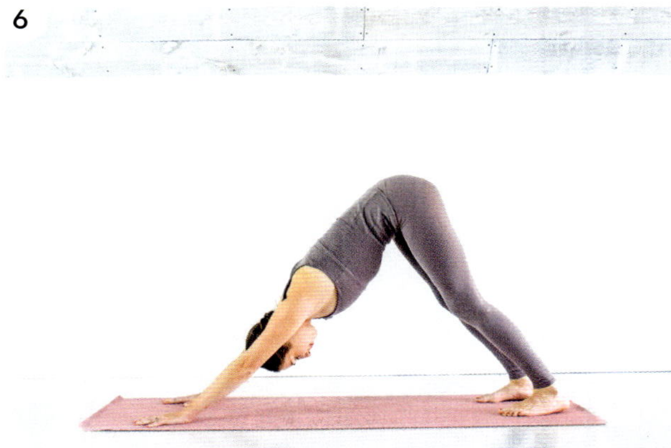

3. Rockstar: Variation *(Camatkarasana)*
Auf die Knie kommen, das rechte Bein seitlich strecken, den linken Fuß unter der Hüfte und die linke Hand daneben platzieren und die Hüfte nach oben drücken, dabei zieht der rechte Arm nach hinten oben. Fünfmal tief ein- und ausatmen und dann auf der anderen Seite wiederholen.

4. Seitstütz: Variation *(Vasisthasana)*
In den Vierfüßlerstand kommen, das linke Bein nach hinten strecken, den Fuß aufstellen und parallel zur kurzen Seite der Matte ausrichten. Den linken Arm gerade nach oben strecken. Für eine noch intensivere Balancehaltung das linke Bein auf Hüfthöhe heben. Zehnmal tief ein- und ausatmen.

5. Tor *(Parighasana)*
Den Oberkörper aus der Körpermitte heraus aufrichten, die Schultern über der Hüfte positionieren, den rechten Arm nach links oben strecken und in eine Seitbeuge kommen. Die linke Hand ruht auf der linken Wade. Fünfmal tief ein- und ausatmen und dann Seitstütz: Variation und Tor auf der anderen Seite wiederholen.

6. Herabschauender Hund *(Adho Mukha Svanasana)*
Im Vierfüßlerstand die Hände leicht vor den Schultern platzieren. Die Zehen aufstellen und die Hüfte nach hinten oben schieben, um in ein umgekehrtes V zu kommen. Die Brust zieht Richtung Oberschenkel, der Nacken ist entspannt. Halten und zehnmal tief ein- und ausatmen.

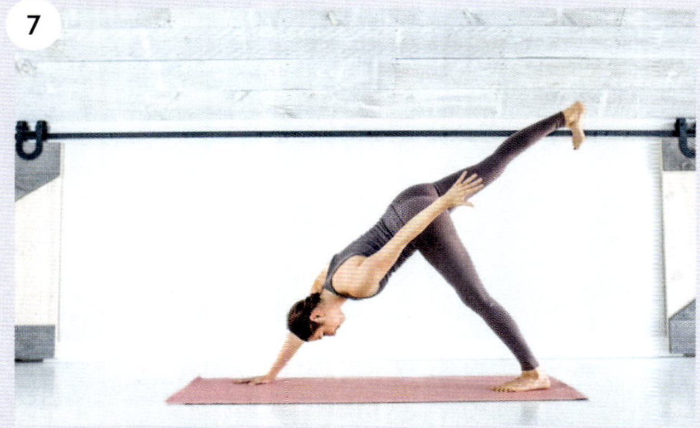

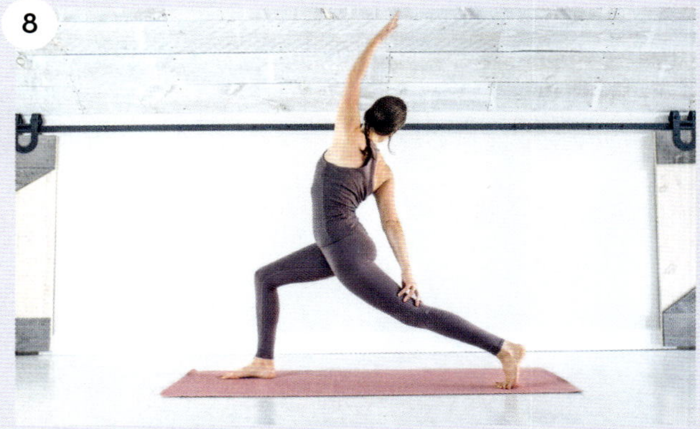

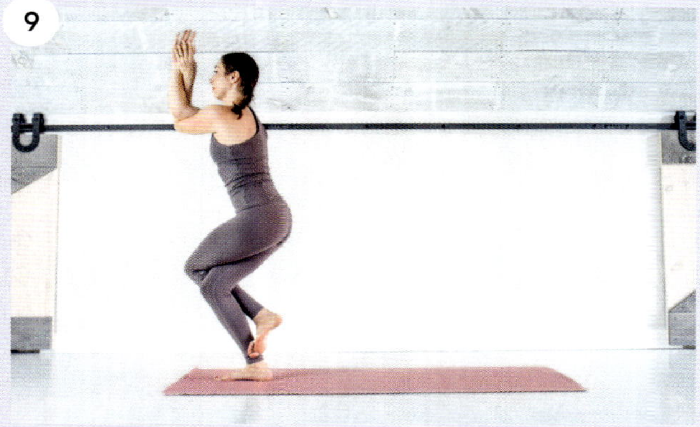

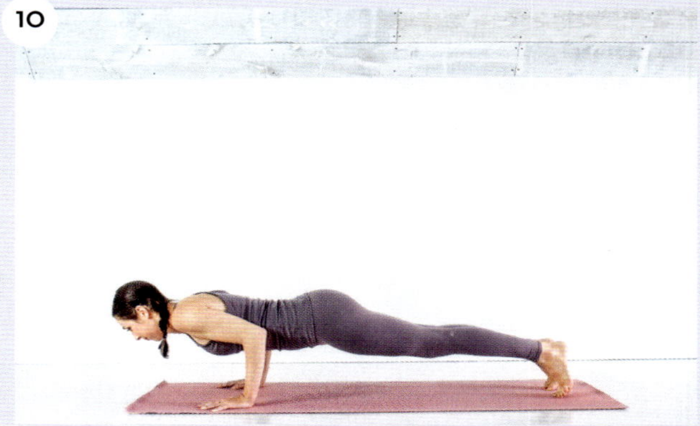

7. Zweibeiniger herabschauender Hund: Variation *(Dwi Pada Adho Mukha Svanasana)*
Im Herabschauenden Hund das rechte Bein nach oben strecken, die Hüfte bleibt parallel zum Boden. Mit der linken Hand auf die Fingerspitzen kommen und dann den linken Arm langsam anheben, bis er parallel zum rechten Bein ist. Halten und zehnmal tief ein- und ausatmen.

9. Adler *(Garudasana)*
An das vordere Ende der Matte stellen, das Gewicht auf das rechte Bein verlagern, das linke Bein über das rechte kreuzen und den linken Fuß hinter die rechte Wade bringen. Die Ellbogen beugen, den linken unter den rechten bringen und die Handgelenke überkreuzen, sodass die Handflächen aufeinanderliegen. Das rechte Knie tief beugen, halten und zehnmal tief ein- und ausatmen.

8. Gedrehter hoher Ausfallschritt *(Parivrtta Viparita Ashta Chandrasana)*
Den rechten Fuß an das vordere Ende der Matte stellen, das rechte Bein ist leicht gebeugt und das linke gestreckt, dabei den Oberkörper aufrichten und nach rechts drehen und die rechte Hand auf den linken hinteren Oberschenkel legen. Für eine intensive Dehnung den linken Arm nach hinten oben strecken. Zehnmal tief ein- und ausatmen.

10. Vinyasa (siehe Seiten 20–21)
Den Adler sanft auflösen, die Hände auf die Matte legen und in den Hohen Stütz kommen. Es folgen die Bretthaltung, der Heraufschauende Hund und der Herabschauende Hund.

Zweibeinigen herabschauenden Hund: Variation, Gedrehten hohen Ausfallschritt und Adler auf der anderen Seite wiederholen, darauf folgt ein weiteres Vinyasa.

11

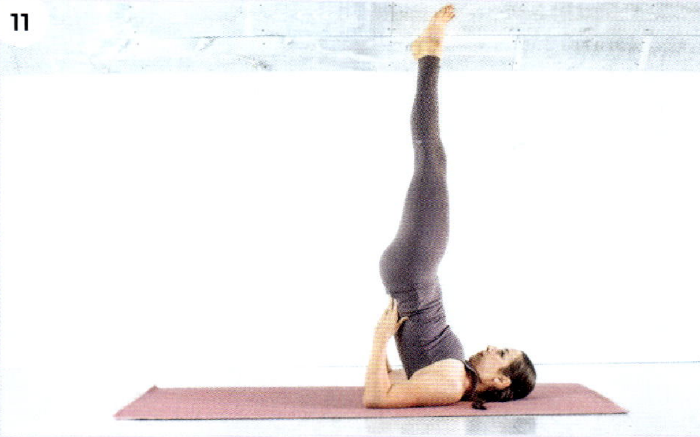

12

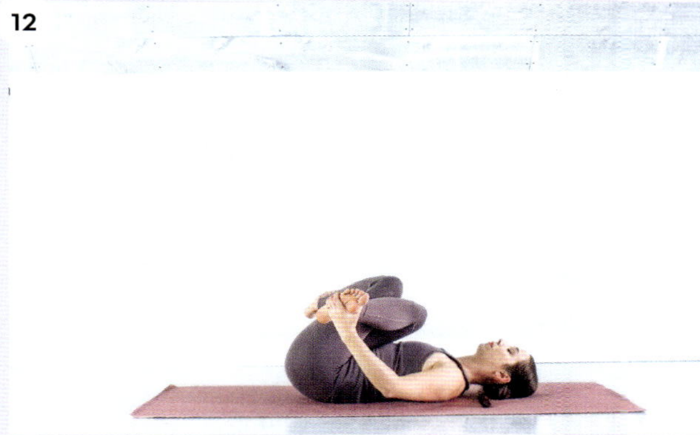

13

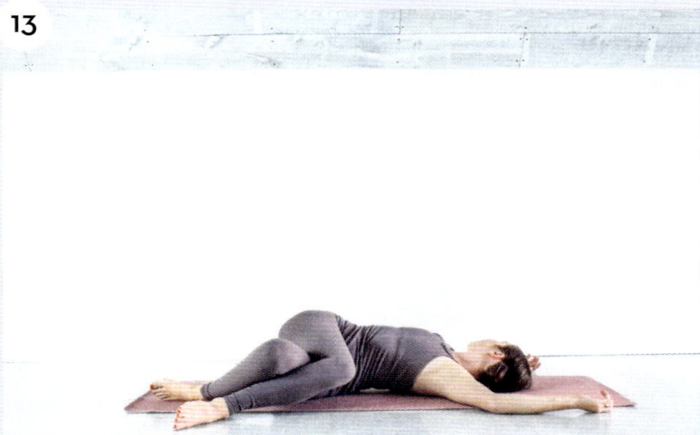

14

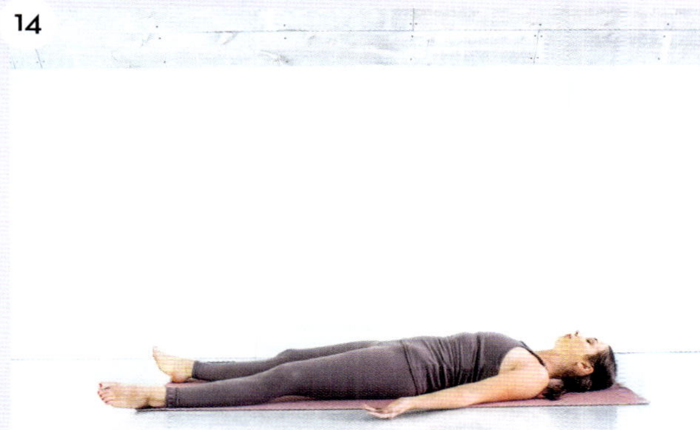

11. Schulterstand *(Sarvangasana)*
Auf den Rücken legen, die Knie zur Brust ziehen und die Hüften anheben, die Hände stützen dabei den unteren Rücken. Die Schultern fest in die Matte drücken und die Beine gerade nach oben strecken, die Zehen ziehen in Richtung Himmel. Halten und zehnmal tief ein- und ausatmen.

12. Liegende Kuhmaul-Haltung *(Supta Gomukhasana)*
Die Beine langsam wieder absenken und den rechten Oberschenkel über den linken legen. Mit den Händen die überkreuzten Füße greifen und nach außen und gleichzeitig die Oberschenkel zur Brust ziehen. Kopf und Schultern liegen entspannt auf der Matte. Halten und zehnmal tief ein- und ausatmen.

13. Liegender Adler *(Supta Parivrtta Garudasana)*
Die Beine überkreuzt nach links auf die Matte ablegen, die Arme angewinkelt neben den Kopf legen und den Blick über die rechte Schulter richten. Halten und zehnmal tief ein- und ausatmen.

Die Beine wieder anheben und die Liegende Kuhmaul-Haltung und den Liegenden Adler auf der anderen Seite wiederholen.

14. Entspannungshaltung *(Savasana)*
Die Drehung sanft auflösen, die Füße nacheinander langsam ausstrecken und die Fersen mattenbreit positionieren. Die Schultern sanft von den Ohren wegziehen, die Arme liegen entspannt neben dem Körper, die Handflächen zeigen nach oben. Die Augen schließen, tief ein- und ausatmen und mindestens fünf Minuten so bleiben.

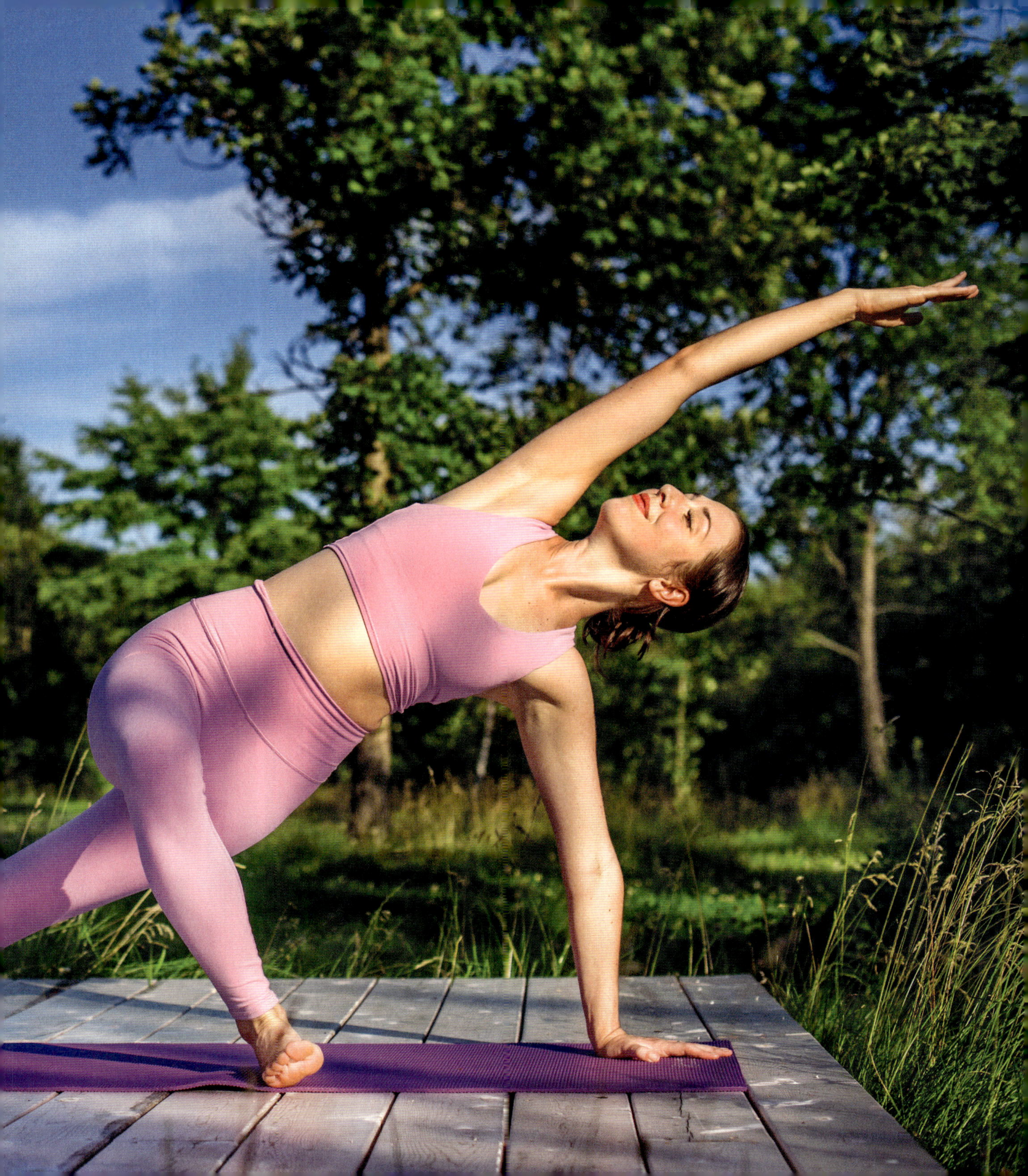

FRÜHLING

Frühling ist wiedergekommen. Die Erde ist wie ein Kind, das Gedichte weiß.

— Rainer Maria Rilke

Im Frühling dreht sich alles um das Nutzen unseres Potenzials und das Schöpfen neuer Energie. Jetzt ist es an der Zeit, mit frischer Perspektive in die Welt hinauszugehen und die Rückkehr der längeren Tage und der Helligkeit zu genießen. Die Yogasequenzen in diesem Kapitel unterstützen Sie dabei, die Kraft des Frühlings optimal zu nutzen.

Beobachten Sie, wie sich Ihre im Winter formulierten Vorsätze und Intentionen entwickeln und in die Tat umgesetzt werden. Die folgenden Yogasequenzen, Meditationen, Atemübungen und Mondrituale unterstützen Sie bei dieser Reise in den Frühling.

THEMA: Handeln

BEGRIFFE: Spiel, Anfang, Wissen durch Intuition, Risiko, Planen, Energie, Handeln, Balance, Klarheit, Mut, Erneuerung, neue Abenteuer

GEFÜHLE: Freude, Optimismus, Verspieltheit

DIE RICHTIGE ZEIT, UM: konkrete Handlungen zu setzen. Planen Sie Ihre nächsten Schritte, beginnen Sie neu und werden Sie tätig. Jetzt ist außerdem der richtige Moment, um Neues auszuprobieren – vielleicht setzen Sie eine neue Routine um oder gehen ein Risiko ein. Erkennen Sie innere Widerstände und stellen Sie sich Ihren Schatten. Arbeiten Sie an der Auflösung alter Muster und lassen Sie negative Gedanken ziehen.

MORGENPRAXIS

Energiespendender Flow

SCHWIERIGKEITSGRAD: alle Level **HILFSMITTEL:** Block (optional)

Die Morgenpraxis für den Frühling besteht aus Drehungen der Wirbelsäule und seitlichen Dehnungen beziehungsweise Seitbeugen. Diese Kombination von Haltungen ist eine wundervolle Möglichkeit, um das Verdauungssystem anzuregen und neue Energie zu tanken.

1

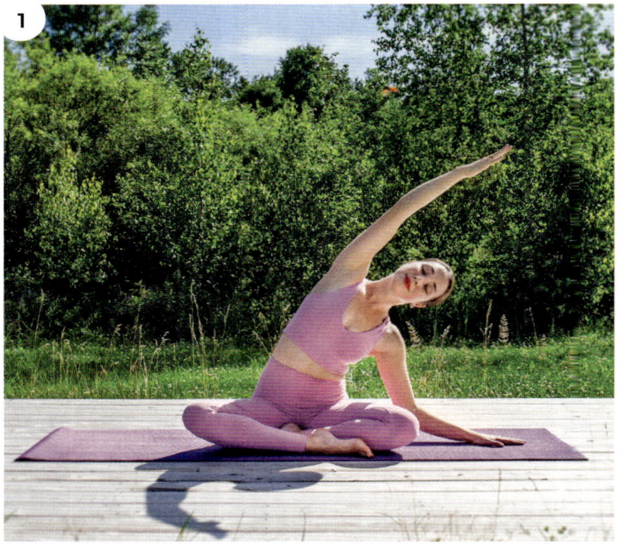

2

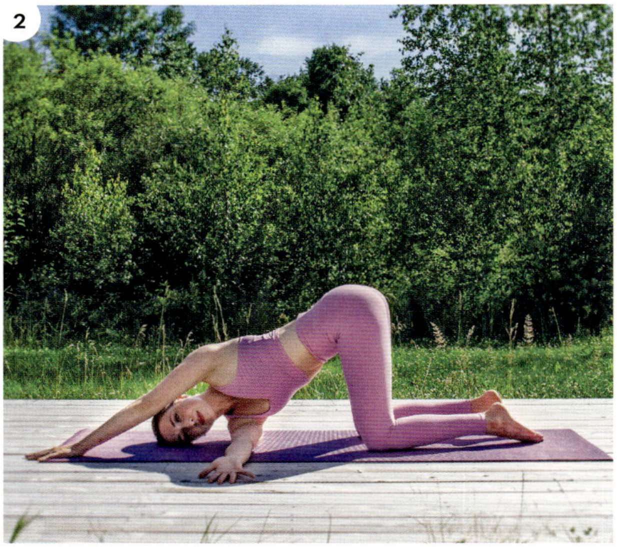

1. Sitzende Seitbeuge *(Parsva Sukhasana)*
Im Schneidersitz bequem auf die Matte setzen, die Wirbelsäule ist gestreckt, die Schultern sind entspannt. Einatmen und den rechten Arm nach links oben strecken, um die rechte Körperseite zu dehnen. Den Nacken entspannen, fünfmal tief ein- und ausatmen und dann auf der anderen Seite wiederholen.

2. Nadel einfädeln *(Parsva Balasana)*
In den Vierfüßlerstand kommen, den rechten Arm unter dem Körper hindurchführen und die rechte Schulter sowie das rechte Ohr auf die Matte bringen, die rechte Handfläche zeigt dabei nach oben. Den linken Arm über dem Kopf nach vorn strecken, der rechte Arm und die linke Hand drücken fest gegen die Matte. Fünfmal tief ein- und ausatmen und dann auf der anderen Seite wiederholen.

Blockierte Energien aus dem Winter werden im Frühling freigesetzt, und wir sind bereit, voller Energie in den neuen Tag zu starten! Bei dieser Yogasequenz sollte der Fokus auf einer ruhigen, gleichmäßigen Atmung liegen. Verwenden Sie beispielsweise *Ujjayi-Pranayama* (siehe Seite 43), um Ihre Aufmerksamkeit zu bündeln. Nutzen Sie die Zeit auf der Matte, um sich Ihrer Intention für den Tag bewusst zu werden.

3

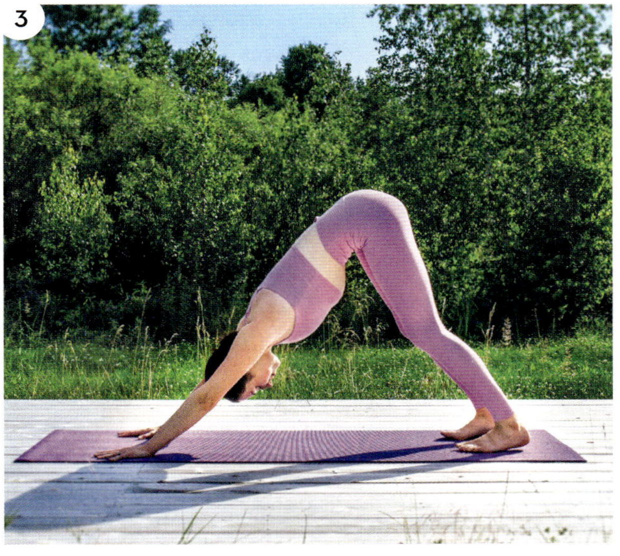

4

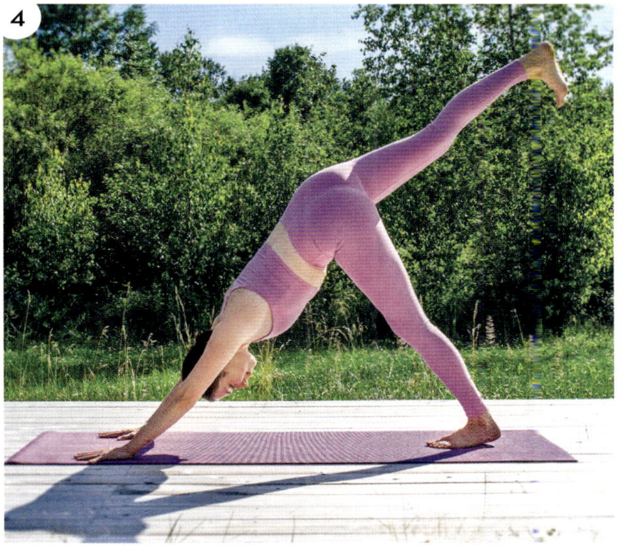

3. Herabschauender Hund *(Adho Mukha Svanasana)*
Im Vierfüßlerstand die Hände leicht vor den Schultern platzieren. Die Füße aufstellen und die Hüfte nach hinten oben schieben, um in ein umgekehrtes V zu kommen, dabei wenn nötig die Knie beugen, sodass die Füße flach auf dem Boden stehen. Die Brust zieht in Richtung Oberschenkel, der Nacken ist entspannt. Halten und zehnmal tief ein- und ausatmen.

4. Dreibeiniger herabschauender Hund
(Eka Pada Adho Mukha Svanasana)
Im Herabschauenden Hund das rechte Bein nach oben strecken, die Hüfte bleibt dabei parallel zum Boden. Den rechten Fuß anspannen, die linke Ferse in Richtung Matte drücken. Halten und fünfmal tief ein- und ausatmen.

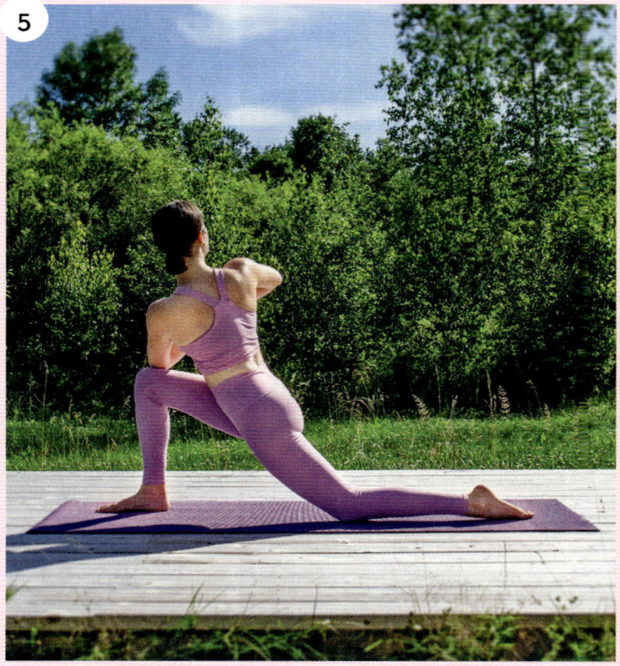

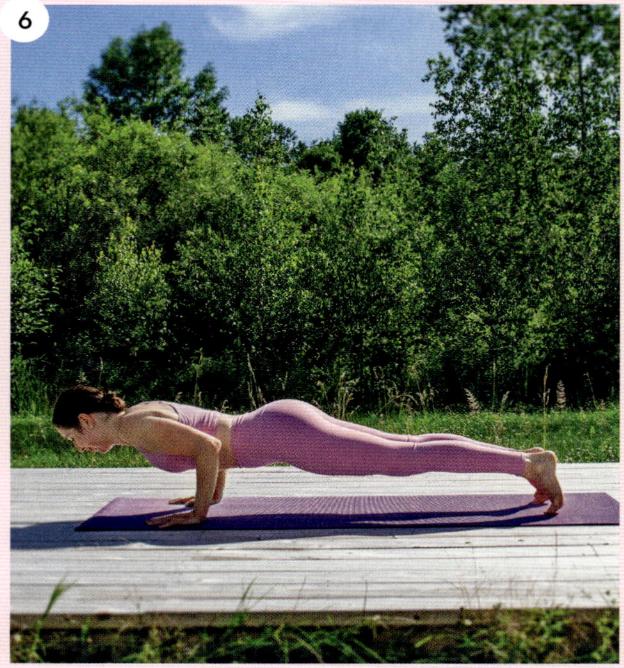

5. Gedrehter tiefer Ausfallschritt *(Parivrtta Anjaneyasana)*

Den rechten Fuß an das vordere Ende der Matte stellen, das Knie befindet sich dabei über dem Fußgelenk, und den Oberkörper aufrichten. Das linke Knie auf die Matte absenken, die Hände in Gebetshaltung vor das Herz bringen, den Oberkörper nach rechts drehen und den linken Ellbogen auf dem rechten Oberschenkel ablegen. Halten und fünfmal tief ein- und ausatmen.

6. Vinyasa (siehe Seiten 20–21)

Den Gedrehten tiefen Ausfallschritt auflösen, die Hände auf die Matte legen und in den Hohen Stütz kommen. Es folgen die Bretthaltung, der Heraufschauende Hund und der Herabschauende Hund.

Dreibeinigen herabschauenden Hund und Gedrehten tiefen Ausfallschritt auf der anderen Seite wiederholen, darauf folgt ein weiteres Vinyasa.

7

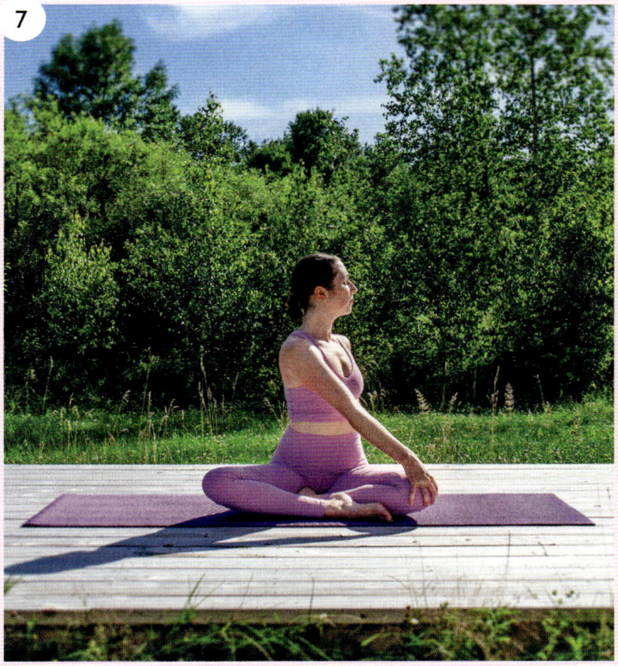

8

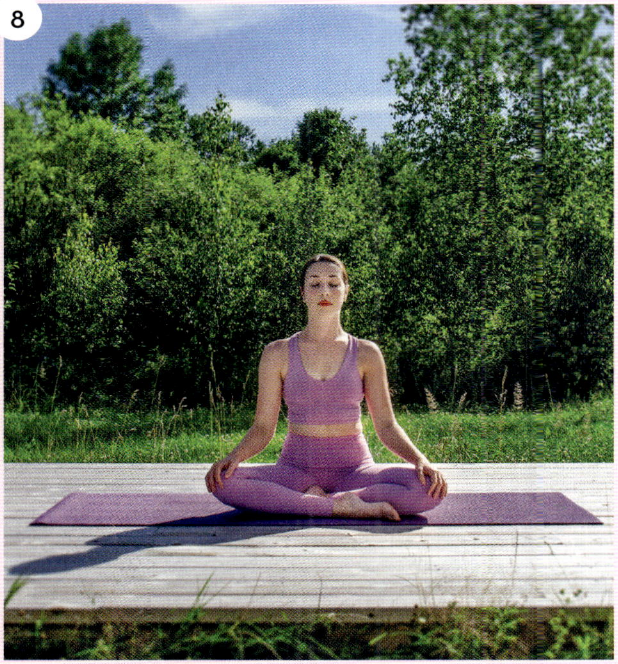

7. Drehsitz *(Parivrtta Sukhasana)*
Im Schneidersitz auf die Matte setzen, die Schultern sind über der Hüfte ausgerichtet. Nun die rechte Hand auf das linke Knie legen und die linke Hand hinter dem Körper auf der Matte ablegen – sie dient in der Drehung als Stütze. Einatmen und die Wirbelsäule lang machen, dann ausatmen, den Oberkörper nach links drehen und den Blick über die linke Schulter richten. Halten, fünfmal tief ein- und ausatmen und dann auf der anderen Seite wiederholen.

8. Einfache Sitzhaltung *(Sukhasana)*
In die Einfache Sitzhaltung kommen, die Hände liegen auf den Knien. Schließen Sie die Augen, konzentrieren Sie sich auf Ihre Atemzüge und formulieren Sie Ihre Intention für den Tag. Zehnmal tief ein- und ausatmen.

Schließlich die Hände in Gebetshaltung vor das Herz bringen *(anjali mudra)*, durch die Nase einatmen und mit einem sanften Om *(aum)* ausatmen.

ABENDMEDITATION

Metta-Meditation

Die Abendmeditation für den Frühling basiert auf der buddhistischen Praxis des *Metta,* was so viel bedeutet wie »liebevolle Güte«. Dabei geht es darum, sich selbst, einer geliebten Person, einer Person, der man neutral gegenübersteht, und schlussendlich jemandem, mit dem man Konflikte hat, liebevolle Güte entgegenzubringen. Es ist eine intensive Meditation, die uns lehrt, was es bedeutet, unser Herz zu öffnen.

Setzen Sie sich bequem auf die Matte, die Wirbelsäule ist gerade, die Augen sind geschlossen. Nehmen Sie sich Zeit, um tief zu atmen und die Spannungen des Tages loszulassen.

Konzentrieren Sie sich zuerst auf sich selbst. Visualisieren Sie sich im Moment und schaffen Sie eine Verbindung zu Ihrem Wert, Ihrer Schönheit, Ihrer Essenz. Atmen Sie bewusst und wiederholen Sie in Gedanken einige Minuten lang folgendes Metta-Mantra: »Möge ich glücklich sein. Möge ich gesund sein. Möge ich mich sicher und geborgen fühlen.«

Konzentrieren Sie sich nun auf eine geliebte Person. Visualisieren Sie die Person und erkennen Sie ihren Wert, ihre Schönheit, ihre Essenz. Lassen Sie Ihre Liebe groß werden und segnen Sie die Person einige Minuten lang mit dem folgenden Metta-Mantra: »Mögest du glücklich sein. Mögest du gesund sein. Mögest du dich sicher und geborgen fühlen.«

Konzentrieren Sie sich nun auf jemanden, dem Sie neutral gegenüberstehen, etwa eine Nachbarin oder einen Arbeitskollegen. Wie Sie selbst wünscht sich diese Person Glück, Sicherheit und Gesundheit. Visualisieren Sie die Person vor sich und schenken Sie ihr mit dem folgenden Metta-Mantra einige Minuten lang liebevolle Güte: »Mögest du glücklich sein. Mögest du gesund sein. Mögest du dich sicher und geborgen fühlen.«

Konzentrieren Sie sich schließlich auf jemanden, mit dem Sie Konflikte haben. Selbst wenn Sie diese Person nicht mögen: Visualisieren Sie sie vor sich und öffnen Sie Ihr Herz für ihren Wert und ihren Wunsch nach Glück und Gesundheit. Atmen Sie tief ein und aus und wiederholen Sie in Gedanken einige Minuten lang folgendes Metta-Mantra: »Mögest du glücklich sein. Mögest du gesund sein. Mögest du dich sicher und geborgen fühlen.«

Zunächst fällt Ihnen das vielleicht nicht leicht, aber mit der Zeit und mit etwas Übung wird es einfacher, allen Lebewesen liebevolle Güte zu schenken – selbst denen, mit denen Sie in Konflikt stehen. Wenn Sie bereit sind, die Meditation zu beenden, bringen Sie die Hände in Gebetshaltung vor das Herz und enden Sie mit einem sanften Om *(aum)*. Öffnen Sie langsam die Augen und starten Sie mit einem weiten Herz in den Abend.

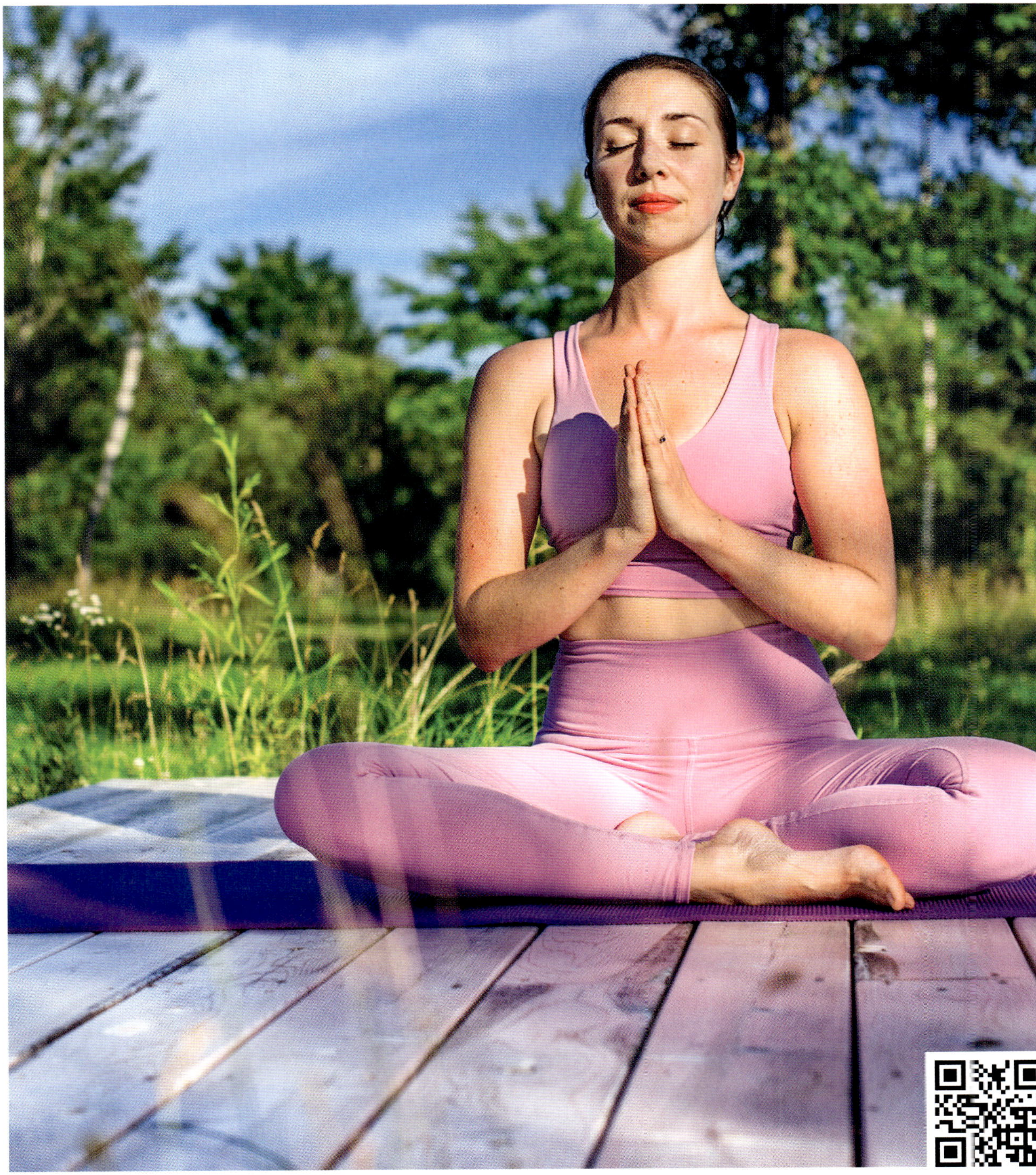

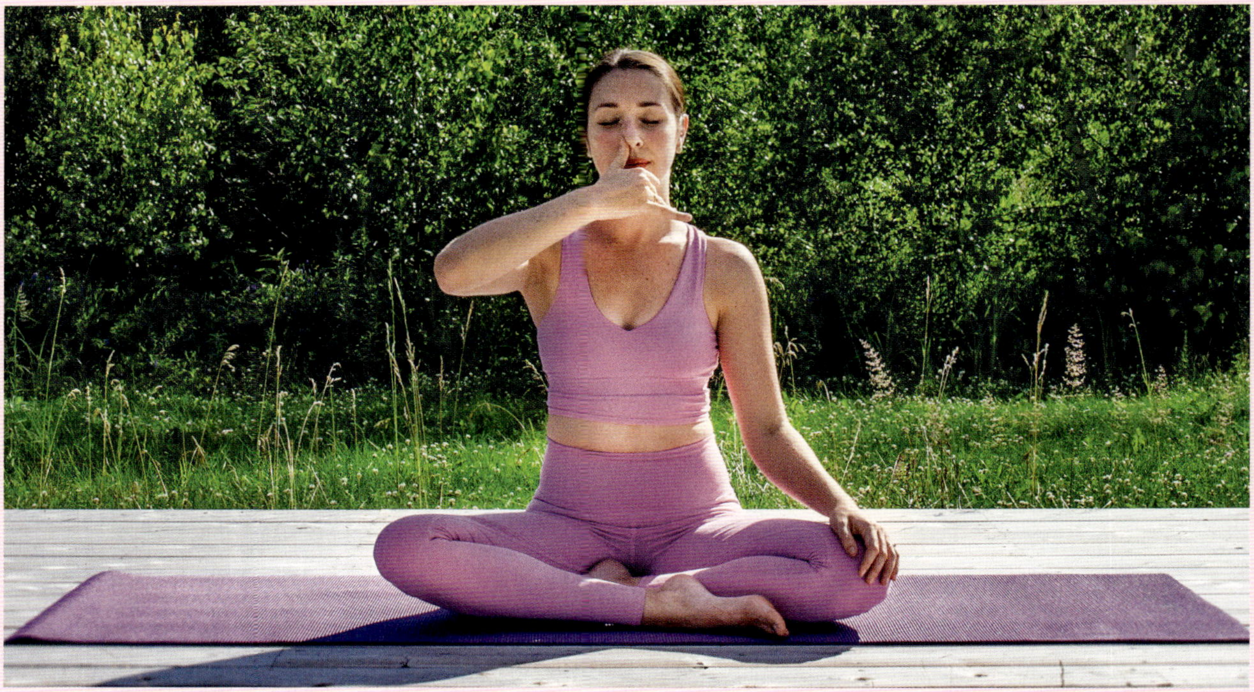

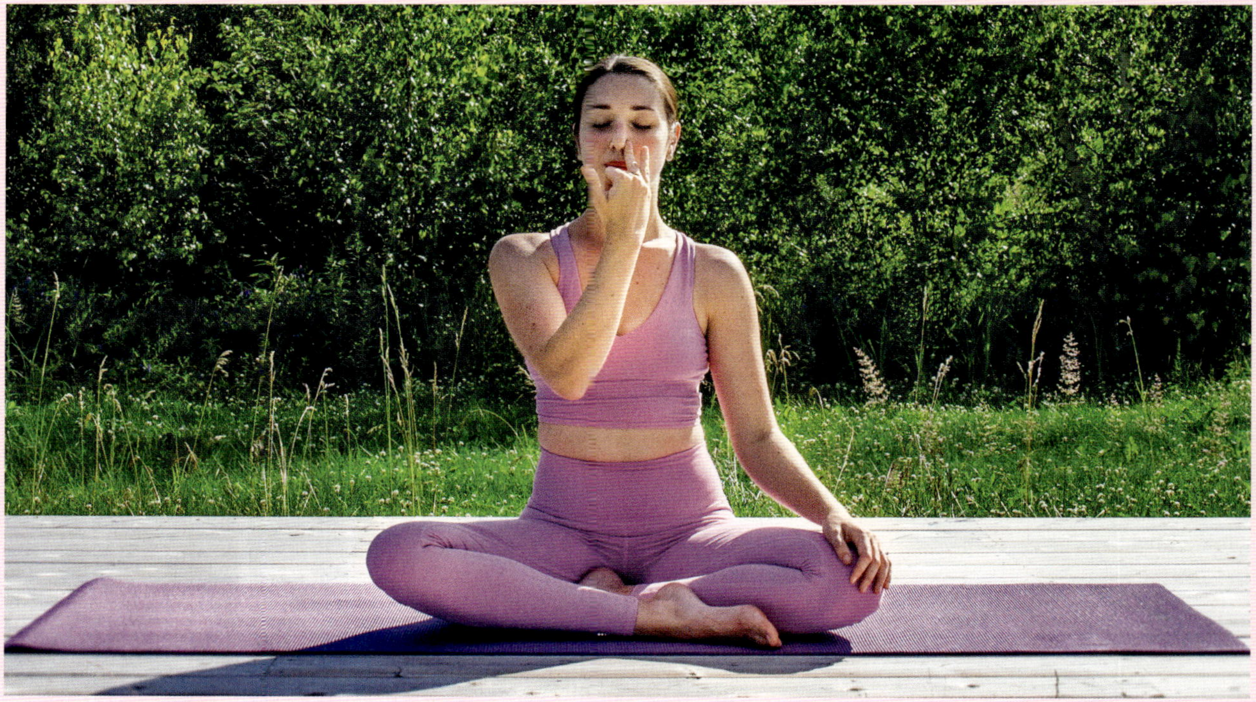

ATEMÜBUNG

Nadi Shodhana

Wenn Sie sich unruhig und überfordert fühlen, dann ist *Nadi Shodhana* die perfekte *Pranayama*-Technik. Diese auch Wechselatmung genannte Atemtechnik bringt das Nervensystem wieder ins Gleichgewicht und schenkt Ausgeglichenheit.

Diese Übung ist ideal vor oder nach der morgendlichen Yogapraxis, sie kann aber natürlich auch zu jedem anderen Zeitpunkt durchgeführt werden.

Setzen Sie sich bequem auf die Matte und legen Sie die linke Hand auf das linke Knie. Heben Sie die rechte Hand und legen Sie Zeige- und Mittelfinger in die Handfläche, Daumen und Ringfinger bleiben gestreckt.

1. *Mit dem Daumen das rechte Nasenloch verschließen und durch das linke Nasenloch einatmen, dabei bis vier, fünf oder sechs zählen. Erzwingen Sie nichts und atmen Sie ruhig und gelassen.*
2. *Nun das linke Nasenloch mit dem Ringfinger verschließen, das rechte Nasenloch öffnen und ausatmen, dabei bis vier, fünf oder sechs zählen.*
3. *Durch das rechte Nasenloch wieder einatmen und dabei bis vier, fünf oder sechs zählen.*
4. *Mit dem Daumen das rechte Nasenloch wieder verschließen, das linke Nasenloch öffnen und ausatmen, dabei bis vier, fünf oder sechs zählen.*

Diese vier Schritte ergeben eine Abfolge von *Nadi Shodhana*. Wiederholen Sie sie fünf- bis zehnmal – so lange, wie es sich für Sie angenehm anfühlt. Atmen Sie schließlich zum Abschluss einige Male tief durch beide Nasenlöcher ein und aus und beobachten Sie dabei, welche Auswirkungen dieser Übung auf Sie hatte.

AFFIRMATIONEN

Die positiven Affirmationen für den Frühling stärken das Selbstvertrauen und die Zuversicht. Wie für die Blüten, die sich im Frühling langsam öffnen, ist das auch für uns die Zeit, um aufzuwachen und voller Energie in ein neues Jahr zu starten!

Machen Sie diese Affirmationen zu einem Teil Ihrer Morgen- oder Abendpraxis, indem Sie sie laut oder in Gedanken wiederholen. Beobachten Sie, was sie in Ihnen erwecken. Achten Sie darauf, wie sich Ihr Körper dabei anfühlt, welche Gedanken oder Erinnerungen aufkommen und welche Überzeugungen Sie mit den Affirmationen verbinden. Den Prozess kann man intensivieren, indem man seine Erkenntnisse danach im Tagebuch festhält.

1. *Mein Tag beginnt und endet mit Dankbarkeit.*
2. *Ich kann mich problemlos an Veränderungen anpassen.*
3. *Ich bin voller kreativer Energie.*
4. *Ich gebe mein Bestes, und das ist genug.*
5. *Ich lasse Reichtum und Überfluss in mein Leben.*
6. *Ich bin ein Magnet für Wunder.*
7. *Ich bringe Arbeit und Freizeit spielend leicht in Balance.*
8. *Ich bin eine Kraft des Guten in der Welt.*
9. *Meine Prioritäten sind mir klar.*
10. *Ich widme einen Teil jedes Tages der Selbstfürsorge.*
11. *Ich ziehe die richtigen Umstände zur richtigen Zeit an.*
12. *Ich habe alle Antworten in mir.*
13. *Gutes erwartet mich, und ich bin bereit, es zu empfangen.*
14. *Ich habe die Macht, Veränderung einzuleiten.*
15. *Ich bin offen für neue, aufregende Möglichkeiten.*
16. *Ich erlaube mir, zu heilen.*
17. *Mein Geist, mein Körper und meine Seele sind in perfekter Harmonie miteinander.*
18. *Mein Selbstvertrauen inspiriert andere.*
19. *Ich feiere meine innere und äußere Schönheit.*
20. *Ich bin bereit für den nächsten Schritt.*

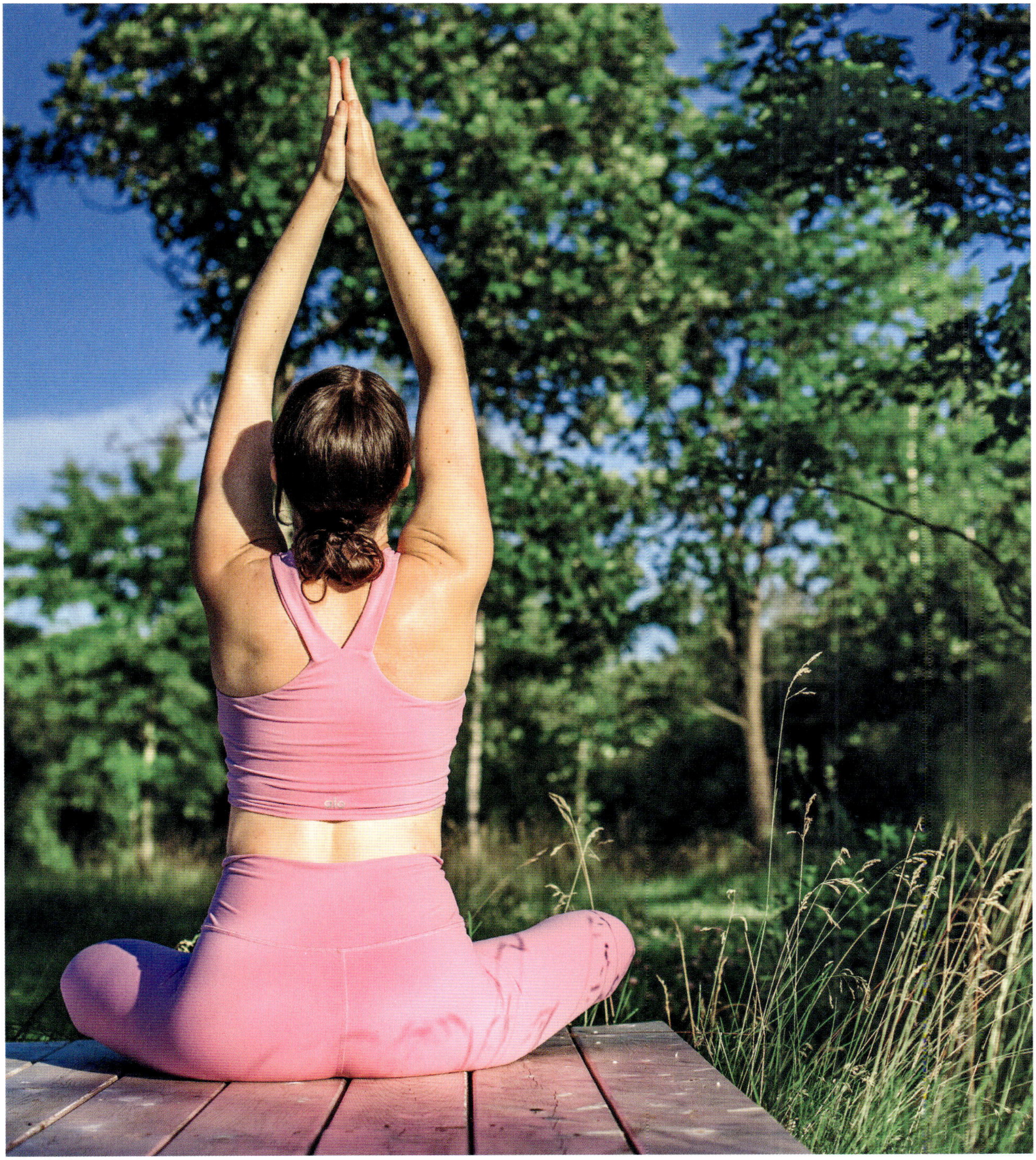

NEUMOND-RITUAL

Intention einsetzen

Der Neumond ist die richtige Zeit, um neue Intentionen und Vorsätze zu formulieren. Nutzen Sie jetzt zudem die Energie des Frühlings, um Ihre Intentionen der Erde zu übergeben – als Bekenntnis zu Ihren tiefsten Wünschen.

Sie brauchen dafür einen kleinen Blumentopf, Erde, ein Stück Papier, einen Stift und einen Samen. Ich verwende am liebsten Zwergsonnenblumensamen, denn sie sind einfach zu finden und wachsen schnell, aber im Grunde eignet sich jeder Samen.

Nehmen Sie sich zunächst Zeit, um zu meditieren und Ihre Intention für den kommenden Monat zu formulieren. Wenn Sie bereit sind, schreiben Sie Ihre Intention auf ein Stück Papier und geben Sie dieses in den Topf. Füllen Sie den Topf mit Erde, geben Sie den Samen hinein und visualisieren Sie dabei, wie Ihrer Intention Leben eingehaucht wird.

Schenken Sie dem Pflänzchen viel Liebe und Aufmerksamkeit und gießen Sie es mit Mondwasser (siehe Seite 81). Nach Wunsch kann man den Topf auch mit Kristallen schmücken (siehe Seite 82). Sehen Sie zu, wie die Pflanze und Ihre Intention wachsen und gedeihen!

VOLLMOND-RITUAL

Mondwasser

Mondwasser ist perfekt, um im vor Ihnen liegenden Monat aus der Mondenergie zu schöpfen. Der Mond symbolisiert das Weibliche, das Unterbewusste und die intuitiven Bereiche unseres Selbst, die wie der Mond in Zyklen wachsen und schwinden. Der Vollmond wird zudem mit Heilung, Dankbarkeit, Feiern und Mitgefühl assoziiert.

Füllen Sie bei Vollmond ein durchsichtiges Behältnis, etwa ein Glas mit Schraubverschluss, mit frischem Wasser – und geben Sie nach Wunsch geeignete Kristalle, wie etwa Rosenquarz, Mondstein, Bergkristall, Amethyst, Citrin oder Aventurin, dazu. Stellen Sie das Behältnis über Nacht draußen oder drinnen ins direkte Mondlicht. Nehmen Sie sich etwas Zeit, um sich Ihrer zu Neumond formulierten Intention bewusst zu werden, visualisieren Sie, wie sie in das Wasser eintaucht, und lassen Sie das Mondlicht Ihre Vision verstärken.

Das Mondwasser unterstützt Sie und Ihre Intention. Verwenden Sie es zum Blumengießen, zum Teekochen oder als Badezusatz oder trinken Sie es pur – und genießen Sie es!

LISTE: BÜCHER, MUSIK & MEHR

Diese Musik- und Buchvorschläge, Kristalle, Düfte und Öle und der erfrischende Frühlingssmoothie lassen Sie im Frühling Ihr volles Potenzial entfalten und die Energie dieser Jahreszeit optimal nutzen.

Musik

»Chimes of Peace« von Adam Lees
»As I Wake in the Morning« von Alexia Chellun
»In My Life« von Jake Shimabukuro
»The Mountain« von Trevor Hall
»Dreams« von Fleetwood Mac
»Green & Gold« von Lianne La Havas
»Light Me Up« von DJ Drez feat. Marti Nikko
»Thinkin Bout You« von Frank Ocean
»Fly Like an Eagle« von Steve Miller Band
»I Am Light« von India.Arie
»Pachamama« von Beautiful Chorus
»Horizon« von Garth Stevenson
»Peace« von Lisbeth Scott

Bücher

Living Your Yoga von Judith Hanson Lasater
Sterblich sein von Atul Gawande
Embrace Yoga's Roots von Susanna Barkataki
Rückkehr zur Liebe von Marianne Williamson
Die Seele will frei sein von Michael A. Singer
Tantra Illuminated von Christopher Wallis

Kristalle

KARNEOL: Dieser Kristall stärkt Kreativität und Vitalität. Er schenkt heilende Energie und den Mut, etwas Neues zu wagen.

AVENTURIN: Sehen Sie den Aventurin als Glücksbringer: Er unterstützt Sie beim Erfüllen Ihrer Wünsche und Träume mit positiver Energie und ist bestens geeignet, wenn es darum geht, ein Risiko einzugehen.

ROSENQUARZ: Der Rosenquarz steht in enger Verbindung mit dem Herzchakra *(Anahata)*. Er hilft uns, Liebe und Mitgefühl zu verspüren und unser Herz zu öffnen. Sein sanftes Rosa erinnert an Kirschblüten und andere Frühlingsboten.

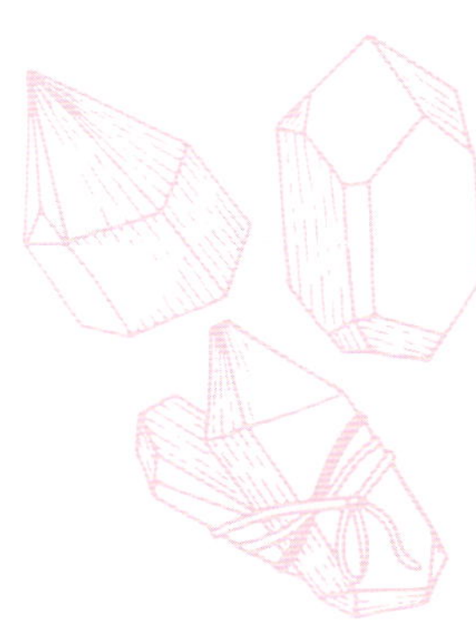

Düfte & Öle

NEROLI: Dieser blumige Duft spendet friedliche und beruhigende Energie.

PFEFFERMINZ: Der Duft der Pfefferminze wirkt belebend und klärt den Geist.

GRAPEFRUIT: Das zitronige Aroma der Grapefruit erfrischt die Sinne und schenkt mentale Klarheit.

CHAKRA: Herzchakra *(Anahata)*
ELEMENT: Luft
MONDPHASE: zunehmender Mond

HIMMELSRICHTUNG: Osten
STERNZEICHEN: Widder, Stier, Zwillinge

ZITRONEN-INGWER-FRÜHLINGSSMOOTHIE

FÜR 1–2 PERSONEN

30 g Rucola
30 g Babyspinat
1 Apfel, Kerngehäuse entfernt
100 g Mango (frisch oder gefroren)
½ Zitrone, ausgepresst
1 EL gehackter frischer Ingwer (nach Geschmack)
½ TL Kurkuma
70 g gecrushtes Eis (optional)

Alle Zutaten sowie 250 ml Wasser in einen Standmixer geben und mixen, bis die gewünschte Textur erreicht ist. Für eine cremigere Konsistenz kann man eine halbe Avocado oder einige EL griechischen Joghurt dazugeben und für mehr Süße 1–2 EL Honig unterrühren.

YOGASEQUENZ 1

Element: Luft

SCHWIERIGKEITSGRAD: Fortgeschrittene **HILFSMITTEL:** Yogagurt (optional)

Der Frühling wird mit dem Element Luft assoziiert, das wiederum mit dem Herzchakra *(Anahata)* sowie mit einer bewussten Atmung und der tiefen Verbundenheit mit uns selbst und anderen in Verbindung steht.

Physisch stehen bei dieser Yogasequenz durch Rückbeugen, Brustöffner und die richtige Atmung der Herzraum und die Lunge im Mittelpunkt. In der Verbindung mit dem Element Luft öffnen wir uns auch emotional der Welt um uns herum und treten mit unserer Lebenskraft und allen Lebewesen in der Welt um uns herum in Verbindung.

Diese Sequenz ist außerdem perfekt, wenn man sich verloren oder einsam fühlt. Sie erinnert uns daran, dass, egal wie weit Freunde oder Familie auch sein mögen, wir doch alle die gleiche Luft atmen.

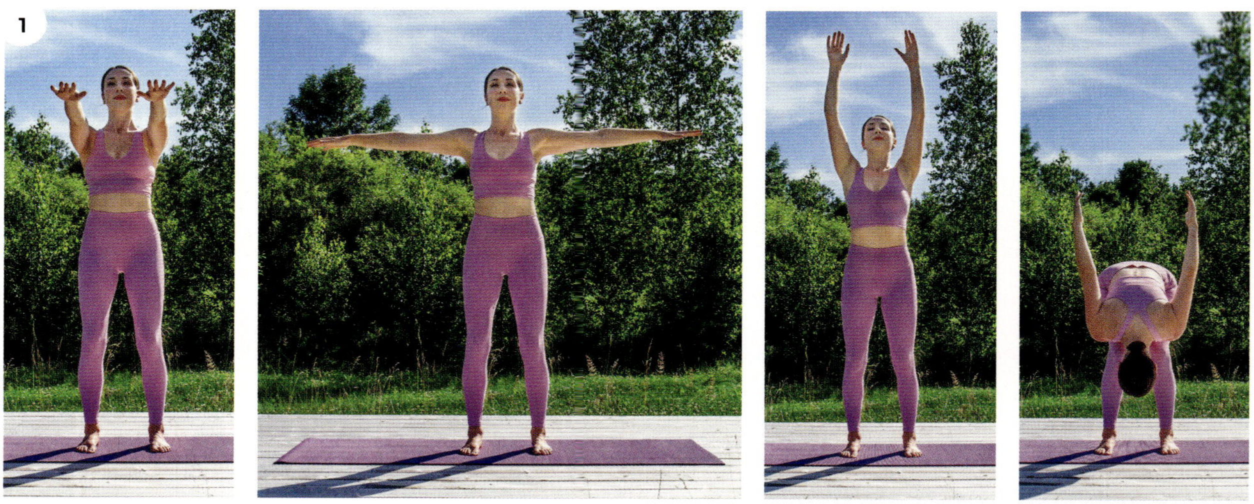

1. Atmung der Freude

Diese Atemübung ist in vier Teile aufgeteilt: dreimal kurz einatmen und einmal lange ausatmen. Dazu hüftbreit auf die Matte stellen, durch die Nase einatmen und die Arme parallel zum Boden nach vorn strecken. Noch etwas einatmen, dabei die Arme nach unten absinken lassen und dann auf Schulterhöhe seitlich strecken. Nochmals einatmen und die Arme gerade nach oben strecken. Schließlich durch den Mund ausatmen und den Oberkörper tief nach vorn beugen, dabei schwingen die Arme nach hinten oben. Diese Bewegungsabfolge zehnmal wiederholen.

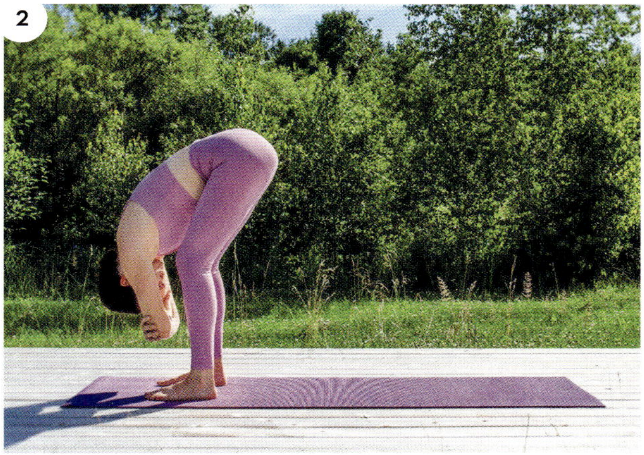

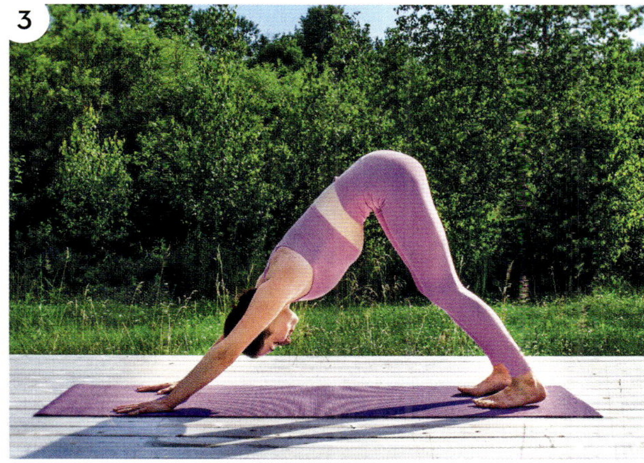

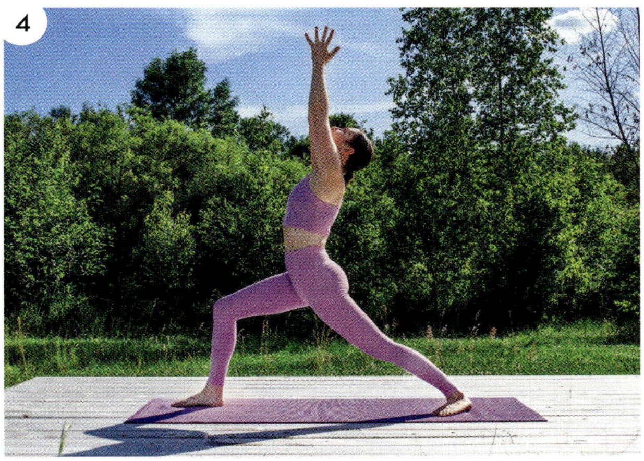

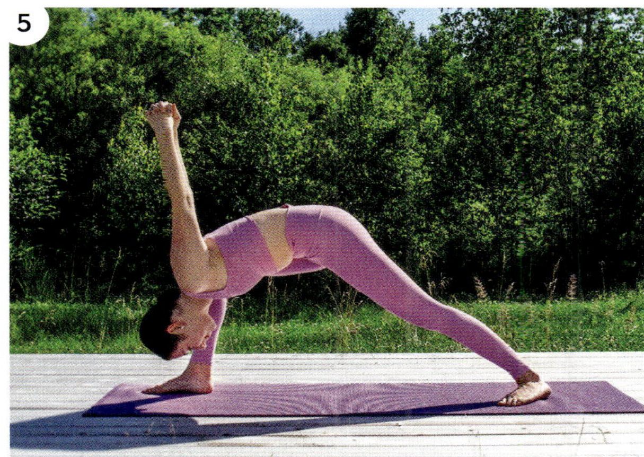

2. Stehende Vorbeuge: Variation *(Uttanasana)*
Den Oberkörper aus der Hüfte weit nach vorn beugen, dabei wenn nötig die Knie beugen, sodass Sie bequem stehen. Die Arme über dem Kopf verschränken und den Oberkörper sanft hin- und herwiegen. Fünfmal tief ein- und ausatmen.

3. Herabschauender Hund *(Adho Mukha Svanasana)*
Die Hände auf die Matte legen und mit den Beinen nach hinten in den Herabschauenden Hund kommen. Die Finger weit spreizen und die Hüfte nach hinten oben schieben. Halten und zehnmal tief ein- und ausatmen.

4. Krieger I *(Virabhadrasana I)*
Den rechten Fuß an das vordere Ende der Matte stellen und den linken Fuß im 45-Grad-Winkel zum Mattenrand ausrichten, die linke Ferse ist fest verwurzelt. Das rechte Knie tief beugen, die Arme über den Kopf strecken, die Handflächen aufeinanderpressen und den Blick nach oben richten.

5. Demütiger Krieger *(Baddha Virabhadrasana)*
Die Hände hinter dem Rücken verschränken oder mit beiden Händen einen Yogagurt greifen. Den Oberkörper innerhalb des rechten Oberschenkels tief nach unten beugen, die Arme ziehen nach oben. Fünfmal tief ein- und ausatmen.

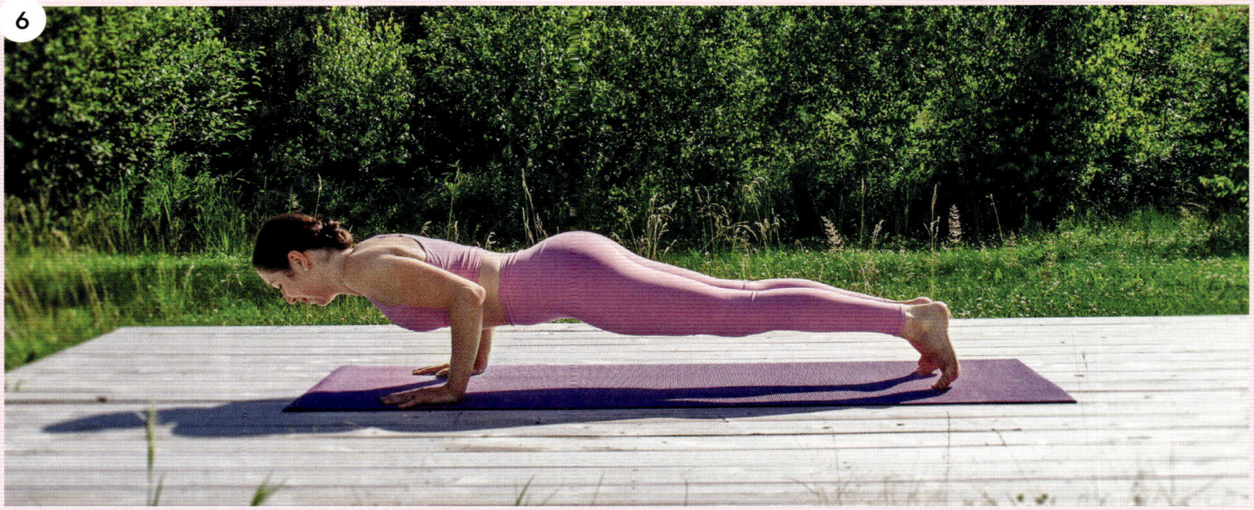

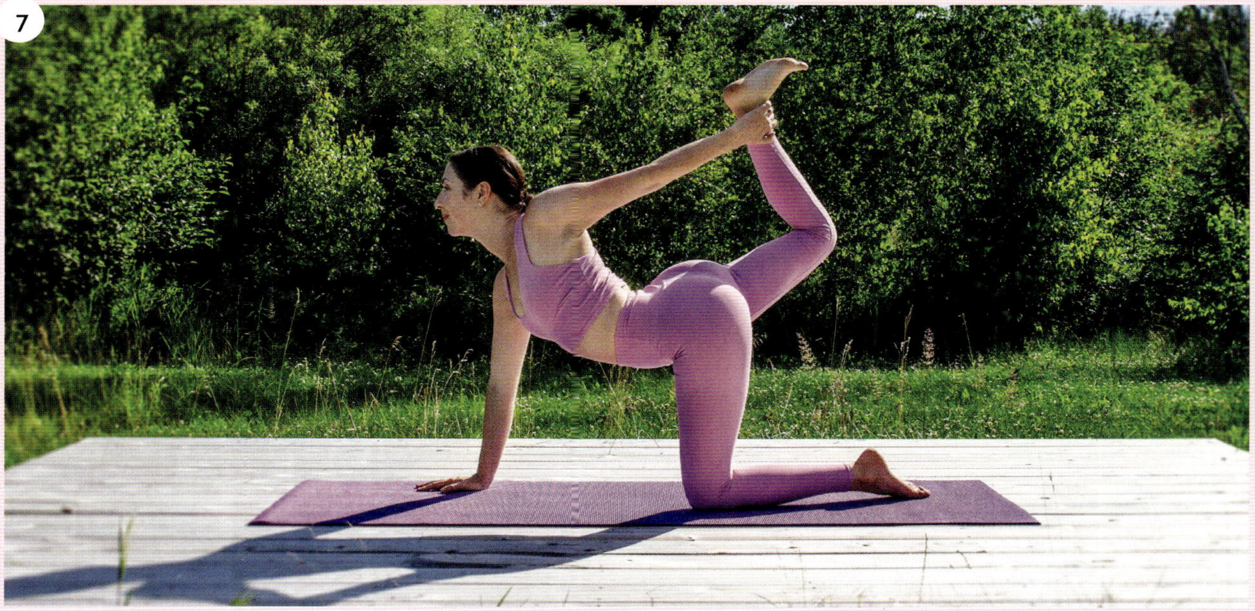

6. Vinyasa (siehe Seiten 20–21)

Den Demütigen Krieger sanft auflösen und ein Vinyasa durchführen.

Krieger I und Demütigen Krieger auf der anderen Seite wiederholen, darauf folgt ein weiteres Vinyasa.

7. Einhändiger Tiger *(Eka Hasta Vyaghrasana)*

In den Vierfüßlerstand kommen, den Rücken durchdrücken, den Blick nach oben richten und das rechte Bein anheben. Mit der linken Hand das rechte Fußgelenk umgreifen – oder einen Yogagurt verwenden. Fünfmal tief ein- und ausatmen, dann auf der anderen Seite wiederholen.

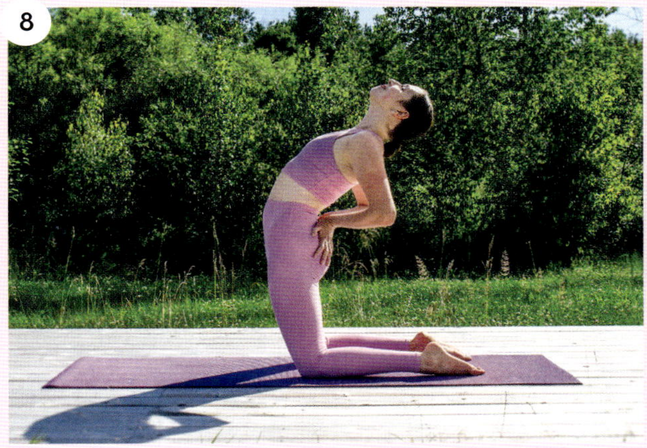

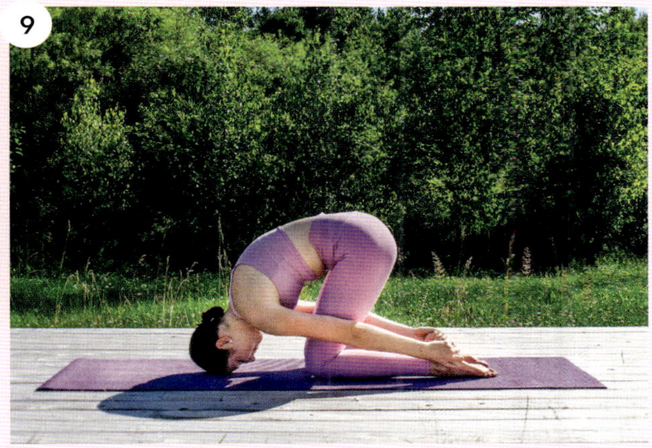

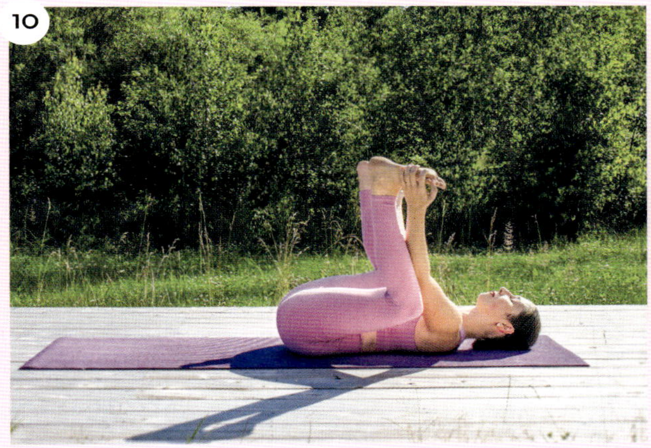

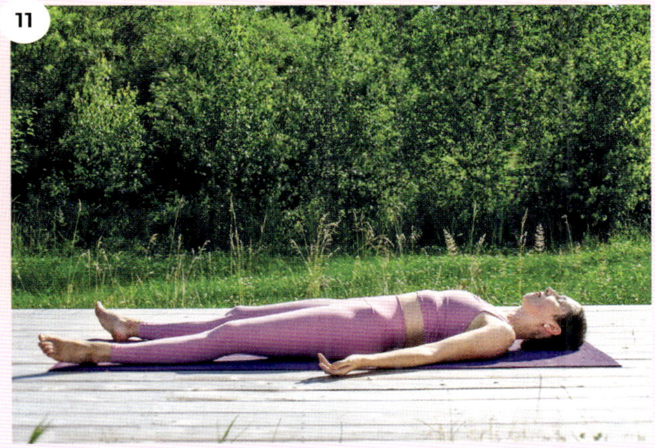

8. Kamel *(Ustrasana)*
Auf die Knie kommen und die Hüfte über den Knien ausrichten. Die Hände auf den unteren Rücken legen und die Schulterblätter zusammenziehen, die Brust zieht nach oben. In eine leichte Rückbeuge kommen, halten und zehnmal tief ein- und ausatmen.

9. Hase *(Sasangasana)*
Den Oberkörper weit nach vorn beugen, die Stirn auf der Matte ablegen und mit den Händen die Fersen umgreifen. Die Hüften so weit wie möglich nach oben bringen, um die Wirbelsäule zu dehnen. Halten und zehnmal tief ein- und ausatmen.

10. Happy Baby *(Ananda Balasana)*
Flach auf den Rücken legen, die Knie in Richtung Schultern ziehen und gleichzeitig das Steißbein zum Boden drücken. So bleiben oder die Fußknöchel über die Knie bringen und mit den Händen jeweils einen großen Zeh umgreifen. Halten und zehnmal tief ein- und ausatmen.

11. Entspannungshaltung *(Savasana)*
Die Füße nacheinander langsam ausstrecken und die Fersen mattenbreit positionieren. Die Schultern sanft von den Ohren wegziehen, die Augen schließen, tief ein- und ausatmen und mindestens fünf Minuten so bleiben.

YOGASEQUENZ 2

Vitalität für den ganzen Körper

SCHWIERIGKEITSGRAD: Fortgeschrittene **HILFSMITTEL:** Block (optional)

Blühen Sie auf – mit dieser Ganzkörpersequenz für Erneuerung und gesteigerte Aktivität. So wie die Natur im Frühling zu neuem Leben erwacht, ist jetzt auch für uns die perfekte Zeit, um die Müdigkeit und Lethargie des Winters abzuschütteln und neue Lebenskraft und Optimismus in unser Leben zu lassen! Diese Yogasequenz wirkt kräftigend, dehnt den Körper und steigert die Balance – und ist perfekt, um neue Vitalität und Energie zu schöpfen.

1

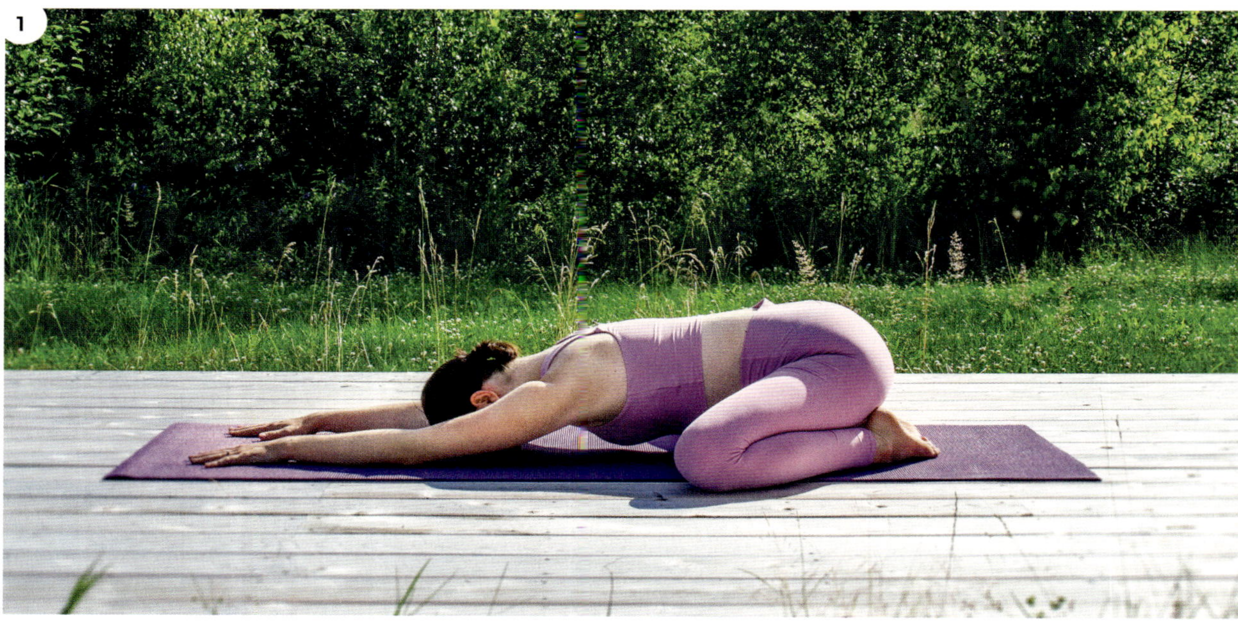

1. Gestreckte Kindhaltung (*Utthita Balasana)*

In den Vierfüßlerstand kommen, dann die Knie nach außen an die Kanten der Matte und die großen Zehen nach innen bringen, sodass sie sich berühren. Die Hüfte nach hinten auf die Fersen absenken, die Arme gerade nach vorn ausstrecken und die Stirn auf einem Yogablock oder dem Boden ruhen lassen. Zehnmal tief ein- und ausatmen.

2

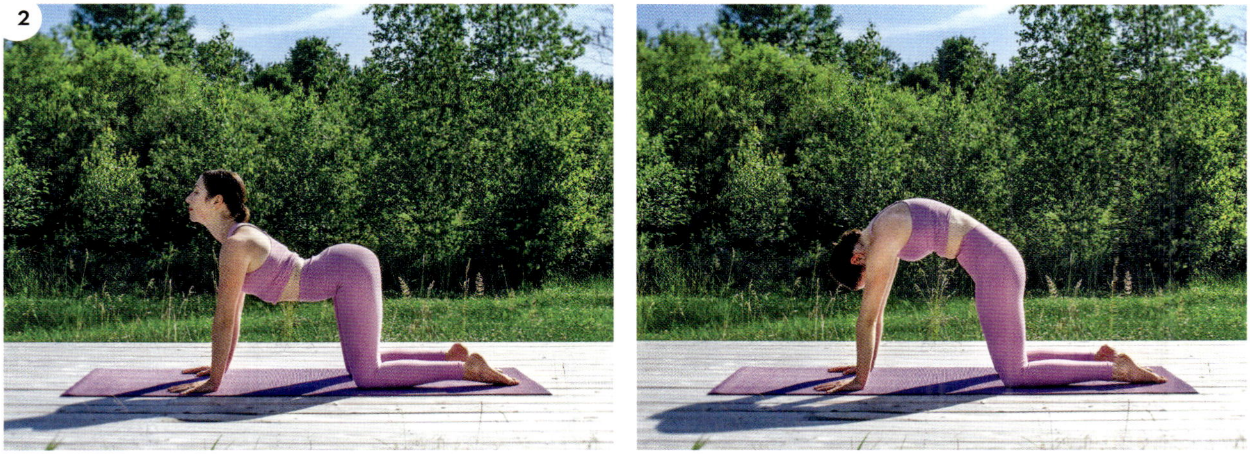

3

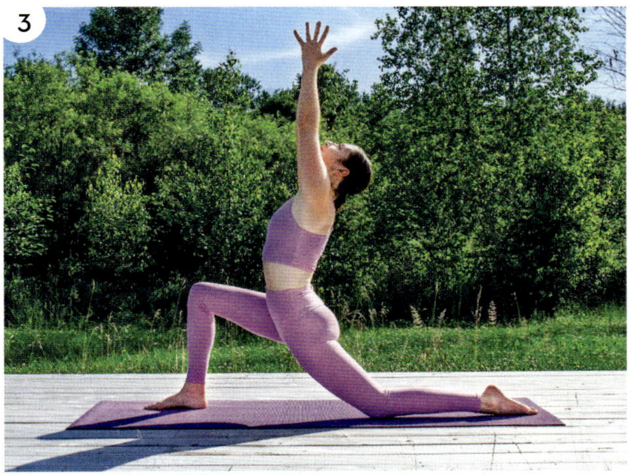

4

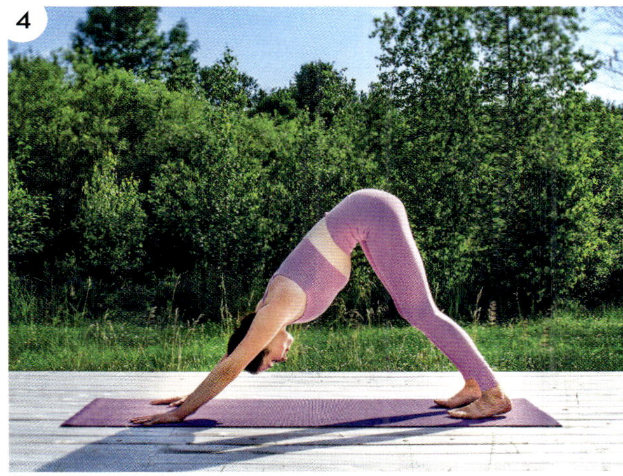

2. Katze/Kuh *(Marjaryasana/Bitilasana)*

Im Vierfüßlerstand tief durch die Nase einatmen und den Rücken nach unten durchdrücken, um den Brustkorb zu dehnen. Dann durch die Nase ausatmen und den Rücken rund machen, um die Wirbelsäule zu dehnen, dabei den Kopf zwischen die Arme senken und die Schulterblätter auseinanderziehen. Diese Bewegungsabfolge zehnmal wiederholen.

3. Tiefer Ausfallschritt *(Anjaneyasana)*

Den rechten Fuß an das vordere Ende der Matte stellen, das Knie ist über dem Fußgelenk ausgerichtet. Die Arme über den Kopf strecken, die Handflächen aufeinanderpressen und den Blick auf die Daumen richten. Fünfmal tief ein- und ausatmen und dann auf der anderen Seite wiederholen.

4. Herabschauender Hund *(Adho Mukha Svanasana)*

Im Vierfüßlerstand die Hände leicht vor den Schultern platzieren. Die Zehen aufstellen und die Hüfte nach hinten oben schieben, um in ein umgekehrtes V zu kommen. Die Brust zieht Richtung Oberschenkel, der Nacken ist entspannt. Halten und zehnmal tief ein- und ausatmen.

5

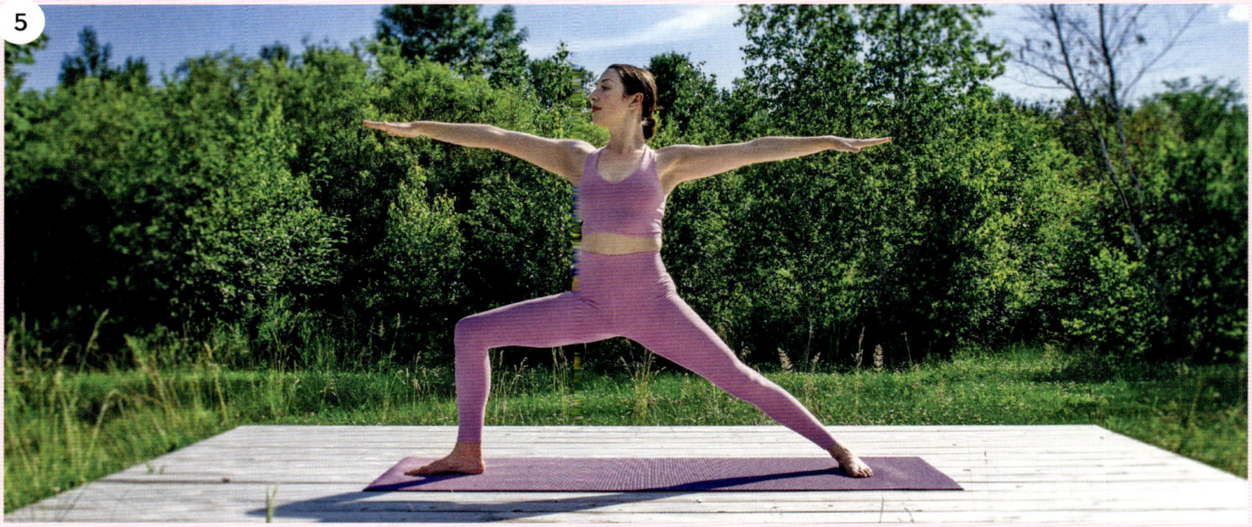

6

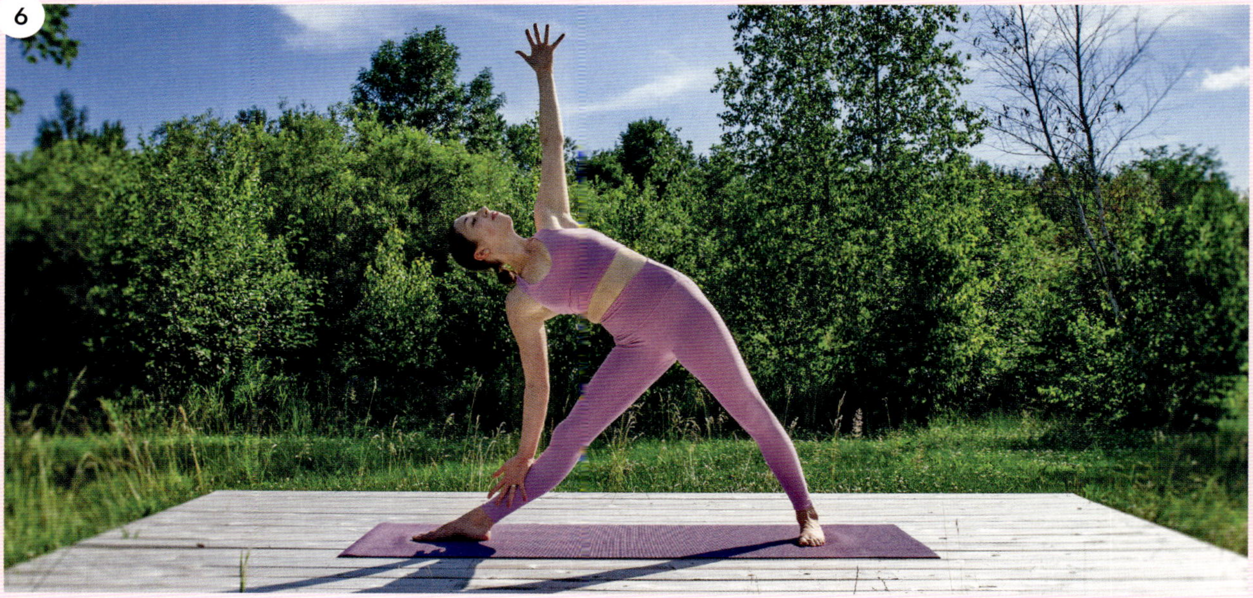

5. Krieger II *(Virabhadrasana II)*
Den rechten Fuß an das vordere Ende der Matte stellen, den linken Fuß parallel zur kurzen Seite der Matte ausrichten. Das rechte Knie beugen und die Arme seitlich strecken. Den Blick über die rechte Hand richten, zehnmal tief ein- und ausatmen und dann auf der anderen Seite wiederholen.

6. Dreieck *(Trikonasana)*
Das rechte Bein wieder durchstrecken und den hinteren Fuß etwa zehn Zentimeter nach innen bringen. Den rechten Arm strecken und den Handrücken zum rechten Innenschienbein führen. Den linken Arm nach oben strecken, halten und zehnmal tief ein- und ausatmen.

7. Stehende Taube *(Tada Kapotasana)*
An das vordere Ende der Matte stellen, das linke Fußgelenk auf dem rechten Knie ablegen und dieses beugen, dabei die Hüfte nach hinten schieben. Die Hände in Gebetshaltung vor das Herz bringen. Halten, zehnmal tief ein- und ausatmen und dann auf der anderen Seite wiederholen.

8. Vinyasa (siehe Seiten 20–21)
Die Stehende Taube sanft auflösen und ein Vinyasa durchführen.

Krieger II, Dreieck und Stehende Taube auf der anderen Seite wiederholen, darauf folgt ein weiteres Vinyasa.

7

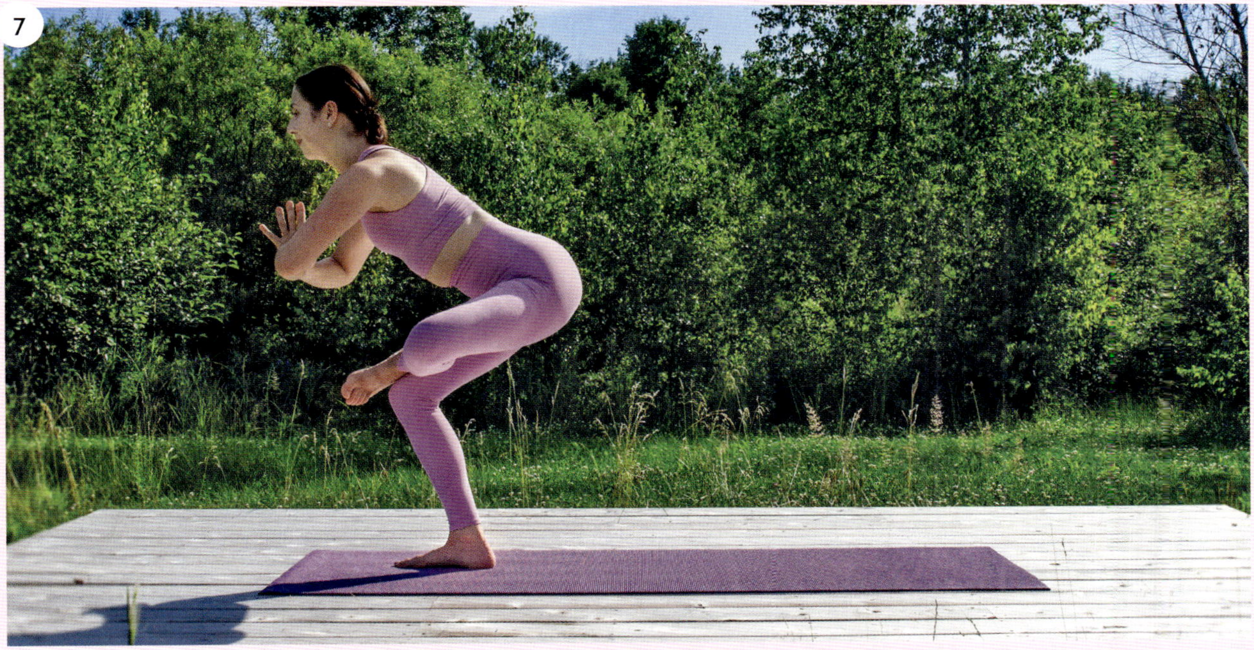

8

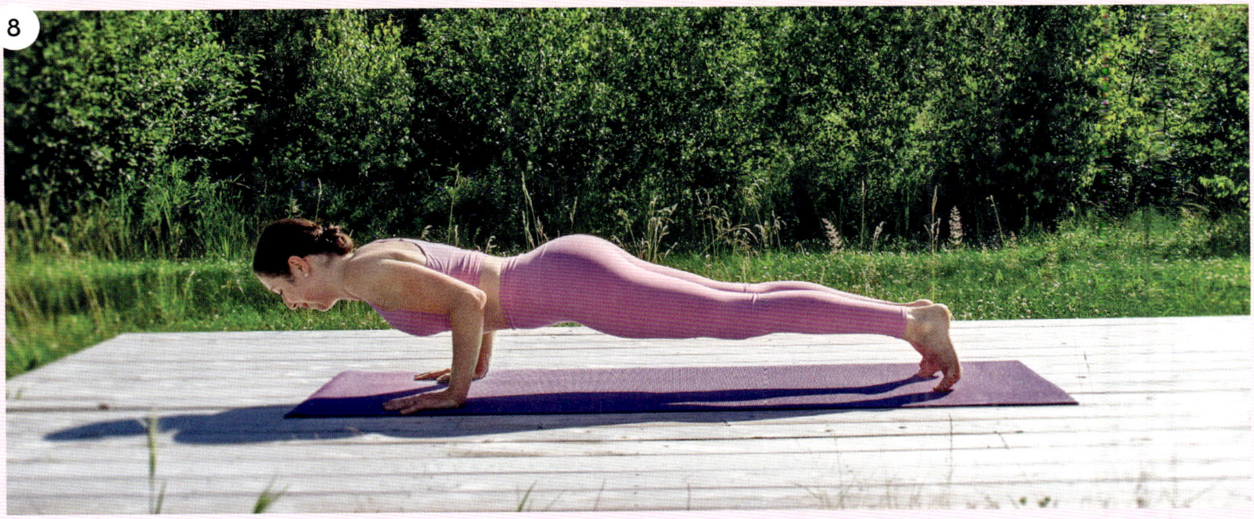

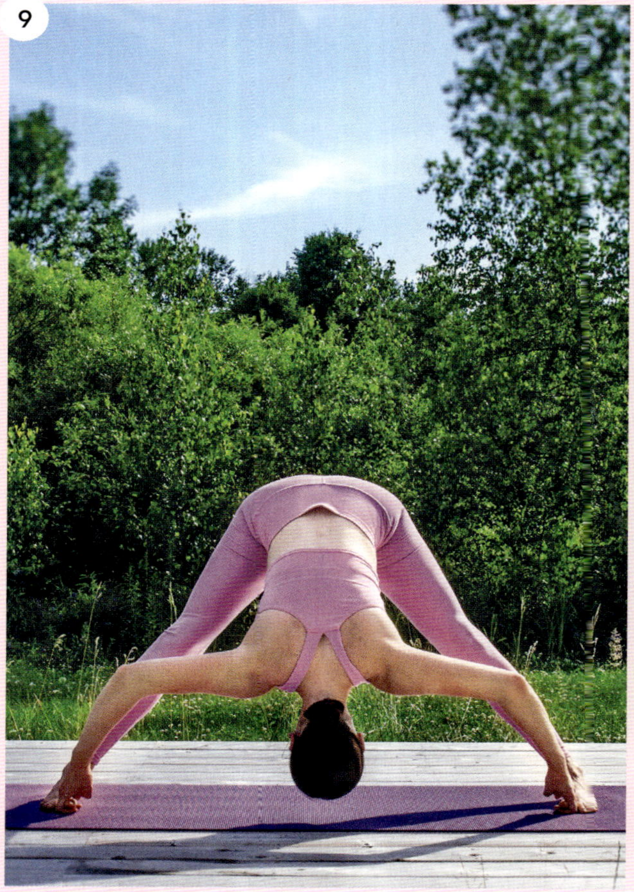

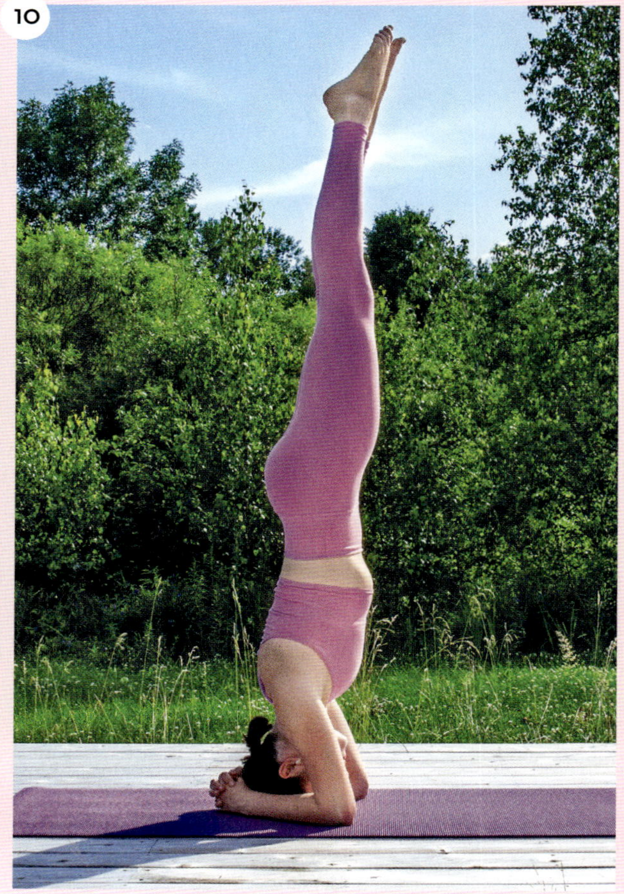

9. Vorbeuge im weiten Spreiz *(Prasarita Padottanasana)*
In einer weiten Grätsche auf die Matte stellen, die Beine durchstrecken und die Füße parallel zu den kurzen Seiten der Matte ausrichten. Den Oberkörper aus der Hüfte weit nach vorn beugen, bis der Scheitel zum Boden zeigt. Die Hände auf der Matte ablegen oder die großen Zehen umgreifen. Halten und zehnmal tief ein- und ausatmen.

10. Gestützter Kopfstand *(Salamba Sirsasana)*
Die Finger verschränken und die Unterarme auf der Matte ablegen. Den Scheitel zwischen den Ellbogen auf die Matte absenken und die Hüften über den Schultern ausrichten. Entweder so bleiben oder die Beine langsam und kontrolliert nach oben strecken. Die Körpermitte anspannen und durch die Arme fest in Richtung Boden drücken, um den Nacken zu entlasten. Halten und zehnmal tief ein- und ausatmen.

11. Brücke *(Setu Bandha Sarvangasana)*
Auf den Rücken legen, die Knie anwinkeln und die Füße unterhalb der Knie flach auf den Boden stellen. Die Schultern sanft von den Ohren wegziehen, die Arme liegen entspannt neben dem Körper, die Handflächen zeigen nach oben. Die Füße fest in die Matte drücken und die Hüfte anheben. Halten, zehnmal tief ein- und ausatmen.

12. Zurückgelehnter Schmetterling *(Supta Baddha Konasana)*
Die Hüfte wieder absenken, die Fußsohlen aneinanderlegen und die Knie nach außen fallen lassen. Die Augen schließen und durch die Nase zehnmal tief ein- und ausatmen.

11

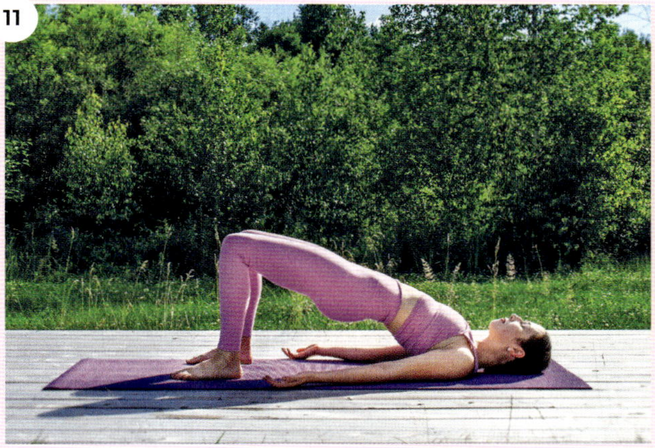

12

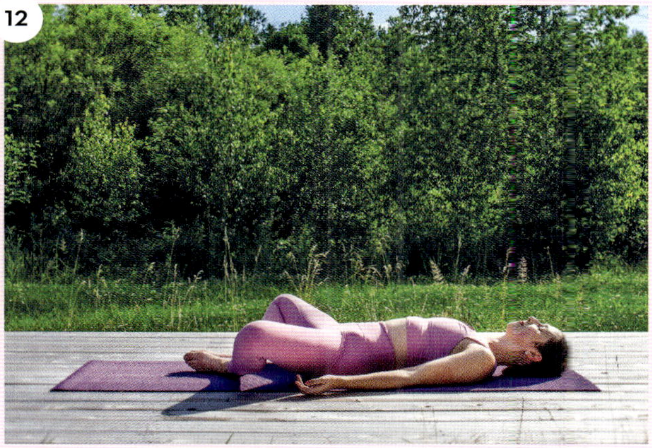

13

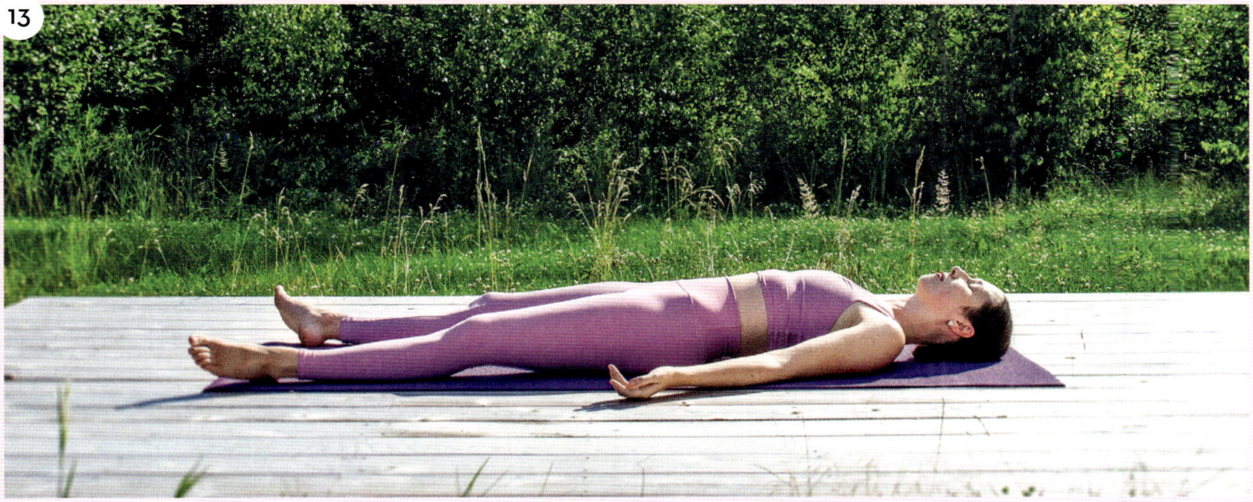

13. Entspannungshaltung *(Savasana)*
Die Füße langsam ausstrecken und die Fersen mattenbreit positionieren. Die Schultern sanft von den Ohren wegziehen, die Augen schließen, tief ein- und ausatmen und mindestens fünf Minuten so bleiben.

YOGASEQUENZ 3

Yin Yoga für mehr Selbstvertrauen

SCHWIERIGKEITSGRAD: Fortgeschrittene **HILFSMITTEL:** 2 Blöcke/1 Bolster (optional)

Im Yin Yoga werden die Lehren der Traditionellen Chinesischen Medizin mit Yogahaltungen kombiniert, die den Fluss des Qi durch die Meridianlinien stimulieren.

Diese Yogasequenz hilft Ihnen, Selbstvertrauen zu schöpfen und mit Ihrer inneren Stärke in Verbindung zu treten – mit Haltungen, die den Nieren- und den Blasenmeridian stimulieren. Gerät der Nierenmeridian aus der Balance, kann das zu Ängsten und Unsicherheit führen, ein aus dem Gleichgewicht geratener Blasenmeridian begünstigt Unentschlossenheit.

Sind hingegen beide Meridiane in Balance, schenken sie uns Energie und ein gestärktes Selbstwertgefühl. Diese Yogasequenz stärkt die Innenoberschenkel, die Wirbelsäule und die hintere Oberschenkelmuskulatur, wo diese wichtigen Meridianlinien verlaufen. Denken Sie daran, die Dehnungen sanft durchzuführen und die Muskulatur zu entspannen.

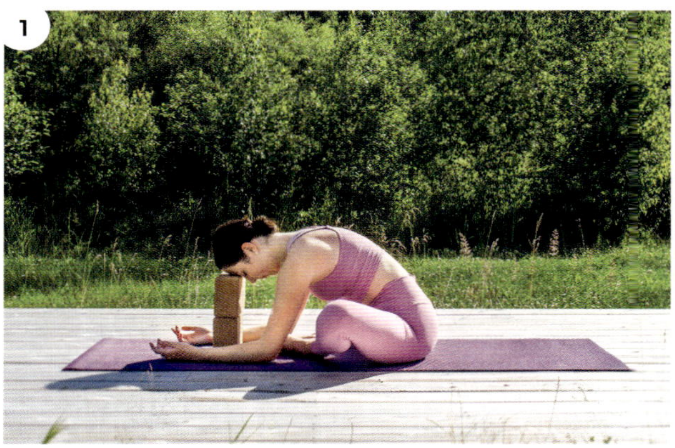

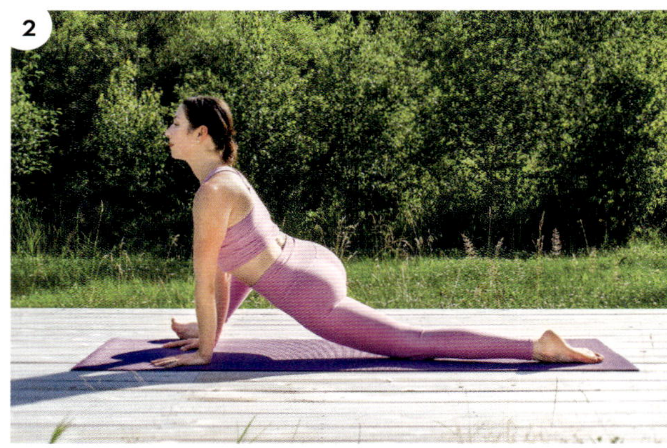

1. Schmetterling *(Baddha Konasana)*

Auf die Matte setzen, die Knie anwinkeln und die Fußsohlen aneinanderlegen. Den Oberkörper aus der Hüfte nach vorn beugen, dabei die Wirbelsäule rund machen. Sie können zwei Yogablöcke oder ein Yogabolster unter Brust oder Stirn geben oder sich von der Schwerkraft tiefer in die Dehnung ziehen lassen. Drei bis fünf Minuten halten.

2. Geflügelter Drache *(Utthan Pristhasana)*

In den Vierfüßlerstand kommen, den rechten Fuß außen neben das rechte Handgelenk stellen und auf den Außenrist rollen, um die Hüfte zu öffnen. Das linke Bein nach hinten strecken und auf den Händen abgestützt bleiben oder auf die Unterarme absinken. Auch hier können Sie Brust oder Stirn mit zwei Blöcken oder einem Bolster stützen. Drei bis fünf Minuten halten und dann auf der anderen Seite wiederholen.

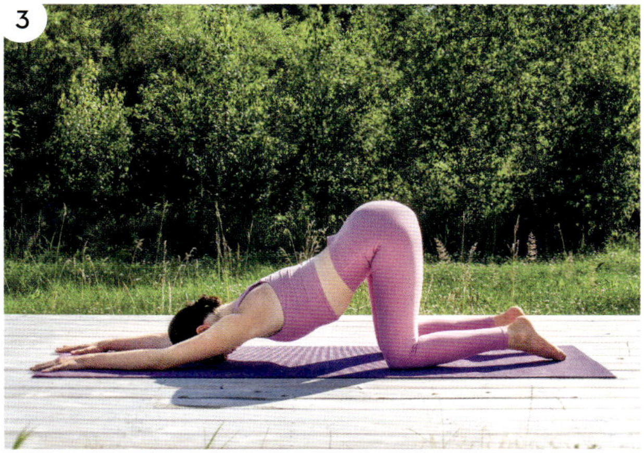

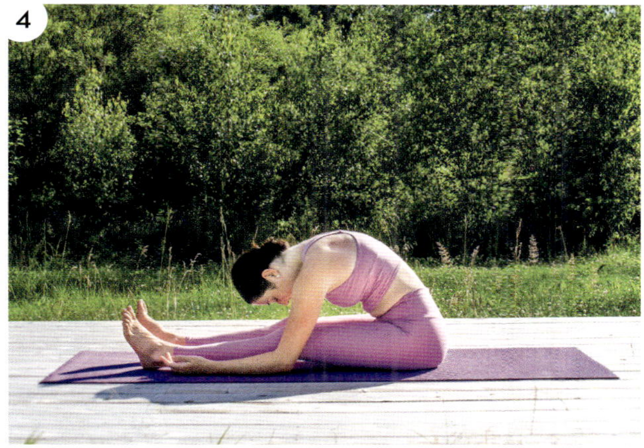

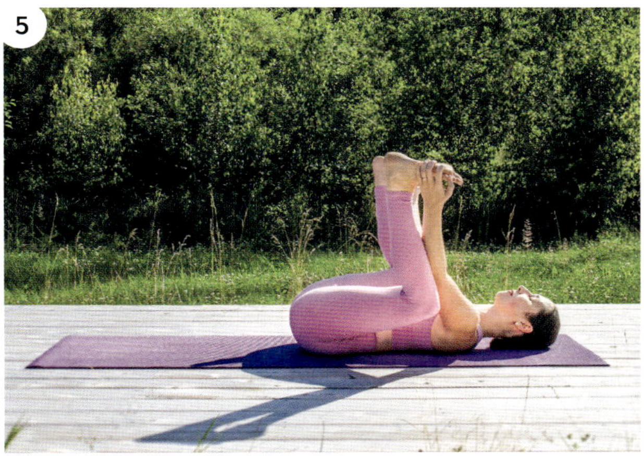

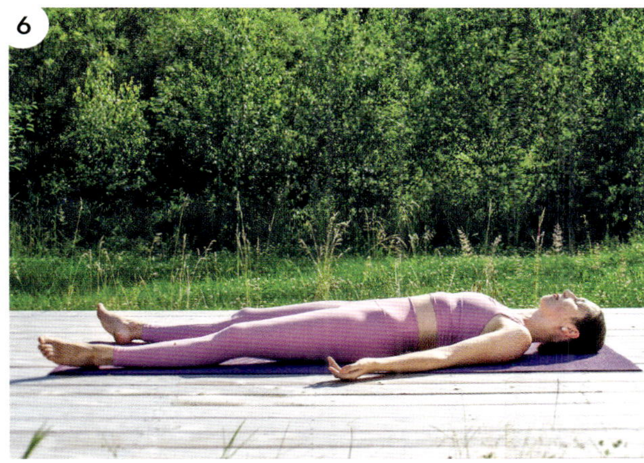

3. Haltung des Herzens *(Uttana Shishosana)*
Im Vierfüßlerstand die Arme nach vorn strecken und die Stirn auf die Matte absenken oder auf einem Yogablock ablegen. Die Hüfte über den Knien ausrichten und das Herz zum Boden sinken lassen. Drei bis fünf Minuten halten.

4. Raupe *(Paschimottasana)*
Aufrecht auf die Matte setzen und die Beine gerade nach vorn ausstrecken. Die Arme nach vorn bringen und den Oberkörper tief nach vorn beugen, dabei wenn nötig die Knie leicht anwinkeln. Den Kopf schwer werden lassen und die Schultern entspannen. Drei bis fünf Minuten halten.

5. Happy Baby *(Ananda Balasana)*
Flach auf den Rücken legen, die Knie in Richtung Schultern ziehen und gleichzeitig das Steißbein zum Boden drücken. So bleiben oder die Fußknöchel über die Knie bringen und mit den Händen jeweils einen großen Zeh umgreifen. Drei bis fünf Minuten halten.

6. Entspannungshaltung *(Savasana)*
Die Füße ausstrecken und die Fersen mattenbreit positionieren. Die Schultern sanft von den Ohren wegziehen, die Arme liegen entspannt neben dem Körper, die Handflächen zeigen nach oben. Die Augen schließen, tief ein- und ausatmen und mindestens fünf Minuten so bleiben.

YOGASEQUENZ 4

Entspannung für Nacken & Schultern

SCHWIERIGKEITSGRAD: Anfänger **HILFSMITTEL:** Yogagurt (optional)

Wenn das Wetter wärmer wird, halten wir uns gern im Freien auf, etwa beim Wandern oder im Garten. Dabei werden oft Bewegungen ausgeführt, die zu Verspannungen im Oberkörper führen können. Wenn Ihr Nacken, Ihre Schultern oder Ihr oberer Rücken verspannt sind und schmerzen, ist diese Yogasequenz, bei der vor allem Sitzhaltungen zum Einsatz kommen, genau das Richtige. Einige der Haltungen eignen sich auch perfekt, um sie am Schreibtisch durchzuführen, wenn man zwischendurch etwas Auflockerung und Entspannung gebrauchen kann.

1

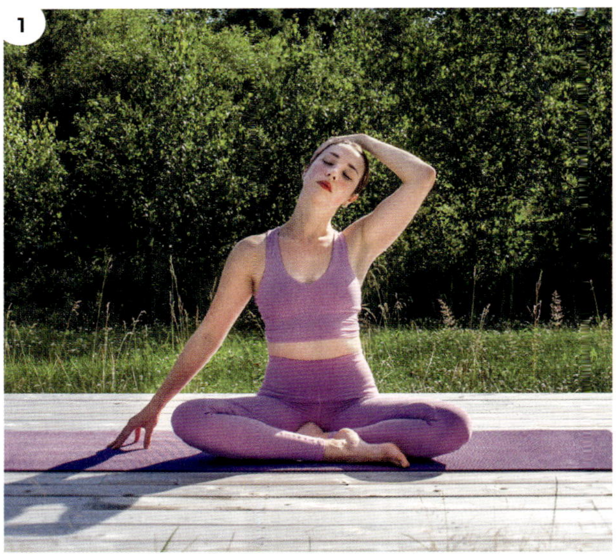

2

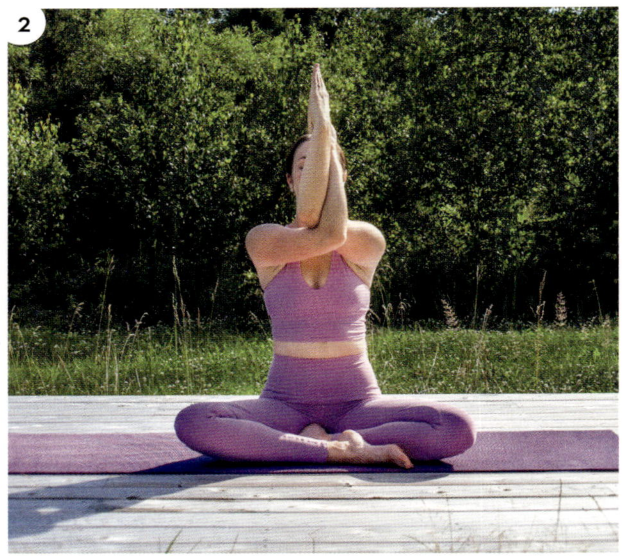

1. Nackenentspannung im Sitzen

Im Schneidersitz auf die Matte setzen und die Wirbelsäule lang machen. Den Kopf nach links neigen und die Schulterblätter sanft nach unten ziehen. Die linke Hand oberhalb des rechten Ohrs auf den Kopf legen und dieses von der Schulter wegziehen. Zehnmal tief ein- und ausatmen und dann auf der anderen Seite wiederholen.

2. Sitzender Adler *(Garudasana)*

Die Ellbogen vor dem Körper im 90-Grad-Winkel beugen, die Handflächen zeigen zueinander. Den rechten Arm unter den linken bringen und die Handgelenke überkreuzen, sodass die Handflächen aufeinanderliegen. Die Ellbogen bleiben oben, das Kinn zieht zur Brust. Zehnmal tief ein- und ausatmen, dann auf der anderen Seite wiederholen.

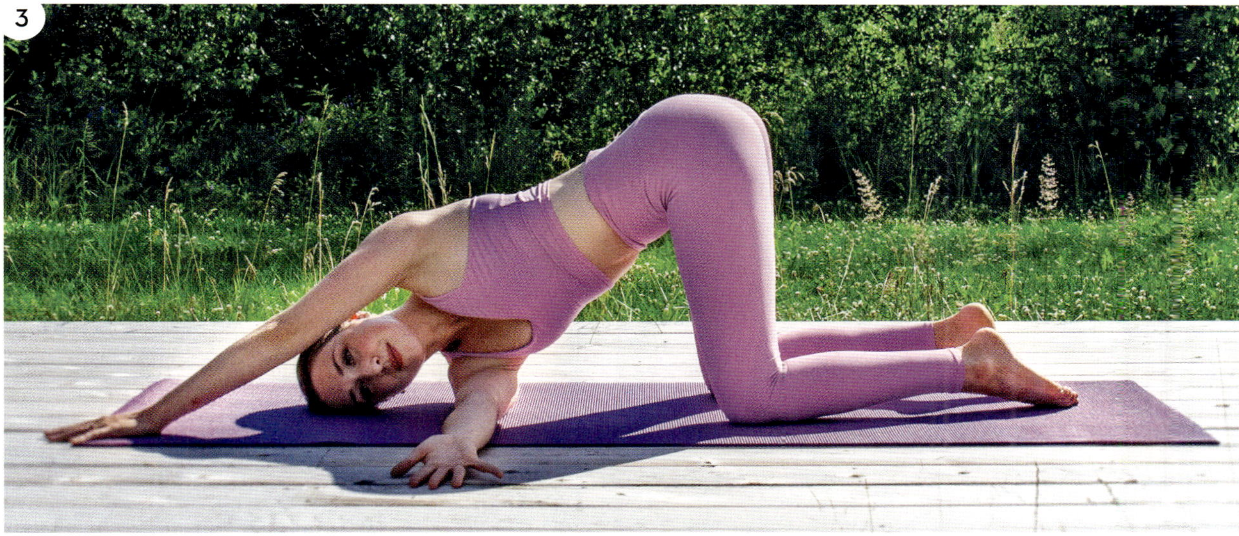

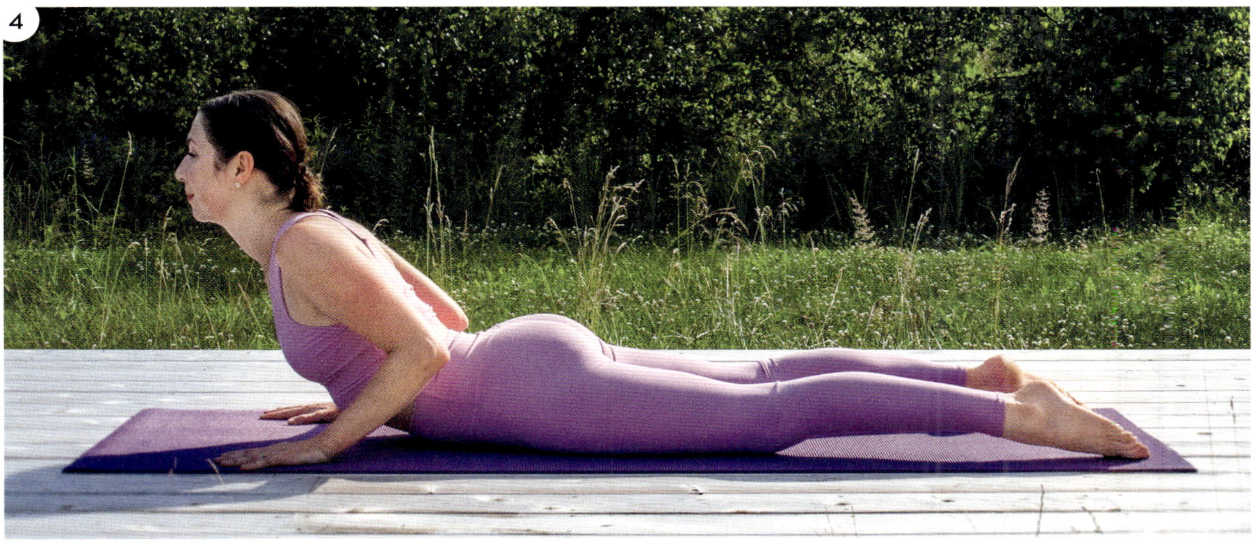

3. Nadel einfädeln *(Parsva Balasana)*

In den Vierfüßlerstand kommen, den rechten Arm unter dem Körper hindurchführen, die Handfläche zeigt dabei nach oben, die rechte Schulter sowie das rechte Ohr auf die Matte bringen und den linken Arm über dem Kopf nach vorn strecken. Zehnmal tief ein- und ausatmen und dann auf der anderen Seite wiederholen.

4. Kobra *(Bhujangasana)*

Auf den Bauch legen und die Hände links und rechts des Brustkorbs positionieren. Fest in die Handflächen drücken und die Brust von der Matte heben. Die Ellbogen ziehen zum Körper, die Schultern rollen nach hinten. Dreimal tief ein- und ausatmen und wieder auf die Matte kommen. Diese Bewegungsabfolge noch zweimal wiederholen.

5

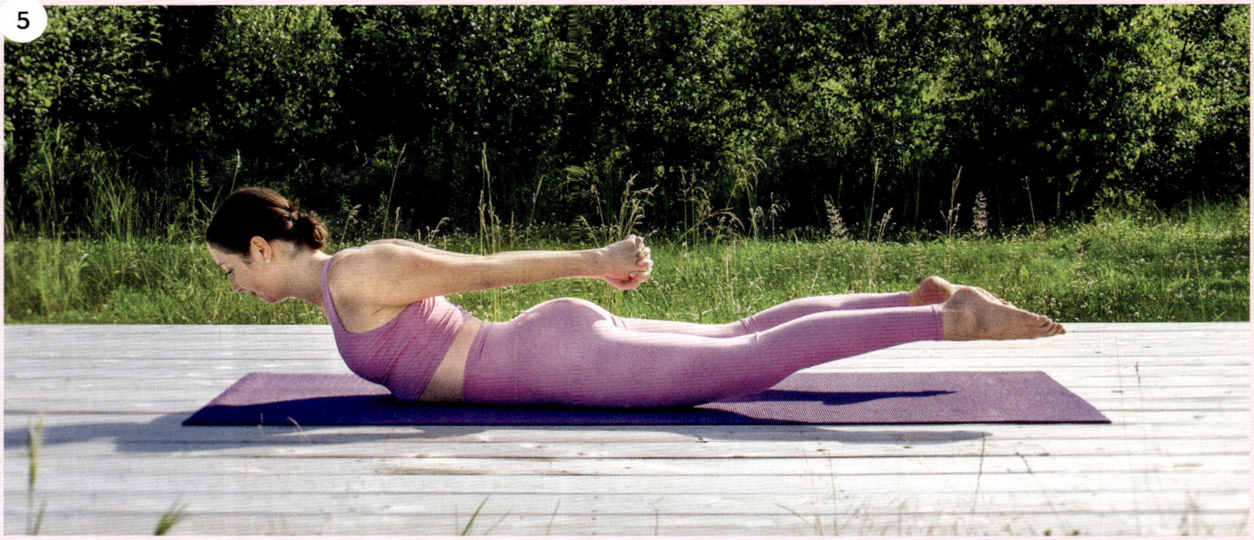

6

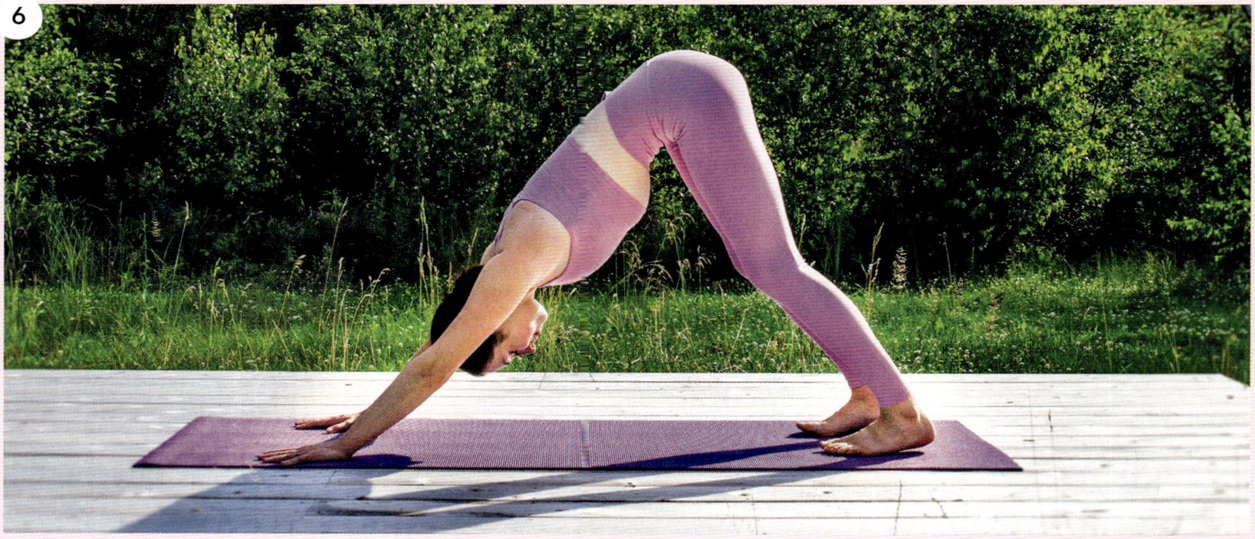

5. Heuschrecke *(Salabhasana)*
Die Arme hinter den Rücken führen und die Finger verschränken. Einatmen und Oberkörper und Beine anheben, dabei zieht das Kinn zur Brust, um den Nacken zu dehnen. Die Arme nach oben ziehen, fünfmal tief ein- und ausatmen und wieder auf die Matte kommen. Noch einmal wiederholen, dabei die Finger andersherum verschränken.

6. Herabschauender Hund *(Adho Mukha Svanasana)*
In den Vierfüßlerstand kommen und die Hände vor den Schultern platzieren. Die Füße aufstellen und die Hüfte nach hinten oben schieben, um in ein umgekehrtes V zu kommen. Achten Sie darauf, die Schultern bewusst in Richtung Rücken zu ziehen und den Nacken zu entspannen. Halten und zehnmal tief ein- und ausatmen.

7. Stehende Vorbeuge: Variation *(Uttanasana)*

Die Füße schrittweise nach vorn bringen, bis der Oberkörper über den Oberschenkeln positioniert ist. Wenn nötig die Knie beugen, sodass Sie bequem stehen. Den Nacken entspannen, die Arme verschränken und den Oberkörper sanft hin- und herwiegen. Zehnmal tief ein- und ausatmen.

8. Kuhmaul *(Gomukhasana)*

Aufrecht auf die Matte setzen und das rechte Bein über das linke legen, dabei die angewinkelten Knie übereinander ausrichten. Die rechte Hand von oben auf den oberen Rücken legen, den linken Arm von unten hinter dem Rücken nach oben führen und die Finger einhaken oder mit beiden Händen einen Yogagurt greifen. Zehnmal tief ein- und ausatmen, dann auf der anderen Seite wiederholen.

9. Entspannungshaltung *(Savasana)*

Auf den Rücken legen, die Fersen mattenbreit positionieren, die Arme liegen entspannt neben dem Körper, die Handflächen zeigen nach oben. Die Augen schließen, tief ein- und ausatmen und mindestens fünf Minuten so bleiben.

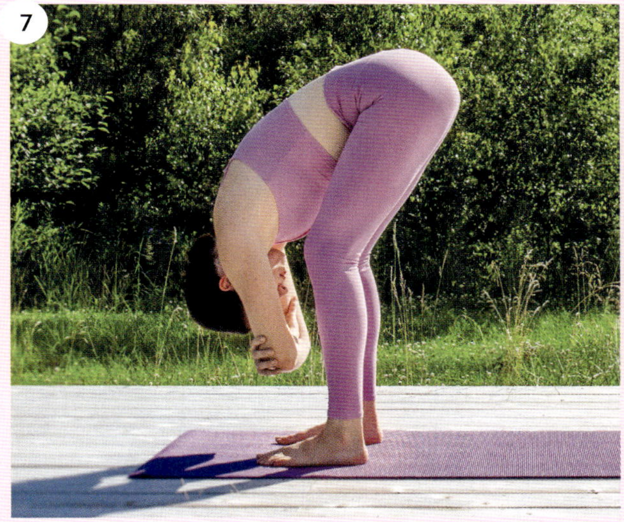

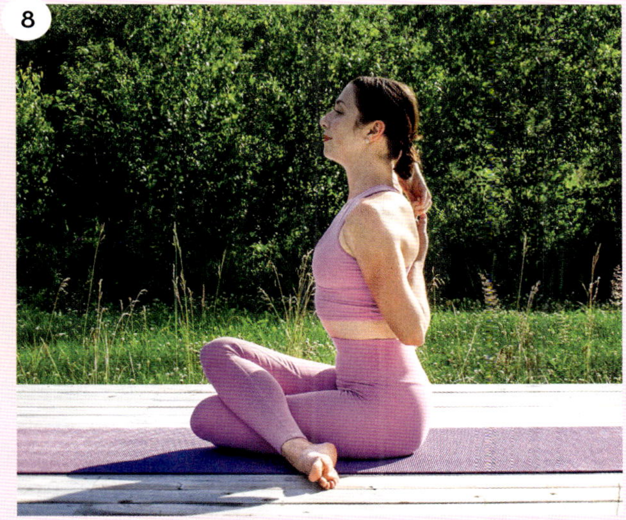

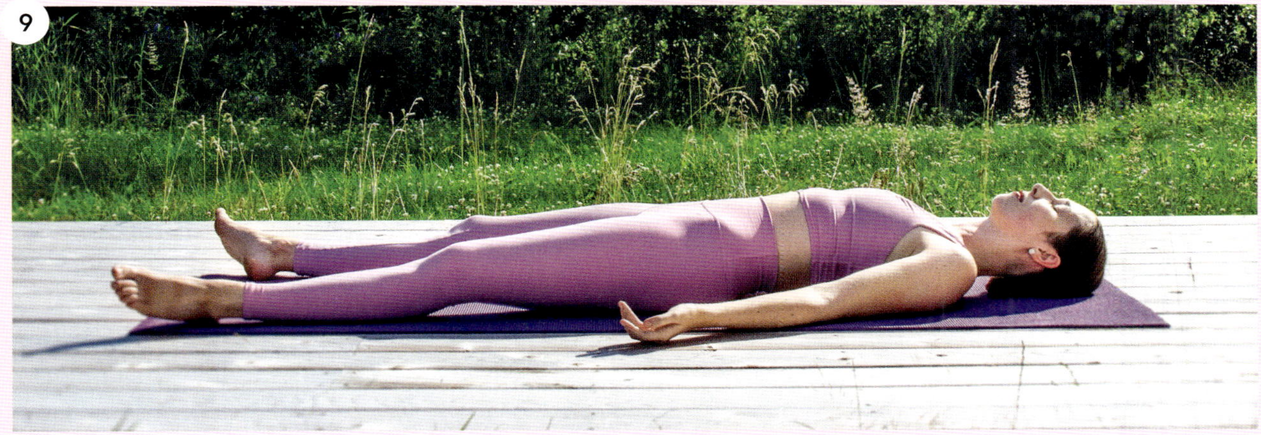

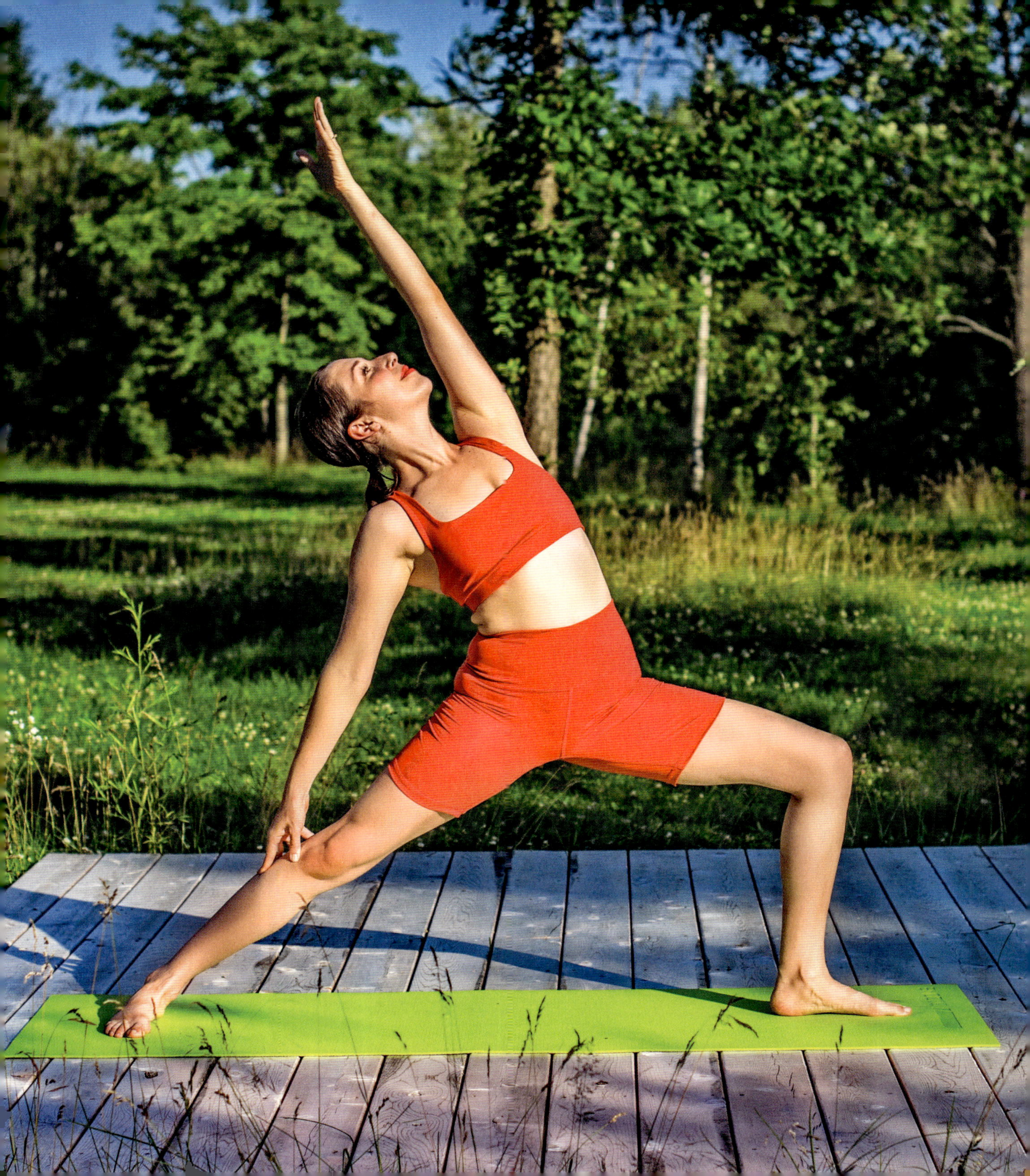

SOMMER

Ein Blatt aus sommerlichen Tagen,
Ich nahm es so im Wandern mit,
Auf dass es einst mir möge sagen,
Wie laut die Nachtigall geschlagen,
Wie grün der Wald, den ich durchschritt.

— Theodor Storm

Im Sommer feiern wir das Leben in all seiner Schönheit. Die Blumen stehen in voller Blüte, die Natur ist erwacht und schenkt neue Lebenskraft. Die Übungen in diesem Kapitel helfen Ihnen, das Beste aus dieser intensiven Zeit herauszuholen.

Sie haben dieses Jahr schon hart gearbeitet, also seien Sie stolz auf sich. Feiern Sie mit Ihren Lieben und beginnen und beenden Sie jeden Tag mit einem Herz voller Dankbarkeit.

THEMA: Blütezeit und Lebenskraft

BEGRIFFE: Überfluss, Verbindung, Vergebung, Aufblühen, Höhepunkt, Fruchtbarkeit, Offenbarung, Großzügigkeit, Fürsorge, Mitgefühl, Lebendigkeit, Gemeinschaft

GEFÜHLE: Dankbarkeit, Freude, Zufriedenheit

DIE RICHTIGE ZEIT, UM: hinauszugehen und Freunde und Familie zu treffen. Seien Sie kreativ und geben Sie mit vollen Händen. Bleiben Sie lang auf, nehmen Sie ein Mondbad und praktizieren Sie kraftvolle Yogaübungen. Gehen Sie hinaus und haben Sie Spaß!

MORGENPRAXIS

Der Sonnengruß

SCHWIERIGKEITSGRAD: alle Level **HILFSMITTEL:** keine

Im Sommer feiern wir die langen Tage, die Wärme und den Sonnenschein. Und was wäre besser geeignet, um sich dafür dankbar zu zeigen, als mit einigen Wiederholungen des Sonnengrußes – *Surya Namaskar* – in den neuen Tag zu starten!

Der Sonnengruß ist eine fließende Verbindung einer Reihe von *Asanas* und zugleich ein intensives Herz-Kreislauf-Workout. Er stärkt und dehnt den Körper – und ist ein ganzheitlicher Morgen-Flow, der nicht allzu viel Zeit in Anspruch nimmt.

Diese Variante des Sonnengrußes stammt aus dem Ashtanga-Vinyasa-Yoga. Die einzelnen Haltungen werden dabei mit jedem Ein- beziehungsweise Ausatmen durchgeführt. Wenn es das Wetter erlaubt, empfehle ich Ihnen, den Sonnengruß im Freien zu praktizieren, bevorzugt bei Sonnenaufgang.

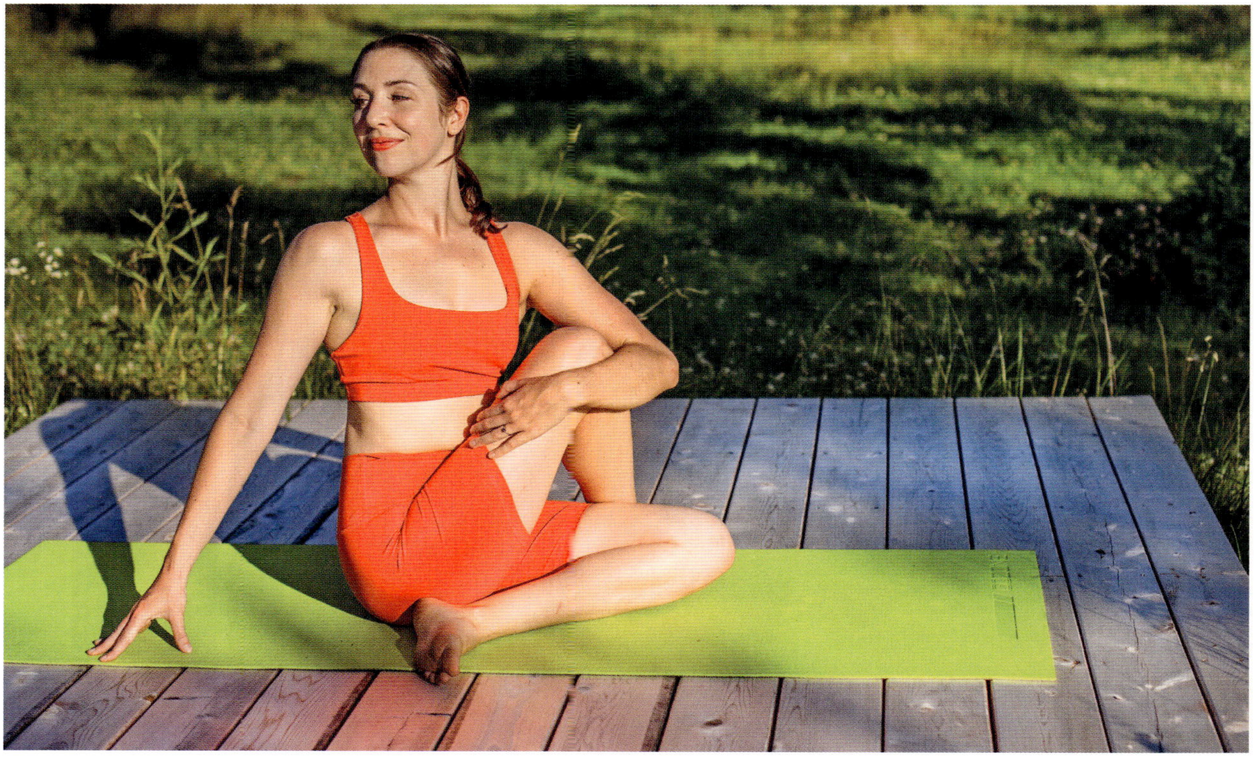

1. Berghaltung *(Tadasana)*
Aufrecht an das vordere Ende der Matte stellen, die Füße stehen hüftbreit auseinander und sind fest mit dem Boden verwurzelt. Die Schultern sanft nach hinten rollen, die Handflächen zeigen nach vorn. Tief ausatmen.

2. Gestreckte Berghaltung *(Urdhva Hastasana)*
Einatmen und die Arme über den Kopf strecken, die Handflächen zeigen zueinander, der Blick ist nach oben gerichtet.

3. Stehende Vorbeuge *(Uttanasana)*
Ausatmen und den Oberkörper nach vorn beugen, bis die Hände den Boden berühren, dabei die Knie wenn nötig leicht beugen, um den unteren Rücken zu schützen.

4. Halbe Vorbeuge *(Ardha Uttanasana)*
Einatmen und den Oberkörper nach oben bringen, bis er parallel zur Matte ist. Die Fingerspitzen berühren die Matte vor Ihnen oder die Schienbeine. Die Schultern nach hinten rollen und das Gewicht auf die Zehen verlagern.

5. Bretthaltung *(Chaturanga Dandasana)*
Ausatmen, die Hände auf die Matte legen und mit den Füßen in kleinen Schritten nach hinten gehen, um in die Bretthaltung zu kommen. Die Ellbogen im 90-Grad-Winkel beugen, die Oberarme bleiben eng am Oberkörper, die Körpermitte ist angespannt. Für eine einfachere Variante die Knie auf die Matte absenken. Fortgeschrittene können ohne Umweg aus der halben Vorbeuge in die Bretthaltung springen.

6. Heraufschauender Hund *(Urdhva Mukha Svanasana)*
Einatmen, die Fußrücken auf die Matte legen, die Brust nach oben drücken, die Arme strecken und die Beinmuskulatur anspannen, um Knie und Becken in der Luft zu halten. Als einfachere Alternative eignet sich die Kobra *(Bhujangasana)*, dabei bleiben die Ellbogen gebeugt und die Hüfte sowie die Beine ruhen auf der Matte.

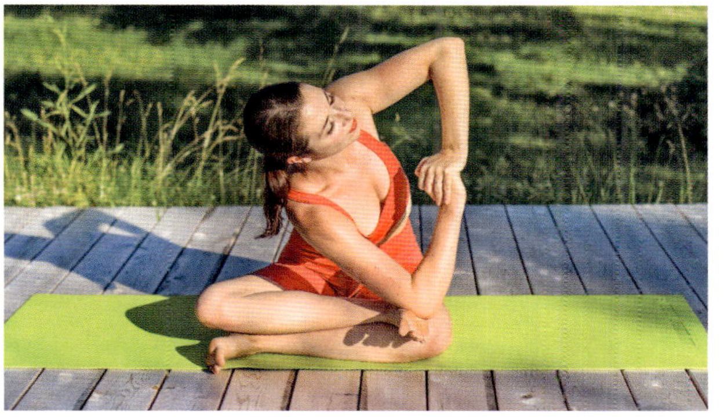

7. Herabschauender Hund *(Adho Mukha Svanasana)*
Ausatmen, die Hüfte anheben und nach hinten oben schieben, um in ein umgekehrtes V zu kommen. Die Füße stehen hüftbreit auseinander, die Hände sind schulterbreit positioniert. Wenn nötig die Knie beugen, sodass die Füße flach auf dem Boden stehen.

8. Halbe Vorbeuge *(Ardha Uttanasana)*
Die Knie beugen, den Blick zum vorderen Ende der Matte richten, die Füße mit kleinen Schritten zwischen die Handflächen bringen, einatmen und in die Halbe Vorbeuge kommen.

9. Stehende Vorbeuge *(Uttanasana)*
Ausatmen und in die stehende Vorbeuge kommen.

10. Gestreckte Berghaltung *(Urdhva Hastasana)*
Einatmen und in die gestreckte Berghaltung kommen, dabei zuerst den Oberkörper Wirbel für Wirbel aufrichten und dann die Arme nach oben strecken.

11. Berghaltung *(Tadasana)*
Ausatmen und wieder in die Berghaltung kommen. Den Sonnengruß vier bis neun Mal wiederholen – wie es sich für Sie angenehm anfühlt.

1. und 11. Berghaltung (*Tadasana*)

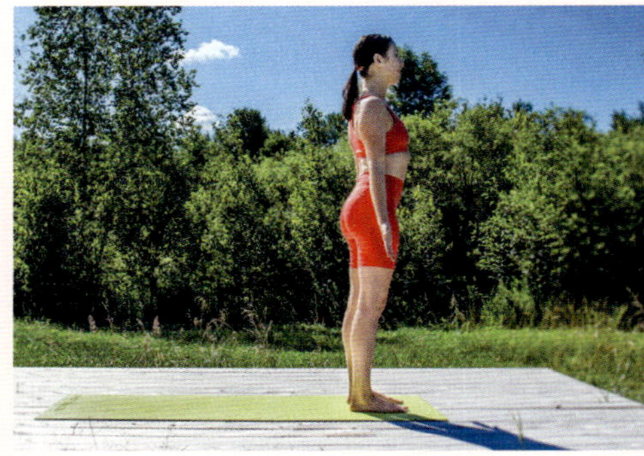

10. Gestreckte Berghaltung (*Urdhva Hastasana*)

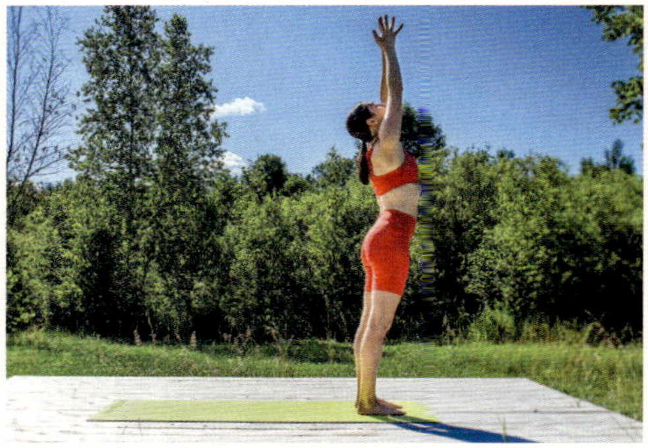

9. Stehende Vorbeuge (*Uttanasana*)

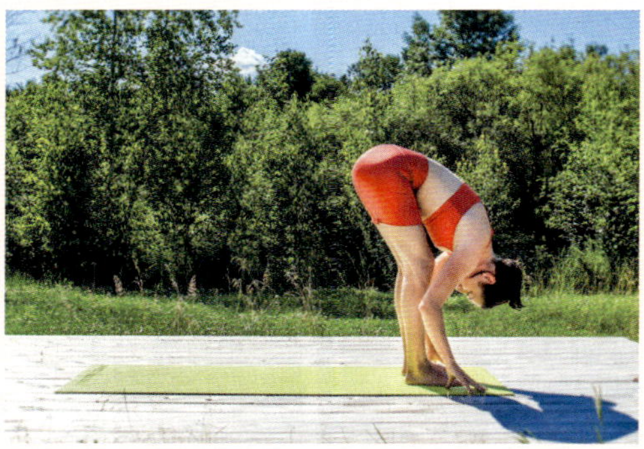

8. Halbe Vorbeuge (*Ardha Uttanasana*)

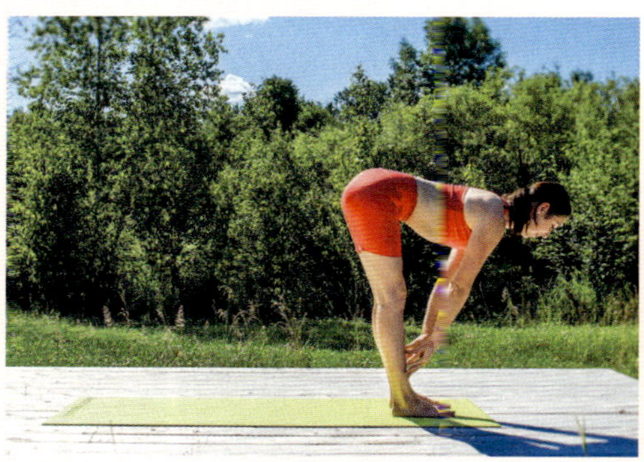

7. Herabschauender Hund (*Adho Mukha Svanasana*)

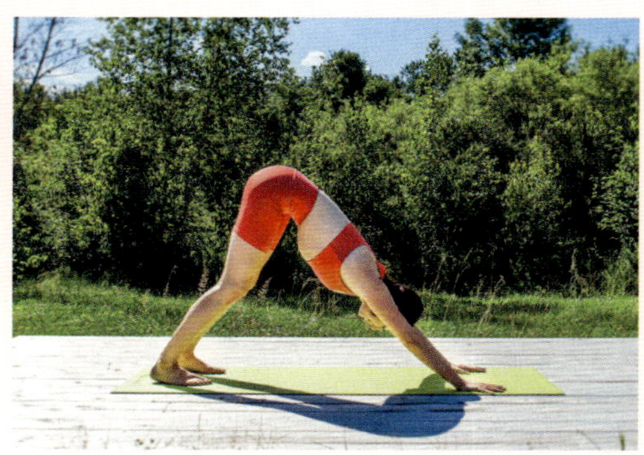

2. Gestreckte Berghaltung (*Urdhva Hastasana*)

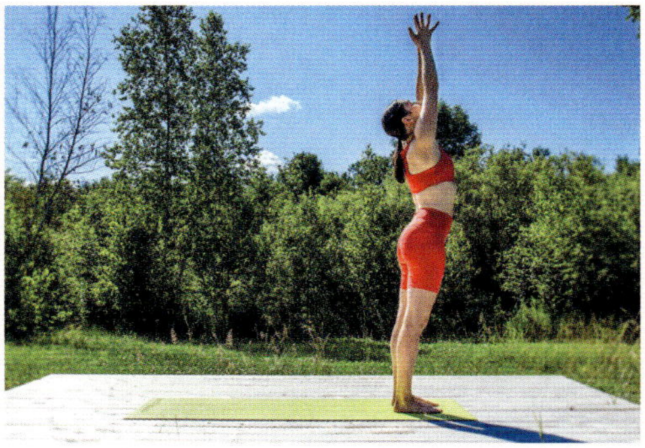

3. Stehende Vorbeuge (*Uttanasana*)

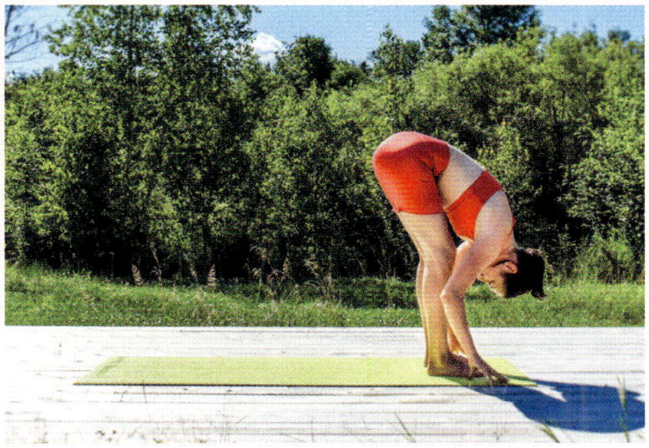

4. Halbe Vorbeuge (*Ardha Uttanasana*)

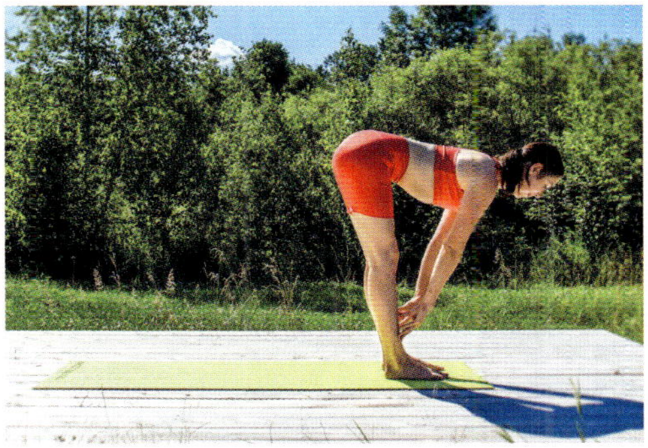

5. Bretthaltung (*Chaturanga Dandasana*)

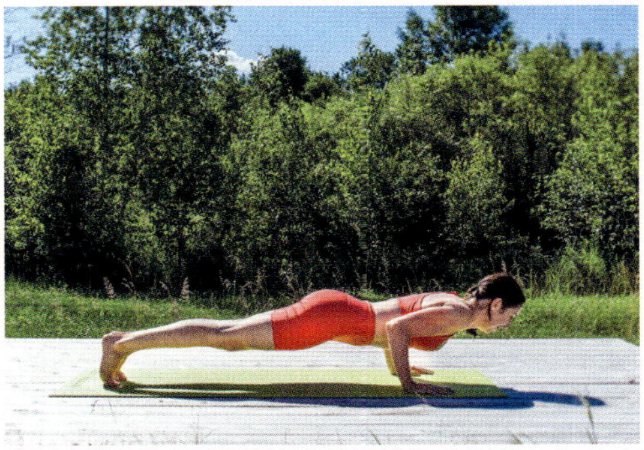

6. Heraufschauender Hund (*Urdhva Mukha Svanasana*)

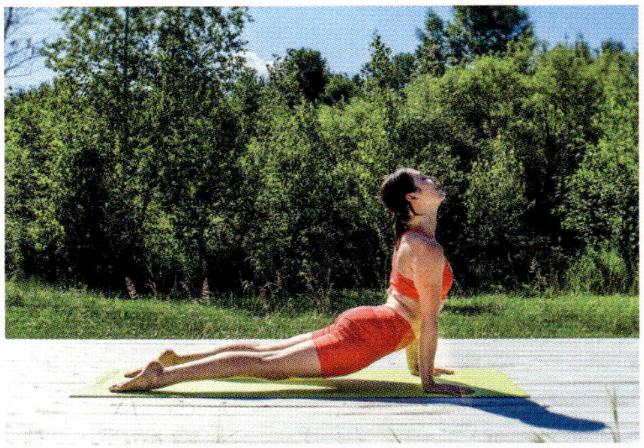

ABENDMEDITATION

Mantra-Meditation

Ich verwende beim Meditieren gerne Mantras – Beschwörungen heiliger Worte –, die in Gedanken als Fokuspunkt wiederholt werden. Das ist ein toller Weg, um den inneren Lärm zu reduzieren, der den meditativen Zustand stören kann.

Das Konzept ist ganz einfach: Jedes Ein- und jedes Ausatmen wird mit einem Teil des Mantras kombiniert. Das Mantra für diese Sommer-Abendmeditation lautet *So Hum,* von den Sanskrit-Begriffen *So,* »das«, und *Hum,* »Ich«, zusammengesetzt: »Ich bin das.«

Laut der vedischen Lehre repräsentiert *So* dabei die Einheit mit dem Universum und der großen Schöpfungskraft. Es ist eine wunderbare Silbe, um mit jenen Bereichen des Selbst in Verbindung zu treten, die über den physischen Körper hinausgehen. Außerdem symbolisiert es die Verbundenheit aller Lebewesen.

Zusätzlich eignet sich die *dhyana mudra,* um den Geist zur Ruhe kommen zu lassen. Diese Mudra, eine bestimmte Handhaltung, steht für Konzentration und Meditation. Dabei formen die Hände ein Dreieck, dessen Ecken die drei Juwelen des Buddhismus symbolisieren: Buddha (der Lehrer, der Erleuchtete), Dharma (die Buddha-Lehre, das gute Gesetz) und Sangha (die Gemeinschaft).

1. *Sitzen Sie bequem, die Schultern sind entspannt, die Augen geschlossen.*
2. *Formen Sie die* dhyana mudra, *dafür ruht die rechte Hand im Schoss, die linke liegt darauf, die Handflächen zeigen nach oben und die Daumen berühren einander.*
3. *Atmen Sie ruhig und regelmäßig und entspannen Sie Ihre Gesichtsmuskulatur.*
4. *Atmen Sie durch die Nase ein und sprechen Sie in Gedanken: So.*
5. *Atmen Sie durch die Nase aus und sprechen Sie in Gedanken: Hum.*

Wenn Sie möchten, können Sie für diese Meditation auch einen Timer verwenden. Stellen Sie ihn zunächst auf fünf Minuten ein und steigern Sie sich mit jeder Meditationssitzung..

Wenn Sie bemerken, dass Ihre Gedanken abschweifen, verurteilen und benennen Sie dies nicht – konzentrieren Sie sich einfach wieder auf Ihr Mantra und Ihre Atmung. Spüren Sie die Verbindung zu diesem Mantra und wie es zu Ihrer wahren Essenz spricht.

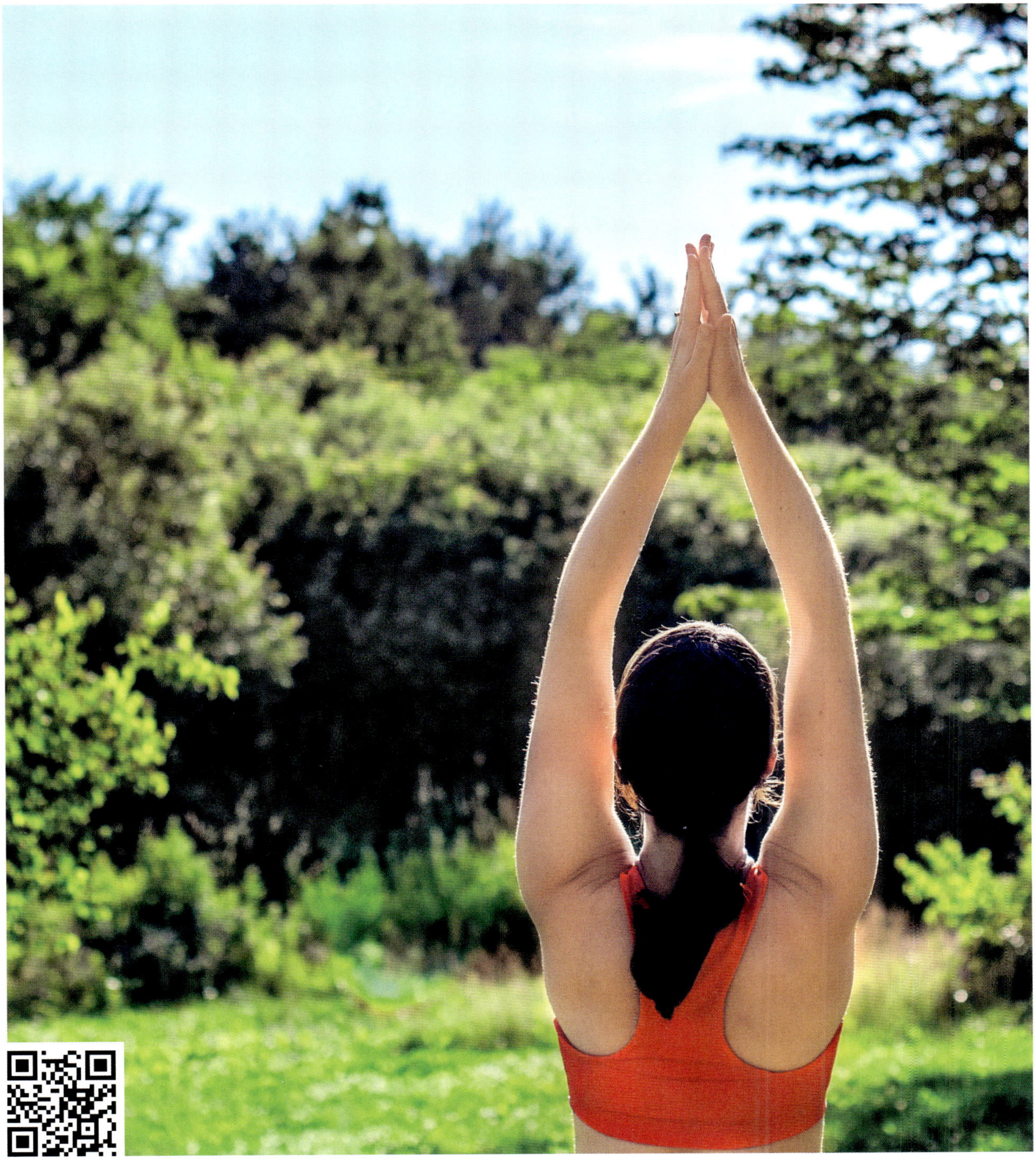

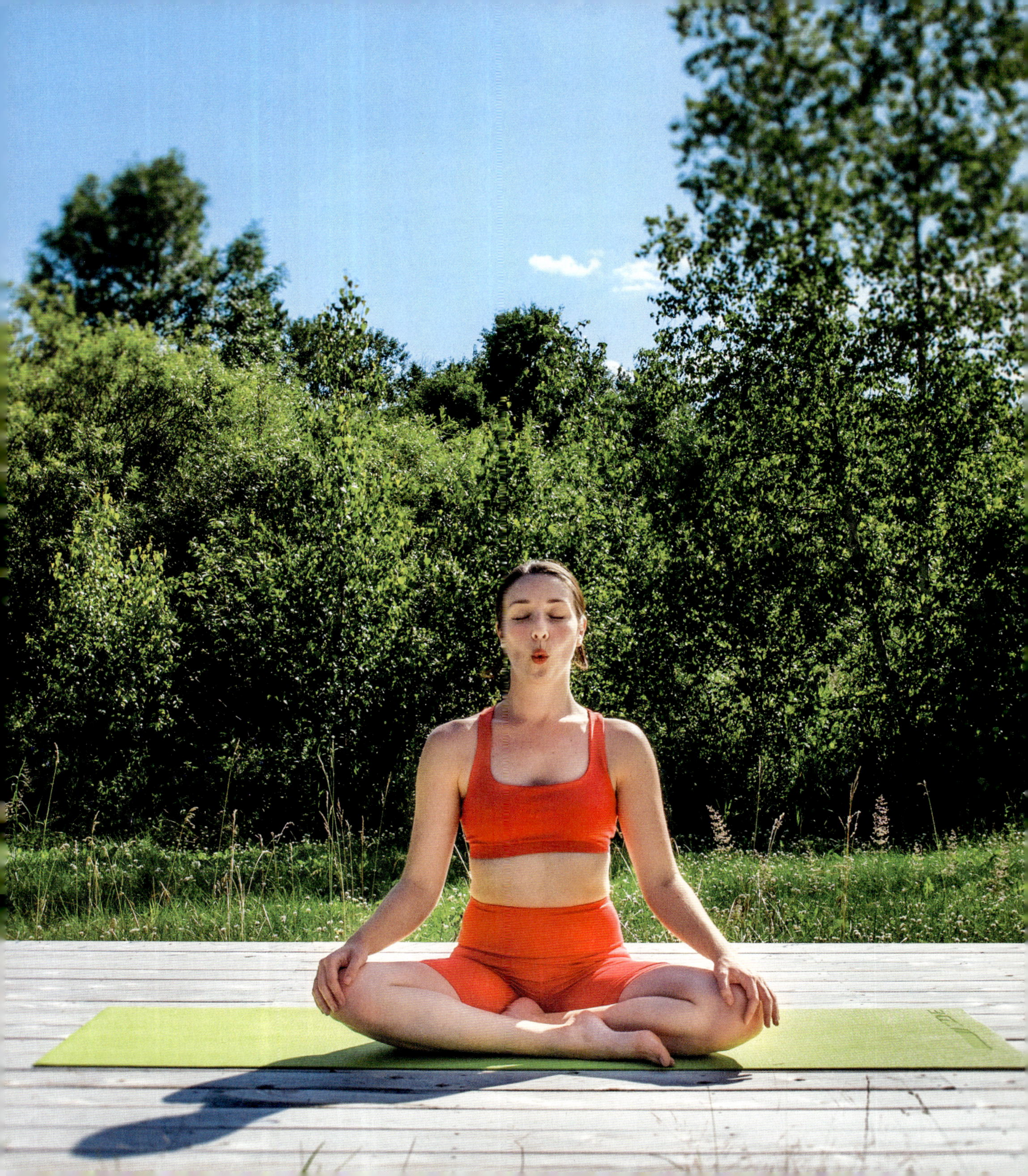

ATEMÜBUNG

Sitali-Pranayama

Eines unserer mächtigsten Werkzeuge ist unsere Atmung. Einige Atemübungen beruhigen das Nervensystem, andere helfen uns, uns zu konzentrieren – und die hier beschriebene Atemübung *Sitali-Pranayama* schenkt uns Frische, Kühle und Ruhe.

Besonders in der Hitze des Sommers ist diese Atemtechnik geeignet, um das innere Feuer etwas abzukühlen. Diese Technik ist perfekt nach einer anstrengenden, schweißtreibenden Yogaeinheit oder am Nachmittag, wenn die Sonne am heißesten ist, aber auch sonst, wenn Sie das Gefühl haben, dass Ihr inneres Feuer zu heiß brennt.

Setzen Sie sich bequem hin und richten Sie die Wirbelsäule auf. Schließen Sie die Augen und formen Sie mit dem Mund ein »O«. Strecken Sie die Zunge hinaus und rollen Sie sie dann längs ein.

1. *Atmen Sie nun tief durch den Mund ein, als würden Sie durch einen Strohhalm trinken. Spüren Sie die kühle Luft auf Ihrer Zunge und stellen Sie sich vor, wie sie wie eine erfrischende Brise bis tief in den Bauch fließt. Die Atemzüge sollten sich leicht und entspannt anfühlen, erzwingen Sie nichts. Zählen Sie beim Einatmen bis vier, fünf oder sechs.*
2. *Halten Sie die Luft kurz an und zählen Sie bis eins oder zwei.*
3. *Schließen Sie nun den Mund, atmen Sie durch die Nase wieder aus und zählen Sie bis vier, fünf oder sechs.*
4. *Halten Sie auch hier die Luft an und zählen Sie bis eins oder zwei.*
5. *Wiederholen Sie diese Schritte zwei bis fünf Minuten lang.*

Wenn Sie bereit sind, entspannen Sie Ihren Kiefer und Ihre Gesichtsmuskulatur und atmen Sie entspannt weiter. Bleiben Sie einige Minuten so sitzen und genießen Sie die Ruhe.

AFFIRMATIONEN

Genießen Sie den Sommer mit diesen positiven Affirmationen, die Freude, Erfüllung und Verbundenheit schenken. Achten Sie, während Sie diese Affirmationen laut oder in Gedanken wiederholen, darauf, welche Gedanken und Gefühle dabei in Ihnen entstehen.

Einige Affirmationen fühlen sich mühelos und natürlich an, bei anderen stößt man vielleicht auf Widerstand und Zweifel. Es ist wichtig, dabei nicht zu urteilen und sich keine Vorwürfe zu machen – all das ist wertvolles Feedback, das Sie reflektieren sollten. Tagebuchschreiben kann Ihnen dabei helfen, Ihre Gefühle weiter zu erkunden.

1. *Ich bin gesegnet, dankbar und reich.*
2. *Ich nehme meine eigene Macht mit Selbstbewusstsein und Würde an.*
3. *Ich bin offen, um Kreativität zu empfangen.*
4. *Ich erlaube es mir, verspielt und hin und wieder auch albern zu sein.*
5. *Ich bin ein Gefäß der Liebe.*
6. *Ich bin gesund und glücklich, und ich strahle.*
7. *Freude steht mir zu.*
8. *In diesem Moment ist alles gut.*
9. *Es ist genug für alle da, auch für mich.*
10. *Ich verdiene Respekt und Akzeptanz.*
11. *Erfüllung kommt zu mir.*
12. *Wohlbefinden ist mein natürlicher Zustand.*
13. *Je mehr Liebe ich schenke, desto mehr wird mir gegeben.*
14. *Ich bin tief verbunden mit meinem Herzen.*
15. *Ich sehe mit den Augen des Mitgefühls.*
16. *Ich bin von Kreativität erfüllt.*
17. *Ich bin stolz darauf, wie weit ich gekommen bin.*
18. *Ich akzeptiere mich voll und ganz.*
19. *Mein inneres Licht leuchtet hell.*
20. *Ich finde die Balance zwischen Sprechen und Zuhören.*

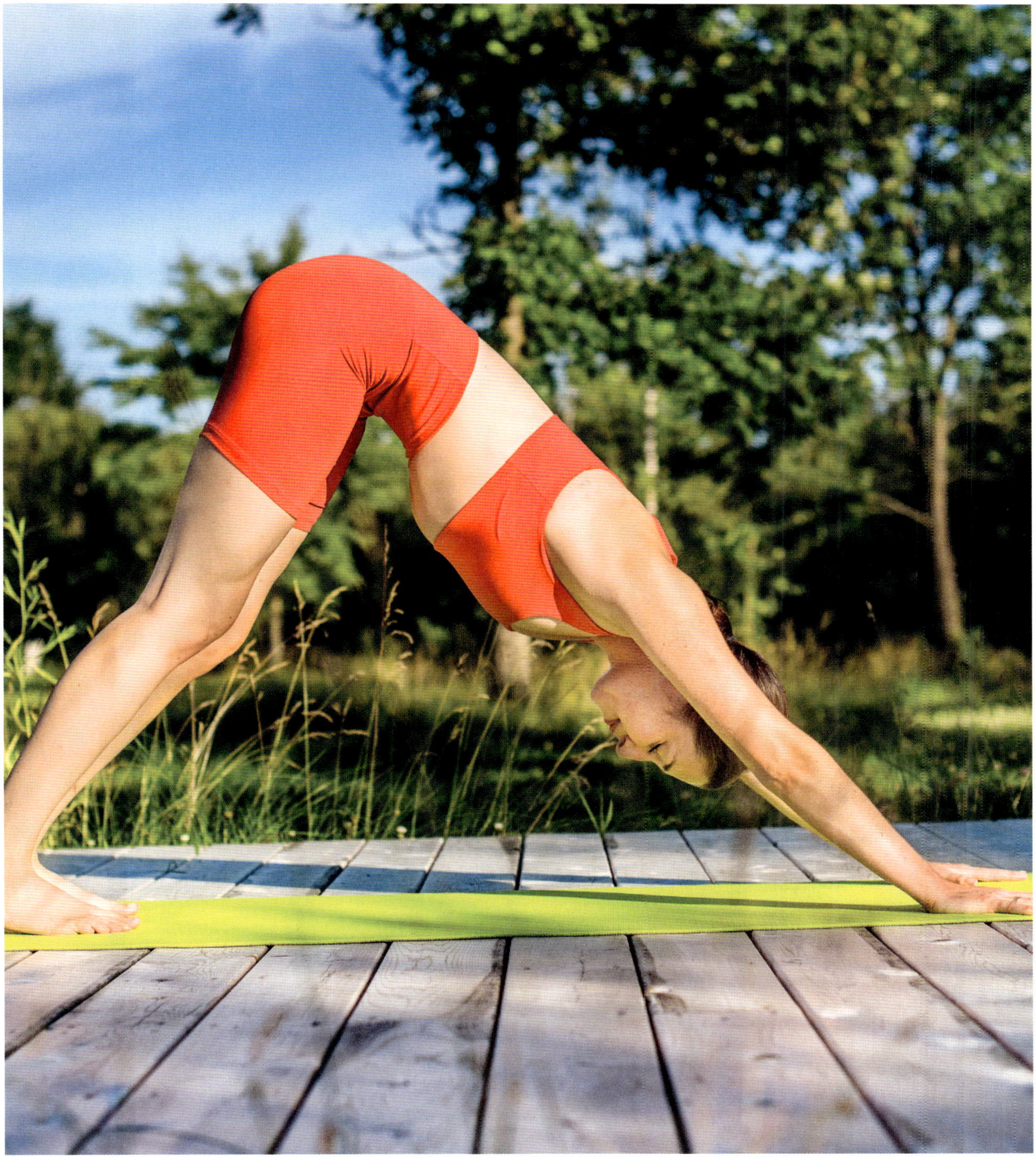

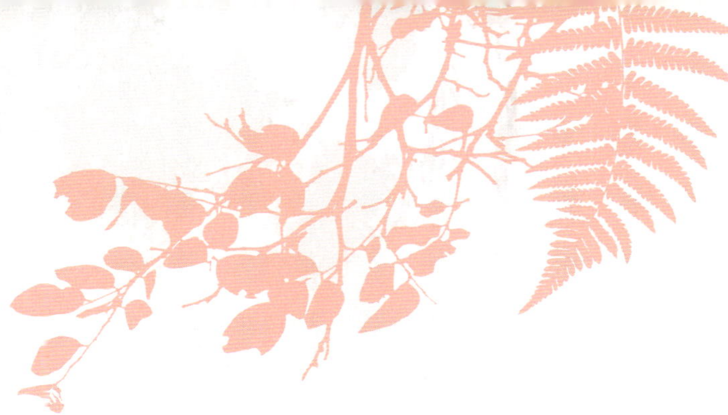

NEUMOND-RITUAL

Teeritual

Ein Teeritual ist eine wirksame Möglichkeit, um mit der Natur in Verbindung zu treten und Intentionen für den neuen Mondzyklus zu formulieren. Lassen Sie Ihre Intentionen beim Zubereiten in den Tee fließen und spüren Sie die heilende Energie, während Sie ihn trinken.

Bei der Zubereitung von Tee werden alle Elemente einbezogen. Die Teeblätter symbolisieren die Erde, dazu kommt das Element Wasser, mit dem der Tee zubereitet wird. Das Element Feuer ist durch das Erhitzen des Wassers präsent, und das Element Luft wird durch die aromatischen Dämpfe symbolisiert.

Schließen Sie die Augen und konzentrieren Sie sich auf Ihre Intention, bevor Sie trinken. Wiederholen Sie sie laut oder in Gedanken, um sie eindeutig zu formulieren.

Das Tolle an diesem einfachen Ritual ist, dass man seine Intention für den Mondzyklus so Tag für Tag wiederholen kann, um sich daran zu erinnern, was man erreichen möchte. Schenken Sie sich so jeden Tag ein bisschen Magie.

VOLLMOND-RITUAL

Mondbad

Nutzen Sie die warmen Sommernächte, um hinauszugehen und das Licht des Vollmonds in sich aufzunehmen. Natürlich kennt jeder das klassische Sonnenbad, ein Mondbad ist aber mindestens genauso schön und noch dazu viel besser für die Haut.

In der Lehre des Ayurveda wird der Sommer mit Feuer und dem *pitta dosha* assoziiert – der Lebenskraft, die Hitze, Verdauung, Energie und Stoffwechsel reguliert. Ein Mondbad ist eine wunderbare Möglichkeit, um die Hitze in Balance zu bringen, indem man die kühlende Energie des Mondes in sich aufnimmt.

Für ein Mondbad brauchen Sie nichts mehr als eine Decke oder Ihre Yogamatte. Gehen Sie hinaus in die Natur, legen Sie sich in der Entspannungshaltung *(Savasana)* hin oder nehmen Sie eine angenehme Sitzhaltung ein und genießen Sie die heilende Kraft des Mondscheins.

Um die Erfahrung zu intensivieren, können Sie mit den Kristallen für den Sommer (siehe Seite 114) arbeiten und die Lieder auf der Vollmond-Playlist (siehe Seite 25) abspielen. Atmen Sie tief ein- und aus und lauschen Sie der Natur um sich herum.

LISTE: BÜCHER, MUSIK & MEHR

Feiern Sie den Sommer und seine Energie in all ihren Facetten mit den folgenden Musik- und Buchvorschlägen, Kristallen, Düften und Ölen sowie einem erfrischenden, sommerlichen Smoothie-Rezept!

Musik

»Faith's Hymn« von Beautiful Chorus
»Awake« von Tycho
»Follow the Sun« von Xavier Rudd
»Surya Namaskar (Sun Salutation)« von Michael Mandrell & Benjy Wertheimer
»Every Morning« von Sugar Ray
»Put Your Records On« von Corinne Bailey Rae
»Lucky« von Jason Mraz & Colbie Caillat
»Nectar Drop« von DJ Drez
»Airwaves« von Ray LaMontagne
»Blue Moon« von Beck
»Gayatri« von Lisbeth Scott

Bücher

Vollendung in Liebe von Don Miguel Ruiz
Bhagavad Gita von Vyasa, dem Weisen
The Heart of Yoga von T. K. V. Desikachar
You Can Heal Your Life: Leben und Botschaft der großen spirituellen Lehrerin von Louise Hay
Das Ja-Experiment – Year of Yes von Shonda Rhimes
... trotzdem Ja zum Leben sagen von Viktor Frankl

Kristalle

CITRIN: Der Citrin ist der Kristall der Erfüllung und wird mit Selbstvertrauen und dem Solarplexus-Chakra *(Manipura)* assoziiert. Seine orange Farbe steht für die Sonne.

AQUAMARIN: Die Hitze des Sommers wird mit diesem kühlenden, beruhigenden Kristall ausgeglichen, der das ruhige Wasser symbolisiert. Er hilft Ihnen, im Fluss zu sein.

SONNENSTEIN: Dieser Kristall symbolisiert Vitalität und Freude und schenkt Wohlwollen und Optimismus.

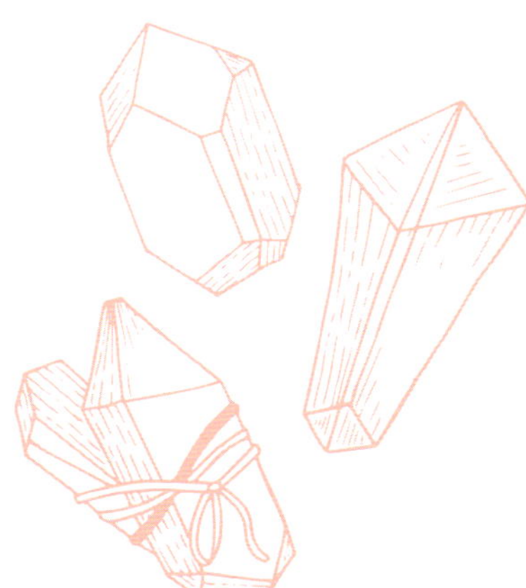

Düfte & Öle

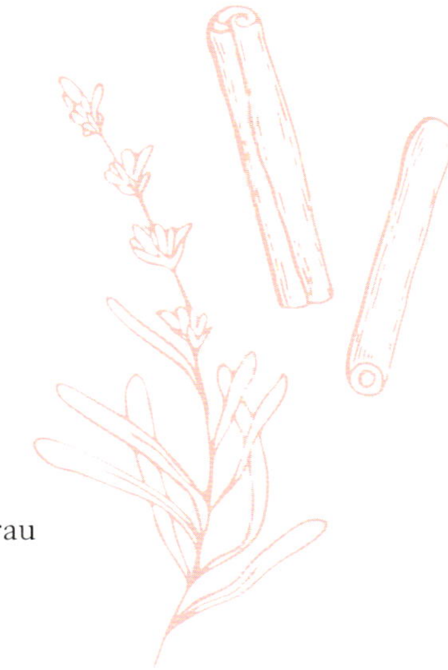

ZIMT: Der Duft von Zimt ist belebend und symbolisiert das Feuer des Sommers.

LAVENDEL: Dieser kühlende Duft hilft Ihnen, sich zu entspannen und zur Ruhe zu kommen.

CITRONELLA: Citronella erfrischt, hebt die Stimmung – und vertreibt Insekten.

CHAKRA: Solarplexus-Chakra *(Manipura)*
ELEMENT: Feuer
MONDPHASE: Vollmond
HIMMELSRICHTUNG: Süden
STERNZEICHEN: Krebs, Löwe, Jungfrau

ERFRISCHENDER ANANAS-KORIANDER-SMOOTHIE

FÜR 1–2 PERSONEN

125 g in Stücke geschnittene Ananas
1 Banane
30 g frischer Grünkohl
1 Stangensellerie
eine Handvoll frisch gehackter Koriander
70 g gecrushtes Eis (optional)

Alle Zutaten sowie 250 ml Wasser in einen Standmixer geben und mixen, bis die gewünschte Textur erreicht ist. Anstatt Wasser kann man auch pflanzliche Milch verwenden, so wird der Smoothie zudem cremiger. Statt Koriander eignet sich auch Basilikum.

YOGASEQUENZ 1

Element: Feuer

SCHWIERIGKEITSGRAD: Fortgeschrittene **HILFSMITTEL:** Block

Der Sommer steht im Zeichen der Hitze und der Kraft des Feuers. Das Element Feuer wiederum wird mit dem Solarplexus-Chakra *(Manipura)* assoziiert, das seinen Sitz im Bauchraum hat. Diese intensive Yogasequenz ist eine tolle Möglichkeit, um das Element Feuer zu feiern, das für Veränderung, Entschlossenheit, Leidenschaft und Energie steht.

Diese Übungen fachen das innere Feuer an und bauen durch die Stärkung der Körpermitte, Drehungen und Seitbeugen innere Hitze auf. Konzentrieren Sie sich dabei auf Ihre Entschlossenheit und Ihre Willenskraft, selbst wenn die Haltungen herausfordernd sind.

1

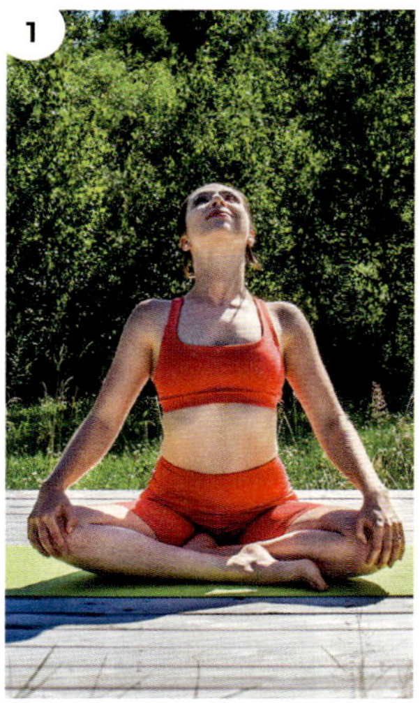

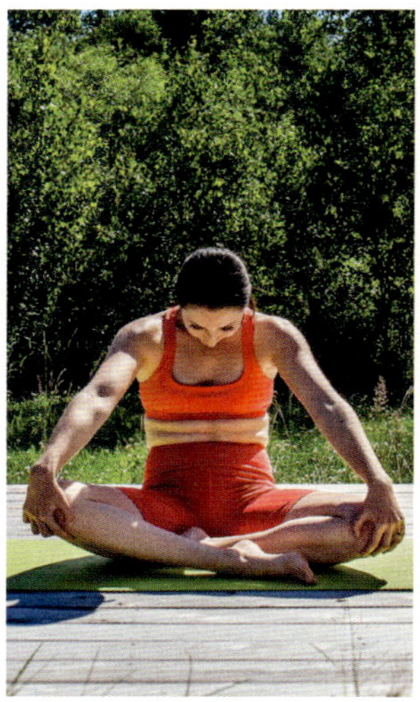

2

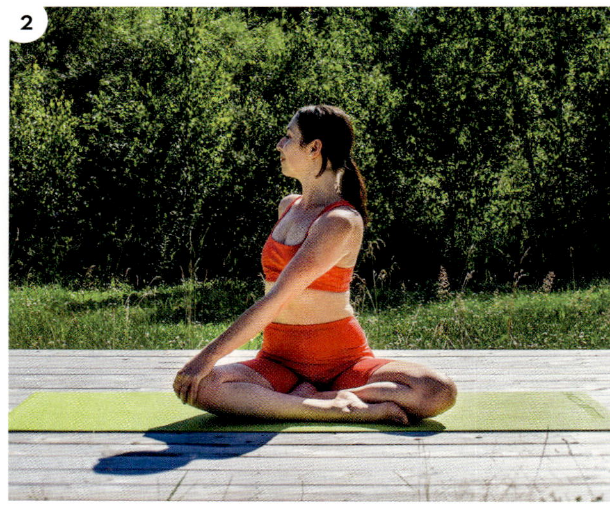

1. Sitzende Katze/Kuh *(Upavistha Marjaryasana/Bitilasana)*
Im Schneidersitz aufrecht auf die Matte setzen, die Hände auf die Knie legen, einatmen und den Rücken durchdrücken, dabei ziehen die Schulterblätter zueinander.

Dann ausatmen und dabei den Rücken rund machen, der Kopf sinkt nach unten, die Wirbelsäule wird gedehnt.

Diese Bewegungsabfolge zehnmal wiederholen.

2. Drehsitz *(Parivrtta Sukhasana)*
Die linke Hand auf das rechte Knie legen und die rechte Hand hinter dem Körper auf der Matte ablegen – sie dient in der Drehung als Stütze. Einatmen, die Wirbelsäule lang machen und den Oberkörper nach rechts drehen. Ausatmen und den Blick über die rechte Schulter richten. Fünfmal tief ein- und ausatmen und dann auf der anderen Seite wiederholen.

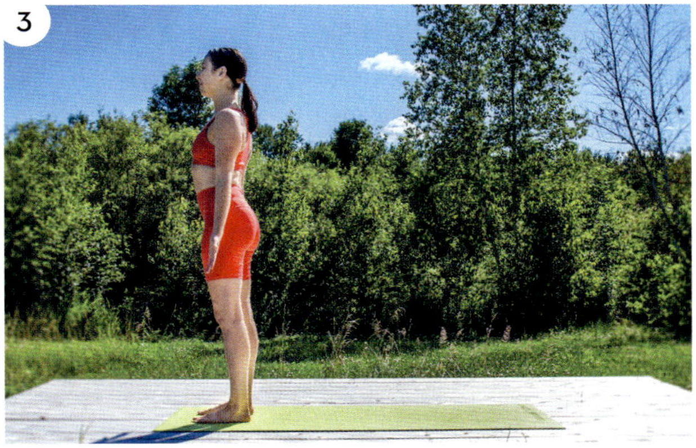

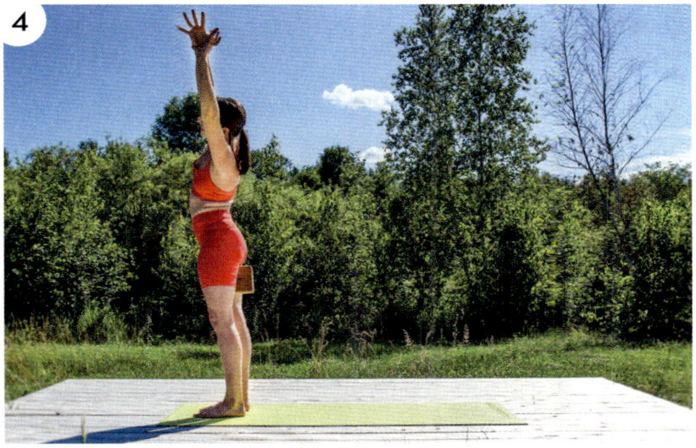

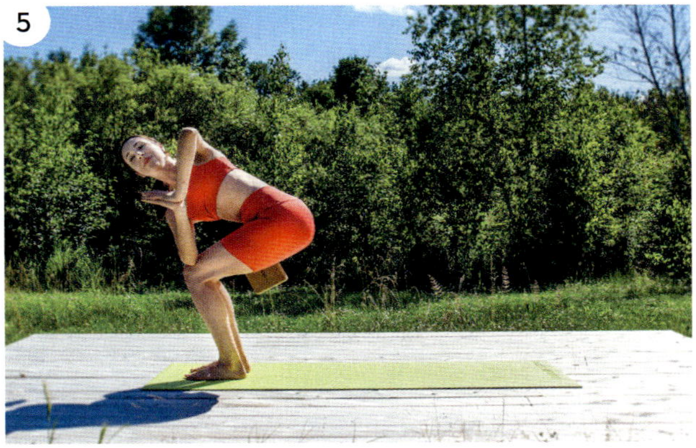

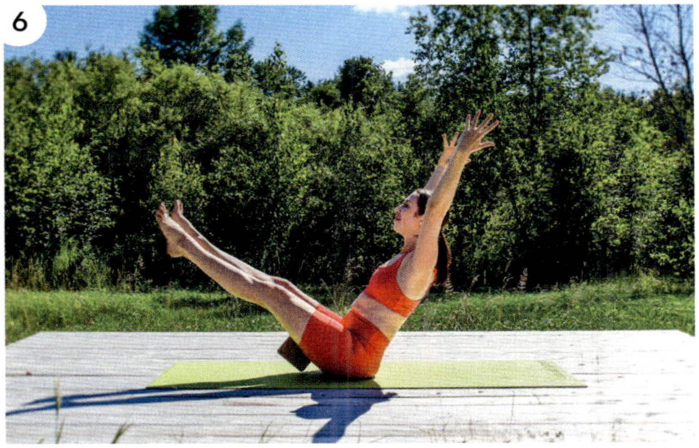

3. Sonnengruß *(Surya Namaskar)*
(siehe Seiten 102–105)
Aufrecht an das vordere Ende der Matte stellen und fünfmal den Sonnengruß – *Surya Namaskar* – ausführen.

4. Stehende Seitbeuge *(Parsva Urdhva Hastasana)*
An das vordere Ende der Matte stellen und einen Yogablock zwischen die Oberschenkel geben. Die Arme über den Kopf strecken, die Oberschenkel drücken gegen den Block. Mit der linken Hand das rechte Handgelenk umgreifen und den Oberkörper nach links beugen. Fünfmal tief ein- und ausatmen und dann auf der anderen Seite wiederholen.

5. Gedrehter Stuhl *(Parivrtta Utkatasana)*
Den Yogablock zwischen den Oberschenkeln halten und die Knie beugen, als würden Sie sich auf einen Stuhl setzen. Die Hände in Gebetshaltung vor das Herz bringen, den Oberkörper nach links drehen und den rechten Ellbogen neben dem linken Knie platzieren. Zehnmal tief ein- und ausatmen und dann auf der anderen Seite wiederholen.

6. Boot *(Navasana)*
Aus dem Gedrehten Stuhl mit dem Yogablock zwischen den Oberschenkeln tief in die Hocke gehen, bis das Gesäß den Boden berührt. Hinsetzen, die Beine anheben und die Arme über den Kopf strecken. Noch intensiver wird die Haltung, wenn man die Beine streckt, dabei zieht die Brust nach oben. Halten und zehnmal tief ein- und ausatmen.

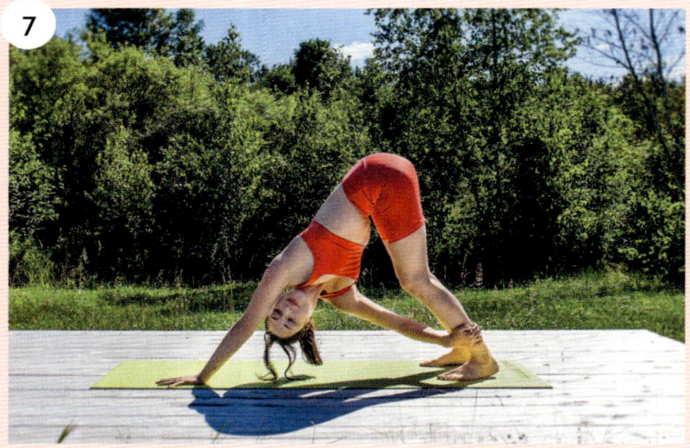

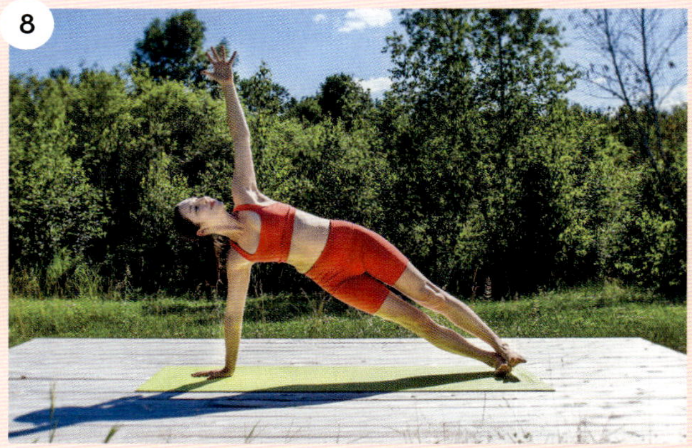

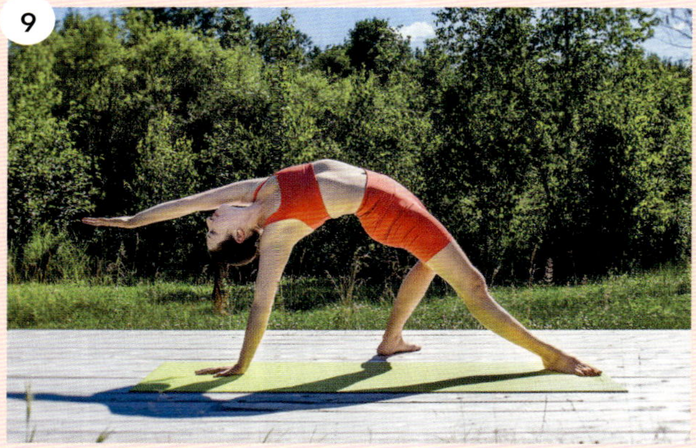

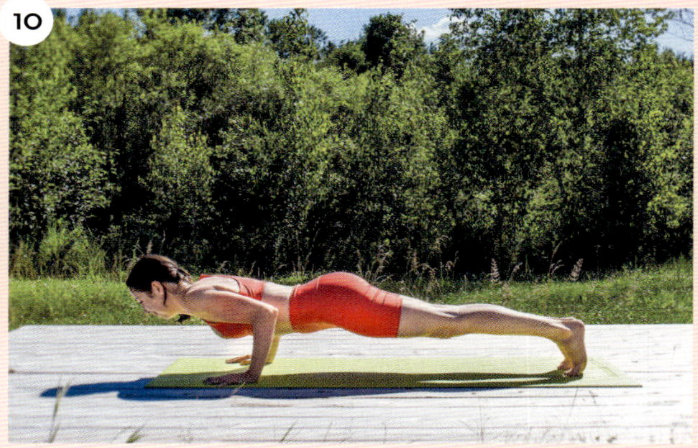

7. Gedrehter herabschauender Hund *(Parivrtta Adho Mukha Svanasana)*
Den Yogablock beiseitegeben und in den Herabschauenden Hund kommen. Die Knie beugen, mit der rechten Hand von außen die linke Wade umgreifen und unter der linken Schulter hindurch nach links blicken. Die Beine so weit wie möglich strecken, zehnmal tief ein- und ausatmen und dann auf der anderen Seite wiederholen.

9. Rockstar *(Camatkarasana)*
Aus dem Seitstütz, den linken Fuß nach hinten schräg hinter die Hüfte bringen und das Gewicht darauf verlagern, um die Hüfte nach oben zu drücken. Den Rücken durchdrücken, der linke Arm zieht nach hinten. Halten und fünfmal tief ein- und ausatmen.

8. Seitstütz *(Vasisthasana)*
Nach vorn in den Hohen Stütz kommen, die Schultern sind über den Handgelenken ausgerichtet. Das Gewicht auf den rechten Arm verlagern, den rechten Fuß auf den Außenrist drehen, den linken Fuß auf den rechten Fuß legen und den linken Arm gerade nach oben strecken. Halten und fünfmal tief ein- und ausatmen.

10. Vinyasa (siehe Seiten 20–21)
Wieder in den Hohen Stütz kommen und ein Vinyasa durchführen.

Seitstütz und Rockstar auf der anderen Seite wiederholen, darauf folgt ein weiteres Vinyasa.

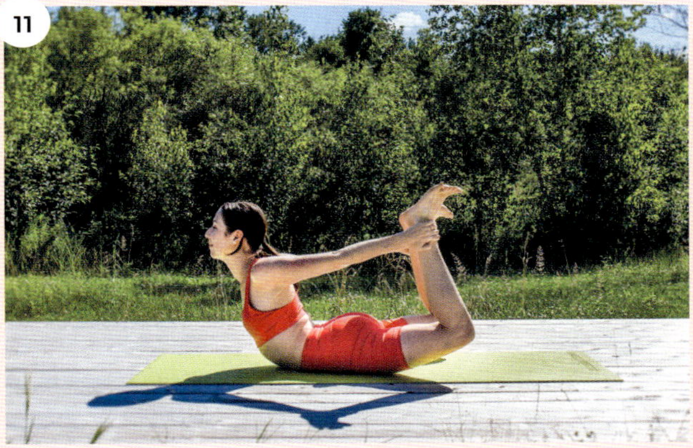

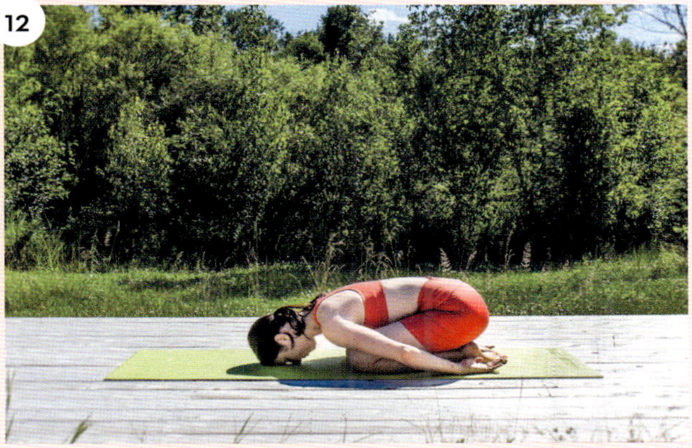

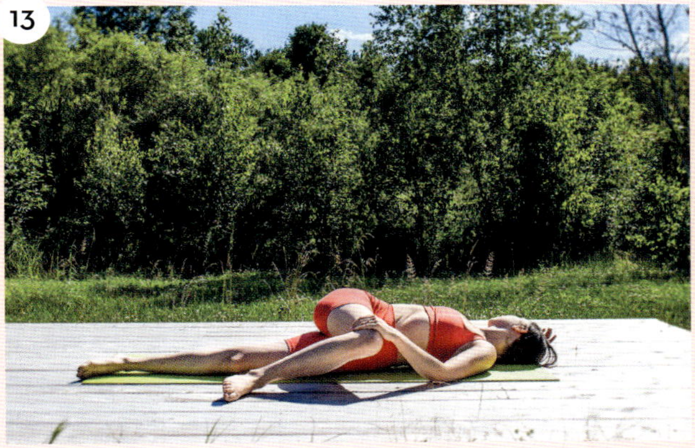

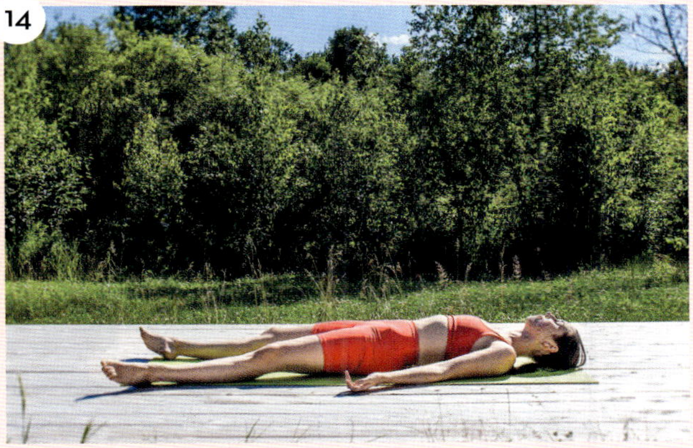

11. Bogen *(Dhanurasana)*
Auf den Bauch legen, die Knie anwinkeln, die Arme nach hinten strecken und mit den Händen von außen die Fußgelenke umgreifen. Brust und Oberschenkel anheben und die Schulterblätter zusammenziehen. Halten und zehnmal tief ein- und ausatmen.

12. Kindhaltung *(Balasana)*
Den Bogen auflösen, die Knie hüftbreit unter den Körper bringen und die Hüfte auf die Fersen absenken. Die Arme gerade nach hinten ausstrecken und die Stirn auf der Matte ablegen. Halten und zehnmal tief ein- und ausatmen.

13. Drehung auf dem Rücken *(Supta Matsyendrasana)*
Auf den Rücken legen, das rechte Knie zur Brust ziehen, das linke Bein bleibt gestreckt. Den rechten Oberschenkel mit der linken Hand über den Körper zur linken Seite bringen und den rechten Arm seitlich ausstrecken. Den Blick über die rechte Schulter richten, zehnmal tief ein- und ausatmen und dann auf der anderen Seite wiederholen.

14. Entspannungshaltung *(Savasana)*
Die Drehung auflösen, die Füße nacheinander langsam ausstrecken und die Fersen mattenbreit positionieren. Die Schultern sanft von den Ohren wegziehen, die Arme liegen entspannt neben dem Körper, die Handflächen zeigen nach oben. Die Augen schließen, tief ein- und ausatmen und mindestens fünf Minuten so bleiben.

YOGASEQUENZ 2

Mehr Ausdauer & Belastbarkeit

SCHWIERIGKEITSGRAD: Fortgeschrittene/Profis **HILFSMITTEL:** keine

Bleiben Sie ruhig, wenn Sie unter Druck geraten? Diese Yogasequenz ist eine meiner Lieblingsübungen, um das dritte *niyama,* das *tapas,* zu praktizieren. Die *yamas* und die *niyamas* entstammen den Yogasutren nach Patanjali und stellen eine Art Ethik- und Moralkodex dar. Kurz gesagt sind die *yamas* die Dinge, die man nicht tun sollte, die Verbote, wohingegen die *niyamas* Gebote darstellen, also Dinge, die man tun sollte.

Der Begriff *tapas* bedeutet Hitze oder Feuer und wird als Sinnbild für Entbehrung, Selbstdisziplin und Entschlossenheit verstanden. Patanjali zufolge wird der Körper durch Hitze gereinigt. Bei dieser Sequenz wird intensive Hitze erzeugt, was körperlich wie mental herausfordernd ist. Achten Sie darauf, im Gleichgewicht und konzentriert zu bleiben, während Sie dieses *niyama* praktizieren.

1

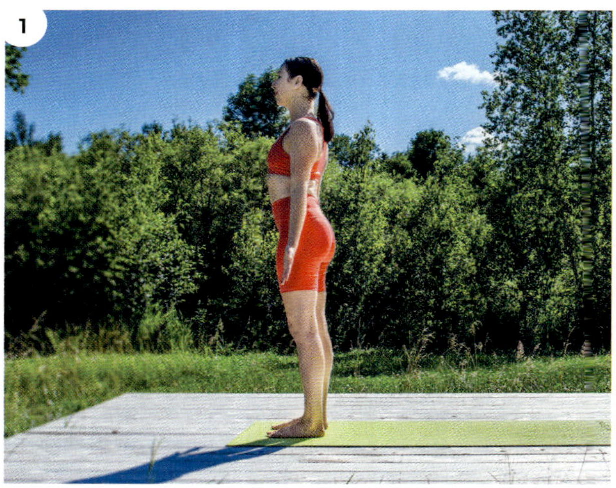

2

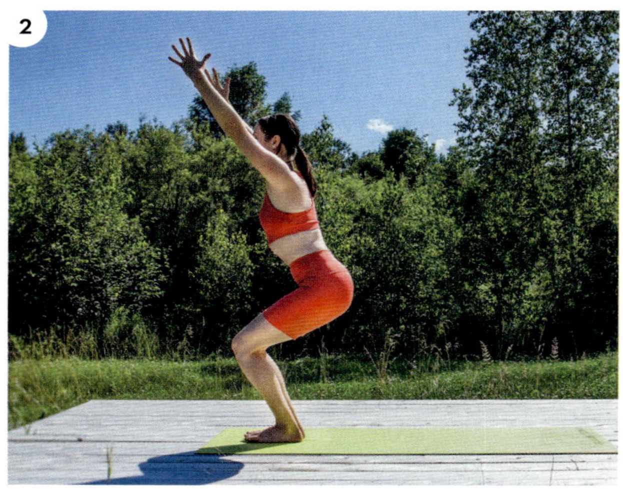

1. Sonnengruß *(Surya Namaskar)*
(siehe Seiten 102–105)

Aufrecht an das vordere Ende der Matte stellen und zehnmal den Sonnengruß – *Surya Namaskar* – ausführen.

2. Stuhl *(Utkatasana)*

An das vordere Ende der Matte stellen, die Knie beugen, als würden Sie sich auf einen Stuhl setzen, die großen Zehen berühren sich dabei. Das Gewicht auf die Fersen verlagern, die Brust bleibt aufrecht. Die Arme über den Kopf strecken, halten und zehnmal tief ein- und ausatmen.

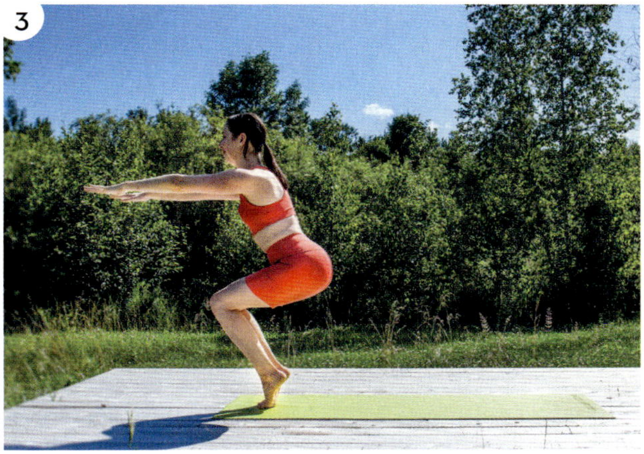

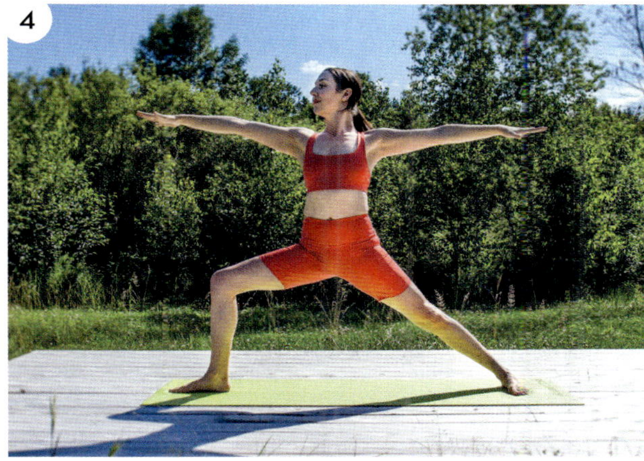

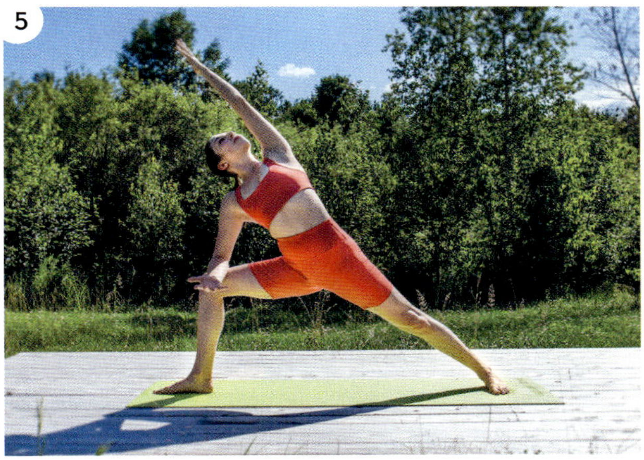

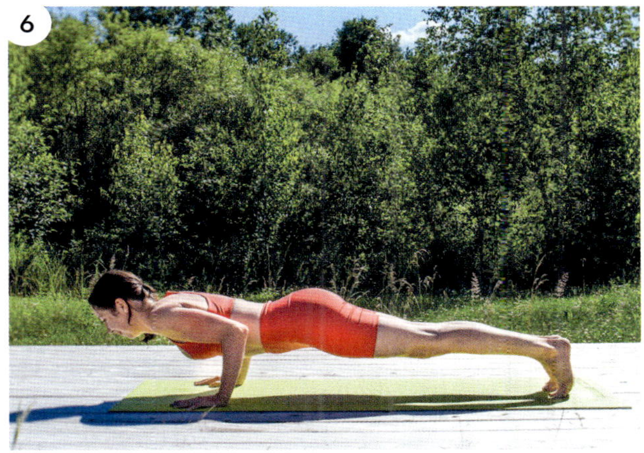

3. Stuhl: Variation *(Utkatasana)*

Die Arme parallel zum Boden nach vorn ausstrecken, das Gewicht auf die Fußballen verlagern und die Fersen anheben, dabei ziehen Fußgelenke und Oberschenkel nach innen, um das Gleichgewicht zu halten. Noch tiefer in die Hocke kommen und zehnmal tief ein- und ausatmen.

5. Gestreckter seitlicher Winkel *(Utthita Parsvakonasana)*

Den rechten Unterarm mit der Oberseite nach unten auf das rechte Knie legen – für eine intensivere Variante die Hand innerhalb des rechten Fußes auf der Matte ablegen. Den linken Arm nach oben strecken, sodass er mit dem linken Bein eine Diagonale bilden. Zehnmal tief ein- und ausatmen.

4. Krieger II *(Virabhadrasana II)*

Den linken Fuß in einem großen Schritt nach hinten bringen und parallel zur kurzen Seite der Matte ausrichten. Das rechte Knie beugen und die Arme seitlich strecken, die Handflächen zeigen nach unten. Den Blick über die rechte Hand richten, halten und zehnmal tief ein- und ausatmen.

6. Vinyasa (siehe Seiten 20–21)

In den Hohen Stütz kommen und ein Vinyasa durchführen.

Krieger II und Gestreckten seitlichen Winkel auf der anderen Seite wiederholen, darauf folgt ein weiteres Vinyasa.

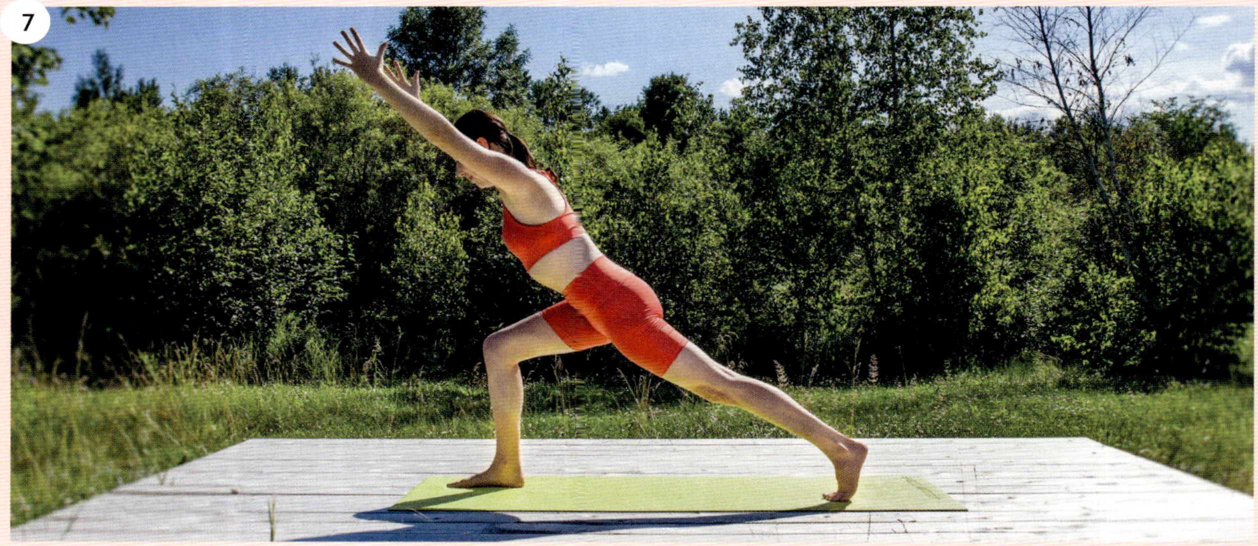

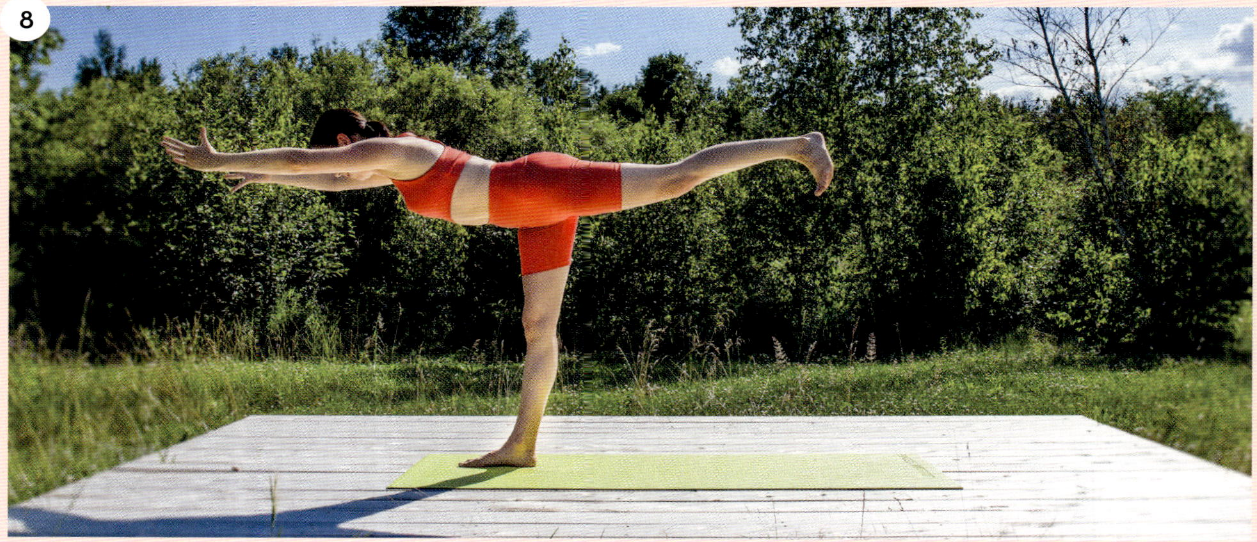

7. Hoher Ausfallschritt: Variation *(Ashta Chandrasana)*
Den rechten Fuß nach vorn zwischen die Handgelenke bringen und den Oberkörper aufrichten. Das rechte Knie beugen, bis der Oberschenkel parallel zur Matte ist, den Oberkörper nach vorn beugen und die Arme strecken, sodass Arme und linkes Bein in einer Diagonale ausgerichtet sind. Halten und zehnmal tief ein- und ausatmen.

8. Krieger III *(Virabhadrasana III)*
Das Gewicht auf das rechte Bein verlagern, den Oberkörper nach vorn beugen und das linke Bein nach hinten ausstrecken. Die Arme gerade nach vorn strecken oder für eine einfachere Variante die Hände in Gebetshaltung vor das Herz bringen. Die Zehen des linken Fußes ziehen zum Schienbein, die Hüfte ist gerade. Zehnmal tief ein- und ausatmen.

9

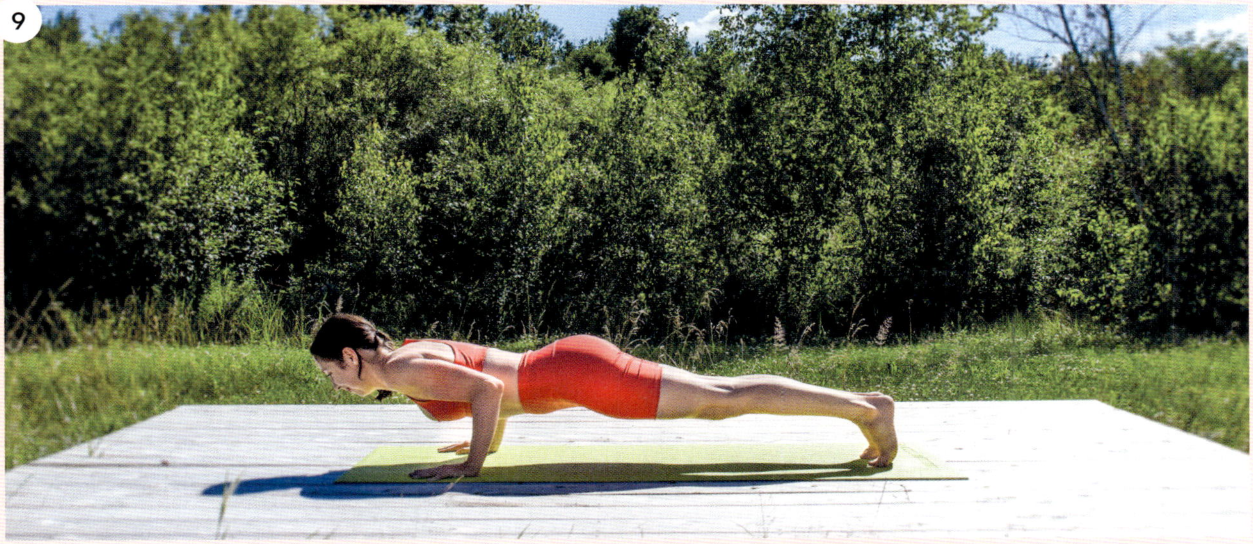

10

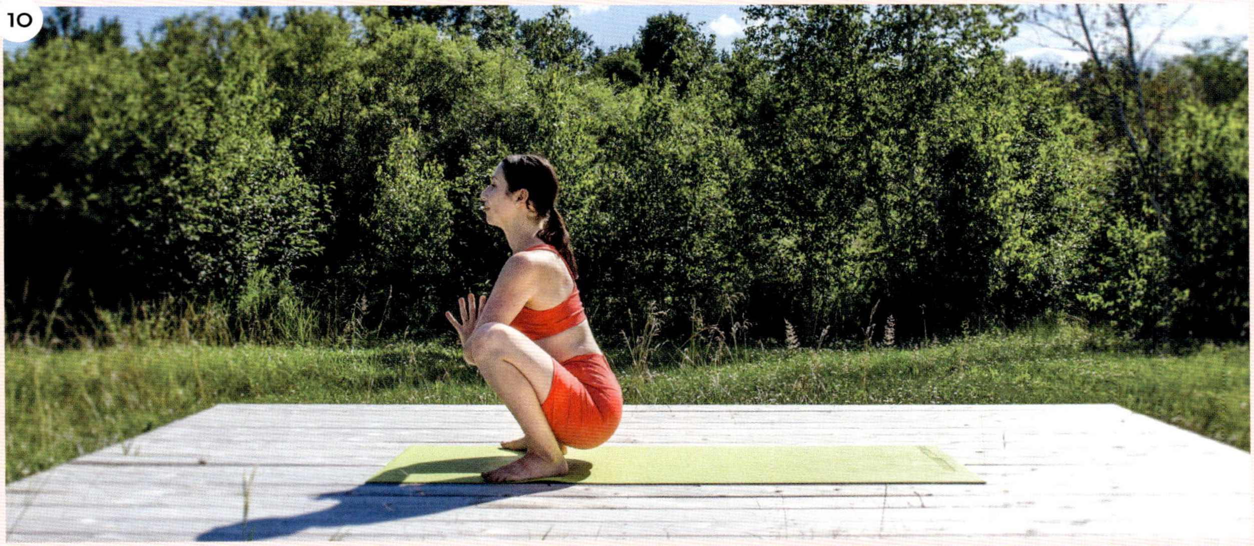

9. Vinyasa (siehe Seiten 20–21)

Das linke Bein in einem großen Ausfallschritt nach hinten bringen, dann in den Hohen Stütz kommen und ein Vinyasa durchführen.

Hohen Ausfallschritt: Variation und Krieger III auf der anderen Seite wiederholen, darauf folgt ein weiteres Vinyasa.

10. Girlande *(Malasana)*

Die Füße hüftbreit positionieren, die Zehen zeigen im 45-Grad-Winkel nach außen. Die Knie beugen, um in eine tiefe Hocke zu kommen. Die Hände in Gebetshaltung vor das Herz bringen und die Knie mit den Ellbogen nach außen drücken. Die Wirbelsäule lang machen, halten und zehnmal tief ein- und ausatmen.

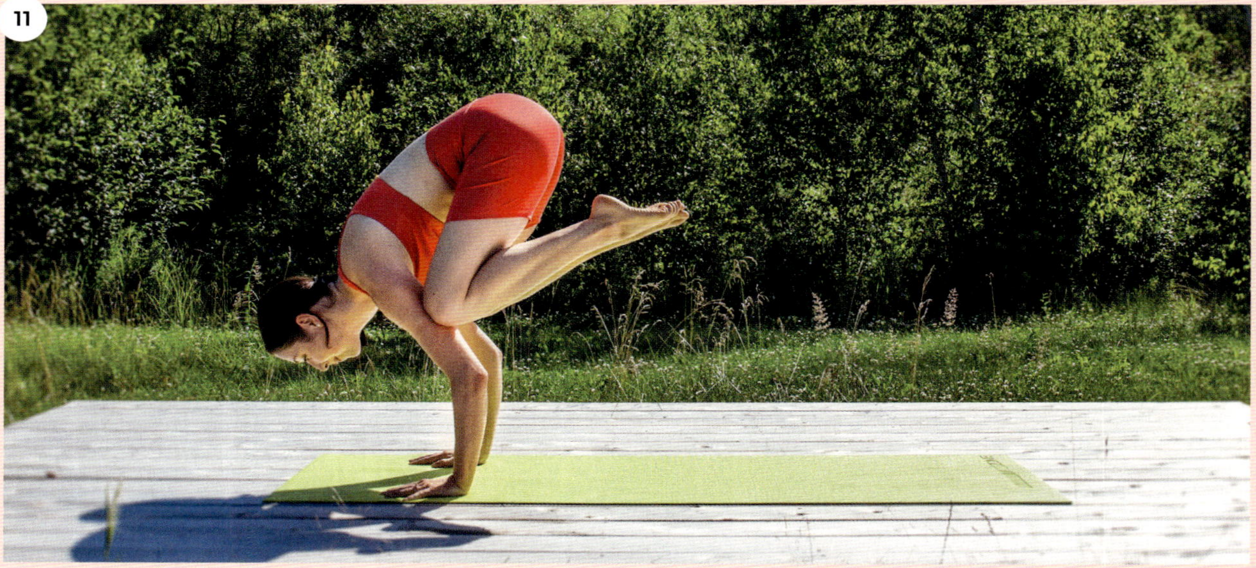

11

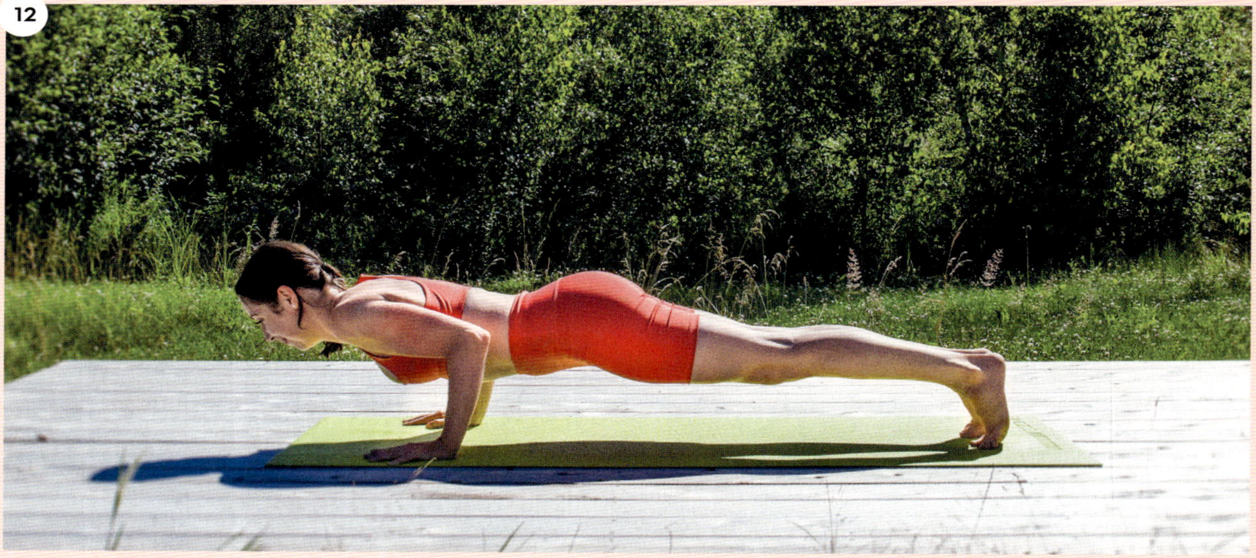

12

11. Krähe *(Bakasana)*

In der tiefen Hocke die Hände schulterbreit vor dem Körper auf die Matte legen. Die Hüfte anheben und die Knie hinter die Oberarme bringen. Das Gewicht auf die Hände verlagern und ein oder beide Beine anheben, dabei die Oberschenkel anspannen. Zehnmal tief ein- und ausatmen.

12. Vinyasa (siehe Seiten 20–21)

Die Beine schrittweise wieder nach hinten bringen oder springen, um in die Bretthaltung zu kommen, und ein Vinyasa durchführen.

13. Liegende Taube *(Supta Kapotasana)*
In Rückenlage die Knie anwinkeln, den linken Knöchel auf den linken Oberschenkel legen, mit den Händen – die linke greift zwischen den Oberschenkeln hindurch – das rechte Schienbein umgreifen und zur Brust ziehen. Zehnmal tief ein- und ausatmen, dann auf der anderen Seite wiederholen.

14. Entspannungshaltung *(Savasana)*
Die Füße ausstrecken und die Fersen mattenbreit positionieren. Die Schultern sanft von den Ohren wegziehen, die Arme liegen entspannt neben dem Körper, die Handflächen zeigen nach oben. Die Augen schließen, tief ein- und ausatmen und mindestens fünf Minuten so bleiben.

13

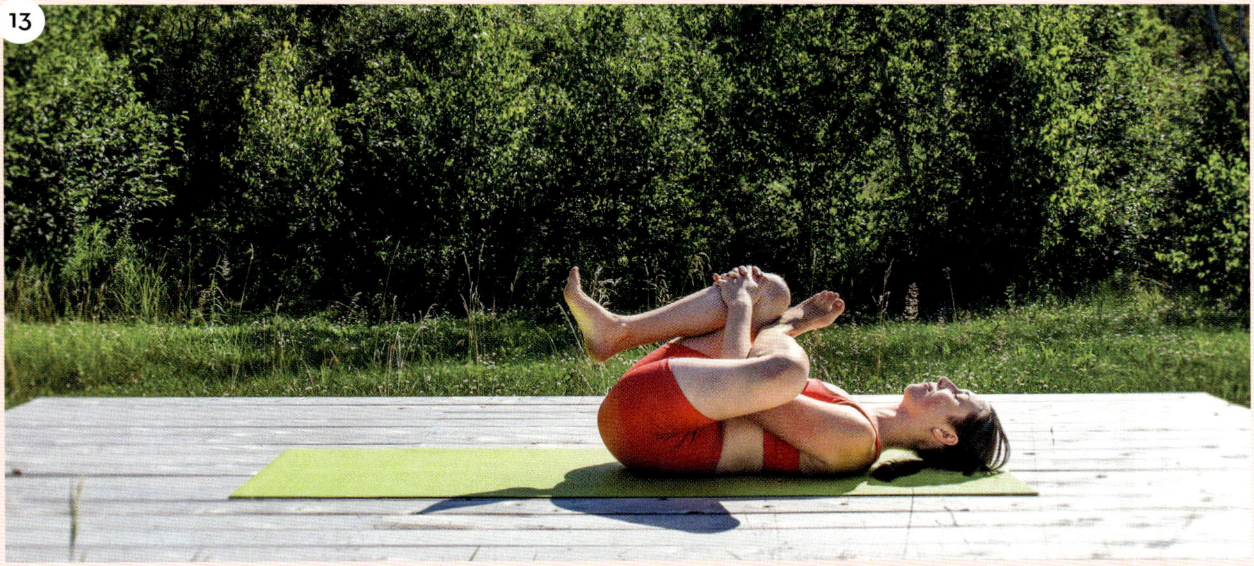

14

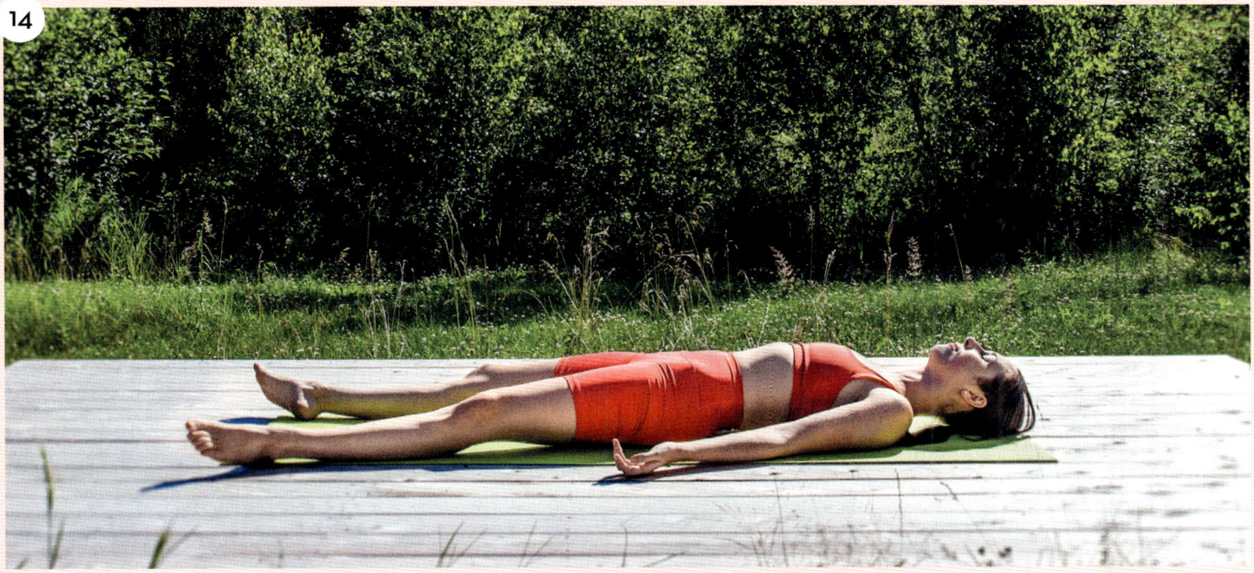

YOGASEQUENZ 3

Yin Yoga für mehr Freude

SCHWIERIGKEITSGRAD: Fortgeschrittene **HILFSMITTEL:** Block, Gurt (optional)

Beim Yin Yoga wird der Fluss des Qi (Lebensenergie) durch die Meridianlinien angeregt. Diese Yogasequenz lässt Sie mehr Freude verspüren, indem der Lungen- und der Dickdarm-Meridian stimuliert werden. Ein aus dem Gleichgewicht geratener Lungenmeridian kann für Trauer und Traurigkeit verantwortlich sein, ein aus der Balance geratener Dickdarm-Meridian führt zu Sorgen und Schwierigkeiten, loszulassen.

Sind hingegen beide Meridiane im Gleichgewicht, fällt es uns leichter, Freude, Leichtigkeit und inneren Frieden zu verspüren. Bei den folgenden Haltungen liegt der Fokus auf dem Oberkörper, wo sich diese beiden wichtigen Meridiane befinden.

1

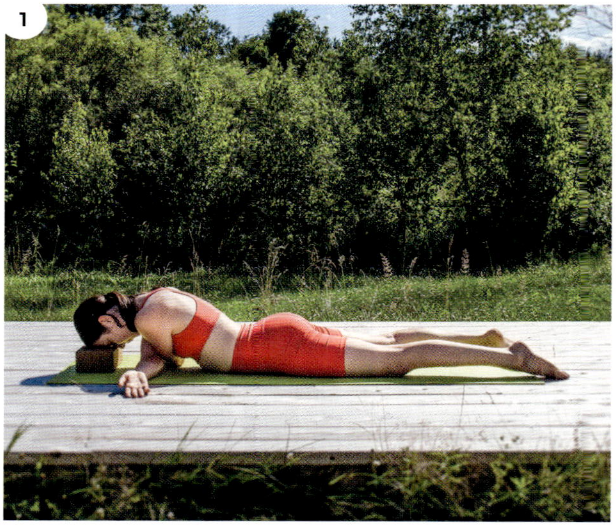

2

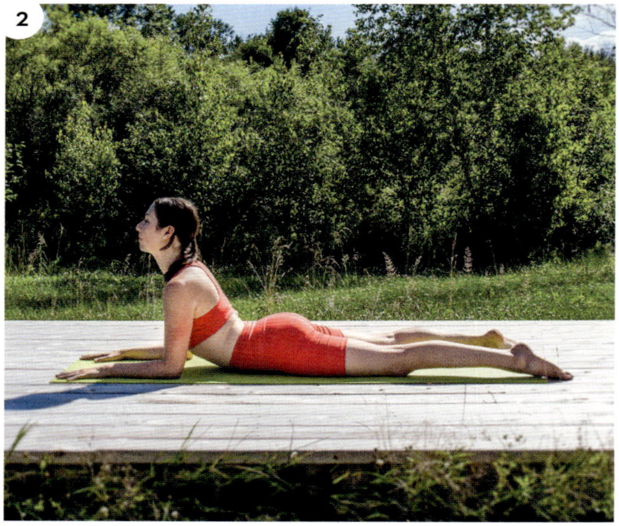

1. Schulterdehnung mit gekreuzten Armen *(Makarasana)*

Auf den Bauch legen und die Arme unter der Brust kreuzen, sodass der rechte Arm unten liegt, die Handflächen zeigen dabei nach oben. Die Arme so weit wie möglich nach außen ziehen und halten. Die Stirn auf der Matte oder einem Yogablock ablegen und drei bis fünf Minuten halten.

2. Sphinx *(Salamba Bhujangasana)*

Die Unterarme auf die Matte legen, dabei die Ellbogen unter den Schultern ausrichten. Die Brust nach oben drücken und die Schultern zurückrollen, das Herz zieht nach vorn. Drei bis fünf Minuten halten.

Die Schulterdehnung mit gekreuzten Armen wiederholen, diesmal liegt der linke Arm unten.

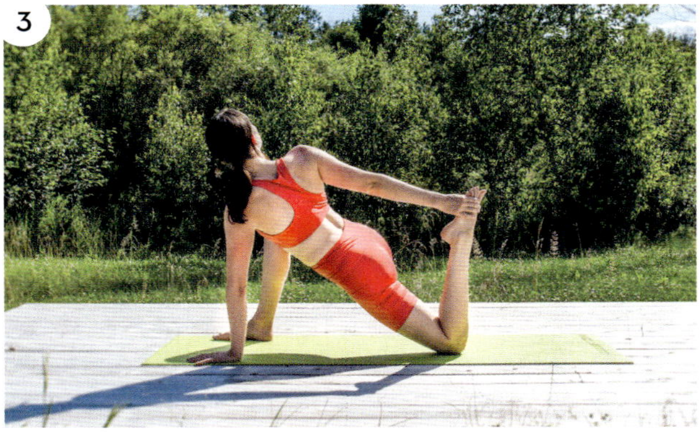

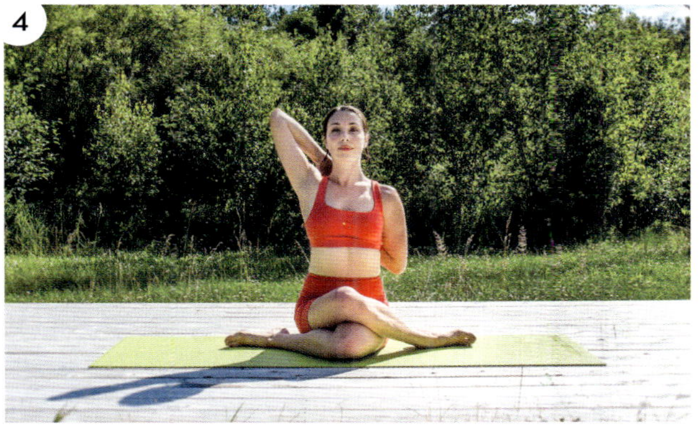

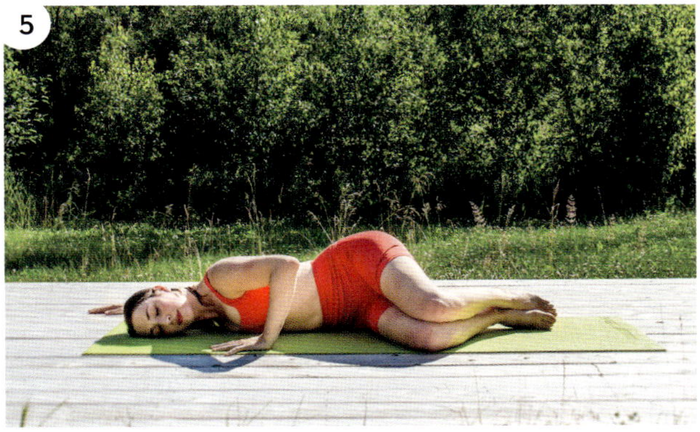

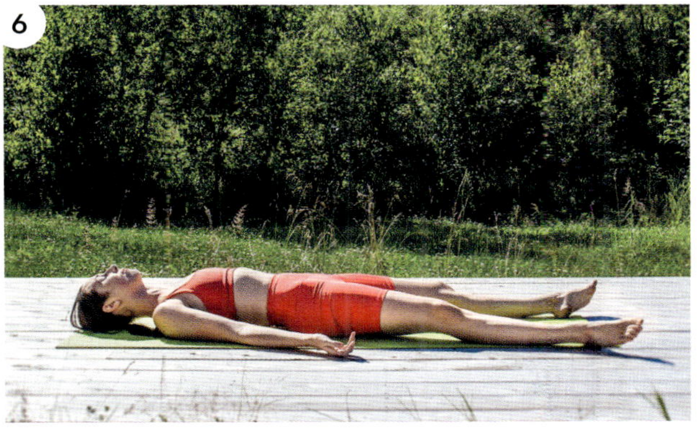

3. Gedrehter Drache *(Parivrtta Utthan Pristhasana)*
In den Vierfüßlerstand kommen, den rechten Fuß an das vordere Ende der Matte stellen und das Knie über dem Fußgelenk ausrichten. Mit der rechten Hand den linken Fuß umgreifen und zum Gesäß ziehen, die Hüfte bleibt dabei tief. Alternativ kann man auch einen Gurt um den linken Fuß legen und diesen greifen. Drei bis fünf Minuten halten und dann auf der anderen Seite wiederholen.

4. Schnürsenkel mit Armdehnung *(Gomukhasana)*
Aufrecht auf die Matte setzen und das rechte Bein über das linke legen, dabei die angewinkelten Knie übereinander ausrichten. Die rechte Hand von oben auf den oberen Rücken legen, den linken Arm von unten hinter dem Rücken nach oben führen und die Finger einhaken oder mit beiden Händen einen Yogagurt greifen. Drei bis fünf Minuten halten und dann auf der anderen Seite wiederholen.

5. Offene Flügel *(Avabhinna Pakshakasana)*
Auf den Bauch legen, der rechte Arm liegt im 90-Grad-Winkel gebeugt neben der rechten Schulter. Leicht auf die rechte Seite rollen, um den rechten Arm und die Brustmuskulatur zu dehnen. Die Knie geschlossen anwinkeln, die linke Hand drückt gegen die Matte. Drei bis fünf Minuten halten und dann auf der anderen Seite wiederholen.

6. Entspannungshaltung *(Savasana)*
Auf den Rücken legen, die Füße nacheinander langsam ausstrecken und die Fersen mattenbreit positionieren. Die Schultern sanft von den Ohren wegziehen, die Arme liegen entspannt neben dem Körper, die Handflächen zeigen nach oben. Die Augen schließen, tief ein- und ausatmen und mindestens fünf Minuten so bleiben.

YOGASEQUENZ 4

Stärkung der Körpermitte

SCHWIERIGKEITSGRAD: Fortgeschrittene **HILFSMITTEL:** keine

Das Solarplexus-Chakra *(Manipura)*, das sich im Bauchraum befindet, ist die körpereigene wärmespendende Sonne. Hier sammeln sich Entschlossenheit, Mut, Selbstwertgefühl und Willensstärke. Indem man die Körpermitte stärkt, wird das innere Feuer angefacht, und man ist in der Lage, aus diesen Eigenschaften zu schöpfen.

Zur Körpermitte gehören dabei die Bauch-, die Rücken- und die Gesäßmuskulatur sowie die Hüftbeuger. Diese stärkende Yogasequenz verbessert außerdem die Haltung und das Gleichgewicht.

1

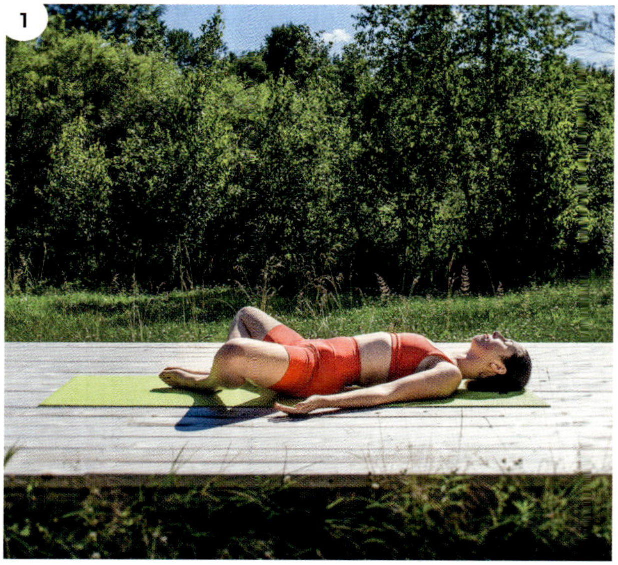

2

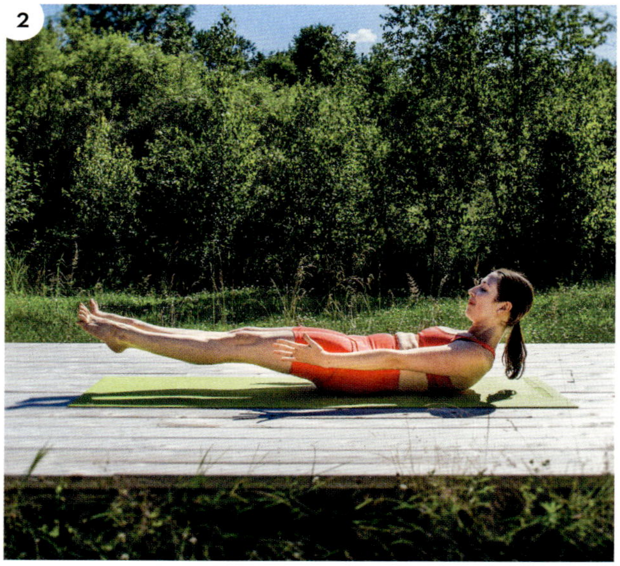

1. Zurückgelehnter Schmetterling *(Supta Baddha Konasana)*
Auf den Rücken legen, die Fußsohlen aneinanderlegen und die Knie nach außen fallen lassen, die Arme liegen entspannt neben dem Körper. Die Augen schließen und zehnmal tief durch die Nase ein- und ausatmen.

2. Halbes Boot *(Ardha Navasana)*
Die Beine ausstrecken, einatmen und Beine, Arme, oberen Rücken und Kopf anheben. Die Zehen bleiben dabei etwa auf Augenhöhe, der untere Bauch ist angespannt. Halten und zehnmal tief ein- und ausatmen. Für eine intensivere Variante die Arme über den Kopf strecken.

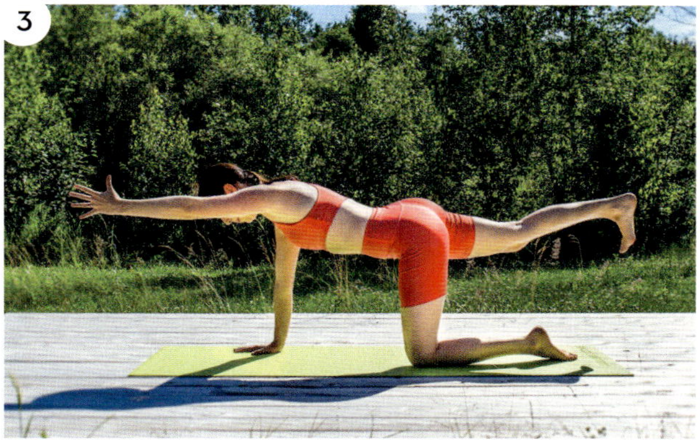

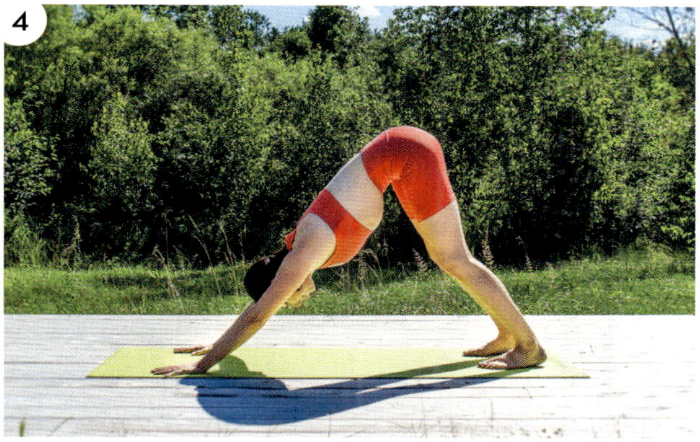

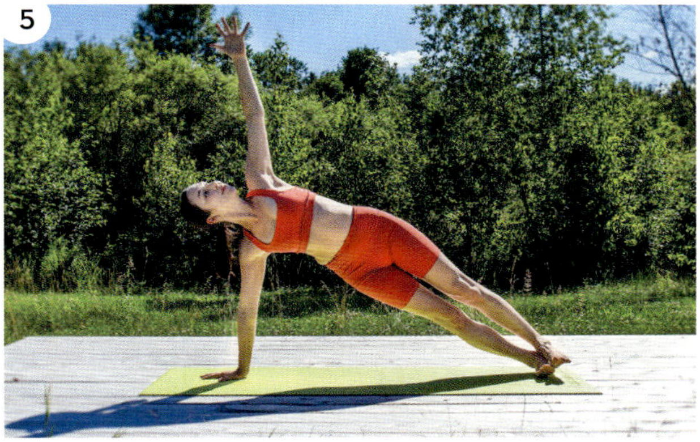

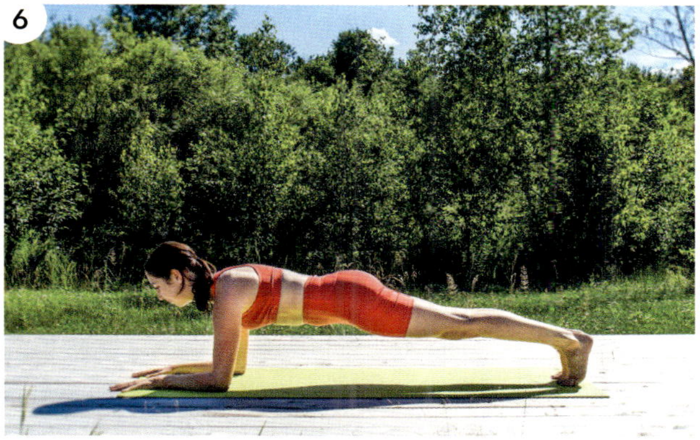

3. Diagonale im Vierfüßlerstand *(Dandayamana Bharmanasana)*
In den Vierfüßlerstand kommen, das rechte Bein nach hinten und den linken Arm auf der Höhe des linken Ohrs nach vorn strecken, Nacken und unterer Rücken bleiben gerade, die Bauchmuskulatur ist angespannt. Fünfmal tief ein- und ausatmen und dann auf der anderen Seite wiederholen.

4. Herabschauender Hund *(Adho Mukha Svanasana)*
Im Vierfüßlerstand die Hände leicht vor den Schultern platzieren. Die Zehen aufstellen und die Hüfte nach hinten oben schieben, um in ein umgekehrtes V zu kommen. Die Brust zieht Richtung Oberschenkel, die Fersen drücken fest in Richtung Matte. Halten und zehnmal tief ein- und ausatmen.

5. Seitstütz *(Vasisthasana)*
Nach vorn in den Hohen Stütz kommen, die Schultern sind über den Handgelenken ausgerichtet. Das Gewicht auf den rechten Arm verlagern, den rechten Fuß auf den Außenrist drehen, den linken Fuß auf den rechten legen und den linken Arm gerade nach oben strecken. Fünfmal tief ein- und ausatmen und dann auf der anderen Seite wiederholen.

6. Delfin-Brett *(Makara Adho Mukha Svanasana)*
Aus dem Hohen Stütz die Unterarme auf die Matte legen, dabei sind die Ellbogen unter den Schultern ausgerichtet. Die Handflächen flach auf die Matte legen, die Hüfte bleibt tief, die untere Bauchmuskulatur ist angespannt. Halten und zehnmal tief ein- und ausatmen.

7

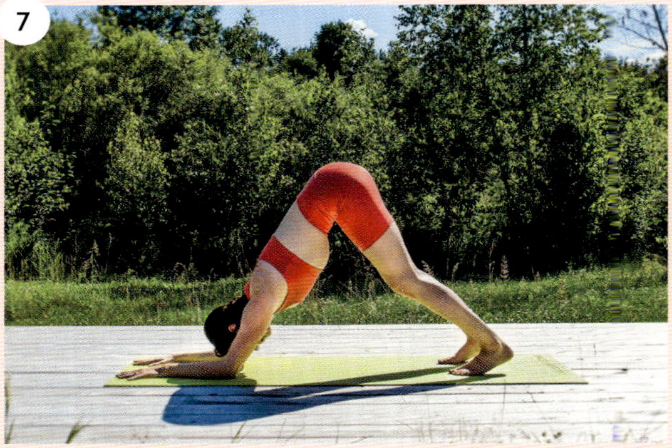

8

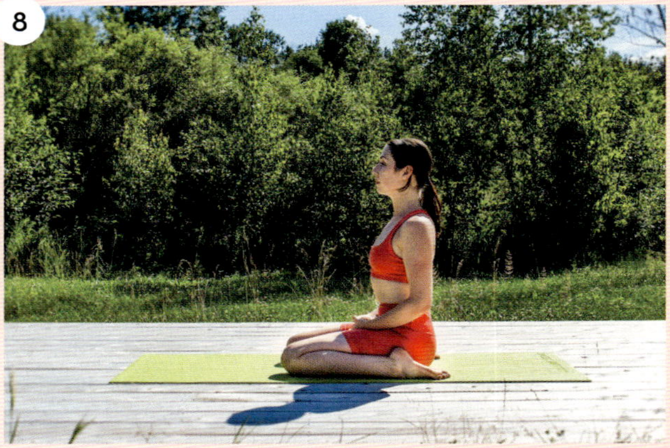

9

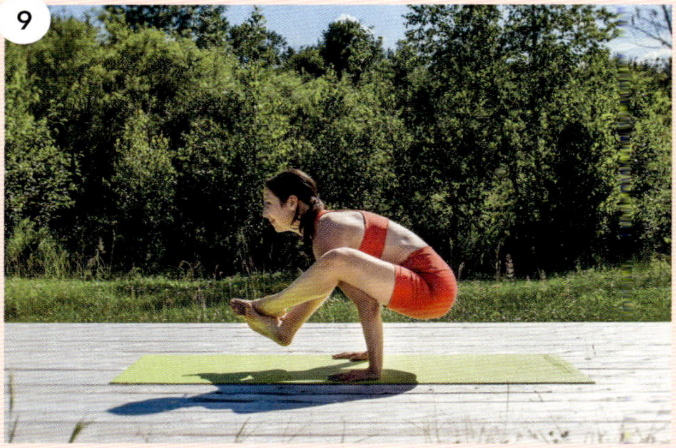

10

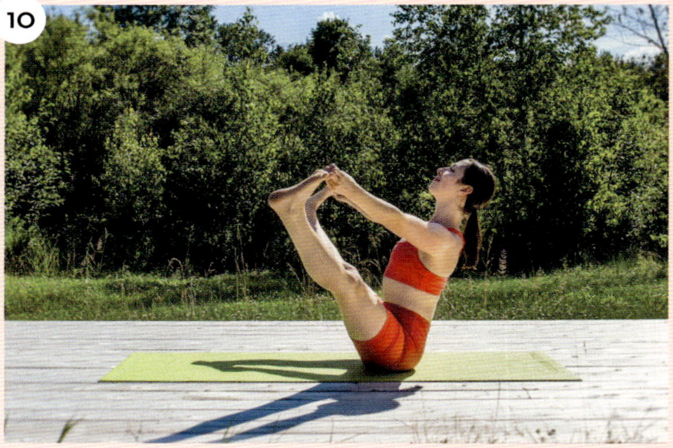

7. Delfin *(Ardha Pincha Mayurasana)*
Die Füße in kleinen Schritten nach vorn bringen und dabei die Hüfte nach oben schieben, die Unterarme bleiben auf der Matte, die Fersen ziehen in Richtung Boden, der Kopf bleibt in der Luft. Halten und zehnmal tief ein- und ausatmen.

8. Heldensitz *(Virasana)*
Die Knie auf die Matte ablegen, den Oberkörper wieder aufrichten und zwischen die Fersen setzen, die Oberschenkel sind dabei parallel zum Mattenrand ausgerichtet, die Knie sind hüftbreit geöffnet. Die Hände in den Schoss legen und zehnmal tief ein- und ausatmen.

9. Armdruckhaltung *(Bhujapidasana)*
Die Beine nach vorn strecken, die Hände zwischen den Oberschenkeln hindurchführen und auf der Matte ablegen. Die Knie zu den Schultern ziehen, das linke Fußgelenk auf das rechte legen, das Gewicht auf die Arme verlagern und die Hüfte von der Matte drücken. Zehnmal tief ein- und ausatmen, dann mit dem rechten Fußgelenk oben wiederholen.

10. Nach oben gerichteter offener Winkel
(Urdhva Upavistha Konasana)
Auf die Matte setzen, die großen Zehen mit Zeige- und Mittelfinger umgreifen und das Gewicht nach hinten auf die Sitzbeinhöcker verlagern. Die Füße weit gegrätscht strecken, die Brust zieht nach oben, die Schultern rollen nach hinten. Halten und zehnmal tief ein- und ausatmen.

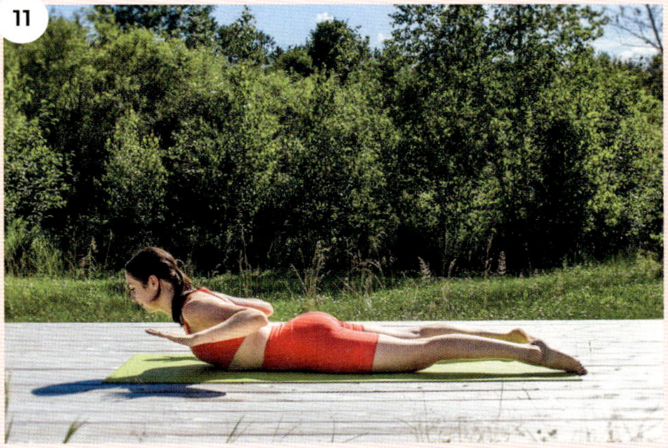
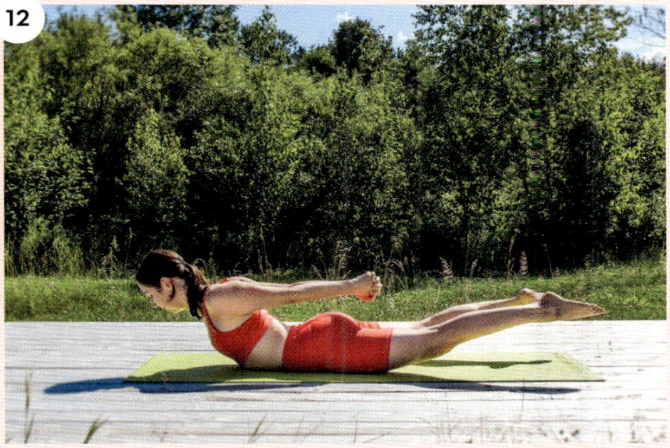
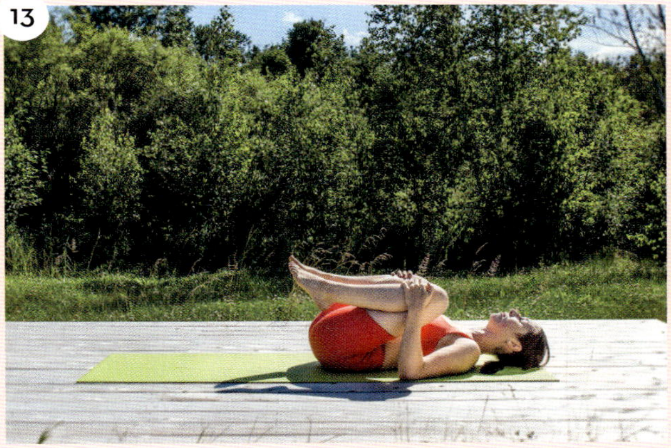
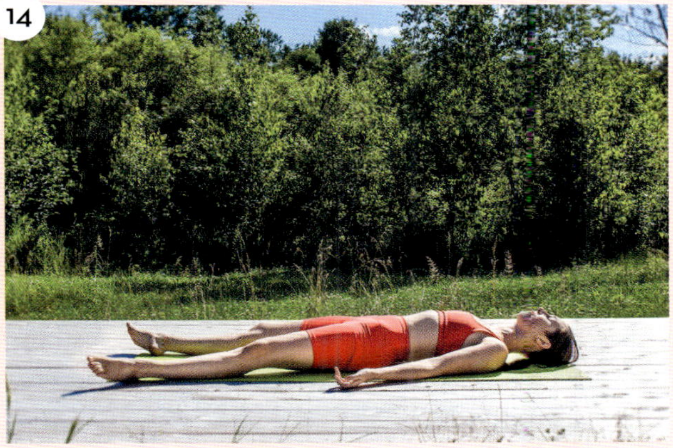

11. Baby-Kobra *(Ardha Bhujangasana)*
Auf den Bauch legen und die Hände links und rechts des Brustkorbs positionieren, Becken und Beine sind fest mit dem Boden verwurzelt. Einatmen und Handflächen, Brust und Kopf anheben, dabei ziehen die Ellbogen zueinander. Ausatmen und wieder auf die Matte kommen. Diese Bewegungsabfolge noch fünfmal wiederholen.

12. Heuschrecke *(Salabhasana)*
Die Arme hinter den Rücken führen und die Finger verschränken. Einatmen und Oberkörper und Beine anheben, dabei zieht das Kinn zur Brust, um den Nacken zu dehnen. Die Arme nach oben ziehen, fünfmal tief ein- und ausatmen und wieder auf die Matte kommen. Noch einmal wiederholen, dabei die Finger andersherum verschränken.

13. Knie-zum-Kinn-Haltung *(Apanasana)*
Auf den Rücken drehen, die Knie zur Brust ziehen und mit beiden Händen die Schienbeine umgreifen. Das Steißbein fest in die Matte drücken und zehnmal tief ein- und ausatmen, dabei sanft hin- und herwiegen.

14. Entspannungshaltung *(Savasana)*
Die Füße ausstrecken und die Fersen mattenbreit positionieren. Die Schultern sanft von den Ohren wegziehen, die Arme liegen entspannt neben dem Körper, die Handflächen zeigen nach oben. Die Augen schließen, tief ein- und ausatmen und mindestens fünf Minuten so bleiben.

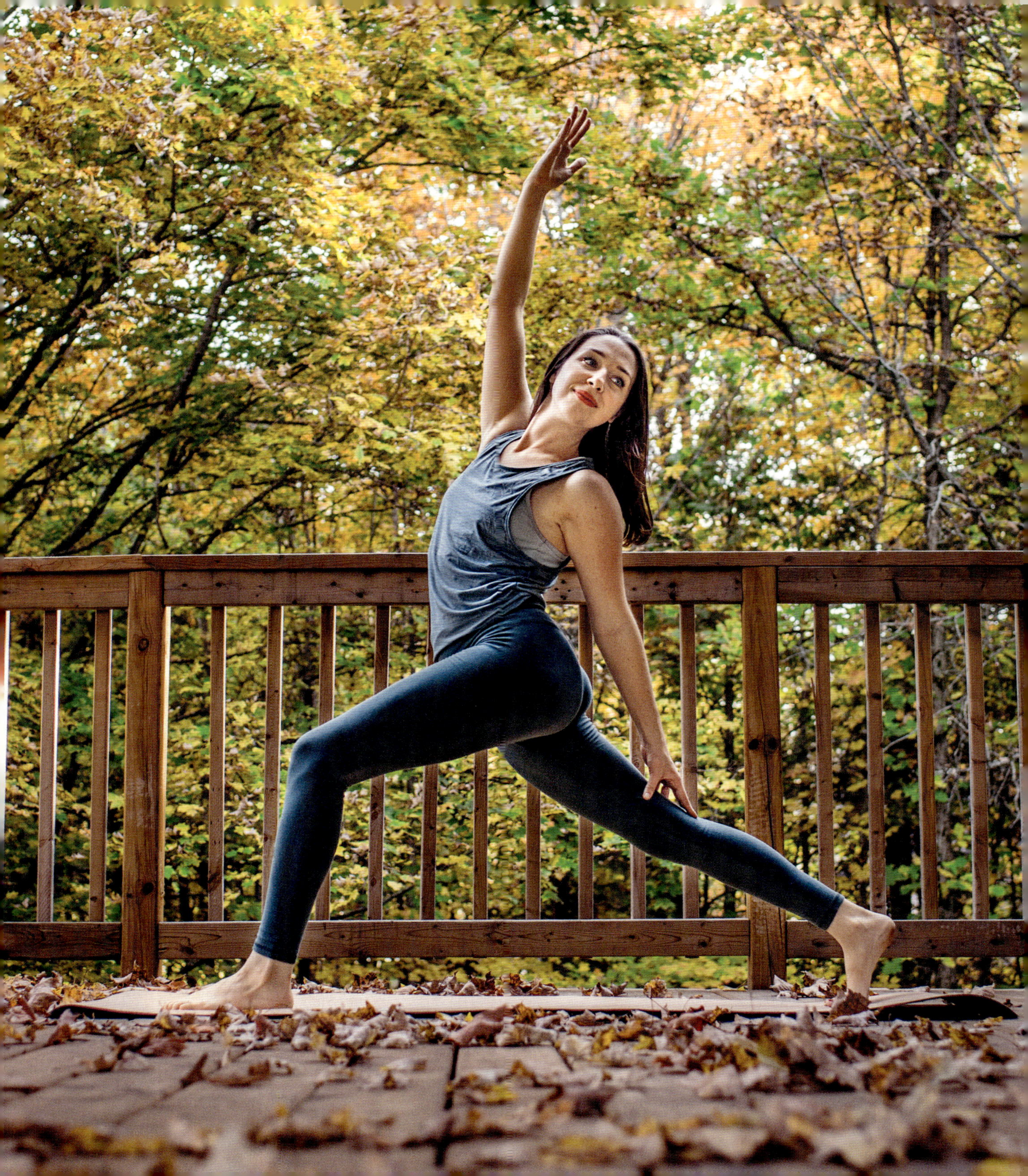

HERBST

Der schöne Sommer ging von hinnen,
Der Herbst, der reiche, zog ins Land.
Nun weben all die guten Spinnen
So manches feine Festgewand.

– Wilhelm Busch

Das große Rad des Lebens dreht sich weiter – und das Jahr neigt sich dem Ende zu. Mit dem Herbst beginnt die Zeit der Entspannung, in der wir uns darauf besinnen, wo wir sind und wohin wir gehen. Die Bäume werfen ihre Blätter ab, und wir tun es ihnen gleich – denn das ist die Jahreszeit, in der man loslassen sollte, was man nicht mehr braucht.

Arbeiten Sie weiter und mit neuer Entschlossenheit an der Umsetzung Ihrer zu Beginn des Jahres formulierten Intentionen. Jetzt sollte man Prioritäten setzen und sich fokussieren, indem man den Blick nach innen richtet und Überflüssiges ziehen lässt. Die Übungen und Tipps in diesem Kapitel unterstützen Sie auf dieser Reise.

THEMA: Entspannung und Loslassen

BEGRIFFE: Loslassen, Grenzen, Abstoßen, Reinigen, Entrümpeln, Selbstausdruck, Aufhören, Vergebung, Heilung, Entspannung, Ernte

GEFÜHLE: Selbstbeobachtung, Empfindsamkeit, Neugierde

DIE RICHTIGE ZEIT, UM: reinen Tisch zu machen, aber auch buchstäblich in den eigenen vier Wänden aufzuräumen. Werden Sie sich Ihrer Grenzen bewusst und lassen Sie ziehen, was nicht funktioniert. Reinigen Sie Ihre Beziehungen, indem Sie ausdrücken, was Sie wirklich wollen. Yoga, Gesang, Tagebuchschreiben oder Therapiesitzungen helfen Ihnen, unterdrückte Emotionen an die Oberfläche zu bringen.

MORGENPRAXIS

Hüftöffnung

SCHWIERIGKEITSGRAD: alle Level **HILFSMITTEL:** Block, Yogagurt (optional)

Die Herbst-Morgenpraxis löst Verspannungen in den Hüften, in der hinteren Oberschenkelmuskulatur und im unteren Rücken. Das ist eine tolle Sequenz, wenn man viel Zeit im Sitzen verbringt oder schon morgens mit Verspannungen im Rücken aufwacht.

1

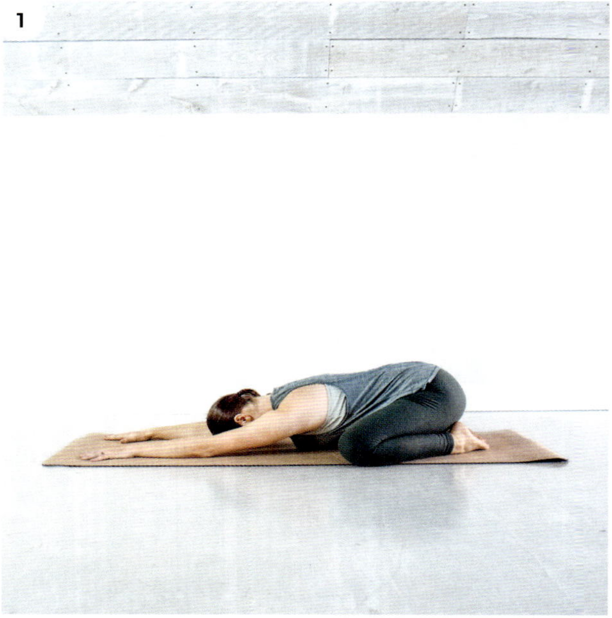

2

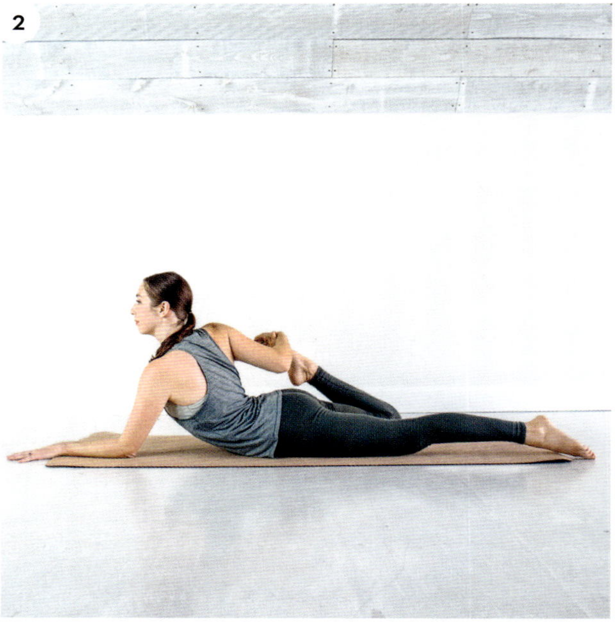

1. Gestreckte Kindhaltung *(Utthita Balasana)*
In den Vierfüßlerstand kommen, dann die Knie nach außen an die Kanten der Matte und die großen Zehen nach innen bringen, sodass sie sich berühren. Die Hüfte nach hinten auf die Fersen absenken, die Arme gerade nach vorn ausstrecken und die Stirn auf einem Yogablock oder dem Boden ruhen lassen. Zehnmal tief ein- und ausatmen.

2. Halber Frosch *(Ardha Bhekasana)*
Auf den Bauch legen und die Unterarme auf der Matte positionieren. Mit der rechten Hand die Zehen des rechten Fußes greifen und in Richtung Gesäß ziehen. Falls nötig können Sie auch einen Gurt um das Fußgelenk legen und diesen greifen. Die Brust zieht nach oben, das Becken bleibt fest mit dem Boden verwurzelt. Fünfmal tief ein- und ausatmen und dann auf der anderen Seite wiederholen.

Das Auflösen körperlicher Verspannungen löst auch mentale und emotionale Spannungen. Fragen Sie sich bei dieser Sequenz, wofür Sie Raum machen und was Sie loslassen möchten. Formulieren Sie Ihre Intention für den beginnenden Tag in einem Wort oder einem Satz, der beschreibt, wie Sie sich fühlen möchten, und fokussieren Sie sich mit jedem Atemzug darauf.

3

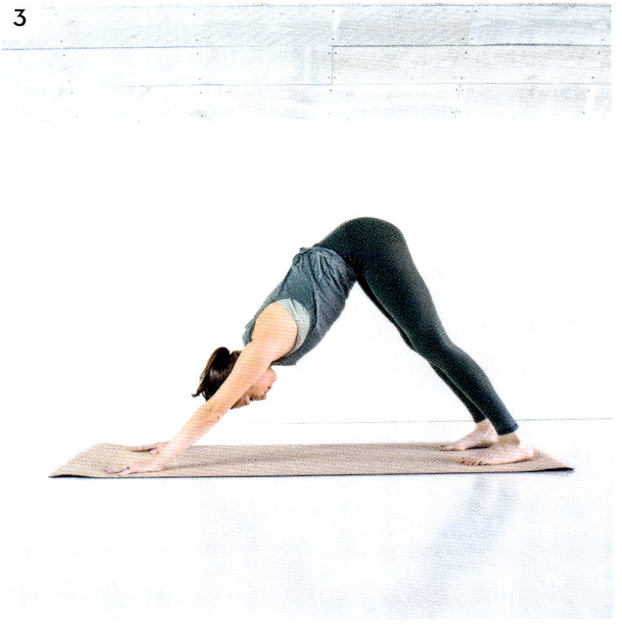

4

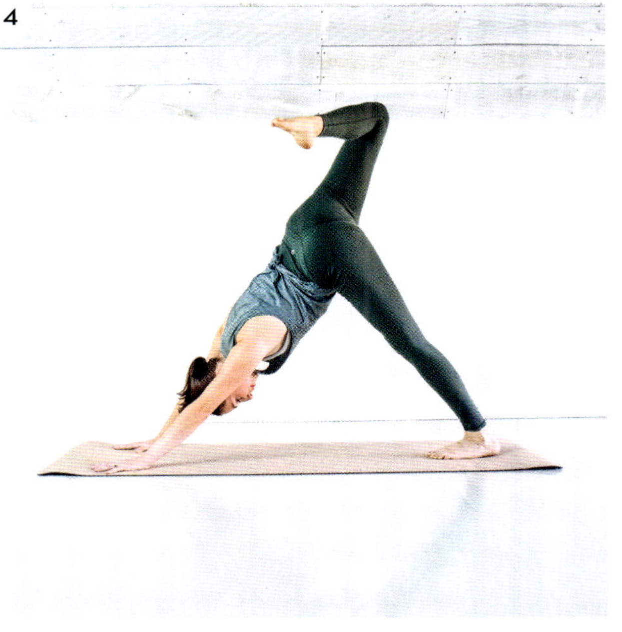

3. Herabschauender Hund *(Adho Mukha Svanasana)*
In den Vierfüßlerstand kommen und die Hände vor den Schultern platzieren. Die Zehen aufstellen und die Hüfte nach hinten oben schieben, um in ein umgekehrtes V zu kommen. Die Brust zieht Richtung Oberschenkel, der Nacken ist entspannt. Halten und zehnmal tief ein- und ausatmen.

4. Dreibeiniger herabschauender Hund: Variation *(Eka Pada Adho Mukha Svanasana)*
Im Herabschauenden Hund das rechte Bein nach oben strecken und das Knie anwinkeln, um die Hüfte zu öffnen, der rechte Fuß zieht dabei in Richtung Gesäß. Halten und fünfmal tief ein- und ausatmen.

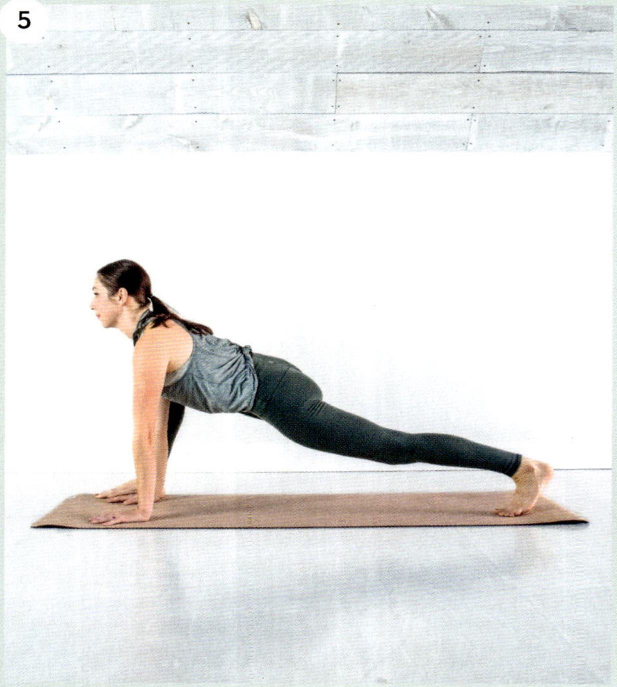

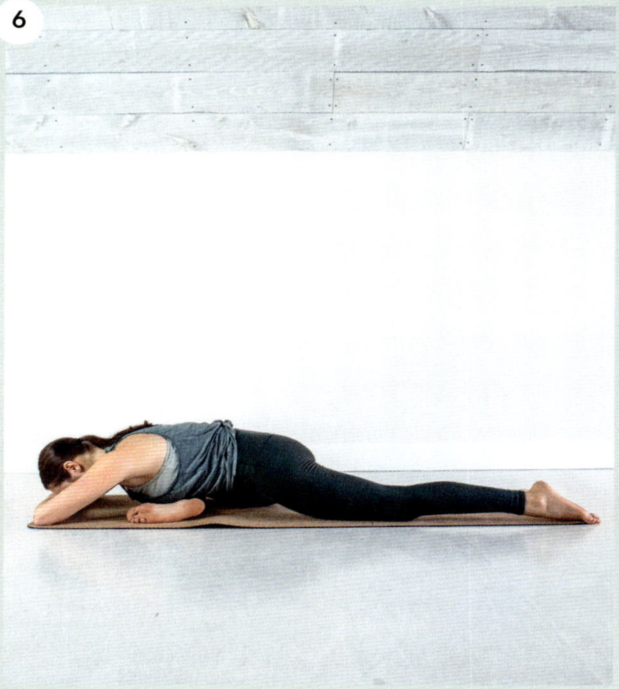

5. Eidechse *(Utthan Pristhasana)*
Den rechten Fuß neben das rechte Handgelenk bringen, das linke Knie bleibt dabei wenn möglich in der Luft – falls es für Sie angenehmer ist, können Sie es aber auch auf die Matte absenken. Noch intensiver wird die Dehnung, wenn man die Unterarme auf die Matte bringt. Halten und fünfmal tief ein- und ausatmen.

6. Halbe Taube *(Ardha Kapotasana)*
Den rechten Fuß unter dem Oberkörper zum linken Mattenrand bringen und das linke Bein auf die Matte ablegen, die Hüfte bleibt dabei parallel zur Matte – Sie können dazu auch einen Yogablock unter das Schambein geben. Der Oberkörper kann angehoben bleiben oder auf die Matte abgelegt werden. Zehnmal tief ein- und ausatmen.

Wieder in den Herabschauenden Hund kommen und Dreibeinigen herabschauenden Hund: Variation, Eidechse und Halbe Taube auf der anderen Seite wiederholen.

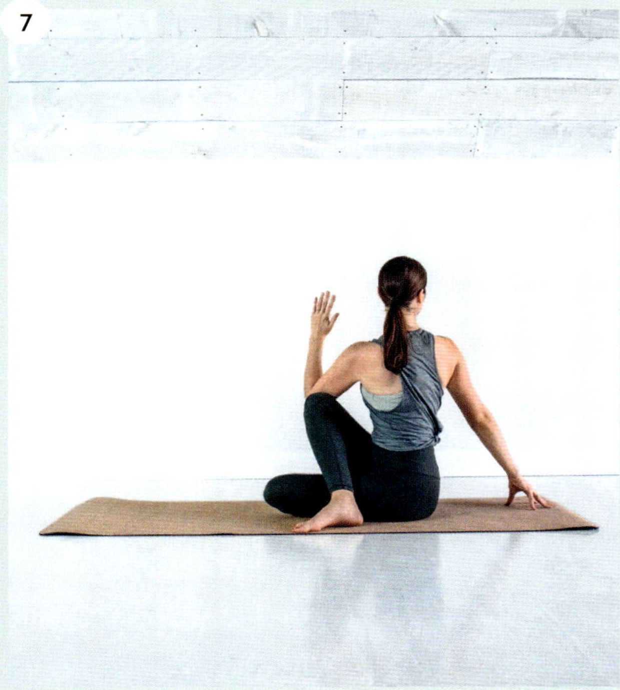

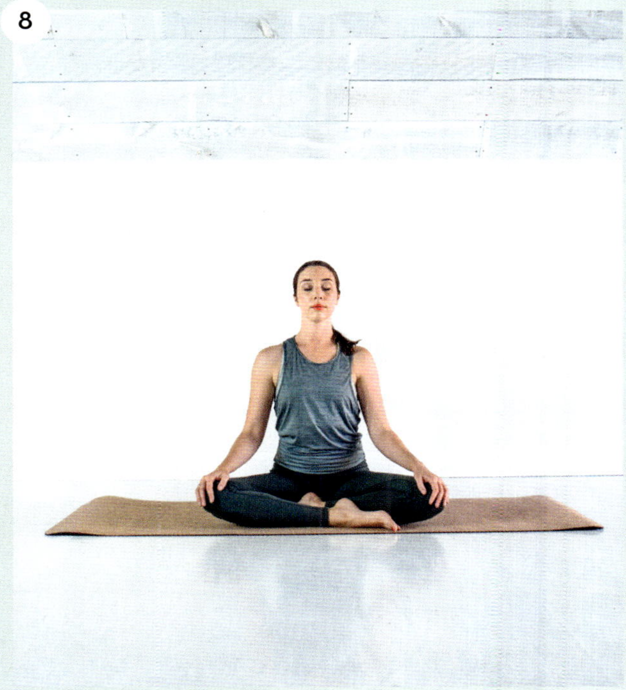

7. Halber Drehsitz *(Ardha Matsyendrasana)*

Auf die Matte setzen und die Beine gerade nach vorn ausstrecken. Das rechte Knie anwinkeln, den rechten Fuß über den linken Oberschenkel bringen, das linke Knie ebenfalls anwinkeln und den rechten Fuß neben dem linken Oberschenkel auf der Matte abstellen. Den linken Ellbogen an die Außenseite des rechten Knies legen und den Oberkörper nach rechts drehen. Fünfmal tief ein- und ausatmen und dann auf der anderen Seite wiederholen.

8. Einfache Sitzhaltung *(Sukhasana)*

Auf der Matte oder einem Yogablock in die Einfache Sitzhaltung kommen, die Hände liegen auf den Knien. Schließen Sie nun die Augen, konzentrieren Sie sich auf den gleichmäßigen Rhythmus Ihrer Atemzüge und formulieren Sie Ihre Intention für den vor Ihnen liegenden Tag. Zehnmal tief ein- und ausatmen.

Schließlich die Hände in Gebetshaltung vor das Herz bringen *(anjali mudra)*, durch die Nase einatmen und mit einem sanften Om *(aum)* ausatmen.

ABENDMEDITATION

Body-Scan

Beenden Sie den Tag im Herbst entspannt mit einem Body-Scan. Dazu können Sie sich auf die Yogamatte oder einen Stuhl setzen oder sich bequem ins Bett legen. Das Ziel dabei ist es, Spannungen im Körper aufzulösen. Beobachten Sie aufkommende und wieder davonziehende Gefühle und hören Sie in Ihren Körper hinein, um zu verstehen, was er Ihnen sagen möchte.

Nehmen Sie eine bequeme Sitz- oder Liegeposition ein, schließen Sie die Augen und atmen Sie durch die Nase tief ein und aus. Konzentrieren Sie sich nun auf Ihren rechten Fuß und bringen Sie Ihre Aufmerksamkeit von dort ausgehend Muskel für Muskel bis zum rechten Oberschenkel. Achten Sie dabei auf die aufkommenden Gefühle in Ihrem rechten Bein. Bleiben Sie einige Augenblicke so, bevor Sie sich auf die gleiche Weise auf das linke Bein fokussieren. Spüren Sie, wie Ihre Beine mit jedem Atemzug schwerer werden.

Falls Sie Spannungen erspüren, versuchen Sie, in diese hineinzuatmen, und stellen Sie sich vor, wie sie sich beim Ausatmen auflösen. Konzentrieren Sie sich als Nächstes auf Ihre Hüfte und Ihr Becken und lassen Sie diese ganz weich werden. Lassen Sie Ihre Aufmerksamkeit von dort ausgehend den Rücken hinaufwandern, dabei wird der Bauch schwer und entspannt. Spüren Sie Ihren ganzen Oberkörper und versuchen Sie, Ihre Erfahrungen nicht zu benennen oder zu klassifizieren – beobachten Sie und entspannen Sie sich.

Richten Sie Ihren Fokus nun auf die rechte Schulter und entspannen Sie von dort ausgehend alle Muskeln im rechten Arm. Erkunden Sie die dabei aufkommenden Empfindungen, bevor Sie zur linken Schulter und zum linken Arm übergehen. Falls Ihre Gedanken abschweifen, bringen Sie sie wieder sanft zurück zu Ihrem Arm.

Konzentrieren Sie sich nun auf Nacken und Kopf. Entspannen Sie Kiefer- und Gesichtsmuskulatur, spüren Sie das Gewicht Ihres Kopfes und den sanften Fluss der Atemzüge in der Nase.

Fühlen Sie nun in Ihren gesamten Körper hinein. Was versucht er Ihnen zu sagen? Gibt es Bereiche, die noch verspannt sind? Atmen Sie in diese hinein und lassen Sie los.

Genießen Sie die Entspannung im gesamten Körper so lange, wie Sie möchten. Öffnen Sie dann sanft die Augen, um die Meditation zu beenden – oder schlafen Sie entspannt ein.

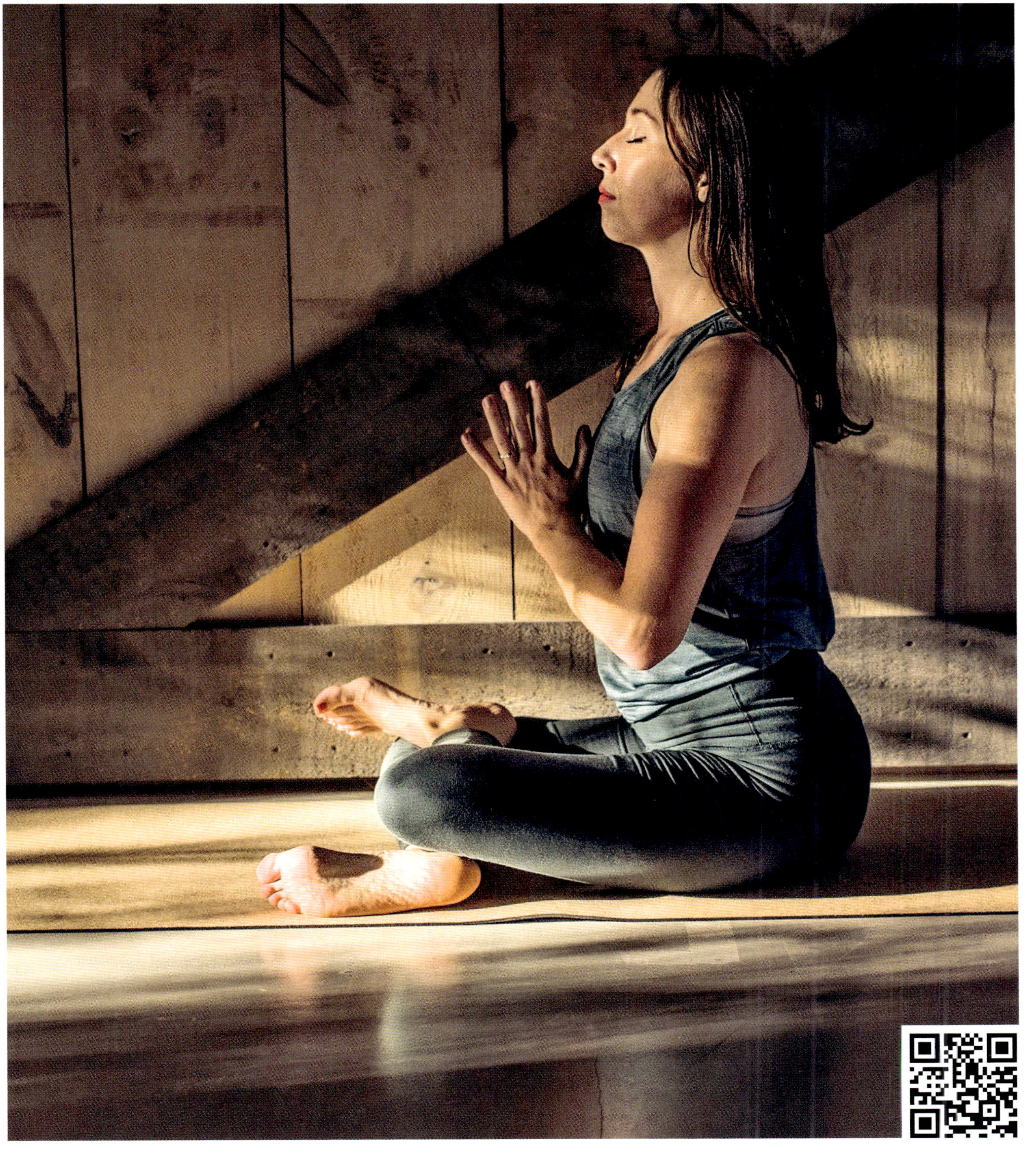

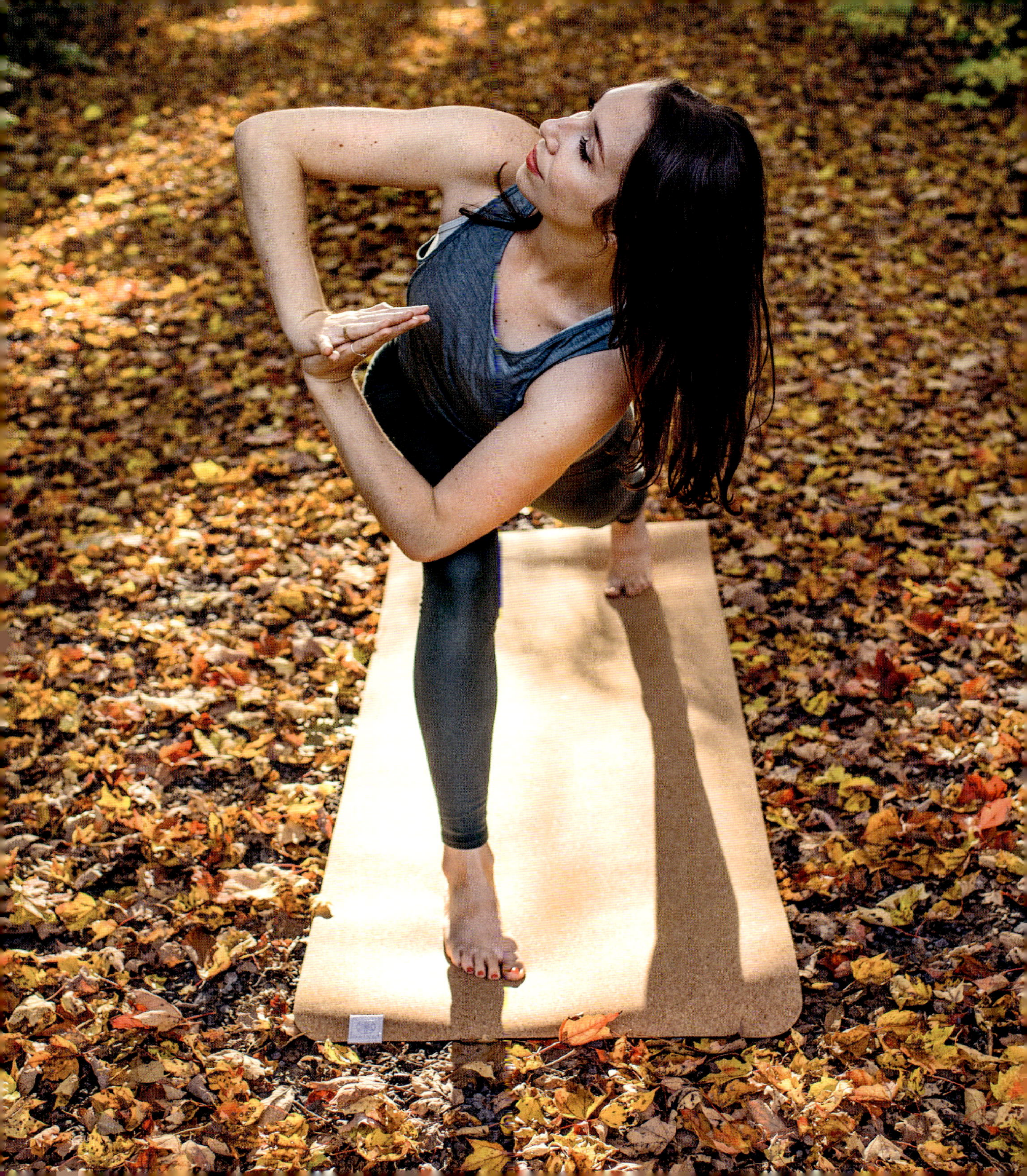

ATEMÜBUNG

Viloma-Pranayama

Wenn es mir schwerfällt, einzuschlafen, dann schafft diese Atemübung zuverlässig Abhilfe. *Viloma-Pranayama* leitet Entspannung ein und lindert Stress und Ängste. Ich empfehle, diese Atemtechnik im Liegen zu praktizieren, etwa direkt vor dem Einschlafen. Sie lässt sich zudem auch wunderbar mit einem Body-Scan (siehe Seite 138) kombinieren.

Viloma bedeutet so viel wie »gegen die natürliche Ordnung der Dinge« oder »gegen die Welle«, manchmal wird diese Atemtechnik auch Treppenatmung genannt. Es gibt unterschiedliche Varianten, wie man sich an diese Atmung herantasten kann, wobei ich empfehle, zunächst beim Einatmen zu pausieren, dann beim Ausatmen und schließlich bei beidem.

Achten Sie dabei darauf, dass sich die Atemunterbrechungen nie gezwungen anfühlen und dass sie nicht länger dauern als eine bis drei Sekunden.

SCHRITT 1: UNTERBROCHENES EINATMEN

Durch die Nase einatmen, bis die Lunge zu etwa einem Drittel gefüllt ist, und dann den Atemzug kurz unterbrechen. Anschließend weiter einatmen, bis die Lunge zu zwei Dritteln gefüllt ist, und wieder pausieren. Schließlich komplett einatmen und wieder pausieren.

Langsam durch die Nase ausatmen.

Diesen Ablauf noch zweimal wiederholen. Schließlich einmal ohne Unterbrechung tief ein- und ausatmen.

SCHRITT 2: UNTERBROCHENES AUSATMEN

Langsam durch die Nase einatmen, bis die Lunge komplett mit Luft gefüllt ist.

Ein Drittel der Luft ausatmen und dann den Atemzug kurz unterbrechen. Noch ein Drittel ausatmen und wieder pausieren. Schließlich komplett ausatmen und wieder pausieren.

Diesen Ablauf noch zweimal wiederholen. Schließlich einmal ohne Unterbrechung tief ein- und ausatmen.

SCHRITT 3: UNTERBROCHENES EIN- UND AUSATMEN

Durch die Nase einatmen, bis die Lunge zu etwa einem Drittel gefüllt ist, und dann den Atemzug kurz unterbrechen. Anschließend weiter einatmen, bis die Lunge zu zwei Dritteln gefüllt ist, und wieder pausieren. Schließlich komplett einatmen und wieder pausieren.

Ein Drittel der Luft ausatmen und dann den Atemzug kurz unterbrechen. Noch ein Drittel ausatmen und wieder pausieren. Schließlich komplett ausatmen und wieder pausieren.

Diesen Ablauf noch zweimal wiederholen. Schließlich einmal ohne Unterbrechung tief ein- und ausatmen.

AFFIRMATIONEN

Wie die Bäume, die ihre Blätter verlieren, lehrt der Herbst auch uns, ziehen zu lassen, was wir nicht mehr brauchen. Die folgenden positiven Affirmationen helfen dabei, loszulassen, Balance zu finden und den Blick nach innen zu richten.

Während Sie die folgenden Aussagen laut oder in Gedanken wiederholen, ist es wichtig, nicht zu versuchen, sich davon zu überzeugen, dass sie in sich wahr sind. Stattdessen sollen Ihnen die Affirmationen helfen, zu entdecken, war für Sie selbst wahrhaftig ist und was nicht. Das ermöglicht es Ihnen schließlich, sich bewusst zu entscheiden, worauf Sie Ihre Aufmerksamkeit lenken sollten.

1. *Ich lasse alle körperlichen, emotionalen und mentalen Spannungen los.*
2. *Alle Antworten sind in mir.*
3. *Ich liebe jede Zelle meines Körpers.*
4. *Ich lasse alle Sorgen los; morgen ist ein neuer Tag.*
5. *Ich kann mit allem, was geschieht, umgehen.*
6. *Ich bin gewillt, mich zu verändern und zu wachsen.*
7. *Ich vertraue meiner Erkenntnis und meiner Intuition.*
8. *Ich schöpfe Kraft aus meinem inneren Frieden.*
9. *Ich werde jeden Tag mehr eins mit meiner Bestimmung.*
10. *Ich verdiene es, geliebt und respektiert zu werden.*
11. *Mein inneres Selbst weiß immer, was zu tun ist.*
12. *Ich sage klar und voller Mitgefühl, was ich denke.*
13. *Ich befreie mich von dem Bedürfnis, recht zu haben.*
14. *Alles ist gut, und ich bin in Sicherheit.*
15. *Ich bin offen für Heilung.*
16. *So, wie ich bin, bin ich gut.*
17. *Ich werde mit jedem Atemzug entspannter und ruhiger.*
18. *Ich bin bereit, zu vergeben und selbst Vergebung anzunehmen.*
19. *Ich fühle mich tief verbunden mit meiner Seele.*
20. *Ich strahle Frieden, Liebe und Wohlbefinden aus.*

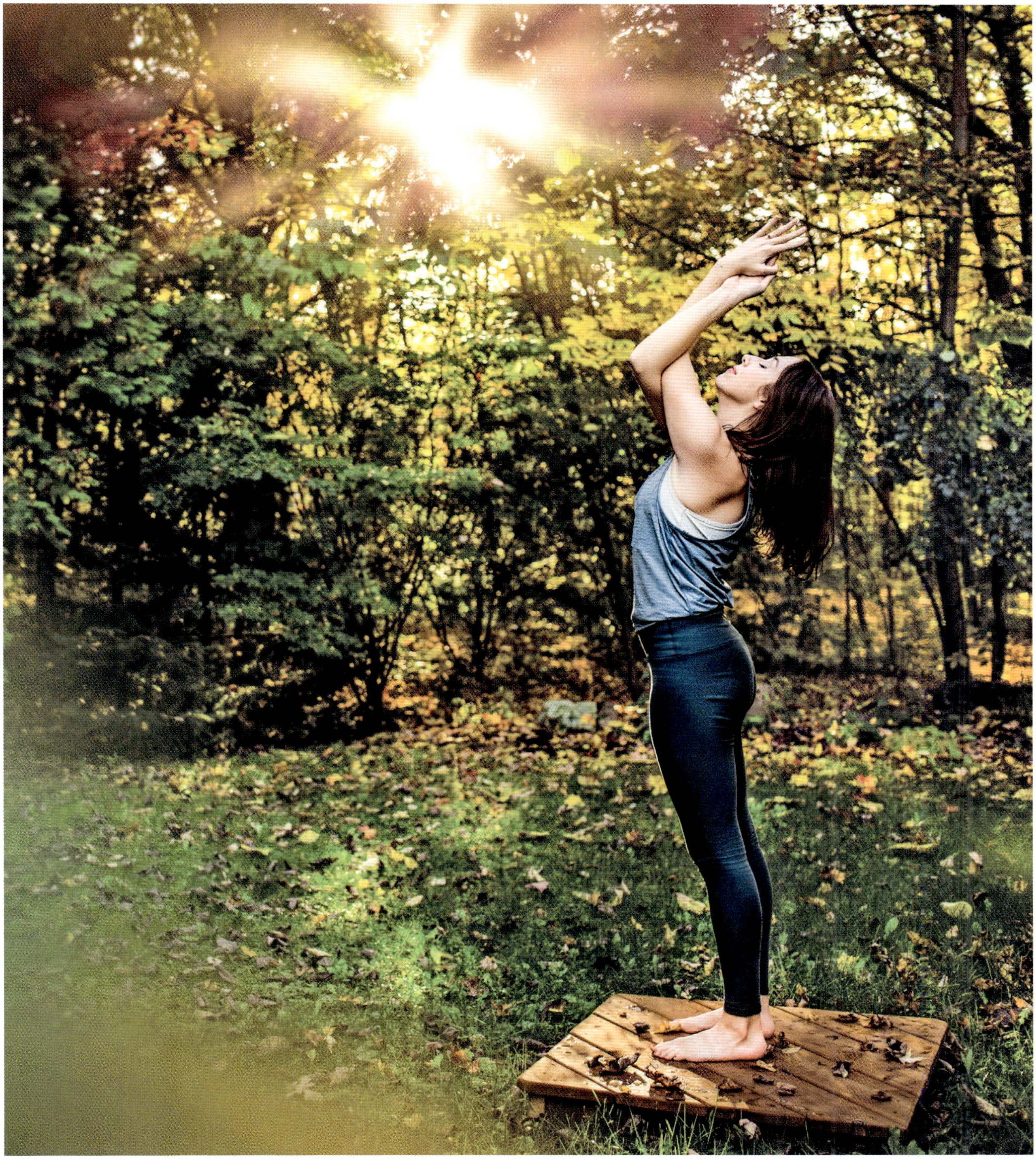

NEUMOND-RITUAL

Eine Karte ziehen

Kartenziehen ist eine wunderbare Möglichkeit, um mit dem Unterbewusstsein und der Intuition in Verbindung zu treten. Für dieses Ritual eignen sich Tarot- oder Engelskarten.

Legen Sie das gewählte Kartendeck vor sich hin, nehmen Sie eine bequeme Sitzhaltung ein und meditieren Sie zunächst einige Minuten. Denken Sie an nichts und konzentrieren Sie sich auf die Botschaft, die Sie nun empfangen möchten. Öffnen Sie dann die Augen, mischen Sie das Deck und ziehen Sie eine Karte.

Betrachten Sie die Karte aufmerksam und achten Sie darauf, welche Wörter, Gedanken oder Gefühle beim ersten Blick auf die Karte in Ihnen entstehen. Sie können diese ersten Eindrücke auch aufschreiben. Wenn Sie bereit sind, lesen Sie die Bedeutung der Karte im beigelegten Begleitheft – oder online – nach.

Fragen Sie sich, was der Zusammenhang zwischen der gezogenen Karte und Ihrer Intention für diesen Neumond sein könnte. Legen Sie die Karte entweder auf Ihren Nachttisch oder unter das Kopfkissen – als Erinnerung an Ihre Intention für diesen Monat.

VOLLMOND-RITUAL

Ordnung schaffen

Um innere Reinigung zu erreichen, hilft es, auch um sich herum Ordnung zu schaffen. Der Vollmond symbolisiert Fülle und Überfluss, aber dieser sollte mit Ihren Werten im Einklang stehen – und wahrer Reichtum entsteht aus der Balance von Geben und Nehmen.

Gehen Sie daher einmal im Monat durch Ihr Zuhause und wählen Sie mindestens fünf Dinge aus, die Sie nicht mehr brauchen – Sie können diese spenden, wegwerfen oder recyceln. Das ist eine gute Übung, um zu lernen, Dinge, Menschen und Situation, die nicht der eigenen Vision entsprechen, loszulassen.

Sie können auch einen Schritt weiter gehen und in Ihren Social-Media-Accounts aufräumen. Entfolgen oder blockieren Sie Personen und Marken, die Ihnen kein gutes Gefühl geben. Schicken Sie ihnen Liebe und wünschen Sie ihnen alles Gute – und lassen Sie dann los. Befreien Sie sich von diesen negativen Energien und schaffen Sie Platz für Neues.

LISTE: BÜCHER, MUSIK & MEHR

Während sich das Rad des Lebens weiterdreht, unterstützen Sie im Herbst die folgenden Bücher, Lieder, Kristalle, Düfte und Öle bei Ihrer Morgen- und Abendpraxis – für noch mehr Selbstfürsorge in dieser Zeit der inneren Einkehr.

Musik

»Reflection« von Garth Stevenson
»Inner Peace« von Beautiful Chorus
»Open« von Rhye
»Only Love« von Ben Howard
»True Love« von Coldplay
»Chopping the Woods« von East Forest
»Teardrop« von Massive Attack
»River« von Ibeyi
»Full Circle« von Half Moon Run
»Always in My Head« von Coldplay
»Slow and Steady« von Of Monsters and Men
»Akaal« von Ajeet Kaur feat. Trevor Hall
»To Build a Home« von The Cinematic Orchestra

Bücher

Die dunkle Seite der Lichtjäger von Debbie Ford
Licht auf Yoga von B. K. S. Iyengar
Eine neue Erde von Eckhart Tolle
Seven Thousand Ways to Listen von Mark Nepo
Wenn alles zusammenbricht von Pema Chödrön
Skill in Action von Michelle Cassandra Johnson

Kristalle

OBSIDIAN: Der tiefschwarze Obsidian schützt vor Negativität und lindert Stress. Er wirkt erdend und zentrierend.

LAPISLAZULI: Dieser Kristall wird mit Erleuchtung, Intuition und innerer Heilung assoziiert. Er erleichtert außerdem die Kommunikation.

BAUMACHAT: Der Baumachat unterstützt Selbstreflexion und -analyse im Rahmen der Meditation. Er bringt Bereiche des Selbst ins Gleichgewicht, die Heilung bedürfen.

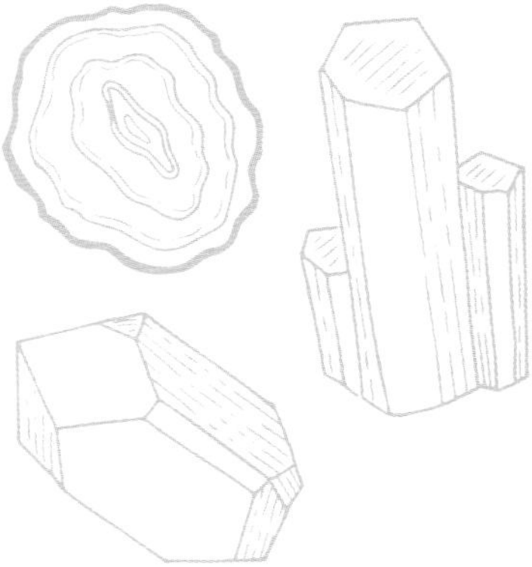

Düfte & Öle

SANDELHOLZ: Das süße, erdige Aroma von Sandelholz wirkt intensiv erdend. Sandelholz wird im Zuge spiritueller Praktiken oft als Weihrauch verwendet.

JASMIN: Das verträumte, florale Aroma von Jasmin wirkt aphrodisierend.

ROSMARIN: Der erfrischende und stimulierende Duft von Rosmarin steigert die Aufmerksamkeit und die geistige Schärfe.

CHAKRA: Sakralchakra *(Svadhisthana)*
ELEMENT: Wasser
MONDPHASE: abnehmender Mond
HIMMELSRICHTUNG: Westen
STERNZEICHEN: Waage, Skorpion, Schütze

BEEREN-SMOOTHIE

FÜR 1–2 PERSONEN

1 Birne, Kerngehäuse entfernt
60 g Blaubeeren (frisch oder gefroren)
90 g Granatapfelkerne (oder Granatapfelsaft)
30 g Babyspinat
1 EL Leinsamen
70 g gecrushtes Eis (optional)

Alle Zutaten sowie 250 ml Wasser in einen Standmixer geben und mixen, bis die gewünschte Textur erreicht ist. Noch cremiger wird der Smoothie, wenn man statt Wasser Milch oder Joghurt verwendet.

YOGASEQUENZ 1

Element: Wasser

SCHWIERIGKEITSGRAD: Fortgeschrittene/Profis **HILFSMITTEL:** Block, Gurt (optional)

Der Herbst steht im Zeichen des Elements Wasser, das für Fluss, Sensitivität und Kreativität steht. Das Element Wasser wird außerdem mit dem Sakralchakra *(Svadhisthana)* assoziiert, das seinen Sitz im Becken hat. Bei dieser Yogasequenz stehen die Schärfung der Wahrnehmung und der Sinne sowie die Verbindung mit den eigenen Emotionen im Mittelpunkt – durch intensive Hüftöffnungen und einen sanften Flow.

Der Fokus auf die Hüfte kann zudem helfen, unterdrückte Emotionen freizusetzen. Achten Sie bei der Praxis auf jegliche aufkommenden Gefühle, ohne diese zu bewerten. Erlauben Sie sich, im Flow zu sein und sich mit dem Element Wasser zu verbinden.

1

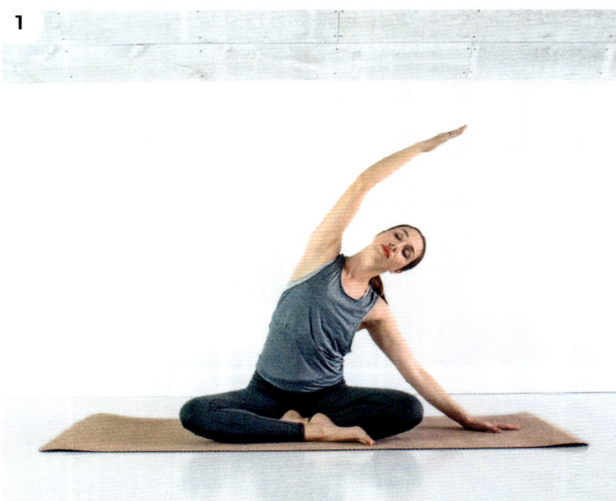

2

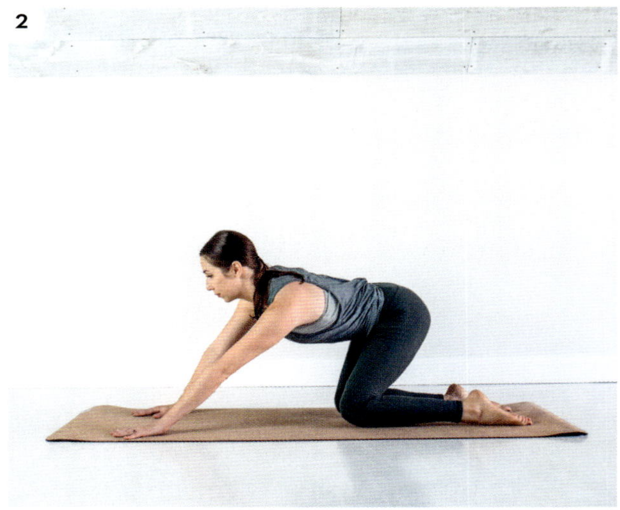

1. Sitzende Seitbeuge *(Parsva Sukhasana)*

Im Schneidersitz bequem auf die Matte setzen, die Wirbelsäule ist gestreckt, die Schultern sind entspannt. Einatmen und den rechten Arm nach links oben strecken, um die rechte Körperseite zu dehnen. Den Nacken entspannen, fünfmal tief ein- und ausatmen und dann auf der anderen Seite wiederholen.

2. Hüftkreisen

In den Vierfüßlerstand kommen, den Blick auf die Matte richten und die Hüfte in großen Bewegungen kreisen lassen – zunächst einige Runden im Uhrzeigersinn, dann gegen den Uhrzeigersinn. Schieben Sie Ihre Hüfte dabei weit in alle Richtungen, als würden Sie versuchen, mit einem Kochlöffel alle Seiten eines Topfes zu erreichen.

3

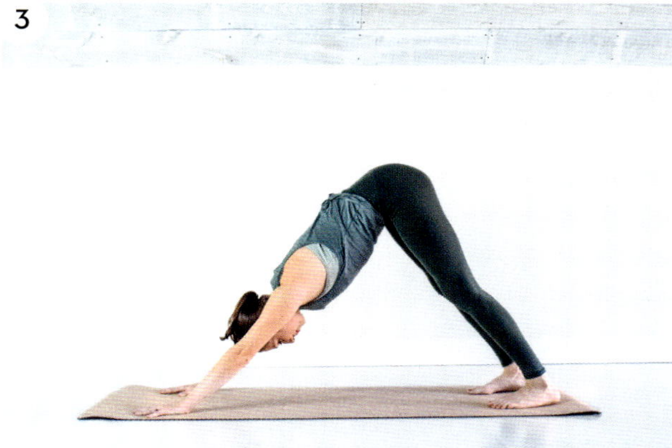

4

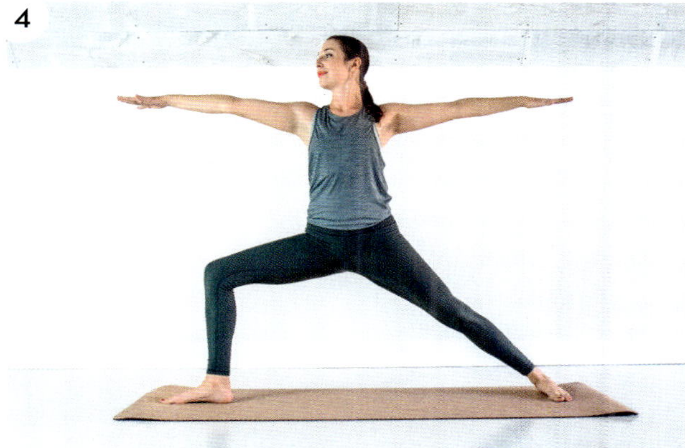

5

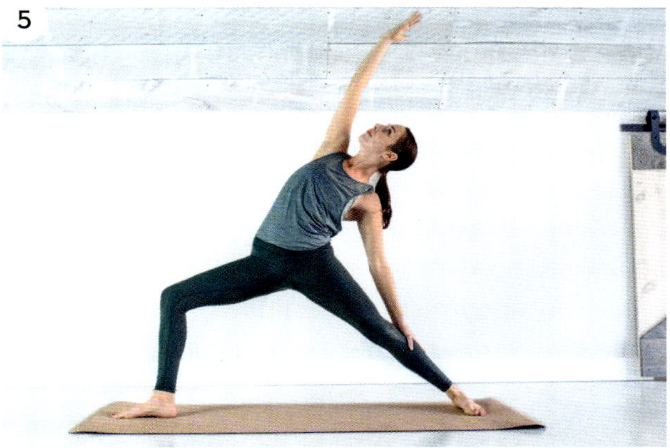

6

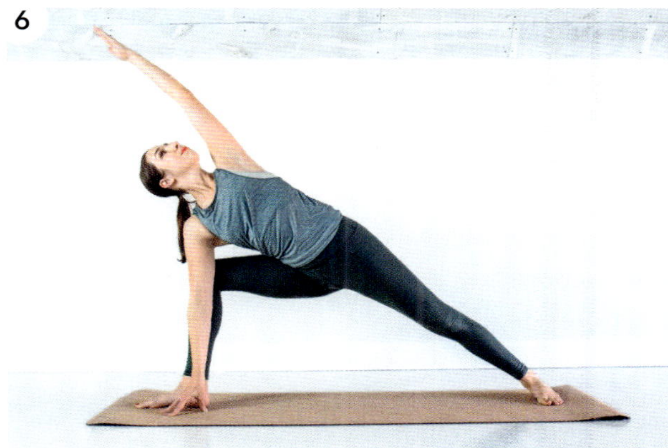

3. Herabschauender Hund *(Adho Mukha Svanasana)*
Im Vierfüßlerstand die Hände leicht vor den Schultern platzieren. Die Zehen aufstellen und die Hüfte nach hinten oben schieben, um in ein umgekehrtes V zu kommen. Die Brust zieht Richtung Oberschenkel, der Nacken ist entspannt. Halten und zehnmal tief ein- und ausatmen.

5. Umgekehrter Krieger *(Viparita Virabhadrasana)*
Die linke Hand entlang des hinteren linken Oberschenkels nach unten bis zur Wade gleiten lassen und den rechten Arm nach hinten oben strecken, um in eine Seitbeuge zu kommen. Den Blick nach oben richten, der vordere Oberschenkel bleibt parallel zur Matte. Halten und fünfmal tief ein- und ausatmen.

4. Krieger II *(Virabhadrasana II)*
Den rechten Fuß an das vordere Ende der Matte stellen, den linken Fuß parallel zur kurzen Seite der Matte ausrichten. Das rechte Knie beugen und die Arme seitlich strecken, die Handflächen zeigen nach unten. Den Blick über die rechte Hand richten und fünfmal tief ein- und ausatmen.

6. Gestreckter seitlicher Winkel *(Utthita Parsvakonasana)*
Den rechten Unterarm mit der Oberseite nach unten auf das rechte Knie legen – für eine intensivere Variante die Hand innerhalb des rechten Fußes auf der Matte ablegen. Den linken Arm nach oben strecken, sodass er mit dem linken Bein eine Diagonale bilden. Zehnmal tief ein- und ausatmen.

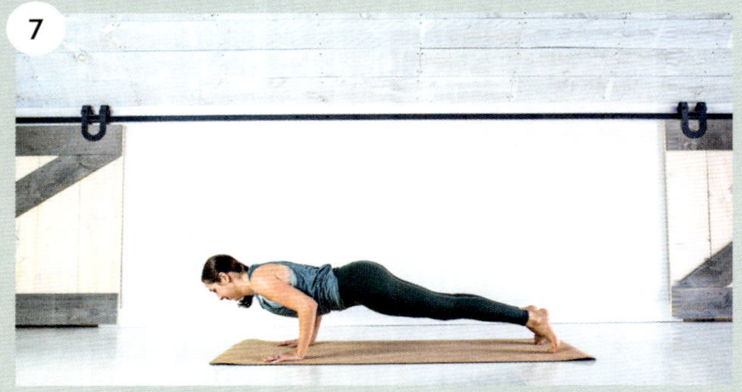

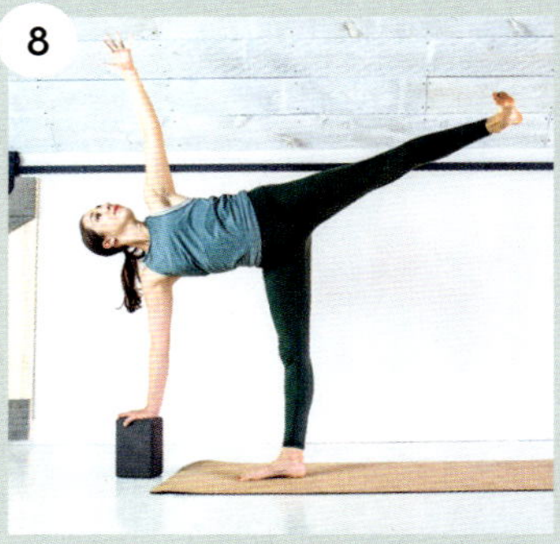

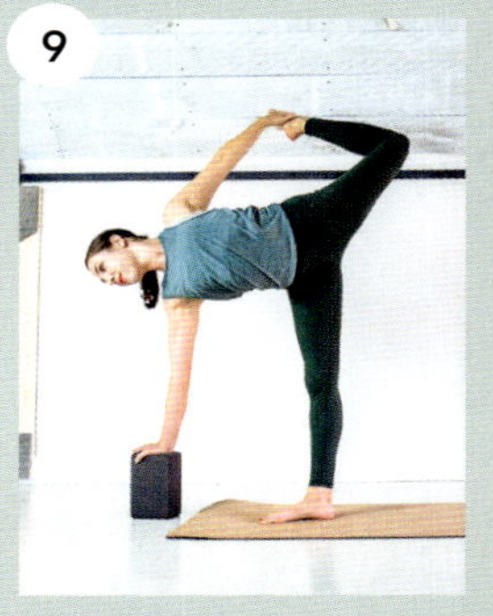

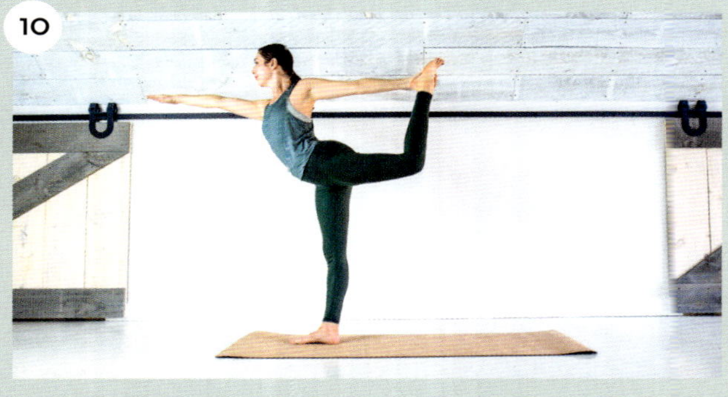

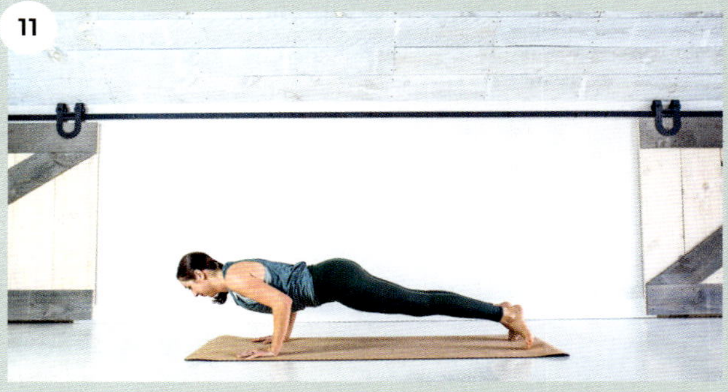

7. Vinyasa (siehe Seiten 21–22)
In den Hohen Stütz kommen. Es folgen die Bretthaltung, der Heraufschauende Hund und der Herabschauende Hund.

Krieger II, Umgekehrten Krieger und Gestreckten seitlichen Winkel auf der anderen Seite wiederholen, darauf folgt ein weiteres Vinyasa.

9. Gebundener Halbmond *(Ardha Chandra Chapasana)*
Im Halbmond das linke Knie anwinkeln und den linken Fuß mit der linken Hand umgreifen. Den Fußrücken in die Handfläche drücken, um in eine intensive Rückbeuge zu kommen. Halten und fünfmal tief ein- und ausatmen.

11. Vinyasa (siehe Seiten 21–22)
In den Hohen Stütz kommen. Es folgen die Bretthaltung, der Heraufschauende Hund und der Herabschauende Hund.

Halbmond, Gebundenen Halbmond und Tänzer auf der anderen Seite wiederholen, darauf folgt ein weiteres Vinyasa.

8. Halbmond *(Ardha Chandrasana)*
Den rechten Fuß an das vordere Ende der Matte stellen und das linke Bein anheben. Die Hüfte senkrecht zur Matte ausrichten und den linken Arm nach oben strecken. Die rechte Hand kann dabei auf dem Boden oder auf einem Yogablock abgelegt werden. Fünfmal tief ein- und ausatmen.

10. Tänzer *(Natarajasana)*
Mit einer Drehung aus der angespannten Körpermitte den Oberkörper aufrichten. Den rechten Arm für mehr Gleichgewicht nach vorn strecken und das linke Bein noch weiter anheben, das rechte Bein ist dabei fest mit dem Boden verwurzelt. Halten und fünfmal tief ein- und ausatmen.

12

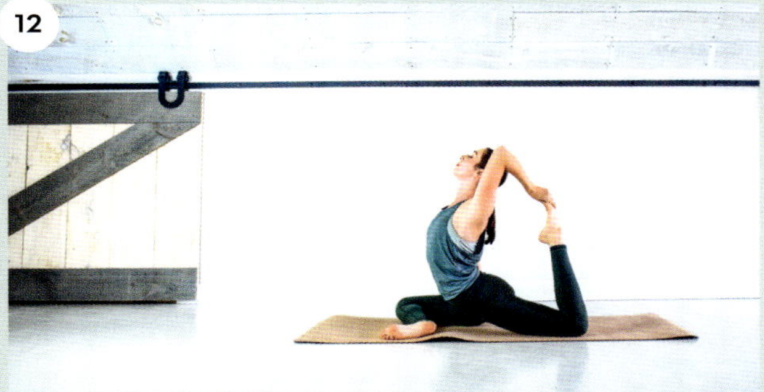

13

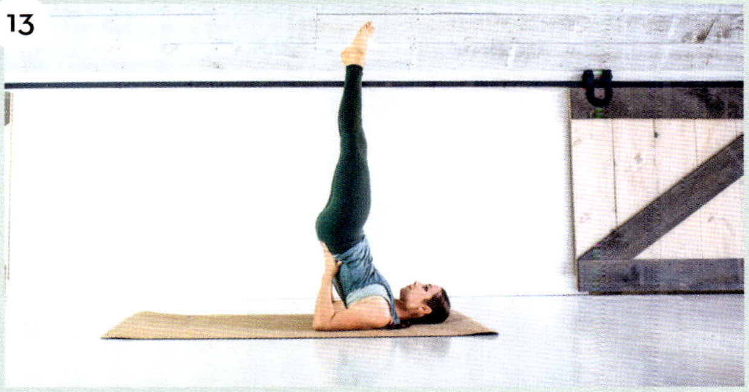

14

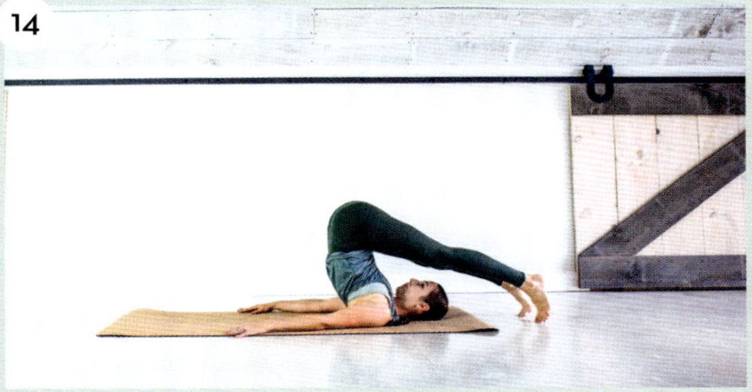

15

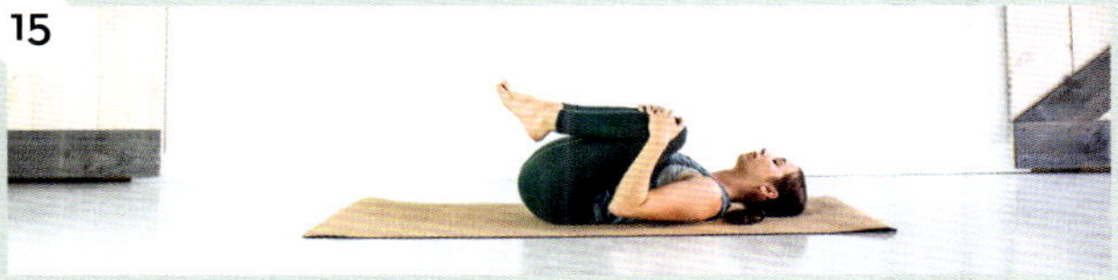

16

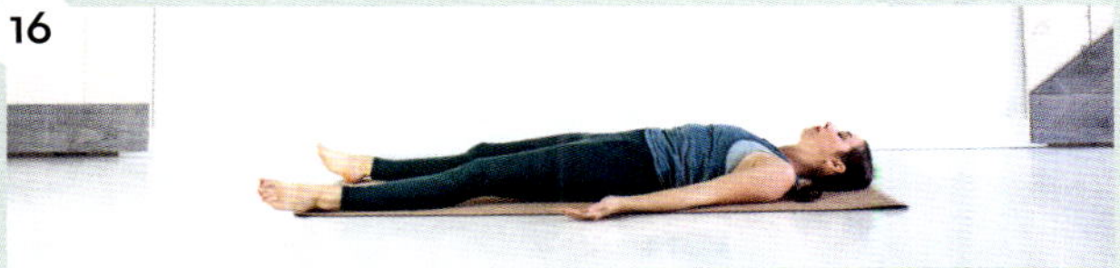

12. Einbeinige Königstaube *(Eka Pada Rajakapotasana)*
Das rechte Knie hinter das rechte Handgelenk bringen und die Hüfte auf der Matte oder einem Yogablock ablegen. Das linke Knie anwinkeln und mit dem linken Arm von oben den linken Fuß greifen – oder einen Yogagurt um den linken Fuß legen und diesen greifen. So bleiben oder mit der rechten Hand ebenfalls den linken Fuß greifen. Zehnmal tief ein- und ausatmen, dann wieder in den Herabschauenden Hund kommen und auf der anderen Seite wiederholen.

13. Schulterstand *(Sarvangasana)*
Auf den Rücken legen, die Knie zur Brust ziehen und die Hüften anheben, die Hände stützen dabei den unteren Rücken. Die Schultern fest in die Matte drücken und die Beine gerade nach oben strecken, die Zehen ziehen in Richtung Himmel. Halten und zehnmal tief ein- und ausatmen.

14. Pflug *(Halasana)*
Die Zehen ohne Schwung hinter dem Kopf auf den Boden bringen, die Beine bleiben gestreckt, die Arme liegen flach auf der Matte und das Steißbein zieht nach oben. Halten und zehnmal tief ein- und ausatmen.

15. Knie-zum-Kinn-Haltung *(Apanasana)*
Auf den Rücken legen, die Knie zur Brust ziehen und mit beiden Händen die Schienbeine umgreifen. Das Steißbein fest in die Matte drücken und zehnmal tief ein- und ausatmen, dabei sanft hin- und herwiegen.

16. Entspannungshaltung *(Savasana)*
Die Füße mattenbreit ausstrecken, die Arme liegen entspannt neben dem Körper. Die Augen schließen, tief ein- und ausatmen und mindestens fünf Minuten so bleiben.

YOGASEQUENZ 2

Dehnung der Oberschenkelmuskulatur

SCHWIERIGKEITSGRAD: Fortgeschrittene/Profis **HILFSMITTEL:** Yogagurt (optional)

Bei dieser Sequenz liegt der Fokus auf der hinteren Oberschenkelmuskulatur. Diese ist oft verspannt und zum Teil auch geschwächt und verkürzt. Diese Übungsabfolge hilft Ihnen, diesen Bereich zu dehnen und zu stärken – durch intensive Rückbeugen sowie einen Wechsel aus stehenden, sitzenden und Balancehaltungen.

Indem man Spannungen in der hinteren Beinmuskulatur löst und sie intensiv dehnt und stärkt, wird zudem die Wirbelsäule entlastet und die gesamte hintere Muskelkette gekräftigt. Achten Sie bei dieser intensiven Sequenz auf eine tiefe, gleichmäßige Atmung.

1

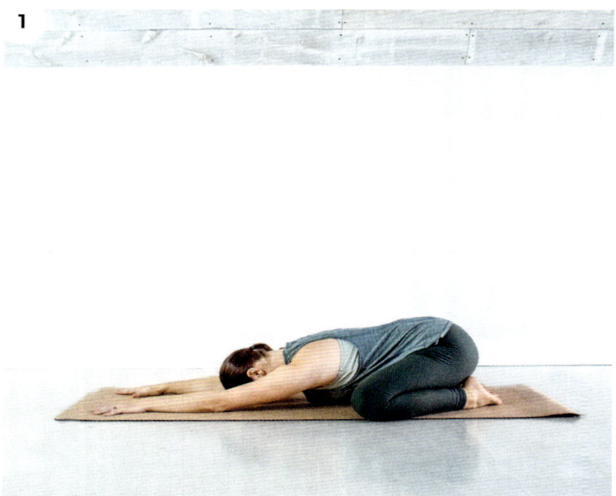

2

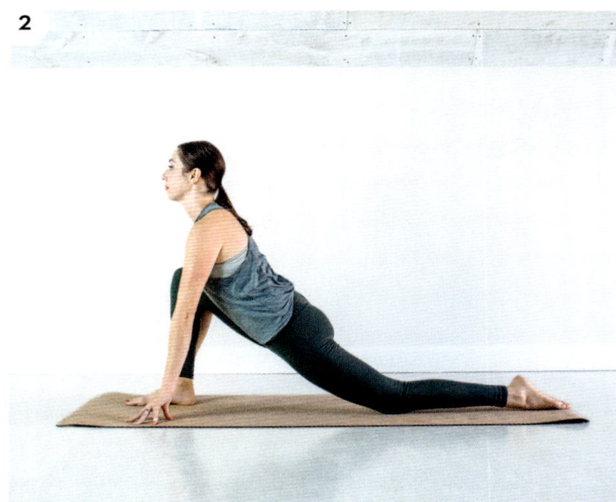

1. Gestreckte Kindhaltung *(Utthita Balasana)*
In den Vierfüßlerstand kommen, dann die Knie nach außen an die Kanten der Matte und die großen Zehen nach innen bringen, sodass sie sich berühren. Die Hüfte nach hinten auf die Fersen absenken, die Arme gerade nach vorn ausstrecken und die Stirn auf dem Boden ruhen lassen. Halten und zehnmal tief ein- und ausatmen.

2. Reiter *(Ashwa Sanchalanasana)*
Wieder in den Vierfüßlerstand kommen, mit dem rechten Fuß einen Schritt zwischen die Handgelenke machen und das Knie über dem Fußgelenk ausrichten. Die Hüfte in Richtung Erde entspannen, die Brust heben und die Schultern nach hinten rollen. Fünfmal tief ein- und ausatmen.

3

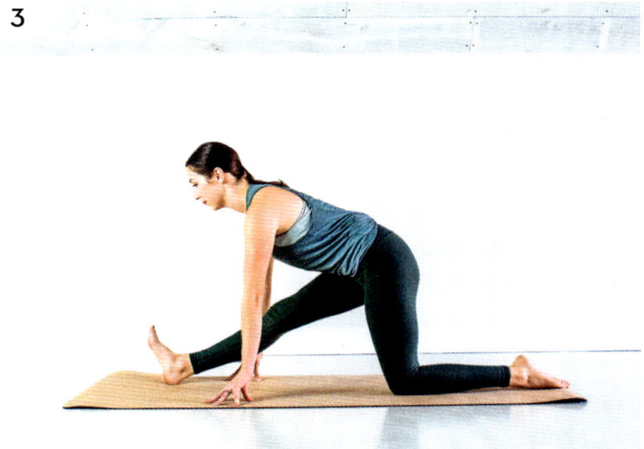

4

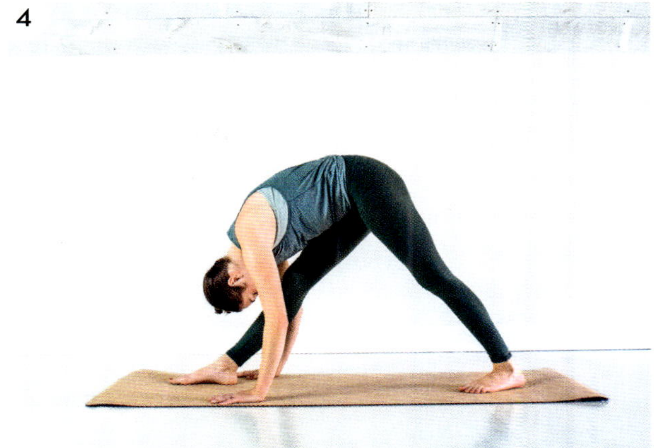

5

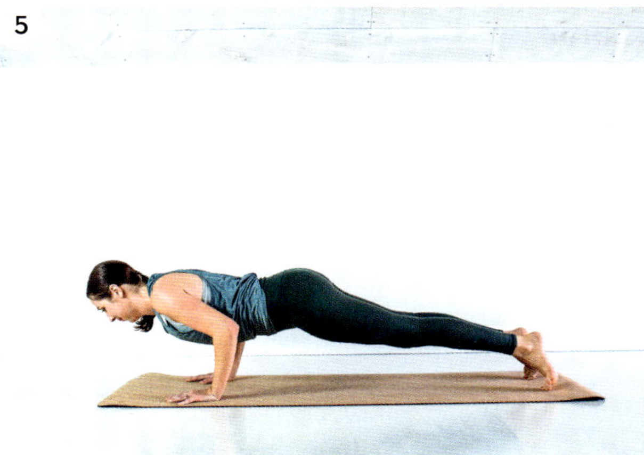

6

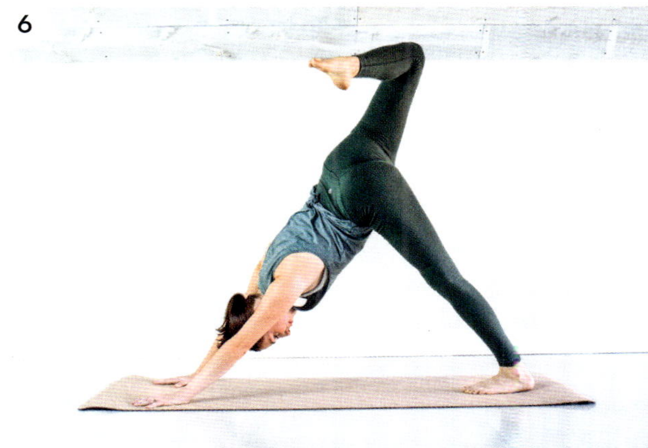

3. Halber Affe *(Ardha Hanumanasana)*
Jetzt das rechte Bein strecken und die Hüfte nach hinten verlagern, um den rechten hinteren Oberschenkel zu dehnen. Die Zehen des rechten Fußes zum Körper ziehen, die Ferse in die Matte drücken. Fünfmal tief ein- und ausatmen.

4. Pyramide *(Parsvottanasana)*
Den linken Fuß aufstellen und das Bein durchstrecken. Den linken Fuß im 45-Grad-Winkel nach außen drehen und den Oberkörper aus der Hüfte in Richtung rechtes Schienbein beugen. Fünfmal tief ein- und ausatmen.

5. Vinyasa (siehe Seiten 21–22)
Beide Hände auf der Matte ablegen und in den Hohen Stütz kommen. Es folgen die Bretthaltung, der Heraufschauende Hund und der Herabschauende Hund.

Reiter, Halben Affen und Pyramide auf der anderen Seite wiederholen, darauf folgt ein weiteres Vinyasa.

6. Dreibeiniger herabschauender Hund: Variation
(Eka Pada Adho Mukha Svanasana)
Im Herabschauenden Hund das rechte Bein nach oben strecken und das Knie anwinkeln, um die Hüfte zu öffnen, der rechte Fuß zieht dabei in Richtung Gesäß. Halten und fünfmal tief ein- und ausatmen.

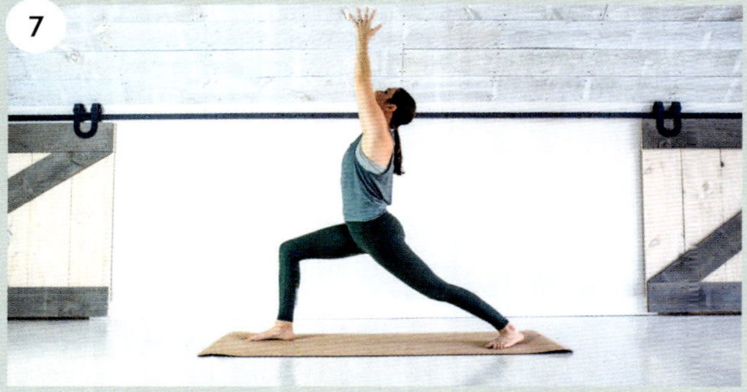

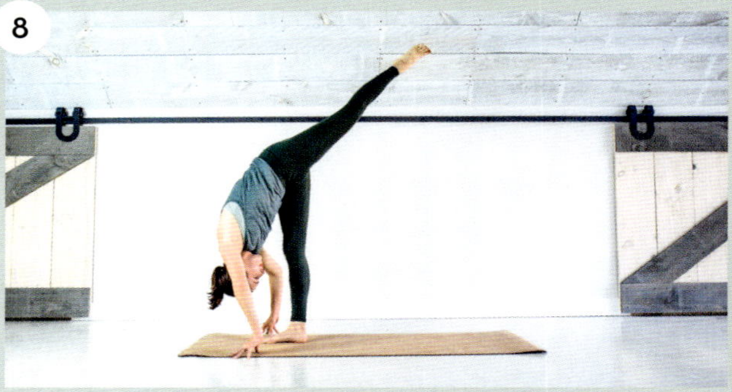

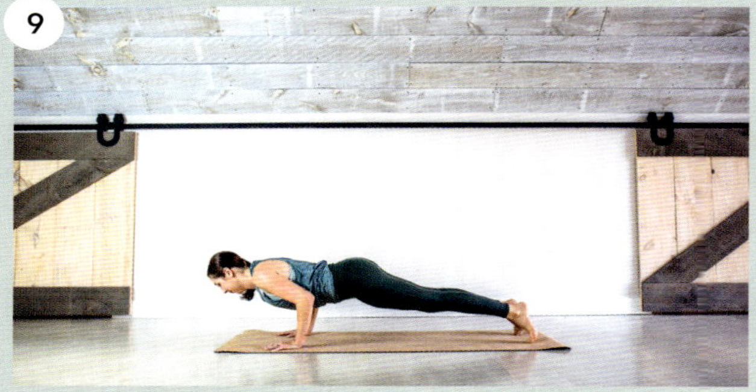

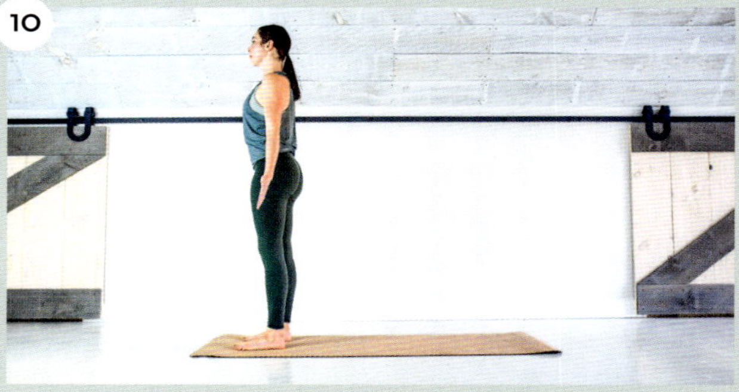

7. Krieger I *(Virabhadrasana I)*
Den rechten Fuß an das vordere Ende der Matte stellen und den linken Fuß im 45-Grad-Winkel zum Mattenrand ausrichten, die linke Ferse ist fest verwurzelt. Das rechte Knie tief beugen, die Arme über den Kopf strecken, die Handflächen aufeinanderpressen und den Blick nach oben richten. Halten und fünfmal tief ein- und ausatmen.

9. Vinyasa (siehe Seiten 21–22)
Beide Hände auf der Matte ablegen und in den Hohen Stütz kommen. Es folgen die Bretthaltung, der Heraufschauende Hund und der Herabschauende Hund.

Dreibeiniger herabschauender Hund: Variation, Krieger I und Spagat im Stehen auf der anderen Seite wiederholen, darauf folgt ein weiteres Vinyasa.

8. Spagat im Stehen *(Urdhva Prasarita Eka Padasana)*
Die Fingerspitzen auf der Matte abstützen, das Gewicht auf das rechte Bein verlagern und das linke Bein nach oben strecken. Die Gesäßmuskulatur anspannen, um das linke Bein so weit wie möglich zu strecken. Die Hände etwas nach hinten bringen, der Kopf zieht zum Schienbein. Halten und fünfmal tief ein- und ausatmen.

10. Berghaltung *(Tadasana)*
An das vordere Ende der Matte stellen, die Füße stehen hüftbreit auseinander. Die Schultern sanft nach hinten rollen, die Handflächen zeigen nach vorn. Tief ausatmen.

11. Ausgestreckte Hand greift großen Zeh: A
(Utthita Hasta Padangusthasana A)
Mittig auf die Matte stellen und das rechte Bein gestreckt nach vorn anheben. Mit Zeige- und Mittelfinger der rechten Hand den großen Zeh umgreifen oder einen Yogagurt um den Fuß legen und diesen greifen und das Bein so weit wie möglich strecken. Die linke Hand ruht auf der Hüfte, die Wirbelsäule ist gerade. Fünfmal tief ein- und ausatmen.

11

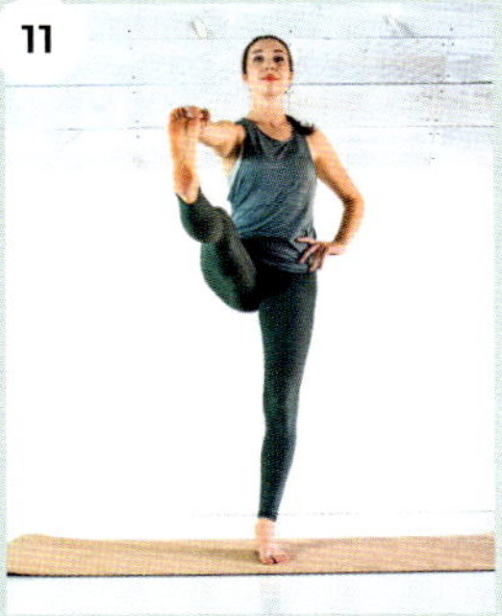

12

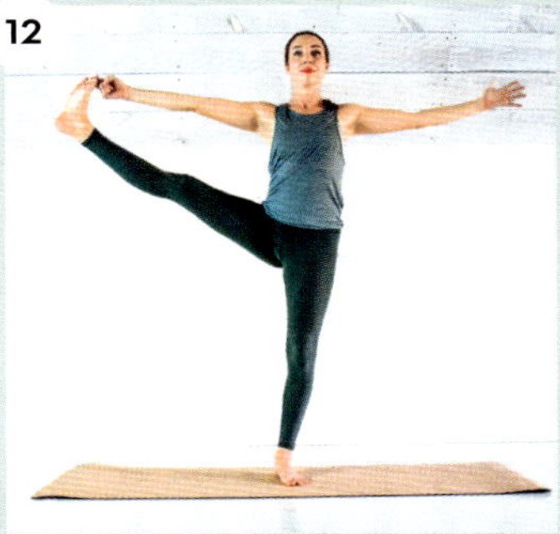

13

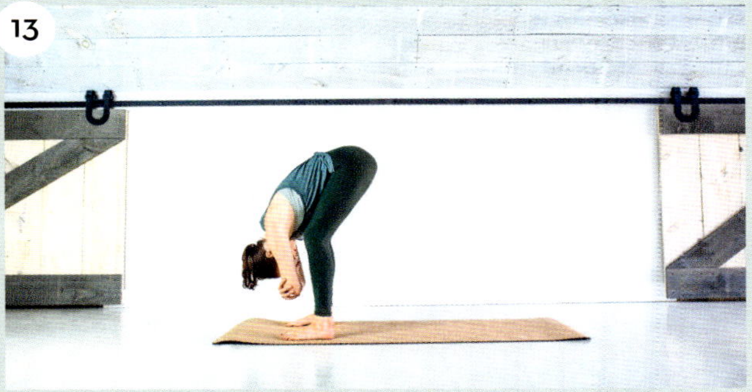

14

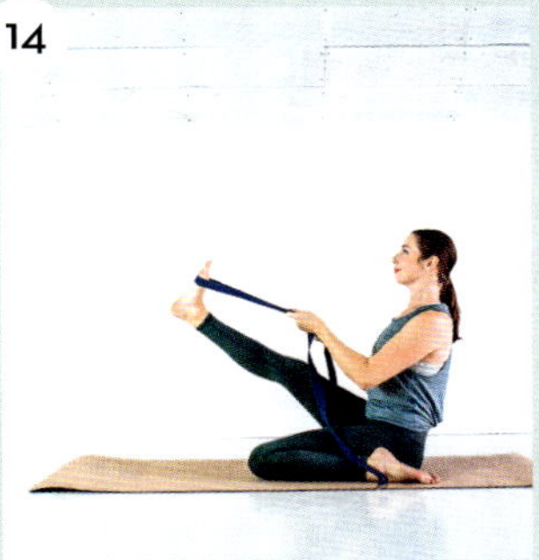

15

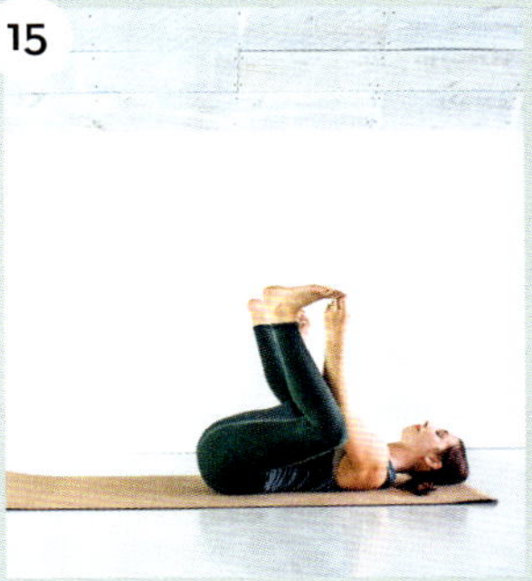

16

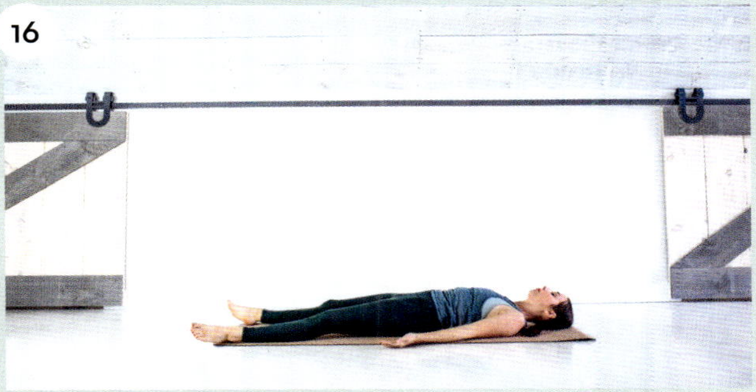

12. Ausgestreckte Hand greift großen Zeh: B
(Utthita Hasta Padangusthasana B)
Das rechte Bein durch eine Drehung aus der rechten Hüfte nach außen bringen und den linken Arm seitlich ausstrecken, die Hüfte bleibt parallel zur Matte. Das rechte Bein durch leichten Zug am Zeh weiter nach oben bringen. Die Variationen A und B auf der anderen Seite wiederholen.

14. Reiher *(Krounchasana)*
Aufrecht auf die Matte setzen, das linke Knie anwinkeln und den Fußrücken neben der Hüfte ablegen. Den rechten Fuß mit den Händen umgreifen oder einen Yogagurt um den Fuß legen und diesen greifen und das rechte Bein strecken. Die Schultern rollen nach hinten. Zehnmal tief ein- und ausatmen und dann auf der anderen Seite wiederholen.

16. Entspannungshaltung *(Savasana)*
Die Füße ausstrecken, die Arme liegen entspannt neben dem Körper, die Handflächen zeigen nach oben. Die Augen schließen, tief ein- und ausatmen und mindestens fünf Minuten so bleiben.

13. Stehende Vorbeuge: Variation *(Uttanasana)*
Die Füße etwas mehr als hüftbreit auf die Matte stellen und den Oberkörper aus der Hüfte weit nach vorn beugen, dabei wenn nötig die Knie beugen, sodass Sie bequem stehen. Die Arme über dem Kopf verschränken, den Nacken entspannen und den Oberkörper sanft hin- und herwiegen. Zehnmal tief ein- und ausatmen.

15. Happy Baby *(Ananda Balasana)*
Flach auf den Rücken legen, die Knie in Richtung Schultern ziehen und gleichzeitig das Steißbein zum Boden drücken. So bleiben oder die Fußknöchel über die Knie bringen und mit den Händen jeweils einen großen Zeh umgreifen. Halten und zehnmal tief ein- und ausatmen.

YOGASEQUENZ 3

Yin Yoga für emotionale Heilung

SCHWIERIGKEITSGRAD: alle Level **HILFSMITTEL:** 2 Blöcke/1 Yogabolster

Diese Yin-Yoga-Praxis lädt dazu ein, sich intensiver mit dem Energiekörper auseinanderzusetzen. Nach der Yogaphilosophie besteht dieser aus den Chakren, was übersetzt so viel heißt wie »Räder« oder »Kreise«, durch die *Prana,* Lebensenergie, fließt. Jedes dieser wichtigen energetischen Zentren steht mit einem bestimmten Thema in Verbindung und hat eine bestimmte Wirkung – falls Sie Konflikte oder Probleme in sich tragen, fragen Sie sich bei dieser Praxis, welches Chakra Ihnen dabei helfen könnte, diese aufzulösen. Jede Haltung ist einem Chakra zugeordnet, beginnend beim Wurzelchakra bis hin zum Scheitelchakra.

1

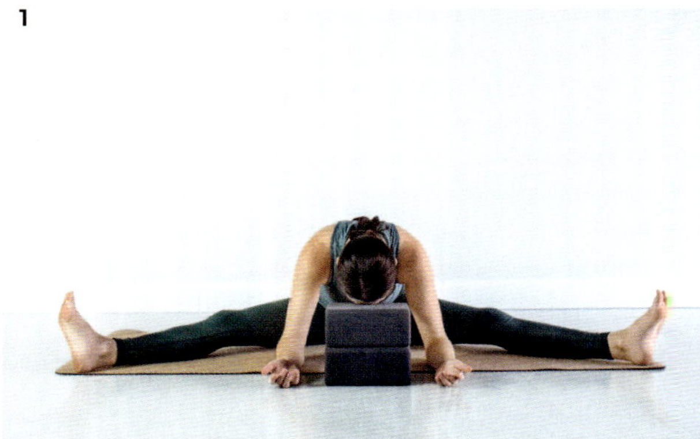

2

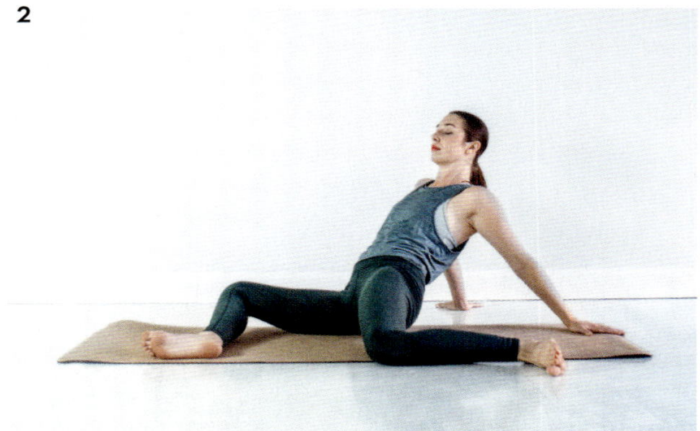

1. Offener Winkel *(Upavistha Konasana)*
Auf die Matte setzen, die Beine weit grätschen und den Oberkörper aus der Hüfte nach vorn beugen. Die Arme liegen entspannt neben dem Kopf, die Handflächen zeigen nach oben. Für mehr Stabilität können Sie zwei Yogablöcke oder ein Yogabolster unter die Brust oder die Stirn geben. Drei bis fünf Minuten halten.

Konzentrieren Sie sich auf das Wurzelchakra *(Muladhara),* das am unteren Ende der Wirbelsäule rot leuchtet. Es symbolisiert Sicherheit, Überleben, Familie und Zugehörigkeit. Visualisieren Sie es gesund, geheilt und ganz.

2. Hirsch *(Mrigiasana)*
Das rechte Knie vor dem Körper im 90-Grad-Winkel anwinkeln, das linke Knie ebenso anwinkeln, aber nach hinten bringen, sodass es parallel neben der Hüfte liegt. Die Hände so weit wie möglich nach hinten bringen, um die Innenoberschenkel zu dehnen. Drei bis fünf Minuten halten und dann auf der anderen Seite wiederholen.

Richten Sie Ihre Aufmerksamkeit auf das Sakralchakra *(Svadhisthana),* das das Becken in oranges Licht taucht und für Kreativität, Gefühle, Sexualität und Beziehungen steht. Visualisieren Sie es gesund, geheilt und ganz.

3

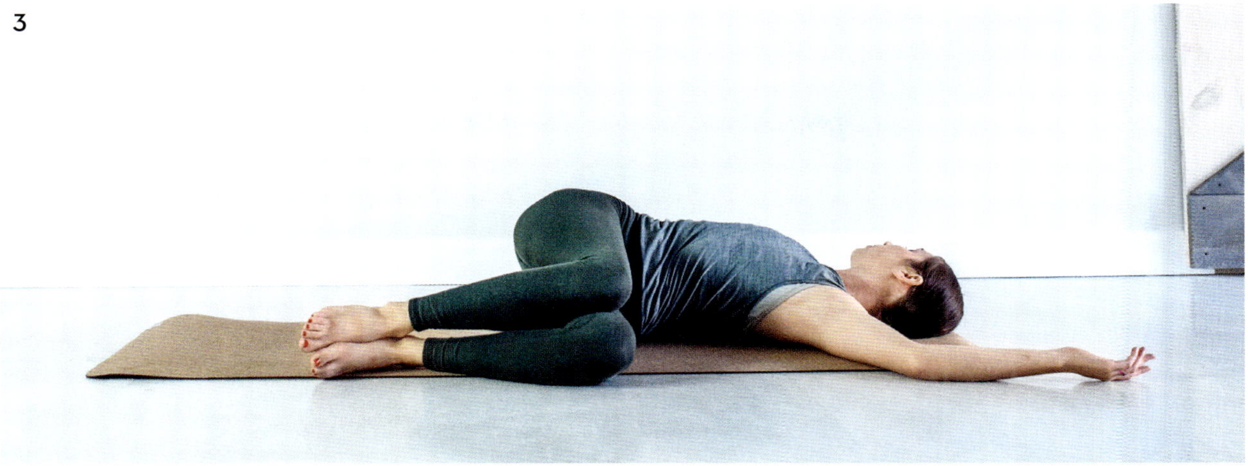

4

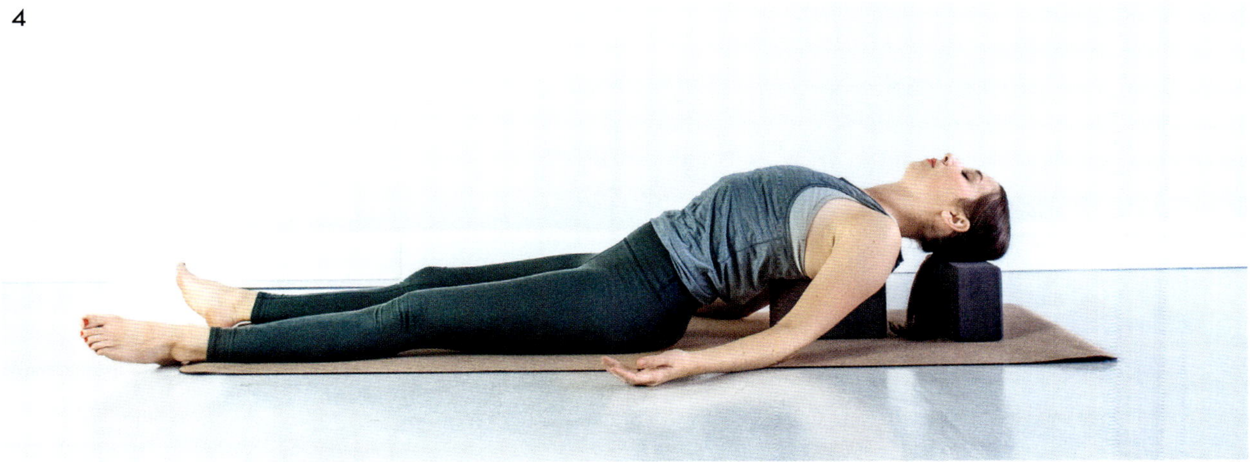

3. Liegende Rückendrehung *(Jathara Parivartanasana)*

Auf den Rücken legen und die Knie anwinkeln. Die Ellbogen im 90-Grad-Winkel anwinkeln und neben dem Kopf ruhen lassen. Die Hüfte anheben und nach rechts verschieben, dann die Knie geschlossen nach links auf den Boden absenken. Den Blick über die rechte Schulter richten. Drei bis fünf Minuten halten, dann auf der anderen Seite wiederholen.

Der Fokus liegt nun auf dem Solarplexus-Chakra *(Manipura)*. Es wird mit Selbstwertgefühl, Willensstärke und Entschlossenheit assoziiert. Visualisieren Sie es gesund, geheilt und ganz.

4. Unterstützter Fisch *(Matsyasana)*

Eine entspannte Liegehaltung einnehmen, die Yogablöcke stützen den Kopf und den oberen Rücken zwischen den Schulterblättern. Die Arme liegen entspannt neben dem Körper, die Füße fallen leicht nach außen. Drei bis fünf Minuten halten.

Konzentrieren Sie sich dabei auf das Herzchakra *(Anahata)*, das das Herz in ein leuchtendes grünes Licht taucht. Es symbolisiert Mitgefühl und Liebe gegenüber sich selbst und anderen. Visualisieren Sie es gesund, geheilt und ganz.

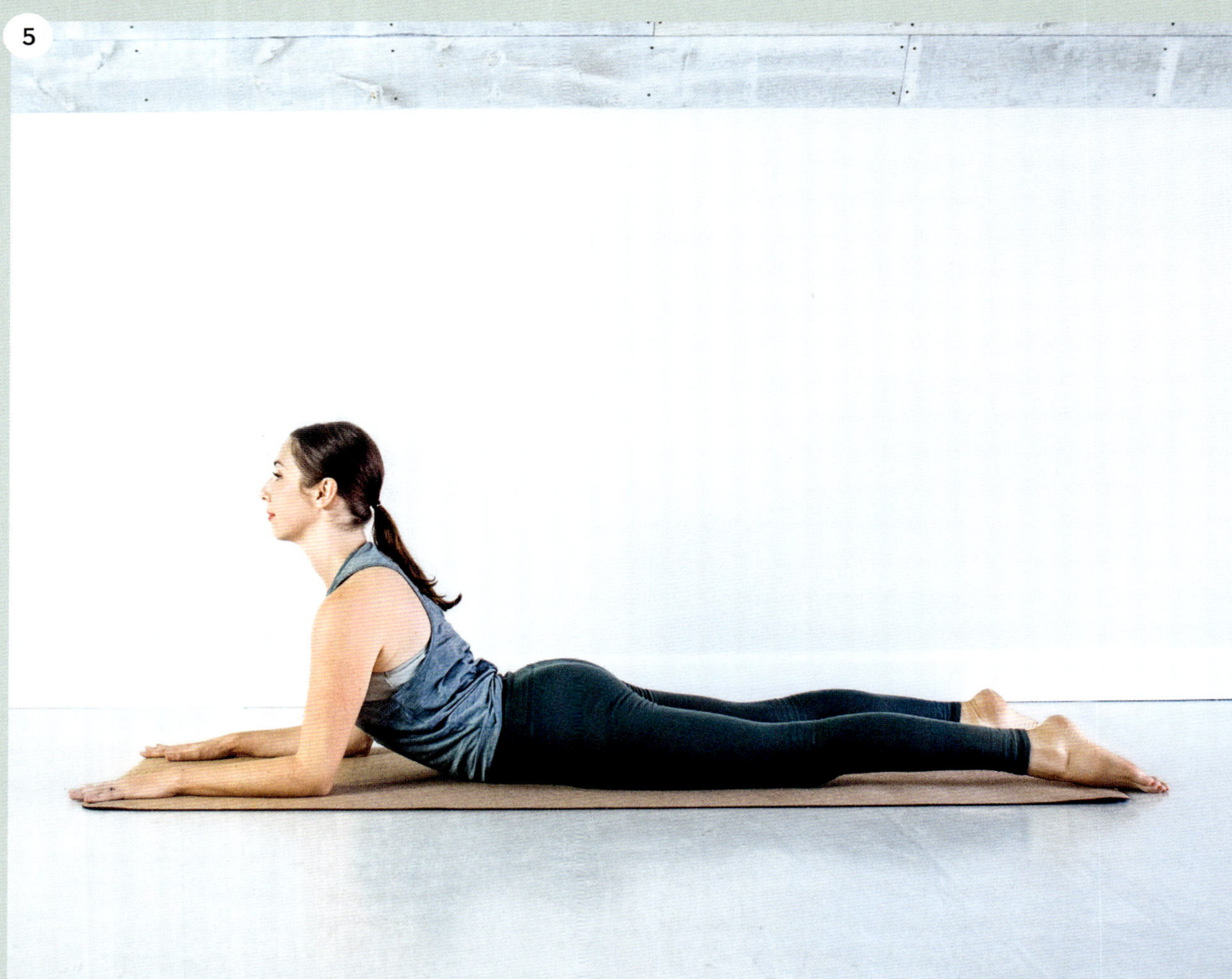

5. Sphinx *(Salamba Bhujangasana)*
Auf den Bauch drehen und die Unterarme auf die Matte legen, dabei die Ellbogen unter den Schultern ausrichten. Die Brust nach oben drücken und die Schultern zurückrollen, das Herz zieht nach vorn. Drei bis fünf Minuten halten.

Richten Sie Ihren Fokus auf das hellblau leuchtende Halschakra *(Visuddha)*. Es steht für das Aussprechen der Wahrheit, eine klare Kommunikation und das Zuhören. Visualisieren Sie es gesund, geheilt und ganz.

6

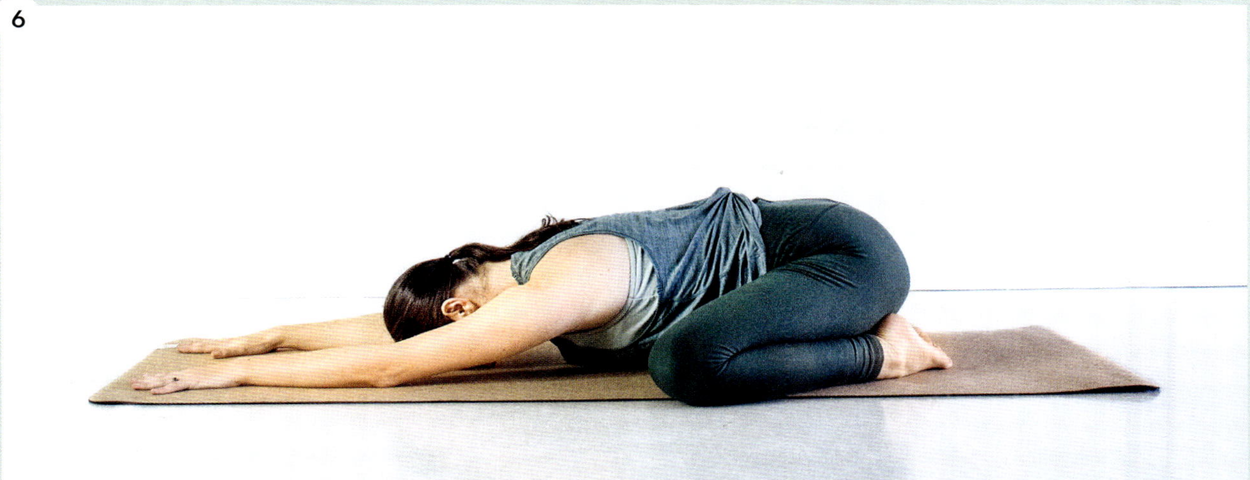

7

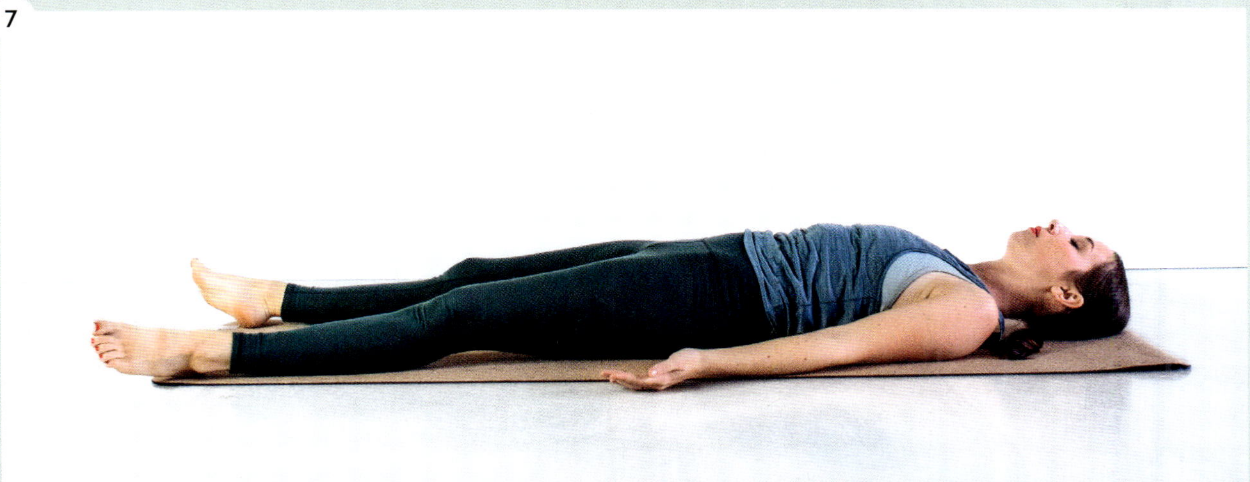

6. Gestreckte Kindhaltung *(Utthita Balasana)*

In den Vierfüßlerstand kommen, dann die Knie nach außen an die Kanten der Matte und die großen Zehen nach innen bringen, sodass sie sich berühren. Die Hüfte auf die Fersen absenken, die Arme gerade nach vorn ausstrecken und Brust und Stirn absenken. Drei bis fünf Minuten halten.

Richten Sie Ihre Aufmerksamkeit nun auf das Stirnchakra *(Ajna),* das Ihr drittes Auge in ein tiefes Indigoblau taucht. Es symbolisiert Intuition, Weitblick, Weisheit und Führung. Visualisieren Sie es gesund, geheilt und ganz.

7. Entspannungshaltung *(Savasana)*

Auf den Rücken legen, die Füße nacheinander langsam ausstrecken und die Fersen mattenbreit positionieren. Die Arme liegen entspannt neben dem Körper, die Handflächen zeigen nach oben. Die Augen schließen, tief ein- und ausatmen und mindestens fünf Minuten so bleiben.

Konzentrieren Sie sich schließlich auf das violett leuchtende Scheitelchakra *(Sahasrara).* Es steht für die Verbindung zum Göttlichen, Spiritualität und Einheit. Visualisieren Sie es gesund, geheilt und ganz.

YOGASEQUENZ 4

Gegen Stress & Ängste

SCHWIERIGKEITSGRAD: Anfänger **HILFSMITTEL:** Block, Yogagurt

Sicher kennen auch Sie durch Stress ausgelöste Verspannungen im Nacken, in den Schultern und im oberen Rücken. Diese Yogasequenz ist perfekt für Anfänger, löst diese Spannungen durch Vorbeugen und Umkehrhaltungen und beruhigt zugleich das Nervensystem.

Achten Sie bei dieser Sequenz auf eine ruhige, gleichmäßige Atmung bis tief in den unteren Bauchraum. Hierbei handelt es sich um eine langsame Sequenz, sodass man sich gut auf die einzelnen Haltungen konzentrieren kann. Nach dieser Sequenz sollten Sie sich entspannt und erneuert fühlen.

1

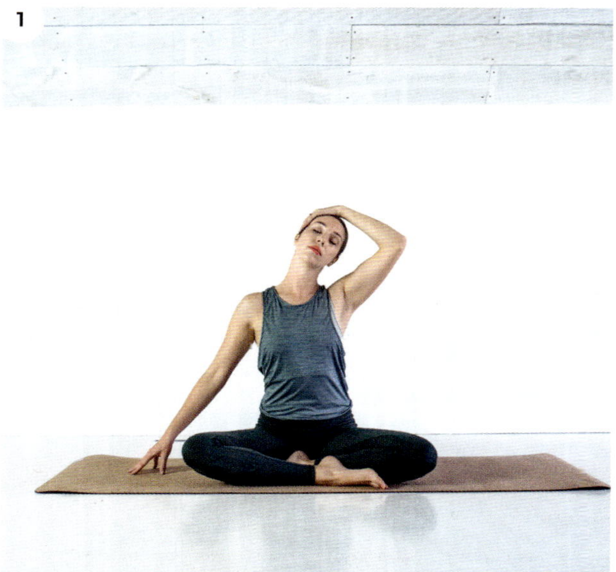

2

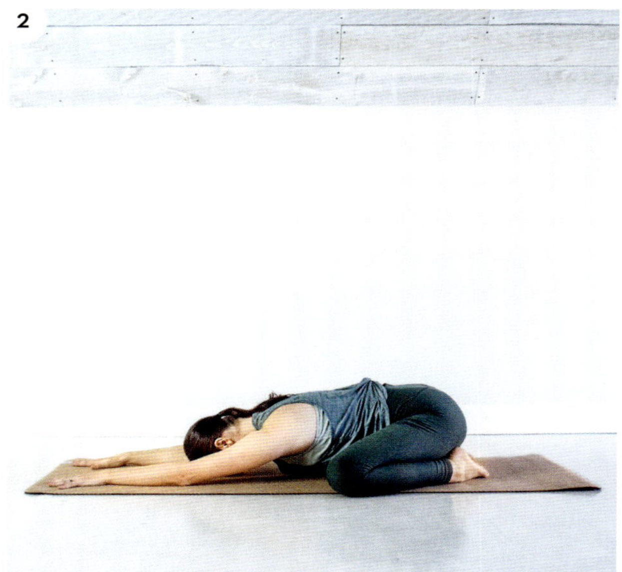

1. Nackenentspannung im Sitzen

In der Einfachen Sitzhaltung den Kopf nach links neigen und die Schulterblätter sanft nach unten ziehen. Die linke Hand oberhalb des rechten Ohrs auf den Kopf legen und dieses von der Schulter wegziehen. Zehnmal tief ein- und ausatmen und dann auf der anderen Seite wiederholen.

2. Gestreckte Kindhaltung *(Utthita Balasana)*

In den Vierfüßlerstand kommen, dann die Knie nach außen an die Kanten der Matte und die großen Zehen nach innen bringen, sodass sie sich berühren. Die Hüfte nach hinten auf die Fersen absenken, die Arme gerade nach vorn ausstrecken und die Stirn auf dem Boden ruhen lassen. Halten und zehnmal tief ein- und ausatmen.

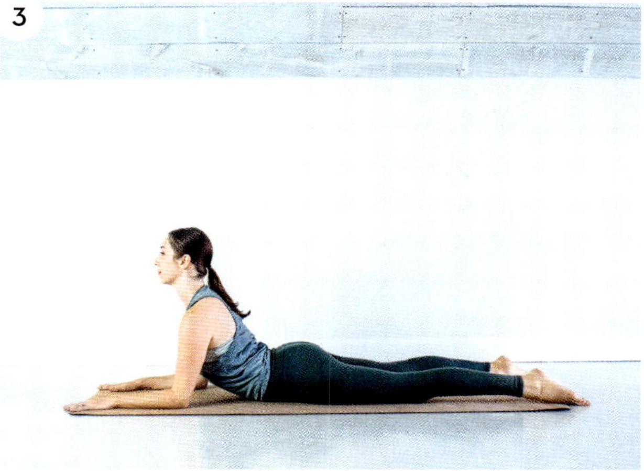

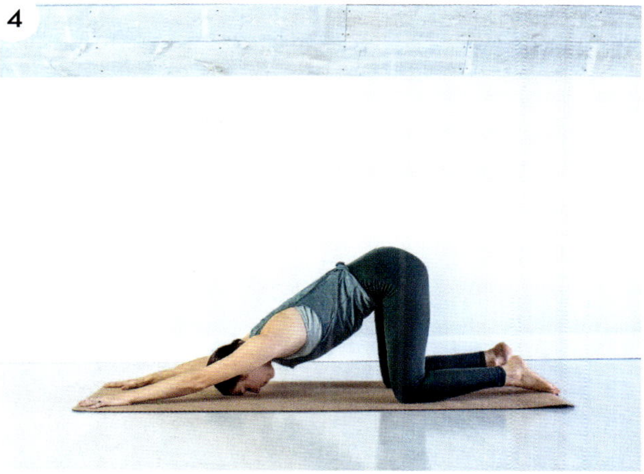

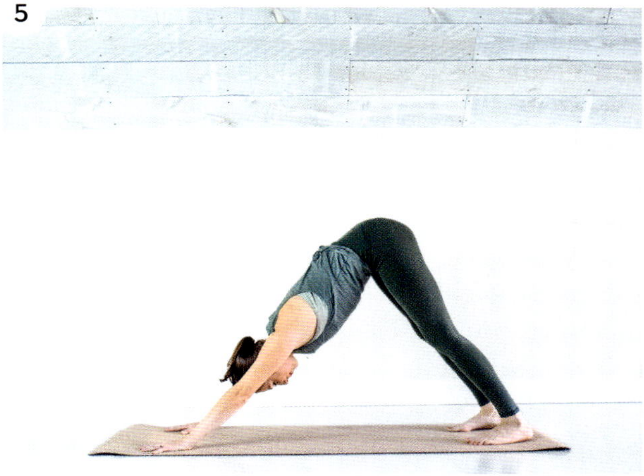

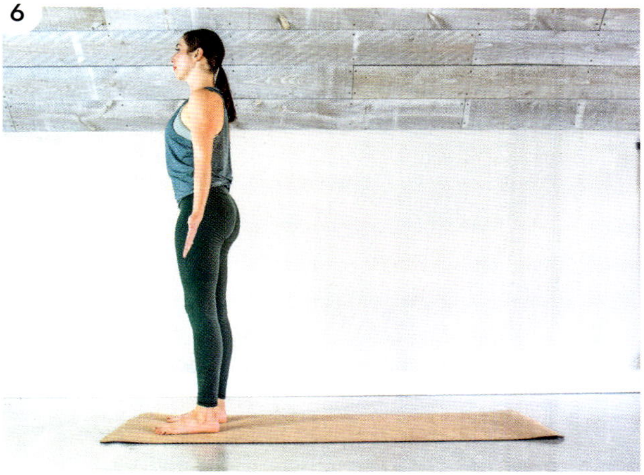

3. Sphinx *(Salamba Bhujangasana)*
Auf den Bauch legen und die Unterarme auf die Matte legen, dabei die Ellbogen unter den Schultern ausrichten. Die Brust nach oben drücken, die Schultern zurückrollen, das Herz zieht nach vorn. Zehnmal tief ein- und ausatmen.

4. Welpe *(Anahatasana)*
Im Vierfüßlerstand die Arme nach vorn strecken und die Stirn auf die Matte absenken. Die Hüfte über den Knien ausrichten und das Herz zum Boden sinken lassen. Halten und zehnmal tief ein- und ausatmen.

5. Herabschauender Hund *(Adho Mukha Svanasana)*
Wieder in den Vierfüßlerstand kommen und die Hände leicht vor den Schultern platzieren. Die Zehen aufstellen und die Hüfte nach hinten oben schieben. Die Brust zieht Richtung Oberschenkel, der Nacken ist entspannt. Zehnmal tief ein- und ausatmen.

6. Berghaltung *(Tadasana)*
Die Füße schrittweise ans vordere Mattenende bringen, das Gewicht auf die Fersen verlagern und langsam aufrichten. Die Füße stehen hüftbreit auseinander und sind fest verwurzelt. Die Schultern sanft nach hinten rollen, die Handflächen zeigen nach vorn. Zehnmal tief ein- und ausatmen.

7

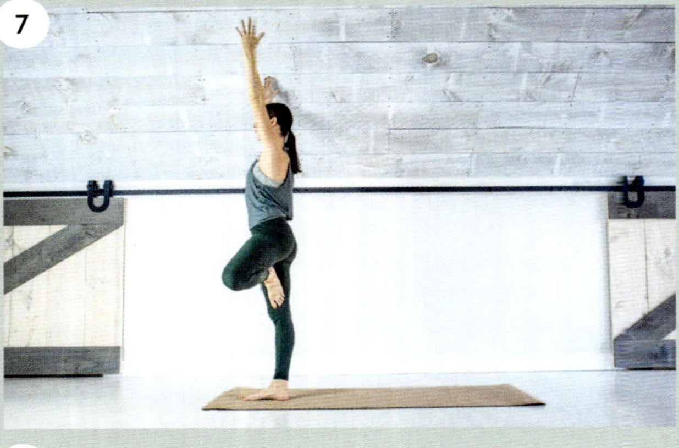

8

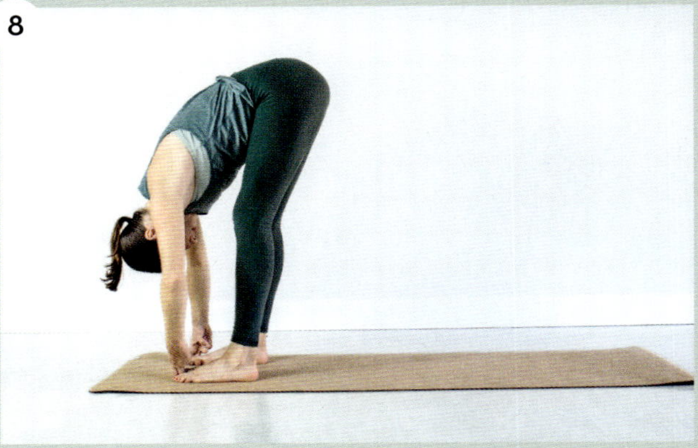

9

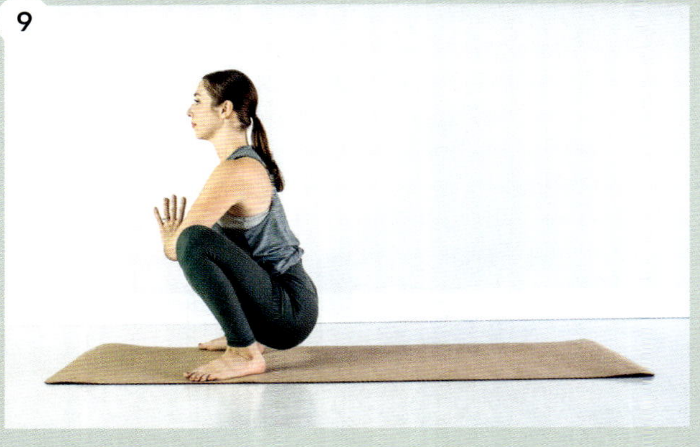

10

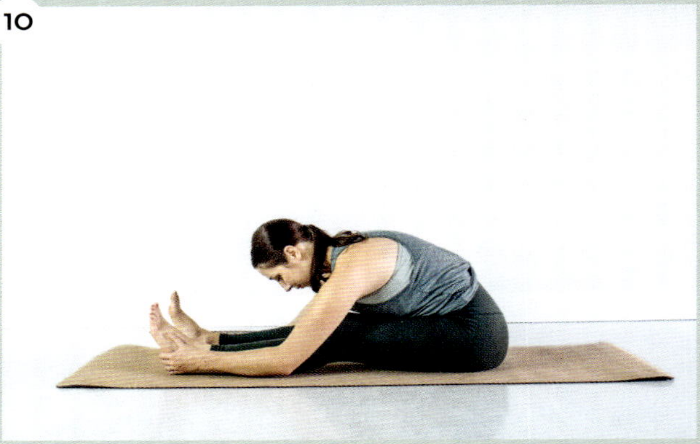

7. Baum *(Vrksasana)*
Das Gewicht auf das rechte Bein verlagern und die linke Fußsohle an den rechten Innenoberschenkel legen. Das Gesäß anspannen und die linke Hüfte nach außen drehen. Die Arme über den Kopf strecken, der rechte Fuß ist fest verwurzelt. Zehnmal tief ein- und ausatmen und dann auf der anderen Seite wiederholen.

8. Hand-zum-Fuß-Haltung *(Padangusthasana)*
Mit den Füßen hüftbreit auf die Matte stellen. Den Oberkörper aus der Hüfte nach vorn beugen und wenn nötig die Knie beugen, um mit Zeige- und Mittelfingern die großen Zehen zu umgreifen, die Ellbogen ziehen dabei nach außen. Halten und zehnmal tief ein- und ausatmen.

9. Girlande *(Malasana)*
Den Oberkörper aufrichten und die Zehen im 45-Grad-Winkel nach außen drehen. In eine tiefe Hocke kommen, die Hände in Gebetshaltung vor das Herz bringen und die Knie mit den Ellbogen nach außen drücken. Die Wirbelsäule lang machen und zehnmal tief ein- und ausatmen.

10. Sitzende Vorbeuge *(Paschimottanasana)*
Auf die Matte setzen und die Beine nach vorn ausstrecken. Einatmen, die Arme nach oben strecken und dann nach vorn neben die Beine bringen, dabei den Oberkörper nach vorn beugen. Wenn nötig die Knie beugen, um die Stirn zu den Knien zu bringen. Zehnmal tief ein- und ausatmen.

11

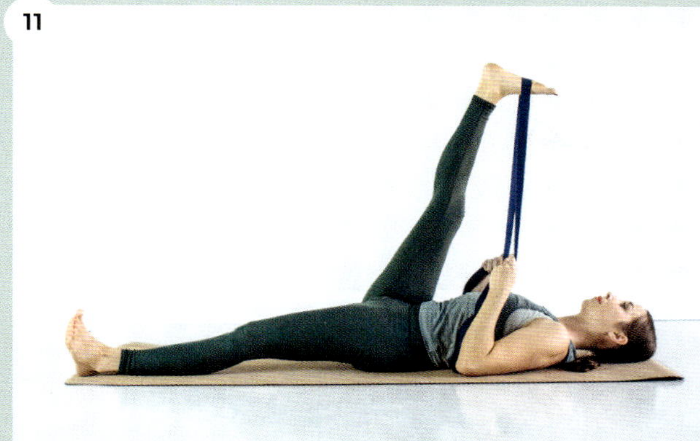

12

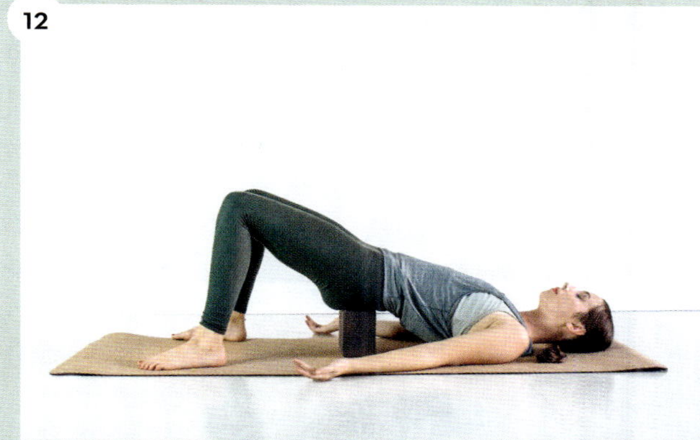

13

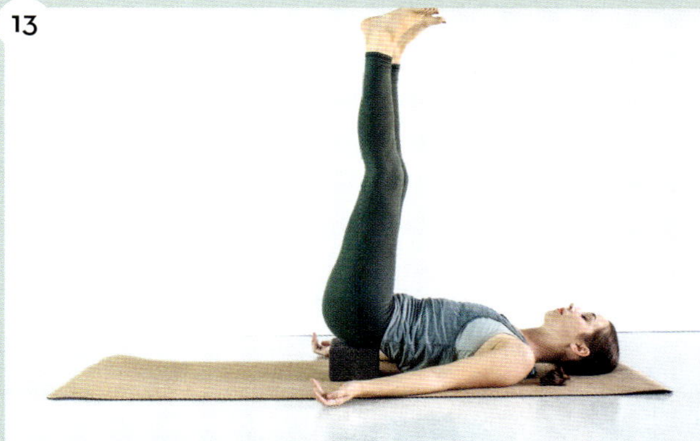

14

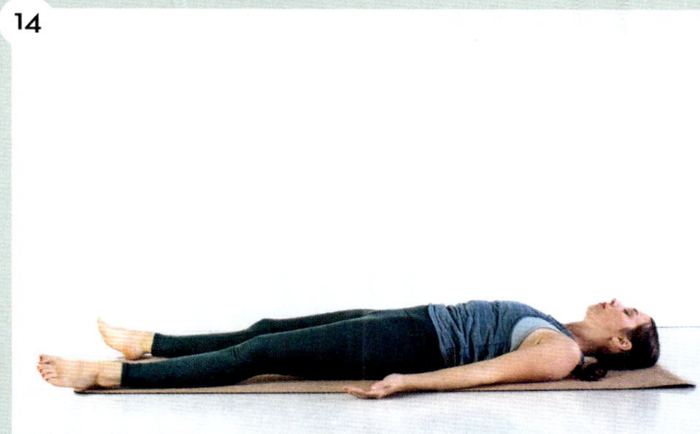

11. Liegende Hand-zum-Fuß-Haltung *(Supta Padangusthasana)*

Auf den Rücken legen, den Yogagurt um den Ballen des rechten Fußes legen und das rechte Bein nach oben strecken, das linke Bein bleibt gestreckt am Boden. Das rechte Bein mithilfe des Gurtes so weit wie möglich in Richtung Kopf ziehen. Zehnmal tief ein- und ausatmen und dann auf der anderen Seite wiederholen.

12. Unterstützte Brücke *(Setu Bandha Sarvangasana)*

In Rückenlage die Knie anwinkeln und die Füße flach auf den Boden stellen. Die Schultern sanft von den Ohren wegziehen, das Gewicht auf die Füße verlagern, die Hüfte anheben und einen Yogablock unter das Steißbein schieben. Die Arme liegen entspannt neben dem Körper, die Handflächen zeigen nach oben. Zehnmal tief ein- und ausatmen.

13. Wasserfall *(Viparita Karani)*

Den Yogablock auf der niedrigsten Höhe unter dem Steißbein positionieren und die Beine gerade nach oben strecken. Die Arme liegen entspannt neben dem Körper – für eine sanfte Dehnung im Oberkörper kann man sie auch hinter den Kopf führen. Zehnmal tief ein- und ausatmen.

14. Entspannungshaltung *(Savasana)*

Den Yogablock beiseitegeben, die Füße ausstrecken und die Fersen mattenbreit positionieren, die Arme liegen entspannt neben dem Körper. Die Augen schließen, tief ein- und ausatmen und mindestens fünf Minuten so bleiben. Spüren Sie, wie sich Ihr ganzer Körper entspannt.

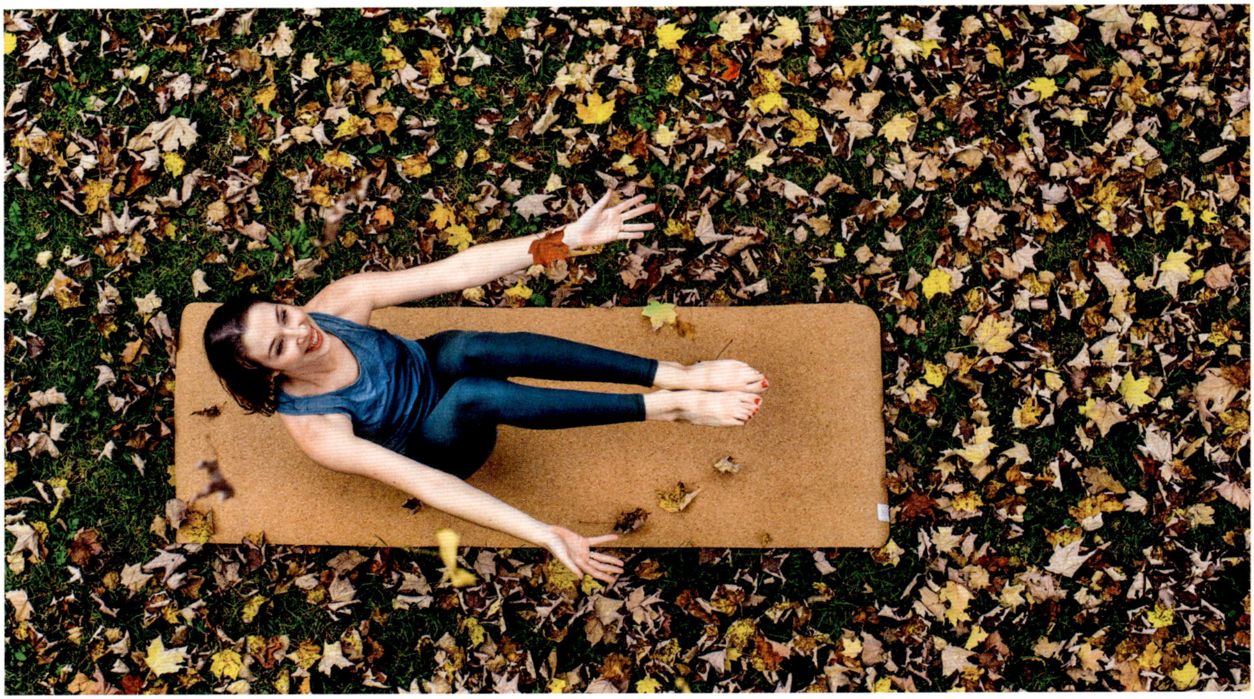

SCHLUSSWORT

Die Ausrichtung meiner Yogapraxis nach den Mondzyklen und dem Rhythmus der Jahreszeiten war für mich eine unglaublich bereichernde, intensive Reise. Ich hoffe, es geht Ihnen ähnlich und Sie spüren die positiven körperlichen, mentalen, emotionalen und spirituellen Veränderungen. Ich wünsche mir, dass dieses Buch zu Ihrem treuen Begleiter wird und Ihnen Inspiration und Konzentration schenkt, wenn Sie es brauchen.

Ich freue mich, mein Wissen mit Ihnen teilen zu dürfen, und ich hoffe, die hier enthaltenen Tipps und Praktiken wachsen mit Ihnen im Laufe der Jahreszeiten und Ihres Lebens – und ermutigen Sie, die Verbindung zu Ihnen selbst und zur Natur zu intensivieren.

Ich danke Ihnen aus tiefstem Herzen, dass Sie mit mir praktizieren, indem Sie dieses Buch lesen, meine Video-Yogaklassen ansehen und die geführten Meditationen anhören. Ich hoffe, Sie finden Bedeutung darin. In diesem Sinne: Auf das nächste Abenteuer!

KReinhardt

DANKSAGUNG

Viele Menschen haben mich bei diesem Projekt unterstützt, und ich bin ihnen allen unendlich dankbar dafür.

Danke an meine Familie und alle meine Freunde, die mich immer ermutigt haben, weiterzumachen, selbst wenn es manchmal schwierig war. Ein besonderer Dank geht dabei an meinen Mann, der durch sein Feedback einen großen Beitrag dazu leistet, dass ich meine Ideen auch in die Tat umsetzen kann.

Vielen Dank an die wunderbare Fotografin Jessica Hodgson für die unglaublichen Aufnahmen. Ich bin begeistert von deinem Talent und deiner Vision!

Ein großes Dankeschön auch an Ivan Cooke für die fantastischen Videos. Es ist so leicht, mit dir zu arbeiten – selbst nach über sechs Stunden Filmen hat man noch Spaß!

Herzlichen Dank auch an meine liebe Freundin Tina Lamontagne von Yoga Attic, in deren wunderbaren Räumlichkeiten wir die Indoor-Fotos machen durften. Sie weiß wirklich, was es braucht, um einen Raum mit Leben und Bedeutung zu erfüllen.

Und schließlich vielen, vielen Dank an all die wunderbaren Menschen bei Insight Editions, vor allem:

- Katie Killebrew, Editorial Director
- Claire Yee, Editor
- Ashley Quackenbush, Associate Art Director

Ohne euch gäbe es dieses Buch nicht, und ich schätze eure Expertise, eure Kreativität und eure Vision sehr. Danke dafür, dass sich mit euch alles leicht anfühlt.

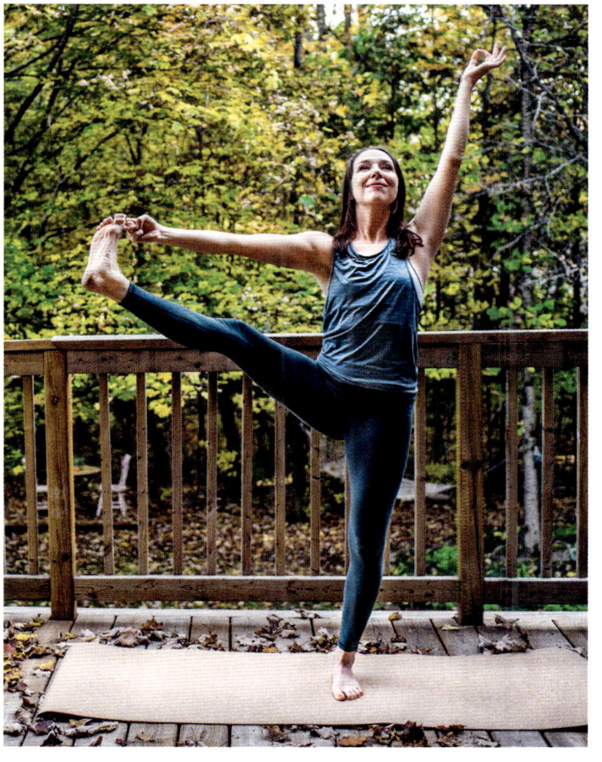

QUELLEN

Musik

»Airwaves« von Ray LaMontagne
»Akaal« von Ajeet Kaur feat. Trevor Hall
»Always in My Head« von Coldplay
»As I Wake in the Morning« von Alexia Chellun
»Ascent« von Josh Brill
»Awake« von Tycho
»Beacon« von Ayla Nereo
»Blessed We Are« von Peia
»Blue Moon« von Beck
»Chimes of Peace« von Adam Lees
»Chopping the Woods« von East Forest
»Crystal« von Stevie Nicks
»Deep Peace« von Ashana
»Dreams« von Fleetwood Mac
»Every Morning« von Sugar Ray
»Faith's Hymn« von Beautiful Chorus
»Fly Like an Eagle« von Steve Miller Band
»Fly Me to the Moon« von Minnie Driver
»Flying« von Garth Stevenson
»Follow the Sun« von Xavier Rudd
»Full Circle« von Half Moon Run
»Gayatri« von Lisbeth Scott
»Goodnight Moon Child« von Beautiful Chorus
»Gravity« von John Mayer
»Green & Gold« von Lianne La Havas
»Harvest Moon« von Neil Young
»Heavy Rope (Acoustic)« von Lights
»Higher Love« von James Vincent McMorrow
»Horizon« von Garth Stevenson
»I Am Light« von India.Arie
»In My Life« von Jake Shimabukuro
»Ink« von Coldplay
»Inner Peace« von Beautiful Chorus
»Jai Ma« von Govind Das and Radha
»Lakshmi Mantra« von Jaya Lakshmi & Ananda
»Let the Drummer Kick« von Citizen Cope
»Light Me Up« von DJ Drez feat. Marti Nikko
»Lucky« von Jason Mraz & Colbie Caillat
»Lullaby« von Trevor Hall
»Mother of the Water« von Alexa Sunshine Rose
»Nectar Drop« von DJ Drez
»Om Mani Padme Hum« von Veet Vichara & Premanjali
»Only Love« von Ben Howard
»Open« von Rhye
»Opening the Heart« von Annie Jameson
»Pachamama« von Beautiful Chorus
»Peace« von Lisbeth Scott
»Please Prepare Me« von Beautiful Chorus
»Pressure« von Milk & Bone
»Purnamadah« von Shantala
»Put Your Records On« von Corinne Bailey Rae
»Reflection« von Garth Stevenson
»River« von Ibeyi
»Savasana II« von Gabriele Morgan
»Slow and Steady« von Of Monsters and Men
»Slowly« von Max Sedgley
»Small Memory« von Jon Hopkins
»Sound of Invisible Waters« von Deuter
»Surya Namaskar (Sun Salutation)« von Michael Mandrell & Benjy Wertheimer
»Teardrop« von Massive Attack

»The Mountain« von Trevor Hall
»The Sound of Silence« von Pat Metheny
»The Southern Sea« von Garth Stevenson
»Thinkin Bout You« von Frank Ocean
»To Build a Home« von The Cinematic Orchestra
»True Love« von Coldplay
»Veiled Grey« von Christian Löffler
»When I Get My Hands on You« von The New Basement Tapes
»Window« von The Album Leaf
»Winter Birds« von Ray LaMontagne
»Wish You Were Here« von Pink Floyd

Bücher

Awakening Shakti von Sally Kempton
Bhagavad Gita von Vyasa, dem Weisen
Das Ja-Experiment – Year of Yes von Shonda Rhimes
Die dunkle Seite der Lichtjäger von Debbie Ford
Die Seele will frei sein von Michael A. Singer
Die Wolfsfrau : die Kraft der weiblichen Urinstinkte von Clarissa Pinkola Estés
Eine neue Erde von Eckhart Tolle
Embrace Yoga's Roots von Susanna Barkataki
Licht auf Yoga von B. K. S. Iyengar
Living Your Yoga von Judith Hanson Lasater
Lunar Abundance von Ezzie Spencer
Meditations from the Mat von Rolf Gates
Mit dem Herzen eines Buddha by Tara Brach
Moonology von Yasmin Boland
Moon Time von Lucy H. Pearce
Rückkehr zur Liebe von Marianne Williamson
Seven Thousand Ways to Listen von Mark Nepo
Siddhartha von Hermann Hesse
Skill in Action von Michelle Cassandra Johnson
Sterblich sein von Atul Gawande
Tantra Illuminated by Christopher Wallis
The Desire Map - Das Arbeitsbuch zur Verwirklichung Ihrer Lebensträume von Danielle LaPorte
The Heart of Yoga von T. K. V. Desikachar
The Yoga of the Nine Emotions von Peter Marchand
The Yoga Sutras of Patanjali von Sri Swami Satchidananda
… trotzdem Ja zum Leben sagen von Viktor Frankl
Vollendung in Liebe von Don Miguel Ruiz
Wenn alles zusammenbricht von Pema Chödrön
Yoga Poems von Leza Lowitz
You Can Heal Your Life: Leben und Botschaft der großen spirituellen Lehrerin von Louise Hay

Kristalle

AMETHYST: Der Amethyst regt die Fantasie an und sorgt für einen Inspirationsboost. Er wirkt beruhigend, verbessert den Schlaf und macht Träume klarer.

AQUAMARIN: Die Hitze des Sommers wird mit diesem kühlenden, beruhigenden Kristall ausgeglichen, der das ruhige Wasser symbolisiert. Er hilft Ihnen, im Fluss zu sein.

AVENTURIN: Sehen Sie den Aventurin als Glücksbringer: Er unterstützt Sie beim Erfüllen Ihrer Wünsche und Träume mit positiver Energie und ist bestens geeignet, wenn es darum geht, ein Risiko einzugehen.

BAUMACHAT: Der Baumachat unterstützt Selbstreflexion und -analyse im Rahmen der Meditation. Er bringt Bereiche des Selbst ins Gleichgewicht, die Heilung bedürfen.

BERGKRISTALL: Wenn es darum geht, neue Vorsätze zu fassen und Intentionen zu formulieren, ist der Bergkristall der perfekte Begleiter! Er verstärkt die Energie, klärt den Geist und gilt als Meisterheiler.

CITRIN: Der Citrin ist der Kristall der Erfüllung, außerdem wird er mit Selbstvertrauen und dem Solarplexus-Chakra *(Manipura)* assoziiert. Seine orange Farbe steht für die Sonne.

KARNEOL: Dieser Kristall stärkt Kreativität und Vitalität. Er schenkt heilende Energie und den Mut, etwas Neues zu wagen.

LABRADORIT: Der Labradorit fördert die Kreativität und lässt uns unsere tiefsten Wünsche erkennen. Wenn man neue Vorsätze und Intentionen formuliert, hilft dieser Kristall, das große Ganze zu sehen.

LAPISLAZULI: Dieser Kristall wird mit Erleuchtung, Intuition und innerer Heilung assoziiert. Er erleichtert außerdem die Kommunikation.

MONDSTEIN: Der Mondstein lässt uns unsere wichtigsten Visionen und Intentionen erkennen und schenkt gute Träume.

OBSIDIAN: Der tiefschwarze Obsidian schützt vor Negativität und lindert Stress. Er wirkt erdend und zentrierend.

ROSENQUARZ: Der Rosenquarz steht in enger Verbindung mit dem Herzchakra *(Anahata)*. Er hilft uns, Liebe und Mitgefühl zu verspüren und unser Herz zu öffnen. Sein sanftes Rosa erinnert an Kirschblüten und andere Frühlingsboten.

ROTER JASPIS: Der Rote Jaspis steht mit dem Wurzelchakra *(Muladhara)* in Verbindung und schenkt Erdung und Sicherheit, sodass man seine eigenen Stärken erkennen kann.

SCHWARZER TURMALIN: Dieser Kristall repräsentiert die Dunkelheit des Neumonds. Er hilft uns, Verborgenes in uns selbst zu entdecken, und schenkt tiefe Heilung und Erdung.

SELENIT: Der nach der griechischen Mondgöttin Selene benannte Selenit ist der perfekte Vollmond-Verbündete. Er reinigt und schafft eine Verbindung zu höherem Bewusstsein.

SONNENSTEIN: Dieser Kristall symbolisiert Vitalität und Freude und schenkt Wohlwollen und Optimismus.

Düfte & Öle

CITRONELLA: Citronella erfrischt, hebt die Stimmung – und vertreibt Insekten.

EUKALYPTUS: Eukalyptus wirkt energetisierend und belebend, unterstützt die Atmung und hebt die Stimmung auch an dunklen Wintertagen.

GRAPEFRUIT: Das zitronige Aroma der Grapefruit erfrischt die Sinne und schenkt mentale Klarheit.

JASMIN: Das verträumte, florale Aroma von Jasmin wirkt aphrodisierend.

LAVENDEL: Dieser kühlende Duft hilft Ihnen, sich zu entspannen und zur Ruhe zu kommen.

NELKE: Nelkenöl wirkt wärmend und entspannend. Traditionell wird es auch als Heilmittel verwendet, vor allem für das Atem- und das Verdauungssystem.

NEROLI: Dieser blumige Duft spendet friedliche und beruhigende Energie.

PFEFFERMINZ: Der Duft der Pfefferminze wirkt belebend und klärt den Geist.

ROSMARIN: Der erfrischende und stimulierende Duft von Rosmarin steigert die Aufmerksamkeit und die geistige Schärfe.

SALBEI: Salbei gilt seit langem in vielen Kulturen weltweit als reinigende Pflanze – von den alten Römern über die Kelten bis hin zu den Ureinwohnern Nordamerikas. Er ist ideal für Neuanfänge und um Stimmungsänderungen einzuleiten.

SANDELHOLZ: Das süße, erdige Aroma von Sandelholz wirkt intensiv erdend. Sandelholz wird im Zuge spiritueller Praktiken oft als Weihrauch verwendet.

VANILLE: Dieses natürliche Aphrodisiakum lässt uns die Lebendigkeit und die Sinnlichkeit des Vollmonds erleben. Vanille wirkt außerdem stimmungsaufhellend.

WEIHRAUCH: Verwenden Sie dieses Öl im Zuge einer Meditation, um die spirituelle Verbundenheit zu stärken. Es wirkt sowohl aufmunternd als auch erdend.

YLANG-YLANG: Der Duft des Ylang-Ylang hilft uns, mit der göttlichen weiblichen Energie in Verbindung zu treten. Er steht außerdem für Heiterkeit und Freude.

ZEDERNHOLZ: Wenn man sich erschöpft oder abgelenkt fühlt, wirkt Zedernholz erdend und beruhigt die Nerven.

ZIMT: Der Duft von Zimt ist belebend und symbolisiert das Feuer des Sommers.

REGISTER

T

U

V

W

Y

Z

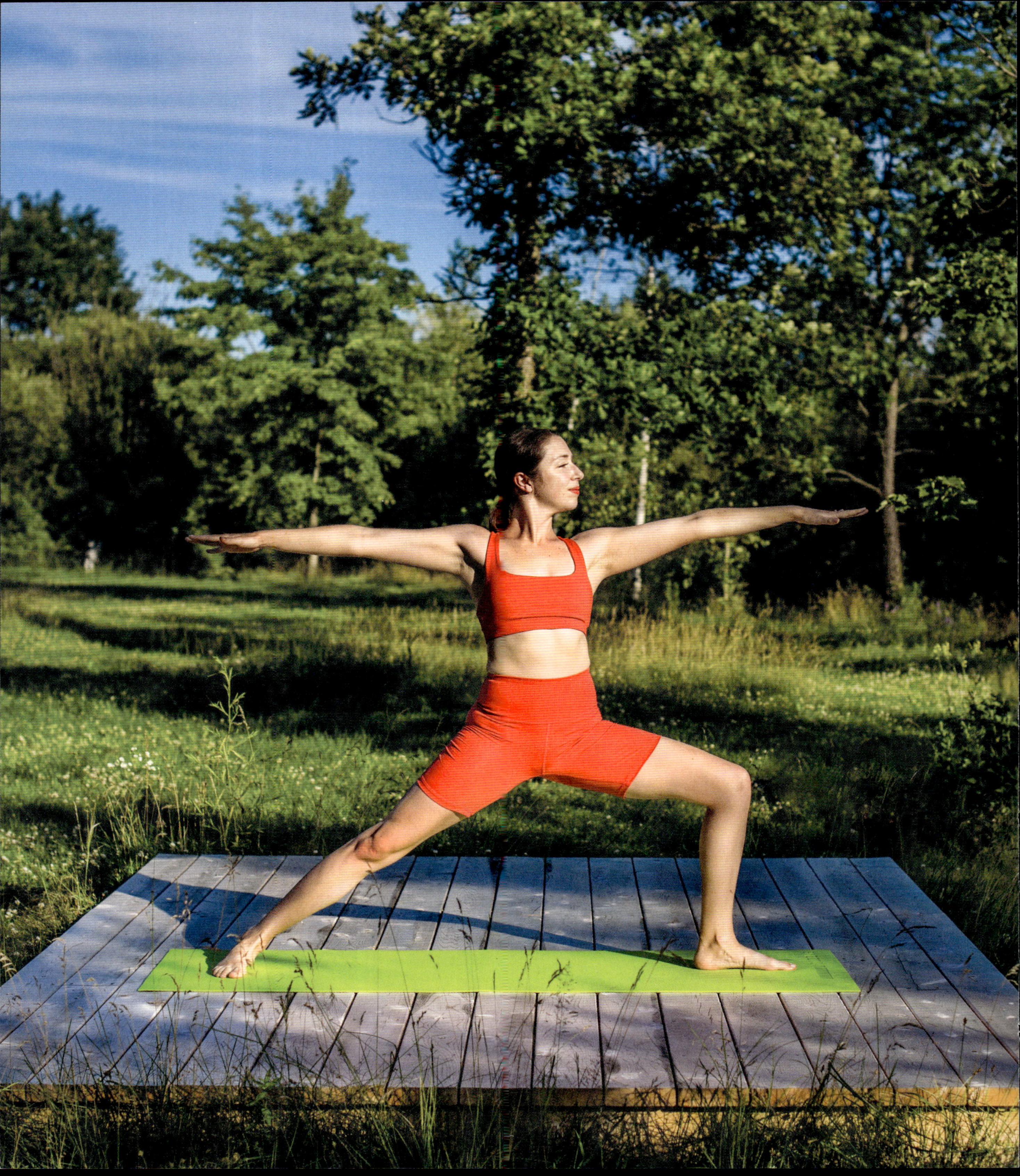

ÜBER DIE AUTORIN

Kassandra Reinhardt, die Autorin von *Yin Yoga: Entspannen und Energie tanken,* lebt als Yogalehrerin in Ottawa – und ist auf einer Mission: anderen zu helfen, sich durch Yoga besser zu fühlen! Sie begann 2008 mit Yoga, um beweglicher zu werden und besser mit Stress und Ängsten umgehen zu können. Im Laufe der Zeit lernte sie den unglaublichen Reichtum der Yogapraxis lieben und wollte diesen mit anderen teilen. Seit 2012 arbeitet sie daher als Yogalehrerin, sie hat mehrere intensive Yoga-Ausbildungen (200/300 Stunden) absolviert und ist zertifizierte Yogalehrerin für Yin Yoga und Yogatherapie. Ihre Lehrmethoden sind kreativ und präzise – und sie ist der Ansicht, dass selbst ein bisschen Yoga jeden Tag das Leben nachhaltig verändern kann.

Reinhardt hat für das *Shape Magazine, Elite Daily* und *ELLE Australia* sowie MTV UK und CBC News gearbeitet, und sie bietet internationale Yoga-Retreats sowie vertiefende Online-Weiterbildungsprogramme für Yogalehrer an.

2014 begann sie mit ihrem YouTube-Channel *Yoga with Kassandra,* der mit 1,8 Millionen Abonnenten und 140 Millionen Views einer der erfolgreichsten Channels im Bereich Wellness und Fitness ist. Er diente Millionen Menschen weltweit als Einstieg in das Vinyasa Yoga und in das Yin Yoga. Sie ist bekannt für ihre Yin-Yoga-Klassen sowie ihre zehnminütigen Morgen-Yogasequenzen. Ihre zahlreichen kostenfreien Online-Yogaklassen findet man auch unter *www.yogawithkassandra.com*.

DK | Penguin Random House

Für die deutsche Ausgabe:
Verlagsleitung Monika Schlitzer
Programmleitung Heike Faßbender
Projektbetreuung Doreen Wolff
Herstellungsleitung Dorothee Whittaker
Herstellungskoordination Arnika Marx, Claudia Rode
Herstellung Claudia Bürgers

Übersetzung Daniela Schmid
Lektorat Bettina Dietrich
Producing Print Company Verlagsges.m.b.H., Wien
Umschlaggestaltung Jürgen Katzenberger unter Verwendung
von Illustrationen von 123RF.com: carla francesca castagno, elizabetalexa.

Titel der englischen Originalausgabe: Year of Yoga. Rituals for every day and every season.

Der Originaltitel erschien 2022 in den Vereinigten Staaten von Amerika
bei Mandala Publishing, ein Imprint von Insight Editions, San Rafael.

ISBN 978-3-8310-4675-1

Druck und Bindung Livonia Print, Lettland

FSC MIX Papier aus verantwortungsvollen Quellen FSC® C002795 www.fsc.org

www.dk-verlag.de

Hinweis

Die Informationen und Ratschläge in diesem Buch sind von der Autorin und vom Verlag sorgfältig erwogen und geprüft, dennoch kann eine Garantie nicht übernommen werden. Eine Haftung der Autorin bzw. des Verlags und seiner Beauftragten für Personen-, Sach- und Vermögensschäden ist ausgeschlossen. Wer gesundheitliche Beschwerden hat, an einer Erkrankung leidet oder schwanger ist, sollte vor Ausführung der Übungen in diesem Buch unbedingt Rücksprache mit seinem Arzt halten. Die in diesem Buch enthaltenen Informationen können eine qualifizierte Untersuchung und Diagnose nicht ersetzen. Die Verantwortung liegt allein beim Leser. Grundsätzlich ist bei ernsthaften oder anhaltenden Beschwerden von einer Selbstdiagnose und Selbstbehandlung abzuraten. Auch wenn Beschwerden länger anhalten, sollten Sie einen Arzt aufsuchen. Dasselbe gilt für Personen, die verschreibungspflichtige Medikamente einnehmen.